外国法学精品译丛

主 编 李 昊

德国家庭法

（第6版）

［德］玛丽娜·韦伦霍菲尔（Marina Wellenhofer） 著

雷巍巍 译

Familienrecht
(6. Auflage)

中国人民大学出版社
·北京·

主编简介 ◀

李昊，北京大学法学学士、民商法学硕士，清华大学民商法学博士，中国社会科学院法学研究所博士后。现任中南财经政法大学法学院教授、博士研究生导师、数字法治研究院执行院长。曾任北京航空航天大学人文社会科学高等研究院副院长、北京航空航天大学法学院教授（院聘）、博士研究生导师。德国慕尼黑大学、明斯特大学，奥地利科学院欧洲损害赔偿法研究所等国外高校和研究机构访问学者。兼任德国奥格斯堡大学法学院客座教授、中国法学会网络与信息法学研究会理事、北京市法学会物权法学研究会副会长、北京中周法律应用研究院理事兼秘书长、北京法律谈判研究会常务理事、北京市金融服务法学研究会理事、北京市海淀区法学会理事、湖北省法学会民法学研究会理事，《燕大法学教室》（简体版为《法学教室》）主编、《月旦法学杂志》副主编、《中德私法研究》和《法治研究》编委委员。著有《纯经济上损失赔偿制度研究》、《交易安全义务论——德国侵权行为结构变迁的一种解读》、《危险责任的动态体系论》、《不动产登记程序的制度建构》（合著）、《中国民法典侵权行为编规则》（合著）等多部书稿。在《法学研究》《清华法学》《法学》《比较法研究》《环球法律评论》等期刊或集刊发表论文五十余篇。主持"侵权法与保险法译丛""侵权法人文译丛""外国法学精品译丛""法律人进阶译丛""欧洲法与比较法前沿译丛"等多部法学译丛。

代译序 ◀

什么是理想的法学教科书

李 昊

2009年上半年，我曾受《法治周末》之约，撰写过一篇小文《德国法学教科书漫谈》，择拾如下：

每一个初入德国法学之门者，必读之书定为德国教授所著教科书。笔者读硕士之时，梅迪库斯教授所著《德国民法总论》方由邵建东教授译成中文引入国内，一时洛阳纸贵。然当时习德文的法学者颇少，德文法学教科书更为罕见。及笔者2004年负笈德国，方得于慕尼黑大学图书馆大快朵颐，每日图书馆阅读疲倦之暇，便至图书馆楼下的小书店，翻阅新近出版的德国法学著作，耳濡目染，逐渐得窥德国法学教科书之堂奥。

德国的法学教科书通常可分为两类，即小型教科书（Kurzlehrbuch）与大型教科书（Großlehrbuch）。

Brox（布洛克斯）教授所著《民法总论》《债法总论/各论》，梅迪库斯教授所著《民法》《债法总论/各论》即属前者。该类教科书以篇幅简短、内容扼要著称（当然，我们看到梅迪库斯教授所著的《债法总论/各论》译成中文时已成大部头著作），多集中于对德国民法基本概念和制度的介绍和阐述。小型教科书最大的优势就是时效强、更新快。由于近年来德国民法修订频繁，民法教科书往往未过一两年即出新版，以2002年德国债法以及损害赔偿法修订前后为甚。另外，小型教科书价格也非常便宜，新书多为20欧元左右（不要换算成人民币，否则仍显昂贵）。而且这些教科书多是一两年便修订一次，每年在图书馆淘汰旧书时购买，往往仅需0.5至1欧元，这也让囊中羞涩的中国留学生得以保有一些原版的德文法学教科书。

后者中经典的如德国贝克出版社所出的绿皮书系列，包括拉伦茨教授所著的《德国民法通论》《债法总论/各论》，鲍尔/施蒂尔纳教授所著的《物权法》，以及德国Springer出版社出版的"法学与政治学百科全书"中属于法学部分的著作，如弗卢梅教授（已于2009年1月28日仙逝）所著的民法总论三部曲、拉伦茨教授所著的《法学方法论》等等。大型教科书多奠基于作者自己的理论体系，借以对相关领域阐幽发微，因而部头颇为庞大。以译成中文的鲍尔/施蒂尔纳教授所著的《物权法》为例，竟然煌煌两大巨册。这种以理论体系建构为特色的教科书不讲求时效性，这也导致它的修订过程比较漫长。以拉伦茨教授的《债法总论》为例，至今使用的仍是 1987 年出版的第 14 版。

如果仔细翻阅德国法学教科书，无论是大型的还是小型的，均具有如下特点。

1. 由名家撰写

德国法学教科书多由各大学成名的法学教授撰写，偶尔可以见到由律师撰写的教科书。这与德国的法学教育体制有关，在各大学法学院，大课通常只能由教授讲授，因而，与之配套的教科书也多由教授基于其讲义撰写而成。而且德国大多数法学教科书都是教授独著而成的，不像国内的教科书多采主编制。

如果在翻阅德国民法教科书后，我们还会发现，德国教授撰写的民法教科书中以民法总论最为常见，似乎没有写过民法总论就不能称其写过民法教科书，可见德国法学抽象思维已经深入德国法学家的骨子里了。

2. 通常附有缩略语表和参考文献

如果翻阅德国法学教科书会发现大多数教科书在目录后都会有一个缩略语表，各教科书所附缩略语表内容则略有不同，其中部分为各种法学期刊或者经典教科书的缩略语，如德国常见的法学杂志 NJW、JuS、JZ 等，部分为德国法学专有名词的缩略语，如无因管理即可略为 GoA。这可谓德国法学教科书的一个特色。同时，多数教科书在每章或重要的节次前会提供一个主要参考文献的目录，这可以引导学生在从事研究时有针对性地去查找阅读资料。对于中国留学生而言，查找资料最方便的途径莫过于此。

3. 多援引判例并常常通过小的案例来阐释具体的问题

德国法学教科书最大的特点就是与实务结合紧密。各种教科书中必然会援引重要的法院判例，并加以归类。而小型教科书在阐述具体问题时，也会结合判例设计小的案型帮助初学者来理解复杂的法律制度。这是由于德国法科学生最终的目标是通过国家考试，而国家考试的主要内容即是案例分析，在日常的教科书中结合判例加以阐述，有助于学生掌握判例的基本观点，并加以运用。与此相配套，德国还出版有大量的案例练习书和判例汇编书，而评注书也多是对法院判例的分析整理，目的都在于帮助学生掌握案例分析的基本工具。

4. 师承修订

德国的法学教科书虽然种类繁多，但生命力最长的是那些被奉为经典的教科书。在最初的作者去世后，这些经典教科书便多由其后人或学生修订。如鲍尔（Fritz Baur）教授所著的《物权法》其后便由教授之子 Jürgen Fritz 和学生 Rolf Stürner 教授（弗里茨·鲍尔和罗尔夫·施蒂尔纳教授）续订，韦斯特曼（Harry Westermann）教授所著的《德国民法的基本概念》和《物权法》也由其子 Harm Peter Westermann 教授续订。当然，也存在一些经典教科书并非由原作者的后人或学生修订的情况，如拉伦茨教授的《德国民法通论》后来便由与其并无师承关系的 Manfred Wolf 教授（曼弗雷德·沃尔夫教授，其《物权法》已由吴越和李大雪教授译成中文）续订。续订后，教科书的书名页便会写明本教科书由谁奠基，由谁修订，作者一栏也随着时间越变越长。

反观国内的法学教科书，是否也有很多可以向德国学习之处呢？

历时十年，该文反映的德国法学教科书的外在特征仍不过时，缺憾的是，没有进一步揭示出德国法学教科书与其法教义学及法典化的关系。就民法而言，可以说，作为 19 世纪民法法典化典范的《德国民法典》的五编制体系即奠基于该世纪萨维尼、普赫塔和温德沙伊德等法学大家基于对古罗马《学说汇纂》进行研究而形成的潘德克顿教科书及由此演化出的近代民法的概念体系之上。法典化之后的法学教科书则要进一步关注法典的解释和适用，促进法教义学的形成和发展。在此，小型/基础教科书和大型教科书/体系书发挥着不同的作用。德国小型/基础法学教科书最重要的作用就是以通说为基础，借助最精炼准确的语言来表达最为复杂的概念，并借助案例的导入和判例的引入，让抽象概念具象化，奠定学生的基础法学知识体系。而大型教科书/体系书则是在小型/基础教科书的体系之上凝聚作者的学术睿见和思想体系，通过对关键问题的深入分析促进法教义学的发展，进而开拓学生的思维和视野，使其形成更广博的知识结构。

早在 2001 年，谢怀栻先生就在其讲座《民法学习当中的方法问题》中提到了在专与博的基础上来学习民法。[①] 2019 年 8 月 15 日，在谢怀栻先生诞辰 100 周年纪念日之际，该讲座稿又以《谢怀栻先生谈民法的学习与研究》为题在微信朋友圈广泛传播，今日读来仍振聋发聩：

我看到有一些民法书，总觉得他们介绍民事权利，不是整体地从体系上介绍，而是零零碎碎地遇到一点介绍一点。我觉得这样不好。我认为学习民法要首先了解民法的全貌，然后对于民法的基础知识要有一个大概的认识：民法讲权利，什么是权利；民法讲义务，什么是义务；民法讲法律关系，什么是法律关系。当然这些东西你要彻底地搞清楚，不是一开始就行的。但是大体上是可以知道的。比如说我们民法学界直到最近还存在这种情况：讨论这样的问题，讨论民法讲的权利关系。特别是最近制定物权法，所以引起争论：物权法讲的是人与人的关系，还是人与物的关系？**这样的问题在西方国家一百年以前就透透彻彻地解决了，现在我们中国还有人又提出来。**现在还有很有名的法学家提出这个问题：物权究竟是人与人的关系还是人与物的关系？法律关系都是人与人的关系，怎么会有人与物的关系呢？所以这就说明开始学民法就应该把基础概念给学生讲清楚。法律就是解决人的关系，哪里有解决人与物的关系的呢？至于说法律牵涉到物，这是必然的，它是涉及到物，但是它主要的目的不是解决人与物的关系。……所以我就觉得很奇怪的是，有人现在还提物权是人与物的关系。这就是最初学民法时没有把民法学清楚。

那么最初应该怎么样弄清楚这些基本的知识呢？从学生学习方面来说，开始学的时候绝对不能把学习面搞得太广了，**应该抓住一两本书认真地读**（介绍书是导师的责任了）。先不要看外面有这么多民法书，本本都买来看，这样用不着。有的书里面甚至有错误的东西，你学了错误的东西将来就很麻烦了。开始抓住比较好的书，好好地研究透，脑子里有了民法的全貌、基本理论、基本知识，然后再去看别的书都可以。

这就是说看书应该越多越好还是少而精好？学的范围应该多好还是少好？这就是一个博与专的关系，我们做学问都会遇到这样的问题。我很赞成胡适讲的一句话："为学要如金字塔。"**做学问要像建金字塔一样，基础要广，而且要高。**高和广是一对辩证关系，基础越广才能越高，基础小而要建一个高建筑那是不可能的。但是高与广又不是我们一下子就能决定的，我们为了广，什么书都拿来读，那也是不可能的。我一定要把所有的书都读完，再来建高，那也不可能。**高与广是相互循环的，先高一下，就感觉我的基础不行了，**

<hr />

① 谢怀栻：《民法学习当中的方法问题》，载王利明主编：《民商法前沿论坛》（第 1 辑），北京，人民法院出版社 2004 年版，第 39—41 页。

就扩大基础，然后再高一下，如此循环。所以，读书不要一开始就把所有的书都拿来读，先还是少一点、精一点，等到基础需要的时候，再扩大一下基础。

从谢老的文字中也可以看出，一本经典的法学教科书对于法科学生的基础概念的正确养成具有多么重要的地位，而且谢老提出的质疑也让人反思，作为法律继受国，法学教科书究竟应该怎么写。

德国作为近现代民法理论的滥觞国，其法教义学的理论架构已臻完善，理论和实践互动产生的通说已然形成，民法教科书的撰写和修订则可按部就班进行。反观中国近现代，作为民法继受国，清末民律继受自日本，民国民法则主要继受自德国，并参酌瑞士民法、日本民法、法国民法和苏联民法等。民法理论的继受则与民法典的继受相辅相成。教科书也有着内容和形式上的渐进转型过程，从早先的单纯照搬外国理论，进行简要的法条释义，到逐步有意识地由日入德，建构自己的体系。作为这一时期转型的代表性民法教科书可举例有三：一则为梅仲协先生之《民法要义》。作为概要性的民法教科书，梅先生有意识地追溯到民国民法的源头——德瑞民法进行理论阐述，不局限于民国民法体例，而以体系性为标称。该书亦借鉴德国法学教科书的体例，采用段码体系并提供了法条索引。梅先生还借助执掌台大法律系之便严限学生修习德文，实现了民法理论由日转德。[②] 二则为民国民法五立委之一的史尚宽先生所著之六卷本的民法全书。其特点为取材广泛，涉猎德日法英诸国法律，注重探本溯源，并结合参与立法之便，阐幽发微，该全书可谓有民法体系书之实。三则为王泽鉴先生所著之八册民法教科书，堪称华文世界民法教科书之典范。该系列教材奠基于先生一贯所倡的民法学说与判例的互动研究以及比较民法的研究，教材内容以德国法为根基，并广泛征引日本法和英美法，同时注重示例的导入和判例的引入，致力于台湾地区民法通说的形成，颇具德国基础法学教科书之神，而又不像德国教科书那样囿于一国。三位先生均具有留学欧陆背景，梅仲协先生留学法国，史尚宽先生遍历日德法，王泽鉴先生则留学德国，三者均精通德日英三国语言，其所撰教科书之厚重和旁征博引自有由来。

中华人民共和国成立后，我国曾经历了数十年的法律空窗期。自 1986 年《民法通则》颁布以来，我国民商事法律体系重现生机，日趋完善，2020 年民法典正式颁行。伴随着法律的发展，我国的民商事审判实践也日渐丰富，网络与大数据技术也进一步推动着民事司法和案例研究的转型。虽然此间我们的民商法教科书在借鉴我国台湾地区，以及日本、德国甚或英美私法理论的基础上层出不穷，也不乏偶见的精品，但与德国、日本乃至我国台湾地区的民商法教科书相比，我们所缺乏的仍是能够为广大法科生奠定准确的概念体系，并与审判实践互动，致力于形成通说的法学教科书。既有的民商法教科书或者局限于对法条的罗列和简要阐述，或者作者基于不同的学术背景和留学经历而阐发自己独特的学术观点，在基础概念的分析和外国法例的介绍上也存在诸多错讹，抑或人云亦云，对审判案例的关注也远未达到理想状态，学生并不能有效地借助阅读教科书形成准确的概念体系，并将之加以妥当运用，这也直接造成各地司法实践的差异化。究其成因，除我国现行立法粗疏，缺乏体系考量，并且立法理由无法有效呈现外，现有民法理论和清末民国时期的民法传统出现割裂，学术界对国外尤其是继受母国的基础民法理论不够熟稔及与现今民

---

② 参见谢怀栻先生为梅先生的《民法要义》所撰序言。

法学说发展无法有效接续也是重要原因，诸如法律行为的普适性和适法性之争、债与责任的关系之争以及物权行为与债权形式主义之争等等皆因此而来，而民法理论、民事立法和民事司法实践之间的疏离感及相互角力，也造成了我国现有法学教科书无法有效承载法教义学的重任。

正是基于自己对德国和中国民法教科书的阅读体验，我希冀能够回到中国民法理论的源头去探寻民法概念体系的原貌，梳其枝蔓、现其筋骨，促进中国民商法教科书的转型。2009 年，甫入教职的我就在人大社启动了"外国民商法教科书译丛"的翻译计划，第一批曾设想择取德国、日本、法国和意大利诸国的经典民法教材，邀请国外留学的民法才俊译介引入。当时留学海外的民法人才尚不如今日之繁盛，最后仅推出德国民法教科书 4 本和日本民法教科书 1 本。自 2012 年始，陆续出版了布洛克斯和瓦尔克的《德国民法总论》（第 33 版）、韦斯特曼的《德国民法基本概念》（第 16 版）（增订版）、吉村良一的《日本侵权行为法》（第 4 版）、罗歇尔德斯的《德国债法总论》（第 7 版）以及多伊奇和阿伦斯的《德国侵权法》（第 5 版）。参与的译者中除 2018 年年初不幸罹难的大军外，其他诸位今日已成为各自领域的翘楚。第一批中还有两本经典作品迟至今日尚未最终完成出版（比得林斯基的《私法的体系与原则》以及日本《民法的争点》）。

第一批译著的推出恰逢其时。鉴于德国债法在 2002 年进行了大幅修订，国内尚无最新的德国民法教科书译作跟进，本译丛中的多部译著受到广泛欢迎，尤其是《德国民法总论》多次加印，部分译作甚至因为断货而在旧书市场上被炒作到数百元不等。译丛的装帧设计也从最初的大 32 开变为 16 开本。

市场对译丛的积极反响也催生了本译丛第二批书目的诞生。第二批遴选的书目中除第一批未及纳入的传统合同法、亲属法和继承法教材外，侧重选择了国内尚不熟悉的德国商法教材。译丛的译者也更新为 20 世纪 80 年代中后期甚至 90 年代出生的新一批中国留德法科生。该批译著最早问世的为 2016 年出版的慕斯拉克与豪的《德国民法概论》（第 14 版），2019 年又推出了莱特的《德国著作权法》（第 2 版）。而第一批书目也将根据最新版次修订后陆续推出，2019 年即更新了布洛克斯和瓦尔克的《德国民法总论》（第 41 版）。借 2019 年改版之机，本译丛采用了更为精致的封面设计和更为精良的纸品。现负笈德国波恩大学的焕然君在网络媒体——微信公众号上对本译丛也进行了图文并茂的推送③，使其为更多的学子所知悉。

由于本译丛所选书目以德国基础民商法教科书为主，读者阅读时自当手边备有《德国民法典》④ 和《德国商法典》等法律的条文参照阅读，对于中国法无规定或有不同规定者，自当斟酌差异及其理由，对于相似规定，则可比较有无细微差异，甚或是否为形似而实非，更重要的是要体悟民商法的重要基础概念之内涵及其体系以及司法之运用，以便形成个人体悟之架构。而欲深入学习者，尚可借助译著所附之参考文献，按图索骥，进行深入的专题阅读。对德国民法脉络的掌握也有助于对其历史渊源罗马法的学习，并可以以其为参照促进对属于德国法系的奥地利、瑞士、希腊乃至受到德国民法或多或少影响的日本、韩国、意大利、法国和俄罗斯诸法域民法的理解。

---

③ 即"杰然不瞳"于 2017 年 5 月 30 日发布的《德国民法教科书中译本：书目概览》。

④ 北大出版社的台译本采中德对照方式，有德语基础者可参照双语阅读。

　　这套译丛是我所主持的数部外国法译丛的"头生子"，虽然自策划起算来已逾十年，拖延久许，但作为我初入法学出版领域的敲门砖，有着别样的意义！译丛得以推出要真诚地感谢人大社法律分社的杜宇峰女士，无论是选题的报送还是版权的联系，她都不辞辛劳！感谢施洋等诸位编辑的辛勤耕作，为译丛的及时出版和质量完善提供了有效的保障！感谢诸位年轻译者一直以来的支持，能够忍受我的催稿督促！

　　借助两批书目的译介，本译丛将基本完成德国民商法基础教科书的体系化引入。我期待能够通过对国外尤其是德国和日本最新的经典基础民商法教科书的引介，回到我国民法体系的理论源头去探寻准确的民法概念体系，为学生学习民商法和学者进一步深入研究提供更为准确的参照，同时为我们形成自己的民商法教科书体系迈出第一步。如有所成，当幸甚焉！

本书引用建议：韦伦霍菲尔《家庭法》第×节边码×（*Wellenhofer* FamR §... Rn....）

第 6 版前言 ◀

本书无意于仅成为一本教科书，而是想成为一本学习书，其作用在于传授、巩固以及应用有关家庭法领域的基本知识。本书的目标群体是那些正在进行法学必修科目和重点科目之学习以及已通过第一次国家考试而获得法律候补文官（Rechtsreferendare）资格的法学专业学生。在内容的论述上则根据考试的要求来进行安排。内容的选择和权重均基于其在考试上的重要性以及材料主题的时效性。处于首要地位的则是对案例的参考。和之前几版一样，继续强调与一般性债法和物权法的联系，毕竟家庭法通常会在这些联系之下而在民法考试中得到考查。因此，本书对于诸如责任问题或者婚姻法中的物权法适用问题都会以单独的章节进行专门讨论。通过这一方式也使《民法典》其他各编的内容得到复习和深化。有关程序法的适用则在各自相关的必要范围内展开论述。

学生们总是会低估法律研读的价值。然而，也只有那些熟知自己法律之人才能够很好地以其进行工作，所以强烈建议在学习的同时反复阅读相关条文。在任何情况下，在对新内容进行学习之前都应该首先阅读与之相关的条文规范。

本书中所涉及的法律状况截止于 2021 年 6 月 1 日。对于其他已确定将进行的法律修正以及已计划的法律改革则会在其各自相关之处有所提及。

自上一版出版以来所作出的对考试具有重要意义的新判决，已经在这一版的修订过程中被添加进了本书。再次对每章末尾用于复习所学内容的问题进行了修订。此外，我还注意到了本书读者所提出的许多建议，也一如既往地十分高兴能收到这些建议。

对于一直给予本书支持的教席助理们，莎拉·格拉布（Sarah Glaab）、安娜·施韦德勒博士（Dr. Anna Schwedler）、安娜贝尔·温泽尔（Anabel Wenzel）、朱利亚娜·基奥法洛（Giuliana Chiofalo）、塔特娅娜·阿诺德（Tatjana Arnold）、维吉尼亚·鲍姆巴赫（Virginia Baumbach）、尤莉娅·伦菲尔德（Julia Lehnfeld）和菲利普·里斯（Philip Ries），以及秘书处的亚历山德拉·冯·克里斯滕（Alexandra von Christen），表示衷心感谢。任何时候都由衷地欢迎为进一步完善本书而提出的建议，邮箱地址为 wellenhofer@jur. uni-frankfurt. de。

玛丽娜·韦伦霍菲尔
2021 年 6 月于美茵河畔的法兰克福

缩略语表
（以德文字母为序）

aA	andere（r）Ansicht	不同观点
aaO	am angegebenen Ort	（出处）同上
abl.	ablehnend	否定的
ABl. EU	Amtsblatt der Europäischen Union	《欧洲联盟公报》
Abs.	Absatz	（法律的）款
AcP	Archiv für die civilistische Praxis	《民法实务档案》
AdVermiG	Gesetz über die Vermittlung der Annahme als Kind und über das Verbot der Vermittlung von Ersatzmüttern（Adoptionsvermittlungsgesetz）	《关于介绍子女收养以及禁止介绍代孕母亲法》《收养介绍法》
aE	am Ende	（条文规范的）末尾
AEUV	Vertrag über die Arbeitsweise der Europäischen Union	《欧洲联盟运行条约》
aF	alter Fassung	旧条文
AG	Amtsgericht	基层法院
AGLPartG	Gesetz zur Ausführung des Lebenspartner-schaftsgesetzes（Bayern）	《生活伴侣关系法施行法》（巴伐利亚州）
AL	Ad Legendum（Ausbildungszeitschrift）	《阅读》（法学教育杂志）
Alt.	Alternative	（条文规范的）选项
a. M.	am Main	美茵河畔的
Anh.	Anhang	附录
Anm.	Anmerkung	注释
AöR	Archiv für öffentliches Recht	《公法实务档案》
Art.	Artikel	（法律的）条
AT	Allgemeiner Teil（des BGB）	《《民法典》）总则
AufenthG	Aufenthaltsgesetz	《居留法》
Aufl.	Auflage	（书籍出版的）版
AuslG	Gesetz über die Einreise und den Aufenthalt von Ausländern im Bundesgebiet（Ausländergesetz）	《有关外国人在德意志联邦共和国领土入境以及居留法》《外国人法》
ausf.	ausführlich	详情
BayObLG	Bayerisches Oberstes Landesgericht	巴伐利亚州最高法院
BbgJAO	Brandenburgische Juristenausbildungsordnung	《勃兰登堡州法学教育条例》
bez.	bezüglich	关于、涉及
BGB	Bürgerliches Gesetzbuch	《民法典》
BGBl	Bundesgesetzblatt	《联邦法律公报》
BGH	Bundesgerichtshof	联邦最高法院
BGHSt	Amtliche Entscheidungssammlung des Bundes-gerichtshofs in Strafsachen	《联邦最高法院官方刑事裁判集》

续表

BGHZ	Amtliche Entscheidungssammlung des Bundes-gerichtshofs in Zivilsachen	《联邦最高法院官方民事裁判集》
BNotO	Bundesnotarordnung	《联邦公证人条例》
BrandVerf	Verfassung des Landes Brandenburg	《勃兰登堡州宪法》
BR-Drs.	Bundesratsdrucksache	《联邦参议院公报》
BRJ	Bonner Rechtsjournal	《波恩法律杂志》
BtÄndG	Betreuungsrechtsänderungsgesetz	《照管法修正法》
BT-Drs.	Bundestagsdrucksache	《联邦议院公报》
BtG	Betreuungsgesetz	《照管法》
BVerfG	Bundesverfassungsgericht	联邦宪法法院
BVerfGE	Amtliche Entscheidungssammlung des Bundes-verfassungsgerichts	《联邦宪法法院官方裁判集》
BVerfGG	Bundesverfassungsgerichtsgesetz	《联邦宪法法院法》
BWNotZ	Zeitschrift für das Notariat in Baden-Württemberg	《巴登-符腾堡州公证处杂志》
bzw.	beziehungsweise	或者，更确切地说
cic	culpa in contrahendo	缔约过失
DAR	Deutsches Autorecht	德国汽车法
dh	das heißt	也就是说，即
DJT	Deutscher Juristentag	德国法学家大会
DM	Deutsche Mark	德国马克
DNotZ	Deutsche Notar-Zeitschrift	《德国公证人杂志》
EGBGB	Einführungsgesetz zum Bürgerlichen Gesetzbuch	《民法典施行法》
EGMR	Europäischer Gerichtshof für Menschenrechte	欧洲人权法院
EheG	Ehegesetz	《婚姻法》
EheRG	Eherechtsreformgesetz	《婚姻法改革法》
EheschlRG	Eheschließungsrechtsgesetz	《结婚法重新规定法》
Einf v	Einführung von	……的导论
Einl v	Einleitung von	……的引论
Embryonen-schutzG	Embryonenschutzgesetz	《胚胎保护法》
EMRK	Europäische Menschenrechtskonvention	《欧洲人权公约》
ErbR	Zeitschrift für die gesamte erbrechtliche Praxis	《继承法实务大全杂志》
ErbStG	Erbschaftsteuer - und Schenkungsteuergesetz	《遗产税及赠与税法》
EStG	Einkommensteuergesetz	《所得税法》
etc	et cetera	等等
EuGH	Europäischer Gerichtshof	欧洲法院
evtl.	eventuell	可能，任何
f. , ff.	folgende（r）	下一……/以下各……
FamFG	Gesetz über das Verfahren in Familiensachen und in den Angelegenheiten der freiwilligen Gerichtsbarkeit	《家事与非诉事务程序法》
FamG	Familiengericht	家事法庭

续表

FamR	Familienrecht	家庭法
FamRZ	Zeitschrift für das gesamte Familienrecht	《家庭法大全杂志》
FF	Forum Familien - und Erbrecht	《家庭及继承法论坛》
FGG	Gesetz über die Angelegenheiten der freiwilligen Gerichtsbarkeit	《非诉事务程序法》
FPR	Familie，Partnerschaft，Recht	《家庭、伴侣关系、法》
FS	Festschrift	祝寿文集
FuR	Familie und Recht	《家庭和法》
G	Gesetz	法律
GbR	Gesellschaft bürgerlichen Rechts	民法上的合伙
gem.	gemäß	依据
ges.	gesetzlich	法定的、法律上的
GewSchG	Gesetz zum zivilrechtlichen Schutz vor Gewalt-taten und Nachstellungen (Gewaltschutzgesetz)	《防止暴力行为和纠缠行为民事保护法》《暴力保护法》）
GG	Grundgesetz	《基本法》
ggf.	gegebenenfalls	在可能的情况下，如有可能，或许
GoA	Geschäftsführung ohne Auftrag	无因管理
GVG	Gerichtsverfassungsgesetz	《法院组织法》
hM	herrschende Meinung	通说
Hs.	Halbsatz	（条文规范的前或者后）半句
idR	in der Regel	通常
insbes.	insbesondere	尤其，特别
IPR	Internationales Privatrecht	国际私法
IPRax	Praxis des Internationalen Privat - und Verfahr-ensrechts	《国际私法及程序法实务》
iSd	im Sinne des	……意义上的
iSv	im Sinne von	……意义上的
iVm	in Verbindung mit	连同适用……
JA	Juristische Arbeitsblätter	《法学工作报》
JAG	Juristenausbildungsgesetz	《法学教育法》
JAmt	Das Jugendamt：Zeitschrift für Jugendhilfe und Familienrecht	青少年管理局：《青少年救济和家庭法杂志》
JAO	Juristenausbildungsordnung	《法学教育条例》
JAPO	Ausbildungs - und Prüfungsordnung für Juristen	《法学教育及考试条例》
JBl	Juristische Blätter（österreichische Zeitschrift）	《法学家报》（奥地利杂志）
jM	Juris - die Monatsschrift	《法学月刊》
JR	Juristische Rundschau	《法学评论》
Jura	Juristische Ausbildung	《法学教育》
JuS	Juristische Schulung	《法学训练》
JZ	Juristenzeitung	《法学家报》
Kap.	Kapitel	（书籍的）章
Kfz	Kraftfahrzeug	机动车

续表

KG	Kammergericht (Berlin)	高等法院（柏林）
KindRG	Gesetz zur Reform des Kindschaftsrechts (Kindschaftsrechtsreformgesetz)	《有关亲子关系法改革法》《亲子关系法改革法》）
KindRVerbG	Gesetz zur weiteren Verbesserungvon Kindesrechten (Kinderrechtsverbesserungsgesetz)	《进一步改善子女权利法》《子女权利改善法》）
KJ	Kritische Justiz	《批评司法》
krit.	kritisch	批评（判）性的
LG	Landgericht	州法院
LPartG	Lebenspartnerschaftsgesetz	《生活伴侣关系法》
m.	mit	以……，具有……
MDR	Monatsschrift für deutsches Recht	《德国法月刊》
Mio.	Million	百万
MüKoBGB	Münchener Kommentar zum Bürgerlichen Gesetzbuch	《慕尼黑民法典评注》
mwN	mit weiteren Nachweisen	具有进一步的证据
NEhelG	Gesetz über die rechtliche Stellung der nichtehelichen Kinder	《非婚生子女法律地位法》
nehel. LG	nichteheliche Lebensgemeinschaft	非婚生活共同体
Neubearb.	Neubearbeitung	修订
NJ	Neue Justiz	《新司法》
NJAVO	Niedersächsische Juristenausbildungsverordnung	《下萨克森州法学教育条例》
NJOZ	Neue Juristische Online - Zeitschrift	《新法学在线杂志》
NJW	Neue Juristische Wochenschrift	《新法学周刊》
NJW-FER	Neue Juristische Wochenschrift（NJW）-Entscheidungsdienst Familien - und Erbrecht	《新法学周刊（NJW）——家庭及继承裁判参考》
NJW-RR	Neue Juristische Wochenschrift（NJW）-Rechtsprechungsreport Zivilrecht	《新法学周刊（NJW）——民法判决报道》
NLMR	Newsletter Menschenrechte	《人权通讯》
Nr.	Nummer	第×项
NVwZ	Neue Zeitschrift für Verwaltungsrecht	《新行政法杂志》
NZFam	Neue Zeitschrift für Familienrecht	《新家庭法杂志》
NZG	Neue Zeitschrift für Gesellschaftsrecht	《新公司法杂志》
NZI	Neue Zeitschrift für Insolvenz - und Sanierungsrecht	《新破产及重组法杂志》
NZS	Neue Zeitschrift für Sozialrecht	《新社会法杂志》
NZV	Neue Zeitschrift für Verkehrsrecht	《新交通法杂志》
OHG	Offene Handelsgesellschaft	无限商事合伙
OLG	Oberlandesgericht	州高等法院
OLGE	Entscheidungen der Oberlandesgerichte（OLG）in Zivilsachen	《州高等法院（OLG）民事裁判》
Österr. OGH	Österreichischer Oberster Gerichtshof	奥地利最高法院
PC	Personal Computer	个人电脑
PdW	Prüfe dein Wissen	《测试你的知识》

续表

Pkw	Personenkraftwagen	小汽车
PStG	Personenstandsgesetz	《个人身份登记法》
PStRG	Personenstandsrechtsreformgesetz	《个人身份登记法改革法》
PWW	Prütting/Wegen/Weinreich，Bürgerliches Gesetzbuch：Kommentar	《普鲁廷/维根/维恩莱西民法典评注》
RG	Reichsgericht	帝国法院
RGZ	Amtliche Entscheidungssammlung des Reichsgerichts in Zivilsachen	《帝国法院官方民事裁判集》
RKEG	Gesetz über die religiöse Kindererziehung	《子女宗教教育法》
Rn.	Randnummer	边码
RpflG	Rechtspflegergesetz	《司法保佐人法》
Rspr.	Rechtsprechung	判决
S.	Seite/Satz	页/句
s.	siehe	参见、参看
SächsJAPO	Sächsische Juristenausbildungs - und Prüfungsordnung	《萨克森州法学教育及考试条例》
SaRegG	Samenspenderregistergesetz	《精子捐献者登记法》
SchKG	Schwangerschaftskonfliktgesetz	《避免和解决怀孕冲突法》
SGB	Sozialgesetzbuch	《社会法典》
SGB Ⅱ	Grundsicherung für Arbeitssuchende	《社会法典》第二编：求职者基本保险
SGB Ⅴ	Fünftes Buch Sozialgesetzbuch（SGB）：Gesetzliche Krankenversicherung	《社会法典（SGB）》第五编：法定疾病保险
SGB Ⅵ	Gesetzliche Rentenversicherung	《社会法典》第六编：法定养老定期金保险
SGB Ⅶ	Siebtes Buch Sozialgesetzbuch（SGB）：Gesetzliche Unfallversicherung	《社会法典（SGB）》第七编：法定意外保险
SGB Ⅷ	Achtes Buch Sozialgesetzbuch（SGB）：Kinder - und Jugendhilfe	《社会法典（SGB）》第八编：儿童及青少年救济
SGB Ⅻ	Zwölftes Buch Sozialgesetzbuch（SGB）：Sozialhilfe	《社会法典（SGB）》第十二编：社会救济
sog.	sogenannt	所谓的
SorgeRG	Gesetz zur Neuregelung des Rechts der elterlichen Sorge	《父母照顾法重新规定法》
SPD	Sozialdemokratische Partei Deutschlands	德国社会民主党
st.	ständig（e）	持续性
StAG	Staatsangehörigkeitsgesetz	《国籍法》
Stat. Bundesamt	Statistisches Bundesamt	联邦统计局
StAZ	Das Standesamt：Zeitschrift für Standesamtswesen，Familienrecht，Staatsangehörigkeitsrecht，Personenstandsrecht，internationales Privatrecht des In - und Auslands	户籍登记处：《户籍登记处之性质、家庭法、国籍法、个人身份登记法、国内外国际私法杂志》

续表

StGB	Strafgesetzbuch	《刑法典》
StPO	Strafprozessordnung	《刑事诉讼法》
str.	strittig	有争议的
TPG	Transplantationsgesetz	《移植法》
Tz.	Teilziffer	分款
u. a.	unter anderem	另外，此外
u. Ä.	und Ähnliche（s）	及类似的
UÄndG	Unterhaltsrechtsänderungsgesetz	《扶养法修正法》
u. U.	unter Umständen	可能，也许
v.	von	……的
va	vor allem	主要是，重要的是，首先
VAStrRefG	Gesetz zur Strukturreform des Versorgungsausgleichs	《供养补偿结构改革法》
VersAusglG	Versorgungsausgleichsgesetz	《供养补偿法》
VerschG	Verschollenheitsgesetz	《失踪法》
VersR	Zeitschrift für Versicherungsrecht, Haftungs - und Schadensrecht	《保险法、责任及损害法杂志》
vgl.	vergleiche	参看
VO	Verordnung	条例
Vorbem	Vorbemerkung	引言
VvB	Verfassung von Berlin	《柏林州宪法》
VVG	Versicherungsvertragsgesetz	《保险合同法》
WM	Entscheidungssammlung zum Wirtschafts - und Bankrecht	《经济及银行法裁判集》
WuM	Wohnungswirtschaft und Mietrecht（Zeitschrift）	《居住经济和租赁法》（杂志）
zB	zum Beispiel	例如
ZEuP	Zeitschrift für europäisches Privatrecht	《欧洲私法杂志》
ZfPW	Zeitschrift für die gesamte Privatrechtswissenschaft	《私法学大全杂志》
ZHR	Zeitschrift für das gesamte Handels - und Wirtschaftsrecht	《商事及经济法大全杂志》
zit.	zitiert	引用
ZKJ	Zeitschrift für Kindschaftsrecht und Jugendhilfe	《亲子关系和青少年救济杂志》
ZMR	Zeitschrift für Miet - und Raumrecht	《租赁及房屋法杂志》
ZNotP	Zeitschrift für die Notarpraxis	《公证人实务杂志》
ZPO	Zivilprozessordnung	《民事诉讼法》
ZRP	Zeitschrift für Rechtspolitik	《法政策杂志》
ZVG	Zwangsversteigerungsgesetz	《强制拍卖与强制管理法》（《强制拍卖法》）

文献表
（全称及引用缩略）

1. 家庭法教科书

Dethloff，Familienrecht，32. Aufl. 2018（引用：*Dethloff* FamR）

Gerhardt/v. Heintschel-Heinegg/Fixl/Siede，Materielles Scheidungsrecht，10. Aufl. 2012

Gernhuber/Coester-Waltjen，Familienrecht，7. Aufl. 2020

Grziwotz，Materielles Ehe -，Familien - und Kindschaftsrecht，Recht der nichtehelichen Lebensgemeinschaft und der eingetragenen Lebenspartnerschaft，6. Aufl. 2020

v. Heintschel-Heinegg/Seiler/Siede，Das Verfahren in Familiensachen，10. Aufl. 2011

Münder/Ernst/Behlert/Tammen，Familienrecht für die Soziale Arbeit，8. Aufl. 2021

Muscheler，Familienrecht，4. Aufl. 2017（引用：*Muscheler* FamR）

Rauscher，Familienrecht，2. Aufl. 2008（引用：*Rauscher* FamR）

Schlüter，BGB-Familienrecht，14. Aufl. 2013

Schwab，Familienrecht，28. Aufl. 2020（引用：*Schwab* FamR GdR）

Seidl，Familienrecht，Examenskurs für Rechtsreferendare，7. Aufl. 2010

Tschernitschek/Saar，Familienrecht，4. Aufl. 2008

Zorn，Das Recht der elterlichen Sorge，3. Aufl. 2016

2. 家庭法实务手册

Fieseler/Herborth，Recht der Familie und Jugendhilfe，7. Aufl. 2010

Gerhardt/v. Heintschel-Heinegg/Klein，Handbuch des Fachanwalts Familienrecht，11. Aufl. 2018

Grziwotz，Nichteheliche Lebensgemeinschaft，5. Aufl. 2014（引用：*Grziwotz* NeL）

Koch，Handbuch des Unterhaltsrechts，13. Aufl. 2017

Münchener Vertragshandbuch，Band 6，Bürgerliches Recht Ⅱ（einschließlich Familienrecht），8. Aufl. 2020

Scholz/Kleffmann，Praxishandbuch Familienrecht（Loseblatt），40. Ergänzungslieferung，Stand 2/2021

Schwab/Ernst，Handbuch des Scheidungsrechts，8. Aufl. 2019

Uecker，Internationales Familienrecht，2016

Wendl/Dose，Das Unterhaltsrecht in der familienrichterlichen Praxis，10. Aufl. 2019

3. 家庭法案例集和国家考试复习用书

Benner，Klausurenkurs im Familien - und Erbrecht，5. Aufl. 2017（引用：*Benner*）

Fixl/Krätzschel/Siede，Assessorklausuren im Familien - und Erbrecht，9. Aufl. 2018

Jox，Fälle zum Familien - und Jugendrecht，3. Aufl. 2013

Jox，Neue Fälle zum Familien - und Jugendrecht，2. Aufl. 2016

Lipp/Mayer，Examens - Repetitorium Familienrecht，5. Aufl. 2020（引用：*Lipp/*

Mayer)

Löhnig/Leiß，Fälle zum Familien - und Erbrecht，4. Aufl. 2019（引用：*Löhnig/Leiß* Fälle FamR)

Roth，Familien - und Erbrecht mit ausgewählten Verfahrensfragen - Ein fallbezogenes Examinatorium，5. Aufl. 2010（引用：*Roth*)

Röthel，Fallrepetitorium Familien - und Erbrecht，2009（引用：*Röthel*)

Schwab，Prüfe dein Wissen - Familienrecht，13. Aufl. 2020（引用：*Schwab* FamR PdW)

Werner，21 Probleme aus dem Familien-und Erbrecht，4. Aufl. 2015

4. 家庭法及家事与非诉事务程序法（包括在内）的法律评注

Beck'scher Online - Kommentar BGB，58. Edition，Stand 1. 5. 2021（引用：BeckOK BGB/编撰人)

Bumiller/Harders/Schwamb，FamFG，12. Aufl. 2019

Erman，Handkommentar zum Bürgerlichen Gesetzbuch，16. Aufl. 2020（引用：Erman/编撰人)

Johannsen/Henrich/Althammer，Familienrecht：Scheidung，Unterhalt，Verfahren，7. Aufl. 2020（引用：Johannsen/Henrich/编撰人)

Jürgens，Betreuungsrecht，Kommentar，6. Aufl. 2019

Keidel，FamFG，20. Aufl. 2020

Münchener Kommentar zum BGB，8. Aufl. 2020（引用：MüKoBGB/编撰人)

Münchener Kommentar zum FamFG，3. Aufl. 2019

Palandt，Bürgerliches Gesetzbuch，80. Aufl. 2021（引用：Palandt/编撰人)

Prütting/Wegen/Weinreich，Bürgerliches Gesetzbuch，15. Aufl. 2020（引用：PWW/编撰人)

Soergel，Bürgerliches Gesetzbuch，13. Aufl. 1999 ff.（引用：Soergel/编撰人)

Staudinger，Kommentar zum Bürgerlichen Gesetzbuch，Neubearbeitung 2009 ff.（引用：Staudinger/编撰人)

Weinreich/Klein，Familienrecht Kommentar，6. Aufl. 2019

5. 其他文献

Engstler/Menning，Die Familie im Spiegel der amtlichen Statistik，2003

Jarass/Pieroth，Grundgesetz，16. Aufl. 2020（引用：Jarass/Pieroth/编撰人)

Junker，Internationales Privatrecht，4. Aufl. 2021

Looschelders，Schuldrecht Besonderer Teil，16. Aufl. 2021

v. Mangoldt/Klein/Starck，Kommentar zum Grundgesetz，7. Aufl. 2018（引用：v. Mangoldt/Klein/Starck/编撰人)

Medicus/Petersen，Bürgerliches Recht，27. Aufl. 2019（引用：*Medicus/Petersen* BürgerlR)

Schlüter，Prüfe dein Wissen - Erbrecht，10. Aufl. 2007（引用：*Schlüter* ErbR PdW)

Wellenhofer，Sachenrecht，36. Aufl. 2021

简 目

目录 *Contents*

第一章 ◀
基 础

第一节 导 论

一、家庭法的规范领域

《民法典》的第四编为家庭法，条文范围包括第 1297 条至第 1921 条。其下又可分为
三大规范领域（"章"）：婚姻法①、亲子关系法（"血亲关系"）② 以及有关监护、照管和保佐的章节。③

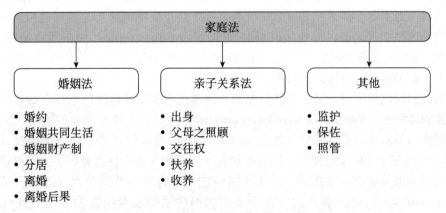

	家庭法	
婚姻法	亲子关系法	其他
• 婚约	• 出身	• 监护
• 婚姻共同生活	• 父母之照顾	• 保佐
• 婚姻财产制	• 交往权	• 照管
• 分居	• 扶养	
• 离婚	• 收养	
• 离婚后果		

家庭法（Familienrecht）是指有关婚姻与亲属关系的现行法律规范的总体。④ 有关监护与照顾的法律条文因此自然只能处于边缘位置。所以，既然家庭法与"**家庭**"（Familie）

---

① 《民法典》第 1297 条及以下各条。
② 《民法典》第 1598 条及以下各条。
③ 《民法典》第 1773 条及以下各条。
④ *Schwab* FamR GdR Rn. 1.

的概念相联系，那么紧接着的问题将是家庭这一概念在法律的意义上意味着什么。然而对其进行普遍且有效的定义几乎是不可能的。"有孩子的地方就有家庭"这种流行的表述并没有完全穷尽法律问题。"家庭"这一概念实际上必须分别在其事实关系和规范关系中不断地被重新加以确定。如今对此仍具有重要意义的框架条件为男女权利平等原则[①]以及婚生子女与非婚生子女法律地位平等原则。[②] 相较于过去一位父亲与其非婚生子女相互之间甚至连亲属关系都不存在，现今不仅存在由父亲、母亲（无论结婚与否）和子女所构成的核心家庭（Kernfamilie），甚至包括单亲父母与其子女都被归到"家庭"这一概念之下。宪法意义上的家庭概念请参看下文第二节边码 3。

2　　同性伴侣之间在 2017 年 9 月 30 日之前所能缔结的**登记的生活伴侣关系**（**eingetragene Lebenspartnerschaft**）法也属于家庭法。[③] 自 2017 年 10 月 1 日开始，婚姻制度也向同性伴侣开放了。婚姻关系与生活伴侣关系在过去几十年中一直相互趋同。此外，在更宽泛的意义上，**非婚生活共同体**（**nichteheliche Lebensgemeinschaft**）法也被归入家庭法之中。然而，在这方面所缺少的不仅仅是（家庭法上）有关的法律规范；在诉讼法上，立法机构也没有将相关的纠纷归由家事法庭管辖。尽管如此，联邦最高法院（BGH）也作出了一个例外的判决。按照这一判决，家事判决委员会（Familiensenat）对很多非婚生活共同体的法律问题也有管辖权。

二、现代家庭法发展的相关数据

1. 家庭法的动态发展

3　　几乎没有一个其他的法律部门像家庭法一样，需要紧跟社会现实的步伐，并不断地根据变迁的伴侣关系及家庭的形式与观念，来对其冲突解决模式进行调整。因此，在 20 世纪，德国就经历了众多根本性的家庭法改革，其中具有里程碑意义的改革包括：在婚姻法中贯彻男女地位平等原则，将婚姻破裂原则（Zerrüttungsprinzip）引入离婚法中（1976/1977 年），婚生子女与非婚生子女在亲子关系法上地位平等（1998 年）以及 2008 年的扶养法改革。相关的年份数据概况可参看下文发展概况。[④]

正如我们所观察到的，当代的社会发展正体现在当今欧洲范围内所存在的极大的**家庭生活形式的多样性**（**Vielfalt an familiären Lebensformen**）。虽然有子女的婚姻配偶双方目前仍然是德国最常见的家庭类型（约占 68%），然而，也有许多有子女的单亲抚养者（约占 23%）以及有子女的未婚伴侣。在有些情况下，先前关系中所生育的子女会被带入之后的婚姻或者非婚关系中；而在后一关系中有可能又生育其他共同子女（此即所谓拼盘家庭，Patchworkfamilien）。有子女成长于其中的同性婚姻或者同性关系也在慢慢地增多（此即所谓彩虹家庭，Regenbogenfamilien）。在 1960 年至 2010 年期间，缔结婚姻的数量在持续下降。此后则基本保持稳定。而非婚生活共同体的数量则始终在上升。无子女伴侣

---

① 《基本法》第 3 条第 2 款。
② 参看《基本法》第 6 条第 5 款。
③ 参看《生活伴侣关系法》第 1 条。
④ 参看下文本节边码 4。

中有 20％的以非婚形式共同生活，而在有子女的伴侣中，这一比例大约为 13％。①

2. 家庭法基本法律发展概况

年份数据是指相应的生效之年。

1938 年：于 1938 年 7 月 6 日生效的《**婚姻法**》②：将结婚和离婚的法律规定从《民法典》中分离出来，以适应纳粹思想。

1949 年：于 1949 年 5 月 23 日生效的《**基本法**》③ 包含了对家庭法至关重要的规定，尤其是第 3 条第 2 款（男女权利平等）、第 6 条第 1 款（婚姻与家庭的国家保护）、第 6 条第 2 款（保障父母权利）、第 6 条第 5 款（改善非婚生子女的法律地位）。

1969 年：于 1969 年 8 月 19 日公布④的《**非婚生子女法律地位法**》⑤ ——为了履行基于《基本法》第 6 条第 5 款的宪法委托（Verfassungsauftrag）而制定的新规定。

1976 年：于 1976 年 6 月 14 日公布⑥的《**婚姻法和家庭法改革一号法**》⑦：废除了婚姻解除的过错原则（Schuldprinzip），引入了以破裂原则（Zerrüttungsprinzip）为基础的新离婚法；引入了供养补偿制度（Versorgungsausgleich）；创设了家事法庭。

1979 年：于 1979 年 7 月 18 日公布⑧的《**父母照顾法重新规定法**》。⑨

1991 年：于 1990 年 6 月 26 日公布⑩的《**青少年儿童救济法**》⑪ ——替代了当时仍然适用的《青少年福利法》⑫；制定了作为现代福利给付法（Leistungsgesetz）的《社会法典》第八编。⑬

1992 年：于 1990 年 9 月 12 日公布⑭的《**成年人监护和保佐法改革法**》⑮ ——废除了成年人的禁治产制度（Entmündigung）并创立了法律照管制度（Institut der rechtlichen Betreuung）。之后该法律又通过于 1998 年 6 月 29 日公布的《照管法修正法》⑯ 进行了修改。

1994 年：于 1993 年 12 月 16 日公布⑰的《**家庭姓氏法重新规定法**》⑱ ——废除了家庭姓氏强制统一原则。

---

① 参看联邦统计局，《联邦德国 2019 年统计年鉴》，第 65 页。

② Ehegesetz，缩写为 EheG。

③ Grundgesetz，缩写为 GG。

④ BGBl. I 1243.

⑤ Gestz über die rechtliche Stellung der nichtehelichen Kinder，缩写为 NEhelG。

⑥ BGBl. I 1421.

⑦ Erstes Gesetz zur Reform des Ehe-und Familienrechts，缩写为 1. EheRG。

⑧ BGBl. I 1061.

⑨ Gesetz zur Neuregelung des Rechts der elterlichen Sorge，缩写为 SorgeRG。

⑩ BGBl. I 1163.

⑪ Kinder-und Jugendhilfegesetz，缩写为 KJHG。

⑫ Jugendwohlfahrtsgesetz，缩写为 JWG。

⑬ SGB Ⅷ.

⑭ BGBl. I 2002.

⑮ Gesetz zur Reform des Rechts der Vormundschaft und Pflegschaft für Volljährige，简称 Betreuungsgesetz，缩写为 BtG。

⑯ Betreuungsrechtsänderungsgesetz，缩写为 BtÄndG。

⑰ BGBl. I 2054.

⑱ Gesetz zur Neuordnung des Familiennamensrechts，简称 Familiennamensrechtsgesetz，缩写为 FamNamRG。

1995 年：于 1995 年 8 月 21 日公布①的《怀孕者及家庭救济修正法》。②

1998 年：于 1997 年 12 月 16 日公布③的**《亲子关系法改革法》**④——确定了婚生子女与非婚生子女在亲子关系法上的平等地位。

1998 年：于 1998 年 5 月 4 日公布⑤的**《结婚法重新规定法》**⑥——废止了 1938 年的婚姻法，将结婚规范重新纳入《民法典》中并进行了重新规定。

1999 年：于 1998 年 8 月 25 日公布⑦的**《限制未成年人责任法》**⑧——在《民法典》中新增了第 1629a 条。

2001 年：于 2001 年 12 月 11 日公布⑨的**《改善民事法院针对暴力和纠缠行为的保护以及简化分居时交付婚姻住房法》**。⑩

2002 年：于 2002 年 4 月 9 日公布⑪的**《进一步改善子女权利法》**⑫——排除了精子捐献情形下的父亲身份撤销。

2004 年：于 2004 年 4 月 23 日公布⑬的**《父亲身份之撤销与子女同密切相关之人交往权的规定修正法》**⑭——赋予生父以父亲身份撤销权。

2008 年：于 2007 年 12 月 21 日公布⑮的**《扶养法修正法》**⑯，自 2008 年 1 月 1 日起生效——对共同扶养法进行了变革。

2008 年：于 2008 年 3 月 26 日公布⑰的**《不经撤销程序而澄清父亲身份法》**⑱——新增了《民法典》第 1598a 条。

2008 年：于 2008 年 7 月 4 日公布⑲的**《子女最佳利益遭受危害时简化家庭法院措施法》**⑳——尤其是对《民法典》第 1666 条进行了重新表述。

---

① BGBl. I 1050.

② Schwangeren-und Familienhilfeänderungsgesetz，缩写为 SFHÄndG。

③ BGBl. I 2942.

④ Kindschaftsrechtsreformgesetz，简称 Kindschaftsrecht，缩写为 KindRG。

⑤ BGBl. I 833.

⑥ Gesetz zur Neuordnung des Eheschließungsrechts，简称 Eheschließungsrechtsgesetz，缩写为 EheschlRG。

⑦ BGBl. I 866.

⑧ Gesetz zur Beschränkung der Haftung Minderjähriger，简称 Minderjährigenhaftungsbeschränkungsgesetz，缩写为 MHbeG。

⑨ BGBl. I 3513.

⑩ Gesetz zur Verbesserung des zivilgerichtlichen Schutzes bei Gewalttaten und Nachstellungen sowie zur Erleichterung der Überlassung der Ehewohnung bei Trennung.

⑪ BGBl. I 1239.

⑫ Gesetz zur weiteren Verbesserung von Kinderrechten，简称 Kinderrechteverbesserungsgesetz，缩写为 KindR-VerbG。

⑬ BGBl. I 598.

⑭ Gesetz zur Änderung der Vorschriftenüber die Anfechtung der Vaterschaft und das Umgangsrecht von Bezugspersonen des Kindes.

⑮ BGBl. I 3189.

⑯ Gesetz zur Änderung des Unterhaltsrechts，缩写为 UÄndG。

⑰ BGBl. I 441.

⑱ Gesetz zur Klärung der Vaterschaft unabhängig vom Anfechtungsverfahren.

⑲ BGBl. I 1188.

⑳ Gesetz zur Erleichterung familiengerichtlicher Maßnahmen bei Gefährdung des Kindeswohls.

2009 年：于 2007 年 2 月 19 日公布①的《个人身份登记法改革法》。② 相关规定于 2009 年 1 月 1 日生效。

2009 年：于 2008 年 12 月 17 日公布③的《家事与非诉事务程序法》④ ——对民事诉讼法之外的家庭法程序进行了大幅度的修订。⑤

2009 年：于 2009 年 4 月 3 日公布⑥的《供养补偿结构改革法》⑦ ——重新规定了供养补偿法，特别是在新《供养补偿法》⑧ 中。

2009 年：于 2009 年 7 月 6 日公布⑨的《增益补偿法和监护法修正法》⑩ ——对增益补偿法领域相关规定进行了修订；新增《民法典》第 1568a 条和第 1568b 条。

2009 年：于 2009 年 7 月 29 日公布⑪的《照管法三号修正法》⑫ ——在《民法典》中新增有关**病人自由处分（Patientenverfügung）**的第 1901a 条。

2013 年：于 2013 年 4 月 16 日公布⑬的《未互相结婚之父母的父母照顾改革法》⑭ ——根据法院裁定也可违反母亲意愿而确定共同父母照顾之归属。

2013 年：于 2013 年 7 月 4 日公布⑮的《强化亲生但非法律上父亲之权利法》⑯ ——只是生父之人，在满足一定条件之时亦拥有与其孩子交往的权利。⑰

2015 年：于 2015 年 11 月 20 日公布⑱的《生活伴侣关系法调整法》⑲ ——继续调整《生活伴侣关系法》，使其与配偶之权利相适应。

2015 年：于 2015 年 11 月 20 日公布⑳的《扶养法与扶养程序法修正法》㉑ ——通过法律规定对最低扶养进行了规范。

2017 年：于 2017 年 7 月 17 日公布㉒的《反对童婚法》㉓，自 2017 年 7 月 22 日起生

---

① BGBl. I 122.

② Gesetz zur Reform des Personenstandsrechts，简称 Personenstandsrechtsreformgesetz，缩写为 PStRG。

③ BGBl. I 2586.

④ Gesetz über das Verfahren in Familiensachen und in den Angelegenheiten der freiwilligen Gerichtsbarkeit，缩写为 FamFG。

⑤ 参看下文本节边码 7。

⑥ BGBl. I 700.

⑦ Gesetz zur Strukturreform des Versorgungsausgleichs，缩写为 VAStRefG。

⑧ Gesetz über den Versorgungsausgleich，缩写为 VersAusglG。

⑨ BGBl. I 1696.

⑩ Gesetz zur Änderung des Zugewinnausgleichs-und Vormundschaftsrechts.

⑪ BGBl. I 2286.

⑫ Gesetz zur Änderung des Betreuungsrechts.

⑬ BGBl. I 795.

⑭ Gesetz zur Reform der elterlichen Sorge nicht miteinander verheirateter Eltern.

⑮ BGBl. I 2176.

⑯ Gesetz zur Stärkung der Rechte des leiblichen, nichtrechtlichen Vaters.

⑰ 《民法典》第 1686a 条。

⑱ BGBl. I 2010

⑲ Gesetz zur Bereinigung des Rechts der Lebenspartnerschaft.

⑳ BGBl. I 2018.

㉑ Gesetz zur Änderung des Unterhaltsrechts und des Unterhaltsverfahrensrechts，缩写为 UntKostRÄndG。

㉒ BGBl. I 2429.

㉓ Gesetz zur Bekämpfung von Kinderehen.

效——废除了未成年人婚姻。

2017 年：于 2017 年 7 月 20 日公布①的《有关引入同性结婚权法》②，自 2017 年 10 月 1 日起生效——根据《民法典》第 1353 条第 1 款的新规定，现在婚姻也向两个同性别的人开放了。

2017 年：于 2017 年 7 月 17 日公布③的《异体使用精子情形下规范知悉出身权法》④ ——颁布了自 2018 年 7 月 1 日起生效的《精子捐献者登记法》⑤，并且排除了对精子捐献者进行父亲身份确定。

2017 年：于 2017 年 7 月 20 日公布⑥的《有关加强实施离境义务法》⑦，自 2017 年 7 月 29 日起生效——颁布了有关禁止滥用父亲身份承认的《民法典》第 1597a 条。

2018 年：于 2018 年 12 月 18 日公布⑧的《有关实施引入同性结婚权法之法律》⑨，自 2018 年 12 月 22 日起生效——对各种不同的规定进行调整，使其与"面向所有人的婚姻 (Ehe für alle)"相适应。

2020 年：于 2020 年 3 月 19 日公布⑩的《有关执行联邦宪法法院于 2019 年 3 月 26 作出的有关排除非婚家庭中继子女收养判决之法律》⑪，自 2020 年 3 月 31 日起生效——新的《民法典》第 1766a 条允许处于稳定生活共同体中的非婚伴侣收养继子女。

2021 年：于 2021 年 5 月 4 日公布⑫的《有关监护法和照管法改革之法律》⑬，自 2023 年 1 月 1 日起生效——对监护和照管的规范进行根本性的变革。

2021 年：于 2021 年 5 月 12 日公布⑭的《供养补偿法修订法》⑮，自 2021 年 8 月 1 日起生效。

2021 年：于 2021 年 5 月 12 日公布⑯的《有关保护具有性别发展变异性之儿童的法律》⑰，自 2021 年 5 月 22 日起生效——制定《民法典》第 1631e 条。

---

① BGBl. I 2787.

② Gesetz zur Einführung des Rechts auf Eheschließung für Personen gleichen Geschlechts，简称《婚姻开放法 (Eheöffnungsgesetz)》。

③ BGBl. I 2513.

④ Gesetz zur Regelung des Rechts auf Kenntnis der Abstammung bei heterologer Verwendung von Samen.

⑤ Samenspenderregistergesetz，缩写为 SaRegG。

⑥ BGBl. I 2780.

⑦ Gesetz zur besseren Durchsetzung der Ausreisepflicht.

⑧ BGBl. I 2639.

⑨ Gesetz zur Umsetzung des Gesetzes zur Einführung des Rechts auf Eheschließung für Personen gleichen Geschlechts.

⑩ BGBl. I 541.

⑪ Gesetz zur Umsetzung der Entscheidung des Bundesverfassungsgerichts vom 26. März 2019 zum Ausschluss der Stiefkindadoption in nichtehelichen Familien.

⑫ BGBl. I 882.

⑬ Gesetz zur Reform des Vormundschafts-und Betreuungsrechts.

⑭ BGBl. I 1082.

⑮ Gesetz zur Änderung des Versorgungsausgleichsrechts.

⑯ BGBl. I 1082.

⑰ Gesetz zum Schutz von Kindern mit Varianten der Geschlechtsentwicklung.

2021 年：于 2021 年 6 月 3 日公布①的《加强儿童与青少年法（儿童与青少年强化法)》②，大部分自 2021 年 6 月 10 日起生效——对《社会法典第八编（儿童及青少年救济)》进行了大量修订。

三、家庭法的法源

家庭法的主要法源为**《民法典》（BGB)**。除此之外，还应特别注意以下这些法律，对这些法律的讨论将会依据其各自与家庭法的关系而进行：
- **《基本法》**③
- **《家事与非诉事务程序法》**④
- **《生活伴侣关系法》**⑤
- **《供养补偿法》**⑥
- **《收养介绍法》**⑦
- **《社会法典第八编（儿童及青少年救济)》**⑧
- **《个人身份登记法》**⑨
- **《民事诉讼法》**⑩
- **《法院组织法》**⑪

此外，从国际视角来看，**《欧洲保护人权和基本自由公约》**⑫也扮演着重要的角色。《欧洲保护人权和基本自由公约》第 8 条要求尊重私人和家庭生活权。欧洲人权法院⑬针对损害公约中所规定的权利所作出的判决，也成为推动德国亲子关系法的持续发展的重要动力。⑭

除此之外还需要提及的是各种**国际公约**（**internationale Übereinkommen**），尤其是《海牙收养公约》⑮、《海牙儿童保护公约》⑯、《海牙儿童诱拐公约》⑰ 以及《海牙判决执行

---

① BGBl. I 1444.
② Gesetz zur Stärkung von Kindern und Jugendlichen (Kinder-und Jugendstärkungsgesetz，缩写为 KJSG)。
③ Grundgesetz，缩写为 GG，《基本法》第 6 条尤为重要。
④ Gesetz über das Verfahren in Familiensachen und in den Angelegenheiten der freiwilligen Gerichtsbarkeit，缩写为 FamFG。
⑤ Lebenspartnerschaftsgesetz，缩写为 LpartG。
⑥ Versorgungsausgleichsgesetz，缩写为 VersAusglG。
⑦ Adoptionsvermittlungsgesetz，缩写为 AdVermiG。
⑧ Sozialgesetzbuch Ⅷ：Kinder-und Jugendhilfe，缩写为 SGB Ⅷ。
⑨ Personenstandsgesetz，缩写为 PStG。
⑩ Zivilprozessordnung，缩写为 ZPO。
⑪ Gerichtsverfassungsgesetz，缩写为 GVG。
⑫ Konventionzum Schutz der Menschenrechte und Grundfreiheiten，缩写为 EMRK。
⑬ Europäischer Gerichtshof für Menschenrechte，缩写为 EGMR。
⑭ 参看下文第二节边码 14 及以下各边码；第三十二节边码 13；第三十四节边码 17。
⑮ Das Haager Adoptionsübereinkommen.
⑯ Das Haager Kinderschutzübereinkommen.
⑰ Das Haager Kindesentführungsübereinkommen.

公约》。① 另外，一系列的欧盟条例（EU-Verordnungen），尤其是那些规范判决承认和执行的条例，也很重要（对此参看下文第三节边码2及以下各边码）。这些法律文件都被收录在了德国袖珍书出版社所出版的"贝克法律汇编丛书"第5577号——《家庭法》② 之中。

四、家庭法的程序概况

6 　　程序法在家庭法中具有非常重大的意义，因为很多法律后果，特别是离婚、父亲身份的撤销或者是父母离婚后照顾权的变更，唯有通过法院的裁判才能实现。这一类法律状态（Rechtslage）也只有通过法院裁判的既判力才能得到改变。

1. 法院与司法审级

　　家事法庭（**Familiengerichte**）是借由**1976年**的《**婚姻法和家庭法改革一号法**》（**1. EheRG von 1976**）而引入的。根据《法院组织法》第23b条第1款的规定，在基层法院（Amtsgerichte）这一层级，家事法庭是指负责家庭事务的审判庭。家事法官作为独任法官（Einzelrichter）而进行裁判。另外根据《法院组织法》第23c条的规定，在基层法院还形成了负责照管事务的审判庭（照管法院）。监护法庭则不复存在了。根据《法院组织法》第119条第2款的规定，尤其是对因不服基层家事法庭作出的有关家庭事务之判决而提起的上诉具有管辖权的州高等法院（Oberlandesgerichte）③，设有由三名法官组成的家事合议庭（Familiensenate）。法律上诉（Rechtsbeschwerde）则由联邦最高法院管辖。并由其中的第七民事合议庭具体管辖家庭事务和非婚生活共同体事务。相关判决则由五名法官集体作出。下图是关于司法审级的图表。

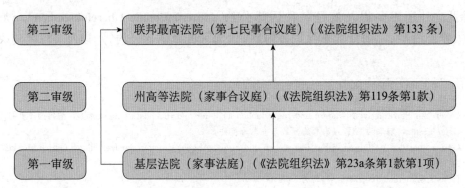

2.《家事与非诉事务程序法》（FamFG）

7 　　《家事与非诉事务程序法（FamFG）》自2009年9月1日起生效。该法尤其是对之前《民事诉讼法（ZPO）》和《非诉事务程序法（FGG）》中所包含的家事程序法规范进行了整合。和家庭法相关的是该法的第一编至第三编。

---

① Das Haager Vollstreckungsübereinkommen.
② Familienrecht，Beck-Texte im dtv Nr. 5577.
③《法院组织法》第119条第1款第1项a句。

《家事与非诉事务程序法》	
第一编 （第 1 条至第 100 条）	总则
第二编 （第 111 条至第 185 条）	家事程序： —第一章：一般性规定（第 111 条至第 120 条） —第二章：婚姻事务程序、离婚事务及其效果事务程序（第 121 条至第 150 条） —第三章：亲子关系事务程序（第 151 条至第 168a 条） —第四章：出身事务程序（第 169 条至第 185 条）
第二编 （第 186 条至第 270 条）	—第五章：收养事务程序（第 186 条至第 199 条） —第六章：婚姻住所及家庭事务程序（第 200 条至第 209 条） —第七章：家庭暴力保护事务程序（第 210 条至第 216a 条） —第八章：离婚后供养补偿事务程序（第 217 条至 229 条） —第九章：扶养事务程序（第 231 条至第 260 条） —第十章：婚姻财产制法事务程序（第 261 条至第 265 条） —第十一章：其他家事程序（第 266 条至第 268 条） —第十二章：生活伴侣关系事务程序（第 269 条、第 270 条）
第三编 （第 271 条至第 341 条）	照管和安置事务程序

《家事与非诉事务程序法》总则（第一编）规定了一般性的诉讼原则（例如，诉讼当事人的概念、卷宗阅览、期限的确定、一审程序、裁定、假处分、上诉、诉讼费用补助、费用和执行）。第二编才正式涉及家庭事务。至于**"家庭事务"**（Familiensachen）包括哪些，从《家事与非诉事务程序法》第 111 条以及上表中第一章至第十二章的标题便可得出。除此之外《家事与非诉事务程序法》第 112 条还使用了**"家庭争议事务"**（Familienstreitsachen）这一（下位）概念，大部分因婚约、婚姻、生活伴侣关系、婚姻财产制法或扶养法而产生的请求权都可归入这一概念之下。

3. 对《民事诉讼法》的补充效力

《家事与非诉事务程序法》在其总则当中已经援引了《民事诉讼法》中的诸多具体条款。[①] 对于婚姻和家庭争议事务，《家事与非诉事务程序法》第 113 条第 1 款第二句还规定了可以准用《民事诉讼法》总则的规定和《民事诉讼法》中有关州法院（Landgerichten）诉讼程序的规定。就这些方面而言，《家事与非诉事务程序法》的一系列条文规范便不再适用了，具体参看《家事与非诉事务程序法》第 113 条第 1 款第一句。然而根据《家事与非诉事务程序法》第 113 条第 4 款的规定，该法中有关婚姻事务的特别规定仍然适用。

所以在处理程序法相关问题时，首先应该将目光放在《家事与非诉事务程序法》中那些有关家庭法的特别章节上。当缺少相关的特别规定时，则在《家事与非诉事务程序法》总则中继续寻找。而只有在这之后，如果《家事与非诉事务程序法》第 113 条没有明确排

8

---

① 例如，《家事与非诉事务程序法》第 16 条、第 21 条、第 32 条及以下各条、第 95 条。

除适用，才可以考虑适用《民事诉讼法》中的一般性规定。

4. 家庭法程序的特别之处

9   关于考试相关的程序法上的具体内容（例如，离婚的程序或者父亲身份撤销的程序）将在后面的相关章节中讨论。而接下来要先对家庭法程序的某些特别之处作一个说明。

● 根据《家事与非诉事务程序法》第 114 条第 1 款的规定，家事法庭和州高等法院中的婚姻事务、离婚后果事务（例如，离婚后的扶养）以及独立的家庭争议事务（例如，申请提前进行增益补偿）原则上实行**强制律师代理制度（Anwalszwang）**。

● 根据《家事与非诉事务程序法》第 113 条第 5 款的规定，在称呼上，由**申请（Antrag）**、申请人和被申请人代替原先的起诉、原告和被告。此外，以**程序参与人（Beteiligten）**的称呼代替原先的诉讼当事人。

● 根据《家事与非诉事务程序法》第 116 条第 1 款的规定，法院应以**裁定（Beschluss）**的形式对家庭事务作出裁判。

● 根据《家事与非诉事务程序法》第 117 条第 1 款的规定，针对婚姻与家庭争议事务裁定的**审级救济手段（Rechtsmittel）**为**上诉（Beschwerde）**。对此的详细规定请进一步参看《家事与非诉事务程序法》第 58 条及以下各条。根据《家事与非诉事务程序法》第 63 条第 1 款的规定，上诉期限为 1 个月。根据《法院组织法》第 119 条第 1 款的规定，州高等法院对上诉有管辖权。

● 根据《家事与非诉事务程序法》第 70 条的规定，针对有关上诉所作出的裁判的审级救济手段为**法律上诉（Rechtsbeschwerde）**。若上诉审应被排除，则在符合《家事与非诉事务程序法》第 75 条所规定的前提下，也可以考虑**越级法律上诉（Sprungsrechtsbeschwerde）**。根据《法院组织法》第 133 条的规定，这些上诉都由联邦最高法院进行裁判。

五、法学教育与考试中的家庭法

1. 闭卷考试（Klausur）中的家庭法

10   纯粹的家庭法考试在第一次国家考试中并不是那么常见。大多数的时候是以债法或者物权法的案例作为考试重点，在其中结合审查家庭法的问题。因此，必须——就如通常情况下也会做的一样——按照正确的请求权基础进行审查，并附带地澄清，是否需要考虑家庭法的（特别）规定。因此，本书特别重视家庭法与债法和物权法的关系。

例子：如果配偶一方进行购物，而配偶另一方被请求支付价款，那么和通常一样，该请求权的产生应根据《民法典》第 433 条第 2 款的规定；但关于配偶另一方是否负有支付价款的义务，则应根据《民法典》第 1357 条来确定。

除此之外，考试的提问方式也会以继承法的问题结合家庭法的形式出现。在这种情况下，有可能必须要在审查继承的框架之内先澄清家庭法的问题。

例子：在被继承人死亡之时，若离婚的前提条件已经具备，且被继承人已提出或同意离婚申请的，那么配偶的法定继承权就按照《民法典》第 1933 条被排除了。此时就必须附带地审查《民法典》第 1565 条及以下各条所规定的离婚前提条件。

2. 作为必修科目的家庭法

家庭法一直以来都属于第一次国家考试中的必修科目（Pflichtfachstoff 或者 Pflicht- 11
stoff）。尽管如此，各联邦州的教育与考试条例在具体细节上都作了不同要求。通常来说，属于必修科目的有婚姻的一般效力、婚姻财产制法、离婚、非婚生活共同体法、出身法基础知识、父母照顾，尤其是子女的代理，以及父母—子女关系中的责任。此外，在某些联邦州，扶养法基础知识也属于必修科目。

3. 重点科目学习阶段（Schwerpunktbereichsstudium）中的家庭法

鉴于家庭法在诉讼代理和审判实务中具有重大意义，不少大学的法学专业决定在重点 12
科目学习阶段中设置家庭法的深入学习课程。就这方面来说，家庭程序法、国际私法、法比较（Rechtsvergleichung）以及家庭法上的契约起草也都在其中扮演重要的角色。

第二节　家庭法中的基本法权和人权——————————————

一、《基本法》第 6 条的意义

基本权，尤其是《基本法》第 1 条第 1 款、第 2 条第 1 款、第 3 条和第 6 条，在家庭 1
法中扮演着重要的角色。因此，大量联邦宪法法院的判决已经从根本上促成了家庭法的继续发展并引发了一系列重要的法律改革。其中的具体细节将于下文叙述。此外，基本权的评价（grundrechtliche Wertungen）也对家庭法中不确定概念和**一般条款**（General-klauseln）的解释产生了影响。

1. 《基本法》第 6 条第 1 款规定的保护婚姻和家庭

（1）婚姻的概念

《基本法》第 6 条第 1 款规定："**婚姻与家庭**（Ehe und Familie）受国家的**特别保护** 2
（**besonderen Schutz**）。"联邦宪法法院（BVerfG）在较早的一系列判决中将婚姻定义为，男女双方以长久持续为目标，以及事先以国家登记的方式处于一个原则上不可解除的生活共同体之中的共同生活。[①] 不过通过 2017 年的《婚姻开放法》已经引入了面向所有人的婚姻。从那时之后同性的伴侣也能够结婚。就此而言，通过《民法典》第 1353 条第 1 款的修改也间接地改变了宪法上的婚姻概念。[②] 此外，一种世俗化并因此与教会相分离的婚姻概念亦构成了《基本法》第 6 条第 1 款的基础。[③]《基本法》所保护的婚姻是指**单配偶婚姻**

---

① BVerfGE 10, 59 (66); 53, 224 (245); 62, 323 (330).
② 参看 *Gärditz* FF 2018, 8 (15); *Heiderhoff* NZFam 2020, 320 (324); 但有争议。
③ BVerfGE 31, 58 (83).

（**Einehe**），亦即由两个人所进行的结合。① 多偶婚姻（Polygamie）则不被德国法所承认。②
非婚生活共同体不属于婚姻概念的范畴并且只能援引《基本法》第 2 条第 1 款。③

（2）家庭的概念

3　　　每个与民法规范相符合的**小家庭**（**Kleinfamilie**）都受宪法上的家庭概念的保护。因此，家庭是指"存在于父母和子女之间的广泛（umfassende）共同体"④。此种共同体不以父母结婚为基础。因此，不管是婚生子女还是非婚生子女都同样属于家庭成员⑤，而且未成年子女和成年子女⑥以及养子女（Adoptivkinder）、继子女和寄养子女（Pflegekinder）同样属于家庭成员。⑦ 尤其是单亲父母与其子女也构成《基本法》第 6 条第 1 款意义上的家庭。⑧ 如果已登记的生活伴侣与其中一位伴侣所亲生或所收养的子女，生活在社会—家庭（sozial‑familiäre）共同体中，他们也构成受《基本法》第 6 条第 1 款所保护的《基本法》意义上的家庭。⑨ 在各自的背景之下，在**大家庭**（**Großfamilie**）框架之内事实上所存在的，与子女较为紧密的家庭联系，也能够被纳入《基本法》第 6 条第 1 款的保护范围之中，尤其是（外）祖父母与（外）孙子女之间的关系。⑩

（3）作为保护权和防御权的《基本法》第 6 条第 1 款

4　　　作为基本权和自由权的《基本法》第 6 条第 1 款，提供了一种针对国家对婚姻和家庭之干涉的防御权（Abwehrrecht）。⑪ 与此同时，婚姻和家庭还被描述为封闭的，且受国家庇护的（abgeschirmter）私人自治和生活领域。⑫ 家庭基本权受到了毫无保留的保障；然而这仍需要进行设计，并且由于宪法的内在限制而受到限制。⑬

有关**婚姻**（**Ehe**）的以下这些方面受到《基本法》第 6 条第 1 款的特别保护：

● 积极的结婚自由⑭
● 不受阻碍的共同生活和婚姻形成自由（Ehegestaltungsfreiheit）⑮
● 婚姻内部角色的自由分配⑯
●（婚姻）契约自由⑰
●《基本法》第 6 条第 1 款，并结合适用第 2 条第 1 款、第 1 条第 1 款所规定的婚姻或

---

① BVerfGE 10，59（66）.
② 对此参看 *Heiderhoff* NZFam 2020，320（323）。
③ BVerfGE 82，6（16）；87，234（267）；另参看下文第二十七节边码 3。
④ BVerfGE 10，59（66）.
⑤ BVerfGE 45，104（123）；92，158（176 ff.）.
⑥ BVerfGE 57，170（178）.
⑦ BVerfGE 18，97（105）；80，81.
⑧ BVerfGE 45，104（123）.
⑨ BVerfG NJW 2013，847.
⑩ BVerfG FamRZ 2014，1435 und 1841；（外）祖父母作为子女的监护人。
⑪ 例如 BVerfGE 6，386（388）；81，1（6）。
⑫ BVerfGE 91，130（134）.
⑬ BVerfG FamRZ 2015，119.
⑭ BVerfGE 28，324（347）；105，313（342）.
⑮ 参看 BVerfGE 80，81（92）；105，1（10）。
⑯ 例如 BVerfGE 39，169（183）；107，27（53）。
⑰ BVerfGE 103，89（101）.

者家庭姓氏选择权①

- 消极的结婚自由，更确切地说是不结婚的自由②
- 离婚自由，因为只有在离婚之后才有机会进入一个新的婚姻③
- 离婚的后果效力。④

在**家庭（Familie）**方面，则以下各点应受到《基本法》第 6 条第 1 款的特别保护：

- 建立家庭的自由⑤
- 家庭生活的自由形成⑥
- 生活和教育共同体，即使在家庭共同体解体之后仍然作为一种包含着父母（一方）与子女之交往的会面共同体（Begegnungsgemeinschaft）。⑦

但是最近德国联邦宪法法院已经澄清，父母在他们的某一个子女于互联网上**非法共享文件（illegales Filesharing）**的情况下，无法从《基本法》第 6 条第 1 款中得出权利，使他们能够在与权利人的诉讼中拒绝告知具体是哪一个子女实施了这一侵权行为。⑧ 就此而言，在面对受到《基本法》第 14 条第 1 款所保护的权利人的法律地位时，保护家庭就只能退居次要位置了。

（4）作为制度保障的《基本法》第 6 条第 1 款

《基本法》第 6 条第 1 款对婚姻提供制度性的保障。由于缺乏婚姻的法定定义，重点就被放在了**婚姻的核心领域（Kernbereich der Ehe）**，即依据自由的个人决定，并在其中以法定的方式所完成的两个人之间的结合。⑨ 此外，婚姻被认为是持续性的共同体。因此立法机构在设计相关的婚姻权利（尤其是离婚的权利）时，不得不考虑婚姻原则上的不可解除性。⑩

（5）作为进行价值抉择的原则性规范（wertentscheidende Grundsatznorm）的《基本法》第 6 条第 1 款

《基本法》第 6 条第 1 款包含着一个对整个法律体系均有拘束力的价值抉择。这一价值抉择，使国家负有义务保护婚姻和家庭免受干涉，以及通过适当的方式促进婚姻和家庭。⑪ 由此产生了损害禁止和**促进要求（Förderungsgebot）**这两个结果。后者尤其要通过国家所负担的家庭经济补助（Familienlastenausgleich）义务来实现。⑫ 《基本法》第 6 条第 1 款还规定了国家要促进——尤其是在社会保障领域——家庭经济凝聚力的任务。⑬ 但

---

① BVerfGE 104, 373 (387).
② BVerfGE 56, 363 (384). 这一案件就此而言是按照《基本法》第 2 条第 1 款进行裁判的。
③ 参看 BVerfGE 31, 58 (82 f.)；但一种完全自由的"婚姻解除权"则有可能并不符合婚姻的概念。
④ BVerfGE 53, 257 (297)；108, 351 (363 f.).
⑤ 参看 Mangoldt/Klein/Stark/*Robbers* GG Art. 6 Rn. 92.
⑥ "依照内心意思在家庭责任和照顾方面自由形成共同体"的权利，BVerfGE 80, 81 (92).
⑦ 按照家庭共同体的关系强度而形成不同的保护力度，参看 BVerfGE 80, 81 (90 f.)；另参看 BVerfG FamRZ 2010, 2050.
⑧ BVerfG NZFam 2019, 379.
⑨ BVerfGE 10, 59 (66)；29, 166 (176).
⑩ 参看 BVerfGE 53, 224 (245)。
⑪ BVerfGE 28, 324 (347).
⑫ 参看 BVerfGE 39, 316 (326)；82, 60 (81)。
⑬ BVerfG FamRZ 2014, 911.

是从促进要求中，并不能得出妨碍其他诸如登记的生活伴侣关系或者非婚生活共同体等生活形式的要求。①

从作为进行价值抉择的原则性规范的《基本法》第 6 条第 1 款之中，还能进一步推论出**禁止歧视**（**Diskriminierungsverbot**）。据此，相对于其他生活方式，婚姻不应被置于不利的地位。② 因此与非婚生活共同体或者登记的生活伴侣关系相比，婚姻不应处于不利地位。另外，与（无子女的）婚姻③或者无子女的单身人士④相比，家庭也不应处于不利地位。禁止歧视在税法领域尤其具有重大的意义。

2.《基本法》第 6 条第 2 款所规定的父母权之保护

《基本法》第 6 条第 2 款规定："照料和教育子女是父母的自然权利，也是父母承担的首要义务。国家机构对他们的行为予以监督。"

7　　父母权⑤不仅仅是父母的基本权和自由权以及"整个法律体系的指导方针"⑥。《基本法》第 6 条第 2 款第一句也将其规定为一项**父母的义务**（**Pflicht der Eltern**）。⑦ 也就是说父母权本质上是一项服务于有保护需要的子女利益的权利。⑧《基本法》第 6 条第 2 款和第 3 款一方面起到防御权的作用，另一方面则作为**具有约束力的价值抉择**（**verbindliche Wertentscheidung**）在起作用。⑨ 在父母—子女关系这方面，《基本法》第 6 条第 2 款和第 3 款相对于《基本法》第 6 条第 1 款来说属于特别法（leges speciales）。⑩

8　　父母权的主体（**Träger des Elternrechts**）分别是父母双方自己⑪；不过，寄养父母⑫和继父母还是被排除在父母权主体的范围之外了。已登记的生活伴侣或者同性婚姻配偶也能够分别成为《基本法》第 6 条第 2 款意义上的父或母；法律原文并没有将其限定为不同性别的父母共同体。⑬ 如果法律意义上的父亲身份和生父身份不一致，那么**生父**（**leiblicher Vater**）不享有父母权，因为一名子女在法律意义上只能有一名父亲；但在一定的前提条件下，生父也有可能获得法律意义上的父亲身份，或者至少能获得与子女交往的权利。⑭ 除此之外，与生父事实上的关系能够被纳入《基本法》第 6 条第 1 款所规定的家庭保护的范围。与此相反的是，当已经承认了父亲身份的男子并非生父并且没有同子女建立社会家庭关系时，那么法律意义上的父亲身份原则上也能够受到《基本法》第 6 条第 2 款第一句

---

①　BVerfGE 105, 313 (348).

②　*持续性判决*，例如 BVerfGE 109, 96 (125)。

③　BVerfG NJW 1983, 271 ff.

④　BVerfGE 45, 104 (124).

⑤　《基本法》第 6 条第 2 款、第 3 款。

⑥　BVerfGE 4, 52 (57).

⑦　所谓的父母责任（Elternverantwortung），BVerfGE 10, 59 (76 ff.); 103, 89 (107)。

⑧　参看例如 BVerfGE 61, 358 (371 f.); 72, 122 (137)。

⑨　BVerfGE 21, 132 (138).

⑩　BVerfGE 24, 119 (135 f.).

⑪　BVerfGE 47, 46 (76); 99, 145 (164); 关于"非婚父亲"的法律地位，参看 BVerfG FamRZ 2010, 1403 以及下文第三十二节边码 13。

⑫　例如 BVerfGE 79, 51 (60)。

⑬　BVerfG NJW 2013, 847.

⑭　BVerfGE 108, 82 (104); 参看下文第三十一节边码 31 及以下各边码、第三十四节边码 16。

的保护。①

父母权包括有关照料和教育子女的决定自由，这一自由尤其包含以下几个方面：

- 照看子女的身体健康
- 包括宗教教育在内的对子女的教育②
- 给子女命名的权利③
- 与子女交往的权利④

对父母权的**限制（Grenzen）**是从其义务约束中得出的。行使《基本法》第 6 条第 2 款第二句所规定的国家监督（staatliches Wächteramt）职权可以成为国家介入父母权的正当理由，但这种介入要严格遵循比例原则（der Grundsatz der Verhältnismäßigkeit）。⑤ **子女（Kinder）**还能够从父母权中得出要求父母对其进行照料、教育和监督⑥，以及要求**由国家进行保护（Schutz durch den Staat）**的**请求权（Anspruch）**。⑦

3. 《基本法》中的子女权

联邦政府于 2021 年 1 月 22 日提交了《有关明确确定子女权的基本法修正法案》。⑧ 按照这一法案，应在《基本法》第 6 条第 2 款中补充下列语句："包括要求发展独立人格的权利在内的子女宪法权利应受到尊重和保护。子女最佳利益应受到适当考虑。子女要求被听取意见的宪法上的权利应受到维护。父母的主要责任仍不受影响。"借此应该可以清晰地强调，子女既是所有基本权的主体，同时也需要受到特别的保护。子女最佳利益原则（Kindeswohlprinzip）以及子女被听取意见的权利应当明确地获得宪法上的地位。⑨ 但是由于缺少议会党团之间的一致意见，这一计划未能在第 19 届议会任期内实施。

4. 《基本法》第 6 条第 5 款所规定的婚生子女与非婚生子女平等

《基本法》第 6 条第 5 款规定："对于非婚生子女，应通过立法创造与婚生子女同等的条件，以促进他们身心成长，获得同等的社会地位。"

《基本法》第 6 条第 5 款本来是作为**立法机构的任务（Auftrag an den Gesetzgeber）**而规定的⑩，但也适用于审判机构和行政机构。在宪法中规定第 6 条第 5 款的原因在于当时非婚生子女处于更为不利的生活条件之中。一直以来，立法机构也通过大量的改革来履行其义务。尽管如此，这一宪法任务今后会继续存在下去。除了立法任务之外，《基本法》

边码 9、10、11

---

① BVerfG NJW 2014，1364.

② BVerfGE 41，29.

③ BVerfGE 104，373（385）.

④ BVerfG FamRZ 2007，105 und 1078 und 1625.

⑤ 例如 BVerfG NZFam 2017，795；参看下文第三十二节边码 34。

⑥ 参看 BVerfGE 56，363（381）；68，256（269）.

⑦ BVerfG FamRZ 2021，672.

⑧ Gesetzentwurf zur Änderung des Grundgesetzes zur ausdrücklichen Verankerung der Kinderrechte. BR-Drs. 54/219；BT-Drs. 19/28138.

⑨ 对此参看 *Treichel* JZ 2020，653；*Janisch* AnwBl 2020，18；*von Landenberg-Roberg* NZFam 2021，145.

⑩ 参看 BVerfGE 84，168（185）.

第6条第5款也作为**基本权**（**Grundrecht**）和宪法上的价值抉择①来实现。这里既涉及一项可与《基本法》第3条第3款相对照的有关平等的基本权②，同时也涉及一项有利于非婚生子女的保护性规范。③

《基本法》第6条第5款中的保护针对的是每一个**非婚生的个人**（**nichteheliche Person**），而不论其年龄之大小。④ 当一个人的父母在其出生之时还没有结婚时，这个人就属于非婚生（子女）。非婚生子女的父母则不在该保护之范围内。

从客观的角度来看，在《基本法》第6条第5款的保护和适用范围内，必须存在与非婚生相关的**不平等**（**Ungleichbehandlung**），也就是说，在两种相类似的情况下所遭受的区别对待与非婚生身份相关联。此外，基本权主体还必须因这种不平等而遭受不利。⑤ 不利和不平等既可以是因个人非婚生身份而直接产生的后果，也可以仅仅是一种**间接后果**（**mittelbare Folge**），例如，当未婚母亲在抚养费法上遭受不利，从而也间接影响到其非婚生子女的生活地位时。⑥

二、《基本法》第3条第2款所规定的家庭法中的平等原则

12　　就婚姻生活共同体方面而言，虽然也能从《基本法》第6条第1款得出伴侣双方具有平等权利的思想，⑦ 不过首要的还是在《基本法》第3条第2款中所规定的宪法上的**男女平等原则**（**Gleichbehandlung von Mann und Frau**）。这一原则在家庭法领域也产生了影响。当今，在所有家庭法领域男女都被赋予了平等的法律地位，尤其是在以下几个方面：

● 《民法典》第1355条所规定的婚姻姓氏的确定⑧；
● 《民法典》第1357条所规定的日常家事代理权（Schlüsselgewalt）的确认⑨；
● 婚姻角色的分配，参看《民法典》第1356条。⑩

此外，有利于使家务料理及子女教育与通过工作而向家庭提供必要的金钱在扶养法上具有**同等价值**（**Gleichwertigkeit**）的法律评价也很重要。对家庭进行现金扶养和现物扶养（Naturalunterhalt）在法律意义上具有同等价值的贡献。⑪ 结合《基本法》第6条第1款还能从平等原则中得出所谓的**平分原则**（**Halbteilungsgrundsatz**）。因为配偶双方——在传统的角色分配中同样如此——在婚姻关系存续期间作出了同等价值的贡献，所以在离婚之时，他们应当拥有要求平等分配婚内共同所得的请求权。⑫ 因此，配偶双方在扶养、增益

---

① BVerfGE 8，210（216 f.）.
② BVerfGE 17，280（286）.
③ BVerfGE 17，148（153）.
④ BVerfGE 44，1（19 f.）.
⑤ 参看 BVerfGE 17，148（153 f.）。
⑥ 参看 BVerfGE 36，126（133）；BVerfG FamRZ 2007，965。
⑦ 可参看的仅有 BVerfGE 76，1（72）。
⑧ 参看下文第七节边码1及下一边码。
⑨ 参看下文第十节边码1及下一边码。
⑩ 参看下文第九节边码13。
⑪ 参看有关家庭扶养方面的《民法典》第1360条，有关子女抚养方面的《民法典》第1606条第3款第二句。
⑫ 例如 BVerfG FamRZ 2011，437。

补偿和供养补偿的范围内，原则上享有可分配价值的一半。[①]

多年以来法院曾忙于处理平等对待**婚姻和登记的**（同性）**生活伴侣关系**（**Ehe und eingetragener Lebenspartnerschaft**）的诸多问题。[②] 随着也向同性伴侣开放婚姻的《婚姻开放法》的通过，这一问题已经基本得到了解决。

婚姻和**非婚生活共同体**（**Ehe** und **nichteheliche Lebensgemeinschaft**）的不平等通常仍然能够在《基本法》第6条第1款中找到其实质的正当性。但是当涉及子女的利益时，情况也可能会有所不同。联邦宪法法院最近已经作出裁判，认为只允许已婚的配偶双方而不允许未婚伴侣**收养继子女**（**Stiefkindadoption**）违反了《基本法》第3条第1款。[③]

三、《欧洲保护人权和基本自由公约》第8条规定的私人和家庭生活权

为了坚守法治国原则（Rechtsstaatsprinzip），除了《基本法》之外，立法机构以及其他国家权力机构还必须注意**《欧洲保护人权和基本自由公约》**[④] 以及欧洲人权法院（EGMR）的判决。这一点在家庭法，尤其是在亲子关系法中扮演着重要角色。[⑤]

尽管《欧洲人权公约》经批准生效后在德国可直接适用，但仅仅是作为效力等级低于《基本法》的一般性法律。[⑥] 根据《欧洲人权公约》第8条第1款，人人都有权享有**使自己的私人和家庭生活**、住所以及通信**得到尊重**（**Achtung ihres Privat-und Familienlebens**）的权利。与此相对，结婚和组建家庭的权利则通过《欧洲人权公约》第12条得到保护。对《欧洲人权公约》第8条意义上的"家庭生活"应该作非常宽泛的理解。因此，伴侣双方之间的**私人关系**（**private Beziehung**）是受保护的，而不管他们是已婚关系还是仅仅为伴侣关系，也不管他们是同性关系还是异性关系。尤其是同性伴侣之间的事实关系，根据《欧洲人权公约》第8条，也被纳入家庭生活的概念之中。[⑦] 此外，性取向也受到《欧洲人权公约》第8条的保护。[⑧] 因此，在这点上，《欧洲人权公约》与只是在一定程度上在《基本法》第2条第1款的框架内给予相应保护的德国法之间就产生了一些分歧。

在父母子女关系上，与婚生以及非婚生子女的关系也都一并受到《欧洲人权公约》第8条的保护。[⑨] 当一名（成年的）监狱服刑人员被拒绝参加其母亲的葬礼时，就可能存在对《欧洲人权公约》第8条的违反。[⑩] 当与子女存在一种紧密的个人关系时，寄养父母也能够被纳入《欧洲人权公约》第8条的保护范围。[⑪] 而且，《欧洲人权公约》第8条的保护还扩展到了**"事实家庭"**（**De-facto-Familie**）的其他不同变形，例如，子女与非婚继父母

---

① 参看 BVerfGE 105，1（12）。
② 例如 BVerfG NJW 2010，1439；2013，2257。
③ BVerfG NZFam 2019，473.
④ EMRK，以下简称《欧洲人权公约》。
⑤ 参看 BVerfG FamRZ 2010，1403。
⑥ BVerfG NJW 2004，3407.
⑦ EGMR FamRZ 2015，1785.
⑧ EGMR NVwZ 2011，31.
⑨ 例如 EGMR NJW 2001，2315。
⑩ EGMR BeckRS 2019，44622.
⑪ EGMR FamRZ 2012，429.

一方紧密的个人联系。① 另外，所有近亲属之间的关系也属于应受保护的家庭关系，也就是说，例如（外）祖父母与（外）孙子女之间的关系（也包含在内）。② 此外，事实上共同生活的可能性也处于尊重家庭生活的范围。与此相应的就是《欧洲人权公约》第 8 条也为分居或者离婚之后的父母提供了照顾及交往权。③

16　　　为了有利于**仅为子女之生父**（**nur leiblicher Vater**）者，其想要与子女建立家庭生活的利益，也就说一种**预期的家庭生活**（**beabsichtigtes Familienleben**）也受到《欧洲人权公约》第 8 条的保护（"预期家庭生活"）。④ 在**代孕**（**Leihmutterschaft**）的情形下，虽然欧洲人权法院也接受了相应的国内禁令，但是得到澄清的是，当一名子女以这样的方式被生育下来时，其利益以及对私人和家庭生活权相对于一般预防性的衡量，原则上必须具有优先性。⑤ 就这方面来说，《欧洲人权公约》第 8 条所规定的子女对私人生活的权利也包括能够与意愿父母（Wunscheltern）建立法律上父母子女关系的权利。⑥

17　　　此外，违反《欧洲人权公约》第 8 条的理由还可能是在出身事务、照顾法事务或者交往事务中的**诉讼时间过长**（**überlange Verfahrensdauer**）。⑦ 最后但同样很重要的是，子女的出身知悉权也属于对私人和家庭生活权。⑧

四、《欧洲人权公约》第 14 条规定的禁止歧视

18　　　《欧洲人权公约》第 14 条所规定的禁止歧视在家庭法中也起到重要的作用。虽然这并非要求为同性伴侣获得结婚的机会。⑨ 但是，当一个国家仅为异性伴侣，却不为**同性伴侣**（**gleichgeschlechtlichen Paaren**）开放登记的伴侣关系⑩，或者完全不为后者提供任何法律上承认其伴侣关系的形式时，就与这一规定不一致了。⑪ 而与此相反的是，为异性伴侣在婚姻之外还开放注册的伴侣关系这一途径却并非必须的。⑫

　　　当同性伴侣被禁止收养继子女时，同样可以得出对禁止歧视原则的违反。⑬ 但是当女性生活伴侣一方生育一名子女时，女性生活伴侣的另一方不必如同一名丈夫一样⑭被依法赋予父母的地位。⑮ 不过当一名已婚妇女必须冠丈夫的姓氏时，是违反禁止歧视原则的。⑯

---

① 参看 EGMR NJW 2003，809；FamRZ 2008，377。
② EGMR NJW 1979，2449.
③ 参看例如 EGMR NJW 2004，3397。
④ *intended family life*，参看 EGMR FamRZ 2011，1715；2012，23；2017，385；2018，1423；参看下文第三十四节边码 17。
⑤ EGMR FamRZ 2014，1349 und 1525；但受到了一定限制 NJW 2017，941。
⑥ 参看下文第三十一节边码 7。
⑦ EGMR NJW 2014，3083；2015，1433.
⑧ EGMR FamRZ 2006，1354.
⑨ EGMR NJW 2011，1421.
⑩ EGMR FamRZ 2014，189 有关希腊法的判决。
⑪ EGMR NLMR 2017，553 涉及《欧洲人权公约》第 8 条。
⑫ EGMR FamRZ 2017，2030.
⑬ EGMR NJW 2013，2173 有关奥地利的判决。
⑭ 参看《民法典》第 1592 条第 1 项。
⑮ EGMR NJW 2014，2561.
⑯ EGMR FamRZ 2005，427 有关土耳其法的判决。

另外，当**非婚生子女**（**nichteheliche Kindern**）在继承法上的地位不如婚生子女时，也意味着一种对非婚生子女的歧视。[①]

第三节　有关国际家庭法的提示

一、概况

家庭法中经常出现跨国的案件事实。比如配偶双方想要在德国生活，却拥有另一个国家的国籍。又比如一名德国籍男子想要与一名法国籍女子结婚并且想要与其在德国或者（以及）在法国生活。这一类型的国际冲突案件，在个案中可能会与远远超过《民法典》实体法之范围的法律问题联系在一起。对这些问题，在此书的框架内无法进行详细讨论。然而还是要对一些相关的问题和部分相关的规范勾勒出一个简要的概况。

首先出现的问题是，那些在国外所作出的家庭法上的**法院裁判**（**Gerichtsentscheidungen**）是否也能够轻易地在国内生效或者得到**承认**（**anerkannt**）。这可能涉及诸如离婚或者照顾权的归属。

另一个问题则涉及**管辖法院的确定**（**Bestimmung des zuständigen Gerichts**）。比如，如果一位惯常居住地为德国的比利时籍男子想与其奥地利籍妻子离婚，那么哪一个国内或者国外的法院对这一离婚案件有管辖权？

最后需要解决的是，在个案中，国内或者国外的实体法是否适用。这就是所谓的**国际私法**（**Internationales Privatrecht**，**IPR**）或者冲突法的适用范围问题。对此的相关规范一般可以在《民法典施行法（EGBGB）》第 3 条及以下各条中找到。但是《民法典施行法》第 13 条及以下各条中相关的家庭法规范，目前越来越多地被欧洲法所推翻并且在一定程度上仅在相关欧盟条例的适用范围之外生效。[②]

二、重要的欧盟条例

1. 《布鲁塞尔 Ⅱ a 条例》（Die Brüssel Ⅱ a-Verordnung）

于 2003 年 11 月 27 日公布的编号为 2201/2003 的欧盟条例（EU-Verordnung），也被称为《欧洲婚姻事务条例（EuEheVO）》，涉及的是**婚姻事务**（**Ehesachen**）以及有关**父母责任**（**elterliche Verantwortung**）程序中的管辖和裁判的承认与执行。尤其是照顾权事务以及交往事务都属于后者（参看《布鲁塞尔 Ⅱ a 条例》第 1 条第 2a 款）。[③] 其通过于 2019 年 6 月 25 日公布的编号为 2019/1111 的条例（欧盟）进行了新的修订，被称为《布鲁塞

1

2

---

① EGMR FamRZ 2017，656.

② 有关其完整内容参看 *Junker*，IPR，§§18，19。

③ 对此参看例如 NJW-RR 2020，130。

尔 Ⅱ b 条例（Brüssel Ⅱ b-VO)》[①]，自 2022 年 8 月 1 日起生效。

如果照顾权事务以及子女保护事务中的涉外因素涉及的并非欧盟《欧洲婚姻事务条例》的成员国，而是其余的缔约国（例如，瑞士、丹麦），那么就有可能适用 1996 年的 **《海牙儿童保护公约》**[②]，其中部分包含了与《欧洲婚姻事务条例》中子女相关规范相类似的规范。

法律争议可能特别涉及某一条例的事实适用范围是否开放的问题。比如有关（外）祖父母与其（外）孙子女的交往权是否也属于《欧洲婚姻事务条例》[③] 的适用范围这一问题，欧洲法院（EuGH）最近就作出了肯定的回答。[④]

国际家庭法中一个中心概念及连结点就是（配偶或者子女的）**惯常居住地**（**gewöhnlicher Aufenthalt**)，例如《欧洲婚姻事务条例》中的第 3 条及以下各条和第 8 条及以下各条。比如，如果一个婴儿从来没有在《欧洲婚姻事务条例》的某个成员国中待过，那么依据《欧洲婚姻事务条例》第 8 条第 1 款，他在那儿（不受其国籍影响）也就不可能拥有惯常居住地，所以《欧洲婚姻事务条例》在这种情况下就不具有相关性了。子女或其母亲是不是在违背他们意愿的情况下被扣留于国外这一问题，在此并不重要。[⑤]

2. 《罗马 Ⅲ 条例》（Die Rom Ⅲ-Verordnung）

3 于 2010 年 12 月 20 日公布的编号为 1259/2010 的欧盟条例，根据其第 1 条第 1 款的规定，适用于表明与不同国家的法律有联系时的**离婚**（**Ehescheidung**）以及不解除婚姻关系的分居，并且规范的是与此相关的**冲突法**（**Kollisionsrecht**）。因此，《民法典施行法》第 17 条中所涉及的有关离婚的规范广泛地援引了这一条例。

就像比如在叙利亚基于《沙里亚法（Scharia)》而被允许的，仅配偶一方或者其代理人在宗教法庭上通过单方表示进行的所谓私人离婚（Privatscheidung），是不在《罗马 Ⅲ 条例》适用范围之内的。[⑥] 在这种情形下所涉及的并非该条例第 1 条意义上的离婚。[⑦]

3. 两部《欧洲婚姻财产制法条例》（Die EU-Güterrechtsverordnungen）

4 于 2016 年 6 月 24 日公布的（自 2019 年 1 月 29 日起生效）编号为 2016/1103 的欧盟条例，既规范冲突法，也规范婚姻**财产制**（**Güterstand**）问题中裁判的承认和执行 [《欧洲婚姻财产制条例（EuGüVO)》]。不过此处财产制法的概念要比《民法典》中的宽泛，还包括了《民法典》第 1353 条及以下各条所规定的财产法上的效力以及所谓的其他财产制事务法（Nebengüterrecht）。[⑧] 与此同时，编号为 2016/1104 的欧盟条例也被公布，其规定了前一条例中哪些规定可相应适用于登记的伴侣关系 [《欧洲伴侣条例（EuPartVO)》]

---

① ABl. 2019 L 178, 1.

② Kinderschutzübereinkommen，缩写为 KSÜ，自 2011 年 1 月 1 日起在德国生效。

③ 参看《欧洲婚姻事务条例》第 2 条第 10 项。

④ EuGH NJW 2018, 2034.

⑤ EuGH FamRZ 2019, 132.

⑥ EuGH NJW 2018, 447.

⑦ 详情参看 *Johanson* NJOZ 2020, 353；有关冲突法的处理参看 BGH NJW 2020, 3592.

⑧ *Dutta* FamRZ 2016, 1973, 1975.

但是两个条例各自的冲突法规范只适用于 2019 年 1 月 29 日之后缔结的婚姻或者伴侣关系，参看《欧洲婚姻财产制条例》或《欧洲伴侣条例》第 69 条第 3 款。其他所有婚姻在冲突法上则继续适用《民法典施行法》第 14 条中的规范。

4. 《欧洲扶养条例》（Die EU-Unterhaltsverordnung）

德国法院对某一扶养事务上的裁判是否有管辖权，则首先要根据于 2008 年 12 月 18 日公布的、编号为 4/2009 的欧盟条例来确定。这一条例涉及的是扶养事务中的管辖权、所适用的法律、裁判的承认与执行以及司法协作［《欧洲扶养条例（EuUnthVO）》］。不过在与瑞士、冰岛和挪威的法律事务交往中，《路加诺公约（das Luganer Übereinkommen）》①优先适用，参看《欧洲扶养条例》第 69 条第 1 款。至于所涉及的与此相关的冲突法，《欧洲扶养条例》第 15 条则援引了有关扶养义务适用之法律的《海牙扶养协定（Haager Protokoll）》。②

 深入阅读材料推荐

Benedict，Die Ehe unter dem besonderen Schutz der Verfassung，JZ 2013，477；*Britz*，Der Familienbegriff im Verfassungsrecht，NZFam 2018，289；*Coester-Waltjen*，Art. 6 GG und die Familienautonomie，Jura 2009，105；*Dutta*，Das internationale Familien-und Erbrecht in der Rechtsprechung des Gerichtshofs der Europäischen Union-die vergangenen fünf Jahre，ZEuP 2020，897；*Heiderhoff*，Die EU-Güterrechtsverordnungen，IPRax 2018，1；*dies.*，Aktuelle Fragen zu Art. 6 GG：Flüchtlingsfamilien，Regenbogenfamilien，Patchworkfamilien-und das Kindergrundrecht，NZFam 2020，320；*Herzmann*，Der Schutz von Ehe und Familie nach Art. 6 Abs. 1 GG，Jura 2015，248；*Hibig*，Abgrenzungsfragen hinsichtlich der Zuständigkeit der Familiengerichte，FPR 2011，68；*Jürgensen/Laude*，Art. 6 II GG in der Fallbearbeitung，JA 2019，672；*Keuter*，Die Rechtsprechung des BVerfG in Familiensachen in 2019，NZFam 2020，420，in 2020，NZFam 2021，120；*Meyer*，Gleichgeschlechtliche Ehe unabhängig vom Ehebegriff des Art. 6 Abs. 1 GG verfassungsmäßig，FamRZ 2017，1281；*Pintens*，Familienrecht und Rechtsvergleichung in der Rechtsprechung des Europäischen Gerichtshofs für Menschenrechte，FamRZ 2016，341；*Sanders*，Was ist eine Familie? -Der EGMR und die Mehrelternschaft，NJW 2017，925.

第四节 复 习

1. 家庭法具体分为哪些规范领域？

---

① ABl. EU 2009 Nr. L 147，5.
② HUntProt，ABl. EU 2009 Nr. L 331，19.

2. 家庭法的主要法源是哪些？

3.《家事程序与非诉事务法》和《民事诉讼法》的规范之间互相处于何种关系之中？

4. 家庭法中的司法审级如何设置？

5. 请指出以下问题的两个方面，即《欧洲人权公约》第8条所规定的保护私人和家庭生活在何种程度上超出了《基本法》第6条第1款所规定的对家庭之保护。

6. 在具有涉外因素的家庭法案件中是如何确定所适用之实体法的？

（自测题的答案在书末。）

第二章

婚约、结婚和婚姻姓氏

第五节　婚　约

婚姻法法条范围
• 婚约：《民法典》第 1297 条及以下各条
• 结婚和婚姻废止：《民法典》第 1303 条及以下各条
• 婚姻生活共同体：《民法典》第 1353 条及以下各条
• 婚姻财产制法：《民法典》第 1363 条及以下各条
• 离婚法：《民法典》第 1564 条及以下各条
• 离婚后扶养：《民法典》第 1569 条及以下各条
• 供养补偿：《供养补偿法》

一、概况

　　《民法典》第 1297 条至第 1302 条规定的是婚约（Verlöbnis）。但婚约在民法上的意义 *1* 不大。这一点从《民法典》第 1297 条第 1 款的核心表述中已经可以得出，即按照该条款的规定，无法根据婚约而（向法院）提出结婚的申请。也就是说虽然可以作出结婚的承诺，但这一承诺在法律上是不可执行的。《家事程序与非诉事务法》第 120 条第 3 款也补充规定，所负的结婚义务不适用强制执行。即使作出了若不结婚就给予赔偿的承诺，也不能规避《民法典》第 1297 条第 1 款的规定，比如一方承诺："如果我不和你结婚，你至少可以获得一辆新的奔驰汽车。"根据《民法典》第 1297 条第 2 款的规定，此种违约金的承诺（Vertragsstrafeversprechen）① 将是无效的。

　　但是，当一方当事人基于对婚约的信赖而作出相应安排，却遭遇另一方毫无理由地退 *2*

---

① 这一概念参看《民法典》第 339 条。

出婚约时，婚约的**法律效力**（**Rechtswirkungen**）就在保护信赖一方中实现了。对此，《民法典》第 1298 条在有限的范围之内提供了损害赔偿请求权。除此之外，根据《民法典》第 1301 条第 1 句的规定，在婚约解除之时还有要求返还赠礼的请求权。婚约的其他法律效力还表现在其他法律领域，比如在继承法中，参看例如《民法典》第 2276 条第 2 款、第 2279 条第 2 款。此外，根据《民事诉讼法》第 383 条第 1 款第 1 项和《刑事诉讼法》第 52 条第 1 款第 1 项的规定，订婚人可享有在诉讼中免于出庭作证的权利（Zeugnisverweigerungsrecht）。在刑法中，根据《刑法典》第 11 条第 1 款第 1a 项的规定，订婚人还属于家属（Angehörigen）的范围。

二、婚约的概念和法律性质

1. 理论争议

3　　婚约是指两个人互相作出的、将来想要彼此之间结婚的承诺，以及从中产生的订婚人之间的法律关系。[①] 有关婚约的承诺可以通过明示或者也可以通过例如佩戴订婚戒指等可推断（konkludent）的方式作出。

4　　婚约的法律性质一直有**争议**（**umstritten**）。在考试案例中，尤其是当有未成年人参与到订婚中时，理论争议就变得很重要了。但是，如果根据案例所给出的事实，两个人已经"订婚了"，则不需要再进一步分析婚约的概念了。

　　按照或许是最受支持的**契约理论**（**Vertragstheorie**）[②]，婚约需要通过契约，也就是说通过《民法典》第 116 条及以下各条意义上两个互相一致的意思表示来成立。尽管其中所承诺的义务具有不可诉性[③]，但是按照这一理论，通过婚约所产生的仍然是真正的法律义务。然而，由于该义务（通过结婚进行的）履行与否最终还是任由当事人的自由意愿来决定，所以将婚约归属于真正的契约无法让人信服。而且当事人自己在订婚（Verlobung）时也几乎不会以认为这是一项"法律行为"[④]。

　　契约理论的弱点表明，需要对契约理论进行修正。所以，**修正的契约理论**（**abgeschwächte Vertragstheorie**）不认为婚约是一项法律意义上的契约或者法律行为上的意思表示，而是将其当作准法律行为（geschäftsähnliche Handlungen）。因此，当根据这类准法律行为的特征以及典型的利益状况，相应地适用有关意思表示的规定看起来合理时，才应该相应地适用有关意思表示的规范。[⑤] 但如此一来，在法律适用中则又会产生一定的不确定性。不过，为了有利于未成年人，《民法典》第 106 条及以下各条原则上适用。

5　　按照**事实性理论**（**Tatsächlichkeitstheorie**）[⑥]，婚约并未被当作法律行为，而仅仅作为

---

①　OLG Frankfurt a. M. NJW-RR 2019, 1097.

②　RGZ 61, 267 (271)；BGHZ 28, 375 (377)；*Gernhuber/Coester-Waltjen* FamR § 8 Rn. 5；*Muscheler* FamR, Rn. 228；Palandt/*Siede* BGB Einf. v. § 1297 Rn. 1.

③　《民法典》第 1297 条第 1 款。

④　参看 Rauscher FamR, Rn. 107。

⑤　*Schwab* FamR GdR Rn. 45；BeckOK BGB/*Hahn*, § 1297 Rn. 6；Staudinger/*Löhnig* Vorbem. zu §§ 1297ff. Rn. 20ff.

⑥　*Mathiaß*, Lehrbuch des Bürgerlichen Rechts, 6./7. Aufl., 1914, § 223.

由于自然的意思一致而产生的事实性社会现象。因此，婚约仅是一种事实行为，不适用《民法典》第 116 条及以下各条的规定。但与此相反的观点则认为，《民法典》第 1298 条、第 1301 条的规定绝对为所达成的约定设置了法律后果。现如今，这一理论已经不再受支持，因此在下文的例子中也就不再提及了。

信赖责任理论（**Theorie der Vertrauenshaftung**）将婚约规范解释为一种法定（前契约上的）信赖责任的体现。[①] 根据缔约过失（c. i. c.）这一法律制度，婚约不再被认为是法律行为——因为（还）不存在一个有约束力的契约——而是前契约上的信赖事实。最终，退出婚约与其说是表明了违反契约，还不如说是表明了违反信赖。对于信赖责任而言，还存在另一个特点，那就是不存在主给付义务（primäre Leistungspflichten），而是在责任情形（Haftungsfall）下仅仅须对消极利益进行赔偿。根据这一理论，对于婚约来说构成要素并非是两个互相一致的意思表示，而是**对婚姻承诺的互相信赖**（**beiderseitiges Vertrauen auf das Eheversprechen**）。就此而言，具有决定性作用的是那种以可归责的方式由双方所产生的对未来缔结契约，或者更确切地说是对结婚的信赖。依笔者的观点，这一**信赖责任**（**Vertrauenshaftung**）理论在教义学上可最为协调地被纳入《民法典》第 1297 条及以下各条的理念之中。然而，必须承认的是，信赖的概念仍然是模糊的。因此，即使在这一理论的基础之上，也不可避免地要与订婚人互相的表示联系起来。

2. 未成年人的婚约

当有一名未成年参与到婚约中时，前述的理论争议就产生影响了。如果在比如单方解除婚约后这种情况下，提出了《民法典》第 1298 条所规定的请求权，那么作为该请求权成立的首要构成要件[②]就应该是审查是否存在有效的婚约。所以接下来的问题就是，在哪些前提条件之下，一个限制行为能力人才能够有效地订立婚约。对此，从婚约的**高度人身属性**（**höchstpersönlicher Charakter**）之中已经能够得出的是，一名未成年人在未经其法定代理人，或者更确切地说是其父母的同意之前，不能与他人订立婚约。而且很明确的是，只有在未成年人及其法定代理人都同意的情况之下，婚约才有效。

但是，当未成年人未经父母之同意（**Minderjähriger ohne Zustimmung der Eltern**）而与他人订立婚约，而无论此种未经同意是指私下订婚还是不顾父母之反对而订婚时，其所产生的法律后果都是很有疑问的。若按照契约理论，则应适用《民法典》第 107 条及以下各条，并且将会使婚约的有效性取决于父母的追认（Genehmigung）。按照事实性理论，则婚约将毫无疑问地生效了。而按照信赖责任理论，虽然婚约本身是有效的，但是只有当有未成年人一方产生了可归责的对未来结婚的信赖时，《民法典》第 1298 条所规定的未成年人责任才可以考虑。但是当存在法定代理人对婚约的同意（Zustimmung）时，这一点通常才可按照《**民法典》第 107 条及以下各条的评价**（**Wertung der §§ 107 ff. BGB**）在未成年人保护的意义上予以肯定。[③] 就这方面而言，大家得出的一致结论就是，**未成年人保护**（**Minderjährigenschutz**）也必须在婚约法上有效地适用。一方面应该保护未成年人免

右边码：6　7　8

---

① *Canaris* AcP 165（1965），1ff.；*Rauscher* FamR Rn. 106f；*Dethloff* FamR § 2 Rn. 5ff.

② 参看下文本节边码 12。

③ 例如 *Dethloff* FamR § 2 Rn. 9 即持这一观点。

受加重其负担的（私下）订婚所带来的法律后果，例如免受针对他的《民法典》第1298条所规定的那些请求权；但是另一方面，当他自己就是受害人时，则不应对其限制适用这一类请求权。因此，应该按照所追求的结果，在某一情况下论证婚约的无效，而在另一情况下则论证其有效。这在法技术上如何实行，将在接下来的案例中加以说明。

案例： 17岁的女孩蒂塔（Tita，T）在父母不知情的情况下与30岁男子佐罗（Zorro，Z）订立婚约。她因此从节省下来的零花钱中为Z买了一件订婚礼物以及一件价值500欧元的婚礼礼服。在Z见异思迁并且不愿意和她结婚之后，T要求Z返还她之前的赠礼并且要求损害赔偿，因为她在二手商品店里只能以250欧元的价格亏本出售那件礼服。

赠礼的返还请求权基础（**Anspruchsgrundlage für die Rückgabe**）可能是《民法典》第1301条连同适用第818条第1款（**§1301 in Verbindung mit § 818 Abs. 1 BGB**），损害赔偿的（**für den Schadensersatz**）请求权基础则可能是《民法典》第1298条第1款（**§1298 Abs. 1 BGB**）。

这两条规范在构成要件上都以一个**有效的婚约**（wirksames Verlöbnis）为前提条件。而这一前提条件是有可能欠缺的，因为根据《民法典》第106条、第107条的规定，T作为限制民事行为能力人，在作出法律上不利益的意思表示时需要其父母的同意（Einwilligung）。然而，这两条规范只有在婚约中确实涉及法律行为或者更确切地说涉及契约时才可以适用。这一问题是有争议的。

——按照**契约理论**（Vertragstheorien），一个有效的婚约在本案中最终必然会被否定，因为按照该理论，《民法典》第107条及以下各条虽然可以直接适用或者相应适用，但却缺少法定代理人的允许。然而，这样T就无法援引有利于自己的《民法典》第1301条、第1298条，从而导致对其不利。因此当婚约仍然是效力待定（schwebend unwirksam）时，事情才会变得简单。之后父母便仍可通过追认使婚约有效[1]，并因此创造上述的请求权基础。不过，在个案中，追认还是可能有一个缺点，即也会因此形成针对未成年人的因婚约产生的请求权。如果不希望这样，或者追认已经被明确拒绝了，唯一的补救措施就只有适用《民法典》第242条了。行为上不符合法之诚实性（rechtstreu）的另一方成年订婚人，不得援引婚约的无效。此外，还可以借助《民法典》第109条第2款的思想来进行论证：对另一方订婚人而言，当其知道伴侣是未成年人时，就不得援引婚约的无效。

——按照**信赖责任理论**（Theorie der Vertrauenshaftung），《民法典》第107条及以下各条不（直接）适用，所以即使没有法定代理人的同意，为有利于未成年人起见，也可以存在一个有效的婚约。具有决定性作用的将会是，未成年人根据当时的情形（Umständen）是否可以信赖另一方伴侣所作出的结婚承诺。大多数情况下，这一点都是会被肯定的，所以未成年人享有《民法典》第1298条及以下各条所规定的请求权。

9　　当这些**请求权针对未成年订婚人**（Ansprüche gegen den minderjährigen Verlobten）时，则存在与上面相反的问题。

---

[1] 《民法典》第108条第1款。

案例： 17 岁女孩维奥拉（Viola，V）假装成年人及孤儿，和 25 岁男子恩斯特（Ernst，E）订立了婚约。E 的父母在 V 同意的情形下资助 1 000 欧元用于婚礼的筹办。这之后不久，V 觉得她已经不爱 E 了，而且她父母反正是会反对她结婚的。E 的父母能够请求 V 赔偿他们的资助吗？

E 的父母可能有《民法典》第 1298 条第 1 款所规定的损害赔偿请求权（Schadens-ersatzanspruch aus § 1298 I BGB）。而对此的前提条件仍然是一个有效的婚约。

——如果遵循的是**契约理论**（Vertragstheorie），那么此时处理起来就容易了。婚约被归类为法律行为，包括《民法典》第 107 条及以下各条在内的有关意思表示的规定都可以适用。因为目前缺少 V 父母的同意，并且他们很有可能也会明确拒绝同意，所以依据《民法典》第 108 条第 1 款的规定，不存在有效的婚约。E 的父母的请求权就不成立了。未成年人保护就可以很容易地得以贯彻。不过侵权法上的请求权不受此影响。

——按照修正的**契约理论**（abgeschwächten Vertragstheorie），为了保护未成年人，此处可以类推适用《民法典》第 107 条及以下各条。[1] 那么结果就和前面那种情况一致了。

——如果赞同本书所支持的**信赖责任理论**（Theorie der Vertrauenshaftung），那么结果的论证就会变得更加困难一些了。就此而言，《民法典》第 107 条及以下各条无法适用。只有当未成人以可归责的方式成立了相应的信赖要件（Vertrauenstatbestand）时，才考虑其责任。这一点在未成年人小于 16 岁的情形下是会被否定的，因为他们此时还缺少理解结婚承诺之意义和后果的能力。而在 16 或者 17 岁的情形下，虽然在个案中相应的理解能力可能会被肯定[2]；然而问题在于，另一方订婚人事实上是否会对此产生信赖。这符合以下这一原则，即知道或者应当知道对方未成年的这一方订婚人不太值得保护。[3] 因此，只要法定代理人未同意或者另一方订婚人未成年并确认了婚约，那么就不存在充分的信赖要件。所以，结果就是未成年人保护通常也会得到贯彻。

不过在当前这个案例中，还存在着以下的特别之处，即 V 隐瞒了她的未成年人身份并且还故意冒充成年人。她接受了 E 的父母的计划，并未阻止。在这些情况下，将《民法典》第 828 条第 3 款作为判断可归责性的标准并且认为 E 与其父母值得保护，看起来是合适的。E 的父母在上述情形下是可以信赖即将来临的结婚的。因此，父母的请求权必须得到肯定。所以，通过适用信赖责任理论，可以得出个案上公平的结果。也就是说，根据未成年人的年龄、认识以及与有过错，未成年人保护有可能也不得不作出让步。

针对 V 的另一个《民法典》第 823 条第 1 款所规定的请求权被排除了，因为只有父母的财产受到损害。而对《民法典》第 826 条所规定的请求权而言，V 的损害故意将是必要的，对此，案件事实所能提供的证据就太少了。

3.《民法典》总则其他规范的适用

普遍毫无争议的是，**无行为能力人**（Geschäftsunfähige）不能有效地订立婚约。就此而言，《民法典》第 104 条、第 105 条——分别按照不同的理论方式——在婚约法中也直接

10

---

[1] BeckOK BGB/*Hahn* BGB § 1297 Rn. 8.
[2] 参看《民法典》第 828 条第 3 款。
[3] 《民法典》第 109 条第 2 款。

或者相应适用。然而《民法典》第 119 条及以下各条所规定的有关意思表示因错误、胁迫或者欺诈而**撤销**（Anfechtung）的规定是不能适用的，因为在这方面，《民法典》第 1298 条、第 1299 条已经包含了特别规范。此外，无论如何，（当事人）在任何时候都可以退出婚约。

11　　按照通说（h. M.），当一个已经和其他人结婚了的人又订立婚约时，则适用**《民法典》第 138 条**（§ 138 BGB）。因此，已婚者的婚约**无效**（nichtig）[①]，更确切地说，即使离婚程序已经开始或者被过度拖延了，这样的订婚也无效。至于订婚人是否认识到了违反善良风俗，则无关紧要。[②]

　　然而这不应该导致，比如一位不知道她"未婚夫"已婚的女士会被置于不受保护的地位。如果她在发现真实情况之后退出婚约，不应拒绝她根据《民法典》第 1298 条、第 1301 条所提出的请求权。可以通过婚约规范的类推适用（analoge Anwendung der Verlöbnisnormen）来达到这个目的[③]或者通过援用**《民法典》第 242 条**（§ 242 BGB）[④]，因为该条禁止另一方订婚人援引婚约之无效（不被允许的权利滥用）。最终这里所涉及的订婚人不应该处于比在婚约有效时更差的情况中，而且另一方订婚人也不应该仍可从婚约无效中获得好处。另外，《民法典》第 826 条所规定的请求权也可以考虑。

三、无理由解除婚约时《民法典》第 1298 条所规定的损害赔偿请求权

12　　在一方订婚人无原因解除婚约时，《民法典》第 1298 条赋予另一方、其父母以及特定第三人要求赔偿因基于对婚姻的期待而支出费用或者承担债务所形成之损害的请求权。就此而言，这一条款相对于《民法典》第 311 条第 2 款的一般性责任是**特别法**（lex specialis）。此外，侵权法仍然可以适用。

《民法典》第 1298 条的审查模板（Prüfungsschema）

1. 有效的婚约

2. 因订婚人一方的解除导致婚约解除

A.《民法典》第 1298 条第 1 款和第 3 款所规定的，因请求权相对人没有重大原因却解除婚约

B. 或者《民法典》第 1299 条所规定的，因有过错地导致对方解除婚约

3. 有权提起请求权之人

A. 相关的订婚人

B. 或者其父母

C. 或者代替父母处理事务的第三人

4. 损害

A.《民法典》第 1298 条第 1 款第 2 句所规定的，是因为费用支出或承担债务，或

[①]　BGH FamRZ 1984，384.

[②]　OLG Karlsruhe NJW 1988，3023.

[③]　OLG Schleswig FamRZ 2014，1846；OLG Oldenburg FamRZ 2016，2102.

[④]　BGH FamRZ 1969，474 关于《民法典》第 1301 条。

者由于涉及财产或职业地位的措施而导致的不利益所形成的

    B. 与所期待的结婚有因果关系的

    C. 《民法典》第 1298 条第 2 款所规定的在适当范围内的

1. 无原因解除婚约或者有过错地导致对方解除婚约

《民法典》第 1298 条的核心构成要件是没有重大原因却解除婚约，参看该条第 3 款。**13** 解除婚约本身是一个具有高度人身性的、需领受的意思表示，是未成年人即使没有法定代理人的同意也能作出的意思表示。[①] 当然，当人们解除婚约时，总是有自己的原因的。结婚终究是一个有特别影响的决定，所以应该好好考虑。因此解除婚约任何时候都是被允许的。然而当对方对婚约产生信赖并已经作出了相应的安排，而现在却不得不面临着——自己并没有导致其产生的——婚约的解除时，那么他就值得受保护。此处就存在着一个要求赔偿信赖损害的请求权。

当解除婚约的那一方仅仅出现可归责于自己的一般性态度转变（Gesinnungswandel）时，便存在**"无原因"**解除（**"grundloser" Rücktritt**）。然而，当订立婚约之后出现或者显露出一些来自另一方伴侣范围的情形，使得在考虑到婚姻本质的情况下，此时拒绝结婚显得可以理解时，就存在一个得以排除损害赔偿责任的重大原因。这类情形可以是诸如：**不忠行为（Treuebruch）**、严重的过错行为、家族中的遗传性疾病、正罹患疾病[②]、有犯罪前科、有婚史或者存在有抚养请求权的子女。就这方面来说，在有疑义的情况下必须考虑的是，某一情形最终是属于谁的**风险范围（Risikosphäre）**之内[③]以及哪一种投入风险的分配因此看起来是合适的。尽管如此，在个案中可能仍然比较难以对此进行判断。

《民法典》第 1299 条（§ 1299 BGB）明确规定，不仅仅无原因解除婚约的人要承担损 **14** 害赔偿，而且通过某个足以构成解除婚约之重大原因的过错而引起另一方解除婚约的人也要承担损害赔偿。也就是说，在所有可能想得到的各类情况中，起决定性作用的不是谁（首先）表示要解除婚约，而是解除婚约的原因属于谁的风险范围内。按照普遍的观点，在彼此同意废止婚约的情况下，不适用《民法典》第 1298 条。[④]

2. 请求权人

一方面，法律规定了受无原因解除婚约影响的订婚人，或者在《民法典》第 1299 条 **15** 之意义上被迫解除婚约的订婚人本身为请求权人。但是相应的投入又经常是由订婚人**父母（Eltern）**，或者代替父母处理事务，诸如教父这样的**第三人（dritte Personen）**所提供的。所以根据《民法典》第 1298 条第 1 款的规定，他们也是请求权人。其他人的信赖则不受保护。

例子：当订婚人一方短时间之内就见异思迁时，已经为婚礼预定了花饰的教母就可以请求损害赔偿。但是已经购买了婚礼礼物却又无法作他用的女邻居就不能提出任何请求了。

---

① 参看 RGZ 98, 13（15）。

② BGH FamRZ 2005, 1151.

③ *Schwab* FamR GdR Rn. 51.

④ Palandt/*Siede* BGB § 1298 Rn. 2.

3. 损害

16　需要赔偿的仅仅是那些因基于对婚姻的期待而支出费用或者承担债务所形成的损害。诸如预定婚礼旅行、订婚典礼的花费、为婚礼所做的准备或者租赁一套新住房都可以算作这一类支出费用。然而与所期待的结婚的**因果关系**（Kausalzusammenhang）必须要明确。不需要赔偿的则是那些无论如何都会出现的投入。尤其是订婚人共同生活的一般性花费、家务中的劳务给付等。那些因为解除婚约才出现的，例如表现为健康损害这种形式的损害，按照《民法典》第 1298 条的规定也同样是不能赔偿的。

但是按照《民法典》第 1298 条第 2 款第 2 句的规定，向订婚人另一方也需要赔偿因**基于对婚姻的期待**（in Erwartung der Ehe）而采取涉及其他财产或者**职业地位**（Erwerbsstellung）的措施所遭受到的损害。例如，订婚人很有可能基于对与结婚相关的搬家的期待而辞掉了他的工作职位或者放弃了他的企业经营。因此就有可能出现较为长期的收入损失或者至少是重新启动职业的花费。

17　基于信赖保护的《民法典》第 1298 条的规范目的，无法证成使负有赔偿义务的订婚人承担无限制的责任风险。所以《民法典》第 1298 条第 2 款规定，根据情形只有**适当的费用支出**（angemessene Aufwendungen）才可以赔偿。过度奢侈或仓促支出的风险应该由投入人自己来承担。对此的判断标准则根据当事人各自的，尤其是债务人的**生活条件**（Lebensverhältnisse）而定。这一点在考虑到职业类型的措施时也很重要。在订婚后的很短时间内并且结婚并非近在眼前的情况下就放弃非常确定的工作机会，通常是不合适的。[1] 在过度费用支出的情形下，仍有待审查的是由于行为基础丧失[2]所产生的请求权。[3]

四、《民法典》第 1301 条所规定的返还赠礼（Geschenke）请求权

《民法典》第 1298 条的审查模板（连同适用《民法典》第 818 条）

1. 有效的婚约

2. 没有结婚

明确表示解除婚约则并非必要。

3. 给另一方伴侣的订婚赠礼

而并非：生日赠礼或者非婚生活共同体中的一般性给付

4. 不存在《民法典》第 1301 条第 2 句所规定的由于死亡而排除返还请求

法律后果：《民法典》第 818 条及以下各条所规定的根据不当得利法返还赠礼

18　《民法典》第 1301 条所规定的请求权引起的问题相对来说要少一些。仅仅需要注意的是**订婚赠礼**（Verlobungsgeschenk）这一构成要件。虽然所有类型的给予（Zuwendungen）都可以归入其下，然而，从目的来看，这一概念需要进行限制性解释。不可把因为其他动

---

① OLG Frankfurt a. M. FamRZ 2008，1181.

② 《民法典》第 313 条。

③ OLG Oldenburg FamRZ 2009，2004.

机所作的赠礼包括进去。这同样也适用于那些因为订婚而偶尔作出的给付，或者当前共同生活的费用。①

> **案例**②：克劳斯（Klaus，K）和贝娅（Bea，B）打算结婚，并且大部分时间也已经在一起共同生活了。因为 B 手头有些紧，K 就都她支付了 1 500 欧元的私人牙医账单。结果之后两人并没有结婚，反而分手了，于是 K 请求 B 返还那些钱。
>
> 《民法典》第 1301 条所规定的请求权（**Anspruch aus § 1301 BGB**）被排除了，因为清偿牙医账单并非《民法典》第 1301 条意义上的赠礼。对这些费用的支付并非基于对婚姻的期待，而是考虑到当前的共同生活。

至于《民法典》第 1301 条在法律后果方面是包含着一个法律原因③的参照适用抑或一个**法律后果的参照适用**（**Rechtsfolgenverweisung**）④，则是**有争议的**（**umstritten**）。但是第一种观点的支持者也没有审查《民法典》第 812 条 1 款第 1 句前半项，而是在《民法典》第 1301 条的前提条件下自然而然地认定为《民法典》第 812 条第 1 款第 2 句后半项（给付结果未发生的不当得利）中的一种情况了，这样——如果按照这个思路的话——似乎要在审查模板上另外加上第五点了。根据这两种观点，最终都可以得出适用《德国民法典》第 818 条。不过仍然很重要的一点是，只有在认定是法律原因的参照适用的情况下，《**民法典**》**第 815 条**（**§ 815 BGB**）才能够得以适用。当给付人知道结果（此处是指结婚）不可能出现时，或者当他违背诚信原则阻止结果出现时，《民法典》第 815 条就排除了返还请求权。

除了《民法典》第 1301 条之外我们还可以审查《**民法典**》**第 812 条第 1 款第 1 句前半项**（**§ 812 Abs. 1 1 Alt. 1 BGB**）直接规定的请求权。订婚人另一方通常已经通过给付获得了每一项赠礼的所有权。然而大部分情况下对此都存在一个**法律原因**（**Rechtsgrund**），也就是赠与（Schenkung）。⑤ 这一法律原因原则上不受婚约解除的影响。只有当赠与被有效地撤销了⑥或者因为其他原因而无效时，情况才会有所不同。否则，在任何情况下，都只考虑仅在赠与人致贫⑦或者受赠人有严重过错行为或有重大忘恩行为⑧时才可能出现的赠与之撤回。这一点必须要予以特别审查。在这些情况下都可经由《民法典》第 531 条第 2 款进入到不当得利法领域。

 **深入阅读材料推荐**

深入学习：*Erbarth*，Ansprüche bei Beendigung eines Verlöbnisses，FPR 2011，89；

---

① OLG Brandenburg NZFam 2016，336.
② BGH NJW-RR 2005，1089.
③ 比如 BGHZ 45，258（262）即持这一观点。
④ Staudinger/*Löhnig* BGB § 1301 Rn. 14；*Erbarth* FPR 2011，89（94）.
⑤ 《民法典》第 516 条。
⑥ 《民法典》第 119 条及以下各条。
⑦ 《民法典》第 528 条。
⑧ 《民法典》第 530 条第 1 款。

Röthel，Rückgewähr von Zuwendungen durch Verlobte，Ehegatten，Lebenspartner，Jura 2006，641。

案例与考试：*Benner*，2. Teil，Fall 2；*Schwab*，FamR PdW，Fälle 1 - 5。

第六节　结婚和婚姻的废止

一、导论

1. 婚姻的概念

1　　婚姻这一概念没有法定定义。按照传统的观点，婚姻的特征在于，只能在**两个（zwei）**人之间缔结①，并且原则上是以持续终身②为目的。③ 婚姻是在所表示的婚姻意思（Ehewillen）的基础上通过契约成立的（**合意原则**④）。婚姻合意必须在国家机关处作出表示（"强制性的民事婚姻"）。除此之外，从 2017 年 10 月 1 日开始出现了新的变化，婚姻之前仅仅被理解为是**男和女（Mann und Frau）**之间的结合⑤，而现在两个**相同性别（gleiches Geschlecht）**的人之间也可以缔结婚姻。就此而言，婚姻的总体图景在社会中已经发生了改变和发展。

　　婚姻不受教会义务的影响；根据《民法典》第 1588 条的规定，这些义务也不受婚姻法相关规定的影响。原则上**教会结婚仪式（Kirchliche Trauung）**只有在证明完成了"世俗的"结婚之后才可以举行。之前这一点甚至被明确地规定于《个人身份登记法》第 67 条旧条文之中。与此同时，《个人身份登记法》第 11 条第 2 款仅仅规定了禁止未成年人进行宗教性提前结婚仪式这一种类型。

　　根据《基本法》第 6 条第 1 款的规定，婚姻处于特别的宪法保护之下并且作为**制度受到保障（Institut garantiert）**。⑥ 此外，**结婚自由（Eheschließungsfreiheit）**也被规定。⑦ 因此立法机构只限于，在法律明确性（Rechtsklarheit）的意义上对结婚程序进行规范，以及以例外情况的方式对婚姻禁止作出规定。结婚自由也受到《欧盟基本权利宪章（Charta der Grundrechte der Europäischen Union）》第 9 条和《欧洲人权公约》第 12 条的保障。

2. 准备程序和结婚仪式

2　　结婚仪式是在**户籍登记处（Standesamt）**进行的一个前置准备程序。⑧ 订婚人必须提

① **单偶婚姻（Monogamie）**，参看《民法典》第 1306 条。
② BVerfG FamRZ 1959，416（417）.
③ **终身原则（Lebenszeitprinzip）**，参看《民法典》第 1353 条第 1 款第 1 句。
④ **Konsensprinzip.**
⑤ 仍然可以参看 BVerfG NJW 2008，3117。
⑥ BVerfGE 36，146（161）；参看上文第二节边码5。
⑦ BVerfGE 29，166（175）.
⑧ 详情参看《个人身份登记法》第 12 条及以下各条。

交某些特定的证书，户籍登记处据此可以审查结婚的所有前提条件是否都符合。外国人还有可能必须提供婚姻能力证明①，据此可以确保，依据其本国法不存在结婚的障碍。此外，户籍登记处还会询问准备结婚的人，他们是否愿意确定一个婚姻姓氏。②

至于结婚本身，根据《民法典》第 1312 条第 1 句的规定，户籍登记处应当逐个询问结婚人，他们是否愿意互相缔结婚姻，并且当两人都表示同意时，应当宣布，他们现在已经按照法律规定成为依法结合的配偶了。按照《个人身份登记法》第 11 条的规定，每个德国户籍登记处都有权管辖结婚。

二、有效结婚的前提条件

从 1938 年到 1998 年，相关的规范被规定在了《婚姻法（EheG）》里；直到 1998 年 5 月 4 日公布的《结婚法重新规定法（EheschlRG）》才把这些规定重新带回到了《民法典》中。现在**《民法典》第 1303 条及以下各条（§§1303 ff. BGB）**包含了大量关于结婚同意（Eheschließungswilligen）个人方面的前提条件、关于结婚的程序、关于婚姻禁止等方面的规范。因此，有效结婚应该满足哪些条件，可以从下面的检查清单中得出。然而这里只是一定程度上涉及了婚姻的强制性**生效前提条件（Wirksamkeitsvoraussetzungen）**。一方面，需要与之相区别的是若不遵守也不会出现法律后果的纯粹应当规定（Sollvorschriften）。同时另一方面，则存在结婚瑕疵（Eheschließungsmängel），虽然不会阻碍婚姻的有效成立，但是形成了一个废止婚姻的原因，使得根据《民法典》第 1313 条及以下各条③规定的，与离婚相比更加简单的婚姻的**废止（Aufhebung）**成为可能。

各自的前提条件分别属于下面三种错误类型中的哪一类，已经在下面的**模板（Schema）**中标示出来了：用粗体（fett）标出的前提条件意味着如果不满足这些要件就不存在有效的婚姻。带（S）的标志表示的是纯粹的应当规定；即使不遵守这些规定结婚也完全有效。带有补充字样（A）的前提条件则表明，不遵守这些前提条件虽然不会阻碍有效的婚姻，但是从中可以得出废止婚姻的原因。

结婚要件检查清单

1. 《民法典》第 1310 条第 1 款第 1 句所规定的结婚双方表示结婚意思

A. 订婚人：两个人

B. 根据《民法典》第 1311 条第 1 句的规定，亲自（höchstpersönliche）表示（A）

C. 根据《民法典》第 1311 条第 1 句的规定，同时在场（A）

D. 根据《民法典》第 1311 条第 2 句的规定，表示不能附条件或期限（A）

E. 完全有意识地作出表示，参看《民法典》第 105 条第 2 款（A）

2. 《民法典》第 1310 条第 1 款第 1 句所规定的户籍登记官员的协助

A. 真正的户籍登记官员或者根据《民法典》第 1310 条第 2 款所规定的人员

---

① 《民法典》第 1309 条。

② 《个人身份登记法》第 14 条第 1 款。

③ 参看下文本节边码 11 及以下各边码。

B. 根据《民法典》第 1310 条第 1 款第 2 句的规定，户籍登记官员具备协助的意愿（Bereitschaft）

C.《民法典》第 1310 条第 1 款，第 1312 条的规定需户籍登记官员协助或者根据《民法典》第 1310 条第 3 款所规定的例外

3. 个人方面婚姻前提条件的满足

A. 根据《民法典》第 1303 条第 1 句的规定，达到适婚年龄（Ehemündigkeit）或者已成年（A）

但是在《民法典》第 1303 条第 2 句所规定的情形下，达到 16 岁即可

B. 根据《民法典》第 104 条和 1304 条的规定，并非无行为能力（A）

C. 根据《民法典》第 1306 条的规定，订婚人一方不能与第三方存在婚姻关系（A）

D. 根据《民法典》第 1306 条的规定，不能与第三方存在登记的生活伴侣关系（A）

E. 根据《民法典》第 1307 条的规定，订婚人之间不存在亲属关系（A）

F. 根据《民法典》第 1308 条的规定，订婚人之间不存在收养关系（S）

1.《民法典》第 1312 条第 1 款第 1 句所规定的结婚双方表示结婚意思

5　　因为婚姻是一项契约，所以必须存在双方的，客观上互相一致的**意思表示**（**Willenserklärungen**），从中可以得出订婚人愿意互相缔结婚姻。结婚是具有高度人身性的法律行为，所以意思表示也必须要以亲为的方式（höchstpersönlich，即具有高度人身性的）作出[1]；代理行为和使者行为就被排除了。根据《民法典》第 1311 条第 2 句的规定，结婚意思表示的作出不能附**条件**（**Bedingung**）或者**期限**（**Zeitbestimmung**）。尽管如此，但与此相关的错误却不会导致婚姻无效，而是仅仅形成了一个《民法典》第 1314 条第 1 款第 2 项所规定的婚姻废止的原因。当意思表示违反《民法典》第 1311 条第 1 句的规定没有在双方同时在场的情况下作出时，也同样如此。如果仅仅是以虚假的姓名结婚，则完全不存在关系重大的瑕疵。

6　　有效意思表示的一般性前提条件是表示人在作出表示时不处于无意识或者**暂时精神活动障碍**（**vorübergehenden Störung der Geistestätigkeit**）（例如完全醉酒、因吸毒而精神严重恍惚）的状态之中。否则，根据《民法典》第 105 条第 2 款的规定，意思表示无效。不过结婚时发生这一类情况事实上并不导致婚姻的无效。这一点可以从《民法典》第 1314 条第 2 款第 1 项中得出，因为据此规定，当配偶一方在结婚时处于无意识（！）或者暂时精神活动障碍的状态中时，仅仅存在一个废止婚姻的原因而已。因此《民法典》第 105 条第 2 款无法直接适用。至于长期无行为能力的情况请参看下文本节边码 8。

其他的**意思瑕疵**（**Willensmängel**）不会阻碍结婚的有效性。《民法典》第 116 条及以下各条之所以不可适用是因为这些规范已经被婚姻法的特别规范排除了。欠缺真意、内心保留、只是虚假地作出意思表示、错误、欺诈或者胁迫都不影响婚姻的效力。其他任何一种解决方案将会与**法的安定性**（**Rechtssicherheit**）以及对包括可能出身于该婚姻之孩子在内的当事人之保护都不相符。《民法典》第 119 条及以下各条、第 142 条意义上的意思表

---

[1] 《民法典》第 1311 条第 1 句。

示撤销就被排除了。但是根据《民法典》第1314条第2款的规定，在个案中会考虑婚姻的废止。①

2.《民法典》第1310条第1款第1句所规定的户籍登记官员的协助

真正的户籍登记官员或者《民法典》第1310条第2款意义上人员的协助是结婚有效性的绝对要求。 7

户籍登记官员在结婚仪式上的**协助意愿**（**Bereitschaft zur Mitwirkung**）被强制性地作为有效结婚的前提条件，参看《民法典》第1310条第1款、1312条。如果户籍登记官员仅仅是非自愿地成为双方结婚意思表示的证人，则是不够的。至于所涉及的事实上的协助行为和结婚仪式，法律只是一定程度上包括了应当规定而已（例如《民法典》第1312条）。对于户籍登记官员的其他不作为行为则留由《民法典》第1310条第3款来审查，按其规定，比如户籍登记官员已经将婚姻登记于婚姻簿（参看《个人身份登记法》第15条）上了——在符合某些其他前提条件的情况下——也可能可以满足户籍登记官员协助的前提条件了。

3. 个人方面的婚姻前提条件

A. 行为能力

若某人**无行为能力**（**geschäftsunfähig**）②，那么根据《民法典》第1304条的规定就无 8
法缔结婚姻。尽管如此，还是应该审查，当前的精神障碍是否妨碍了对婚姻重要性的认识以及自由的结婚意思决定。这样一来，虽然欠缺对其他法律行为的认识能力，但是（部分的）**婚姻行为能力**（**Ehegeschäftsfähigkeit**）还是会被肯定的。③ 此外，浏览一下《民法典》第1314条第1款第2项也可以看出，违反《民法典》第1304条不会导致无效的婚姻，而只是导致可废止的婚姻。因此，《民法典》第105条第1款就不适用了。

B. 成年

原则上只有成年人④才达到了适婚年龄。自从2017年开始，《民法典》第1303条第1 9
句规定，不允许在未成年之前缔结婚姻。而先前16岁或17岁的未成年人在家事法庭免除限制（Befreiung）的情况下也能够结婚的规定，则经由《反对童婚法》而被废止了。

违反（**Verstoß**）《民法典》第1303条第1句时，则根据未成年人的年龄作出不同的处理。如果配偶一方在进行结婚仪式时还未满16岁，那么根据《民法典》第1303条第2句的规定，缔结婚姻自始就不可挽回的**无效**（**nichtig**）并且根本不产生任何法律效力。与此相反的是，如果是一名16岁或者17岁的未成年人结婚，则是有效的婚姻缔结；只是此时存在一个婚姻废止的原因，参看《民法典》第1314条第1款第1项。对于那些按照有可能规定了其他适婚年龄的外国法所缔结的婚姻，立法机构则在《民法典施行法》第13条第3款中进行了相应适用的规定；联邦最高法院则认为这违反了宪法。⑤

---

① 对此参看下文本节边码15及以下各边码。

② 按照《民法典》第104条的规定是指7岁以下的儿童和具有精神障碍之人。

③ OLG Brandenburg FamRZ 2011，216；关于部分行为能力，参看 BVerfG FamRZ 2003，359。

④ 《民法典》第2条。

⑤ BGH NZFam 2019，65。

C. 婚姻禁止

10　　根据《民法典》第 1306 条的规定，存在**重婚（Doppelehe）**① 这一婚姻禁止。不允许已经结婚的人同时缔结另一个婚姻。同样也禁止同时维持婚姻与《生活伴侣关系法》第 1 条及以下各条意义上的登记的生活伴侣关系。对于前一任配偶被错误地宣告死亡这一情况下的重婚，则适用《民法典》第 1319 条的特别规范。

　　此外最紧密的**血亲关系（Blutsverwandten）**之间，也就是说在直系亲属之间② 以及全血缘和半血缘兄弟姐妹（Voll-und Halbgeschwister）之间的婚姻也是被禁止的。而表兄弟（堂兄弟）与表姐妹（堂姐妹）或者叔叔（舅舅）与侄女（外甥女）则允许结婚。但是违反上述的婚姻禁止并不导致婚姻的无效，而是仅仅形成了废止的原因，参看《民法典》第 1314 条第 1 款。此外，只要有结婚意愿的人之间存在收养关系，也不应当结婚。此时的收养关系应当先解除。但是此处仅仅涉及一个纯粹的应当规定。

三、结婚瑕疵和错误后果

11　　分别根据结婚时仅仅只是损害了一个应当条款，还是形成了一个废止婚姻的原因，抑或忽视了一个强制性的前提条件，而必须在错误后果上予以区别。就此而言可作如下的区分：

- 无效婚姻
- 可废止的婚姻
- 完全有效的婚姻

　　如果缺少结婚的**强制性前提条件（zwingende Voraussetzung）**，例如缺少某个户籍登记官员的协助或者订婚人的最低年龄为 16 岁，那么婚姻就完全不存在或者说存在**无效婚姻（Nichtehe）**。从中也完全不会产生婚姻效果。对于是一个无效婚姻抑或仅仅是可废止婚姻存在可能的疑义时，可以通过向家事法庭申请确认婚姻存在或者不存在的方式来解决。此时涉及的是《家事与非诉事务程序法》第 121 条第 3 项所规定的婚姻事务。

12　　而对纯粹**应当规定（Sollvorschriften）**的违反不导致任何法律后果，而是仍然产生完全有效的婚姻。例如违反《民法典》第 1308 条就是这样一个例子。

　　在此期间（Dazwischen）所存在的情况是，**婚姻（aufhebbare Ehe）**虽然有效成立了，却是**可废止的**。这一类情况包括违反婚姻禁止③、结婚时无行为能力④、结婚一方为 16 岁或者 17 岁的未成年人、不遵守《民法典》第 1311 条或者某些意思瑕疵⑤ 对结婚的影响。在这些法律上进行穷尽式（abschließend）规定的情况中，虽然结婚存在一个重大瑕疵，但是这一瑕疵——尤其是当我们想到这一瑕疵不被发现的情况下——并不会导致结婚的无效；特别是有些瑕疵也可能在事后被消除或者被修正。所以立法机构规定，这一类错误仅仅应该导致通过法院进行的，具有面向未来效力的婚姻之废止。

---

① 也可参看《刑法典》第 172 条。

② 关于这一概念参看《民法典》第 1589 条第 1 句。

③ 《民法典》第 1306 条及以下各条。

④ 《民法典》第 1304 条。

⑤ 《民法典》第 1314 条第 2 款第 2 项。

四、婚姻的废止

1. 废止的概念

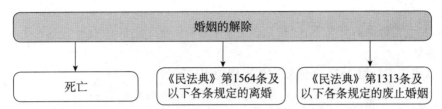

与离婚相类似，废止是一种通过法院裁判[1]而具有面向未来（**向后，ex nunc**）效力的婚姻解除的一种形式。具有管辖权的是家事法庭。[2] 这一程序通过申请书的提交而发生诉讼系属（anhängig）。和离婚不同的是，废止婚姻并不取决于婚姻的破裂，而仅仅取决于某一废止原因的存在。虽然根据《民法典》第 1318 条第 1 款的规定，**废止的法律后果（Rechtsfolgen der Aufhebung）**遵循有关离婚的规定，但是根据所涉及配偶值得保护之程度而在细节上有所区分。重婚者自然不应获得扶养，但是被其欺骗的妻子无疑是应该获得扶养的。具体细节由《民法典》第 1318 条第 2 款作了规定；其内容可以通过仔细归纳而被推断出来。　*13*

2. 婚姻废止的前提条件

根据《民法典》第 1313 条、《家事与非诉事务程序法》第 121 条第 2 项和第 124 条的规定，婚姻废止是以有权提出申请者向家事法庭提交**符合规定期限的申请（fristgerechter Antrag）**为前提条件的。被申请人则是另一方配偶；申请由政府机关提出时[3]，被申请人则是配偶双方。只有存在某个**废止原因（Aufhebungsgrund）**时，申请才成立。《民法典》第 1314 条以穷尽的方式规定了废止原因。所有需要审查的前提条件已列于下面的模板之中。这一审查顺序并非强制性的。　*14*

婚姻废止的前提条件

　1. 申请，参看《民法典》第 1313 条、《家事与非诉事务程序法》第 121 条第 2 项和第 124 条

　2. 废止原因

　A.《民法典》第 1314 条第 1 款所规定的情况

　B.《民法典》第 1314 条第 2 款第 1 项所规定的暂时无意识或者精神障碍

　C.《民法典》第 1314 条第 2 款第 2 项所规定的关于结婚构成要件的错误

　D.《民法典》第 1314 条第 2 款第 3 项和第 4 项所规定的恶意欺诈；非法的胁迫

　E.《民法典》第 1314 条第 2 款第 5 项所规定的虚假婚姻（Scheinehe）

---

[1] 《民法典》第 1313 条第 1 句。

[2] 根据《家事与非诉事务程序法》第 121 条第 2 项所规定的家庭事务。

[3] 参看下文本节边码 20。

3. 不存在《民法典》第1315条所规定的排除废止的原因

A. 《民法典》第1315条第1款第1项至第4项所规定的有效的确认

B. 虚假婚姻的情况下：《民法典》第1315条第1款第5项所规定的共同生活

C. 重婚的情况下：《民法典》第1315条第2款第1项所规定的离婚或者废止前一段婚姻

D. 在形式错误的情况下：《民法典》第1315条第2款第2项所规定的3年或5年的共同生活

4. 《民法典》第1316条所规定的有权提出申请者

A. 原则上任何一方配偶以及有管辖权的行政机关都有权提出

B. 例外：《民法典》第1316条第1款第2项规定，在《民法典》第1314条第2款第2项至第4项所规定的情况下，只有其中所提到的，其意思表示具有意思瑕疵，或受欺诈，或受胁迫的配偶才有权提出

C. 范围的扩展：《民法典》第1306条所规定的重婚的情况下，相关第三人也有权提出

5. 《民法典》第1317条所规定的期限

A. 原则上申请不受期限限制

B. 例外：在《民法典》第1314条第2款第2项至第4项所规定的情况下为1年或3年的期限

《民法典》第1317条第1款规定，申请只能从发现错误或者欺诈起1年之内或者从受胁迫状况停止起3年之内提出。

后果：按照《民法典》第1213条的规定，婚姻经由法院**裁判**（Entscheidung）而废止

3. 废止婚姻的具体原因

A. 《民法典》第1314条第1款和第2款第1项所规定的情况

15　按照《民法典》第1314条第1款第1项的规定，与一位在婚姻时只有16岁或者17岁的未成年人所缔结的婚姻就是可以被废止的婚姻。根据《民法典》第1314条第1款第2项的规定，不遵守以下规定时则存在其他废止婚姻的原因：《民法典》第1304条（无行为能力）、《民法典》第1306条（重婚或者同时存在婚姻和登记的生活伴侣关系）、《民法典》第1307条（亲属关系）和《民法典》第1311条（没有亲自缔结婚姻或者通过代理行为缔结婚姻；没有同时在场；附条件或附期限地作出结婚表示）。此外，按照《民法典》第1314条第2款第1项的规定，在结婚时存在暂时精神活动障碍也构成废止的原因。然而，人们应该如何按照法律原文设想"在无意识状态下"缔结婚姻，则可能不甚清楚。

B. 《民法典》第1314条第2款第2项所规定的错误

16　根据《民法典》第1314条第2款第2项的规定，如果配偶一方在结婚时并不知道这一仪式意味着缔结婚姻，那么这一婚姻就是可废止的。但是这一误解在实践当中却有可能非常少见。对此，大多数情况下我们所能想到的就是，某人或许认为这仅仅是一次最后的排演或者这只是一次电影拍摄。

品性错误（Eigenschaftsirrtümer），也就是说有关配偶另一方的个人品性的错误，例如有关他健康状况、生育能力、往日生活等的错误，则是无关紧要的。只有当这些错误是某

一恶意欺诈的结果以及就此而言属于《民法典》第 1314 条第 2 款第 3 项所规定的情况时，这方面的错误才具有意义。

C.《民法典》第 1314 条第 2 款第 3 项和第 4 项所规定的恶意欺诈和非法胁迫

根据《民法典》第 1314 条第 2 款第 3 项的规定，当配偶一方在某些情形之下因为受到**恶意欺诈**（**arglistige Täuschung**）而缔结婚姻，而该配偶若在了解到事实情形并且正确认识到婚姻性质的情况下就不会结婚时，那么这一婚姻就是可废止的。这一恶意欺诈的概念原则上与《民法典》第 123 条中的概念是相一致的。

此外，这一欺诈以及由其产生的错误必须涉及**与婚姻生活共同体之意义和目的**（**Sinn und Zweck der eheliche Lebensgemeinschaft**）有所关联的情况，参看《民法典》第 1314 条第 2 款第 3 项中"正确认识婚姻性质"这一指示。相应地，诸如关于自身财产水平①，尤其是婚前债务②、生活方式或者私人及职业关系的欺诈则是无关紧要的，因为这些方面和婚姻的根本意义关系很小。但是诸如无生育能力或者因重婚而导致的犯罪前科或者损害扶养义务将会是相当重要的情形。欺诈也可以通过对重要事实进行**违反义务的隐瞒**（**pflichtwidriges Verschweigen**）来实施。③ 不允许使另一方不了解那些对其以理性之方式作出结婚决定具有决定性意义的情形。因此，比如怀孕的女方必须要向男方解释，这一受期待的孩子很有可能根本不是他亲生的。④ 就这方面来说存在着**公开义务**（**Offenbarungspflichten**）。根据《民法典》第 1314 条第 2 款第 3 项后半句的规定，如果**欺诈是由第三人**（**Täuschung durch einen Dritten**）（比如岳父或者公公）实施的，只有当配偶另一方对此已经有了积极认识的情况下，才产生一个废止的原因。

此外，根据《民法典》第 1314 条第 2 款第 4 项的规定，当配偶一方因**受非法的胁迫**（**widerrechtlich durch Drohung**）而缔结婚姻时，这一婚姻也是可废止的。这方面在实践中并非完全罕见的情况就是**强迫结婚**（**Zwangsheirat**），而在德国这首先可能涉及女性移民群体。就此而言，很多年轻女性因受暴力或者其他恶行的威胁而违背自己的意愿被迫结婚。而且这一压迫大多数来自自己家庭方面的亲属。⑤ 根据《刑法典（StGB）》第 237 条，胁迫者应受刑罚。

D.《民法典》第 1314 条第 2 款第 5 项所规定的虚假婚姻

如果结婚者的意图根本不在于配偶双方如何共同生活，而是仅仅想获得婚姻带来的具体附属效果（Sekundärwirkungen），那么就存在一个虚假婚姻。外国人打算获得一个**居留许可**（**Aufenthaltserlaubnis**⑥，夏德莉希（**Schädlich***）女士想要通过和冯·费尔伯爵（**Grafen von Pfeil****）（有可能是付报酬的）结婚来搞到一个更加漂亮的姓氏。因此，大多数虚假婚姻当事人都会事先计划好一定时间之后又以同意的方式（**einverständlich**）解除

---

* 意为有害的——译者注。

** von Pfeil 为贵族姓氏——译者注。

① 参看后半句的明确规定。

② OLG Koblenz FamRZ 2016, 1854.

③ BGH FamRZ 1958, 314.

④ BGHZ 29, 265 (268).

⑤ Vgl. BT-Drucks. 17/4401, S. 8.

⑥《居留法（AufenthG）》第 7 条。

婚姻。毫无疑问，在这一类情况下，识别这一状况并在结婚时拒绝（**Eheschließung zu ver-weigern**）协助已经是户籍登记官员的任务了，参看《民法典》第 1310 条第 1 款第 2 句的后半句并连同适用《民法典》第 1314 条第 2 款第 5 项。根据《个人身份登记法》第 13 条第 2 款的规定，户籍登记官员也有权根据具体的线索就婚姻的可废止性询问当事人，并且要求他们提供适当的证明。虽然如此，但对官员来说，要及时识别出虚假婚姻通常还是非常困难的。①

所以，《民法典》第 1314 条第 2 款第 5 项规定，当配偶双方在结婚时一致同意他们不愿意根据《民法典》第 1353 条第 1 款产生义务负担，也就是说不愿意确实如一对配偶那样共同生活时，那么这一婚姻是可废止的（**Ehe auf hebbar**）。尽管如此，如果配偶双方只是废止个别婚姻效果，例如由于工作原因长期分居或者因为年龄或疾病而无法再形成性关系共同体了，那么就不存在虚假婚姻。虚假婚姻的概念也不包括临死前（auf dem Sterbe-bett）结婚。

4.《民法典》第 1315 条规定的废止的排除

19   只有当某一结婚瑕疵确实具有持续性意义时，这一瑕疵才应该可导致婚姻废止。所以《民法典》第 1315 条第 1 款规定，当有行为能力的成年当事人在某些瑕疵消除之后表示想继续这段婚姻时，那么这些在结婚时存在的各类瑕疵（不到适婚年龄、长期或暂时的无行为能力、错误、欺诈、胁迫）事后就变得无关紧要，或者更确切地说不再构成废止的原因。因此，对所存续的婚姻进行**确认**（**Bestätigung**）就会导致**瑕疵的补正**（**Heilung des Mangels**）。确认是一种准法律行为，其前提条件在于，在认识到引起婚姻瑕疵的事实时至少对婚姻的有效性有所怀疑，并普遍意识到通过自己的行为放弃了可能存在的废止权。②

对未成年人婚姻（法律）则作出了特别规定。根据《民法典》第 1315 条第 1 款第 1b 项的规定，当废止婚姻由于异常情形而将会对未成年人构成一项如此**严重的困难**（**schwere Härte**），以至于看起来应当例外地维持该婚姻时，除了确认③之外，废止婚姻也仍然会被排除。除此之外，如果确定，在未成年人保护的视角之下，废止在任何方面都是不必要的，反而是很多重要情形都表明要拒绝废止时，法院"可以"④ 拒绝废止。这一点是根据《基本法》第 6 条第 1 款、第 3 条第 1 款而从合宪性的法律解释中得出的。⑤

例子⑥：一名已怀孕的 16 岁罗马尼亚女子在罗马尼亚与其孩子的父亲结了婚，之后就跟着他一起去了德国。根据青少年管理局（Jugendamt）提供的信息，她目前和她的丈夫及孩子正在那里有序地生活着。没有强迫婚姻的迹象。妻子则表示，她想与她丈夫继续维持婚姻关系，或者说哪怕在废止婚姻的情况下她也想立即与他重新结婚。在这种情况下，法院肯定了这是一种废止婚姻的困难情况。⑦ 在**欧盟公民**（**EU-Bürgern**）婚姻的情况下，

---

① 对此参看 KG StAZ 2012，370。
② BGH NZFam 2020，810.
③ 《民法典》第 1315 条第 1 款第 1a 项。
④ 参看《民法典》第 1314 条第 1 款第 1 句。
⑤ BGH NZFam 2020，810.
⑥ 根据 OLG Oldenburg NZFam 2018，609。
⑦ 对此表示同意的参看 *Löhnig* FamRZ 2018，749（750）；对此提出批评的参看 *Majer* NZFam 2018，610。

例如也包括（当事人）来自保加利亚，还必须考虑到，由德国法院宣布婚姻废止有可能意味着损害了自由迁徙权①，因此也可以被视为是一种困难。②

根据《民法典》第 1315 条第 1 款第 5 项的规定，在**虚假婚姻**（**Scheinehe**）的情况下，如果配偶双方最后像一对配偶那样"已经共同生活在一起了"，那么废止婚姻就被排除了。此外，根据《民法典》第 1315 条第 2 款第 1 项的规定，如果在**重婚**（**Doppelehe**）之前就已经宣告离婚或者废止前一段婚姻了，并且这一宣告在事后也确实产生了既判力（rechtskräftig），那么因**重婚**而产生的废止就被排除了。《民法典》第 1315 条第 2 款第 2 项规定，在违反《民法典》第 1311 条（要求同时、亲自、不附条件地表示结婚意思）的情况下，经过一定时间的婚姻共同生活之后，废止也被排除了。

5. 《民法典》第 1316 条、第 1317 条所规定的有权提出申请者以及申请期限

根据《民法典》第 1316 条第 1 款第 2 项的规定，在错误、恶意欺诈和非法胁迫的情况下③，只有遭受这些情况的**配偶一方才有权提出申请**（**Ehegatte antragsberechtigt**）。根据《民法典》第 1316 条第 1 款第 1 项第 1 句的规定，在重婚的情况下，"**第三人**"（**dritte Person**），也就是重婚者的另一位配偶，也有申请权。在其他的所有情况下，配偶双方都有权提出申请，但是由州法律补充规定的有管辖权的**行政机关**（**Verwaltungsbehörde**）也有权提出申请。如果缺少申请权，婚姻废止的申请就不予受理。④

在未成年人婚姻的情况下**必须**（**muss**）由机关（**Behörde**）提出废止申请，这是不存在任何裁量空间的；根据《民法典》第 1316 条第 3 款第 2 句的规定，如果未成年人在此期间已经成年并确认了婚姻，才存在唯一的例外。按照《民法典》第 1316 条第 3 款第 1 句的规定，对其他案例群则规定，如果机关申请会因此给配偶或其子女带来**严重困难**（**schwere Härte**），机关不应当提出申请。

例子⑤：患有痴呆症、无行为能力的 D，多年以来一直和长年照顾他的女性朋友 B 共同生活。现在 B 非常急迫地在 D 的住宅里与之缔结了婚姻。这引起了 D 的女儿 T 的惊慌，因为她觉得 B 这么做就是为了骗取遗产，并且认为这威胁到了她自己的继承。不过这里的 T 却没有权利提起废止婚姻的申请。尽管如此，根据《民法典》第 1316 条第 1 款第 1 项的规定，有管辖权的机关有权主张《民法典》第 1304 条、第 1314 条第 1 款所规定的废止原因。这一申请权是为了特别保护自主决定权（Selbstbestimmungsrecht）或者更确切地说是结婚自由。但是法院在机关申请的情况下必须审查《民法典》第 1316 条第 3 款所规定的困难条款（Härteklausel）。如果从一个有公平和正义思想的观察者（eines einesbillig und Gerecht denkenden Betrachters）之立场出发，废止（保护）的公共利益已经不再具有本质上的重要性（wesentliches Gewicht）时，那么就没有必要废止婚姻。⑥鉴于 B 对 D 提供常年的照料，此处的情况绝对称得上是已经一同生活的婚姻团结（gelebte eheliche

① 《欧洲联盟运行条约（AEUV）》第 12 条。

② OLG Frankfurt a. M. FamRZ 2019，1853.

③ 《民法典》第 1314 条第 2 款第 2 项至第 4 项。

④ BGH NZFam 2020，810.

⑤ 根据 BGH NJW-RR 2012，897。

⑥ BGH NJW-RR 2012，897.

Solidarität），以至于废止（保护）的公共利益已然不存在，因此废止的申请也就不予受理了。

21 申请废止婚姻原则上无期限（**grundsätzlich unbefristet**）。但是根据《民法典》第 1317 条第 1 款第 1 句的规定，法律对错误、欺诈（分别是 1 年期限）和胁迫（3 年期限）这些情况作了例外规定。此处也如通常情况①一样，当事人应当在有期限的**考虑时期**（**Überlegungszeitraum**）内想明白，他是否要引起这些法律上的后果。因为婚姻的存续不应该长期处于悬而未决的状态（in der Schwebe）。《民法典》第 1317 条第 1 款第 2 句规定，期限开始于错误或者欺诈的发现或者胁迫情形的停止。立法机构也对胁迫或者**强迫婚姻**（**Zwangsehe**）② 情况下的 3 年期间作了如下的充足论证，即这些情况下的当事人往往处于特别的情感状况下，并且对积极地推动婚姻的废止经常处于犹豫不决之中。③

 深入阅读材料推荐

深入学习：*Coester-Waltjen*，Minderjährigenehen-wider den „gesetzgeberischen Furor"，IPRax 2019，127；*Heiderhoff*，Ehevoraussetzungen in Europa，StAZ 2014，193；*Majer*，Das Kinderehenbekämpfungsgesetz im Kreuzfeuer der Kritik，NZFam 2019，659；*Möller/Yassari*，Wenn Jugendliche heiraten，Die Minderjährigenehe aus rechtsvergleichender und international-privatrechtlicher Sicht，KJ 2017，269；*Reuß*，Das Verbot von „Kinderehen"-die deutsche Regelung aus rechtsvergleichender Sicht，FamRZ 2019，1；*Schwab*，Eheschließung für Personen gleichen Geschlechts，FamRZ 2017，1284；*Voppel*，Aufhebung der Ehe wegen arglistiger Täuschung，FamFR 2012，435。

案例与考试：*Benner*，2. Teil，Fall 1；*Bongartz/Hergenröder*，„Eine dunkle Vergangenheit"，JA 2019，406；*Roth*，Fall 1；*Schwab*，FamR PdW，Fälle 6 - 11。

第七节 婚姻姓氏

一、婚姻姓氏法的发展

1 按照《民法典》最初的文本，配偶双方强制性地要以丈夫的姓氏作为统一的婚姻姓氏。因为这一规定与《基本法》第 3 条第 2 款的平等对待原则（Gleichbehandlungsgrundsatz）不相符，所以 1976 年的《婚姻法改革一号法》规定，在此之后可以选择丈夫的姓氏**或者**（**oder**）妻子的姓氏作为婚姻姓氏。但是如果配偶双方无法就此达成一致，法律又规定此时依法以丈夫的姓氏作为婚姻姓氏。因为这如同以往一样并没有达到男女**权利平等**

---

① 参看《民法典》第 121 条、第 124 条。
② 参看本节上文边码 7。
③ BT-Drucks. 17/4401，S. 13。

（**Gleichberechtigung**），因此联邦宪法法院在 1991 年 3 月 5 日的一个判决中①要求制定一部新的姓氏法。这一发展的最终结果就是 1994 年 4 月 1 日生效的《家庭姓氏法（Familien-namensrechtsgesetz）》，这部法律也构成了今日规范之基础。强制性的配偶双方姓氏一致就这样被废除了。现在，通过《婚姻开放法实施法》也对《民法典》第 1355 条进行了性别中立式的起草，并且从 2018 年 12 月 18 日起不再使用丈夫和妻子这种表达，而是一般性地称为配偶双方。进一步的姓氏法改革目前正在计划当中。

二、现行法律的基本原理

1. 共同婚姻姓氏的选择

根据立法机构所期待的想法，按照《民法典》第 1355 条第 1 款第 1 句的规定，配偶双方应该确定一个共同的家庭姓氏（等同于婚姻姓氏）。但是根据《民法典》第 1355 条第 1 款第 3 句的规定，配偶双方也可以在婚后继续使用各自原先的姓氏。但是按照《民法典》第 1355 条第 3 款第 1 句的规定，如果想要一个婚姻姓氏，通常情况下在结婚的时候就要立刻作出确定婚姻姓氏的表示。尽管如此，事后补上也是可能的；在这种情况下，按照《民法典》第 1355 条第 3 款第 2 句的规定，必须要对相应的表示进行公证（öffentliche Be-glaubigung）。按照《民法典》第 1355 条第 2 款的规定，可以选择丈夫**或者**（**oder**）妻子的姓氏作为婚姻姓氏。按照《民法典》第 1616 条的规定，如果确定了一个共同的婚姻姓氏，那这一姓氏同时也成为其共同子女的家庭姓氏。

另一方面，**共同复姓**（**gemeinsamer Doppelname**）（到目前为止）仍是**不可能的**（**nicht möglich**）。例如 Schmal 先生和 Schick 女士不能将 Schick-Schmal 确定为共同的婚姻姓氏。联邦宪法法院认为这一禁止是符合宪法的。②对此的证成主要在于，这是为了避免在后代传承中产生**多重的姓氏链条**（**mehrgliedrige Namensketten**）。不然的话就有可能存在这样的危险，即德国的姓氏结构在几代人之后就会彻底改变。③不过笔者认为，这样会使个人的人格发展（Persönlichkeitsentfaltung）受到不成比例的限制。④现代数据处理技术也能胜任更长姓氏的处理，而且多重姓氏的泛滥也不太可能会出现。事实上立法机构现在也在考虑作出一些改变。⑤

《民法典》第 1355 条第 2 款规定，可以选择配偶一方的**出生姓氏**（**Geburtsname**）或者在作出确定婚姻姓氏的表示时，选择配偶一方**正在使用的姓氏**（**geführter Name**）作为婚姻姓氏。这一规范是 2005 年才开始生效的。在那之前只能选择其中一方的出生姓氏。《民法典》第 1355 条第 6 款将出生姓氏理解为在向户籍登记官员作表示时，登记于配偶一方出生证书上的姓氏。因此，这里指的是在第一次婚姻之前所使用的姓氏。这一姓氏在大多数情况下从出生起就没有再变更过了。但是也有可能发生过（数次）变更，例如通过父

---

① BGH FamRZ 1991，535.
② BVerfG FamRZ 2002，530；完全一样的观点还有 BVerwG NJW 2017，2361.
③ BT-Drucks. 12/5982，S. 18.
④ 同样的观点参看 Sacksifsky，FPR 2010，15（18）。
⑤ 参看 Eckpunkte zu einer Reform des Namensrechts FamRZ 2020，902.

母事后的共同照顾权[①]、通过涉及子女的父母对姓氏的变更[②]或者通过收养。[③]

4　　《民法典》第 1355 条（§ 1355）第 2 款中也允许选择**结婚时所使用的姓氏（zum Zeit-punkt der Eheschließung geführten Namen）**作为婚姻姓氏，这一当前的规范是立法机构对联邦宪法法院在 2004 年 2 月 18 日所作出的判决的回答。[④]

　　例子：20 岁的克拉拉·克拉策尔（Klara Kratzer，K）同冯·罗姆贝尔克伯爵（Grafen von Romberg）结了婚，现在改名叫克拉拉·冯·罗姆贝尔克伯爵夫人（Klara Gräfin von Romberg）。因为始终没有生育子女，于是在婚后第 15 年，这段婚姻走到了尽头。但克拉拉仍然保留着婚姻姓氏，甚至以这一姓氏为名称开了一家企业。在第二段婚姻中，克拉拉嫁给了迈尔先生（Herr Meier）。克拉拉希望继续被称为冯·罗姆贝尔克伯爵夫人并且还想将这一姓氏确定为新的婚姻姓氏，这样一来迈尔先生就会成为一位冯·罗姆贝尔克伯爵。克拉拉现在期待将要出生的儿子也因此将会使用这一姓氏。

　　根据之前的法律，这样一种姓氏的选择是不可能的。当时只能选择**出生姓氏（Ge-burtsnamen）**作为婚姻姓氏（在这一案例中只能选择克拉策尔或者迈尔）。这一规定的背后是这样一种思想，即"通过结婚而获得的"姓氏不应该违背"姓氏给予者"的意思而被带入另一段婚姻中，从而形成——就如案例中那样——和这一家族在血缘上其实毫无关系的新支派。而且这样也能预防有可能产生的**权利滥用的情况（Missbrauchsfällen）**。这些理由虽然值得注意；但联邦宪法法院还是优先考虑了使用这一姓氏的配偶利益。一方面，需要考虑到的是，旧的规范几乎只涉及那些之前必须强制性使用丈夫姓氏的女性，而且女性在当今也常常自愿这么做。因此，禁止将这一（有可能使用了很久的）姓氏作为第二段婚姻的婚姻姓氏事实上只会成为**女性的负担（Lasten von Frauen）**。然而，正是这一点在《基本法》第 3 条第 2 款的视角下是高度值得怀疑的。但是根据**《基本法》第 2 条第 1 款连同适用第 1 条第 1 款（Art. 2 Abs. 1 iVm Art. 1 Abs. 1 GG）**的规定，旧规范首先还是意味着对作为**人格权（Persönlichkeitsrecht）**一部分的姓名权的损害。因为根据联邦宪法法院判决，在这方面需要注意的是通过结婚而获得的姓氏并不仅仅是借用来的姓氏，而是成为新使用人自己的姓氏以及一定程度上成为人格权的一部分。因此，这一姓氏也（超越婚姻存续期间地）享有《基本法》第 2 条第 1 款连同适用第 1 条第 1 款的完全保护。

　　这一点在上述案例中变得尤为明显。那些年纪轻轻之时便结婚的人，在长时间的婚姻之后也只认同这个通过结婚而获得的姓氏。如果某人以这一姓氏已经在职业上站稳了脚跟，那就更是如此了。就此而言，将婚姻姓氏的选择限制在出生姓氏上就等同于剥夺姓名权，而这将会不符合比例原则。然而从贵族的视角出发这一观点受到批评性地看待。[⑤]

2. 通过配偶一方而获得复姓

5　　按照**《民法典》第 1355 条第 4 款第 1 句（§ 1355 Abs. 4 S. 1 BGB）**的规定，自己的姓氏没有成为婚姻姓氏的那一方配偶可以选择将其之前的姓氏或者出生姓氏置于婚姻姓氏

---

① 《民法典》第 1617b 条。
② 《民法典》第 1617c 条。
③ 参看《民法典》第 1757 条。
④ FamRZ 2004，515；对此的批评参看 Sacksifsky，FPR 2004，371。
⑤ MüKoBGB/*v. Sachsen Gessaphe* BGB § 1355 Rn. 3，9f.

之前或者添加到婚姻姓氏之后，从而形成复姓氏。如果施马尔（Schmal）先生和施克（Schick）女士将施马尔确定为婚姻姓氏，那么妻子一方就可以在施马尔、施马尔-施克以及施克-施马尔中任意选择一个作为自己的姓氏了。如果施克这个姓氏来自妻子的上一段婚姻，并且其出生姓氏为克鲁贝尔（Gruber），那么妻子也可以选择将这一出生姓氏添加到复姓中，使自己能够以施马尔-克鲁贝尔或者克鲁贝尔-施马尔为姓氏。然而，如果妻子已经在其第一段婚姻中使用了一个复姓（例如克鲁贝尔-施克），那么按照**《民法典》第1355 条第 4 款第 3 句**（**§ 1355 Abs. 4 S. 3 BGB**）的规定，她在同施马尔先生结婚时，就不能将这一复姓再一次添加到施马尔这一姓氏之上了。那么她只能选择克鲁贝尔这个姓氏或者（oder）施克这个姓氏来与婚姻姓氏施马尔组合了。按照《民法典》第 1355 条第 4 款第 2 句的规定，如果婚姻姓氏已经是由多个姓氏组成的了，那么也不能选择复姓。[①]

按照**《民法典》第 1355 条第 4 款第 1 句**（**§ 1355 Abs. 4 S. 1 BGB**）的规定，确定个人的姓氏头衔（Namenszusatz[*]）同样要以向户籍登记官员作出表示的方式进行。对此不存在期限，这一表示可以在任何时候补作。而且按照**《民法典》第 1355 条第 4 款第 4 句**（**§ 1355 Abs. 4 S. 4 BGB**）的规定，有关复姓的意思表示可以**在以后撤回**（**später widerrufen**）。但这一撤回之后就将具有终局性效力（endgültig）。

3. 婚姻解除时的选择可能性

婚姻（通过死亡、离婚或者婚姻的废止）的解除不会自动对姓氏产生后果。婚姻解除 6 时所使用的姓氏还是保留着。然而现在法律提供了其他**选项**（**Optionen**）。比如配偶一方也可以改回其结婚前所使用的姓氏或者重新采用出生姓氏。此外，按照**《民法典》第 1355 条第 5 款第 2 句**（**§ 1355 Abs. 5 S. 2 BGB**）的规定，还存在着一种可能，那就是可以在离婚时第一次组成**复姓**（**Doppelnamen**）。也就是说，如果选择了施马尔作为婚姻姓氏，而且之后又离婚了，那么施马尔夫人就可以选择继续姓施马尔，或者改回出生姓氏克鲁贝尔，或者改来自前一段婚姻的姓氏施克。但是在选定之后，改回以前的姓氏就不可撤回了。[②]此外，她还可以在施克-施马尔、施马尔-施克、克鲁贝尔-施马尔或者施马尔-克鲁贝尔中任意选择一个作为自己的姓氏。

三、特别问题：对继续使用婚姻姓氏的禁止

有疑问的是，在个案中是否能够禁止配偶一方在**婚姻解除**（**Auflösung der Ehe**）之后 7 仍继续使用"通过结婚而获得的"姓氏。

案例[③]：当汤姆·阿尔特（Tom Alt，T）和路得·达克森贝格尔（Ruth Daxenberger，R）

---

[*] 直译为"姓氏附件"或者"姓氏补充"，例如获得博士学位后的博士头衔（Dr.）通常就被视为姓名的附件，可以置于姓氏之前，从而同享姓名权的保护。——译者注

[①] 根据联邦宪法法院的判决，这是符合宪法的，参看 BVerfG NJW 2009，1657；对此的批评则参看 *Sacksofsky*，FPR 2010，15。

[②] OLG Frankfurt a. M. NJW-RR 2010，73.

[③] 根据 BGH NJW-RR 2005，1521 = FamRZ 2005，1658。

结婚的时候，他们选择了达克森贝格尔作为婚姻姓氏，因为路得此时已经以这一姓氏成功地经营一家企业了。因为 T 恶意隐瞒了其显著受限的生育能力，所以几年之后 R 申请废止婚姻。虽然婚姻被废止了，但 T 仍然保留着达克森贝格尔这一姓氏并且实施了轻微犯罪（Kleinkriminalität）。因为担心自己的姓氏在当地的好名声受损，R 想通过法院禁止汤姆继续使用这一婚姻姓氏。

这一案例的第一个问题在于，根本就不存在与这样一个禁止请求权或者不作为请求权相应的**请求权基础（Anspruchsgrundlage）**。早先《婚姻法》第 57 条旧条文中，在妻子生活作风不光彩或者不道德的情况下，使丈夫能够禁止其继续使用夫姓的规范已经被废除很久了。由于损害了 R 的人格权而类推适用《民法典》第 1004 条、第 823 条第 1 款中的请求权也不成立，因为 T 没有侵犯 R 的权利。就此而言，只要承认**《民法典》第 242 条（§ 242 BGB）**作为请求权基础是适合的，那么以权利滥用作为依据而得出《民法典》第 242 条中的请求权无论如何都是没问题的。

因此，接下来的问题就将会是，是否可以认定 T 存在着**权利滥用（Rechtsmiss-brauch）**。对此作出判断的一个重要标准将会是废止婚姻的情况下法律所规定的姓氏规范。然而却不存在一条清晰的法定规范。处理婚姻废止后果的《民法典》第 1318 条没有包含有关姓氏法的规范。不过因为这些法律后果基本上参照的是离婚的后果，那么就可以考虑类推适用《民法典》第 1355 条第 5 款。[①] 如果承认这一类推适用或者姓氏连续性的一般原则[②]，T 在婚姻解除之后原则上仍然有权利继续使用通过结婚而获得的姓氏。这样的话，权利滥用的想法就更加不成立了。如果 T 在和 R 结婚时恰好就怀有可以骗取使用其姓氏的目的，那么情况才有可能有所不同。然而，这一情况在本案中却并不明显。

基本权上的（grundrechtliche）衡量也不支持权利滥用这一观点，因为按照《基本法》第 1 条第 1 款、第 2 条第 1 款的规定，姓名作为人格权的一部分受到保护。"通过结婚获得的姓氏"也成为新使用人自己的姓氏，并且因此也"成为这一姓氏使用人人格的一部分。作为自己的，而非借用来的姓氏，这一姓氏也享有一般人格权的保护，更确切地说，这一保护不取决于作为姓氏获得之原因的婚姻是否继续存续"[③]。但联邦最高法院没有回答，在"极端情况下"是否有可能出现一个不同的结果。

因此 R 针对 T 的禁止请求权不存在。

8　　因此，如果原则上不存在针对已离婚配偶的禁止请求权，那么就会很容易地想到，在结婚时就让姓氏没有被确定为婚姻姓氏的配偶一方在一份**婚姻契约（Ehevertrag）**中负担义务，使其在婚姻解除的情况下必须再改回其出生姓氏或者婚姻姓氏确定前所使用的姓氏。这样就将可以从契约中产生一项请求权。根据联邦最高法院的判决，这一类约定（Absprachen）一般情况下不会被认为违反善良风俗，而且可以通过法院得以实现。[④]

---

① 判决中却拒绝了这一观点，参看 OLG Gelle FamRZ 2013，955。

② 参看这样认为的 *Keuter*，FamRZ 2013，1936。

③ 参看上述联邦最高法院的判决以及其所援引的联邦宪法法院判决 BVerfG FamRZ 2004，515，517；也可参看上文边码 4。

④ BGH FamRZ 2008，859；LG Bonn FamRZ 2008，1183；AG Harnburg NJW 2010，1890.

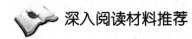 **深入阅读材料推荐**

深入学习：*Battes*，Der Weg aus der Sackgasse-Vorschlag für eine gründliche Reform des deutschenNamensrechts，FamRZ 2008，1037；*Coester-Waltjen*，"Auf dass Ihr Euch auf ewig bindet... "-Das Ehenamensrecht，Jura 2007，586；*Dutta*，Namenstourismus in Europa?，FamRZ 2016，1213；*Keuter*，Der Ehename nach Eheauflösung，FamRZ 2013，1936；*Lettmaier*，Notwendigkeit einer Reform des（Familien-）Namensrechts?，FamRZ 2020，1；*von Oertzen/Engelmeier*，Namensrechtliche Regelungen in Eheverträgen und Scheidungsfolgenvereinbarungen，FamRZ 2008，1133；*Sacksofsky*，Das Bundesverfassungsgericht und das Familiennamensrecht，FPR 2010，15。

案例：*Schwab* FamR PdW Fälle 25 - 28。

第八节　复　习

1. 在哪些个案形式中，婚约的法律性质具有特别的作用？对此发展出了哪些理论？

2. 哪些典型的费用支出能够导致应该按照《民法典》第 1298 条进行的损害赔偿？

3. 当订婚人一方解除婚约时，订婚人另一方能否因为重大忘恩行为而撤回所给付的赠与？

4. 婚姻这一概念具有哪些特征？

5. 两名未成年人能否有效缔结婚姻？

6. 一名无行为能力人缔结的婚姻是否无效？

7. 需要区分哪几类婚姻解除的方式？

8. 机关能否提出废止婚姻的申请？

9. 在与冯・塞恩（von Sayn）先生离婚后，出生姓氏为沃尔夫（Wolf）的冯・塞恩夫人想要再婚。对于她的订婚人威尔（Wehr）先生来说，在关于未来家庭姓氏的选择上面存在哪些可能性？

10. 已经订婚的朗（Long）先生和特林克（Trink）先生想要之后作为配偶双方都使用朗-特林克（Long-Trink）这个复姓。这一目标可以实现吗？

自测题的答案在书末。

第三章
婚姻生活共同体

第九节　婚姻的一般效力

一、婚姻法概况

婚姻法

```
《民法典》第1353条及          《民法典》第1361条及          《民法典》第1564条及
以下各条所规定的              以下各条所规定的              以下各条规定的离婚
婚姻生活共同体法              分居生活法                    及离婚后果法
```

1　　　婚姻法分为三个部分。《民法典》第 1353 条及以下各条所规定的婚姻生活共同体存续期间的法律构成了第一部分。这部分法律涉及的是那些在债法和物权法上也具有重大意义，并因此与考试相关的一般婚姻效力。如果配偶双方废止了婚姻生活共同体，那他们就分居了。分居生活的法律主要是在《民法典》第 1361 条至第 1361b 条中作了规定。紧随分居之后的有可能是配偶双方的离婚。离婚法一方面涉及《民法典》第 1564 条及以下所规定的离婚的前提条件，另一方面涉及的是离婚后果，例如《民法典》第 1372 条及以下各条所规定的财产的增益补偿（Zugewinnausgleich），《民法典》第 1587 条及以下各条所规定的供养补偿（Versorgungsausgleich），或者《民法典》第 1569 条及以下各条所规定的扶养给付（Unterhaltsleistung）。

　　　一般婚姻效力（**allgemeine Ehewirkungen**）尤其包括以下这些：
- 《民法典》第 1353 条所规定的婚姻生活共同体义务
- 《民法典》第 1355 条所规定的确定一个婚姻姓氏的可能性
- 《民法典》第 1357 条所规定的日常家事代理权
- 《民法典》第 1359 条所规定的配偶双方内部关系中的较轻责任标准

- 《民法典》第1360条及以下各条所规定的家庭扶养义务
- 《民法典》第1362条所规定的所有权推定

二、《民法典》第1353条所规定的婚姻生活共同体的义务

1. 《民法典》第1353条第1款的一般条款（Generalklausel）

从《民法典》第1353条第1款第1句中，一方面可以得出婚姻的缔结具有终身性的 2
结论；另一方面，从2017年起在其中规定了配偶双方既可以是异性的，也可以是同性的。
根据《民法典》第1353条第1款第2句，配偶双方互相负有婚姻生活共同体义务，并且
互相为对方负担责任。这一规定在表述上尽管仍然很模糊，但同时也强调了，对婚姻的具
体安排应该留给配偶双方**私法自治上的**（privatautonomen）决定。至于如何详细地理解婚
姻生活共同体义务，判决和文献已经进行了具体化（konkretisiert）。基本上这一义务包括
三个义务领域（drei Pflichtenbereiche）：在同一家庭中共同生活的义务、包括婚姻忠诚在
内的性关系共同体义务以及互相注意和帮助的义务。

《民法典》第1353条第1款第2句是**请求权基础**（Anspruchsgrundlage）。配偶一方
（理论上）可以针对另一方提起履行各自婚姻义务的诉讼。[1] 此外，《民法典》第1353条第
1款第2句明确规定，借由依法有效的结婚形成了互相的权利和义务，这在配偶双方之间
产生了**债之关系**（Schuldverhältnis）。除此之外，《民法典》第1353条第1款在涉及确定配
偶双方权利和义务的问题时，具有**解释标准**（Auslegungsmaßstab）的意义。

2. 作为生活共同体一方面的居住共同体

如果配偶双方负有建立共同体的义务，那么这首先意味着在一个由配偶双方共同选择 3
的住所中以家庭共同体的方式共同生活的义务。不过如果配偶双方——例如因为职业的缘
故——长期或者从一开始就分开生活，只要这符合他们共同的计划，也仍然没什么问题。[2]
但是在配偶双方对此意见不一致时便产生问题了。

> **案例**[3]：经理秘书西莉亚（Celia，C）和法官雷克斯（Rex，R）结婚了。他们计划
> 将他们的共同住所设置在C工作地所在的杜塞尔多夫市（Düsseldorf）。目前仍供职于巴
> 伐利亚州公职机关的R认为将其职务调动至北莱茵-威斯特法伦州（Nordrhein-West-
> falen）是有可能的。然而当之后证实调动职位完全不可行时，R要求C搬去他居住的特
> 劳恩施泰因市（Traunstein），但C拒绝了。尽管这期间他们的孩子出生了，争吵最终
> 还是导致了离婚。现在C以照顾子女为由提出了扶养（Unterhalt）请求。但R认为，
> 由于C的固执而导致婚姻最终破裂之后，他是不用负担任何扶养的。请问其中的法律状
> 况（Rechtslage）如何？

---

[1] 建立之申请，参看下文本节边码9。
[2] 参看 OLG Brandenburg FamRZ 2008，1534。
[3] 根据 BGH NJW 1987，1761。

本案中 C 有可能可以因为照顾子女而**对 C 享有《民法典》第 1570 条所规定的扶养请求权（Unterhaltsanspruch gegen R aus § 1570 BGB）**。尽管如此，《民法典》第 1579 条却规定，如果负担扶养给付的义务在个案中将会导致显著不公平（grob unbillig）时，就可以不用负担扶养义务。如果 C 确实可以被责难对 R 有明显严重且明确是因 C 而产生的**过错行为（Fehlverhalten）**，那么这里就有可能适用《民法典》第 1579 条第 7 项。不过，当一开始的住所计划不可行时，依据《民法典》第 1353 条第 1 款第 2 句而从婚姻生活共同体义务中所得出的只能是，配偶双方必须继续在互相的同意中努力寻求一个新的解决方案。如果因为各方都有自己的原因而无法达成一致同意，那么配偶双方必须原则上对此予以接受。只有当配偶一方没有实质性的原因却任意拒绝另一方所提出的一个客观上合理且可期待的建议时，才可以被认为是一个过错行为。而这一点在本案中是要被否定的。①

3. 性关系共同体和家庭计划

4　　根据普遍的观点，根据年龄和健康状况进行性生活（Geschlechtsverkehr）以及恪守婚姻忠诚的义务也属于婚姻生活共同体全部内容（Inbegriff）的范围。② 这样一来，比如向伴侣告知感染了艾滋病病毒这一项义务就得到了承认。③ 从《民法典》第 1353 条第 1 款第 2 句也能推导出要求停止**不忠行为（Treubruch）**或者妨碍婚姻行为的请求权。但是在涉及过往所为的出轨行为时却**不存在公开义务（keine Offenbarungspflicht）**，更确切地说，甚至当因此而有了（婚外情所生的）子女时，这一义务也不存在。只有当子女的婚生性很明显构成了特定赠与或者对配偶进行给予的行为基础时，情况才有所不同。④ 此外，从《民法典》第 1353 条第 1 款第 2 句无法得出丈夫要求（前）妻子向其透露谁是婚外情所生子女之生父的请求权。⑤

从《民法典》第 1353 条第 1 款第 2 句连同适用人格权及**肖像权保护（Bildnisschutz）**⑥中还能得出针对配偶另一方的，要求其停止将配偶双方**性生活照片（Fotos aus dem Intimleben）**向第三人公开的请求权。⑦

5　　根据联邦最高法院的一贯判决（st. Rspr.），从《民法典》第 1353 条第 1 款第 2 句中**无法得出家庭计划（Familienplanung）**领域的**法律义务（keine Rechtspflichten）**。所以既不能要求生育子女，也不能要求安全地避孕。因此违背约定中断服用避孕药不会导致法律上的不利后果⑧，并且也不会违反《民法典》第 1353 条第 1 款第 2 句。甚至作出决定让自己进行绝育手术也可以不需要伴侣的参与。⑨ 在扶养法中可以再次看到此处的实际后果。

---

① 也可参看 BGH FamRZ 1990，492。

② Soergel/*Lipp* BGB § 1353 Rn. 40.

③ OLG Brandenburg NJW 2006，2861：结婚时的告知义务。

④ BGH NJW 2012，2728：详情请参看下文第三十一节边码 57。

⑤ BVerfG NJW 2015，1506.

⑥ 《基本法》第 2 条第 1 款连同适用第 1 条第 1 款。

⑦ 参看 BGH NJW 2016，1094 独身者判决。

⑧ BGH NJW 1986，2043；不同观点参看 *Grziwotz*，FamRZ 2002，1154（1156）；*Bydlinski* JBl 2020，345。

⑨ BGHZ 67，48（51）.

案例①：妻子艾拉（Ella，E）和丈夫马克（Marc，M）无法通过自然的方式生育子女。所以他们决定尝试一下同源人工授精（试管受孕）的方式。在第一次人工授精受孕尝试失败后，尤其是这期间 M 又结识了另一个女人，他就告诉了妻子，他不愿意继续尝试这个方法了。尽管如此，E 还是再一次去找了她的医生，并以人工授精的方式怀孕了。孩子出生之后配偶双方就离了婚，而 E 以照顾孩子为由向 M 提出了扶养请求。M 拒绝了扶养支付；最终 E 可能不得不将目前的处境归咎到自己身上。

就如同前文的案例②一样，本案中的**扶养请求权**（Unterhaltsanspruch）虽然可能可以从《民法典》第 1570 条（§ 1570 Abs. 1 BGB）得出，但是根据《民法典》第 1579 条可以例外地被排除。此处尤其要考虑是的《民法典》第 1579 条第 4 项（§ 1579 Nr. 4 BGB），因为 E 的这一扶养需求是她自己，甚至有可能是故意造成的。所以联邦最高法院正确地否定了这一请求。虽然配偶双方自由地以共同责任的方式决定是否、何时以及如何生育子女，然而从中无法得出长期的约束。可以在任何时候重新决定是否要生育子女，是属于配偶双方各自高度人身性的自主决定权。因为这一决定具有高度人身性的法律性质，所以禁止按照其背后的原因在道德—伦理上是否成立而对其有所区别对待。为配偶双方在这一领域预先确定标准也并非法秩序的任务。

4. 注意义务和帮助（婚姻团结）义务

A. 概论

婚姻被理解为扶持和责任共同体（Einstands-und Verantwortungsgemeinschaft）。婚姻上的**团结和注意义务**（**Solidar-und Rücksichtnahmepflichten**）包括很多方面。配偶双方一方面要为共同的事务操心，也就是筹措必要的资金、完成家务、照顾子女等。在这方面通常会确定某一分工的形式。③ 一般情况下，配偶双方应被看作彼此的领受使者（Empfangsboten），甚至在婚姻住房之外也可能如此。④ 而在各自拥有所有权的家居物品方面也可任由配偶另一方**共同占有**（**Mitbesitz**）和共同使用。⑤ 对于配偶一方个人事务所涉及的方面（职业；宗教实践；政治、科学或者艺术活动；体育，等等），配偶另一方在可期待的限度之内负有注意义务和帮助义务。这里同样要注意相关基本权的评价。

另外，在**分居**（**Getrenntleben**）期间仍然存在注意义务，并且导致配偶一方单方面申请分割拍卖共同所有的婚姻住宅是不予受理的⑥；然而，在较长时间的分居之后可能适用其他规则。⑦

此外，对异性配偶双方而言非常重要的婚姻义务是《基本法》第 3 条第 2 款所规定的**男女权利平等**（**Gleichberechtigung**）。配偶双方之间在刑法上则存在保证人身义务（Ga-

---

① 根据 BGH NJW 2001，1789。
② 参看上文第九节边码 3。
③ 《民法典》第 1356 条。参看下文本节边码 13 节及以下各边码。
④ 参看 BAG JuS 2012，68。
⑤ 有关配偶双方物权的详情请参看下文第十二节边码 1 及以下各边码。
⑥ 参看下文第二十一节边码 15。
⑦ OLG Jena NJW-RR 2019，264；对此参看 *Wever* FamRZ 2019，504。

rantenpflicht）；这类帮助行为的不作为可能导致刑法上的处罚。① 例如在不阻止配偶自杀的情况下就适用这一点。②

自身的人格权和自身隐私领域的权利不受结婚的影响。配偶任何一方都有针对配偶另一方的**保护自身人格领域**（**Wahrung der eigenen Persönlichkeitssphäre**）的权利。因此，翻看配偶另一方日记或者其他私密记录，侵犯通信秘密③，秘密录音或者有系统地监视都将会与此相违背。④

B. 在最优税收申报形式（günstigste steuerliche Veranlagungsform）上的协助

此外，配偶一方可以根据《民法典》第 1353 条第 1 款第 2 句请求配偶另一方大致地**告知其自身的财产关系**（**Auskunft über seine Vermögensverhältnisse**）。⑤

只要在不损害自身利益的情况下仍然是可实现的，那么根据《民法典》第 1353 条第 1 款第 2 句也能得出尽可能减轻另一方配偶财务上负担的义务。⑥ 这在**税法**（**Steuerrecht**）中配偶双方报税形式的选择上具有实际意义。从《民法典》第 1353 条第 1 款 2 句中可以得出一个在税收最优申报形式上予以协助的可诉性义务，换言之，通常情况下有义务同意进行共同报税，那样配偶双方就可以享受配偶收入分开纳税税率（Splittingtarif）的优惠。⑦ 这一义务原则上在离婚之后也适用。⑧ 拒绝所负担的同意义务有可能产生**损害赔偿请求权**（**Schadensersatzansprüche**）⑨；这些请求权依据的是《民法典》第 1353 条第 1 款第 2 句、第 280 条第 1 款，并且即使不考虑《家事与非诉事务程序法》第 120 条第 3 款也具有可执行性。

尽管如此，同意的授予原则上必须只能与配偶另一方相应的**减免税表示**（**Freistellungserklärung**）同步进行（Zug-um-Zug）。因为如果一方配偶单独报税时可享受比共同报税时更好的税收优惠，那么只有当另一方配偶赔偿其由此产生的亏损时，这一同意对其而言才是可期待的。这一损害赔偿的请求权可从《**民法典**》**第 426 条第 1 款**（**§ 426 Abs. 1 S. 1 BGB**）中得出，因为按照《所得税法（EStG）》第 26b 条的规定，配偶双方相对于税务局税收债务而言是连带债务人。但是在共同生活期间，另一方配偶大多会放弃提出这一请求权，因为财务上所获得的优惠终归会用于共同目的。即使在之后分居或离婚的情况下，配偶一方也必须遵守这一过去那段时间所作的放弃行使请求权，因为《民法典》第 426 条第 1 款的平分原则就此而言正好被配偶这一另外的做法所排除了。只有针对**从分居开始之后**（**ab Trennung**）的时间，情况才会有所不同。因为随着婚姻生活共同体的废止，就不再有理由去遵守过去的做法以及接受对自己而言过高的税收负担。⑩ 从此时

---

① 《刑法典》第 13 条。

② BGHSt 2, 150,（152）；有争议。

③ BGH FamRZ 1990, 846, 847.

④ 参看 *Schwab* FamR GdR Rn. 117.

⑤ 参看 BGH NJW 2012, 3635；OLG Köln FamRZ 2020, 1716。

⑥ BGH FamRZ 2007, 1229；*Schneider* NZS 2019, 361（365）.

⑦ BGH FamRZ 2005, 182；2007, 1229；OLG Koblenz FamRZ 2020, 163.

⑧ OLG Hamburg FamRZ 2019, 1688.

⑨ 例如 BGH NJW 2010, 1897；OLG Celle FamRZ 2019, 1685。

⑩ BGH FamRZ 2007, 1229.

起通常就可以提出《民法典》第 426 条第 1 款所规定的补偿请求权了。①

C. 违反善良风俗的配偶间保证

此外，婚姻上的注意义务在配偶间保证的情况下也显示了其实际意义。如果不存在其他担保，信贷机构（Kreditinstitut）可能会要求其信贷人（Kreditschuldner）将自己的亲属设为保证人。如果配偶另一方的职业或企业前途处于危急关头时，作为配偶一方对此是很难反对的。尽管如此，如果配偶一方被迫接受为另一方作保证，并且因此承受了无法估计的经济风险，那么这仍然意味着对婚姻上**注意义务（Rücksichtnahmepflicht）**的违反。尤其是配偶间经济或**情感上的依赖性（emotionale Abhängigkeiten）**不允许以这样的方式被滥用。这相对于第三人也具有效力：作为债权人的银行如果缺少对自己有利的正当理由而利用其信贷人这样一种对义务的违反，那么没有财产的配偶一方的保证在个案中有可能违反善良风俗②并因此无效。③ 在评估与配偶一方的合伙协议上，类似这些方面可能也会起作用。④

三、建立之申请

1. 无执行可能性的申请

依据《民法典》第 1353 条第 1 款第 2 句，这一请求权基础（理论上）可以起诉要求遵守个别的婚姻义务或者要求建立（Herstellung）以及实现婚姻生活共同体。与《家事与非诉事务程序法》的术语表（Nomenklatur）相对应，就此而言则可以将其称为"建立之申请"（Herstellungsantrag）。这里涉及的是某个源于婚姻的请求权的提出，并因此属于《家事与非诉事务程序法》第 266 条第 1 款第 2 项意义上的其他家庭事务。尽管如此，需要注意的是，虽然"裁判"是可以设想的，**但却无法设想执行（nicht aber die Vollstreckung）**；因为按照《家事与非诉事务程序法》第 120 条第 3 款的规定，建立婚姻生活的义务是无法适用执行的。正因为如此，这一申请可能性在实际中也从来没被实践过；但在考试案例中仍然要对这一点加以注意。

对以下义务可以提起建立之申请：
- 建立家庭共同体或者维持一个共同的住所
- 管理家务（根据事先所达成的一项协议）
- 在家务或者企业中予以协助
- 获悉配偶另一方的财产状况或者收入关系，以便使扶养请求权或者零用钱的计算成为可能。⑤

为了使执行障碍在实际中不会被规避，和这些义务损害相关的（契约性或者侵权性的）**损害赔偿请求权（Schadensersatzansprüche）**或者因违约金之承诺（Vertragsstrafever-

---

① 例如 OLG Brandenburg BeckRS 2020，2015；有关其完整内容参看 *Langheim* FamRZ 2021，157。
② 《民法典》第 138 条第 1 款。
③ 例如 BGH NJW 1994，1726；1997，3372；1999，58；2009，2671；OLG Karlsruhe FamRZ 2013，819。
④ BGH NJW-RR 2013，1258。
⑤ BGH FamRZ 2011，21。

sprechen）而产生的请求权都被排除了。因为否则的话，面对所担心的惩罚措施仍然还是将会对配偶另一方产生压力，而这正是《家事与非诉事务程序法》第 120 条第 3 款在考虑到**个人的、高度人身性的婚姻义务（die personalen, höchstpersönlichen Ehepflichten）** 时所想要避免的。因此，婚姻生活共同体本身没有被通说承认为侵权法中的其他法益。① 与此严格相区分的则是配偶其他财产法类型上的申请，诸如申请支付零用钱或者共同增益的补偿等。② 这一类的名义（Titel）都将是可执行的。

2. 《民法典》第 1353 条第 2 款所规定的拒绝原因

10　　当另一方配偶可以根据**《民法典》第 1353 条第 2 款拒绝（§ 1353 Abs. 2 BGB verweigern）** 建立婚姻生活共同体时，建立之申请就**没有根据（unbegründet）** 了。这一方面涉及的是婚姻已经破裂的状况。此外，法律还考虑到这样一种情况，即配偶一方的要求表现出了对其权利的滥用，并因此使得建立生活共同体对配偶另一方而言是不可期待的。这有可能涉及的是实施家庭暴力的配偶一方的申请。

四、《民法典》第 1360 条及以下各条所规定的家庭扶养（Familienunterhalt）义务

1. 扶养的类型和范围

11　　《民法典》第 1360 条至第 1360b 条规定，在婚姻生活共同体存续期间负有一项相互之间配偶扶养或者家庭扶养的给付义务。按照《民法典》第 1360 条的规定，配偶分别按照婚姻的分工形式③，通过工作以现金的形式（**现金扶养，Barunterhalt**）以及通过家务管理为扶养作出贡献。这两种扶养给付的方式具有相同价值。此外，扶养给付还可以通过照顾子女、提供住房、从财产性收入中提供现金或者移转物品的使用权（例如汽车）来履行。当配偶双方都有收入时，两者都负有按照其收入比例来承担扶养费用的义务。那么家务劳动就应该在相互之间进行适当的分配。

　　按照《民法典》第 1360a 条第 1 款的规定，**适当的扶养（angemessene Unterhalt）** 包括按照配偶双方的关系，为了支付家务开支（例如租房、用电、取暖、饮食、家具、维修）以及为了满足配偶双方及其共同子女的个人需要（例如衣服、化妆、医疗、养老、学习用品、玩具）所必需的一切。按照《民法典》第 1360a 条第 2 款第 2 句的规定，必要的**家务开销（Haushaltsgeld）** 要按适当的时期预先支付给管理家务的配偶一方。④ 从《民法典》第 1360a 条第 4 款中还能得出要求**预付诉讼费用（Vorschuss von Prozesskosten）**，例如预付诉讼前律师费的请求权。⑤

　　如果配偶一方**需要护理（pflegebedürftig）** 并因此被安置在了一家**护理院（Heim）**，那

---

① 参看下文第十一节边码 11。

② 参看下文第十一节边码 8。

③ 参看下文边码 13。

④ 对此参看例如 OLG Karlsruhe FamRZ 2014，132。

⑤ 对此参看例如 BGH NJW 2020，55。

么其所要求家庭扶养请求权就例外地指向了现金扶养定期金（Geldrente）的支付①；在这一类情形下例外地不存在相互之间的家庭扶养请求权。

如果配偶一方相比其所应承担的份额而给付了**较高的扶养费用**（**höheren Unterhalts-beitrag**），那么《民法典》第1360b条就推定，在有疑义时，该方配偶之后没有请求另一方配偶偿还的意图。也就是说，已经完成的给付既不能按照《民法典》第812条第1款第1句的规定，也不能以无因管理为由请求返还。只有当给付人对此已经明确作出保留时，情况才会有所不同。

2. 零用钱请求权

在家庭扶养范围内零用钱请求权具有实际意义。不工作配偶一方的扶养请求权也包括为个人目的而要求零用钱的请求权。判决所估算的请求权金额为可供使用的净收入的5％至7％。② 这一请求权**既为可诉亦可执行**（**einklagbar und vollstreckbar**）；但是配偶一方自己几乎不会走到这一步。但是当债权人试图获取这些零用钱时，情况就有所不同了。

> **案例**③：丈夫恩斯特（Ernst，E）对债权人格林高（Gringo，G）负有金钱债务。因为E那仅有的800欧元工作收入是不可扣押的④，所以已经取得针对E执行名义的G在寻找其他的执行可能性。当G注意到E的妻子菲奥娜（Fiona，F）是全职工作的，并且有2 500欧元的净收入，而E除了其兼职工作之外还管理家务时，他决定扣押（pfänden）E针对F的零用钱请求权。
>
> 按照《民事诉讼法》第829条、第835条及以下各条的规定，G可以尝试去获得一项**扣押以及转账裁定**（**Pfändungs-und Überweisungsbeschluss**）。根据通说，零用钱请求权作为家庭扶养的组成部分是《民事诉讼法》第850b条第1款第1项意义上的扶养定期金（Unterhaltsrente），因此在《民事诉讼法》第850b条第2款所规定的前提条件之下可以有限制地进行扣押。⑤ 这一可扣押性也与《基本法》第6条第1款相符合。⑥
>
> 但是此处有疑问的是，E到底是否拥有一项针对F的可执行的请求权。除了兼职工作之外仍然承担家务管理的配偶一方，虽然依法也拥有一项金额为可供家庭使用的净收入5％至7％的零用钱请求权。⑦ 然而，在准双收入婚姻（Zuverdienstehe）中需要注意的是，零用钱请求权是按照生活经验以下列方式来得到满足的，即只要收入较低的配偶一方的收入足够，就允许其从自己的收入中扣除依据配偶另一方多出的收入而计算出来的零用钱。⑧ 据此，在这一案例中E就不再拥有针对F的，且G可以用来扣押的零用钱请求权了。

---

① BGH FamRZ 2016, 1142.

② BGH FamRZ 2013, 363.

③ 根据 BGH NJW 1998, 1553。

④ 参看《民事诉讼法》第850c条。

⑤ BGH NJW 2004, 2450.

⑥ BVerfG FamRZ 1986, 773.

⑦ 参看《民法典》第1360a条第3款、第1614条第1款。

⑧ KG FamRZ 1979, 428；Palandt/*von Pückler* BGB，§ 1360a Rn. 4 亦持相同的观点。

五、《民法典》第 1356 条所规定的婚姻分工：家务管理和工作

1. 分工形式

13　　《民法典》第 1356 条第 1 款第 1 句规定，配偶双方在互相一致的**同意（Einverneh-men）**中处理家务管理。与此相平行的则是《民法典》第 1356 条第 2 款第 1 句在权利平等的意义上所规定的，配偶双方都有权从事工作。也就是说在考虑到工作和家务管理时，配偶双方必须努力找到一个合理的分工。此外，《民法典》第 1356 条第 2 款第 2 句还规定，必须对配偶另一方和家庭利益给予必要的注意。如果从事家务管理的配偶一方死亡，那么生存的配偶一方可以享有《民法典》第 844 条第 2 款所规定的因所丧失的家务管理活动而产生的损害赔偿请求权。[①]

婚姻分工的形式

- 单收入婚姻（家庭主妇婚姻或者家庭主夫婚姻）
- 准双收入婚姻
- 双收入婚姻

14　　单收入婚姻或者家庭主妇或家庭主夫（Hausmann）婚姻中只有配偶一方在工作，而配偶另一方则管理家务。**双收入婚姻（Doppelverdienerehe）**的名称则来自配偶双方都从事全职工作。在**准双收入婚姻（Zuverdienerehe）**中，一方配偶全职工作，另一方则从事兼职工作或临时工作，此外便是料理家务。**德国的婚姻（Ehen in Deutschland）**大多数属于准双收入婚姻。只有子女不满 3 岁的家庭才大部分是单收入婚姻。[②] 此外，自然还存在配偶双方均不从事工作或者双方都只从事兼职工作的婚姻。

2. 对所达成之约定的变更

15　　**例子：**同为女性的配偶双方埃琳娜（Elena，E）和劳拉（Laura，L）在她们结婚的时候就决定，E 继续从事其作为独立工程师的职业，而 L 则要辞去她的工作并承担建设新房和家务管理义务。此外她们还计划（在精子捐献者的协助下）生育子女（Gründung einer Familie）。原先在一家广告代理公司工作的 L 在赋闲在家 6 个月后非常想念她以前的同事和客户，于是她不顾 E 的反对又回到了她的工作职位上。E 现在想知道的是，她是否可以基于原先的约定而享有要求 L 进行家务管理的请求权。

　　出发点在于，根据《民法典》第 1360 条的规定，配偶双方都享有要求对方对家庭扶养作出适当贡献的请求权。可以根据自由选择而通过工作、财产给付或者家务管理来作出这一贡献。然而问题在于，如果配偶一方"在**互相一致的同意（gegenseitiges Einvernehmen）**中"[③] 已经比如坚定地答应过从事家务时，该如何适用。这样一个承诺或者同意或许就如

---

① 对此参看 OLG Celle BeckRS 2017，148956。

② 详情参看 Engstler/Menning，S. 111。

③ 《民法典》第 1356 条第 1 款第 1 句。

一项真正法律行为上的约定那样具有约束力。① 那么其结果将会是，约定的变更只要按照一般性的契约原则就将可以实现了，也就是说通过诸如撤销②或者按照行为基础丧失的相关规范。③ 但这几乎无法让人信服。《民法典》第 1356 条所指的并非一项契约，而仅仅是一个 **"同意"**（Einvernehmen）。此外，面对着持续变动中的生活状况，也很难假定配偶双方在以下意义上具有负义务之意思，即他们事实上想要长期地受所选择的任务分配形式的约束。

所以**通说**（h. M.）正确地拒绝了法律行为上的负义务之意思。毋宁说配偶双方相应的同意仅仅产生某种**信赖事实**（Vertrauenstatbestand）。④ 配偶双方可以信赖，另一方配偶原则上遵守约定，并且不会无理由以及毫无预先警告地放弃约定。另一方面，婚姻上的帮助和注意义务⑤则要求，应**注意**（Rücksicht）伴侣的新愿望或者变化了的想法，并且总是努力争取一个双方互相同意的解决方案。因此，那些还达不到被称为《民法典》第 313 条意义上的行为基础丧失的情形也值得注意。

据此，**案例**（Fallbeispiel）中 L 当然可以期待，E 尊重她的（现在已经变得非常明确的）需求，并且期待她们共同考虑如何能够处理好家务（例如通过雇用一个女管家）。因此 E 不享有要求 L 作为家庭主妇长期待在家里的请求权。

作为一个后果问题所提出的问题就是，无理由或在不恰当之时（zu Unzeit）放弃了所达成的约定时，另一方配偶是否有**信赖损害**（Vertrauensschaden）赔偿请求权。通说⑥正确地否定了这类请求权；最终这里所涉及的也是那些必须要尽可能地防止法官干涉的婚姻内部事务（innereheliche Vorgänge），此外也考虑到《家事与非诉事务程序法》第 120 条第 3 款所规定的适用于人身性婚姻义务的强制执行障碍。因此对配偶之间在这类情况下存在损害赔偿请求权这一观点，应当持保留态度。

3. 在配偶另一方的企业中的协助义务？

与《民法典》第 1356 条第 2 款相关的还会进行如下的讨论，即在个案中，配偶一方是否有可能负有在配偶另一方的企业或者职业领域中予以协助的义务。这一类义务原则上应当**被否认**（abgelehnt），因为任何一方配偶都可以任意地选择与其自身能力和兴趣最相符合的职业。家庭协助在某些领域内（例如农业）很普遍，但这一点还不够。⑦ 不过按照通说⑧，在某些特别的**例外情况**（Ausnahmefall）下，可从婚姻的注意和**帮助义务**（Beistandspflicht）中得出一项协助义务。就此而言，具有决定性作用的联系点就在于对家庭扶养的保证以及配偶之间所达成的约定。

所以，当伴侣的企业构成了**家庭扶养的经济基础**（die wirtschaftliche Grundlage für den

---

① *Haas*, FamRZ 2002, 205，(208) 持此观点。

② 《民法典》第 119 条及以下各条。

③ 《民法典》第 313 条；例如在子女出生之后。

④ *Gernhuber/Coester-Walijen*，§ 18 Rn. 23；个案论述请参看 Staudinger/*Voppel*，§ 1356 Rn. 10；BeckOK BGB/*Hahn* BGB，§ 1356 Rn. 4。

⑤ 《民法典》第 1353 条第 1 款第 2 句。

⑥ Erman/*Kroll-Ludwigs* BGB，§ 1356 Rn. 5；Soergel/*Lange* BGB，§ 1356 Rn. 11；Staudinger/*Voppel* BGB，§ 1356 Rn. 28。

⑦ BGH NJW 1994，2545。

⑧ Palandt/*Siede* BGB § 1356 Rn. 7；*Schwab* FamR GdR Rn. 133f.

Familienunterhalt），并且缺少协助就会危及其运作能力或者甚至会危及其存续时，这一（暂时的）协助义务才能被同意。[1] 也就是说，缺少协助必定会存在家庭扶养无法得到保障的危险。但是这也意味着，一旦伴侣有能力通过某一**其他职业（anderweitige Erwerbstätigkeit）**足以充分供养家庭时，这一协助义务通常就不再存在了。

六、法定配偶代理权

18　　配偶双方并不享有依法互相代理的权利。在配偶一方成为无行为能力人的情况下，配偶另一方只有在自己被指定为其配偶法律上的照管人[2]或者被授予相应的预防性代理权（Vorsorgevollmacht）时，才能够以配偶的名义作出意思表示。但是这两个条件往往是欠缺的，因为法院指定照管人的过程会持续很长时间。这样一来，在事故或者突然重病之后的第一时间之内，就无人能够作出与此相关的表示了。而《有关监护法和照顾法改革之法律》的出台则将改变这一状况。2023 年 1 月 1 日生效的新**《民法典》第 1358 条**将由这一**法律产生（neuen § 1358 BGB schaffen）**，据此规定，当配偶一方由于失去意识或者某一疾病而暂时在法律上无法处理其健康照顾事务时，配偶双方能够依法互相为对方在**健康照顾事务（Angelegenheiten der Gesundheitssorge）**方面进行**为期 3 个月（Dauer von drei Monaten）**的代理。[3]

 深入阅读材料推荐

深入学习：*Elden*，Ausgleichspflicht bei zusammen veranlagten Ehegatten，FamFR 2011，171；*Götsche*，Der Familienunterhaltsanspruch zwischen Ehegatten，FamRB 2016，437；*Graba*，Familienunterhalt，NZFam 2019，49；*Stein*，Aus der Eheherrührende Ansprüche，FPR 2011，85。

案例与考试：*Löhnig/Leiß* Fälle FamR Fall 1；*Schwab* FamR PdW Fälle，12，13。

第十节　日常家事代理权

一、《民法典》第 1357 条的规范目的及法律性质

1　　《民法典》第 1357 条规定，配偶双方对于那些用于满足家庭适当生活需要的行为都享有权利并负担义务。这意味着，比如，对于管理家务的配偶一方所订购的供暖油（Heizöl），也可以要求配偶另一方进行支付。在这背后存在着这样一种思想，即管理家务的配偶一方也应当能够借助对外的**经济活动自由（wirtschaftliche Bewegungsfreiheit）**来实

---

① *Schwab* FamR GdR Rn. 134.

② 《民法典》第 1896 条。

③ 参看 BR-Drs. 564/20，S. 130，230 ff.；对此还可参看 *Dutta* FamRZ 2020，1881。

现其自主家务管理的权利。① 甚至当管理家务的配偶一方没有自己的收入可供支配时，也应当有能力恰当地处理其任务，而不需要依赖有收入的配偶一方的帮助。② 这一通过《民法典》第 1357 条所赋予的法律权能（Rechtsmacht）被称为日常家事代理权（Schlüsselgewalt）*；因为在过去将钥匙交付与新娘，象征着她被委任独立行使家庭主妇的权利和义务。

不过最终，《民法典》第 1357 条的主要作用还是在于**保护债权人（Schutz der Gläubiger）**。即使债权人是与管理家务并因此也许是无收入的配偶一方订立了契约，但在《民法典》第 1357 条所规定的这些情况之下，配偶双方相对于债权人来说始终都是债务人（以及债权人）。就此而言，这一规范也早已超出了最初的目的，因为根据其不受限制的字面表述，该规范也同样适用于双收入配偶，并且这一规范的适用不取决于哪一方配偶订立了契约。③

《民法典》第 1357 条的**法律后果（Rechtsfolgen）**会让人想起《民法典》第 164 条第 1 款中有关代理的法律后果。代理的法律后果使得一个并未参与法律行为作出的人能够享有权利并负担义务。然而日常家事代理权的效果与代理的效果在很多方面有区别。一方面订立契约的配偶一方本身也要额外地共同负担义务，另一方面这既不取决于订立契约一方相应的意思，也不取决于对配偶另一方共同负担义务的公示（Offenkundigkeit）。而且契约相对人也不必知道他自己和配偶一方有这样的关联。共同负担义务的法律后果**依法（kraft Gesetzes）**自动产生。

因此，《民法典》第 1357 条赋予了配偶一方与其伴侣在特定行为上共同负担义务的法律权能。所以，根据法律性质，我们可以称之为一种**法定的负担授权（gesetzliche Verpflichtungsermächtigung）**。④

联邦宪法法院认为《民法典》第 1357 条的规定是**合宪的（verfassungsgemäß）**。⑤ 此处是考虑到《基本法》第 6 条第 1 款中将婚姻置于国家的特殊保护之下，才可能存在这样的疑虑。因此，像《民法典》第 1357 条这样，也将法律后果规定为配偶负担的一条规范似乎是很难与其相符的。⑥ 事实上，就这方面来说未婚人士处于更有利的地位。所以，当我们主张，这一规范不仅仅让伴侣共同负担义务，也让其积极地享有权利，此外还不考虑对其滥用时，这样的辩解理由也是相当薄弱的。不过要注意的是，《民法典》第 1357 条是**可约定排除之法（abdingbares Recht）**。根据《民法典》第 1357 条第 2 款的规定，配偶能够排除其规范效果。所以尽管有诸多疑虑，还是要肯定其合宪性。尽管如此，还是存在许多对《民法典》第 1357 条的规范进行最终删除的充分理由。⑦

---

* 德文为 Schlüsselgewalt，字面意思是"钥匙权力"。——译者注

① 《民法典》第 1356 条第 1 款第 2 句。

② BVerfG NJW 1990，175.

③ 参看 *Brudermüller* NJW 2004，2265.

④ 参看 *Schwab* FamR GdR Rn. 169；*Medicus* FS Schwab，2005，S. 359（361）；其他观点 *Berger*，FamRZ 2005，1129.

⑤ BVerfG NJW 1990，175.

⑥ 参看 *Struck* FF 2004 107.

⑦ 参看 *Luther* FamRZ 2016，271（272）；*Wellenhofer* BRJ 2019，19.

二、《民法典》第 1357 条的审查

1. 审查结构

4　《民法典》第 1357 条并非（keine）请求权基础，而仅仅只是附带在某一其他请求权基础[①]的框架内去审查。鉴定报告（Gutachten）中这一审查一般是在通常将要审查代理前提条件的位置上进行的，也就是说在这里涉及的是对法律行为参与人的解释。

例子： 妻子以自己的名义委托了暖气修理。但是修理工却要求丈夫来支付费用。这里的请求权基础就是《民法典》第 631 条第 1 款。虽然也成立了一个有效的承揽契约（Werkvertrag），但却是在妻子与修理工之间订立的。只有当《民法典》第 1357 条的前提条件也满足时，才将会肯定丈夫的支付义务。因此要结合对这些前提条件的审查才能继续进行下去。

2. 构成要件中的前提条件

《民法典》第 1357 条的前提条件
1. **有效的婚姻**
2.《民法典》第 1357 条第 3 款所规定的订立契约时配偶双方**没有分居**
3. 由配偶一方有效地**实施了一个法律行为**
4.《民法典》第 1357 条第 1 款第 1 句所规定的**适当满足生活需求的行为**
5.《民法典》第 1357 条第 1 款第 2 句所规定的根据情形**无法得出其他结论**
6. **没有**根据《民法典》第 1357 条第 2 款、第 1412 条所规定的**排除**日常家事代理权
法律后果： 配偶另一方因法律行为而共同享有权利及共同承担义务

A. 有效的婚姻

5　《民法典》第 1357 条仅仅适用于配偶双方有效缔结了婚姻的情况。该条款的适用也不取决于婚姻财产制（Güterstand）。对于非婚生活共同体，《民法典》第 1357 条既不能适用，也不能类推适用。[②]

B. 没有分居

6　这一前提条件规定在《民法典》第 1357 条第 3 款当中，但是却不像其所处位置那样也要到最后才被审查。具有决定性意义的是，配偶双方**在契约订立时（im Zeitpunkt des Vertragsschlusses）** 是否还共同生活在一起（**截止日原则，Stichtagsprinzip**）。另一方面，无关紧要的则是，他们之前是否短暂地分居过，或者他们是否在契约签订之后分居了，以至于只向配偶一方发货。

然而，如果配偶双方在契约签订之时是**分居（getrennt）** 的，那么《民法典》第 1357

---

① 例如《民法典》第 433 条第 2 款，第 611 条第 1 款或者第 631 条第 1 款。

② Palandt/*Siede* BGB § 1357 Rn. 6；*Dethloff* FamR § 8 Rn. 9；其他观点 *Harke* FamRZ 2006，88（91）。

条就不会介入了；此时日常家事代理权已处于**休止状态**（**ruht**）。即使事后的重新共同居住也不会导致"补正"（Heilung）。如果符合《民法典》第1567条的前提条件①，在任何情况下都存在分居（Getrenntleben），但是有可能也存在因职业原因而长期分居的情况。契约另一方对分居的情况是否有所知悉，对于适用《民法典》第1357条来说则是无关紧要的。在分居的情况下，《民法典》第1357条也无法为共同子女的必要需求创立共同责任。②

有疑问的是，《民法典》第1357条是否也包括已经分居的时间点中配偶双方在**持续性债之关系**（**Dauerschuldverhältnissen**）上所被要求的给付。

　　案例③：供电商S在2012年和丈夫E签订了一份婚姻住房的供电契约。契约订立之时E和其妻子F共同生活在这个住房中。2019年12月31日这一天，这对夫妇分居了，并且F搬了出去。一年之后S向F请求支付2020年的电费。

　　S针对F的**请求权**（**Anspruch**）可能可以从《民法典》**第433条第2款连同适用第1357条第2款**（**aus § 433 Abs. 2 iVm § 1357 Abs. 1 BGB**）中得出。

　　婚姻住房内的用电需求原则上属于适当持续地满足需求。④但问题在于，配偶双方在给付履行之时已经分居了。但是根据联邦最高法院的观点，**截止日原则**（**Stichtagsprinzip**）也适用于持续性债之关系。那么唯一的决定性因素就是债法行为成立的时间点，而在本案中，这正好处于共同生活的时间段之内。而法律并没有规定一方配偶因为搬家而可以**免除责任**（**Enthaftung**）。而且由于缺少法律上的规范漏洞（gesetzliche Regelungslücke），在这类情况下类推适用《民法典》第1357条第3款也会被拒绝。最后也将无法和以下情况进行区分，即订购还是发生在婚姻生活共同体的存续期间，但供货却已是在分居之后了。⑤也就是说搬走的配偶一方必须注意，要及时地通知终止其本人相应的契约。⑥如果遵循联邦最高法院的上述观点，那么S能够请求F支付电费。

C. 由配偶一方有效地实施了一个法律行为

这一前提条件通常在每一请求权基础审查的一开始就已经被讨论了。首先必须要审查的是契约的有效订立，契约类型以及不存在阻却权利的抗辩（rechtshindernde Einwendungen）。一旦缺少上述这些，就不再继续对《民法典》第1357条进行审查了。

D. 《民法典》第1357条第1款第1句所规定的适当满足生活需求的行为

这一点构成了《民法典》第1357条的核心前提条件；所以此处往往要对其进行篇幅更长一些的阐述。可以用以下方式来组织审查，即在**第一步**（**erster Schritt**）中先检查，行为客观上是否以满足配偶双方或者家庭的需求为目标。而对此的标准便是《民法典》第1360条和第1360a条所规定的家庭的**扶养需求**（**Unterhaltsbedürfnisse**）。那些扶养家庭所必需的东西通常也在《民法典》第1357条的范围之内。

典型的满足需求行为涉及（**Typische Bedarfsdeckungsgeschäfte betreffen**）以下这些

---

① 对此参看下文第二十一节边码2。

② BVerfG FamRZ 2016，21 已作了澄清。

③ 根据 BGH NJW-RR 2013，897。

④ 参看下文边码8。

⑤ 就像联邦最高法院一样有充分理由的其他观点，参看 *Stalinski*，FamRZ 2013，1933。

⑥ 参看 LG Karlsruhe NJW-RR 2013，1326。

方面：

- 食物
- 家庭成员的衣物和化妆品
- 必要的医疗
- 家庭维修
- 供电、供暖、电话
- 小型家用电器
- 儿童对学校和教育的需求

小型家具分别视具体的关系而有可能被归入《民法典》第 1357 条中，而采购一整套设备就不行了。[①] 此外，那些仅仅归属于配偶一方个人职业或营业领域之内的采购及契约，例如为了职业工作而购置的笔记本电脑，就**不**（**nicht**）属于扶养需求了。同样**不**（**nicht**）包括在扶养需求内的还有一些财产投资或管理措施（例如购买有价证券）。这些甚至谈不上是满足需求了。而那些涉及业余活动（例如网球课）的领域，原则上是可以归属到扶养需求中的；然而还是有必要仔细审查，这在个案中是否适当。

9　　在第二步中要审查的是，是否每一项满足需求也**在主观上适当**（**subjektiv angemessen**）。可以归入日常家事代理权范围的，只能是处于**具体家庭**（**konkrete Familie**）的经济关系和生活习惯范围之内的这类行为。就平均收入和生活方式而言，比如订购昂贵的设计师款婴儿时尚服饰就将不再是《民法典》第 1357 条意义上的适当了。尽管如此，具有决定性的仍然是**对外所表现出来的关系**（**nach außen in Erscheinung getretenen Verhältnisse**）。[②] 若某人持续超出其经济关系而生活，则必定也会让自己一直如此生活下去。如果配偶另一方提前同意了所涉及的行为，那就可以认为具有适当性。此外，在个案中也可以借助以下问题来划分其界限，即所涉及的行为是否是配偶一方根据典型方式的生活条件而**习惯于独立去完成**（**selbstständig zu erledigen**）的[③]，或者是否是一个虽然所涉范围更大，但也能毫无困难地搁置的行为[④]，并且配偶双方事先对此行为已经以通常的方式商定好了。最后，日常家事代理权并不应该因此而有助于配偶一方将配偶另一方置于既成事实的关系之前。因此不仅仅是购置一辆小型挖掘机[⑤]，就连预定假期旅行[⑥]通常也不属于《民法典》第 1357 条的范围，而委托一名税务咨询师也同样不属于这一范围。[⑦] 关于典型的案例群（Fallgruppen）下文将会进一步论述。[⑧]

> **案例**[⑨]：丈夫马克斯（Max，M）签订了一个电话服务契约。因此支付是根据每个月

---

① OLG Brandenburg FamRZ 2007，558，同时被拒绝的则是付费电视（PayTV）。

② BGH NJW 2008，1313；Bremen FamRZ 2010，1080。

③ BGH NJW 1985，1394。

④ BGHZ 116，184，（186）。

⑤ OLG Hamburg NJW-RR 2019，1347。

⑥ OLG Köln NJW-RR 1991，1092，涉及的是塞舌尔群岛之旅。

⑦ LG Paderborn BeckRS 2012，9662。

⑧ 参看下文边码 14 及以下各边码。

⑨ 根据 BGH NJW 2004，1593。

所出具的账单进行的。当 M 和其妻子弗罗拉（Flora，F）又一次争吵了长达一周之后，M 终于搬出了他们的婚姻住房。因为他尚未支付上一次的电话账单，现在 F 被要求进行支付。而当她看到超过 3 000 欧元的账单费用时，吓得瞠目结舌。对此账单费用，电话公司的解释是，其中还包括了特别服务（色情电话）。

虽然本案中**安装电话线路**（**Telefonanschluss**）以及（虽然难以进行评估的）电话需求的费用均在《民法典》第 1357 条的范围之内；尤其是在手机普及的时代，安装固定电话线路也属于一个家庭通常的生活需求。"但是，这并不能证成，那些过度超过这一范围并且完全超出家庭经济关系的费用也要归属于适当满足生活需求……"① 也就是说，F 不必为这些特殊服务而支付。

日常家事代理权**不**（**nicht**）包括所谓的**基础行为**（**Grundlagengeschäfte**），也就是那些   10
对家庭而言具有根本重要性却很少发生的行为。这里所涉及的是诸如为家庭承租**住房**（**Wohnung**）、对有关房屋租赁附属费用的约定进行修订②、订立一个房屋建造契约③、家庭住房承租契约的通知终止④、抑或和购买房屋相关的中介费用。⑤

E.《民法典》第 1357 条第 1 款第 2 句所规定的根据情形无法得出其他结论

此外还要继续审查，在个案中根据情形（nach den Umständen）是否得出，不应该适   11
用《民法典》第 1357 条。这样一来，配偶一方就能够在订立契约时清楚地表达仅仅想独自负担义务的意思了。此外，对契约的解释可以表明，仅仅只有一方配偶成为契约相对人，例如投保人。⑥ 另外，一个可推断的放弃（eine konkludente Abbedingung）也是可以考虑的，比如当契约相对人清楚地知道或对契约相对人清楚地表达过，配偶另一方反对订立这一契约。

例子： 妻子买了一只猫，但同时又和出卖人说她丈夫讨厌猫，并且对猫过敏。

除此以外，家庭**经济关系**（**wirtschaftliche Verhältnisse**）也属于具有决定性的"情形"。如果所实施的法律行为的费用明显超过家庭或者共同负担义务之配偶的经济能力，那么配偶另一方共同负担义务就根据情形被排除了。⑦ 但是大多数时候，这一类情况下在满足需求的适当性这一点上本身就已经被拒绝了。

《民法典》第 1357 条的适用不会因为配偶一方作为另一方的**代理人**（**Bevollmächtigter**）   12
而明确地以其名义订立满足需求的行为而被排除。在这类情况下，甚至当被代理的配偶一方已经自己订立契约了，也不会适用其他结论；因为之后这一契约作为日常家事代理权下的行为也将仍然会使配偶另一方共同负担义务。但是配偶一方可以**明确**（**ausdrücklich**）表明，只有被代理人应当负担义务。

例子： 在医院，丈夫以"代理某人（i. V.）"的方式，签署了一份在其妻子妇科医疗

---

① 参看上述联邦最高法院判决。
② BGH WuM 2016，353.
③ BGH FamRZ 1989，35.
④ OLG Brandenburg NJW-RR 2007，221.
⑤ OLG Oldenburg NJW-RR 2010，1717.
⑥ OLG Hamm VersR 2020，1180.
⑦ BGHZ 116，184，（188）；对此参看下文边码 14 中的情况。

的范围之内有关医疗选择给付（ärztliche Wahlleistungen）的契约。因为所选择的给付按照配偶双方的生活方式是适当的，所以也被联邦最高法院承认为《民法典》第1357条运用的一种情况。[①]

F. 没有根据《民法典》第1357条第2款和第1412条的规定排除日常家事代理权

13　　《民法典》第1357条包含着可约定排除之法。配偶双方能够决定某些特定的或者全部的满足需求的行为都不适用《民法典》第1357条。然而，根据《民法典》第1357条第2款第2句和第1412条的规定，只有当这一排除经过婚姻财产制法登记（Güterrechtsregister）[②]之后，这类约定才能对第三人产生效力。不过第三人是否查看了登记则是无关紧要的。根据《民法典》第1357条第2款第1句的规定，如果配偶一方不同意增加其负担的《民法典》第1357条的排除或者限制，他可以向法院提起申请。

三、案例群（Fallgruppen）

1. 医疗

14　　包括预防性检查在内的必要的医疗属于家庭扶养需求，并且也在日常家事代理权的范围之内。因为只有生病的一方想要接受治疗，从而导致另一方配偶共同享有权利（Berechtigung）通常变得毫无意义这一点，则是无关紧要的。尽管如此，当所涉及的是昂贵的医疗选择给付，如涉及的是美容手术或植牙时，则有必要进行进一步的审查。此时就必须要根据家庭的生活样式（Lebenszuschnitt）按个人情况来决定。当某一医疗虽然在客观上是必要的，但配偶双方在经济上无法承受时，就出现难题了。

> **案例**[③]：埃米尔（Emil，E）和薇尔玛（Wilma，W）已婚。因为埃米尔的企业负债累累，他连自己的医疗保险费都无法支付了，于是他的保险契约就被通知终止了。之后 E 被诊断出得了癌症。最终他住院进行了化疗手术，却没有治愈。E 去世之后，W 作为他的妻子被请求支付高达 3 万欧元的医院费用。
>
> 这一要求支付治疗费用的请求权可能可以从**《民法典》第 630a 条第 1 款**（§ 630a Abs. 1 BGB）中得出。
>
> 1. 就契约当事人来说就仅仅是 E 自己。但是当 W 是 E 的继承人时，W 的责任可能可以从《民法典》第 1922 条、第 1967 条中得出。然而超出这一责任之外的就不被承认了。根据《民法典》第 1942 条及以下各条的规定，当 E 负有高额债务时，W 在有疑义的情况下也可以放弃有可能的遗产。
>
> 2. W 的支付义务可能可以从《民法典》第 630a 条第 1 款**连同适用《民法典》第 1357 条第 1 款第 2 句**（iVm § 1357 Abs. 1 S. 2 BGB）中得出。
>
> a) E 和 W 在契约订立之时已经结婚。
>
> b) 他们没有《民法典》第 1357 条第 3 款所规定的分居。

---

① BGH NJW 1985，1394.

② 另外参看下文第十三节边码4.

③ 根据 BGHZ 116，184。

c）E 依据《民法典》第 630a 条订立了一个有效的治疗契约。

d）有疑问的是，这一法律行为是否是一个**适当满足**（angemessenen Deckung）配偶双方生活需求的行为。一个必要的、维持或者延长生命的医疗确实属于配偶双方的扶养需求，以至于订立相应的契约原则上属于《民法典》第 1357 条的范围。然而，在当前情况下有疑问的是，鉴于 E 的负债和医疗保险的缺失，也就是说根据个人的情形，这一昂贵的治疗是否适当。毫无疑问可能可以用很好的理由来否认这一点。然而，联邦最高法院认为，在没有备选治疗可供选择，病人对这一治疗的费用无论如何又无法施加影响的情况下，一项刻不容缓的紧急治疗在任何情况下都是适当的。也就是在事实上赞同，这一类型的决定通常不（应该）依赖于经济上的衡量。

e）配偶双方没有排除《民法典》第 1357 条的效力。

f）然而还需要考虑的是，在当前情况下，按照《民法典》第 1357 条第 1 款第 2 句的结尾，是否根据情形得出了一些**其他的结论**（Umständen etwas anderes ergab）。E 或者 W 没有作出过任何明确的表示。不过，由于 E 负债并且缺少医疗保险，客观上已经很明显，这一昂贵的治疗明显超过了配偶双方的经济关系以及经济能力。在这样一种情况之下，配偶另一方共同负担义务必须在一开始就"根据情形"予以排除。[1]

W 不负担支付义务。

2. 信贷及分期付款行为

A. 分期付款行为

只有当日常生活中没有现金支付行为，而都是诸如订购物品后送货这样的事后支付时，《民法典》第 1357 条在实际情况中才有意义。而早年在商人或面包师那儿"赊账"（Anschreiben）可能也起到过这样的一种作用。这就引出了这样一个问题，即《民法典》第 1357 条是否还包括那些约定了（有可能是长期的）**分期支付款项**（Abzahlung in Raten）的行为（所谓的分期付款行为[2]）。当然，在这里首先必须要求的同样是，这一行为在内容上是以适当满足需求为目标的。如果是这样一种情况，那么分期付款的约定大多数时候也将是《民法典》第 1357 条意义上的适当的。[3] 共同负担义务的配偶通常并不因此而处于更差的情况，因为价款并不是马上全部到期支付，而是分期的。出现长期的费用也并不妨碍对《民法典》第 1357 条的适用；最后像订立电话契约这样的持续性债之关系也属于这一范围。[4] 但是对分期付款行为的判断最终还是要取决于个案，尤其是取决于负担义务的持续时间以及信贷费用的多少。

B. 消费信贷

例子：为了给预定好了的滑雪度假很好地置办装备，妻子弗罗拉（Flora，F）需要钱。所以她在价廉银行（Billig-Bank）申请了一笔超过 2 000 欧元，并且马上可以以现金兑现的短期"消费信贷"。然后，她从这笔信贷中为自己和孩子们购买了总价为 600 欧元的滑雪服。这样一来，丈夫马克斯（Max，M）稍后也能够被银行请求偿还这笔信贷吗？

15

16

---

① 参看上述联邦最高法院的判决；OLG BremenFamRZ 2010，1080。

② 参看《民法典》第 506 条第 3 款。

③ *Löhnig*，FamRZ 2001，135，（137 f.）；Palandt/*Siede* BGB § 1357 Rn. 11。

④ BGH NJW 2004，1593。

　　如果在一个已计划好的满足需求行为（**geplantes Bedarfsdeckungsgeschäft**）的准备阶段接受一笔信贷，那么就会出现这样的疑问，即已经接受的这一贷款契约能否构成《民法典》第 1357 条意义上的行为。这一点是有争议的。然而，这一情况与分期付款约定还不具有可比性。虽然可能可以说，是为了之后的采购行为而先接受一笔信贷，抑或该信贷行为直接与该购买行为相结合而作为融资购买（**finanzierter Kauf**），这两者并没有本质区别。这一信贷行为之后至少是间接用来满足生活需求的。[①] 但正是在**信贷行为和满足需求行为的分离（Trennung von Kredit-und Bedarfsdeckungsgeschäft）**中存在着配偶另一方必须要受到保护的危险。也就是说不能保证，借贷得到的钱随后确实只用于《民法典》第 1357 条意义上的行为中。但是在订立契约时，必须始终能够明确地最终决定，《民法典》第 1357 条是否适用于这一契约。另外接受贷款本身同样不是用于满足需求，而仅仅是用于对其的准备。因此，通说正确地没有将单独（**isoliert**）（无专用性）的贷款契约归入《民法典》第 1357 条的范围。[②] 这一点也得到了银行实务的支持。银行单独审核个别贷款接受者的信贷资格；当银行认为有必要让配偶共同负担义务之时，总是会追加配偶的签名。

3. 重复购置

17　　**例子：** 弗罗拉（Flora，F）在购买了价格为 200 欧元的蓝色滑雪服之后，某天又在 Sports & More 运动用品商场发现了一件更加时髦，价格为 250 欧元的红色滑雪服。因为她的尺寸没有库存了，店里就为她预定了这件滑雪服。当一周之后这件滑雪服送货上门时，丈夫马克斯（Max，M）必须要付款吗？

　　在重复购置（**Doppelanschffungen**）这一情况下可能会有的疑问就是，在需求已经通过第一个行为得到满足之后，第二个法律行为到底是否还适当。如果我们想要对此进行否定，我们就要被迫总是对多个行为进行一个通盘考虑（**Gesamtbetrachtung**）。但与此相反的观点则说，《民法典》第 1357 条也适用于保护债权人并且就此而言必须要提供一个客观的标准。对债权人而言，在个别行为范围内他不可能认识到，其他相似的行为之前是否已经进行过了。所以只能取决于个别行为的**个案考虑（Einzelbetrachtung）**。因此，在上述例子中，M 原则上必须要支付。在配偶双方的满足需求行为平行发生时，如果每一项行为都是在不知道配偶另一方订立行为的情况下进行的，那么也必须适用这一结论。[③]

4. 出让行为

18　　满足需求要求的是**购买（Erwerb）**物资。与之相反，出让物品在任何情况下都是间接地用于家庭的扶养需求。

　　例子： 为了能够筹措资金购置急需的洗碗机，弗罗拉（Flora，F）在没有事先询问过丈夫马克斯（Max，M）的情况下，卖掉了一个配偶双方共同所有的旧古董柜（**Bauern-schrank**）。现在 M 有义务向买受人交付柜子吗？

　　就此而言必须适用的结论仍然是，行为仅仅具有间接的满足需求功能还不足以满足

---

①　BeckOK BGB/*Hahn* BGB § 1357 Rn. 21.

②　LG Aachen NJW 1980，1472；Staudinger/*Voppel*，§ 1357 Rn. 96.

③　MüKoBGB/*Roth* BGB § 1357 Rn. 21.

《民法典》第 1357 条的构成要件。[1] 否则的话，通过《民法典》第 1357 条将尤其会为配偶一方创造一种对配偶另一方财产的处分权能（Verfügungsmacht）。[2]

无法归入《民法典》第 1357 条范围的行为一览表

- 购置奢侈品
- 基础行为
- 财产投资及管理
- （单独的）信贷
- 与职业相关的行为
- 出让

四、《民法典》第 1357 条的法律后果

1. 共同享有权利以及共同负担义务

《民法典》第 1357 条第 1 款第 2 句的法律后果是**依法（kraft Gesetzes）**产生的。这不 *19* 取决于契约相对人或者配偶的意思或者认识。行为相对人不必知道他是在和配偶双方在打交道。配偶另一方共同负担义务意味着，配偶双方根据《民法典》第 421 条的规定作为**连带债务人（Gesamtschuldner）**对契约相对人负责。共同承担责任不仅涉及原初的履行义务，也涉及《民法典》第 311 条第 2 款、第 280 条所规定的，在契约磋商过程中以及契约履行过程中因违反义务而产生的请求权。[3] 配偶一方的**履行（Erfüllung）**和抵销也以利益配偶另一方的方式而依据《民法典》第 422 条产生效力。根据《民法典》第 424 条的规定，契约相对人的**债权人迟延（Gläubigerverzug）**对配偶双方均产生效力。

当作为依据的债务涉及的是日常家事代理权时，配偶另一方也必须接受针对配偶一方的强制执行通知的效力。[4]

配偶另一方**共同享有权利（Mitberechtigung）**产生的则是，配偶双方相对于契约相对 *20* 人享有共同的债权人地位。根据通说，配偶双方应当被看作是**《民法典》第 428 条（§ 428 BGB）**意义上的**连带债权人（Gesamtgläubiger）**。[5] 任意一方配偶都能够不依赖于另一方请求给付；债权人则能够向任意一方配偶进行具有解除自身义务之效力的给付。

在订立消费者契约（Verbrauchervertrag）的情况下，按照通说，只要向订立契约的配偶一方分别履行信息义务以及进行指示就足以对配偶双方都产生效力了。[6] 这样是适当

---

[1]　MüKoBGB/*Roth* BGB § 1357 Rn. 25.

[2]　*参看 Schwab* FamR GdR Rn. 181。

[3]　Soergel/*Lipp* BGB § 1357 Rn. 33.

[4]　LG Karlsruhe NJW-Spezial2013，485.

[5]　LG Heidelberg FamRZ 2014，956；*Gernhuber/Coester-Waltjen* FamR § 19 Rn. 43.

[6]　MüKoBGB/*Roth* BGB § 1357 Rn. 33；BeckOK BGB/*Hahn* BGB § 1357 Rn. 28；*其他观点参看* Zintl/*Singbartl* NJOZ 2015，321（324）。

的，因为债权人无法也无须知道在债务人那方还存在一个配偶。

2. 行使形成权

21　　《民法典》第1357条范围内的法律行为在进行的过程中，可能会出现对形成权的行使。这有可能涉及由于错误而撤销一项契约[1]、撤回[2]或者是通知终止一项持续性债之关系。[3] 这样一来就提出了以下问题，即由配偶双方中的一方行使权利是否已经足够了以及之后的法律后果是否对配偶双方都产生效力。根据通说，上述两项问题都应当作肯定的回答。借由一个案例就能对这一点作出最好的说明。

案例[4]：妻子艾拉（Ella，E）为登记在丈夫莫里茨（Moritz，M）名下而作为家庭用车的车辆在被告 V 保险公司处订立了一份综合保险（Vollkaskoversicherung）。配偶双方都生活在良好的经济条件下。保险契约在两年之后被 M（在缺少 E 代理权的情况下）以书面形式通知终止了。八月之后发生了一场责任在于 E 的事故，为此 E 请求 V 赔偿维修费用。E 认为，缺少她同意而进行通知终止是无效的；所以综合保险仍然存在。

保险契约所产生的索赔理算（Regulierung des Schadensfalls）请求权是以一份仍然存在的综合保险为前提条件的。

1. 最初，保险契约（**Versicherungsvertrag**）是由 E 有效订立的。

2. 然而这份保险可能已经被有效地通知终止了。

a）存在一个按规定形式和期限作出的通知终止表示。

b）但是，只有当 M 的表示对 E 也生效时，由 M 作出的一个**通知终止**（**Kündigung**）才能够有效地终止由 E 订立的契约。根据所给出的案件事实，因为 M 并没有获得代理权，所以这一效力无论如何也无法从《民法典》第164条第1款中得出。

c）不过本案中通知终止也可能可以根据《民法典》第1357条第1款（类推适用地）对 E 产生效力。

aa）只有当基础行为本身属于《民法典》第1357条第1款规范的范围时，才会出现通知终止是否也能够成为一项日常家事代理行为这一问题。根据联邦最高法院的观点，保险契约原则上也能够成为《民法典》第1357条第1款第1句意义上的适当满足生活需求的行为[5]，至少在涉及诸如一份家庭财产险或者一份机动车强制责任险这样的一般保险契约方面是如此。[6] 根据不同的家庭生活样式，甚至订立一份综合保险也可能可以归入《民法典》第1357条第1款的适用范围。而在本案中（或许）就应该肯定这份综合保险，因为配偶双方都生活在良好的经济条件中。

bb）之后这些原则就可以移转适用到通知终止的法律行为之上了。根据通说，《民

---

[1]　《民法典》第119条。

[2]　比如《民法典》第355条规定的由于行使消费者权利。

[3]　例如一项电力供应契约。

[4]　根据 BGH NJW 2018，1313。

[5]　OLG Hamm NJW-Spezial 2020，518 也持这一观点；不同观点参看 Soergel/Lipp BGB § 1357 Rn. 25。

[6]　*M. Schwab* FamRZ 2018，675；*Eckebrecht* NJW 2018，1315 也持这一观点。

法典》第 1357 条第 1 款应该相应地适用于形成权的行使上。[①] 根据联邦最高法院的观点[②]，形成权虽然原则上必须由连带债权人共同行使。不过在《民法典》第 1357 条第 1 款第 1 句意义上适当满足家庭生活需求行为的情况下也存在一个例外："正如配偶能够为各自的伴侣确立权利和义务一样，也必须对称地允许伴侣可以以对配偶另一方生效的方式而再次地从这些权利和义务中摆脱出来。"这一点不取决于，行使形成权的配偶一方是否也是最初通过《民法典》第 1357 条第 1 款而确定所承担之义务的配偶那一方。支持上述这一观点的是以下这一事实，即统一处理基础行为中所产生的权利和义务以及所有从中所产生的次级请求权（Sekundäransprüche）及形成权都极大地简化了法律适用。在一定程度上，甚至必须将配偶双方在这方面作为一个整体来进行描述。[③] 如果配偶双方在这件事上看法一致，自然也就不会出现什么问题了。

而按照相反的观点，形成权只能由订立了作为基础的法律行为的那一方配偶来行使。[④] 配偶一方在配偶另一方不知情并且违背配偶另一方意思的情况下可以撤回或者通知终止一份由配偶另一方所订立的契约，这一点是不可能的。因为这样一来将会对配偶另一方产生无法证成的"私法自治的侵犯"[⑤]。

如果遵循通说，那么本案中保险就已经被有效地通知终止了，所以 E 不享有对 V 的请求权。如果遵循相反的意见，那么由毫无代理权的 M 所进行的通知终止虽然是无效的，但之后仍然有待审查的是，E 是否对通知终止有所知情（这一点通常情况下应当予以肯定，因为在变更契约条件的情况下保险公司将会寄送一份新的保险凭证）并且其与此相关的默示是否依据《民法典》第 177 条第 1 款从而构成了对通知终止的追认。如果对此予以肯定，那么根据这两个观点最终都得出了通知终止有效的结论。

3. 采取实现权利之行为

相似的问题也出现在诸如确定期限或者催告这些实现权利之行为（Rechtsdurchset-zungshandlungen）上。根据通说，债权人只要向作为契约相对人的配偶一方作出催告或者确定期限的表示就足够了；也就是说不要求再向配偶另一方作出一次表示。[⑥] 毋宁说根据《民法典》第 1357 条第 1 款第 1 句的思想所产生的各个法律效力，也延伸至配偶另一方的法律地位之上。也就是说其出发点是一种超出了传统连带债务人关系的配偶双方的责任共同体。[⑦]

例子：弗罗拉（Flora，F）并没有为已经送货上门的滑雪服支付价款，对有效的催告也毫无反应。现在丈夫马克斯（Max，M）被要求清偿包括迟延给付利息在内的账单款

22

---

①　Staudinger/*Looschelders* BGB § 429 Rn. 41；MüKoBGB/*Roth* BGB § 1357 Rn. 41；Palandt/*Siede* BGB § 1357 Rn. 22；*Lipp/Mayer* Rn. 216；不同观点参看 *Berger* FamRZ 2005，1129（1131）.

②　参看前引联邦最高法院的判决。

③　参看 *Löhnig* FamRZ 2001，135（137）.

④　*Berger* FamRZ 2005，1129（1131）；*Gernhuber/Coester-Waltjen* FamR § 19 Rn. 42.

⑤　*M. Schwab* FamRZ 2018，675（676）.

⑥　MüKoBGB/*Roth* BGB § 1357 Rn. 39，41；BeckOK BGB/*Hahn* BGB § 1357 Rn. 27.

⑦　参看 *Schwab* FamR GdR Rn. 198.

项。M 拒绝支付利息，因为他在此之前不管是对这次购买还是催告都一无所知。然而，根据通说，配偶一方的债务人迟延按照《民法典》第 1357 条第 1 款的思想——并且与《民法典》第 425 条第 2 款相反——也产生增加配偶另一方负担的效力。据此 M 必须支付利息。但是这一点并非完全没有争议。[①]

反之（Vice versa），配偶任意一方都能够单独作出催告或者确定期限的表示。这一表示之后也是自动地以利益配偶双方的方式产生效力。

例子：本应交付新洗衣机的经销商霍格尔（Hogl，H）在妻子弗罗拉（Flora，F）催告之后就陷入了迟延之中[②]，甚至买卖契约当初是由丈夫马克斯（Max，M）单独所订立的。

> **考试提示：**在次级请求权方面则存在很多争议。鉴于法定规范存在漏洞，需要在个案中进行谨慎的论证以及发展出某一符合事实且具有利益正当性（sach-und interessen-gerecht）的结论。

4. 不存在物权效力

23 日常家事代理权的案例有时也会涉及这样的后果问题，即所购置的物品归谁所有。

例子：丈夫马克斯（Max，M）用家庭资金购买了一台漂亮的新咖啡机。当 M 和他妻子弗罗拉（Flora，F）不久以后分开时，两人就这台机器归属于谁的问题发生了争执。

根据**通说**（h. M.），从《民法典》第 1357 条中是无法得出直接的物权效力的。[③] 也就是说一件经由日常家事代理行为所获得的物品并非自动具有配偶双方共同所有权。《民法典》第 1357 条第 1 款第 2 句意义上的共同享有权利应当仅仅理解为**债法上的**（schuld-rechtlich）。如果立法机构当初想规定其他的效果，那么就将会以其他的形式来表达这一规范。此外，配偶双方的财产——不管是在财产增益共有制中还是在分别财产制中——原则上被认为是互相分离的。[④] **相反的观点**（Gegenauffassung）[⑤] 则指出，只有在也可以要求将动产所有权移转给配偶双方而形成共同所有权时，共同享有权利才获得了意义。然而如果遵循通说，在这一点上也完全不会有任何问题。在个案中向配偶双方移转动产所有权是肯定可以共同进行的。但是这恰恰不是从《民法典》第 1357 条中依法得出的，而是必须在个案中按照《民法典》第 929 条通过**让与表示的解释**（Auslegung der Übereignungserklärungen）来达到。在此所适用的是有关**效力归于取得人本身之取得**（Erwerb für den, den es angeht）[⑥] 的原则。如果无法识别出明确的意思，那么在购置家居物品的情况下，假定配偶双方想要以获得共同所有权的方式取得这些物品则很有可能就是合理的。[⑦] 这也应该是上述案例中

① 不同观点参看例如 *Büdenbender* FamRZ 1976，662（667）。
② 《民法典》第 286 条第 1 款。
③ BGH NJW 1991，2283；*Löhnig/Schneider* JA 2015，255（258）.
④ 这一点参看《民法典》第 1363 条第 2 款第 1 句。
⑤ OLG Schleswig FamRZ 1989，88；*Schwab* FamR GdR Rn. 199f.
⑥ 另外参看下文第十二节边码 1。
⑦ BGH FamRZ 1991，923；对此的批评参看 *Simon* FS Schwab，2005，417，（422）。

的正确结论，特别是因为花费的是家庭资金。

 深入阅读材料推荐

深入学习：*Berger*，Gestaltungsrechte und Prozessführung bei Schlüsselgewaltgeschäften nach § 1357 BGB, FamRZ 2006, 1129; *Brudermüller*, Schlüsselgewalt und Telefonsex, NJW 2004, 2265; *Herberger*, Die Rechtsmacht des § 1357 BGB, Jura 2019, 374; *Lange*, Mithaftung des Ehegatten für Strom-und Gasrechnungen-kritische Fragen an § 1357 BGB, FamRZ 2016, 354; *Luther*, Vom Ende der Schlüsselgewalt, FamRZ 2016, 271; *Wellenhofer*, Schlüsselgewalt-wie lange noch?, BRJ 2019, 19。

案例与考试：*Benner* 2. Teil, Fall 5; *Kaiser*, Mitberechtigung von Ehegatten, JuS 2013, 146; *Löhnig/Leiß* Fälle FamR Fall 8; *Löhnig/Schneider*, Heiße Heimkinoanlage, JA 2015, 255; *Preisner*, Examenstypische Klausurenkonstellationen des Familien-und Erbrechts, Teil I, JA 2010, 424; *Röthel* Fall 1; *Roth* Fall2; *Schwab* FamR PdW Fälle 29 - 39。

第十一节 婚姻生活共同体的责任问题

一、《民法典》第 1359 条所规定的内部关系中的责任标准

1. 规范内容和规范目的

当配偶双方互相负有损害赔偿义务时，就应当注意《民法典》第 1359 条的责任标准 （**Haftungsmaßtab des § 1359 BGB**）了：当配偶双方在履行因婚姻关系而产生的义务时，互相仅须按照他们在自己事务中通常所应尽的注意负责。《民法典》第 277 条（**§ 277 BGB**）解释了这一标准的意思。仅须为自己通常的注意（die eigenübliche Sorgfalt）负责意味着不免除因重大过失产生的责任。也就是说对轻微过失通常就不用负责了。这一较轻责任标准的目的在于维持**家庭和平**（**Familienfrieden**）。恰恰是因为面对日常接触和配偶对另一方财产的持续影响而导致婚姻生活共同体的"易受损害性"（Schadensanfälligkeit）很高，所以必须阻止因每次不小心都会马上得出责任请求权的情况出现。除此之外的理由则是，一个人是自己选择了伴侣另一方，所以必须照其原本的样子予以全盘接纳。

> **学习提示**：以下所依据的也是自己通常的注意：
> ● 《民法典》第 346 条第 3 款第 1 句第 3 项所规定的在有权进行解除之人的情况下
> ● 《民法典》第 708 条所规定的在合伙人之间
> ● 《民法典》第 1664 条第 1 款所规定的在父母—子女关系中
> ● 《生活伴侣关系法》第 4 条所规定的在已登记的生活伴侣之间
> ● 《民法典》第 2131 条所规定的在前继承人和后继承人的关系中

要与之相区别的是（**Davon zuunterscheiden**）一般性地将责任减轻至故意及重大过失，例如《民法典》第 599 所规定的在使用借贷的情况下或者《民法典》第 521 条所规定的在赠与的情况下。

2. 案例结构中的审查

《民法典》第 1359 条不是**请求权基础**（**keine Anspruchsgrundlage**），而仅仅是对配偶内部关系中所负责的过失程度的说明。需要在其他分别被审查的有关过错的请求权基础[①]的范围中，插入审查《民法典》第 1359 条。在这一点上首先应该确定的是，配偶事实上要负担哪一种过错（轻微、中等或重大过失，或者甚至是故意）。在这之后需要解释的才是，此处的这一责任是否有可能因为《民法典》第 1359 条的责任特权（Haftungsprivilegierung）而被排除了。

3.《民法典》第 1359 条构成要件中的前提条件

《民法典》第 1359 条的审查模板
1. 配偶**婚姻**存续期间
2. 履行某一**因婚姻生活条件而产生的义务**
3.（没有）顾及自己通常的注意
4. 只要存在强制责任险，那么在违反**交通**规范时就不适用《民法典》第 1359 条（通说）

A. 对人的适用范围（Personeller Anwendungsbereich）

《民法典》第 1359 条包含着一种可普遍适用（verallgemeinerungsfähig）的法律思想。[②] 所以按照通说，《民法典》第 1359 条中较轻的责任标准也适用于在**非婚生活共同体**（**nichteheliche Lebensgemeinschaft**）中共同生活的伴侣双方。[③]

B. 履行某一因婚姻生活条件而产生的义务

按其文义，《民法典》第 1359 条适用于那些损害了某一因婚姻关系而产生的义务的情况。毫无疑问，这涉及的是与婚姻生活共同体或者说与履行婚姻扶养义务有关的所有行为和不作为，也就是说尤其是管理家务或者是完成《民法典》1357 条意义上的日常家事代理行为。然而联邦最高法院同时也强调，要宽泛地理解这一规范，并因此也适用于例如配偶的**空闲时间领域**（**Freizeitbereich**）。[④]

例子：例如当打扫卫生的过程中因疏忽而撞倒并摔碎了配偶另一方的花瓶时或者当配偶双方在滑雪时因相撞而受伤时，《民法典》第 1359 条——只要不存在对自己通常注意的违反——就会导致责任的排除。

---

① 例如《民法典》第 280 条第 1 款，第 823 条第 1 款。

② 参看上文边码 1。

③ OLG Gelle FamRZ 1992，941.

④ BGH FamRZ 2009，1048：滑水案。

C. 自己通常的注意

根据法律的文义，《民法典》第 1359 条和第 277 条不仅仅包括重大过失情况下的责任 *5* 减轻。毋宁说所涉及的也是要确定实行损害行为的配偶在处理自己的法益时，通常会适用哪种注意标准。

例子：丈夫恩斯特（Ernst，E）在面包师傅那儿迅速取一条面包的时候，从来不锁自己的自行车，那么当他在例外情况下使用他妻子的自行车时，他同样也不会锁。也就是说当这个时候因为他的疏忽导致他妻子的自行车被盗时，根据《民法典》第 1359 条他不应该承担责任。但是，当 E 对于自己的物品总是照顾得很细致，但在使用其妻子的物品时却认为没必要这么细致时，情况就不同了。即使此时 E 从客观上看仅仅负担中等过失，但也存在着对自己通常注意的违反并因此而导致责任承担。

> **考试提示：**当在考试的案件事实中缺少对于配偶自己通常注意的具体提示时，我们就可以限定于从《民法典》第 1359 条中得出对轻微和中等过失责任的排除。

D. 在违反道路交通规范时不适用《民法典》第 1359 条

当配偶一方在违反道路交通法规范的情况下损害了配偶另一方并且强制责任保险人将 *6* 会对损害进行赔偿时，联邦最高法院[①]在持续性判决（st. Rspr.）中否定了《民法典》第 1359 条的可适用性。这里涉及的是**机动车（Kraftfahrzeug）**行驶所产生的损害。

例子：在从超市回家的路上，由于轻微过失，丈夫马克斯（Max，M）错判了优先行驶关系（Vorfahrtsverhältnisse）并且正好撞上了刚从办公室开车回来的妻子。按照通说，此时《民法典》第 1359 条并不导致责任的排除。M 也要为其轻微过失承担责任。

在这类情况下，即使适用《民法典》第 1359 条最终也无助于配偶双方。因为如果否认这一请求权，用以弥补损害的机动车强制责任险（Kfz-Haftpflichtversicherung）的原因也就不存在了，以至于配偶双方很可能只能自己来承担损害了。而这将几乎无益于家庭和平。另外在道路交通中必须适用统一的**客观注意标准（objektive Sorgfaltsmaßstäbe）**，并且所有交通参与者都必须得到相同对待。联邦最高法院在一起摩托艇事故的案件中也适用了这些原则，从而就此方面否认了《民法典》第 1359 条的可适用性。[②]因此，当存在对相应类型的损害负有**保险义务（Versicherungspflicht）**时，《民法典》第 1359 条通常就适用了。因为这一义务并不适用骑自行车的人，因此在自行车事故的情况下，《民法典》第 1359 条就会导致配偶的责任免除。

二、配偶之间的损害赔偿请求权

1. 在违反人身性婚姻义务时不存在损害赔偿

从婚姻生活共同体[③]中可以得出不同的、也具有可诉性（einklagbar）的[④]人身性义 *7*

---

① BGHZ 53, 352,（355）；61, 101,（104）.

② BGH FamRZ 2009, 1048.

③ 《民法典》第 1353 条第 1 款第 2 句。

④ 参看上文第九节边码 9。

务，比如婚姻忠诚或者共同生活的义务。① 尽管如此，《家事与非诉事务程序法》第 120 条第 3 款还是规定就这方面而言**不发生强制执行（keine Vollstreckung）**。按照判决和通说，也不允许这一评价由于承认在违反或者不履行婚姻义务的情况下可执行的损害赔偿义务而落空。

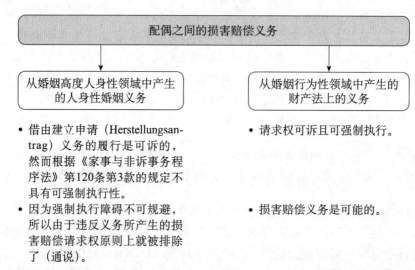

联邦最高法院认为②："**违反婚姻生活共同体义务通常不产生损害赔偿请求权（keinen Schadensersatzanspruch）**，因为履行由婚姻生活共同体所产生的人身性义务只能由以自由道德之决定为基础的婚姻态度来保障。因此间接的国家强制，比如通过契约违约金或者损害赔偿义务也是无法和每一个此类义务相容的。"

在**婚姻内部**的高度人身性形成领域（höchstpersönlichen Gestaltungsbereich der Ehe）中，国家或者法院的管控恰恰是无能为力的。其中所产生的问题必须要由配偶双方自己来克服；如果他们无法克服时，就可能不得不离婚了。还有可能产生余留下来的损失这一点，最终只能归结于普遍生活风险了。因此，相反的观点③，即在此处，部分承认信赖损害赔偿请求权或者清算利益赔偿请求权，是无法具有说服力的。④

例子：当丈夫恩斯特（Ernst，E）获悉其妻子菲奥娜（Fiona，F）出轨时，听力骤然恶化，由此产生了医疗费和巨额的误工费。虽然如此，E 还是不能向 F 请求损害赔偿。这里只能说是一般性的生活风险变成现实了。

2. 从婚姻财产法领域中产生的损害赔偿请求权

需要同人身性婚姻义务相区分的是**财产法类型（vermögensrechtliche Art）**上的讼争。⑤ 这里涉及的是诸如配偶一方向法院申请支付零花钱、扶养、增益补偿或者税务上的补偿支付。在这类情况下，不适用《家事与非诉事务程序法》第 120 条第 3 款所规定的强制执行

---

① 参看上文第九节边码 2 及以下各边码。
② BGH NJW 1988，2032.
③ Staudinger/*Voppel* BGB § 1353 Rn. 118 ff.，127 f.；MüKoBGB/*Roth* BGB § 1353 Rn. 48.
④ 另外参看下文边码 11。
⑤ BGH NJW 1988，2032.

障碍。所以损害赔偿请求权也是可以考虑的。比如配偶一方无故拒绝在最优税收申报形式的选择上予以协助①，那么根据《民法典》第1353条第1款第2句（有可能连同适用《民法典》第280条第1款）的规定，该配偶通常负有义务赔偿配偶另一方由于提高了税收负担而导致的损害。

3. 《民法典》第823条所规定的侵权法上的请求权

A. 损害绝对法益

损害《民法典》第823条第1款所列举的法益也可能像发生在陌生人之间一样，以同样的方式发生在配偶之间。首先可以想到的是过失或者故意地伤害身体或者损害所有权。所以原则上配偶之间也存在着可诉且可强制执行的请求权。

B. 作为《民法典》第823条1款意义上绝对权利的父母照顾权

例子②：马克斯（Max，M）和弗罗拉（Flora，F）夫妇俩分居了。F对儿子西蒙（Simon，S）有单独的照顾权。每个月有两个周末S在M那里生活。某个周日晚上，M无视法院的交往规定（Umgangsregelung），没有将S送回来。最后为了确定M和S的居住地，F不得不雇用了一个侦探。现在F向M请求赔偿雇用侦探的费用。

父母照顾权③也被认为是《民法典》第823条第1款意义上的其他绝对权利，在与父母另一方的关系中以及相对于第三人都产生效力。否则人身照顾的权利也将无法得到充分保护。那些违法地将子女带离有照顾权人的身边并使其暂时无法进行照顾的人，有可能因此承担损害赔偿的义务。然而这里的损害赔偿仅仅包括那些确定子女居住地以及接回子女所必要的花费。④

C. 婚姻作为其他受保护的权利？

然而，当涉及违反人身性婚姻义务时⑤，考虑侵权法上的请求权就应当谨慎了。

案例：路易斯（Louis，L）不仅劝诱已婚的菲奥娜（Fiona，F）与他发生婚外关系，还最终说服她离开了丈夫恩斯特（Ernst，E）并搬到他那儿。在F搬走之后，E向L和F请求损害赔偿。所提出的损害包括雇用家政服务人员的花费、误工费，因为E在绝望中好几天无法去上班，以及因准备离婚而累积到目前的律师费。另外E还想要因蒙羞而产生的精神抚慰金（Schmerzensgeld）。

本案中F已经违反了《民法典》第1353条第1款第2句所规定的婚姻忠诚义务，并且很有可能也违反了和E所达成的共同管理家务的约定。⑥ 因此E（理论上）是能够依据《民法典》第1353条第1款第2句（§ 1353 Abs. 1 S. 2 BGB）向法院提出申请要求F履行这一义务或者要求F**停止**（Unterlassung）和L的婚外关系。然而，在实践中这一类申请没有发生过。

---

① 参看上文第九节边码7。
② 根据BGHZ 111, 168。
③ 《民法典》第1626条。
④ BGHZ 111, 168.
⑤ 参看上文边码7。
⑥ 参看《民法典》第1356条第1款。

另外，E在这方面肯定就没有针对 L 的请求权，因为《民法典》第 1353 条第 1 款只涉及婚姻内部关系。

从《民法典》第 1353 条第 1 款第 2 句（有可能连同适用《民法典》第 280 条第 1 款）中得出针对 F 的**损害赔偿请求权（Schadensersatzansprüche）**因为上文已经论述过的原因[1]而被排除了，因为这里没有涉及财产的行为，而是涉及高度人身性的婚姻义务。

但是还存在这样的问题，即是否可以考虑从《民法典》第 823 条第 1 款中得出一项针对 F 以及（或者）L 的请求权。因为本案中既没有损害生命、身体健康、自由，也没有损害所有权，因此只有当婚姻或者婚姻忠诚义务被承认为其他法益时，才会考虑这一类请求权。

学界对于将**婚姻作为法益（Ehe als Rechtsgut）**这一点存在不同的态度。其中一个观点[2]是这样为其辩护的，应当将"**不受妨碍地维持婚姻共同体的权利（Recht am ungestörten Fortbestand der ehelichen Gemeinschaft）**"作为其他法益而置于《民法典》第 823 条第 1 款的保护之下。从中不应该仅仅得出要求停止妨碍的消极请求权，也应该得出针对第三者以及不忠诚配偶的损害赔偿请求权。最后也要注意到《基本法》第 6 条第 1 款的评价，也就是该条款将婚姻置于国家秩序的特别保护之下。其他观点则只是在《民法典》第 1353 条第 1 款第 2 句中确定针对不忠诚配偶的请求权，并且其中只有清算利益（Abwicklungsinteresse）才应该得到赔偿。[3]

与之相反的则是，**联邦最高法院（BGH）**和通说拒绝将婚姻承认为《民法典》第 823 条第 1 款意义上的法益并且在妨碍婚姻的情况下，原则上从《民法典》第 823 条既无法得出停止妨碍请求权，也无法得出损害赔偿请求权或者精神抚慰金请求权。[4] 据此观点，婚姻是处于那些一旦被损害就能够产生一般性财产损害赔偿请求权的那些法律关系之外的。否则的话，上文所述评价[5]将借由绕道（Umweg）《民法典》第 823 条第 1 款的方式而被忽视了，这一事实也确实支持了这一观点。**婚姻内部高度人身性领域（innereheliche höchstpersönlicher Bereich）**必须——不取决于请求权基础的类型——处于国家审查以及国家强制的干涉之外。此外，随着过错原则的废除（1977 年），考虑谁为婚姻破裂负有责任这一点，原则上也不应当再成为法庭争辩的议题。必须要避免对配偶私密生活的调查，尤其是因为一名法官受限于其认识可能性而几乎没有能力正确地对婚姻不忠诚的原因和影响进行正确分类（在上述案例中或许恰恰是 E 自己要为所有负责，因为正是他长期的暴躁脾气以及毫无真情实感的相处方式将 F 赶出了家门）。所以针对不忠诚配偶以及破坏婚姻的第三者的请求权都被否定了；因为针对第三者的请求权也将会间接地使婚姻内部生活领域成为法律讼争的议题。另外，反对**离婚费用（Scheidungskosten）**可赔偿性的一个理由则是，这些费用在《家事与非诉事务程序法》第 150 条中已经作出了终局式的规定。根据《家事与非诉事务程序法》第 150 条第 1 款的规定，这些费用原则上由双方互相抵销，更

12

---

① 参看上文边码 7 以及第九节边码 9。

② Staudinger/*Voppel* BGB § 1353 Rn. 131；*Erbarth* NJW 2013，3478，（3483）.

③ *Rauscher* FamR Rn. 249.

④ BGHZ 196，207；23，279，（281）；BGH FamRZ 1973，295；*Löhnig/Preisner*，NJW 2013，2080.

⑤ 参看上文边码 7。

确切地说就是不取决于离婚过错。因此取决于过错的损害赔偿请求权就将无法与之相一致了。

> **考试提示**：因为判决就其自身方面而言有更好的理由，所以在有疑义的情况下就应遵循判决。这在考试策略上也是很有意义的，因为这样就可以因此逃脱有关损害赔偿（仅仅是信赖损害？）具体范围的其他问题了。

D. 例外：对婚姻的空间—物品领域的保护

从前述的婚姻本身不受侵权法保护的原则中，联邦最高法院为部分领域，也就是为所谓**婚姻的空间—物品领域**（räumlich-gegenständlicher Bereich der Ehe）设置了一个例外。① 这一领域指的是形成共同婚姻和家庭生活的基础，并且应该使家庭成员有可能发展其人格②的婚姻住房领域。③ 这一领域应该受到保护以免受婚姻妨碍的影响。因此应该承认，婚姻的空间—物品领域也属于《民法典》第823条第1款意义上的其他法益的范围。

联邦最高法院④："然而，除了纯粹的婚姻人身性领域或者出于其中的正当领域之外，在婚姻中通常还形成了一个其他的、空间—物品上确定的领域，该领域构成了共同婚姻和家庭生活的外在物质基础，并且同时应该使每个家庭成员都有可能发展其人格。家庭成员的这一人格发展是家庭共同体的本质内容和目的。首先是（……）婚姻和家庭住房，属于在其中进行人格发展的外在领域。住房尤其是妻子的自然活动范围，她为了她自己及家庭的利益，并根据在婚姻和家庭中所发现的她自己的生活任务，而依赖这一范围来发展和实现其人格。"⑤

例子：丈夫恩斯特（Ernst，E）结交了女邮递员芭比（Babette，B）并且早上的时候一再地在家里招待她。当妻子菲奥娜（Fiona，F）出差时，B还在他们的婚姻住房里过夜。最后B甚至按照E的意愿搬到了婚姻住房里并要求给她提供一个客房。F因此精神崩溃并且必须进行治疗。这个例子中婚姻的空间—物品就受到了侵害，因为E肆无忌惮地将他的婚外关系带到婚姻住房里来了。

由于侵害婚姻的空间—物品领域而首先可以从《民法典》第823条第1款连同适用第1004条中得出针对不忠诚配偶及第三人的**停止侵害和消除妨碍请求权**（Unterlassungs-und Beseitigungsansprüche）。可以请求配偶不要将他或她的婚外关系带入婚姻住房以及请求将其情夫或者情妇带离婚姻住房。也可以以相应的方式请求第三人停止侵害以及搬离婚姻住房。

与此**直接**（unmittelbar）相关的经济损害，根据此处所赞同的观点，也可以从《民法典》第823条第1款中产生**损害赔偿请求权**（Schadensersatzansprüche）。这样一来，当妻子发现丈夫的情人在婚姻住房中之后而逃至旅馆并在那过夜时，她可以要求赔偿她旅馆的

---

① BGHZ 6, 360,（365）；BGH FamRZ 1956, 50；1963, 553；还可以参看 OLG Hamm FamRZ 2016, 1082。
② 《基本法》第2条第1款连同适用第1条第1款。
③ 最新判决 BGH NJW 2014, 1243。
④ BGHZ 6, 360 (365).
⑤ 参看《民法典》第1356条。

房费。与此相反的是，其他更间接一些的损害就不具有可赔偿性了。否则的话，损害人身性婚姻义务不存在损害赔偿义务的这一普遍原则将又会处于疑问当中了。

15　　在个案中可能需要澄清的是准确的**空间保护范围**（**Reichweite des räumlichen Schutzes**）。就这方面来说，已经得到承认的是，只要在营业和婚姻住房之间存在紧密的联系，例如配偶一方在家庭企业里协助，那么也可以禁止情夫或情妇进入营业空间（Geschäftsräume）。① 然而当婚姻住房位于一幢出租房的三楼，而不忠诚的配偶在该楼的底层保持其婚外关系时，情况就会有所不同了。在这种情况下并不存在停止妨碍请求权。婚姻空间—物品领域的核心区域通常以住房房门为界。②

4.《民法典》第 826 条在婚姻法中的适用

16　　与《民法典》第 823 条第 1 款不同的是，《民法典》第 826 条的构成要件并不以损害某一具体的法益为前提条件；仅仅是财产性损害（Vermögensschaden）就足够了。然而核心的前提条件则是以违反善良风俗的方式故意损害他人。

《民法典》第 826 条的审查模板

1. 施加损害

2. 由违背善良风俗的行为引起的

这一行为必须包含对一切公平和正义思想者之礼仪感的违反。违反善良风俗可以存在于目的、手段或者目的—手段的联系上。

3. 对所产生的损害具有故意性

　　因为就这方面来说缺少一个《民法典》第 823 条第 1 款意义上的其他权利，从而使婚姻中的错误行为——在不考虑婚姻的空间—物品领域的情况下——原则上不受侵权法的保护，所以，不以相应法益为前提条件的《民法典》第 826 条就具有了特别的意义。不过在任何情况下都不应该允许利用这一规范来迅速地得出赔偿财产性损害的义务。毋宁说必须要**谨慎地审查**（**sorgfältig geprüft**）**故意损害**（**vorsätzliche Schädigung**）的主观构成要件的要素。在有疑义的情况下应当持保留态度（Zurückhaltung）。比如在对服用避孕药物进行有意欺骗的情况下，就应该拒绝《民法典》第 826 条的请求权。③ 但是《民法典》第 826 条可能例外地在下文所论述的非亲生子女的情况下具有重要意义。

5. 特别是：因非亲生子女而提出的损害赔偿

17　　在实践中绝对具有重要意义的问题是，一名丈夫是否能够请求其（前）妻子对自己在父亲身份撤销之前为子女所给付的**抚养费用**（**Unterhaltsaufwand**）进行损害赔偿。虽然非亲生父亲（**Scheinvater**）可能可以采用《民法典》第 812 条第 1 款第 1 句选项 1 来针对子女本人，因为在父亲身份撤销之后已经很明显，之前的抚养都是无法律上的原因而进行的

---

① BGHZ 34，80（86）；BGH NJW 1952，1136；OLG Köln FamRZ 1984，267.

② OLG Düsseldorf NJW-RR 1991，2.

③ BGH NJW 1986，2043；参看上文第九节边码 5。

给付。然而子女几乎总是可以援引《民法典》第818条第3款（所得利益已不存在）（抗辩）。所以这里——只要不是生母本人能够被起诉的情况[①]——就提出了这样一个问题，即是否存在针对母亲的请求权。

案例： 妻子菲奥娜（Fiona，F）生了一个孩子（K），但她知道这是她和路易斯（Louis，L）出轨的结果，不是她丈夫恩斯特（Ernst，E）的。虽然如此，F却一点也没有将此事透露给E，因为她不想因此危及到自己的婚姻，并且她也认为，E更合适当孩子的父亲。直到三年之后E才获知K不是他亲生的子女。E通过法院成功撤销了父亲身份[②]并要求F赔偿他抚养孩子的花费，因为他向无支付能力的L可能什么也要不到。

1. 本案首先可能可以考虑的是从《民法典》第280条第1款连同适用第1353条第1款第2句（§ 280 Abs. 1 i. V. m. § 1353 Abs. 1 S. 2 BGB）中得出的E针对F的损害赔偿请求权（Schadensersatzanspruch）。在E和F的婚姻中应该能够看到对《民法典》第280条第1款的请求权而言所必要的债法上的特别义务。而F的出轨应该能够被评价为相应的义务违反。然而，按照通说和判决，认可违反人身性婚姻义务具有损害赔偿义务是和《家事与非诉事务程序法》第120条第3款的强制执行障碍不相符的。[③] 就这方面来说，家庭法的条文和评价也被可看作是终局性的特别规范，以至于不能再诉诸一般性债法了。[④] 因此上述的请求权肯定就被排除了。

2. 同样无法得出《民法典》第823条第1款的损害赔偿请求权（Schadensersatz aus § 823 Abs. 1 BGB）（有可能连同适用《民法典》1353条第1款第2句）。虽然F的行为绝对应该被评价为婚姻中的过错行为。通过让她丈夫相信他肯定就是孩子的父亲，她在基本的人身性问题上侵犯了丈夫的生活形成（Lebensgestaltung）。[⑤] 尽管如此，她却并没有因此而侵害《民法典》第823条第1款意义上的某个法益，所以E无法从这一规范中得出损害赔偿请求权。就如之前所说的，婚姻或者婚姻忠诚被排除出"其他权利"的范围之外了。[⑥]

3. 剩下还可以考虑的是《民法典》第826条的请求权（Anspruch aus § 826 BGB）。不过，不管是出轨行为本身还是对出轨行为进行隐瞒都还不能被评价为是可责性的行为（verwerfliches Verhalten）。[⑦]

然而，《民法典》第826条"也能例外地介入妨碍配偶之间婚姻内部性关系的领域里，尤其是通过出轨的方式，只要在出轨的情况下还另外存在一个配偶一方违背善良风俗的损害行为并且该配偶是以一种——有可能是有所保留的——**施加损害的故意（Schadenszufügung gerichtetem Vorsatz）** 为此行为的。因此，当判断违背善良风俗的标准并非从婚姻生活共

[①] 参看下文第三十一节边码53。

[②] 《民法典》第1599条及以下各条。

[③] 参看上文第十一节边码7。

[④] 参看BGH NJW 2013, 2108。

[⑤] BGH NJW 2012, 1443 und 2728.

[⑥] 参看边码11及以下各边码；其他观点参看*Erbarth* NJW 2013, 3478, (3483)，认为父亲身份撤销费用具有可赔偿性。

[⑦] OLG Brandenburg NJW-RR 2013, 1282.

同体中得出，而是从**独立的评价领域**（**eigenständige Wertungsbereiche**）中得出时，就满足了适用《民法典》第826条的前提条件。但是，如果妻子不透露自己之前的出轨行为并且让丈夫因此相信孩子是自己亲生的，还不属于上述所说的那类情况。仅仅是妻子隐瞒其出轨这一事实还无法形成一个《民法典》第826条意义上违背善良风俗的损害行为"。反之，如果在出轨时怀了孩子的妻子，通过虚假的陈述或通过明确否认出轨来打消丈夫对子女出身的怀疑，或者如果她通过恶意欺诈或以某一其他方式，比如也可能通过胁迫，来阻止她丈夫进行父亲身份的撤销，那么就会存在一种《民法典》第826条规范的情况。[①]

在本案中显然不存在这样一类情形。所以应该否定F有以违背善良风俗的方式故意施加损害。虽然F无视E的精神及经济利益，然而，她也追求着想保护自己的婚姻以及想要对孩子最有利的方式这一值得称赞的动机。

因此，结论便是E无法向F提出任何请求。

提示：要同上述案件情形相区分的情况是，丈夫信赖孩子是亲生的并明显仅仅是因为这个原因而对妻子作出了一定的**给予**（**Zuwendungen**），例如赠送了一套住房。之后如果发现子女并非他亲生的，则可以考虑由于行为基础的丧失[②]而产生的请求权。[③]

6. 生活共同体存续期间责任请求权的执行

18　《民法典》第1353条第1款第2句规定了注意和帮助义务。那么对配偶之间（原则上存在的）损害赔偿请求权进行毫无顾忌的法院执行是否能与之相协调，似乎是值得怀疑的。毋宁说在个案中，由于双方互相的保护和照顾义务，被损害一方可能会被要求只是部分地主张或者甚至完全不主张损害赔偿请求权。只要有损害赔偿义务的配偶一方在其经济能力的范围之内，以同婚姻共同体相适应的方式努力对损害作出其他方面的补偿，那么在这种情况下之前的一些判决就会考虑"**容忍义务**"（**Pflicht zum Stillhalten**）[④]。通过这一方式也能从《民法典》第1353条第1款第2句中得出禁止行使权利的抗辩。

> **案例**[⑤]：妻子菲奥娜（Fiona，F）由于过失将她丈夫恩斯特（Ernst，E）的汽车撞报废了。因为这一损害不在保险理赔范围之内，配偶双方没有得到赔付，所以F的父亲（V）借给了E 15 000欧元。这笔钱被用来购置了一辆新车。三年后E和F分居了。当V去世的时候，F作为他唯一的继承人通知这笔借款到期并请求E偿还。对此E则表示，要在相同的金额上与他因为汽车损毁而产生的损害赔偿请求权进行抵销。
>
> F的**借贷返还请求权**（**Darlehensrückzahlungsanspruch**）是从《民法典》**第488条**第1款第2句（**§ 488**）连同适用《民法典》第1922条中得出的。
>
> 与此相对的则是，根据《民法典》第387条、第389条的规定，E可能已经有效地以《民法典》**第823条第1款中得出的请求权**（**Anspruchaus § 823 Abs. 1 BGB**）对此

---

① BGH NJW 2013, 2108.

② 《民法典》第313条。

③ 另外参看下文第三十一节边码63。

④ BGHZ 53, 352 (356); 61, 101 (105); 63, 51 (58); 75, 134 (135).

⑤ 根据 BGH NJW 1988, 1208.

进行了抵销，其结果就是 F 的请求权消灭。

1. E 这一相反的请求权根据的是《民法典》第 823 条第 1 款，因为 F 过失导致他汽车所有权的灭失。《民法典》第 1359 条不会产生一个责任特权（Haftungsprivilegierung），因为这一规范在违反道路交通义务时不适用。①

2. 但是可能会有疑问的是，这一针对配偶的请求权是否具有可执行性（durchsetzbar）（或者更确切地说本案中的可抵销性）。按照上述"容忍义务"的原则能够从婚姻生活共同体的义务②中得出，E 有义务不得主张（还存在的）损害赔偿请求权或者更确切地说不得首先以 F 的其他"赔偿给付"（本案中即为偿还借款）来得到满足。然而本案还要注意的情况是，配偶双方此时正处于分居中。虽然在分居之后毫无顾忌的请求权执行也与持续有效的婚姻团结不相一致。但是在本案中随着借款被通知到期，F 还是使她之前用其他方式要求进行损害补偿的努力最终都归于无效了。在这样的一种情形之下，对受损害的配偶而言就不存在继续不主张其赔偿债权的理由了。所以 E 能够成功地进行抵销。

3. 而且 E 的请求权的消灭时效也没有届满。《民法典》第 207 条第 1 款第 1 句规定，只要婚姻关系存续，配偶之间请求权的**消灭时效**（Verjährung）则被停止。

因此，F 针对 E 的请求权就不再存在了。

三、《民法典》第 842 条及以下各条规定的因第三人造成配偶死亡或者受伤

1. 概况

侵权法上的问题也会出现和第三人的关系上。此时一方面涉及的是配偶一方的被害死亡③，另一方面涉及的是家庭主妇或者家庭主夫因第三人受伤。④ 此处分别间接涉及受伤者或死者的**扶养义务**（Unterhaltspflicht）。也就是说受伤会导致该配偶暂时或者甚至长期无法像以前那样履行其对家庭扶养的贡献。而扶养义务人的被害死亡则会导致其亲属扶养请求权的丧失。《民法典》第 842 条及以下各条就是致力于解决这些损害赔偿金的。

要注意的是，《民法典》**第 845 条第 1 句**（§ 845 S. 1 BGB）第一句在配偶关系之中**不适用**（nicht passt），因为配偶一方恰恰不是依据法律规定而向配偶另一方"负有在家务或者营业中给付劳务的义务"⑤。根据法律仅仅只能得出负有扶养的义务；具体负担的是什么（现金、管理家务）则不是根据法律，而是根据配偶双方的约定得出的。⑥

2.《民法典》第 844 条第 2 款所规定的配偶被害死亡时的请求权

侵权法中所适用的原则是，只有那些**自身的**（eigenen）法益受到侵害的人才享有请求

---

① 参看上文边码 6。
② 《民法典》第 1353 条第 1 款第 2 句。
③ 《民法典》第 844 条第 2 款。
④ 《民法典》第 842 条、第 843 条。
⑤ BGHZ 51, 109 (111)；BGH FamRZ 1980, 776.
⑥ 《民法典》第 1356 条。

权。但是在被害死亡的情况下，由于死者欠缺自身的权利能力因而无法再主张其扶养给付能力丧失了。那些丧失了针对死者扶养请求权的亲属也无法自己援引《民法典》第 823 条第 1 款，因为他们自身的上述法益并没有受到侵害。为了对此进行补救，立法机构在《民法典》第 844 条第 2 款中为有权享有扶养的亲属创立了一个针对加害人的**自身的请求权基础**（eigene Anspruchsgrundlage）。

也就是说如果被害死亡导致某人失去了死者**依据法律**（kraft Gesetzes）对其所负担的扶养，那么加害人的损害赔偿义务也包括了这一**扶养给付**（Unterhaltsleistungen）。如果是家庭中有职业的父亲被害死亡，而他本来依据《民法典》第 1360 条对其妻子负有婚姻（现金）扶养的义务以及根据《民法典》第 1601 条及以下各条对其子女负有子女扶养义务，那么加害人必须以定期金（Geldrente）的形式承担对扶养费用的支付。如果是管理家务的配偶一方被害死亡，那么活着的配偶一方针对加害人就享有请求权，要求赔偿所丧失的《民法典》第 1360 条第 2 句意义上的现物扶养给付（Naturalunterhaltsleistung）。这一类给付的价值可表现为金钱并且会导致定期金形式的损害赔偿义务。[1] 不过必须也要考虑到与损害事件相对应的利益，尤其是保险金给付和抚恤金给付。

3. 《民法典》第 842 条所规定的管理家务的配偶在因第三人受伤时自身的请求权

21   如果配偶一方受伤了并且其工作能力或者管理家务能力因此受到了限制，那么对其有权享有扶养利益的亲属也会遭受影响。然而法律不是赋予这些亲属，而是赋予**受害者自己**（allein dem Geschädigten）相应的赔偿请求权。根据《民法典》第 842 条的规定，此处所需要给付的损害赔偿也包括由损害行为引起的对受伤者收入或者今后发展（Fortkommen）的不利之处。当受伤的家庭主妇或者家庭主夫暂时或者长期地无法或只能受限制地履行扶养法上的管理家务义务，那么也存在《民法典》第 842 条意义上的今后发展的不利之处。[2] 雇用家政服务人员的费用也作为损害赔偿金来考虑，更确切地说，当不是受害者自己，而是配偶另一方承担相应的费用时，也是如此。[3]

4. 《民法典》第 844 条第 3 款所规定的遗属抚恤金

22   根据《民法典》第 844 条第 3 款第 1 句的规定，赔偿义务人必须向在受伤之时与被害死亡者有**特别的个人亲近关系**（besonderen persönlichen Näheverhältnis）的遗属给付适当的金钱赔偿，以弥补遗属所遭受的精神痛苦。就这方面而言，从 2017 年开始，失去亲近的人或者与此相关的悲痛也被承认为精神损害。尤其是当遗属是死者的配偶时，根据本款第 2 句就被推定为相应的亲近关系。不过如果在死亡发生时配偶双方处于分居的状态，那么这一推定就将会被推翻。[4] 赔偿的大致限额为 10 000 欧元。[5]

---

[1] BGH NJW 2006, 2327；详情参看 *Diederichsen* NJW 2013, 641。

[2] Erman/*Wilhelmi* BGB § 842 Rn. 4.

[3] BGHZ 50, 304；51, 109.

[4] LG Traunstein NZV 2020, 467；BGH DAR 2020, 465.

[5] *Wagner* NJW 2017, 2641 (2645)；LG Tübingen NZV 2019, 626：该案中寡妇获得的赔偿额为 12 000 欧元。

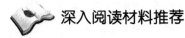 **深入阅读材料推荐**

深入学习：*Becker*，Das Hinterbliebenengeld in der Fallbearbeitung，JA 2020，96；*Erbarth*，Die Ehe ist kein Schuldverhältnis，NJW 2013，3478；*Lang/Bucka*，Das neue Hinterbliebenengeld-Erste Praxiserfahrungen und gerichtliche Entscheidungen，DAR 2020，445；*Stein*，Aus der Ehe herrührende Ansprüche，FPR 2011，85。

案例与考试：*Benner* 2. Teil，Fälle 3 und 4；*Braun*，Schadensersatz wegen Wegfalls der Ehefrau?，JA 2012，566；*Bretzigheimer*，Fortgeschrittenenklausur-Ein folgenreicher Autounfall，JuS 2019，231；*Kellermann-Schröder*，Probleme bei der ehebedingten Erholung，JA 2015，417；*Kindl*，Der praktische Fall-BürgerlichesRecht：Das Fernsehgerät，JuS 2002，994；*Löhnig /Leiß*，Fälle 1，4，12；*Roth* Fälle 5und 8；*Schwab* FamR PdW Fälle 16，20 - 24。

第十二节　配偶的所有权关系和占有关系；所有权推定

一、婚姻生活共同体中的所有权关系和占有关系

1. 配偶内部关系中的所有权关系

判断配偶间所有权关系的起点在于，结婚对之前存在的所有权关系不产生影响。根据《民法典》第 1363 条第 2 款第 1 句的规定，配偶带入婚姻的财产——只要没有例外地约定财产共有制①——不会成为配偶双方的共同财产。然而之后——尤其是配偶分居之后或者在物受损坏的情况下——在婚姻关系存续期间所购置的物上，就出现了哪些属于谁或者是谁享有损害赔偿请求权的问题了。 **1**

A. 物权法规范的适用

在配偶双方之间也适用一般性的**物权法规范（sachenrechtliehen Regeln）**。在作出物权合意表示后依据《民法典》第 929 条应当成为所有权人的配偶一方，才是取得所有权的人。然而，在日常生活的现金行为中，出卖人通常很难获悉并且事实上也无所谓，哪一方配偶成为所有权人抑或他们想要取得共同所有权。就此而言就适用**"效力归于取得人本身"（Erwerb für den，den es angeht）**之取得的原则。② 取得所有权的人，是有**取得意思（Erwerbswillen）**或者行为是为其而完成的配偶一方。 **2**

例子：马克斯（Max，M）和弗罗拉（Flora，F）夫妇俩为了买一张卧室的地毯而进了一家家具商场。他们决定买一张价格为 1 500 欧元的红色双面编织地毯。F 用自己的信用卡付了账；因为她不久前才刚刚涨了一次工资。而上一次较大金额的购置——买了一台

---

① 另外参看下文第十三节边码 3。
② BGHZ 114，74 (79).

洗衣机——则是 M 付的账。三年后 M 和 F 分居了并且对地毯归属于谁发生了争执。

仅仅依据**取得意思**（Erwerbswillen），往往无济于事；每一方都会主张自己具有这一意思。而在这方面又常常欠缺清晰的证据。存在日常家事代理行为这一情形在物权法中同样得不出结论。因为《民法典》第 1357 条第 1 款第 2 句只是为配偶双方创立了债法上的共同享有权利而并不依法产生共同所有权。[①] 在个案中，配偶一方单独**出资**（finanziert）购买了物品这一情形是能够说明其取得意思和单独所有权。特别是在较为昂贵的家居物品的情况下，要注意这些物品不仅仅能够用于使用，也能够用于投资（例如油画），这一点更加能够说明是出资人的单独所有权。此外，还可能可以根据婚姻类型来进行区分。在单收入婚姻的情况下，比在配偶双方账户彼此分立的双收入婚姻情况下更加倾向于考虑取得共同所有权。

如果在个案中适用了"效力归于取得人本身"之取得的原则之后还无法得出结论，那么就可以诉诸**法定推定**（gesetzliche Vermutungen）。

B. 《民法典》第 1362 条第 2 款的推定

3　《民法典》第 1362 条第 2 款（§ 1362 Abs. 2 BGB）为确定专属配偶**个人使用**（persönlichen Gebrauch）之物包含了以下推定，即在有疑义时，这些物归属于确定由其所使用的配偶一方。在此所涉及的是诸如个人爱好用品（网球拍），职业上所使用的物品（笔记本电脑）或者也包括特定性别的物品（女士衣物、女士首饰、男式自行车）。尽管如此，这一推定是可推翻的（widerlegbar）。

> **案例**[②]：丈夫恩斯特（Ernst，E）购买了一条价值不菲的珍珠项链，他将之保存在一个首饰盒里。在某些特别场合，妻子菲奥娜（Fiona，F）才可以佩戴这条项链。当 E 和 F 分居时，F 主张这条项链是属于她的并要求 E 将其归还。而 E 则宣称他拥有项链的所有权，而且项链最初是用作投资的。
>
> F 针对 E 可能可以享有《民法典》第 985 条所规定的返还请求权（Herausgabeanspruchaus aus § 985 BGB）。
>
> 对此的前提条件则将在于，F 是项链的所有权人。配偶双方所拥有的一条女式项链通常会被确定为由妻子个人使用，所以《民法典》第 1362 条第 2 款的推定应该会赞同 F 拥有所有权。然而一件昂贵首饰的目的不是必须只局限在其使用中。毋宁说在本案中，鉴于 E 购置了这条项链并且由其单独锁着这一情形，E 就能合理地证明，这条项链是他最初用来投资的。因此《民法典》第 1362 条第 2 款的所有权推定就被推翻了。所以只有当 F 能够证明所有权已移转给她（例如基于赠与）时，她将才能成功享有返还请求权。但是对此显然没有什么证据。因此 F 不能请求返还。

C. 《民法典》第 1568b 条第 2 款的推定

4　对于离婚时可能存在的要求交付家居物品的请求权，《民法典》第 1568 条第 2 款则包

---

① 参看上文第十节边码 23。

② 根据 OLG Nürnberg NJW-RR 2001，3。

含以下推定，即婚姻关系存续期间为共同家务所购置的家居物品被视为配偶双方的**共同所有权**（gemeinsames Eigentum）而进行分配。这一思想看起来是能够普遍化的。① 以共同使用为目的而为家务所购置的物品，无疑也应该共同属于配偶双方。特别是在那些大部分购置都是由从事职业的配偶一方出资的单收入婚姻中，这种规则看起来就很合适了；在这种情况下，婚姻分工本就不应该单方面地以加重家庭主夫或者家庭主妇负担的方式进行。

D. 《民法典》第 1006 条第 1 款的推定

即使考虑了前述家庭法上的推定以及通盘评估了所有情形（Würdigung aller Umstände）也仍然无法判定是单独所有权还是共同所有权时，留待备用援引的仍然还有**《民法典》第 1006 条第 1 款第 1 句**（§ 1006 Abs. 1 S. 1 BGB）的所有权推定。从各种物品的**配偶双方共同占有**（Mitbesitz der Ehegatten）中，然后再连同适用《民法典》第 1008 条的情况下，对于配偶双方内部关系便能够得出他们一起拥有**共同所有权**（Miteigentum）。* 如果将上述这几个推定集中起来审查，在上述案例中②或许就能够因此而得出共同所有权了。与之相反的则是，配偶一方的单独占有（Alleinbesitz eines Ehegatten）将会首先被判断为单独所有权。③

2. 配偶之间的让与

配偶双方也可以像第三人一样互相让与物。尽管如此，如果配偶双方生活在一起，那么根据《民法典》第 929 条的动产所有权让与就被排除了。也就是说这一交付形式的前提条件在于，出让人完全解除占有。④ 然而进行出让的配偶一方在婚姻住房内通常仍然是大部分物的共同占有人。因此对让与也适用**《民法典》第 930 条**（§ 930 BGB）。对此，**婚姻生活共同体**（eheliche Lebensgemeinschaft）足以作为**法定占有媒介关系**（gesetzliches Besitzmittlungsverhältnis）的基础了。就此而言被默示约定的是，进行出让的配偶一方可以继续使用这些物品并且基于婚姻而使受让一方获得占有。⑤ 当父母基于财产照顾（Vermögenssorge）的法律关系而使子女获得占有时，那么这一点也同样适用于父母与子女之间的让与。⑥ 尽管如此，为了使这类让与在事后也能相对于债权人得以证明，对此同时出具一份书面的证书也是很有意义的。

3. 配偶之间的占有关系

从《民法典》第 1353 条第 1 款第 2 句中可以得出，配偶双方都对另一方配偶的家居物品享有共同占有和共同使用的权利（**Recht zu Mitbesitz und Mitbenutzung**）。⑦ 共同使用的家具处于配偶双方（有权的）直接共同占有中⑧；双方都享有《民法典》第 986 条第 1

_____

* 德国《民法典》第 1008 条至第 1011 条中所规定的共有（Miteigentum）仅指按份共有。——译者注

① BGHZ 114, 74 (80)；OLG Stuttgart NJW 2016, 1665；OLG Hamburg NJW-RR 2019, 1347.

② 参看本节上文边码 2 中的案例。

③ 参看 OLG Zweibrücken NZG 2020, 879 涉及的是证券账户。

④ Wellenhofer SachenR § 7 Rn. 7.

⑤ BGH NJW 1979, 976.

⑥ BGH NJW 1989, 2542.

⑦ OLG Bremen FamRZ 2021, 665.

⑧ 《民法典》第 866 条。

款第 1 句意义上的占有权。配偶一方也**有权利共同占有**（**Recht auf Mitbesitz**）由配偶另一方所承租的婚姻住房而且其并非《民法典》第 540 条、第 553 条意义上的第三人。[①] 违反共同占有人的意思剥夺共同占有会引起根据《民法典》第 859 条及以下各条所产生的**占有保护请求权**（**Besitzschutzansprüche**）。[②] 这一点既适用于针对第三人也适用于配偶双方内部关系。

> **案例：**丈夫马克斯（Max，M）在与其妻子的一次争吵之后没有预先警示就临时搬出了婚姻住房并且将电视机以及夫妇俩共同使用的电脑都带走了。
>
> 在这种情况下妻子就能够根据《民法典》第 861 条（**§ 861 BGB**）向 M 请求**再次恢复占有**（**die Wiedereinräumung des Besitzes**），因为 M 对她实施了法律所禁止的私力。[③]《民法典》第 866 条并不会对此进行排除，因为在这个问题上并没有涉及共同占用的具体界限，而是涉及对共同占有的完全剥夺。对于《民法典》第 861 条及以下各条与《民法典》第 1361a 条的关系请参看下文第二十一节边码 13。

8　　　另外，在非自愿剥夺所有权人占有的情况下还存在着《民法典》第 935 条第 1 款意义上的丧失（Abhandenkommen），所以第三人的**善意取得**（**gutgläubiger Erwerb**）被排除了。[④]

> **案例：**在丈夫马克斯（Max，M）外出旅行期间妻子弗罗拉（Flora，F）将 M 所有的一个旧古董柜卖给了旧货商托马（Thoma，T）。因为 F 特别讨厌这只柜子，而且很想将其换成一件具有现代感的设计师作品。与预期相反的是，M 对于这一买卖感到震惊并且主张他的权利。
>
> M 可以根据《民法典》第 985 条（**§ 985 BGB**）向 T **请求返还**（**herausverlangen**）这个柜子。他仍然是所有权人。F 是作为无权利人进行了处分。T 依据《民法典》第 932 条第 1 款第 1 句规定的善意取得被排除了，因为根据《民法典》第 935 条第 1 款的规定，M 属于丧失了对柜子的共同占有。至于从买卖契约中得出的占有权[⑤]，T 只能向 F 提出，而不能向 M 提出。在这一类情况下类推适用《民法典》第 1369 条则参看下文第十四节边码 24。
>
> **案例之变题：**M 是一辆汽车的单独所有权人，而这辆车则被他和 F 各自用于工作目的。当 M 在 F 不知情的情况下将这辆汽车出售了的时候，他就剥夺了 F 的共同占有，以至于存在着法律上所禁止的私力。但是，在这种情况之下这辆汽车并非是在《民法典》第 935 条第 1 款意义上从 F 手中丧失，因为 F 丧失的不是其所有权，而仅仅是（共同）占有。然而，《民法典》第 935 条不应当保护这种情况；也不存在能够证成类推适用的规范漏洞。[⑥]《民法典》第 1369 条在此也不相关，因为只用于工作目的的小汽车也不属于家居物品。

---

① BGHNJW 2013，2507.

② 例如 OLG Koblenz FamRZ 2009，1934。

③ 《民法典》第 858 条。

④ 例如 OLG Koblenz NJW-RR 2017，838。

⑤ 《民法典》第 986 条。

⑥ 参看 BGH NJW 2014，1524。

二、《民法典》第 1362 条的所有权推定

1. 《民法典》第 1362 条的规范目的

在个案中有可能很难确定，一件家居物品属于配偶哪一方。在婚姻关系的持续过程中 9 配偶双方自己也会对此失去认识。在分居的情况下这会导致配偶之间的争议。但是除此之外，这一状况对于想要在强制执行措施范围内取得其债务人所有权的配偶一方的**债权人**（**Gläubiger**）而言，也会是一个难题。

根据《民事诉讼法》第 803 条及以下各条的规定，在金钱债权的**强制执行**（**Zwangs-vollstreckung**）中，债权人可以扣押（pfänden）其债务人的动产。对于处在债务人保管（Gewahrsam）之下的动产的扣押，按照《民事诉讼法》第 808 条第 1 款的规定，是以法院执行人员将其占有的方式来进行的。然而，在婚姻住房中，法院执行人员将会很难判断，哪些归属于债务人所有并因此（在《民事诉讼法》第 811 条及以下各条的范围内）是可以扣押的，以及哪些归属于配偶另一方并因此是不允许被扣押的。也就是说，如果法院执行人员扣押了配偶另一方之物，那么就存在着这样的危险，即配偶另一方会依据《民事诉讼法》第 771 条的规定针对强制执行措施采取**第三人异议之诉**（**Drittwiderspruchsklage**）并因此胜诉。事实上在《民法典》第 1006 条第 1 款第 1 句的基础上，这一诉讼的成功将会是完全确定的；因为根据《民法典》第 1006 条第 1 款第 1 句、第 1008 条的规定，在有疑义时，配偶双方对各个物的共同占有将会得出他们的共同所有权。在缺少对婚姻关系进行更加深入之了解的情况下，债权人也几乎没有机会在诉讼中证明其他的所有权关系。但是如果第三人异议之诉取得成功，债权人就要承担诉讼中积累下来的费用了。如果他想避免承担这一费用的风险，那么他自然只能完全放弃对债权人婚姻住房中的物进行扣押了。然而这样对债权人也是毫无益处的。

> **附论：《民事诉讼法》第 771 条所规定的对第三人异议之诉予以受理的前提条件**
>
> 1. **诉的适当性**（**Statthaftigkeit**）：当一个阻止出让的权利被主张之时（例如起诉人的所有权）
> 2. 《民事诉讼法》第 771 条第 1 款、第 802 条所规定的**管辖法院**（**Zuständiges Gericht**）：在其管辖区内产生强制执行的法院
> 3. **起诉人的申请**（**Antrag des Klägers**），表示对某一特定物品的强制执行措施（尤其是扣押）是不合法的
> 4. **当事人适格**（**Prozessführungsbefugnis**）：强制执行措施所涉及的第三人
> 5. **法律保护需要**（**Rechtsschutzbedürfnis**）：从强制执行开始到结束都存在着

为了保护债权人免受上述的困境，立法机构设立了《民法典》第 1362 条。根据《民 10 法典》第 1362 条第 1 款第 1 句的规定，为了有利于配偶一方或者另一方的债权人而**推定**（**vermutet**），处于配偶一方或者双方占有之下的动产属于债务人。这一规定在其适用范围内就排除（verdrängt）了《民法典》第 1006 条第 1 款第 1 句（§ 1006 Abs. 1 S. 1 BGB）

的所有权推定。因此，债权人在诉讼中可以依据《民法典》第 1362 条获得支持，而提起诉讼的配偶一方就不能够再援引《民法典》第 1006 条第 1 款第 1 句了；毋宁说提起诉讼的配偶一方负有责任，举证被扣押之物事实上属于他而不属于作为债务人的那一方配偶。就此而言，《民法典》第 1362 条第 1 款第 1 句产生了有利于债权人的**举证责任倒置（Beweislastumkehr）**的后果。

> **案例：** 家庭主夫胡戈（Hugo，H）以家庭预算中的资金购置了一台高级全自动咖啡机。送货单和账单都是以他的名字开具的。当其妻子的债权人现在想要对这台机器进行强制执行时，虽然首先为了有利于债权人而依据《民法典》第 1362 条第 1 款推定妻子的单独所有权。但是，当 H 提交了上面注明了他名字的送货单时，他将能够推翻这一推定。

对上述规定进行了补充的是**《民事诉讼法》第 739 条（§ 739 ZPO）**，根据该条规定，为了有利于债权人，在针对配偶的强制执行的范围中只有债务人被认为是需扣押之动产的**保管人（Gewahrsamsinhaber）**。因此债权人就可以根据《民事诉讼法》第 766 条来避免强制执行异议（Vollstreckungserinnerung）的危险；因为不然的话配偶另一方也将能够提出违反《民事诉讼法》第 808 条第 1 款、第 809 条的异议，根据这两条的规定，只有处于债务人（单独）保管之下或者处于愿意返还的第三人保管之下的物才能够被扣押。

2. 《民法典》第 1362 条构成要件的前提条件

> **《民法典》第 1362 条的前提条件**
>
> 1. **配偶一方的债务人身份**
> 2. **动产处于配偶一方或双方的占有之下**
> 3. **例外**
> 所有权推定不适用以下情况：
> a)《民法典》第 1362 条第 1 款第 2 句规定，分居时处于并非债务人的配偶另一方占有之下的物
> b)《民法典》第 1362 条第 2 款规定，已经确定专属配偶另一方个人所使用的物

A. 配偶一方的债务人身份

11

在第一个构成要件的前提条件范围内很有可能要附带地解释，配偶双方是否有效结婚了，因为这一规定只适用于配偶。《民法典》第 1362 条**不类推适用（nicht analog）**于**非婚生活共同体（nichtehelichenLebensgemeinschaft）**的伴侣。[①] 但是联邦最高法院对此所给出的理由是，鉴于立法机构的有意不作为此处不存在一个能够证成类推适用的违反计划之规范漏洞，这一点并不能完全使人信服。最终必须要始终予以审视的是，这一不作为是否真的表明了一个相应的消极立法意志。

---

① BGH FamRZ 2007，459；*Grziwotz* MDR 2018，833（838）；其他观点 *Löhnig/Würdinger*，FamRZ 2007，1856，(1858)。

B. 动产处于配偶双方或一方的占有之下

《民法典》第 1362 条仅适用于**动产**（bewegliche Sachen）。对于不动产，土地登记簿已 `12`
经足以说明所有权关系了。根据《民法典》第 1362 条第 1 款第 3 句的规定，无记名证券
和附空白背书的指示证券等同于动产。物既可以处于配偶一方的占有之下，也可以处于配
偶双方的共同占有之下。间接占有就足够了[①]；在这一情况下可以扣押针对直接占有人的
返还请求权。

C. 例外

根据《民法典》第 1362 条第 1 款第 2 句，当配偶双方**分开居住**（getrennt leben）并且 `13`
物正处于并非债务人配偶一方的单独占有之下时，**《民法典》第 1362 条第 1 款第 1 句（§
1362 Abs. 1 S. 1 BGB）**就不适用了。不过作为前提条件的并非《民法典》第 1567 条离婚
法意义上的分居；例如当配偶双方因为工作上的原因而（暂时）维持分开的住房时就足够
了。另外根据**《民法典》第 1362 条第 2 款（§ 1362 Abs. 2 BGB）**，当涉及已经确定专属配
偶另一方**个人所使用**（persönlicher Gebrauch）的物时，第 1 款的推定也不适用。这里所涉
及的可以是例如仅仅为配偶一方所使用的工作设备或者妻子的皮大衣。[②] 在这种情况下，
配偶双方是否生活在一起则是无关紧要的。

3. 法律后果

《民法典》第 1362 条所引起的后果就是，债权人在诉讼中可以援引这一推定，即他的 `14`
债务人就是被扣押之物的所有权人。这可能涉及由于配偶另一方根据《民事诉讼法》第
771 条提起第三人异议之诉所引发的执行法院的诉讼或者是由于根据《民法典》第 823 条
第 1 款所主张的所有权损害而在诉讼法院所提起的法律争讼。此时证明其所有权的**举证责
任（Beweislast）**则由提起诉讼的配偶一方承担。例如，起诉人有可能可以证明，是他单
独为这一物品付了款或者这一物品是由一个能为此作证的第三人送给他的。

此外，虽然提起诉讼的配偶一方无法援引《民法典》第 1006 条第 1 款第 1 句，但是 `15`
可以援引**《民法典》第 1006 条第 2 款（§ 1006 Abs. 2 BGB）**。[③] 这首先意味着，为了有利
于之前已经占有此物并且后来又将其带入婚姻配偶一方而推定，他可以继续作为此物的单
独所有权人。对此而言，更早之前的所有权取得证明已经足够了（例如也可以通过继承）。
所有权取得发生之后所有权继续存在的举证责任则不再由该配偶承担。[④] 此时则是债权人
必须证明，此物的所有权之后已经被移转给其债务人了。

> **案例：**家庭主夫胡戈（Hugo，H）之前带入婚姻中的一幅画在婚姻住房中被扣押
> 了。就此而言，虽然禁止 H 援引《民法典》第 1006 条第 1 款第 1 句的推定来作为依据。
> 然而，《民法典》第 1006 条第 2 款的适用是不受《民法典》第 1362 条第 1 款影响的。《民
> 法典》第 1362 条的（债权人）保护目的仅仅只与婚姻关系存续期间所购置的物相关，
> 在这种情况下，往往无法辨识这些物是由配偶双方所共同获得的，或者只由配偶这一方

---

① BGH NJW 1993，935.
② 上文本节边码 3 对此已作过论述。
③ BGH NJW 1992，1162.
④ BGH NJW 1976，238；NJW 1993，935.

或那一方所获得的。对于婚前已经获得、之后再带入婚姻之物或者通过继承所获得之物，则正好不存在这种困难。① 因此，H 将可以说明，这幅画之前就已经属于他并且将能够以这种方式成功推翻《德国民法典》第 1362 条第 1 款的推定。与此相反的是，对于自结婚之后他的所有权继续存在的问题，H 则不再承担说明和举证责任。②

 深入阅读材料推荐

深入学习：*Coester-Waltjen*，Die Eigentumsverhältnisse in der Ehe，Jura 2011，341；*Petersen*，Dritte in der Zwangsvollstreckung，Jura 2017，1400。

案例与考试：*Benner* 2. Teil，Fall 7；*Hennemann*，Verlorenes Auto，Jura 2011，558；*Löhnig/Leiß*，Fälle FamR Fälle 1，8；*Roth* Fall 13。

第十三节　财产制法概况；婚姻契约

一、财产制

1. 概况

婚姻财产制
●《民法典》第 1363 条及以下各条所规定的财产增益共有制（依法适用）
●《民法典》第 1414 条所规定的分别财产制（只能通过婚姻契约）
●《民法典》第 1415 条及以下各条所规定的财产共有制（只能通过婚姻契约）
●《民法典》第 1519 条所规定的选择财产增益共有制（只能通过婚姻契约）

1　　　财产制法规范的是配偶内部的财产法上的状况。存在**四种婚姻财产制**（**vier Güterstände**）可供配偶选择：财产增益共有制、分别财产制、财产共有制以及德法选择财产制（所谓的选择财产增益共有制）。只要配偶双方没有作其他的约定，结婚时就依法适用财产增益共有制（Zugewinngemeinschaft）。所以它也可以称为**法定财产制**（**gesetzlicher Güterstand**）。与之相反，其他的财产制只能通过公证婚姻契约来约定（**选择财产制，Wahlgüterstände**）。根据《民法典》第 1414 条的规定，如果财产增益共有制或者增益补偿（Zugewinnausgleich）通过契约被排除了，那么原则上适用分别财产制。

根据《民法典》第 1363 条第 2 款第 1 句的规定，财产增益共有制也如同分别财产制一样，意味着配偶双方的**财产领域**（**Vermögensbereiche**）保持**分别**（**getrennt**）的状态。

① BGH NJW 1993，935.

② 同前引 BGH 判决。

按照《民法典》第 1364 条，在结婚之后配偶双方仍然还是各自财产的单独所有权人，并且由各自继续单独管理。同时双方各自为其自己的债务负责。在婚姻关系存续期间所获得财产的情况下则必须在个案中澄清，是谁成为了所有权人。① 当然，也可以创设共同所有权。②

财产增益共有制（**Zugewinngemeinschaft**）和**分别财产制**（**Gütertrennung**）的区别（**Unterschied**）首先在于，财产增益共有制下离婚时要进行增益补偿。③ 根据《民法典》第 1378 条第 1 款的规定，在婚姻关系存续期间所获得的财产多于另一方的配偶一方，必须将其多出的差额之一半支付给配偶另一方。④ 根据《民法典》第 1371 条第 1 款的规定，在婚姻因死亡而解除的情况下，未亡配偶一方的法定继承份额则相应地增加。此外，在财产增益共有制中存在着处分限制。配偶一方只有在配偶另一方同意的情况下才能够对财产进行整体上的处分或者对归属于他所有的家居物品进行处分。⑤

财产增益共有制的基本特征

- 《民法典》第 1363 条第 2 款第 1 句所规定的互相分别的财产
- 《民法典》第 1372 条及以下各条所规定的离婚时的增益补偿
- 《民法典》第 1371 条第 1 款所规定的扩大了的配偶继承权
- 《民法典》第 1365 条及以下各条所规定的婚姻关系存续期间的处分限制

---

2. 财产共有制

《民法典》规定财产共有制的条文超过百条之多；然而这一婚姻财产制如今却几乎不具有实际意义。对于审查目的而言只需知道以下这些就足够了，即财产共有制是可考虑的婚姻财产制中的一种并且被规定于《民法典》第 1415 条及以下各条。尽管如此，以下这一点也属于标准知识，即财产共有制、《民法典》上的合伙和继承人共同体（Erbengemeinschaft）共同构成了民法上所承认的三种共同共有关系（Gesamthandsgemeinschaften）。

按照《民法典》第 1416 条第 1 款第 1 句的规定，财产共有制的特征是，配偶双方的财产变为**共同财产**（**gemeinschaftliches Vermögen**）。《民法典》第 1419 条规定，这一财产属于配偶双方共同共有（zur gesamten Hand）。而根据《民法典》第 1416 条第 3 款第 1 句的规定，如果土地已属于配偶双方的财产，那么在土地登记簿中也必须进行相应的变更。《民法典》第 1416 条第 1 款第 2 句规定，在婚姻关系存续期间所获得的财产也同样属于共同财产。但是除此之外，配偶双方也能够形成由自己独立管理的其他财产。就此而言就是《民法典》第 1417 条所规定的**特别财产**（**Sondergut**），涉及的是那些不能通过法律行为进行移转的标的（例如用益权）以及《民法典》第 1418 条所规定的**保留财产**（**Vorbehaltsgut**），其中所包括的是除上述财产之外那些配偶双方明确表示要作保留的财产。如果配偶双方都拥有特别财产和保留财产，那么总共就可以区分出五大块财产了。

---

① 参看上文第十二节边码 1 及以下各边码。
② 《民法典》第 1008 条。
③ 《民法典》第 1363 条第 2 款第 2 句、第 1372 条及以下各条。
④ 参看下文第十六节。
⑤ 《民法典》第 1365 条及以下各条；另外参看下文第十四节。

按照《民法典》第 1419 条的规定，共同共有关系的特征在于，共同共有人既不能处分其在共同财产中的份额也不能处分个别标的。因此存在着一个紧密的相互约束。就管理共同财产而言，原则上适用共同**管理**（**Verwaltung**）。① 但是配偶双方也能够通过婚姻契约确定由丈夫或者妻子进行单独管理。② 不进行管理的配偶一方的法律地位则被降至拥有某些特定的同意权以及紧急管理权。③

3. 德法选择财产制

4　　根据德法两国于 2010 年 4 月 2 日所签订的有关**选择增益共有制**（**Wahl-Zugewinnge-meinschaft**，缩写为 WZGA，2013 年 5 月 1 日起生效）这一婚姻财产制的协议，一种选择财产制被创制了出来，就像《民法典》第 1519 条所表明的，这一财产制也同样是可以通过婚姻契约约定的。对此，立法机构一开始主要考虑的是在法国的德国配偶双方，在德国的法国配偶双方以及涉及德法两国的跨国婚姻；但选择增益共有制最终也向所有配偶开放。这一选择财产制在内容上有四个方面是与德国的财产增益共有制一致的。但其中包含了一系列特别的特征，而这些特征可追溯至作为法国法定财产制的婚后财产共有制（Errungenschaftsgemeinschaft）。

在对财产进行整体上的处分这方面上，选择增益共有制并**不承认处分限制**（**keine Verfügungsbeschränkung**）④，但是在涉及婚姻住房相关法律行为的情况下则提供了一种保护。精神抚慰金在增益补偿时得到了特权化的处理并被归入到初始财产中。初始财产中的**不动产增值**（**Wertsteigerungen von Immobilien**）则不负有补偿义务。继承开始后，增益补偿请求权则构成了一项遗产债务；为此，未亡配偶一方继承权的总括性扩大⑤就不存在了。有关该选择财产制的详细情形则进一步参看相关文献。⑥

二、财产制法登记

5　　在基层法院可进行财产制法登记。⑦ 经配偶双方的申请可以对其财产制法上的关系进行登记。这一公开有利于法律与行为交往的负担。⑧

能够登记的（**Eintragungsfähig**）是那些可能影响配偶双方相对于第三人之法律地位的规则。这里涉及了比如分别财产制或者财产共有制的选择、之后废止先前所选择的财产制、法定财产制的修正或者选择财产制的安排。此外，日常家事代理权的排除也可以登记。⑨ 根据《民法典》第 1562 条的规定，这些登记会被公开（**öffentlich bekannt**）。这些登

---

① 《民法典》第 1421 条第 2 句及第 1450 条及以下各条。
② 《民法典》第 1421 条第 1 句及第 1422 条及以下各条。
③ 《民法典》第 1423 条及以下各条。
④ 参看下文第十四节边码 1 及以下 各边码。
⑤ 《民法典》第 1371 条第 1 款。
⑥ *Dethloff* RabelsZ Bd. 76（2012），509；*Becker* ErbR 2018，686；*Hoischen* RNotZ 2015，317；*Keller/von Schrenck* JA 2014，87.
⑦ 《民法典》第 1558 条及以下各条。
⑧ BGHZ 66，203（207）.
⑨ 《民法典》第 1357 条第 2 款。

记仅仅具有**宣示性质**（deklaratorischer Natur）；也就是说登记并非是所选择之规则生效的前提条件。

《民法典》第 1563 条第 1 句规定，任何人都有权**查阅登记**（Einsicht des Registers）。 6
然而在实践中——完全不同于商事登记——这一查阅权很少被行使。不过对配偶双方而言，登记的优势在于，他们相对于第三人在任何情况下都可以援引登记。第三人是否知晓登记的存在或者知悉具体登记的内容则是无关紧要的。

例子：如果排除日常家事代理权①进行了财产制法登记，那么债权人只能针对订立契约的配偶一方，而不能针对另一方了。有可能存在的债权人对适用《民法典》第 1357 条第 1 款第 1 句的信赖就无法获得保护了。

相反，如果没有登记，配偶双方很有可能就无法针对第三人援引所达成的规则。所以 7
《民法典》第 1412 条第 1 款规定，只有当所达成的规则已经被登记或者积极地为第三人所知悉，排除或者修订法定财产制的配偶双方才能够在**与第三人的法律行为**（Rechtsgeschäften mit Dritten）的范围中由此提出抗辩。根据《民法典》第 1412 条第 2 款的规定，这一点也同样适用于以下这一情况，即配偶双方之后废止或者变更先前在财产制法登记中所登记的规则。就此而言，相对于契约另一方当事人而对登记保持沉默则会产生一种**消极公示**（negative Publizität）。与此相对的则是，不提供对登记正确性的普遍（积极）信赖保护。

三、婚姻契约

1. 规则内容

在婚姻契约中配偶双方能够达成各种各样的规则，涉及诸如财产制法、供养补偿②、 8
离婚之后的扶养、日常家事代理权的适用抑或婚姻姓氏的使用。尽管如此，目前只在总数 1/10 的婚姻中进行了婚姻契约的签订。③ 除此之外配偶双方当然也可以像第三人一样签订一般的契约，例如借贷契约或者赠与契约；对此则适用一般原则。

而在**财产制法**（Güterrecht）中首要涉及的是对法定财产制的排除或者修正。对此可能适当的做法是，放弃《民法典》第 1365 条及以下各条所规定的处分限制或者是将特定的财产标的从增益补偿中排除。④ 而那些经营一家有前景之企业的人则更加偏好分别财产制，以便于离婚时可以避免在增益补偿范围内可能威胁企业生存的支付义务。根据《民法典》第 1414 条第 1 句的规定，如果法定财产制被排除了，则意味着在有疑义时应适用分别财产制。大多数情况下婚姻契约都是在结婚时签订的。但在婚姻关系存续期间也能够签订婚姻契约。在财产制法中对形成自由的限制较少。按照《民法典》第 1408 条第 1 款的规定，适用的是**契约自由原则**（Grundsatz der Vertragsfreiheit）。⑤

---

① 《民法典》第 1357 条第 2 款。
② 参看《供养补偿法》第 6 条。
③ BVerfG NJW 2001，957.
④ 例如 OLG Frankfurt a. M. NJW 2020，1527：排除了某一企业财产。
⑤ BGH NJW 2013，457.

例子①：配偶双方在结婚时约定，在增益补偿时，无论如何都不涉及所有权属于妻子的住房。以这样的方式首先应该可以避免的是因为可能的不动产增值而产生的支付义务。这一类约定通常是有效的。对此，联邦最高法院在持续性判决中解释说，配偶双方能够通过自我负责的形成而作出与使其觉得不公平的法定财产制的分配结果相反之约定。② 而当这一规则之后（很有可能与期待相反）导致丈夫负有补偿义务时，这也不违反诚实信用原则。

2. 形式

9　　　婚姻契约需要作成公证证书（**notariellen Beurkundung**）。对于财产制法规则以及有关供养补偿的这类规则而言，这一点可从《民法典》第 1410 条以及《供养补偿法》第 7 条中得出，而对于离婚之后的扶养约定则可以从《民法典》第 1585c 条第 2 句中得出这一点。

有关增益补偿的离婚后果约定，根据《民法典》第 1378 条也同样必须要作成公证证书；但是，类似于《民法典》第 127a 条，依据《家事与非诉事务程序法》第 113 条第 1 款第 2 句连同适用《民事诉讼法》第 278 条第 6 款，以法院确定的和解为形式而达成的协议就这方面来说也足够了。

四、婚姻契约的内容审查

1. 截至 2000 年为止的判决

10　　　婚姻契约的内容审查属于近几年来讨论特别激烈的婚姻法主题之一。其核心问题是，在多大程度上允许配偶双方以契约的形式偏离（原则上可以任意处置的）法定的离婚后果法。

属于有助于保护经济上较弱势配偶一方的重要离婚后果首先包括以下这些：
- 《民法典》第 1569 条及以下各条所规定的离婚后的扶养
- 《民法典》第 1372 条及以下各条所规定的增益补偿
- 根据《供养补偿法》所进行的供养补偿，涉及的是在年老或者丧失劳动能力的情况下请求给付社保金的权利。

长期以来，即使在宽泛的婚姻契约约定明显对配偶一方不利的情况下，联邦最高法院判决也认可了这些约定。③ 其中还特别援引了结婚自由，并认为虽然没有人必须要结婚，但那些期望与另一个人结婚或者将婚姻继续下去的人也应该可以主张自己的条件。

案例④：在伊根（Egon，E）成功通过了考试之后，他和萨拉（Sahra，S）结婚了。S 没有工作，尤其是她还一直生着病。很快他们的女儿塔拉（Tara，T）诞生了。当 T 两

---

① 根据 BGHNJW 2013，2753。
② 例如 BGH NJW 2013，457 也这么认为。
③ 例如 BGH NJW 1987，776；1997，126 und 2239。
④ 根据 BGH FamRZ 1997，156。

岁的时候，（夫妻）出现了一个严重的婚姻危机。作为婚姻继续的条件，E要求S签署一份婚姻契约，其中规定双方在离婚之后都必须放弃增益补偿、供养补偿以及扶养。此后又过了10年，他们最终离婚了。

联邦最高法院认为，这份具有S在离婚后不享有任何针对E（要求增益补偿或者扶养）之请求权的结果，因而对妻子极其不利的婚姻契约是合理的。

2. 联邦宪法法院的判决

然而，在结婚时抑或之后某个时间点配偶一方所作的**概括式放弃表示**（Globalverzichtserklärungen）还是有非常大之疑问的。联邦宪法法院在两个具有基础性的判决中[①]对相应的宪法诉愿作出了如下阐释，即从《基本法》第2条第1款连同适用《基本法》第6条第4款中，也可以得出保护自己免受因婚姻契约而产生的不适当不利之权利。

例子[②]：M和F决定结婚了，因为已有孕在身的F无论如何也要让他们共同的孩子以"婚生"身份降临人世。双方在结婚之前以婚姻契约的形式约定，在离婚时，即使是"紧急情况下"，双方也都放弃"每一份扶养"。M仅仅负有对即将出生的孩子每个月150马克的扶养给付义务。另外F还同意，对M免除所有其他的子女扶养请求权。

对联邦宪法法院而言，判决的**起点**（Ausgangspunkt）也是**契约自由原则**（Grundsatz der Vertragsfreiheit）。然而，只有当双方都有机会主张其利益时，私法自治和契约自由的功能性才会得到保障。

"然而如果由于极端单方面地加重契约负担以及契约当事人非常不平等的谈判地位，很明显就能看出在某一契约关系中当事人一方拥有这样一类影响，使得他**能够事实上单方面决定契约内容**（Vertragsinhalt faktisch einseitig bestimmen kann），那么法律的任务就是，维护契约当事人双方的基本权地位，以防止契约一方的自主决定（Selbstbestimmung）颠倒成**他主决定**（Fremdbestimmung）。"[③]

根据联邦宪法法院的判决，这些原则也适用于婚姻契约。然而在家庭自由范围内还要另外注意《基本法》第3条第2款，因为《基本法》所保护的婚姻是由配偶双方的**权利平等**（Gleichberechtigung）原则所塑造的。因此，如果契约内容反映了以不平等谈判地位为基础的**配偶一方单方面的支配**（einseitige Dominanz eines Ehepartners），那么国家就不得不对配偶双方的婚姻契约自由进行限制。法院在此的任务就是，通过民法概括条款而对契约的内容进行**审查**（Kontrolle）。

鉴于《基本法》第6条第4款，联邦宪法法院认为在与怀孕的妻子签订契约的情况下特别需要进行审查。在希望与期待能够共同承担子女的照顾和共同为子女负责以及子女出生之后也能够保障她自身生存这样一种情况之下，结婚对怀孕的妻子而言通常都特别重要。然而，恰好也是这一点往往将妻子带入一种处于劣势的境地当中，使得配偶另一方能够利用这一劣势来达成某些极大违背妻子利益的契约约定。在这一点上，**怀孕**

---

① BVetfG NJW 2001，975和2248。
② 根据BVerfG NJW 2001，975。
③ 在BVerfGE 89，214，（232）的判决中联邦宪法法院已作过这样的表述。

（**Schwangerschaft**）能够被看作是"一种契约上地位不平等的证据"，从而将会有理由让契约接受较强的法院审查。当契约事实上"单方面加重了怀孕妻子的负担并且没有适当地顾及到她的利益"时，那么她对保护的需求就将变得很明显了。

3. 内容审查所适用的原则

A. 联邦最高法院的核心领域理论

13　　根据联邦宪法法院的指示，联邦最高法院发展出了对婚姻契约进行内容审查的这些原则。奠定其基础的则是 2004 年 2 月 11 日的这个判决。[①]

　　例子[②]：M 和 F 在 1985 年结了婚。M 的工作是企业顾问。F 大学学的是考古专业，但是当她怀孕时，就放弃了她的职业以及读博计划（这也是 M 所希望的）。1988 年他们签订一份婚姻契约，其中约定了分别财产制以及双方都放弃供养补偿和离婚后的扶养，但由于照管孩子的缘故对妻子的扶养作了例外的保留。作为回报，一份金额超过 8 万马克（约为 40 903 欧元）以妻子为受益人的投资型人寿险则被订立了。2002 年两人离婚。离婚时，M 每月的毛收入为 27 000 马克，而 F 只有 1 000 马克左右。

14　　一切思考的起点仍然是**契约自由**（**Vertragsfreiheit**）。根据联邦最高法院的观点，契约自由起源于以下这一正当的需求，亦即是为了能够约定更好地符合个人婚姻图景（Ehebild）而与法定离婚后果有所不同的偏离。

　　"然而，离婚后果原则上的可任意处置性不允许导致，**法定规范的保护目的**（**Schutzzweck der gesetzlichen Regelungen**）因契约的约定而被任意地规避。如果因此而产生了一种**明显是单方面**的（**evident einseitige**），而且是因婚姻生活条件的个人形成（die individuelle Gestaltung）而形成的**不公正的负担分配**（**nicht gerechtfertigte Lastenverteilung**），并且这一负担分配对受负担的配偶一方而言——在适当地考虑了配偶另一方的利益以及他对所达成约定效力之信赖的情况下——在理智地考虑婚姻本质时，看起来是不可期待的，那么就将属于这种任意规避法定规范保护目的的情况。此外，配偶一方的负担越重，那么配偶另一方的利益就需要更加仔细的审查，以契约的方式废除法定规范也就更加直接地侵犯到了离婚后果法的核心领域。"[③]

15　　在此基础之上，联邦最高法院发展出了**核心领域理论**（**Kernbereichslehre**）。[④] 属于离婚后果法最紧密核心领域的是依据《民法典》第 1570 条所规定的**因照管子女而产生的扶养**（**Unterhalt wegen Betreuung eines Kindes**）及《民法典》第 1571 条、第 1572 条所规定的因年老和疾病而产生的扶养，以及供养补偿。这一离婚后果的核心领域需要特别的保护，并且只有在例外的情况下才能通过契约被限制或者排除。与此相区分的则是那些可以在更为广泛的范围内达成约定的离婚后果，包括《民法典》第 1573 条第 1 款所规定的因失业而产生的扶养，以及最后这类因为距离核心领域相当远，从而或多或少可以被任意处置的规范（《民法典》第 1573 条第 2 款所规定的生活补助扶养，《民法典》第 1575 条第 2

---

① BGHZ 158，81.

② 根据 BGHZ 158，81。

③ BGHZ 158，81（96）；BGH NJW 2018，1015；2020，3243.

④ 例如 BGH NJW 2014，1101.

款所规定的教育扶养，《民法典》第 1372 条及以下各条所规定的增益补偿）。

根据可处置性对法定离婚后果进行层次划分（核心领域理论）

1. 最紧密的核心领域：照管子女之扶养
2. 其他核心领域：疾病和年老扶养以及供养补偿
3. 中间层次：因失业而产生的扶养
4. 通常可以被放弃：生活补助扶养和教育扶养
5. 可自由处置：增益补偿

B. 根据《民法典》第 138 条第 1 款所进行的有效性审查

婚姻契约内容审查的**教义学连接点（Dogmatische Anknüpfungspunkte）**，一方面是 16 《民法典》第 138 条（§ 138 BGB）（有效性审查），另一方面则是《民法典》第 242 条（§ 242 BGB）（行使审查）。

将"会在**有效性审查（Wirksamkeitskontrolle）**的范围内审查，约定是否在**其成立之时（Zeitpunkt ihres Zustandekoromens）**已经明显地在离婚情况下导致一种**这样的单方面负担分配（derart einseitigen Lastenverteilung）**，以至于这一约定——脱离开配偶双方及其生活条件的未来发展——因违反善良风俗而将完全或者部分地无法得到法秩序之承认，其结果就是法定规范取代约定的位置。① 根据契约订立时的个人关系所作的一个**通盘评估（Gesamtwürdigung）**则是必须的，也就是说尤其要根据收入和财产关系，根据已经计划或者已经实现的婚姻类型以及根据对配偶双方和子女的影响来进行通盘考虑。主观上则应该注意配偶双方在约定中所追求的目的和其他动机……另外，一般只有以下情况才可以考虑认定其违背善良风俗，即通过契约将**法定离婚后果法核心领域（Kernbereich des gesetzlichen Scheidungsfolgenrechts）**的规范完全或者至少将其中的重要部分废除，而没有通过其他利益将其中对配偶另一方的不利之处减轻或者没有通过配偶双方的特别关系，没有通过他们所追求或生活过的婚姻类型或者是没有通过其他有利于配偶双方的重要利益来对其进行证成"②。

因此，有效性审查的作用在于确定，在合理考虑了婚姻本质的情况下是否存在看起来 17 是不可期待的对一方配偶**明显单方面的不利（evident einseitige Benachteiligung）**。具有决定性意义的则是个案中的**通盘评估（Gesamtwürdigung）**。根据联邦最高法院的观点，即使在上述的离婚后果法核心领域中，法官的有效性审查也并非是平分审查。③ 比如在单收入婚姻中，如果对此提供适当的（并不一定要同等价值的）**补偿给付（Kompensationsleistungen）**，那么排除供养补偿也有可能是有效的。④ 然而，在有生育子女意愿的婚姻中，对照管子女扶养进行（毫无补偿的）排除则几乎无法成立。另一方面，选择**分别财产制（Gütertrennung）**来代替增益共有制原则上是有效的，因为这一选择可能性被明确地规定在了法律中。⑤ 此外，对违反善良风俗的认定也可以从所有单方面不利规则的相互作用中

---

① 《民法典》第 138 条第 1 款。
② BGHZ 158，81（100）；BGH NJW 2013，380；2018，1015.
③ BGH NJW 2020，3243.
④ BGH NJW 2014，1101.
⑤ BGH NJW 2013，457；2018，1015.

得出。[1]

18　　近年来，联邦最高法院越来越多地强调，仅凭契约内容客观上的不平衡还不足以认定违反善良风俗。毋宁说还必须存在一个**主观因素（subjektives Element）**。必须证成下面这一理由，即具体的约定反映的是一种一方配偶基于不平等谈判地位的单方面支配地位并因此反映了一种**主观上契约平等性的障碍（Störung der subjektiven Vertragsparität）**。对此而言，单方面加重负担的契约内容仅仅只是一种初步的证据。还必须要有额外的"加重情形"，用以得出一种"主观上的不平等，尤其是由于以下这些情形，**即利用某种受强制的地位（Ausnutzung einer Zwangslage）**，社会或经济上的依赖性或者是智识上的劣势"[2]。

　　对此来说，配偶一方使婚姻关系的存续取决于所要求的婚姻契约或是妻子只服从于与子女最佳利益相关的要求，还仍然是不够的。[3]"盲目地信赖"配偶另一方所提出的建议也不会产生不平等。[4] 但是，**外国人法的某些方面（ausländerrechtliche Aspekte）**可能是具有重要意义的；例如因为配偶一方受到驱逐出境的威胁并因此而依赖于结婚[5]，或者因为配偶一方语言上不精通[6]，那么该方配偶会因此处于一个肯定更加不利的谈判地位之上。另一个会变得较为重要的方面是，"配偶一方在面对缔结一份婚姻契约的请求时，若没有经济上的支持，其所面临的就将会是毫无保障之经济前景的婚姻"[7]。

19　　然而，如果在个案中，在根据《民法典》第 138 条第 1 款进行有效性审查（**Wirksamkeitskontrolle**）的范围内确定了违反善良风俗，那么**契约无效（Vertrag nichtig）**并且适用法定离婚后果规范。

　　如果事实证明，只有婚姻契约的个别部分应该被归为无效（例如排除了扶养请求权），而其他条款（例如确定了分别财产制）本身看起来是有效的，那么就必须审查，是否只存在**部分无效（Teilnichtigkeit）**抑或在通盘评估之下婚姻契约看起来整体违反善良风俗。如果所有婚姻契约具体条款的共同作用就是很明显在追求对配偶一方单方面的不利这一目的并且还存在着某一主观上契约不平等的情况[8]，那么就应当肯定其整体无效。之后，契约的具体部分也就无法通过所谓的**效力维持条款（salvatorische Klausel）**来得以保存了，即按照这一条款具体规则无效不会对其他部分产生影响。[9] 所以大多数情况下不应当以婚姻契约的整体无效性为出发点。但是在其他情况下就不应该从整体无效出发了，因此效力维持条款通常也会得到承认。[10]

　　C. 根据《民法典》第 242 条所进行的行使审查

20　　因为在大多数情况下，违反善良风俗或者是婚姻契约的无效都会被否定，所以所谓的**行使审查（Ausübungskontrolle）**就具有非常重要的意义。在此情况下，必须根据《民法

---

① BGH NJW 2017, 1883；2020, 3243.
② 参看最新判决 BGH NJW 2020, 3243.
③ BGH NJW 2014, 1101.
④ OLG Karlsruhe FamRZ 2015, 500.
⑤ BGH NJW 2018, 1015.
⑥ BGH NZFam 2019, 501.
⑦ BGH NJW 2019, 2020（2023）.
⑧ 例如 OLG Hamm NJOZ 2020, 745。
⑨ BGH NJW 2013, 457；2018, 1015.
⑩ BGH NJW 2020, 3243.

典》第 242 条的标准（**Maßstab von § 242 BGB**）来审查，在离婚时援引婚姻契约是否或者说在多大程度上看起来是一种对权利的滥用。最重要的是，在婚姻关系存续期间，配偶一方是否遭受到了必须要得到补偿的，并且是**因婚姻所致的事业发展不利或是供养不利**（**ehebedingte Fortkommens-oder Versorgungsnachteile**），以至于如果现在允许配偶另一方毫无更改地援引排除相应请求权的婚姻契约，则将会不符合诚实信用原则。

"……具有决定性意义的是，现在——在**生活条件共同体破裂时**（**Zeitpunkt des Scheiterns der Lebensgemeinschaft**）——从所约定的离婚后果排除中是否能够得出一种**明显的单方面负担分配**（**evident einseitige Lastenverteilung**），而这一负担分配，即使在适当地考虑配偶另一方的利益及其对所达成之约定效力上的信赖，以及理智地考虑婚姻本质的情况下，对受负担的配偶一方而言也是不可期待其会接受的。如果配偶一方援引契约上对离婚后果的排除没有经受住法官的权利行使审查，那么这在《民法典》第 242 条的范围内也仍然不会导致通过契约所约定的排除无效。毋宁说法官不得不指示当事人承担一种以平衡方式考虑了双方目前状况下有权之利益所得出的法律后果。"①

在上述案例中②联邦最高法院既不能确定违反善良风俗也不能确定以滥用权利的方式援引了婚姻契约。毕竟妻子的社会保障还是通过（从《民法典》第 1570 条所得出的）持续且适当的扶养支付以及投资型人寿保险在很大程度上得到了保证。但是，如果全部或者部分地排除**供养补偿**（**Versorgungsausgleich**）会导致，配偶一方由于这一致同意的共同生活情形的变化而没有足够的养老保障，并且这一后果看起来也完全不符合婚姻团结的要求，那么这通常也是无法通过行使审查的。③ 约定**分别财产制**（**Gütertrennung**）通常是没有问题的；因为如果配偶一方由于婚姻分工而在积累自己的养老金方面遭受不利，那么根据该制度这些不利就会通过供养补偿，而非通过增益补偿来得到弥补。只有个人养老保险，例如在企业家的情况下，所针对的目标并非是为了取得社保金权利，而是为了形成私人财产时，情况才会有所不同。这样一来，在个案中一种供养补偿和增益补偿的**功能相当性**（**Funktionsäquivalenz**）就能够得到肯定，以至于援引分别财产制就可能违反诚实信用原则。④ 如果出现了**因婚姻所致的事业发展不利**（**ehebedingte Fortkommensnachteile**），那么援引婚姻契约中所约定的放弃扶养通常也将会是依据《民法典》第 242 条的权利滥用。

婚姻契约的内容审查

1. 根据《民法典》第 138 条第 1 款的审查

a）契约在成立时是否已经客观上对配偶一方造成了不可期待的不利并且

b）主张契约的配偶一方主观上是否利用了配偶另一方的劣势状况。

2. 根据《民法典》第 242 条的审查

在离婚时援引协议是否构成权利滥用。

---

① 例如 BGH NJW 2013, 1359；2015, 52；2018, 2871。

② 参看上文边码 13。

③ BGH NJW 2013, 380.

④ BGH NJW 2018, 2871.

D. 《民法典》第 242 条所规定的行为基础丧失

21　　如果依据《民法典》第 138 条的违反善良风俗被否定了，并且在离婚时援引契约看起来也并非权利滥用①，那么在事情出现**意外发展**（unvorhergesehene Entwicklung）的情况下可能也要审查《民法典》第 313 条。当伴侣双方在订立契约时将他们收入与财产关系中的某一特定关系作为他们约定的基础，而这一关系之后被证明是不合适时②，或者是当婚姻生活条件的偏离性之形成并非基于配偶的某一决定，而是基于婚姻和家庭之外某一不受他们所影响的情形变化时③，那么也许会考虑在婚姻契约上适用行为基础丧失的规范。另外也要考虑到这样一种情况，配偶双方过去是以某一特定的法律规范为出发点的，例如以较早之前的扶养法为出发点，而当时的扶养法仍然几乎不允许对扶养请求权有任何时间上的限制。之后由于法律变更，承诺终身扶养请求权的基础就可能不存在了并且可以根据《家事与非诉事务程序法》第 239 条允许提出一项变更申请。④

4. 判决中的例子

22　　BGH NJW 2006，3142：在一份和之前是女企业家，且年毛收入为 10 万马克（约为 51 129 欧元）的临产妻子的婚姻契约中，对照顾子女的扶养进行了时间上的限制，而且在其金额上还进行了大幅的削减。

　　因为三个子女的出生，之前妻子不得不放弃她的职业，所以对她来说出现了重大的**因婚姻所致的不利**（ehebedingte Nachteile），而且这一不利基本上是无法通过扶养支付得到补偿的，因为扶养支付只应略高于在扶养表格中所规定的最低生存标准。因为双方之前都有生孩子的意愿，所以这一发展在结婚时就已经是可以预见的了。所以，这一契约应该根据《民法典》第 138 条的规定而被认为自始无效。⑤

　　BGH FamRZ 2008，582：在一份婚姻契约中，双方都放弃了扶养（在保留照顾子女扶养的条件下）以及供养补偿并且约定了分别财产制。这个时候 45 岁的妻子还在从事自己的职业。但是两年后为了阻止进一步的亏损，她出让了其所从事的经营并且之后再也没有工作过。结婚五年后，配偶双方分居，此后不久妻子被诊断出癌症。此时她提出了疾病扶养的要求。⑥

　　这一协议不应被认为是违反善良风俗的。在结婚时妻子已经 45 岁了并且还有在工作。尽管存在关于照顾子女扶养的预防性条款，但他们并没有期待过子女的出生。所以**因婚姻所致的日后发展不利**（ehebedingte Fortkommensnachteile）并非之前就已经被预料到了。至于按照《民法典》第 242 条的标准进行形式审查这一点，妻子的生病虽然构成了与在契约订立时作为基础的生活情形的偏离。不过，行使审查只应该为了确保，配偶一方不会单方面地遭受因婚姻所致的不利负担。而妻子这一因为疾病所导致的经济状况（没有工作能力）在本案中却并不构成因婚姻所致的不利。所以丈夫能够援引契约上对扶养请求权的排除。

---

① 《民法典》第 242 条。
② BGH NJW 2005，2386.
③ BGH NJW 2018，2871；NZFam 2020，772.
④ BGH NJW 2012，1209.
⑤ 相类似的判决还有 BGH FamRZ 2009，1041。
⑥ 《民法典》第 1572 条。

BGH FamRZ 2009，198：配偶双方都在婚姻契约中放弃了扶养请求权。不过当时丈夫答应在离婚的情况下支付妻子金额为 1 300 马克的终身定期金（Leibrente）并且在这方面同意接受立即强制执行（sofortige Zwangsvollstreckung）。离婚时这一总金额远远超过了债务人的支付能力。联邦最高法院认为这一约定（在本案中是有利于扶养请求权人的！）违反善良风俗并且无效，因为这一约定包含了一条会**增加社会救济机构负担（Lasten der Sozialhilfeträger）**的条款，因为否则的话它们也许不得不承担起扶养义务人生活扶养中的缺口。

BGH NJW 2013，457：丈夫是一名警察，但主要是通过参与一家健身房的工作来赚钱。妻子则经过银行业务员的正规培训，但是从未从事过这一职业，而是主要在照顾三个子女。后来她又从事临时的办公室职员工作。在婚姻契约中，增益补偿、供养补偿以及离婚之后的补偿都被排除了；不过在结婚时并没有明确的生育子女的意愿。

尽管这份契约在客观上存在对妻子明显单方面的不利，但是由于在配偶双方之间**不存在主观上的不平等（mangels subjektiver Imparität）**或者说不存在妻子处于受强制的地位或者措手不及（Überrumpelung）的地位，联邦最高法院拒绝将这一契约认定为无效。但是在行使审查的框架内，联邦最高法院得出的结论则是，应当进行供养补偿，因为妻子由于抚养子女而在养老金方面出现缺口。不过，要求进行增益补偿这一首要的请求权则被完全否定了。

BGH NJW 2017，1883（"企业家婚姻"案）：在婚姻契约中增益补偿和供养补偿都被排除了。金额有限的扶养请求权则被规定仅仅存在于与照管子女相关的方面上。这一契约是在结婚两年之后以及一名子女出生后不久所订立的。在公证之前，这一婚姻契约的草稿没有向妻子出示过。签订这一婚姻契约的原因在于，属于丈夫母亲的企业要进行重组，在重组的过程中企业的股份要被转让给丈夫。而母亲提出进行企业股份转让取决于订立这份婚姻契约。妻子则是一名受过专业培训的办公室文员并且曾在家族企业中从事过临时秘书这一工作。目前，由于多发性的硬化症，她已是 100％程度的严重残疾并且正在领取伤残保险金（Erwerbsminderungsrente）。

在本案中，联邦最高法院认定由于妻子**社会和经济上的依赖性（soziale und wirtschaftliche Abhängigkeit）**及其所缺少的对契约内容的影响可能性而在配偶双方之间存在一种主观上的不平等。丈夫尤其利用了妻子带着孩子"想要尽快地结束"公证这一情形。虽然所订立的这些条款孤立地来看并无可指摘之处。但是在本案中，这些条款的共同作用显然都以对妻子的单方面不利为目的。因此，该婚姻契约被认定为无效。

 深入阅读材料推荐

深入学习：*Bergschneider/Wolf*，Richterliche Inhaltskontrolle von Eheverträgen，Teil 1，NZFam 2018，61；Teil 2，NZFam 2018，162；Teil 3，NZFam 2018，254；*Grandel*，Eheverträge-von der Privatautonomie zur Inhaltskontrolle，FF 2019，346；*Grziwotz*，Teilunwirksamkeit oder Gesamtunwirksamkeit?，NZFam 2020，650；*Milzer*，Die Rechtsprechung des BGH und der Oberlandesgerichte zu Eheverträgen und Scheidungs-vereinbarungen in den Jahren 2018—2020，NZFam 2021，17；*Preisner*，Examenstypische Klausurenkonstellationen des Familien-und Erbrechts，Teil III，JA 2010，584；*Röthel*，Der Verzicht，insbesondere im Familien-und Erbrecht，Jura 2015，1065；*Wellenhofer*，

Inhaltskontrolle von Eheverträgen und das subjektive Element，NZFam 2020，229；*Wellenhofer*，Richterliche Inhaltskontrolle von Eheverträgen und Leitlinien der Vertragsgestaltung，NZFam 2020，645。

　　案例与考试：*Hausmann/Kühle/Schäuble*，Unklarheiten nach Scheidung und Tod，Jura 2010，791；*v. Koppenjels-Spies/Gerds*，Referendarexamensklausur：Nichteheliche Lebensgemeinschaft und Ehevertrag，JuS 2009，726；*Löhnig/Leiß* Fälle FamR Fall 17；Schwab FamR PdW Fall 113。

第十四节　处分限制

一、财产整体处分之权限的限制

1.《民法典》第 1365 条的保护目的

1　　　如果配偶双方适用的是财产增益共有制这一**法定财产制**（gesetzlicher Güterstand）[①]，那么在婚姻存续期间就适用《民法典》第 1365 条及以下各条所规定的处分限制（Verfügungsbeschränkungen）。这涉及对财产整体（im Ganzen）的处分[②]和对家居物品的处分。[③] 这一类处分只有经配偶另一方的同意才有效。这些构成要件中包含着**绝对的出让禁止**（absolute Veräußerungsverbote）。

2　　　在财产整体处分（例如当没有其他重要财产时对建房用地进行的处分）的情况下，对同意要求的证成可以从其特别的适用范围中得出。配偶一方的财产往往同时构成婚姻生活共同体的**经济基础**（wirtschaftliche Grundlage），而且对配偶另一方而言在没有其同意的情况下，这一经济基础不应该被剥夺。[④] 然而，最为重要的是，现存的财产对增益补偿具有重要意义。例如财产本身就有可能主要构成增益，并且保持财产的完整对配偶另一方可能存在的利害关系在于，在离婚的情况下配偶另一方因此能够在相应的金额上主张增益补偿请求权。此外，《民法典》第 1378 条第 2 款第 1 句规定，增益补偿请求限于现存的财产上。所以从中也能得出一个保障利益。因此，《民法典》第 1365 条的保护目的也在于**保证**（Absicherung）之后可能出现的**增益补偿请求权**（Zugewinnausgleichsanspruch）。[⑤] 不过，应该抽象地看待这一保护目的。而并非必须要求，增益补偿在个案情况下实际处于危险之中或者有权同意的配偶将不得不考虑某一补偿请求权。

> **《民法典》第 1365 条的前提条件**
>
> 1. 配偶双方处于法定财产制中

---

① 有关婚姻财产制参看上文第十三节边码 1。
② 《民法典》第 1365 条。
③ 《民法典》第 1369 条。
④ 参看 BGH NJW 1996，1740。
⑤ BGH NJW 2000，1947.

> 2. 配偶一方的处分行为
>
> 3. 处分对象：财产之整体
>
> - 通说：具体说（Einzeltheorie）
>
> - 10％或者 15％的限制
>
> 4. 在处分个别物品的情况下：契约相对人知道财产状况

2. 《民法典》第 1365 条所涉及的处分行为

A. 负担和处分的区分

《民法典》第 1365 条的表述是，配偶一方**负担了义务**（verpflichtet）而对其财产进行 **3**
处分（verfügen）。因此，这与负担行为和处分行为相分离有关。但最终，《民法典》第
1365 条规定，这两类行为都需要同意（Zustimmungsbedürftigkeit）。尽管如此，如果配偶
一方同意了负担行为（例如土地买卖契约），那么这一同意也必然延伸至通过处分行为所
实现的负担行为的履行上。

B. 《民法典》第 1365 条意义上的处分

通常可以将一个处分理解为以转让、设定负担、变更内容或废止的形式对某一权利施 **4**
加影响。因此，《民法典》第 1365 条首先就包括对第三人的**所有权转让**（**Eigentumsü-**
bertragungen）。此处转让所有权的基础有可能是诸如一份买卖契约、一个赠与承诺或者是
一份使人负有义务将标的物投入合伙中的合伙协议。① 因此，对标的物的取得人来说是否
存在一个对待给付并因此从经济上考虑是否存在一个损失行为，则是无关紧要的。质押也
属于《民法典》第 1365 条的适用范围，但让与担保就不属于了。②

除了出让之外，《民法典》第 1365 条也可以涉及对标的物，特别是对土地**设定负担**
（**Belastung**）。对此可以想到的是设定土地债务（Grundschuld）③ 这一情况，这在追加计算
了土地债务利息的情况下④实际上会完全耗尽土地的价值。当土地价值由于设定负担而下
降，因而留给进行处分之配偶一方的仅仅是其全部财产的非重要部分时，授予一项物上用益
权（例如物权上的居住权）也可能满足这一构成要件。⑤ 此外，当配偶一方作为合伙人从一
个合伙中退出并因此放弃了他的补偿请求权（Abfindungsanspruch）时，也存在一个处分。

与之相反的是，以下这些情况就**并非**《民法典》1365 条意义上的**处分**（**Keine** **5**
Verfügungen）：

- 对土地让与合意进行预告登记的同意
- 出租和用益出租（Verpachtung）
- 死因处分（遗嘱、继承契约）
- 为实现土地取得而在其上设定的土地负担（为了对购买价款进行融资而在土地之上
设定土地债务，从而很大程度上耗尽了其价值⑥）

---

① OLG Saarbrücken NZFam 2019，453.

② BGH NJW 1996，1740.

③ 《民法典》第 1911 条。

④ 对此参看 BGH NJW 2011，3783.

⑤ BGHZ 123，93.

⑥ 以及另外参看 BGH NJW 1996，1740。

- 强制执行措施[1]
- 强制执行的服从表示。[2]

C. 争议问题

6 有争议的是，一项分割拍卖的申请[3]是否构成《民法典》第 1365 条意义上的处分。

例子[4]：丈夫恩斯特（Ernst，E）在和妻子菲欧娜（Fiona，F）离婚前就申请了对两人之前共同居住且共同所有的房屋进行分割拍卖。不过 F 不同意直接（私人）出售。F 能否主张，在 E 的申请中存在着一个《民法典》第 1365 条意义上的，不经过其同意就无效的财产处分，并进而要求停止这一程序？

申请**分割拍卖**（**Teilungsversteigerung**）本身既不包含一项法律行为上的负担表示也不包含一项对某一权利的处分。只有在拍卖程序中出价被接受从而拍卖成交（Zuschlag）的情况之下，才会依据行政行为对标的物进行处分。就此而言，必须要排除将《民法典》第 1365 条直接适用于这一申请。然而应当赞同**类推适用**（**analoge Anwendung**），因为在这一情况下存在一个规范漏洞。[5] 由于拍卖申请从经济角度考虑具有与出让相类似的效力，因此在这种情况下也必须针对配偶另一方单方面的措施提供保护。另外从程序效率和法的安定性考虑，也要赞同不应该让拍卖程序直到拍卖成交时才因为缺少配偶的同意而失败。

7 **同意承担支付义务**（**Eingehung von Zahlungsverbindlichkeiten**）按照其文义不属于《民法典》第 1365 条的范围之内。毕竟在这其中并不存在对处分负担义务。因此，当配偶一方为了购置一块土地而拼凑出他全部财产时，《民法典》第 1365 条也不适用。但是，当配偶一方同意一项使人负担明显高风险的**保证义务**（**Bürgschaftsverpflichtung**），从而是为了比如使其一位朋友或者兄弟姐妹受益时，这就变得至关重要了。这一点甚至很有可能是有意识使其发生的，因为与其在之后的增益补偿程序中必须要将部分钱留给配偶另一方，还不如去帮助朋友。联邦最高法院在这种情况下不愿意适用《民法典》第 1365 条[6]并指出，承担保证义务并不构成处分。而《民法典》第 1365 条不是依据个案中法律行为的危险性，而是抽象地根据财产处分的构成要件这一点也支持这一观点。然而承担一个高风险的保证义务，比起比如一项还需要考虑适当对待给付的土地出卖来说，对配偶一方而言看起来还要更加危险，并且对配偶双方生活基础的威胁也明显更高，所以也应当将同意一项保证归入《民法典》第 1365 条意义上的处分范围。[7]

3. 财产整体作为处分标的物

A. 具体说

8 从根本上来说，对财产整体作出一个处分几乎是无法想象的。《民法典》虽然在第

---

[1] BGH FamRZ 2006，856.

[2] BGH FamRZ 2008，1613.

[3] 《强制拍卖与强制管理法（ZVG）》第 180 条。

[4] 根据 BGH FamRZ 2007，1634。

[5] BGH FamRZ 2007，1634.

[6] BGH FamRZ 1990，112.

[7] *Schwab* FamR GdR Rn. 258；*Dethloff* FamR § 5 Rn. 67.

311b 条第 3 款中提及了这种情况并且强制规定相应的负担契约需要作成公证证书，但问题是谁会出卖或者赠与自己所拥有的一切？如果如实地按照文义将《民法典》第 1365 条与这一情况联系起来，那么可以想见，该条的适用范围将会极其狭窄。所以整个通说将财产整体这一概念作了扩大解释。当行为意思涉及的是一个或者多个**具体物品（Einzelgegenstände）**，而这些物品仅仅从**经济上考虑（wirtschaftliche Betrachtung）**事实上就几乎构成了配偶一方的全部财产时，那么就满足这一概念了（所谓的**具体说 Einzeltheorie**[①]）。因此，这样也就包括了实践中最重要的情况，亦即对一块土地的处分。毕竟，这一规范的保护目的[②]在这种情况下所遭受的危险并不亚于全部处分的情况。与之相反的观点，即仍然很严格地依照文义绝对地要求对全部财产进行处分（所谓的**全部说 Gesamttheorie**），则几乎没有人支持。[③]

B. 处分标的物和剩余财产的价值关系

在**具体说（Einzeltheorie）**之基础上所出现的后续问题是，在考虑其他财产的情况下，一个具体的标的物（例如土地）在哪一种价值关系上事实上几乎能够被称作是"财产整体"了。

> **案例**[④]：妻子弗罗拉（Flora，F）没有经过与她一起适用法定财产制的丈夫马克斯（Max，M）的同意，就将一块价值为 428 000 欧元的土地转让给了他们共同的儿子。转让发生时，包括这块土地在内 F 的净财产合计为 489 000 欧元。过户之后 F 就只剩下 61 000 欧元或者说其初始财产的 20% 了。这一土地转让有效吗？

在这种情况下，为了确保法的安定性，判决总结出了一系列的**固定百分比（feste Prozentsätze）**。[⑤]就中等及较大规模的财产而言，当处分人最后所剩余部分最多仅为其原先全部财产的**百分之十（10%）**时，就满足了《民法典》1365 条。因此，在前述例子中就不存在对全部财产的处分了。相反，在小规模财产的情况下，从经济上考虑，即使是一些稍小的份额也已经在事实上构成了全部财产。所以此时的基准就设定为**百分之十五（15%）**。[⑥]同时，对小规模财产的范围界限则设定在大约 250 000 欧元左右。[⑦]对于财产价值的评估要分别按照当时的市场价值来进行。仍需要注意的是，一个可能的**对待给付（Gegenleistung）**（例如土地的价款）在估价时要排除出考虑范围。[⑧]但是如果在转让一块带有房屋的土地的情况下，由受让人作为回报而授予出让人一项居住权时，在估价的时候也应当考虑进去。

---

① BGH FamRZ 2013，948；OLG Saarbrücken NZFam 2019，453；PWW/*Weinreich*，§ 1365 Rn. 5.
② 参看上文边码 1。
③ 参看比如 *Barz* ZHR 126［1964］，170（172）；*Rittner* FamRZ 1961，1（10ff）。
④ 根据 BGH NJW 1991，1739。
⑤ 例如 BGH FamRZ 2015，121。
⑥ 参看 OLG Jena NZFam 2020，124。
⑦ MüKoBGB/*Koch*，§ 1365 Rn. 28.
⑧ OLG Saarbrücken NZFam 2019，453.

案例①：丈夫所拥有的带房屋的土地就是其所有的财产了。在没有经过妻子同意的情况下，他将其中的 3/4 以共同所有权份额的形式转让给了他的新女友。

尽管从计算上看丈夫还保留有其财产的 25%，但州最高法院还是认为这属于《民法典》第 1365 条的一种情况。理由在于：这高达 1/4 的剩余份额从经济上考虑实际上已经没有实际价值了。

类似案例②：妻子将一块带有房屋的土地转让给了她（第一次婚姻所生）的子女，但是在房屋的某一部分上保留了一个物权上的居住权（**dingliches Wohnungsrecht**）。尽管就居住权的法律性质而言，这一权利既不可出让也不可质押③并且也不能由配偶另一方为了满足其增益补偿请求权而通过执行的方法取得，但这一居住权的价值仍应当被当作是剩余财产的一部分。也就是说，《民法典》第 1365 条对此并未给出一个相应的区分。

4. 在具体说范围内的主观要求

A. 主观说

10　　如果遵循具体说，并且因此也能将有关出卖土地的日常契约归入《民法典》第 1365 条的范围内，那么就会出现**交易安全保护**（**Verkehrsschutz**）的问题。因为如果毫不知情的买受人直到事后才最终获悉《民法典》第 1365 条的效力以及——由于缺少配偶的同意——所实施的负担行为和处分行为的无效性，那么对他而言很有可能会丧失大量的时间和金钱。因此广泛存在的共识是，由于具体说所引起的《民法典》第 1365 条适用范围的扩大必须通过**主观构成要件要素**（**subjektives Tatbestandselement**）进行平衡（主观说）。虽然债权人不必对存在着《民法典》第 1365 条这样的规范有所知情，也不必对契约相对人已经结婚的事实有所知情。然而，还是要求债权人或者积极地知道行为标的物涉及的是全部或几乎是全部财产，或者至少**知道**从中可以得出这一点的**这些关系**（**Verhältnisse kennt**）。④ 另外，证明知情的责任由援引行为需要同意的一方来承担，也就是说绝大多数情况下由有同意权利的配偶一方对知情负举证责任。

B. 知情的时间点

11　　因此，如果在处分具体物品时，适用《民法典》第 1365 条是以契约相对人对为处分配偶一方的财产状况具有相应的知情为前提条件，那么问题就在于，从哪个**时间点**（**Zeitpunkt**）开始这一知情会产生不利。对此出现了**不同观点**（**verschiedene Auffassungen**）。比如可以想到的是，类似适用土地的善意取得，在这种情况下，按照《民法典》第 892 条第 2 款的思想，原则上取决于倒数第二个取得的前提条件。这样一来，当配偶另一方在登记申请被提交给土地登记簿管理机构前通知契约相对人缺少同意时，他仍然能够阻止契约相对人的取得。⑤ 或者也可以取决于最后一个前提条件，即在土地登记簿中登记，并要求到

---

① 根据 OLG RammFamRZ 2004，1648。

② 根据 BGH NJW 2013，1156。

③ 《民法典》第 1093 条。

④ BGHZ 43，174；123，93；OLG Saarbrücken NZFam 2019，453.

⑤ OLG Frankfurt FamRZ 1986，275，不动产移转合意的预告登记。

那时候为止契约相对人都不知情。① 这样配偶另一方的保护需求就将得到最大限度的考虑。相反，联邦最高法院优先考虑**交易安全保护**（**Verkehrsschutz**）。按其观点，具有决定性意义的是**负担行为的时间点**（**Zeitpunkt des Verpflichtungsgeschäfts**）。② 因此，事后的知情不再产生相关的不利。事实上，在教义学上将无法证明，一个有效的负担行为如何因为事后对特定情形的知情就应当变为无效这一点，反倒是支持这一观点的。在这些情形下，交易相对人信赖契约的实施看起来也值得保护。不过，在实践中很少会出现与此相关的问题，因为公证人在公证土地交易时会充分地进行解释并在有疑义时会预防性地（要求）取得配偶的同意。

5. 配偶另一方的同意

配偶另一方可以在法律行为实施之前或者之后同意。按照这两种情况的区别，分别被称为**事前同意**（**Einwilligung**）③ 或者**事后追认**（**Genehmigung**）。④ 依据《民法典》第 183 条，在法律行为实施前事前同意原则上是可撤回的。而《民法典》第 182 条第 1 款规定，同意表示的**表示领受人**（**Erklärungsadressaten**），根据选择可以是配偶或者第三人（契约相对人）。

按照《民法典》第 182 条第 2 款的规定，同意**不**（**nicht**）需要遵守需要同意的法律行为所规定的形式。也就是说原则上可推断的同意也是可以考虑的。但是这一点的前提条件在于，配偶对于行为的内容以及需要同意这一点是知情的。配偶必须意识到其决定时之状态，也就是自己有一种能够阻却契约的法律上之力（**Rechtsmacht**）。⑤ 如若不然，对配偶来说就缺少表示意识。

《民法典》第 1365 条第 2 款规定，如果法律行为符合适当管理的原则，那么当配偶另一方没有充足理由**拒绝**（**verweigert**）或者因为生病或缺席而无法作出一个表示时，法院可以依据配偶一方的申请**代替**（**ersetzen**）配偶另一方进行**同意**（**Zustimmung**）。

例子：一对女同性配偶艾拉（Ella，E）和朵拉（Dora，D）居住在汉堡。艾拉最主要的财产是一块继承得来的位于特劳恩斯坦（Traunstein）的土地，对此她也不知道如何处理。当 E 多年之后终于找到一个愿意支付一笔不错价格的买主时，D 却拒绝同意这一买卖契约，因为她觉得"这草地真是漂亮"。在这种情况下，E 成功地让法院来代替进行这一被拒绝的同意。

在**同意**（**Zustimmung**）这一问题上，要对以下这些**案件情形**（**Fallkonstellationen**）进行区分：

● 《民法典》第 1366 条第 4 款规定，在同意或者追认被拒绝的情况下，负担行为和处分行为无效。

● 《民法典》第 1366 条第 1 款规定，如果事后才作出同意，那么这一行为因**追认**（**Genehmigung**）而有效。尽管如此，按照《民法典》第 1367 条的规定，在单方法律行为

---

① OLG SaarbrückenFamRZ 1984，587.
② BGH NJW-RR 1990，1154；OLG München NJW-RR 2010，523；*Lipp* JuS 2016，45（48）.
③ 《民法典》第 183 条第 1 句。
④ 《民法典》第 184 条第 1 款。
⑤ OLG Koblenz FamRZ 2015，1901.

12

13

的情况下排除追认。

● 如果追认没有一开始就作出，那么法律行为处于**暂时无效**（**schwebend unwirksam**）。在这一暂时状态（Schwebezustand）中，第三人在《民法典》第1366条第3款的前提条件下享有**撤回权**（**Widerrufsrecht**）（类似于未成年人法中《民法典》第109条的情况）。《民法典》第1366条第3款规定，第三人也可以通过以下方式结束这一暂时状态，即他请求这名（*den*）与他从事行为的配偶一方取得配偶另一方的追认。在这种情况下，有权进行同意的配偶只能在两周之内对第三人作出追认的表示。一个事先可能已经在内部向配偶所作出过的表示，在此情况之下就失效了。因此配偶另一方有第二次机会来决定作出自己的追认。请阅读《民法典》第1366条第3款!

● 如果有权进行同意的配偶在作出其追认前就**死亡**（**stirbt**）的，那么这一暂时无效的法律行为随着其死亡而终局性地变成有效了（所谓的嗣后补正，Konvaleszenz）。[1]

● 如果缺少必要之同意而**作出处分**（**verfügt hat**）的配偶一方死亡（**stirbt der Ehegatte**）的，那么这一法律行为仍然毫无变化地处于暂时无效之中，因此其有效性还要取决于之后的追认。

6. 追认被拒绝时的法律后果

A. 负担和处分的无效性

14
按照《民法典》第1366条第4款的规定，如果追认被拒绝，那么契约无效。拒绝追认的撤回是不可能的。[2] 无效性既包括负担行为也涵盖了处分行为。契约相对人的**善意取得**（**Gutgläubiger Erwerb**）被排除（**ausgeschlossen**）了，因为《民法典》第1365条包含的是绝对出让禁止并且不适用《民法典》第135条第2款。[3]

> **案例**：丈夫马克斯（Max, M）在缺少其妻子弗罗拉（Flora, F）（必要）同意的情况下，将一块土地所有权转让给了买受人K。K在土地登记簿中进行了登记，而F却拒绝作出追认。
>
> 在这种情况下，K无法根据《民法典》第892条援引善意取得。一方面，当缺少F必要的同意时，在K和M之间就已经欠缺一个物权合意了。这一欠缺是无法通过《民法典》第892条进行克服的。另一方面，《民法典》第892条涉及的是土地登记簿中的错误登记以及与此相关的取得人的善意。但在本案中，土地登记簿所表明的为M单独所有这一点恰恰是正确的。
>
> 不过在下一个阶段，此时已经（错误地）被登记在土地登记簿之中的买受人K的某个第三人之善意取得还是有可能的。就此而言，《民法典》第892条的前提条件是能够被满足的。在第三人的取得上，《民法典》第1365条已经无法构成障碍了。[4]

---

① BGH NJW 1982, 1099；1994, 1785.

② BGH NJW 1994, 1785.

③ 参看下文第十五节的考试案例。

④ 参看 MüKoBGB/*Koch* BGB § 1365 Rn. 9.

同意被拒绝（verweigerter Zustimmung）时意味着：

● 从（无效的）负担行为中既不能得出要求履行的请求权，也不能得出要求替代给付的损害赔偿请求权或者是要求赔偿无益费用。

● 物权行为没有改变所有权状况。

● 在土地登记簿中的登记会导致土地登记簿的不正确。

对**作出处分的配偶一方**（verfügender Ehegatten）而言还能由此得出多个针对其契约相对人的**请求权**（Ansprüche），尤其是：

●《民法典》第 985 条所规定的返还已出让标的物的请求权

●《民法典》第 894 条所规定的更正土地登记簿的请求权

●《民法典》第 812 条第 1 款第 1 句第 1 种情形所规定的返还已获的不当得利（占有）的请求权

●《民法典》第 816 条第 1 款所规定的返还后续处分所获利益（Erlangten）的请求权，主要是由于后续取得人在这方面的善意取得是有可能的。

B. 配偶另一方的撤销权

15 　　打算进行并已经实施这一法律行为的配偶往往并不愿意将失败的处分恢复到订立前的状态。因此《民法典》第 1368 条赋予配偶另一方权利，使其能够**以自己的名义**（im eigenen Namen）通过法院主张从处分无效之中产生的权利（所谓的**撤销权**，Revokationsrecht）。哪怕在具有既判力的**离婚之后**（nach Schediung），主张这些请求权也仍然是可能的。[1] 撤销权构成了罕见的**法定诉讼担当**（gesetzliche Prozessstandschaft）情况中的一种。

> **考试提示**：在法院受理申请的情况下，应当在**参加程序之权限**（Verfahrensführungsbefugnis）这一点下面审查诉讼担当。这里所指的是，以自己的名义作为原告/申请人或者被告/被申请人，就所主张之权利参加法律争讼或者程序的权限。

16 　　但是配偶的起诉权仅限于从**处分无效**（Unwirksamkeit der Verfügung）之中所产生的权利。因此，那些仅仅是从负担行为无效之中所产生的请求权是不包括在内的。[2] 也就是说，配偶尤其可以根据《民法典》第 985 条或者第 894 条采取行动以及在强制执行的情况下根据《民事诉讼法》第 771 条提起第三人异议之诉。

　　有疑问的是，进行撤销的配偶应该主张哪一个**申请目标**（Antragsziel）。该配偶是可以请求向自己返还，抑或仅仅可以请求向作为所有权人的配偶返还？因为《民法典》第 1365 条及以下各条最终的目标是保护各自的占有关系和财产关系，那么很显然，所追求的是恢复之前就存在的状态。[3] 如果之前是配偶另一方单独占有，那就申请向其本人返还，如果之前是配偶双方共同占有，那就申请向双方返还。如果配偶另一方拒绝再一次领受此物，那么申请人也可以请求向自己返还。

C. 契约相对人的抗辩

17 　　在买卖契约的情形之下，契约相对人通常只愿意在偿还价款的同时返还物品。就此而

---

① BGH FamRZ 1983，1101；OLG Celle NJW-RR 2003，1661.

② BGH NJW-RR 1990，1154.

③ *Schwab* FamR GdR Rn. 270.

言，针对《民法典》第 985 条的返还请求权，也能够相对地提出**《民法典》第 273 条第 1 款**（**§ 273 Abs. 1 BGB**）的抗辩权。然而进行撤销的配偶并没有得到价款，因此也没有能力偿还。如果该配偶不得不面对对方提出**留置权**（**Zurückbehaltungsrecht**）的异议，那么其申请权也因此而常常变得毫无价值了。所以，《民法典》第 1365 条及以下各条的保护目的要求，契约相对人无法主张这一类型的抗辩。[①] 不过，抵销还是被允许行使的。

> **案例**[②]：妻子弗罗拉（Flora，F）负债累累。在没有经过丈夫马克斯（Max，M）同意的情况下，F 将财产里仅剩的一揽子有价证券质押给了 B 银行。银行则收取了体现在这些证券中的债权。现在 M 根据《民法典》第 816 条第 2 款请求 B 返还所获得的偿还金额。B 能否根据《民法典》第 488 条第 1 款第 2 句的规定，以其针对 F 的贷款偿还请求权来抵销这一请求权？
>
> 根据《民法典》第 1365 条、第 1366 条第 4 款的规定，证券质押由于缺少 M 的同意而无效。对 M 而言，在连同适用《民法典》第 1368 条时，可以产生以自己的名义主张**《民法典》第 816 条第 2 款所规定的 F 的要求返还请求权**（**Rückforderungsanspruch des F aus § 816 Abs. 2 BGB**）之权利。不过在不受到《民法典》第 1365 条的保护目的阻碍时，B 是能够对这一请求权进行抵销的。[③] 而这一点可以从下列这一事实中得出，即 B 作为债权人同样能够毫无问题地通过强制执行的方式获得这些有价证券，而配偶双方对此却无法进行阻拦。就此而言，《民法典》第 1365 条的目的并非阻止债权人申请强制执行。

18　　配偶一方针对第三人所获得的法院**裁定**（**Beschluss**）对配偶另一方并不生效。在此情形下所适用的还是裁判只在两造当事人之间（inter partes）生效的原则。尤其是必须要防止，进行处分的配偶一方通过不当的诉讼参与行为导致配偶另一方的撤销权落空。

二、家居物品处分权限的限制

1. 概况

19　　在增益共有制这一婚姻财产制中，除了《民法典》第 1365 条外，还存在着《民法典》第 1369 条中涉及对婚姻中家居物品的处分限制。在此情况下所涉及的所有负担行为及处分行为也都需要同意。这一规定的保护目的在于维护婚姻住房中的相关条件。现存的家居物品作为婚姻共同生活的基础应当由配偶双方共同支配，并且未经他们的同意就不应该被剥夺。如果处分因欠缺配偶一方的同意而无效，那么第三人就无法有效地取得；善意取得在此也没有适用余地。《民法典》第 1369 条包含着一种**绝对出让禁止**（**absolutes Veräußerungsverbot**）。配偶另一方享有——与《民法典》第 1365 条的情况一样——撤销权。[④]《民法典》第 1369 条第 3 款在此方面则指示其法律后果相应地适用《民法典》第

---

① Palandt/*Siede* BGB § 1368 Rn. 2；*Petersen* Jura 2015，798（801）.

② 根据 BGH NJW 2000，1947。

③ 《民法典》第 387 条、第 389 条。

④ 参看上文边码 15。

1366 条及以下各条。另外，根据《民法典》第 1369 条第 2 款的规定，在此情况下也可考虑由法院代替作出已被拒绝的同意。

2. 构成要件中的前提条件

《民法典》第 1369 条的前提条件

1. 配偶双方处于**法定财产制**中
2. **处分**家居物品
3. 进行处分的配偶一方拥有物品的**所有权**

有争议的是：是否可以类推适用于配偶另一方拥有所有权的物品

A. 配偶双方处于法定财产制中

有疑问的是，当配偶双方**分居**（getrennt leben）时，《民法典》第 1369 条是否仍然适　20
用？对于该问题的回答则必须遵循规范的保护目的。当配偶双方在分开时已经对这些物品进行了最终的分配或者已经被其他人依据《民法典》第 1361a 条第 1 款第 1 句请求返还了，那么这一旨在继续保障配偶双方使用共同家居物品的保护目的就失效了。然而，只要对分配还存在着分歧，或者仅仅根据《民法典》第 1361a 条第 3 款进行了临时的安排，那么尽管配偶双方在空间上已经分居了，但《民法典》第 1369 条仍将同样适用。[①] 如果没有对处分的限制，那么配偶一方就可以通过出让造成既成的事实关系，并使根据《民法典》第 1361a 条第 2 款或者第 1568b 条所进行的任何未决诉讼程序落空。

B. 处分

处分这一概念从根本上来说与《民法典》第 1365 条中的处分具有相同的意思。[②] 但在　21
实践中，《民法典》第 1369 条中的处分所涉及的仅仅只是出让，也就是说将所有权转让给第三人，比如在买卖契约或者赠与契约的基础之上。

C. 家居物品

婚姻中的家居物品是指被确定用于共同生活以及**家庭生活和家务**（Wohn-und　22
Hauswirtschaft der Familie）的所有物品。[③] 那些只是划归于配偶一方个人范围内的物品（衣物、工作上所使用之物、爱好方面所使用的物品）则不在家居物品的范围。《民法典》第 1369 条所说的家居物品包括例如家具、电视机或者洗衣机这一类的家电设备、厨房设备以及——只要事实上存在为了家庭目的而共同使用——也可能包括一辆**汽车**（Auto）[④]，在《民法典》第 90a 条意义上也有可能包括一只宠物狗。婚姻住房不是"家居物品"；但是有观点认为对此在一定程度上也应当考虑类推适用《民法典》第 1369 条。[⑤]

D. 处分人拥有所有权

从法律规定的文义上看，所涉及的只是处分**属于处分人自己**（**Verfügenden selbst**　23

---

① Erman/*Budzikiewicz* BGB § 1369 Rn. 7；BeckOK BGB/*Siede* BGB § 1369 Rn. 2.
② 参看上文边码 4。
③ Palandt/*Götz* BGB § 1361a Rn. 3.
④ OLG Frankfurt NZFam 2018，902；OLG Zweibrücken NJW 2020，1817；参看下文第二十一节边码 9。
⑤ *Jacobs* FamRZ 2014，1750；不同观点参看 *Weber* FamRZ 2015，464。

gehören）的物品；因为处分属于他人的物品，在缺少其同意的情况下毫无疑问本来理应也是无法实现的。不过还是会出现类推适用的问题。[1] 但当物品属于配偶双方共同所有时，无论如何都应当类推适用这一规范。[2] 此外，当处分人对某物（例如一台洗碗机）仅享一项期待权时，也适用《民法典》第1369条。

3. 有关类推适用《民法典》第1369条的争议

24　有争议的是，当配偶一方处分的不是属于自己的家居物品，而是**配偶另一方的所有权**（**Eigentum des anderen Ehegatten**）时，是否应当类推适用《民法典》第1369条。如果只有在配偶另一方同意的情况下，法律才允许处分自己的家庭财物，那么当想要处分配偶另一方的物品时，这一规定必定**更加**（**erst recht**）适用了。然而，类推适用的前提在于存在**违反计划的法律漏洞**（**planwidrige Gesetzeslücke**）。而通过物权法，原则上已经为配偶另一方提供了所有权保护这一事实，也无法赞成存在这样的一个法律漏洞。这一点将通过下面的这个例子加以说明。

> **案例：**妻子弗罗拉（Flora，F）将丈夫马克斯（Max，M）所有，并且放在婚姻住房过道中作为衣柜的一只旧古董柜卖给了旧货商托马（Thoma，T）。作为替代她购买了一个现代风格的不锈钢衣架，这无疑更加符合她对室内设计的构想。与期待相反的是，M不喜欢这一重新布置并马上就要求T返还这一柜子。
>
> M针对T所可能拥有的是**《民法典》第985条规定的返还请求权**（**Herausgabeanspruch aus § 985 BGB**）。
>
> 1. M必须仍然是柜子的所有权人。他是原始所有权人。然而根据《民法典》第929条第1句的规定，他有可能因为F向T所作的所有权让与而丧失其所有权。
>
> A. F与T已就这一所有权让与达成了合意。
>
> B. 这一柜子已经交付给了T。在达成合意上不存在疑义。
>
> C. 但是，F却并非柜子的所有权人，因而是无权利人。不过欠缺权利这一点却能够通过T依据《民法典》第932条第1款的善意取得而加以克服。然而此处要注意的是，这一柜子处于配偶双方共同占有之下并且M是由于出让而非自愿地丧失其（共同）占有的。所以从他的角度来看，就存在着《民法典》第935条第1款意义上的排除善意取得的丧失。因此转让所有权给T并不成功。M和之前一样仍是所有权人。
>
> 2. T相对于M而言是无占有权的占有人。[3] T不能以和F的买卖契约来对抗M。
>
> 3. T同样也不享有因为价款而产生的针对马克斯的留置权。[4]
>
> 所以M能够要求T返还这个柜子。而且，这一请求权是从《民法典》第1007条第2款第1句中产生的。

---

[1]　参看下文边码24。
[2]　*Schwab* FamR GdR Rn. 261 也这么认为。
[3]　《民法典》第986条。
[4]　《民法典》第273条第1款。

因此，上述例子表明，在这类情况下，配偶另一方根据一般的规定已经得到了充分的 ²⁵
保护并且能够依据《民法典》第 985 条（以及《民法典》第 1007 条第 2 款第 1 句以及可
能的情况下还包括第 861 条）向第三人请求返还。正是这一点首先不赞成在此类情况之下
类推适用《民法典》第 1369 条。[①] 然而还存在一个强有力的**赞成类推适用的理由**（**Argu-
ment für die Analogie**）。[②] 也就是说如果适用《民法典》第 1369 条，那么就不仅仅是处分
行为无效了，连**负担行为**（**Verpflichtungsgeschäft**）也无效了。与此相应的则是契约相对
人从契约（大多数是买卖契约）的**不履行**（**Nichterfüllung**）中无法推导出任何请求权。所
以订立契约的配偶一方就将不会遭受任何损害赔偿请求权的提出或者是无益费用赔偿请求
权的提出，而是仅仅遭受不当得利法上的不当得利返还请求权的提出。另一方面，对于作
为所有权人的配偶一方而言，这意味着，在无须考虑有可能加重家庭资金负担的赔偿义务
的情况下，他就可以主张其返还请求权。以此种方式可以更加有效地贯彻规范的**保护目的**
（**Schutzzweck**）。这就是为何赞同类推适用的观点值得优先选择原因所在。

三、先前的法律：根据《民法典》第 1370 条的物上代位

根据截止到 2009 年 8 月 31 日还适用的法律，财产增益共有制还受到《民法典》第 ²⁶
1370 条的影响。按照当时这一法律条文的规定，那些为了替换已经不再存在或者没有价
值之物品而购置的家居物品，仍然依法属于原先拥有这些已经不再存在或者没有价值之物
品的配偶一方所有。然而因为《民法典》第 1370 条保护目的的模糊性以及这一规范在实
践中并不起作用，所以在婚姻财产制法改革中就被废除了。但是仍然要注意的，《民法典》
第 1370 条对于 2009 年 9 月 1 日之前购置的家居物品仍然继续适用。[③]

📖 深入阅读材料推荐

深入学习：*Amann*，Die Verfügungsbeschränkung über die Familienwohnung im
Güterstand der Wahl-Zugewinngemeinschaft，DNotZ 2013，252；*Bernauer*，Das Zustim-
mungserfordernis nach § 1365 BGB bei der Bestellung von Grundpfandrechten，DNotZ
2019，12；*Petersen*，Der Dritte im Familienrecht，Jura 2015，798；*Preisner*，Examen-
stypische Klausurenkonstellationen des Familien-und Erbrechts，Teil IV，JA 2010，705；
Röthel，Güterrecht：Eine Einführung，Jura 2015，242。

案例与考试：*Benner* 2. Teil，Fall 6；*Bongartz/Hergenröder*，„Eine dunkle Vergangenhe-
it"，JA 2019，406；*Gergen*，（Original-）Examensklausur：Kreditsicherheiten-，Sachen-，
Familien-，Erb-und Zwangsvollstreckungsrecht，JuS 2015，47；*Guski/Lübke*，Engelhardts
Erbe，Jura 2011，624；*Lipp*，Original-Examensklausur：Gesamtvermögensgeschäfte im
gesetzlichen Güterstand，JuS 2016，45；*Löhnig/Leiß* Fälle FamR Fall 4；*Röthel* Fall 2；

---

① Münch-Komm/*Koch* BGB § 1369 Rn. 14；Staudinger/*Thiele* BGB § 1369 Rn. 30f.
② 对此表示赞成的有 LG Berlin FamRZ 1982，803；*Löhnig/Schneider* JA 2015，255（259）。
③ 《民法典施行法》第 229 条第 20 分条第 1 款。

Roth Fälle 3 und 4；*Schwab* FamR PdW Fälle 43 - 47。

第十五节 复 习

一、自测题

1. 可以将婚姻法划分为哪三大部分？

2. 如何具体地理解婚姻生活共同体义务？

3. 穆勒夫妇结婚后一直居住在不同的住房里。穆勒先生想改变这一状况并（和妻子）搬到同一套住房里居住。相反，穆勒太太则对分房居住非常满意，将来也不想放弃这一方式。对此，穆勒先生可以采用哪些办法？

4. 在一个重组家庭中，请求获得家庭扶养的请求权是否也包括那些被带入这一婚姻中的继子女们的需求？

5.《民法典》第 1357 条的规范目的是什么？这是一个请求权基础吗？

6.《民法典》第 1357 条是代理的一个特殊形式吗？

7. 在一起涉及家庭所租赁之住房的搬离之诉中委托一名律师进行应诉防御是否属于《民法典》第 1357 条的范围？

8. 丈夫是否必须偿还妻子为家庭购买新洗衣机而从银行所获得的贷款？

9. 哪些案件情形下，婚姻的空间——物品领域这一概念很重要？

10. 如果强制执行名义仅仅针对妻子，那么丈夫在主张其单独所有权之后能否依据《民法典》第 985 条请求强制执行人员返还被扣押的男士金表？

11.《民法典》承认哪几种婚姻财产制以及哪种婚姻财产制是依据法律规定而适用的？

12. 如果在一份婚姻契约中排除了财产增益共有制并且同时废止适用《民法典》第 1414 条第 2 句中的规范，那么会有哪些后果？

13. 婚姻契约的内容审查分为哪两个审查步骤？

14. 如果在一份婚姻契约中约定排除扶养请求权、增益补偿以及供养补偿，那么这一婚姻契约就一定是违反善良风俗并且是无效的吗？

15. 适用法定财产制的配偶双方能否自由地处分他们的所有权？

16.《民法典》第 1365 条、第 1369 条包含着"绝对出让或者处分禁止"这一点意味着什么？

17. 如果配偶一方以 130 万（欧元）的价格出售构成其全部财产并且市场价值为 100 万（欧元）的一块土地时，依据《民法》第 1365 条是否需要征得配偶另一方的同意？

18. 如何理解配偶的"撤销权"？

19. 当配偶一方处分了属于配偶另一方的家居物品时，有什么理由支持类推适用《民法典》第 1369 条？

自测题的答案在本书书末。

二、考试案例 1（没有妻子参与的交易）

案件事实

马丁（Martin，M）和弗洛伦丁娜（Florentine，F）在 2010 年缔结了婚姻。当时，为了应对结婚仪式前的紧张情绪，M 事先喝了半瓶威士忌。然而，由于喧闹的欢乐和兴奋，没人注意到他已经喝醉了。此外，在结婚的时候，M 和 F 还以书面的形式约定，婚姻适用分别财产制。

在 2020 年 9 月的时候，拥有的其他财产总价值仅仅约为 15 000 欧元的 M，将一块 2015 年从其父母那儿继承而来，现在市场价值为 310 000 欧元的土地，用公证证书的方式以 330 000 欧元的价格出售给了买受人康哈德·库尔茨（Konrad Kurz，K）。在公证证书中也同时表示了将土地所有权让与给 K 的合意。在进行公证之前，M 告诉 K，卖掉他"唯一的家产"对他来说确实不容易，但是为了最终购置一套合适的私有住房（Eigentumswohnung），他太需要这笔钱了。然而，M 另外必须将所获价款的一半用于清偿这块土地上所负担的高达 150 000 欧元的土地债务，因为 K 不想承受这一负担。2020 年 12 月，K 作为土地所有权人被登记在了土地登记簿中并同时取得了占有。公证费和土地登记簿登记费由 K 承担了。

F 一开始对这一土地交易一无所知，因为她爱上了她的生意伙伴格里高尔（Gregor，G）并将关注全身心地投了他身上。事实上这一关系也在 2021 年 2 月时导致 M 和 F 的分居。当 F 目前获悉这一土地出让时，她明确表示，她不同意出卖。所以 F 要求 K 同意对土地登记簿作出如下的更正，即 M 重新登记为所有权人。然而 K 对此表示拒绝并主张，他之前对 M 已经结婚了这一事实并不知情。所以他无论如何都已经善意地取得了这块土地，更何况土地登记簿上的内容也是很值得信赖的。而配偶双方无论如何也确实适用的是分别财产制，所以所有这些事都并不重要。另外，F 和 M 也已经分居了，以至于任何一条婚姻法相关规定的保护目的都结束了。如果这一土地最终仍然必须要返还，K 也只愿意在对方偿还所支付之价款的同时才愿意返还土地。而且，在这种情况下他也一定要获得公证费用的补偿。

1. F 针对 K 能够主张哪些请求权？
2. K 针对 M 享有哪些请求权？

答案

问题 1：F 针对 K 的请求权

一、《民法典》第 985 条的土地返还请求权（成立）

1.《民法典》第 1368 条所规定的 F 享有请求权的权限（成立）

F 根据《民法典》第 985 条所享有的针对 K 的土地返还请求权将以下列这些为前提条件，即 F 是土地的所有权人并且 K 是无权占有人。F 之前既不是土地的原始所有权人，土地也没有让与给她。不过她丈夫 M 是土地所有权人并且如果依据《民法典》第 1365 条第 1 款所有权转让给 K 无效，那么 M 也许可以始终是所有权人。在这种情况下，F 也能够根据《民法典》第 1368 条主张 M 的权利。对此，《民法典》第 1365 条第 1 款的构成要件必须要得到满足。

A. 婚姻存续期间（成立）

《民法典》第 1365 条首要的前提条件是，F 和 M 之间缔结了有效的婚姻。这一点的判断又要以《民法典》第 1310 条的规定为准。而在这一点上可能是存在疑义的，因为 M 在结婚仪式上喝醉了并因此而处于暂时性精神活动障碍的状态。依据《民法典》第 105 条第 2 款的规定，这一点根据一般原则将会导致意思表示无效。然而婚姻法以《民法典》第 1304 条、第 1314 条第 1 款、第 2 款第 1 项设立了优先于《民法典》总则规范而适用的特别规范。就此而言，从《民法典》第 1314 条第 2 款第 1 项的规范中所得出的结论是，尽管 M 当时处于完全醉酒状态，但这一婚姻仍然有效缔结了。一开始肯定存在的婚姻废止之原因，此时由于依据《民法典》第 1315 条第 1 款第 3 项的确认已经不存在了。因此 M 和 F 仍是配偶。

B. 法定财产制（成立）

接下来的前提条件是，M 和 F 处于法定财产制中。在结婚时通过私人的书面形式作出了分别财产制的约定，然而，为了有效地废止适用法定财产制，一份婚姻契约必须根据《民法典》第 1408 条、第 1410 条在配偶双方同时在场的情况下，以公证员记录的方式订立。这一形式在当时并未得到遵守；所以根据《民法典》第 125 条第 1 句的规定，这份婚姻契约无效。此外，M 当时喝醉了，因此根据《民法典》第 105 条第 2 款的规定，他与此相关的意思表示也会因此无效。所以配偶双方处于法定财产制中。

C. 不存在因为分居而产生的限制（成立）

然而有疑问的是，配偶双方分居会有哪些影响。《民法典》第 1365 条的保护目的是保障增益补偿。配偶双方在缺少配偶另一方同意的情况下都不能出让其所有的财产，因为这一类行为会对家庭的经济基础以及可能的增益补偿请求权产生重大影响。而前述的后一个目的在分居的情况下仍然具有意义或者可以说将更加重要。所以 M 和 F 的分居一点也不改变《民法典》第 1365 条及以下各条的可适用性。

D. 对财产整体进行处分（成立）

最后 M 必须是对财产整体进行了处分。有疑问的是，"整体"是什么意思。一方面可以将其仅仅理解为以所有（en bloc）财产为标的的法律行为，即所谓的全部说。[1] 如果按照这个理论，那么 M 并没有对财产整体进行处分。然而这一规范的适用范围将因此变得过于狭窄并且规范的保护目的也会落空这一点，反对将《民法典》第 1365 条作这样的一种理解。在处分某一价值上几乎等同于全部财产的个别物品时，可能的增益补偿也如同在处分全部财产时一样会受到威胁。所以只要具体物品几乎等同于全部财产，也应该将其归入"财产整体"这一概念之下，即所谓的具体说。[2] 只有这样，保护目的才能得到充分的考虑。在这方面的判断上，根据通说[3]，在中等及较大规模财产的情况下，当剩余财产只占原先财产的百分之十或者更少，那就存在着对财产进行整体处分。

---

[1]　*Rittner* FamRZ 1961，1（10）；*Tiedau* MDR 1961，721.

[2]　BGHZ 77，293；FamRZ 2013，948；Erman/*Budzikiewicz* BGB § 1365 Rn. 6 ff.

[3]　BGH FamRZ 2015，121.

在本案中，M 原先的财产由 310 000 欧元的土地价值扣除 150 000 欧元土地债务以及作为其他财产价值所剩余的 15 000 欧元共同组成。从中得出 175 000 欧元的全部财产。这样，M 在出卖土地后所剩余的 15 000 欧元就少于全部价值的百分之十了，所以应当被认为是《民法典》第 1356 条第 1 款中的一种情况。以价款为形式的对待给付是不被考虑在内的。从经济上考虑是否涉及一个有利可图的行为也是无关紧要的。

E. 对财产关系知情（成立）

契约相对人并非必须要知道对方已经结婚。尽管如此，作为对因具体说而导致《民法典》第 1365 条适用范围扩大的限制，还是要按照所谓主观说，要求契约当事人对从中可以得出这一法律行为涉及财产整体处分的那些情形是知情的。[①] 否则的话，交易安全保护就无法得到充分保障了。就本案的情况来看，M 谈到他在出让"他唯一的家产"。所以 K 在成立债法上的行为之时，就已经能够从中得出，M 处分的是其财产之整体。

F. 缺少同意（成立）

对于这一所有权转让，F 没有同意或者说拒绝了事后追认。所以根据《民法典》1366 条第 4 款的规定，债权行为和物权行为均无效。

G. 中间结论

因此《民法典》第 1365 条的前提条件满足了。依据《民法典》第 1366 条可以从中得出 F 享有撤销的权利。

2. M 的所有权（成立）

A. M 作为原始所有权人（成立）

F 所主张的《民法典》第 985 条所规定之返还请求权的前提条件将是，M 仍然还是所有权人并且 K 是占有人。M 是土地的原始所有权人。由于《民法典》第 1365 条、第 1366 条第 4 款的缘故，无论是负担行为[②]还是处分行为[③]均无效。所以 M 仍然是所有权人。K 被登记在土地登记簿上这一点改变不了什么。毋宁说此时土地登记簿上的记载因此而变得不正确了。

B. 不存在依据《民法典》第 892 条、第 925 条、第 873 条的所有权善意取得（成立）

不需要考虑 K 依据《民法典》第 892 条、第 925 条、第 873 条的所有权善意取得，因为对此的前提条件是之前的土地登记簿并不正确。然而从本案的情况来看，土地登记簿之前是正确的。即便不考虑这一点，绝对出让禁止也已经导致配偶与第三人之间的合意无效。这一缺陷无论如何是无法通过善意取得克服的。

C. 不存在依据《民法典》第 135 条第 2 款连同适用《民法典》第 892 条、第 925 条、第 873 条的所有权善意取得（成立）

有疑问的是，是否需要考虑依据《民法典》第 135 条第 2 款连同适用《民法典》第 892 条、第 925 条、第 873 条的所有权善意取得。然而，《民法典》第 135 条第 1 款强调的是一种只以保护特定人为目的的法定出让禁止。这一规范因此而仅仅适用于相对出让禁

---

① BGH FamRZ 2013，948；OLG Frankfurt MittBayNot 2010，496.

② 《民法典》第 433 条。

③ 不动产所有权转让合意（Auflassung），《民法典》第 925 条、第 873 条。

止。虽然这一类型的出让禁止之前零星地被纳入了《民法典》第 1365 条的情况当中[①]或者说《民法典》第 135 条第 2 款在此处零星地进行了类推适用。[②] 然而根据通说，《民法典》第 1365 条构成的是所有人必须遵守的绝对出让禁止，并且具有排除《民法典》第 135 条适用的后果。[③] 此外，不将《民法典》第 1365 条归入"出让禁止"当中，而是将其看作需要同意法律行为的一种独立类型的那些观点，也得出了同样的结论。[④] 事实上这一规范的保护目的就已经赞同要保障增益补偿，而明确反对善意取得的可能性。所以应当拒绝仅仅将《民法典》第 1365 条看作相对处分禁止这一观点。所以根据《民法典》第 135 条第 2 款（直接或者类推适用）连同适用《民法典》第 892 条、第 925 条、第 873 条的所有权善意取得就被排除了。因此 M 还是和之前一样是土地的所有权人。

3. K 的占有（成立）

根据《民法典》第 854 条第 1 款的规定，K 是土地的占有人。

4. 不存在占有权（成立）

K 不应该拥有占有权。根据《民法典》第 433 条、第 311b 条第 1 款的规定，这里可能可以考虑的是从买卖契约中所产生的对这块土地的占有权。然而，依据《民法典》第 1365 条、第 1366 条第 4 款这一契约也是无效的，所以 K 无法依据买卖契约而产生占有权。

5. 法律后果

因此，《民法典》第 985 条的前提条件满足了。F 能够要求 K 返还或者腾出这块土地。但是按照本案的情形所能请求的，只有将土地返还给单独的前占有人 M，而不是单独返还给 F 或者共同返还给 M 和 F。

然而有疑问的，K 是否能够以《民法典》第 273 条第 1 款所规定的同时（Zug-um-Zug）向其偿还价款作为返还的条件。然而，允许这一抗辩将会导致《民法典》第 1365 条的保护目的落空。因为进行撤销的配偶一方自己并没有接受价款，所以之后也不可能同时向他交还。另外，如果《民法典》第 1365 条的适用范围实际上将被限缩到配偶双方的财产之中仍然存在可支配对待给付的情况下，那么该条的保护目的也会因此无效。所以，在这种情况下 K 不享有《民法典》第 273 条第 1 款所规定的留置权。

6. 中间结论

F 能够根据《民法典》第 985 条、第 1368 条请求 K 返还这块土地。

二、F 根据《民法典》第 985 条、第 1368 条要求 K 更正土地登记簿的请求权（成立）

此外 F 也可能有土地登记簿更正请求权。对此的前提条件是土地登记簿不正确，也就是形式上的法律状态和实质上的法律状态相分离了。因为 M 还是和之前一样是土地所有权人，而土地登记簿因为将 K 登记为所有权人就变得有误了。所以 K 必须同意将 M 重新登记为土地所有权人。

[①] *Frank* NJW 1959，135.

[②] *Braga* FamRZ 1967，652（659）.

[③] BGHZ 40，218；OLG Saarbrücken NZI 2011，502；*Schwab* FamR GdR Rn. 271.

[④] MüKoBGB/Koch BGB § 1365 Rn. 10；*Rauscher* FamR Rn. 382.

三、根据《民法典》第 812 条第 1 款第 1 句前一选项、第 1368 条的规定 F 针对 K 的请求权（不成立）

F 也有可能可以根据《民法典》第 812 条第 1 款第 1 句前一选项、第 1368 条的规定，针对 K 提出请求权。K 至少能够已经无法律原因地取得对 M 土地的占有了，所以 F 也有可能通过《民法典》第 1368 条主张 M 的这一请求权。然而，《民法典》第 1368 条的文义要求的是主张那些从处分无效中产生的权利。但是因为给付型不当得利正是取决于应当被保留的法律原因（Rechtsgrund zum Behaltendürfen），所以通过其所主张的是负担的无效，而非处分的无效。所以，《民法典》第 812 条第 1 款第 1 句前一选项的返还不能通过撤销权来主张，这一点是非常值得赞同的，尤其是鉴于前面已经得到肯定的请求权也不再需要这么做了。[①] 事实上在文献中通常也只是提示参看《民法典》第 985 条、第 987 条及以下各条、第 816 条第 1 款的规定。

四、问题 1 的结论

F 能够根据《民法典》第 985 条、第 1368 条请求将土地返还给 M 以及依据《民法典》第 894 条、第 1368 条请求对土地登记簿进行更正。

问题 2：K 针对 M 的相对请求权（Gegenansprüche）

一、根据《民法典》第 812 条第 1 款第 1 句前一选项向 M 要求偿还价款的请求权（成立）

K 有可能根据《民法典》第 812 条第 1 款第 1 句前一选项而拥有向 M 请求返还价款的请求权。对此的前提将会是，在缺少法律原因的情况下 M 因 K 的给付而有所得。

1. 因给付获得某些东西（成立）

M 获得了所有权和占有或者更确切地说是关于高达 330 000 欧元价款的债权权利。这都是因 K 的给付而发生的。

2. 缺少法律原因（成立）

法律原因欠缺了，因为买卖契约无效。[②]

3. 返还义务的范围

《民法典》第 818 条第 1 款所规定的返还义务原则上也包括所获得的，也就说所有总额或者相应的金钱价值。M 也无法由于为了解除土地债务所支付的 150 000 欧元，就根据《民法典》第 818 条第 3 款的规定而援引受到财产减少（Entreicherung），因为他借此仅仅是清偿了其他债务而已。就此而言，无论如何都存在着不当得利。此外，按照结余说（Saldotheorie）的一般原则，K 也相应地必须同时交还所领受的给付（对土地的占有）。

4. 结论

K 能够根据《民法典》第 812 条第 1 款第 1 句前一选项请求 M 偿还价款，但是必须以同时返还土地为条件。

---

① *Dethloff* FamR § 5 Rn. 88.

② 参看上文第一部分第 4 点。

二、K 因公证等费用而根据《民法典》第 280 条第 1 款针对 M 的损害赔偿请求权（不成立）

1. 债之关系（成立）

《民法典》第 280 条第 1 款所规定之请求权的前提条件首先在于存在债之关系。因为买卖契约按照《民法典》第 1366 条第 4 款的规定是无效的，因而这一买卖契约无法为债之关系的存在提供证明。不过根据《民法典》第 311 条第 2 款第 1 项的规定，也有可能因为进行了契约磋商而形成一个《民法典》第 241 条第 2 款意义上具有附随义务的债之关系。本案就是这一情况。就此而言，有可能构成一种缔约过失（c. i. c）的情况。

2. 违反义务（成立）

另外还必须要确定的是存在对义务的违反。M 之前应该有义务事先向 K 指出他已经结婚了。之后 K 至少能够知道必须要有 M 妻子的同意并可以对此提出请求。事实上，鉴于和《民法典》第 1365 条捆绑在一起的广泛法律后果，这样一项提示义务是非常值得赞同的。另外，还可以想到的是 M 要设法确保以下事项的义务，获得配偶另一方的事前同意或者有可能通过法院来代替的事前同意。因此，可以认为存在着对义务的违反。

3. 可归责性（成立）

根据《民法典》第 276 条的规定，对义务的违反虽然不是故意的，但根据情形毫无疑问是有过失的。

4. 损害（成立）

"损害"存在于公证费和土地登记费这些已经形成的无益费用。这些无益费用对 K 而言是毫无用处的，因为他必须要归还土地。对于《民法典》第 311 条第 2 款、第 3 款的情况而言，信赖损害具有可赔偿性在这方面是得到承认的。[①]《民法典》第 284 条的前提条件则不重要。

5. 不存在排除原因（不成立）

然而有疑问的是，在这类情况下我们是否会想要允许从缔约过失中所产生的请求权。《民法典》第 1365 条的保护目的最终将有可能因此而再一次落空了。也就是说如果我们虽然依据法律认为这一契约无效，但另一方面又根据缔约过失的原则来肯定一个责任，那将产生一种前后的矛盾。这样一类责任的危险之处在于，将有可能再次形成一种间接的履行强制并且将有可能阻碍配偶主张其权利。因此，在这一类案件情形中必须要排除从缔约过失中所产生的请求权。只有在恶意欺诈的情况才存在例外。[②]

6. 中间结论

K 根据《民法典》第 280 条第 1 款向 M 要求损害赔偿的请求权不存在。

三、问题 2 的结论

K 只能够根据《民法典》第 812 条第 1 款第 1 句前一选项，在返还土地的同时向 M 请求偿还价款。

---

① Palandt/*Grüneberg* BGB § 311 Rn. 55.
② 参看 Palandt/Brudermüller，§ 1368 Rn. 16。

第四章
增益补偿和其他财产补偿

第十六节　生前增益补偿

一、基础

1. 增益补偿的概念及其证成

作为法定财产制的财产增益共有制的首要特征是，在离婚的情况下要进行增益补偿。[1]
增益补偿的基本思想在于，婚姻存续期间配偶双方所共同获得的财产在离婚的情况下应当
平均地进行分配。根据《民法典》第 1378 条第 1 款的规定，这一补偿是按以下计算方式
实现的，即相比而言获得了较多增益的配偶一方必须将盈余（Überschuss）的一半支付给
配偶另一方。

例子：当丈夫恩斯特（E，Ernst）在婚姻存续期间所获得的增益为 10 万欧元，而没
有从事工作的妻子菲奥娜（Fiona，F）只有 2 万欧元的增益时，就可以得出在 E 这一方所
多出的增益部分为 8 万欧元。因此，在增益补偿的范围之内 F 就能从 E 那里请求这多出部
分的一半，即 4 万欧元。

对财产补偿的证成也会诉诸《基本法》第 6 条第 1 款和第 3 条第 2 款的评价以及从中[2]
产生的**对半分原则**（**Halbteilungsgrundsatz**）。[1] 从单收入婚姻或者准双收入婚姻的模式出
发，在婚姻存续期间选择为了共同的生活计划而全部或者部分放弃职业以及放弃积累自己
财产机会的配偶一方，应当有权利获得共同所得的一半。尽管如此，《民法典》第 1372 条及
以下各条所包含的是**任意法**（**dispositives Recht**）。根据《民法典》第 1408 条及以下各条、第
1414 条的规定，配偶双方通过婚姻契约既能够对具体部分作出不同的约定，也能够完全排除
增益补偿或者约定分别财产制。在此存在着广泛的**形成自由**（**Gestaltungsfreiheit**）。[2]

---

① 也可参看下文第二十二节边码1。
② 参看 BGH NJW 2018，2871；OLG Frankfurt NJW 2020，1527；也可参看上文第十三节边码8。

2. 一般前提条件

3　如果暂时不考虑提前增益补偿这一特殊情况①，那么按照《民法典》第 1363 条第 2 款第 2 项的规定，"当财产增益共有制结束时"，即法定财产制结束时，才能够产生增益补偿请求权。

> **财产增益补偿的一般前提条件**
>
> **1. 有效的婚姻**
> **2. 婚姻财产制为增益共有制**
> **3. 这一财产制因下列原因而结束**
> a）离婚
> b）婚姻的废止②
> c）婚姻契约③或者
> d）死亡④

二、增益补偿请求权的计算

4　请求进行增益补偿的请求权基础是**《民法典》第 1378 条第 1 款**。负有补偿义务的配偶一方应当将自己所获增益盈余的一半支付给配偶另一方。如果配偶双方均未获得增益或者获得完全相同的增益，那么就不存在任何的补偿请求权。

> **增益补偿的计算**
>
> **1. 根据《民法典》第 1374 条确定配偶双方各自的初始财产**
> a）《民法典》第 1377 条第 1 款规定，确定财产价值，在可能的情况下要按照编制的财产目录进行
> b）作为辅助手段也适用《民法典》第 1377 条第 3 款规定的推定
> c）应从资产（Aktiva）中扣除债务
> d）《民法典》第 1374 条第 2 款规定，优惠收入（privilegierter Erwerb）的追加计算（Hinzurechnung）
> **2. 根据《民法典》第 1375 条确定配偶双方各自的最终财产**
> a）离婚情况下的截止日：《民法典》第 1384 条规定以离婚申请发生诉讼系属为准
> b）根据《民法典》第 1375 条第 2 款的规定进行款项的追加计算
> **3. 根据《民法典》第 1373 条确定配偶双方各自的增益**
> 通过对初始财产和最终财产进行结算（Saldierung）

---

① 参看下文边码 37。
② 参看《民法典》第 1318 条第 3 款。
③ 《民法典》第 1408 条。
④ 参看《民法典》第 1371 条有关死亡情况下增益补偿的规定。

4. 根据《民法典》第 1378 条确定补偿请求权

a）对双方的增益进行结算

b）依据《民法典》第 1378 条第 2 款的规定对请求权进行限制

c）《民法典》第 1380 条第 2 款规定，扣除先前所接受的财产

5. 根据《民法典》第 1381 条在困难情况下的排除或者减少增益补偿

---

1. 确定初始财产

为了能够计算配偶双方的增益，首先必须确定双方各自的初始财产和最终财产。根据 5
《民法典》第 1374 条第 1 款的规定，**初始财产**（**Anfangsvermögen**）是指在婚姻财产制开始
时，扣除债务后属于配偶一方的财产。"婚姻财产制开始"通常是随着婚姻的缔结而发生
的，但在个别情况下增益共有制也可能通过之后的婚姻契约而得以成立。

A. 财产

可表现为金钱价值的**所有财产标的**（**alle Vermögensgegenstände**）（物和权利）均被视 6
为"财产"（不动产、账户存款、有价证券、机动车、首饰、例如诊所这样的经营企业、
公司股份、专利、债权等）。

在可能的情况下，为了能够正确地确定例如一套私有住房[1]、公司股份[2]、一家私人
农场[3]或者一家诊所[4]的价值，需要进行**专业评估**（**Sachverständigengutachte**）。对于一家
自由职业事务所而言，作为非物质财产价值的商誉（Goodwill）也会被计算到增益补偿当
中。[5] 价值估算方式（例如盈利价值、清算价值）则应按照个案的情况进行专门选择。[6]

配偶一方拥有单独所有权的家居物品（例如贵重的画作或者地毯），因不需要按照
《民法典》第 1568b 条[7]进行分割，所以也要纳入增益补偿当中。[8]

在增益补偿中不需要考虑《离婚配偶供养补偿法（VersAusglG）》第 2 条意义上的社
保金要求权（Versorgungsanrecht）。因为此处适用供养补偿的特别规定。[9]

对自己的初始财产，配偶双方都负有说明责任和**举证责任**（**Beweislast**）。为了能够在 7
某一天仍然能够确定，到底哪些属于初始财产，配偶双方可以在结婚时编制一份其本身日
后就具有正确性推定的**财产目录**（**Vermögensverzeichnis**）。[10] 尽管由此产生了法定请求
权[11]，但采取这一方式的情况仍然非常少见。因为否则的话，根据《民法典》第 1379 条仍
然还存在着对初始财产的告知请求权。尽管存在上述种种办法，但是如果仍然无法确定初

---

① OLG Hamm FamRZ 2020，325.

② BGH NJW 2018，61.

③ BGH FamRZ 2016，1044.

④ BGH FamRZ 2018，174.

⑤ BGH NJW 2011，999.

⑥ BGH FamRZ 2019，429；2018，93.

⑦ 详情参看下文第 24 节边码 8 以下。

⑧ BGH NJW 2011，2289.

⑨ 对此参看《离婚配偶供养补偿法》第 2 条第 4 款。

⑩ 对此参看《民法典》第 1377 条第 1 款。

⑪ 《民法典》第 1377 条第 2 款。

始财产具体数额的话，就适用《民法典》第 1377 条第 2 款的推定，那么最终财产同时也就是增益了。也就是说在有疑义时，初始财产数额按照这一推定总计为零。[①]

> **考试提示**：如果在案件事实中缺乏对初始财产的具体说明，那么初始财产就按照《民法典》第 1377 条第 3 款的推定总计为**零（null）**。

B. 货币贬值问题

8　　根据《民法典》第 1376 条第 1 款的规定，在进行初始财产的计算时，要以截止日这一时间点的现存财产所具有的价值为基础。然而 1980 年证实为 18 000 马克的账户存款，在增益补偿中是无法简单地换算成欧元并以当时的金钱数额算入之后的最终财产中的。因为这样一来期间所发生的通胀就被忽视了。倒不如说必须要确定的是，当时的货币面值具有多少购买力。为了这一目的，必要时会参考联邦统计局的一般生活成本指数。[②] 在每年重新被确定的指数的基础上，为初始财产所确定的马克或欧元票面金额就会被换算成在最终截止日时具有决定意义的交换价值。[③] 与此相关的具体内容在考试中则不作要求。

C. 负初始财产

9　　为了计算初始财产，要确定所有资产和负债（Passiva）并在之后进行相互结算。对此，《民法典》第 1374 条第 3 款规定，超过财产数额的债务也要减去。也就是说初始财产有可能会被确定负值。通过这种方式，在债务的减少中也会存在的真实增益就能更好地得到体现了。

例子：配偶一方在结婚时就拥有一块价值 40 万欧元的土地，此外还有价值 2 万欧元的其他家产（Hab und Gut），但是因为一项失败的创业也欠下了 50 万欧元的债务。从中可以得出的余额为负 8 万欧元（42 万欧元的资产减去 50 万欧元的负债）。也就是说根据《民法典》第 1374 条第 3 款，此时的初始财产应确定为这一负的金额。如果此后该配偶一方的最终财产为正 10 万欧元，那么增益就总计为 18 万欧元。因此，有补偿权的配偶另一方就可以参与由配偶一方一起所获得的债务清偿了。

2.《民法典》第 1374 条第 2 款规定的追加计算优惠收入

A. 概览

10　　增益补偿原则上遵循严格的**截止日原则（Stichtagsprinzip）**。可以被计算为初始财产的是在所涉及的日期当天现存的一切。这一原则也同样适用于最终财产的计算。结婚前一天所产生的企业盈利要被算入初始财产；而如果这一盈利是在这一周之后才产生的，这一盈利——只要那个时候还存在——就只能算入最终财产并负有补偿义务。这一公式主义在个案中有可能导致一些不公平；然而在有效的整体原则这一意义上，是要容忍这些不公平的。法律上也自然不会按照增益的原因进行区分。

11　　然而立法机构对**遗产（Erbschaften）**和**赠与（Schenkungen）**作出一个例外规定。就此而言，继承是否是在婚姻关系存续期间发生的就不重要了。这一类型的收入也和婚姻经

---

① 参看 OLG Brandenburg FamRZ 2020，941。
② 例如 OLG Brandenburg NZFam 2020，166。
③ 参看 *Schwab* FamR GdR Rn. 290 的例子。

济共同体没有任何关系，而是仅仅取决于和赠与人或者被继承人的个人关系。所以《民法典》第 1374 条第 2 款规定，配偶一方在婚姻财产制开始之后因他人死亡，或者考虑到未来的继承权，或者由于赠与，或者作为婚姻立业财产（Ausstattung）[①] 而取得的财产，在扣除债务之后均要算入初始财产。这也适用于在继承发生时因赠与承诺而获得的收入。[②] 对此具有决定性意义的是取得收入时的价值。

通过将各自的价值**追加计算**（**Hinzurechnung**）入初始财产而实现的是，各自额度内的金额被赋予了优惠权（privilegiert wird）或者说这一金额在此范围内阻止了增益的形成。

例子：妻子菲欧娜（Fiona，F）在结婚时没有财产。所以她的初始财产一开始应被确定为零。两年之后 F 从其父亲的遗产中获得了 5 万欧元，而且很快就在一场豪华旅行中将其挥霍殆尽。在那之后她就变得更加节俭了，并且定期地从她的职业收入中省下一部分钱来。离婚时她的储蓄账户上显示的存款余额为 6 万欧元。在这一案例中，依据《民法典》第 1374 条第 2 款，继承而来的 5 万欧元作为优惠收入而被追加计算入初始财产中。也就是说此时初始财产的金额应为 5 万欧元，而最终财产的金额则为 6 万欧元。因此所形成的增益仅仅为 1 万欧元。

只要利益之给予（Zuwendung）被算作**"所得"**（**Einkünften**），那么《民法典》第 1374 条第 2 款就将其作为具有特别权之例外。这一规定旨在区分那些事先仅仅用作消费的给予（例如用作维持生活的持续性现金补助）与那类应当是促进**财产形成**（**Vermögensbildung**）的给予（例如不动产的赠与）。个案中进行这一区分时，要特别注意给予的事由，给予人的意思指向（Willensrichtung）以及给予承受人的经济关系。[③] 如果因此而可以确定，给予的主要部分仍将会扩大受益配偶一方的最终财产时，较大的物之赠与通常不被算作所得。[④] 一辆由社会福利机构的给予所资助并因此而能够被归入赠与的残障人士专用车，按照联邦最高法院的观点应当算作是财产形成，因为这样一项给予的目的并非在于完全的价值消费（Werteverzehr）。[⑤]

B. 优惠财产的增值

在**最终财产**（**Endvermögen**）之中，赠与或者遗产被记录为标的物在当时所具有的价值。然而，因此所产生的后果就是，每一个标的物可能产生的任何**增值**（**Wertzuwächse**）都要作为**增益**（**Zugewinn**）而负有补偿义务。

例子：配偶一方在婚姻存续期间所继承的土地在继承发生时的价值为 50 万欧元。离婚时，专家评估土地的市场价值已升至 70 万欧元。在这种情况下，要算入初始财产的是 50 万欧元[⑥]，而要算入最终财产的则是 70 万欧元。[⑦] 这 20 万欧元的增值则是负有补偿义务的增益。[⑧]

---

① 《民法典》第 1624 条。

② OLG Brandenburg NZFam 2020, 166.

③ BGH NJW 2014, 294.

④ BGH 同上。

⑤ BGH FamRZ 2017, 191.

⑥ 参看《民法典》第 1376 条第 1 款。

⑦ 《民法典》第 1376 条第 2 款。

⑧ 有关法律修订的正当诉求则参看 *Battes* FamRZ 2008, 261 ff.

C. 配偶之间的给予

13 无偿的**配偶之间的给予**（**Zuwendungen zwischen den Ehegatten**）本身并不在《民法典》第1374条第2款所规定的范围之内，更确切地说无论其是否构成真正的赠与①、其他的无名给予，抑或以预期继承（vorweggenommene Erbfolge）的方式所为之给予②都不在该范围之内。《民法典》第1374条第2款所涉及的终究只是另一方配偶对其完全没有贡献的（来自第三方的）收入。当给予来自另一方配偶的收入或者财产时，正好就是这一点与之不相符；因为就此而言，按照增益补偿的基本思想恰恰就是要将其作为共同取得的财产来看待。

D. 混合赠与

14 在由第三人进行**混合赠与**（**gemischten Schenkungen**）的情况下，无偿的那部分应当作为赠与来对待，所以根据《民法典》第1374条第2款，这一部分的金额要算入初始财产中。与此同时，想要将自己声称的赠与部分纳入其初始财产的配偶一方，则对这一意义上的优惠收入以及对混合赠与的存在负有说明和举证义务。③ 不过仅仅从给付和对待给付的不对称（例如以明显偏低的价格获得公司股份）中还无法得出对某一（部分）赠与的推定。

E. 优惠收入和负初始财产

15 在负初始财产④的情况下，追加计算优惠收入有可能导致**对债务的结算**（**Verrechnung mit Schulden**）。此外，比如当配偶一方（出于道德上的原因而）接受一笔过度负债的遗产时，也有可能存在优惠收入本身就只是由债务构成的情形。

> **案例：** 丈夫马克斯（Max，M）的初始财产为10 000欧元。然而在婚姻关系存续期间，M接受了其母亲的遗产并因此背负了50 000欧元的债务。M的最终财产中资产价值为100 000欧元，而负债仍和之前一样为5万欧元。而妻子弗罗拉（Flora，F）此时既无债务也无财产。F有何种增益补偿请求权？
>
> 1. 该案例中M的初始财产一开始应确定为10 000欧元的金额。然而作为优惠收入的遗产也应该考虑到初始财产中，这样就产生了50 000欧元的扣除款项。对此《民法典》第1374第3款规定，要减去超出财产数额的债务。所以M的初始财产为10 000欧元减去50 000欧元合计等于负40 000欧元。而F的初始财产则应确定为零。
>
> 2. M的最终财产为100 000欧元减去50 000欧元债务合计等于50 000欧元。F的最终财产合计为零。
>
> 3. 如果对M的初始财产和最终财产进行结算，那么得出的增益为90 000欧元。
>
> 结果就是F根据《民法典》第1378条第1款针对M拥有一项金额为45 000欧元的补偿债权。

F. 不可类推适用《民法典》第1374条第2款

16 按照通说，《民法典》第1374条第2款的规则应该严格解释为**例外规定**（**Ausnahme-**

---

① 《民法典》第516条。
② BGH NJW 2011，72.
③ BGH NJW 2014，294.
④ 参看上文边码9。

vorschrift）并且不能进行类推适用。从这一规定中无法得出以下这一一般性的原则，即只有当配偶另一方对配偶一方的财产性收入作出了贡献的时候，这一收入才应该被纳入增益补偿中。毋宁说，无论收入原因如何，配偶双方都应该共同享有全部增益。[①] 所以在**彩票奖金（Lottogewinne）**[②]或者精神抚慰金款项[③]上不得类推适用这一条款。

案例[④]：在和丈夫马克斯（Max，M）分居不久之后，妻子海雷娜（Helene，H）就中了 100 000 欧元的彩票。当在离婚程序中就增益补偿发生争议时，M 认为，这一彩票中奖金额属于 H 的最终财产，因而想要进行相应的增益补偿。H 则认为，这一彩票奖金（Lottogewinne）必须如同赠与一样而被看作是《民法典》第 1374 条第 2 款意义上的优惠收入，其结果就是，这一金额也应当被算入初始财产中。所以她对此不负有任何补偿的义务。

H 是在"婚姻财产制开始之后"[⑤]，并且同时是在适用于最终财产的《民法典》第 1384 条的截止日之前，也就是在离婚申请发生法律系属之前中的彩票。就此而言，配偶双方在获得彩票奖金的那个时间已经处于分居状态这一情形则是无关紧要的。然而，按照《民法典》第 1374 条第 2 款的文义，其情况只包括赠与（Schenkungen）、作为婚姻立业财产和死因财产取得。这些与本案的情形均不相符。不过，此处还是有可能考虑类推适用《民法典》第 1374 条第 2 款的。彩票奖金最终也涉及这样一个价值，即另一方配偶完全没有在婚姻经济共同体这一框架内对这一价值的获得作出过贡献。此外就当前的情况而言，还要考虑的是，这一收入是在分居期间发生的。因此，有可能可以强制地相应适用《民法典》第 1374 条第 2 款。

然而，通说拒绝了这一解决方案。《民法典》第 1374 条第 2 款应当被严格地解释为例外规定并且原则上不能类推。[⑥] 除此之外，彩票奖金和《民法典》第 1374 条第 2 款中所提到的几种情况之间也缺少可比较性；也就是说在彩票奖金的情况下并不存在与遗产或者赠与中相类似的个人关系作为基础。[⑦] 另外还要注意的是，《民法典》上的增益补偿——除《民法典》第 1374 条第 2 款所规定的几种严格例外之外——不只是包括共同获得的财产价值，同样也包括在婚姻的框架之内通过任何一种原因所取得的财产。所以彩票奖金也负有补偿义务并且不应该被当作优惠收入而追加计算到初始财产中。

与此相区别的情况则是，虽然从第三方获得的财产既非因为赠与也不是死因所取得的财产，但是依据的却是一种个人的亲近关系。在这种情况下，联邦最高法院认为，《民法典》第 1374 条第 2 款目的性地扩张适用于**类似继承法上的财产取得（erbrechtsähnliche Erwerbsvorgänge）**是有可能的。

① BGHZ 130，377（381）.
② BGH NJW 2013，3645；1977，377.
③ BGHZ 80，384；OLG Stuttgart FamRZ 2002，100.
④ 根据 BGH NJW 2013，3645.
⑤ 参看《民法典》第 1374 条第 2 款。
⑥ BGH NJW 2013，3645；Palandt/*Siede* BGB § 1376 Rn. 18.
⑦ BGH 同上。

案例[①]：不名一文的妻子弗丽达（Frida，F）有一个上一段关系所留下的成年儿子（S）。在自己 20 岁生日的时候，S 签订了一份人寿保险契约，并且将其母亲列作相关的受益人。不久之后 S 就在一场摩托车事故中丧生了。保险公司给 F 赔付了总计 60 000 欧元的款项。当一年之后 F 想与其丈夫埃贡（Egon，E）离婚时，这笔钱就构成了 F 的全部财产。E 在婚姻存续期间并未获得过增益，现在他依据《民法典》第 1378 条第 1 款请求 F 支付其 30 000 欧元。这一请求有正当理由吗？

如果由于缺少其他进一步的说明而依据《民法典》第 1377 条第 3 款认为 F 的初始财产为零时，那么这笔 60 000 欧元的金额就有可能构成了 F 的增益。如果 E 没有获得过增益，那么 F 事实上就将负金额为 30 000 欧元的补偿义务。只有当这 60 000 欧元被看作是《民法典》第 1374 条第 2 款意义上的优惠收入时，情况才会有所不同。然而《民法典》第 1374 条第 2 款的文义目前还无法包括这一情形。人寿保险赔偿款项既非遗产也非考虑到未来继承权的收入，同时也不是赠与。然而，此处的这笔收入无论如何是因为 F 的一位近亲属之死亡而产生的，而 F 又属于其法定继承人。所以保险赔偿款项在某种程度上已经取代了遗产的地位。就此而言，"死因"取得（Erwerb „von Todes wegen"）这一概念是具有可解释性的或者说允许对其进行一项扩张性解释。那些可从某一与配偶一方有特别亲近关系的给予人（Zuwendenden）的死亡中找到原因的财产取得，也能够被包括在其中。

因此，这 60 000 欧元应被看作优惠收入并且依据《民法典》第 1374 条第 3 款而追加计算入 F 的初始财产中。因此，由于 F 缺少增益，E 并无请求权。

所以，属于**优惠财产**（**privilegiertes Vermögen**）的有：
- 遗产
- 从第三方获得的（混合）赠与
- 死亡情况下的从人寿保险中所产生的相关受益

而以下这些则**不是优惠财产**（**kein privilegiertes Vermögen**）：
- 彩票奖金
- 精神抚慰金
- 配偶双方之间的赠与给予
- 那些应算作持续性所得的给予

3. 最终财产的确定

A. 财产

18　　对于最终财产的确定，首先适用的是与确定初始财产时相同的一些原则。所有具有金钱价值的现存财产物品都要按其价值加以记录并进行累加。《民法典》第 1375 条第 1 款第 1 句规定，债务仍然要进行扣除，而《民法典》第 1375 条第 1 款第 2 句进一步规定，这其中也包括超出财产的债务。也就是说最终的结果也有可能出现负价值。

配偶另一方是否以及在何种程度上以某一种方式对最终财产或增益的获得作出了贡

[①]　根据 BGHZ 130，377。

献，则是无关紧要的。所以**彩票奖金（Lottogewinne）**[①] 或者继承而来的土地之增值[②]也算入最终财产之中。按照通说，**精神抚慰金款项（Schmerzensgeldsummen）**[③] 或者从一项持续性的事故抚恤金中累积而来的款项也同样适用；不过，在这些情况下仍然存在通过《民法典》第 1381 条进行修正的可能。[④]

现存配偶双方共同的**连带债务（Gesamtschulden）**对任何一方配偶而言都以全额的方式作为负债而被考虑到最终财产中；但是与此同时，《民法典》第 426 条第 1 款所规定的，之前在由配偶一方对债权人进行清偿的情况下就可以针对配偶另一方来实现的补偿请求权，之后则被确定为资产。[⑤]

最终财产中也有可能包括**针对配偶另一方的债权（Forderungen gegen den anderen Ehegatten）**（例如要求偿还借款）。虽然《民法典》第 1372 条及以下各条在配偶离婚时的财产补偿方面原则上形成了一条终局性的规则，因而排除了不当得利法或者《民法典》第 313 条所规定的一般补偿请求权的适用。然而配偶之间也包括诸如某一劳动关系中所产生的独立的契约请求权，仍然是不受影响的。尽管如此，每次仍然必须认真审查，配偶双方事实上是否以具有法律约束力的意思达成了一项相应的特别约定。[⑥] 在配偶另一方的最终财产中则会相应地出现所涉及的义务。

因为配偶一方往往无法了解另一方的财产状况，而这种了解对于正确计算有可能需要起诉索赔的增益而言又是决定性的，所以《民法典》第 1379 条为双方都提供了**告知请求权（Auskunftsansprüche）**。此外，以阶段申请（Stufenantrag）[⑦] 的方式也能够首先在第一阶段请求告知，之后再在第二阶段以之前获悉的信息为基础请求从此时开始估算增益补偿金额。

《民法典》第 1379 条所规定的告知请求权存在于配偶双方相互之间。这一请求权也能够以防御增益补偿请求权为目的而被主张。[⑧] 该请求权的消灭时效与相关增益补偿支付请求权的消灭时效同时开始起算。[⑨] 除了《民法典》第 1379 条，以《民法典》第 242 条为基础的其他告知请求权并无适用余地；但是在例外的情况下，则是可以证成告知的截止日不同于法律所规定的截止日之正当性。[⑩]

B. 截止日

《民法典》第 1376 条第 2 款规定，作为计算最终财产之基础的价值，是在**婚姻财产制结束（Beendigung des Güterstands）**这一时间点上现存财产所具有的价值。就此而言，应该按照哪一截止日则取决于婚姻财产制结束的方式。基于契约的约定而结束时，适用的则是契约订立的时间点。由于离婚而结束婚姻财产制时，则要注意**《民法典》第 1384 条**

19

---

① BGH NJW 2013，3645.

② 参看上文边码 12。

③ BGH NJW 1981，1836.

④ 参看下文边码 27。

⑤ BGH NJW-RR 2011，73；FamRZ 2015，1272.

⑥ 参看 OLG Saarbrücken NJW-RR 2010，506。

⑦ 《民事诉讼法》第 254 条。

⑧ BGH NJW 2018，950.

⑨ BGH NJW 2018，950.

⑩ BGH NJW 2018，610.

（**§ 1384 BGB**）的特别规则。在这种情况下，**离婚申请发生法律系属**（**Rechtshängigkeit des Scheidungsantrags**）的时间点[①]才具有决定性。在婚姻废止的情况下则类推适用《民法典》第 1384 条。此外，如果婚姻虽然由于死亡而解除，但是在这一时间点上，已经提出离婚申请并且离婚的前提条件已经具备，那么按照通说也相应地适用这一规则。[②]

> 　　**案例：**丈夫恩斯特（Ernst, E）在与妻子菲奥娜（Fiona, F）分居三年之后终于提出了离婚。离婚申请于 5 月 2 日送达 F 处。5 月 8 日 E 为一趟非洲之游支付了 25 000 欧元。在离婚程序结束之前 E 却因感染疟疾而死亡。此时 F 向作为 E 唯一遗嘱继承人的儿子（S），提出了除小份额特留份之外的增益补偿请求。此外，F 也希望将这 25 000 欧元计算进 E 的最终财产之中。
>
> 　　**F 针对 S 的请求权是从《民法典》第 1371 条第 2 款**[③]**连同适用《民法典》第 1378 条第 1 款中得出的。**在此处有疑问的是，计算增益补偿的截止日是哪一天。根据《民法典》第 1375 条第 1 款第 1 句的基本规则，应当以婚姻财产制结束的时间点来作为截止日。那么在本案中就应该是 E 死亡的时间点，因为婚姻并非是因为离婚，而是由于死亡而解除的。然而，当离婚程序正在进行时，即使死亡早于离婚一步来到，生存的配偶一方也不应该因此处于更好或者更差的境况之中（nicht besser oder schlechter stehen）。依据《民法典》第 1384 条而将截止日提前的原因还在于，借此可以阻止配偶双方在考虑到即将到来的补偿时有计划地隐藏或者减少之前的增益；至少应该保护有增益补偿权的配偶另一方，免受因这些手段而产生的不利。[④] 这一保护目的不因负有补偿义务的配偶一方死亡而溯及既往地变得不必要了，而是要求仍以同样的方式保持其效力。所以与此相关的法律上的规范漏洞，应当通过类推适用《民法典》第 1384 条来进行弥补。
>
> 　　在本案中，依据《民法典》第 1566 条第 2 款的婚姻破裂推定（Scheiternsvermutung），离婚的前提条件已经满足了。因此，应当按照《民法典》第 1384 条的规定，也就是按照离婚申请的法律系属来确定截止日。也就是说，这已支出的 25 000 欧元仍要作为 E 最终财产的一部分来考虑。

　　C. 按照《民法典》第 1375 条第 2 款进行追加计算

[20]　　《民法典》第 1375 条第 2 款规定，要将那些使财产通过以下方式而**减少**（**vermindert**）的金额追加计算入配偶一方的最终财产中，即配偶一方在婚姻财产制开始之后，作出了一些因此而不符合一项道德义务或者一项礼节性注意义务的无偿**给予**（**Zuwendungen**），挥霍了财产或者有意采取了使配偶另一方遭受不利的行为。此处的**挥霍**（**Verschwendung**）指的是毫无目的或者没有必要的金钱支出，以至于其程度与该配偶一方的收入及财产关系完全不成比例；相反，大方的生活方式或者仅仅超出这些关系的某种生活都还不足以达到这

---

① 《民事诉讼法》第 261 条。

② BGHZ 99，304；BGH NJW 2004，1321.

③ 对此详情则参看下文第十七节边码 7。

④ BGH NJW 2004，1321.

种程度。[1] 那些通过其他财产收入抵销了的支出也不在考虑之列，因为就此而言并不存在财产的减少。[2]

通过这种方式，那些以减少增益而增加配偶另一方负担为目的的手段就可以被阻止或者在计算上就会被撤销。最终财产就会拟制性地计算成如同这一给予或者挥霍并没有发生过一样。因此，配偶一方以**操纵（Manipulation）**最终财产为目的而转让财产给第三人终究是毫无作用的，并且客观上也并非《民法典》第 138 条意义上的不利益（nachteilhaft），所以不应当将其归入违反善良风俗和无效之列。[3]

对现存最终财产的**说明责任和举证责任（Darlegungs- und Beweislast）**原则上由补偿债权人承担。对此补偿债权人首先可以援引的是，配偶另一方的最终财产少于他于分居时[4]在向自己的告知当中所说明的财产。但是，按照联邦最高法院的观点，一项对**不忠的财产减少（illoyale Vermögensminderung）**具有说服力的主张所要求的前提条件在于，所主张的金钱支出达到了一个额度，从而使得对于配偶的收入及财产关系而言，不忠的超出适当比例看起来是可能的。也就是说，所挥霍的金额必须要与收入及财产关系不成比例，以至于不得不产生不忠挥霍的可能性。[5] 所以债务人在下一步中的职责（Obliegenheit）在于，实质上否认不忠的财产减少。如果债务人不为这一行为或者这一行为未获成功，那么对方所主张的事实就应当被看作是成立的[6]；因此所相差的金额就要被追加计算到最终财产中并因此提高了增益。

《民法典》第 1375 条第 3 款规定，如果财产减少至少是在婚姻财产制结束**前 10 年（zehn Jahre vor）** 发生的，或者另一方配偶同意这一无偿给予或者挥霍，那么就**不发生追加计算（Hinzurechnung unterbleibt）**。对于过去很长时间所发生的给予同样也不可推断出，这些给予本是用来操纵增益补偿的。 *21*

4.《民法典》第 1373 条所规定的增益的确定

如果各自的初始财产和最终财产都确定了，那么对于每一方配偶而言就应该计算结余，也就是其各自的增益。这一金额有可能是正数或负数，也有可能总计为零。不过，根据《民法典》第 1373 条的规定，法律还是将增益定义为配偶一方最终财产"超出"初始财产的金额。其中还明确了，接下来各自增益的补偿请求权计算则应该从**至少零（mindestens null）** 进行估算。这样一来的结果就是，只有正数增益才应当被补偿并且另一方配偶的财产损失不应当被共同承担。 *22*

5. 补偿请求权的确定

A. 对增益盈余一半的请求权

之后双方的增益要再一次进行结算。取得较少增益的配偶一方，此时根据《民法典》 *23*

---

① BGH FamRZ 2015，1272.

② OLG Hamm FamRZ 2020，325.

③ BGH NJW-RR 2012，18.

④ 参看《民法典》第 1379 条第 2 款。

⑤ BGH FamRZ 2015，1272.

⑥ BGH FamRZ 2015，232.

第 1378 条第 1 款的规定，就有一项针对**双方增益结余一半**（**Hälfte dieses Saldos der beiderseitigen Zugewinne**）数额的请求权。①《民法典》第 1380 条规定，如果配偶一方在婚姻存续期间已经获得了"先前受赠财产"（Vorausempfänge），那么其价值还应当从已经确定的补偿款项中扣除。②

B. 请求权限定于现存财产之上

24　　依据《民法典》第 1378 条第 2 款第 1 句的规定，补偿债权的数额仅限于扣除补偿义务人债务之后现存的财产价值。补偿义务人不应该为了能够履行增益补偿请求权而必须负担债务。《民法典》第 1384 条规定，对此具有决定性的截止日同样是离婚申请发生法律系属的时间点。这样就能确保，在截止日之后发生的财产操控不再会对增益补偿产生影响。③

　　例子： 因为在结婚时还负债高达 60 000 欧元的妻子，在婚姻存续期间能够清偿完债务，而且在扣除负债之后其最终财产中的资产数额还显示有 40 000 欧元，因此妻子的增益合计达到了 100 000 欧元。如果这期间她的丈夫并未获得任何增益，那么妻子就必须将增益的一半，也就是 50 000 欧元，作为增益补偿进行支付。但是如果她在离婚申请发生法律系属时只有这 40 000 欧元，那么依据《民法典》第 1378 条第 2 款第 1 句的规定，她的补偿义务仅限于这一金额。

25　　尽管如此，《民法典》第 1378 条第 2 款第 2 句还是规定，在《民法典》第 1375 条第 2 款第 1 句的那些情况下，根据《民法典》第 1378 条第 2 款第 1 句所得出的补偿债权限定仍然要增加上需追加计算到最终财产中的那一类金额。因此，在**不忠的财产减少**（**illoyale Vermögensminderungen**）情况下，负有补偿义务配偶就无法援引其现存的财产不足以履行增益补偿请求权了。他应当被视为如同当时并没有减少自己的财产那样。④ 在这种情况下，配偶就有可能被迫要负债了。

　　例子： 假设在上述⑤的例子中，妻子在离婚申请尚未提交之前就给她的新男友买了一辆价值 10 000 欧元的摩托车。在这种情况下，依据《民法典》第 1375 条第 2 款第 1 句第 1 项的规定，她的最终财产是要增加上这一金额的，并且应当估算为 50 000 欧元。因此，丈夫的补偿请求权本身将合计为 55 000 欧元。此时，妻子的补偿义务虽然仍限于现存财产，然而根据《民法典》第 1378 条第 2 款第 2 句的规定，需补上按照《民法典》第 1375 条第 2 款的规定需要追加计算的金额。所以妻子负有补偿义务的金额为 50 000 欧元。如果在妻子的资产中因上述情况而缺少这 10 000 欧元时，为了能够履行补偿义务，她有可能不得不进行贷款了。

C. 请求权的形成；时效计算；延期支付

26　　根据《民法典》第 1378 条第 3 款第 1 句的规定，补偿债权随着婚姻财产制的结束而**形成**（**entsteht**）（离婚裁定的法效力），并且从这一时间点开始可以被继承和转让。时效计算则以一般规定，也就是《民法典》第 195 条、第 199 条、第 207 条为准。《民法典》第 1382 条规定，债权可以依据申请而进行**延期支付**（**gestundet**）。《民法典》第 1383 条则

---

① 参看上文边码 1 的例子。
② 参看下文边码 32 及以下各边码。
③ 参看 BGH NJW 2015，56。
④ BT-Drs. 16/13027，S. 11.
⑤ 上文边码 24。

规定，在特别情况下，家事法庭也可以依据申请而指令，债务人应当转让其财产中的某些物品来代替支付某一项金额。

6. 《民法典》第 1381 条规定的困难情况下的免除或减少

尽管是符合法律规定的增益补偿请求权的确定，但是在个案中补偿义务也可能存在完全或者部分难以承受的情况。所以《民法典》第 1381 条第 1 款规定，只要增益补偿按照案件情形来看将会是**显著不公平的**（**grob unbillig**）（显著不公平的抗辩），那么**债务人**（**Schuldner**）（债权人则不可能获得一个更好的地位了！）就可以拒绝履行补偿债权。尽管如此，法院判决在适用《民法典》第 1381 条上却显示出了极大的克制。① 只有当履行补偿债权将会**以令人无法忍受的方式与公正感相矛盾**（**dem Gerechtigkeitsempfinden in unerträglicher Weise widersprechen**）时，这一抗辩才会成功。②

认定存在困难情况的例子：

● 《民法典》第 1381 条第 2 款规定，补偿权利人在较长的时间内**有过错地**（**schuldhaft**）不履行婚姻关系所产生的**经济上的**（**wirtschaftlichen**）义务，例如不承担自己对家庭供养和子女抚养的义务。③

● 补偿权利人被指控进行了严重的身体**虐待行为**（**Misshandlungen**）以及不忠行为。④

● 补偿权利人强暴了其妻子之女。⑤

驳回存在困难情况的例子：

● 配偶一方向配偶另一方实施了和财产相关的侵权行为，这种情形并不导致《民法典》第 1381 条的适用。毋宁说，受侵害的配偶一方可以另行分别地主张《民法典》第 823 条、第 989 条、第 990 条或者是第 816 条第 1 款中所规定的请求权⑥，从而在可能的情况下可以以此来进行抵销。

● 有补偿权利的配偶一方之前获得了较高的扶养支付，因此负有补偿义务的配偶一方要求减少增益补偿。不过联邦最高法院驳回了这一请求，因为扶养已经被赋予了名义（tituliert）并且不存在（《民法典》第 826 条意义上的）故意名义欺诈（arglistige Titelerschleichung）。⑦

难以回答的则是以下这个问题，即在何种程度上可以借助《民法典》第 1381 条的帮助，来更正在特意区别出来的情况中因补偿请求权计算规定的**公式化适用**（**schematischen Anwendung**）而产生的不公平性。一方面联邦最高法院在个别判决中明确认为这是有可能的⑧，而另一方面则强调，要容忍体系内部的不公平性。⑨ 这样一来，某一收入（例如一

---

① BGHZ 46，343（354）；BGH FamRZ 1992，787.

② BGH NJW 2013，3642；NJW 2018，2871.

③ 参看 BGHFamRZ 1992，787。

④ OLG DüsseldorfFamRZ 2009，1068.

⑤ OLG Zweibrücken FamRZ 2019，518.

⑥ OLG Zweibrücken NJW 2019，611.

⑦ BGH NJW 2018，2871.

⑧ 例如 BGH NJW-RR 2002，865；NJW 2012，2657。

⑨ 参看 BGH NJW 2018，2871；FamRZ 1995，990。

笔彩票奖金[①]）和婚姻生活和经济共同体不存在内在联系这一事实，原则上仍然无法证成《民法典》第 1381 条的适用，因为除《民法典》第 1374 条第 2 款规定的少数情况，法律并非按照财产的来源而有所分别。[②]

29   此外，较为棘手的则是那些配偶之间**分居时间异常长久**（**außergewöhnlich langer Trennungszeit**）的情况。而按照联邦最高法院的观点，在这种情况下还必须考虑"其他原因"，以至于因此可以称得上是显著不公平。

> **案例**[③]：在进行离婚之前，配偶双方虽然已经结婚 35 年并且生育了两名子女，但却分居长达 15 年左右。而就在离婚前不久，丈夫的土地却大幅增值了；因而妻子要求就此进行增益补偿。
>
> 增益产生于配偶间长时间分居这一情形可能可以称得上是显著**不公平**（**Unbilligkeit**）。不过和文献中的某些意见[④]不同的是，联邦最高法院认为在这一情况下原则上并不存在不公平。因为依据《民法典》第 1384 条的规定，只有从离婚申请发生法律系属这个时间点开始的分居时间才不进行增益补偿。与之相反的则是，这一时间点之前的所有财产变动都应当考虑进来。对于长时间分居的情形，法律已经给出了一个方案，那就是根据《民法典》第 1385 条、第 1386 条请求提前废止增益共有制。[⑤]通过这种方式就可以阻止在增益补偿程序中考虑之后的财产增益。按照联邦最高法院的观点，那些没有利用这一方式的人，在不考虑其他原因的情况下也就无法援引显著不公平来作为依据了。
>
> 但是在一个婚姻存续期间并未生育子女的案件中，配偶双方仅共同生活了三年并且始终没有建立经济共同体，然后便是长达 17 年的分居，在这种情况下联邦最高法院就作出了与上述案例不同的裁判。[⑥]

7. 截止日之后财产贬值的问题

30   有疑问的是，应当如何处理**事后财产贬值**（**nachträgliche Vermögensentwertung**）的情况。这里所涉及的情况就是，在对于补偿债权之金额也同样有重大意义的《民法典》第 1384 条所规定具有决定性的截止日那一天，也就是在离婚申请发生法律系属的时候，补偿义务人拥有某一特定财产，但这一财产的价值却在补偿请求权到期之时[⑦]显著降低了。此时在个案中，**《民法典》第 1381 条**（**§ 1381 BGB**）就可以提供帮助了。[⑧]

> **案例**：作为补偿义务人的妻子夏娃（Eva，E）在截止日那一天拥有价值 200 000 欧

---

① Lottogewinn，参看上文边码 16。
② BGH NJW 2013，3645。
③ 根据 BGH NJW 2013，3642。
④ 例如 *Jaeger* FPR 2005，352。
⑤ 参看下文边码 37。
⑥ NJW-RR 2002，865。
⑦ 《民法典》第 1378 条第 3 款。
⑧ BGH NJW 2012，2657。

元的股票，而这构成了她全部的最终财产。丈夫弗里茨（Fritz，F）却没有获得过任何增益。因此，当时所确定 E 的增益补偿义务全额为 100 000 万欧元。然而在离婚裁定发生既判力之时，这些股票却由于股价暴跌仅仅值 20 000 欧元。为了能够给付之前所确定的增益补偿，此时 E 就必须要负债了吗？

为了能够支付增益补偿而必须贷款的情况下，依据《民法典》第 1381 条第 1 款，此时很显然可以说是**显著不公平**（grobe Unbilligkeit）；因为按照《民法典》第 1378 条第 2 款的思想，这种情况的出现通常是无意的。但是，这仍然会与以下原则发生冲突，那就是在个案中考虑法定截止日的情况下，机械地适用《民法典》第 1372 条及以下各条所产生的体系内固有的不公平性不应该通过《民法典》第 1381 条来进行修正。[①] 然而需要注意的是，目前这一问题只是由于 2009 年的婚姻财产制法改革才产生的，因为通过这一改革，对《民法典》第 1378 条第 2 款适用的截止日被调整回了诉讼系属发生之日。当时改革的目的是阻止补偿义务人的财产操控。而在截止日和离婚既判力发生之间所产生的无过错的财产贬值这一问题，当时可能被立法机构忽视了。但是这一问题产生的后果却不应当由债务人来负担。此处《民法典》第 1381 条第 1 款必须允许对显著不公平的结果进行修正。[②] 目前所计算的结果将会导致以令人无法忍受的方式与公正感相矛盾。所以，按照《民法典》第 1378 条第 2 款的思想，本案中的妻子应当仅仅负有以最大限度支付她现存股票财产中所能承受之金额的义务，也就是 20 000 欧元。

作为解决问题的替代方案，有观点建议，可以通过《民法典》第 1384 条的目的性限缩来处理。[③] 只有当导致财产减少的经济行为或者金融交易能够由负有补偿义务的配偶负责时，这一规范才应该可以在截止日和婚姻财产制结束之间发生财产减少的情况下适用。但是，相对于这一解决途径，适用《民法典》第 1381 条的优点在于，在个案中补偿权利人的财产发展也能够一同被纳入公平性考量之中；这期间在补偿权利人那一方终究也可能会出现财产贬值。

8. 针对第三人的请求权

在以向第三人为给予之形式所产生的**不忠财产减少**（illoyale Vermögensminderungen）的情况下，依据《民法典》第 1375 条第 2 款第 1 项的规定虽然要对最终财产进行追加计算，而且对于这一追加计算，补偿义务人也无法通过援引没有财产来进行抗辩。[④] 然而，即使通过强制执行的方式也可能无法获得被拖欠的金额。在这一背景下，《民法典》第 1390 条的目的就在于额外地保障补偿权利人的地位。如果增益补偿债权超过了负有补偿义务的配偶在婚姻财产制结束之时扣除债务后的现存财产价值，因为按照《民法典》第 1375 条第 2 款所应追加计算的价值同样已经不再存在了，那么拥有补偿权利的配偶也能够按照《民法典》第 1390 条第 1 款**直接向第三人**（direkt von dem Dritten）请求价值赔偿。

31

---

① 参看边码 27 及下一边码。

② 参看 BGH NJW 2012，2657；*Schwab* FamR GdR Rn. 304.

③ MüKoBGB/*Koch* BGB § 1384 Rn. 5.

④ 参看《民法典》第 1378 条第 2 款第 2 句。

按照《民法典》第 1390 条第 1 款第 4 句的规定，第三人——尽管有可能是以不同的金额——作为连带债务人与有补偿义务配偶的共同承担赔偿责任。

对所获之物（Erlangten）价值的赔偿要按照不当得利的相关原则进行。[①] 但是根据《民法典》第 1390 条第 1 款第 3 句的规定，第三人也可以通过返还所获之物来代替支付。为了有利于第三人，相关的原则适用于其他产生不利益的法律上之行为[②]，例如在配偶放弃要求第三人偿还借款的情况下。[③]

三、先前受赠财产的折抵

1. 《民法典》第 1380 条的基本思想

32　　一个特别的问题则是所谓先前受赠财产的折抵（die Anrechnung von Vorausempfängen）。这一问题涉及在婚姻关系存续期间已经发生的**配偶之间的给予**（**Zuwendungen zwischen den Ehegatten**），但是根据相关情形或者按照明确约定很明显的是，这些给予之后应当在增益补偿的框架内予以考虑。

例子：因为生意经营得不错，丈夫恩斯特（Ernst，E）在婚姻关系存续期间转让给了妻子菲奥娜（Fiona，F）各种不同的财产价值，例如一大宗股票以及一套住房。在此，E 的动机一方面是借此希望对 F 作为家庭主妇和母亲所付出的努力予以承认，另一方面也存在这样的需求，那就是逃避潜在的未来债权人对某些财产价值的追讨。

在离婚的时候，受赠的配偶在这种情况下就不应当双重受益，并且此外也不能要求完全的增益补偿。毋宁说还应当从增益补偿中减去先前受赠财产。所以《民法典》第 1380 条第 1 款第 1 句规定，**被折抵补偿债权**（**Ausgleichsforderung angerechnet wird**）的是补偿权利人通过配偶另一方的生前法律行为所受赠的财产，并且规定应该折抵补偿债权的财产。根据《民法典》第 1380 条第 1 款第 2 句的规定，在较大数额给予的情况下（就像上述例子中所提到的），通常是默示存在这样一个规定。而在那些于分居框架内已经具体地"以财产分配为目的"而进行的给予中，这一点尤其如此。[④]

2. 在这一情况下的增益补偿计算

33　　所负担之增益补偿的计算按照先前所述的原则进行。当被给予的价值由于给予而未出现在给予人的最终财产中，但另一方面却仍然存在于受赠配偶那一方并且相应地提高了该方配偶的最终财产时，那么实际上就能够免去《民法典》第 1380 条的适用。在这种情况下，由于补偿义务人所减少的增益以及补偿权利人通过赠与而增加的增益，终归从计算上所得出的结果，就如同给予没有发生并且给予之物因此而仍然存在于赠与人的最终财产中一样。但是，当受赠人已经将给予消费殆尽时或者当价值在受赠人处和最终财产中的债务发生结算时，这样的一种考虑就不成立了。

---

① 《民法典》第 818 条及以下各条。
② 《民法典》第 1375 条第 2 款第 3 项。
③ 《民法典》第 1390 条第 2 款。
④ BGH NJW-RR 2001，793.

　　所以《民法典》第1380条为先前受赠财产的这些情况规定了一个特别的处理方式。　34
从根本上先计算出在不存在先前受赠财产的情况下本来可以产生的**假定增益补偿（hypot-
hetischer zugewinnausgleich）**。① 之后再将给予的价值追加计算到给予人的**增益（Zugewinn）**
中。按照《民法典》第1380条第1款第1句的规定，之后补偿权利人必须将给予的价值
从在此基础上所计算出的总数中减去。也就是说要按照如下方式进行处理。

《民法典》第1380条所规定的先前受赠财产的作价方式

　　1.《民法典》第1380条第2款第1句规定，给予的价值要追加计算到补偿义务人
（也就是给予人）的增益之中。

　　2. 只要价值仍然全部或者部分地存在于补偿权利人（也就是给予领受人）的最终
财产之中，那么这一价值就要从中减去。

　　3. 在此基础之上确定增益补偿，就好像给予没有发生时一样。

　　4.《民法典》第1380条第1款第1句规定，从如上所确定的补偿债权中将给予的
价值减去。

　　注意：《民法典》第1380条第2款第2句规定，给予的价值还要始终按照给予发
生的时间点进行确定。

　　例子：丈夫恩斯特（Ernst，E）在婚姻关系存续期间送给了妻子菲奥娜（Fiona，F）
一套价值250 000欧元的住房。离婚的时候F仍和以前一样是房屋的所有权人；但是这套
住房目前的价值仅为200 000欧元。F没有其他值得一提的财产了。而E已经获得了
400 000欧元的增益。为了能够正确计算F的增益补偿请求权，那么按照《民法典》第
1380条第2款的规定，（1）将给予的价值（250 000欧元）追加计算到E的增益之中；因
而得到E的增益为650 000欧元。而在F这边则要相反。（2）应将还剩余的给予价值
（200 000欧元）从其最终财产之中减去，这样一来其最终财产就应确定为零。从中可以得
出（3）：F的补偿请求权为650 000欧元的金额除以二，也就是325 000欧元。现在按照
《民法典》第1380条第1款第1句的规定，就应当为（4）：从中减去先前受赠的金额为
250 000欧元的财产。因此最终的结论为F能够请求金额为75 000万欧元的增益补偿。

　　注意：对给予人的追加计算要归入**增益（Zugewinn）**之中，而不是最终财产之中。
这在一笔（因为高额负债而）计算得出的负最终财产中是有意义的。就这方面来说不会
发生最终财产和给予之间的结算，而是始终都是从至少与给予相同金额的增益开始。

3. 因给予而发生的补偿方向调转

　　在个案中有可能因为某一价值较大的给予，而在增益补偿时发生补偿方向的翻转。给　35
予领受人有可能通过赠与之增益而成为**补偿义务人（Ausgleichspflichtigen）**，而如果没有
给予他本来将会是补偿权利人。

---

① 参看《民法典》第1380条第2款第1句。

例子： 成功的女艺术家基拉（Kira，K）赚了一大笔钱，并且购买了一幢价格为 800 000 欧元的住宅。若干年后她把这幢住宅转让给了她的配偶格莎（Gesa，G）。通过这样的方式，现在 G 在离婚的时候就有了 800 000 欧元的增益，而 K 仅仅只有 500 000 欧元的最终财产或者增益可供支配。因此 K 享有补偿之权利而 G 则负有补偿义务。

36　　在这样一些情况下就**不**（**nicht**）适用《民法典》第 1380 条了，也无法对其进行类推适用。此时就不能按照假定没有给予的情况来处理了。毋宁说只能从事实上双方的最终财产以及双方目前所处的补偿义务人或者补偿权利人之地位出发了。① 给予人此时在增益补偿的框架内通常只能从其先前的给予中取回价值上的一半，这一情形是体系内固有的并且从中无法再得出其他的判断了。

四、提前的增益补偿和程序上的提示

1. 提前的增益补偿

37　　在一定的前提条件下，为了保护有补偿权利的配偶一方，《民法典》第 1386 条赋予了该方配偶提前请求废止财产增益共有制的可能性。按照《民法典》第 1388 条的规定，当裁定发生既判力之时，就开始适用分别财产制。在与之连同适用的情况下，也可以立刻向法院提出进行提前增益补偿② 的申请。这涉及如下这些可供选择的情况：

● 按照《民法典》第 1385 条第 1 项的规定，配偶双方至少分居满了三年。③

● 按照《民法典》第 1385 条第 2 项的规定，要担心的是在《民法典》第 1365 条（财产整体处分）或者《民法典》第 1375 条第 2 款中所提及那一类行为并且要担忧补偿债权的履行因此而受到严重影响。

● 按照《民法典》第 1385 条第 3 项的规定，配偶另一方较长时间以来有过错地不履行那些在婚姻关系当中产生的经济义务并且可以认为，该配偶在未来也不会履行这些义务了。

● 按照《民法典》第 1385 条第 4 项的规定，配偶另一方在没有充分理由的情况下坚决地（也就是说经过多次明确的请求之后）拒绝或者在提出告知申请之前已经坚决地拒绝，向有补偿权利的配偶一方告知其财产状况。但是这里涉及的已经不是《民法典》第 1379 条第 2 款中所规定的告知请求权之不履行，而涉及要求获悉财产状况的一般婚姻法请求权。④

2. 程序上的提示

38　　如果向法院提起增益补偿的请求，那么依据《家事与非诉事务程序法》第 112 条第 2 项的规定，所涉及的就是一起**家庭争议事务**（**Familienstreitsache**）或者更确切地说是婚姻财产制法事务。《家事与非诉事务程序法》第 261 条第 1 款定义，婚姻财产制法事务涉及的是从婚姻上财产制法中所产生的请求权，即使是有第三人参与到程序当中来也是如此。

---

① BGHZ 82，227.

② 《民法典》第 1385 条。

③ 对此参看 BGH NJW-RR 2019，1153。

④ BGH NJW 2015，154；OLG Köln FamRZ 2020，1716。

与《家事与非诉事务程序法》第111条第1项意义上的婚姻事务相反，《民事诉讼法》有关州法院程序的一般规定①则在更广泛的范围之内适用于家庭争议事务。例如，诉讼请求的承认（Anerkenntni）也是可以考虑的。② 增益补偿的申请也可以首先作为涉及无争议财产判付（Vermögenspositionen）的部分申请。③

最终裁判按照一般规定都是可以执行的。此外还有在同一程序中将**离婚事务和后果事务合并**（**Verbunds von Scheidungs- und Folgesachen**）的可能性。在这一情况下离婚和争议补偿就同时得到处理和裁判，对此可以参看《家事与非诉事务程序法》第137条第1款的规定。④

 深入阅读材料推荐

深入学习：*Büte*，Im Blickpunkt：Der vorzeitige Zugewinnausgleich，FuR 2018，114；*Giers*，Die Auskunft zum Zugewinnausgleich，NZFam 2015，843；*Knoop*，Korrektur unbilliger Ergebnisse beim Zugewinnausgleich，NZFam 2016，54；*Koch*，Die Entwicklung der Rechtsprechung zum Zugewinnausgleich，FamRZ 2020，1517；*Kogel*，Der Zugewinn-eine gesetzgeberische Erfolgsgeschichte?，FF 2017，3；*Langheim*，Illoyale Vermögensverfügungen und deren Hinzurechnung zum Endvermögen nach § 1375 Abs. 2 BGB，FamRZ 2018，1804；*Meyer-Wehage*，Das eheliche Güterrecht，NZFam 2016，1057；*Röthel*，Plädoyer für eine echte Zugewinngemeinschaft，FPR 2009，273。

案例与考试：*Körner*，Referendarexamensklausur-Familienrecht：Vermögensausgleich zwischen Ehegatten im Falle der Trennung，JuS 2007，661；*Löhnig/Leiß* Fälle FamR Fall 6；*Röthel* Fall 3；*Schöpflin*，Verbrannte Gefühle，JA 2004，527；*Schwab*，FamR PdW Fälle 48－61。

第十七节　死亡情况下的增益补偿

一、概况

大部分的婚姻并不是因为离婚，而是因为死亡而解除的。在这种情况下主要是由**继承法**（**Erbrecht**）来规定财产法上的后果。尽管如此，婚姻财产制对法定的配偶继承权还是有影响的。⑤ 此外，在配偶一方死亡时也可以进行《民法典》第1373条及以下各条意义上

1

---

① 参看《家事与非诉事务程序法》第113条第1款。
② 参看《家事与非诉事务程序法》第113条第4款第6项。
③ BGH FamRZ 2016，1044.
④ 详细内容参看下文第二十节边码8。
⑤ 参看《民法典》第1931条、第1371条。

的增益补偿。① 《民法典》第 1371 条的规范并不是非常容易理解，最好按照可以想象的案例群来进行解释。就这方面来说可以分为以下这几类情况：

- 未亡配偶一方成为法定继承人。②
- 未亡配偶一方因死因处分而获得遗赠。③
- 未亡配偶一方被剥夺继承。④

二、配偶成为法定继承人

1. 分别财产制下的继承权

2   如果在继承发生的时候，配偶双方处于在分别财产制当中⑤，那么配偶的法定继承权就适用**《民法典》第 1931 条第 4 款**（**§ 1931 Abs. 4 BGB**）：如果被继承人遗留下配偶一人以及孩子一人，那么每人各继承其遗产的 1/2。如果被继承人遗留下两个孩子，那么这两个孩子和配偶分别继承遗产的 1/3。而如果被继承人遗留下三个或者更多的孩子，那么依据《民法典》第 1931 条第 1 款第 1 句的规定，留给配偶的是遗产的 1/4。如果没有后代，那么配偶在第二继承顺位的亲属⑥之外继承遗产的一半。

2. 法定财产制下的继承权

3   如果在继承发生的时候，配偶双方适用的是作为法定财产制的财产增益共有制，那么未亡配偶的法定继承权就根据**《民法典》第 1931 条连同适用第 1371 条**（**§ 1931 i. V. m. § 1371 I BGB**）来予以确定。未亡配偶首先依据《民法典》第 1931 条第 1 款第 1 句获得一份份额，也就是说在第一继承顺位的亲属（被继承人的后代）之外获得**一份 1/4 的份额**（**ein Viertel**）或者在第二继承顺位的亲属之外获得遗产的一半。另外依据《民法典》第 1371 条第 1 款还可获得**另一份 1/4 的份额**（**weiteres Viertel**）。不管是在无死因处分的情况下，还是在配偶因为这样一个死因处分而被确定为"法定继承人"⑦ 的情况下，配偶都成为这一意义上的法定继承人。

例子：被继承人埃米尔（Emil，E）遗留下他的妻子弗兰齐丝卡（Franziska，F）和三名子女，但没有留下遗嘱。如果 E 和 F 之前适用的是财产增益共有制这一婚姻财产制，那么 F 就继承遗产的 1/2，因为根据《民法典》第 1931 条第 1 款第 1 句的规定她有权得到一份 1/4 的份额，并且根据《民法典》第 1371 条第 1 款的规定她还有权利得到另一份 1/4 的份额。这三名子女则以相同的份额获得遗产的另一半，也就是说每人各继承遗产的 1/6。⑧

---

① 参看《民法典》第 1371 条第 2 款。
② 本节边码 2 及下一边码。
③ 本节边码 4 及以下各边码。
④ 本节边码 7。
⑤ 《民法典》第 1414 条。
⑥ 参看《民法典》第 1925 条。
⑦ 参看《民法典》第 2066 条，第 2067 条。
⑧ 参看《民法典》第 1924 条第 4 款。

因此立法机构是以法定财产制为契机，**总括式（pauschal）**地**提高（erhöhen）**未亡配偶的**继承权（Erbrecht）**。而且这一点的实现并不考虑，如果被继承人在世时在婚姻解除的情况下，该配偶是否将会获得一项对增益的请求权，甚至不考虑这一配偶自己是否就已经负有补偿义务。这一解决方案的优点自然在于，避开了（有可能很复杂的）增益补偿计算并且因此避免了与之相关的举证上的困难。另外，立法机构可能也有意给予未亡配偶经济上的保障。[①] 但是从后代的角度来看，总括式的提高配偶继承权在个案中有可能——例如当涉及父母一方的第二任配偶时——很难让人接受。尽管如此，根据《民法典》第1371条第1款的规定，额外的1/4份额无论如何还是会因为继子女的教育费用而被加重负担。[②]

按照欧洲法院的观点，通过《民法典》第1371条第1款总括式提高配偶继承权应当被理解为**继承法上的规范（erbrechtliche Norm）**，并且因此而属于2021年7月4日公布编号为650/2012的欧盟条例（《欧盟涉外继承条例（EuErbVO)》）的适用范围。也就是说，在欧洲遗产证书（继承证书）中所载明的继承份额也必须考虑《民法典》第1371条第1款所规定的这1/4份额。[③]

三、意定继承时的法律状况

1. 配偶被指定为继承人或者受遗赠人

意定继承相较于法定继承具有优先性。按照《民法典》第1937条的规定，被继承人可以通过遗嘱来确定一名继承人。如果配偶被指定为继承人或者受遗赠人，配偶对此通常会很满意并且会接受遗产。[④] 在这种情况下就不进行增益补偿了。如果后代被剥夺了继承权，按照《民法典》第2303条第1款第1句的规定，他们还能够请求他们的特留份。对于特留份的计算——分别根据婚姻财产制之情况——要以上文所提到的继承份额[⑤]为基础。因此，本节边码3所举例子中的三名子女就能够分别要求遗产的1/12作为特留份了。[⑥]

4

2. 对补充特留份的请求权

如果受给予之财产（继承份额或者遗赠）在价值上不如法定的特留份，那么根据《民法典》第2305条、第2307条第1款第2句的规定，未亡配偶能够请求**一份补充特留份（einen Zusatzpflichtteil）**。这一特留份也要按照通过《民法典》第1371条第1款规定所提高了的配偶法定继承份额[⑦]来计算。所以这就被称为所谓的**"大"特留份（"großen" Pflichtteil）**。

5

案例：被继承人爱德华（Edward，E）遗留下一份遗嘱，在这份遗嘱中他赠给妻子爱娃（Ava，A）一块价值 500 000 欧元的土地，但是此外他又将他的两个子女基拉（Kira，K）和利亚（Lia，L）确定为他的继承人。全部遗产合计为 4 000 000 欧元。配偶双方先前适用的是法定财产制。

对以上遗嘱进行解释可以得出，A 得到了一项以土地形式存在的遗赠①，而 K 和 L 则被指定为具有相同份额的共同继承人。

1. 按照《民法典》第 2174 条的规定，A 作为受遗赠人因此能够向继承人 K 和 L 请求转让这块土地的所有权。

2. 此外，因为遗留给 A 的财产少于她的法定特留份，所以她还能够请求补充特留份。依据《民法典》第 1931 条第 1 款连同适用《民法典》第 1371 条第 1 款，A 的法定继承份额原本应该总计为遗产的 1/2。她根据《民法典》第 2303 条所得的特留份计算为法定继承份额的一半②，也就是说在此则为遗产的 1/4。因此，在总数为 400 万欧元的遗产中，一份 1/4 份额的遗产就共计为 100 万欧元。由于土地仅值 50 万欧元，所以依据《民法典》第 2307 条第 1 款第 2 句，A 可以请求用以补齐 100 万欧元完整特留份的相差金额，也就是可以请求另外的 500 000 欧元。

3. 另外，根据《民法典》第 1372 条及以下各条的规定，一项要求增益补偿的请求权就不存在了。

4. 尽管如此，作为备选方案，A 也可以拒绝这项对她的赠与，当遗产大部分是由 E 的增益所组成时，这么做也是值得的。③

3. 拒绝接受遗产的选项

6

如果未亡配偶被给予了一份继承份额或者一项遗赠，那么该配偶就可以考虑，通过拒绝接受这项对其所给予的遗产是不是会对自己更有利一些。也就是《民法典》第 1371 条第 2 款规定，未亡配偶在拒绝接受遗产的情况下可以请求增益补偿并且请求在没有提高的法定继承份额之基础上所计算出来的所谓"小"特留份。这一点很重要，因为除此之外拒绝接受遗产在继承法中始终会导致特留份请求权也同时丧失了。④

因此就产生了——只要该配偶至少被给予了某些东西——未亡配偶的一项**选择权**（**Wahlrecht**）。从所给予的遗产价值出发，或者未亡配偶将根据所谓的"大"特留份能够请求补充特留份。⑤ 这就被称为**继承法上的解决方案**（**erbrechtliche Lösung**）。或者作为备选方案，配偶还可以拒绝对其的给予并且为此要求增益补偿和小特留份，也就是所谓的**婚姻财产制法上的解决方案**（**güterrechtliche Lösung**）。总的来说哪一个方案更有利，则要取决于增益在遗产中到底占多少了。

---

① 《民法典》第 1939 条，第 2147 条及以下各条。

② 《民法典》第 2303 条第 1 款第 2 句。

③ 对此的详情则看下文接下来的章节。

④ 参看 BeckOK BGB/ *Siede/Cziupka*，BGB § 1371 Rn. 29.

⑤ 参看本节边码 5.

案例： 被继承人爱德华（Eduard，E）遗留给他的妻子维拉（Vera，V）、两个子女 120 万欧元的遗产。这笔遗产中有 80 万欧元是增益，而 V 之前没有获得过增益。

变形 1： E 没有立过遗嘱。在这种情况下就适用法定继承。这样依据《民法典》第 1371 条第 1 款，第 1931 条第 1 款第 1 句的规定，V 就将有权获得遗产的一半，也就是 600 000 欧元，而两名子女则各获得 300 000 欧元。在本案中拒绝接受法定遗产将不会给 V 带来任何经济上的利益。根据经验规则，只有当遗产价值的 6/7 以上是增益时，才值得拒绝接受遗产。[1]

变形 2： E 通过遗嘱给予了 V 一块价值 200 000 欧元的土地并且除此之外还通过遗嘱将两名子女指定为继承人。

a）此时 V 可以接受价值为 200 000 欧元的土地遗赠并且另外还可以根据《民法典》第 2307 条第 1 款第 2 句主张特留份剩余部分请求权，此时对请求权的计算就是根据大特留份。就此而言大特留份计算为 V 法定继承份额的一半，也就是遗产的 1/4，即 300 000 欧元。因此，可以得出 100 000 欧元的相差金额，这就是 V 除了土地之外还能够要求的。

b）作为备选方案 V 还可以拒绝接受这项遗赠并且请求增益补偿以及小特留份。[2]《民法典》第 1378 条第 1 款所规定的增益补偿请求权此时就将计算为 400 000 欧元（就是 800 000 欧元的一半）。这一金额将会从遗产中减去，所以对于特留份计算而言要以一份金额为 800 000 欧元的（净）遗产为出发点。当前的小特留份合计为遗产的 1/8 份额（就是依据《民法典》第 1931 条第 1 款第 1 句所规定的 1/4 份额的一半），因此为 100 000 欧元。所以 V 总共将会得到高达 500 000 欧元的金额。也就是说拒绝接受遗产对其将会更加有利一些。

变形 3： 其他同变形 2 一样，但是 E 的遗产中增益只占 300 000 欧元。

此时拒绝接受遗产就将不值得了，因为 V 仅仅只能够请求 150 000 欧元的增益以及作为小特留份的 131 250 欧元。这些加在一起将共计为 281 250 欧元并因此而少于在特留份剩余部分请求权框架内所能获得的 300 000 欧元。

结论： 在每一个个案中都必须计算清楚，哪一种才是经济上更为有利的解决方案。在适当的情况下，保留继承人地位之利益也可能起到决定性作用并反对拒绝接受遗产。

在这样的一些思考之下，实务中还必须顾及**遗产税法（Erbschaftsteuerrecht）**。就此而言必须要注意的是，按照《遗产税法》第 5 条第 1 款第 1 句的规定，死亡情况下的增益补偿不属于负有遗产税义务的收入，而其他的死因收入，只要超过 500 000 欧元的配偶免税金额[3]并且也不存在其他的税收豁免情形，那么都负有遗产税义务。

4. 配偶被剥夺继承

如果未亡配偶并不享有法定继承权并且也没有因为终意的死因处分而被考虑到——也 7

---

[1] *Kogel*，Strategien beim Zugewinnausgleich，6. Aufl. 2019，Rn. 1634.

[2] 参看《民法典》第 1371 条第 3 款。

[3] 《遗产税法》第 16 条第 1 款第 1 项。

就是说因为被继承人以遗嘱的方式仅仅考虑到了其他人或者明确剥夺了配偶的继承权抑或只指定了特留份——那么就适用《民法典》第 1371 条第 2 款。在这种情况下未亡配偶可以根据《民法典》第 1373 条及以下各条请求增益补偿并且另外还能请求所谓的 **"小"特留份**（"kleinen" Pflichtteil）。其他的备选方案就不存在了。未亡配偶并**无选择权**（**kein Wahlrecht**）进行如下操作，即通过放弃增益补偿来获得大特留份。①

> **案例：**被继承人恩斯特（Ernst，E）指定了其姐妹阿德尔海德（Adelheid，A）作为其唯一的继承人并且剥夺了其妻子菲奥娜（Fiona，F）及两名子女的继承权。E 留下了价值 600 000 欧元的遗产。其中大约 200 000 欧元为增益，而 F 之前并没有获得过增益。F 能向 A 请求什么？
>
> 1. F 能够首先依据《民法典》第 1371 条第 2 款前半句的规定向作为继承人的 A 请求**增益补偿**（**Zugewinnausgleich**）。
>
> 本案中双方的增益结余金额共计约为 200 000 欧元。依据《民法典》第 1378 条第 1 款的规定，F 有权获得其中的一半（100 000 欧元）。A 必须对这一作为遗产债务②的金额提前进行清偿。因此 A 还剩下 500 000 欧元的（净）遗产。
>
> 2. 此外 F 还可以依据《民法典》第 2303 条第 2 款主张她的**特留份**（**Pflichtteil**）。在此情况下特留份是依据《民法典》第 1371 条第 2 款后半句的规定根据配偶没有提高的法定继承份额来进行计算的，也就是说仅仅根据《民法典》第 1931 条第 1 款第 1 句的规定。这一继承份额计算为遗产的 1/4 份额，相应的特留份③则为其一半，也就是遗产的 1/8。因此 F 能够请求 500 000 欧元中的 1/8，也就是 62 500 欧元。
>
> 3. 提示：在这种情况下——以母亲的小特留份为出发点——子女有权得到的特留份分别为 1/2 乘以 1/8，也就是分别得到遗产的 3/16。
>
> **结论：**因此，F 总共能向 A 请求 162 500 欧元。不存在其他的选项。

四、纯粹婚姻财产制法上补偿的情况

8　　与上述案例群应该区分开的是以下这些情况，也就是在这些情况中虽然配偶也能够根据《民法典》第 1371 条第 2 款请求增益补偿，但是却不能同时再请求特留份了。这适用于以下这些情况：

- 未亡配偶有效地放弃了继承份额及特留份或者只是放弃了特留份④
- 《民法典》第 2339 条规定的继承资格丧失
- 在继承发生时存在**离婚的前提条件**（**Voraussetzungen der Ehescheidung**），只要被继承人之前已经申请离婚或者同意离婚。在这一情况下配偶根据《民法典》第 1933 条第 1

---

① BGHZ 42, 182；BGH NJW 1982, 2497，所谓的**一体说**（**Einheitstheorie**）。
② 参看《民法典》第 1967 条。
③ 参看《民法典》第 2303 条第 1 款第 2 句。
④ 参看《民法典》第 2346 条。

句所享有的法定继承权就已经依法被排除了，配偶的特留份权也因此被取消了。[1]

● 《民法典》第1933条第2句规定的被继承人还在世时提起了一项有根据的婚姻废止申请。

 深入阅读材料推荐

深入学习：*Becker*，Der Einfluss des Güterstandes auf das Ehegattenerbrecht gemäß § 1931 BGB，JA 2019，94；*Coester*，Die rechtliche Stellung des überlebenden Ehegatten，Jura 2010，105；*Hausmann/Kühle/Schäuble*，Unklarheiten nach Scheidung und Tod，Jura 2010，791；*Heimann*，Tod und Zugewinn，FF 2016，485；*Klinger/Mohr*，Erbrechtliche Wahlmöglichkeiten des überlebenden Ehegatten，NJW-Spezial 2006，205；*Lorenz/Eichhorn*，Grundwissen - Zivilrecht：Das gesetzliche Erbrecht des überlebenden Ehegatten bzw. Lebenspartners，JuS 2015，781；*Tiedtke/Szczesny*，Erbschaft- und schenkungsteuerliche Behandlung des Zugewinnausgleichs，FPR 2012，107。

案例与考试：*Gehse*，Der großzügige Erblasser，JA 2004，291；*Kieninger/Linhart*，Erbfolge und Testament，JuS 2005，1097；*Löhnig/Leiß* Fälle FamR Fall 5；*Schlüter* ErbR PdW Fälle 35 - 49，176，214 - 219。

第十八节　增益补偿之外的财产补偿请求权

一、契约上的请求权

1. 导论

在离婚的情况下，增益补偿对于在法定财产制中生活的配偶之财产补偿而言，原则上已经是一项终局性的规范了。但是契约上的请求权却不受其影响。那么配偶双方也能够缔结比如一项借贷契约[2]或者一项**劳动契约（Arbeitsvertrag)**[3]并从中推导出请求权来。尽管如此，必须存在**具体的依据（konkrete Anhaltspunkte)**可以表明这一方面相关的**法律约束意思（Rechtsbindungswillen)**。配偶双方的意思常常只是针对某一以婚姻为条件的无名给予[4]，而并非旨在某一"真正的"或者确切地说是与婚姻无关的契约之缔结。

例子[5]：妻子艾玛（Emma，E）给丈夫保罗（Paul，P）转账了15 000欧元，用以购置一一辆应当也用于家庭目的的汽车。当双方在五年之后离婚时，这辆车就已不值什么钱了，此时E想要P返还那笔金额。在这里就不存在《民法典》第488条第1款第2句所规

1

---

[1] 参看例如 OLG Naumburg FamRZ 2015，1931。

[2] 《民法典》第488条。

[3] 《民法典》第611a条。

[4] 参看本节边码2。

[5] 根据 OLG Frankfurt NZFam 2020，531。

定的借贷偿还请求权，因为配偶双方就偿还义务达成了意思一致这一点是不明显的。这辆汽车终究也用于共同之目的。

2. 赠与与无名给予

2　　对于《民法典》第516条意义上之赠与的认定也必须要保持谨慎态度。虽然配偶双方之间也可以像第三人一样赠送物品，比如因为圣诞或者生日，这样就可以适用《民法典》第516条及以下各条。那么在个案中一项由于撤回赠与的请求权也可能在考虑之列。[①]

然而绝大多数配偶之间的财产移转都没有被联邦最高法院归入赠与之中，而是归到了所谓的**无名给予**（unbenannte Zuwendungen）当中。[②] 这里的背景一方面在于，在这些情况下给付人并没有像在一个真正的赠与中那样发生典型的完全财产减少（vollständige Entreicherung），因为通过婚姻还能继续共享赠与之物。另一方面，这类给予也**并非无偿**（nicht unentgeltlich）地以他人得利为目的而实行的，而是完全在某一类型的相互关系之中进行。这类给予的法律原因在于婚姻关系的存续并且其实行也是旨在期待一个长期的关系。因此有关赠与的法律对此就无法适用了。如果配偶双方曾经适用的是法定财产制，那么在分居的情况下则不存在返还请求权；然而在进行增益补偿时，对所涉及的相关价值[③]要予以考虑。与之相反的是，在分别财产制的情况下有可能在个案中会由于行为基础的丧失而存在请求权。[④]

例子： 结婚之后丈夫恩斯特（Ernst，E）将其房屋一半的共同所有权份额转让给了妻子菲奥娜（Fiona，F），结果就是配偶双方成了房屋的共同所有人。这在一类情况下就存在着一种所谓的无名给予，而并非是《民法典》第516条意义上的赠与。[⑤] 如果配偶双方适用的是法定财产制并且此外也没有作过任何其他的约定，那么在离婚的情况下E只能主张增益补偿请求权。

3　　**附论：** 在伊斯兰法系中，丈夫在结婚时向新娘承诺的**新娘财礼**（Brautgabe），（如果适用德国法的话）也显示出与无名给予的法律制度相类似之处。作为其基础的约定可以被归为一种特殊类型的家庭法上之契约；只有当新娘财礼之约定被例外地视作根据《民法典》第1408条第1款订立有关财产制法上之关系的婚姻契约或者根据《民法典》第1585c条达成的扶养约定时，才会有不同的适用。[⑥] 按照联邦最高法院的观点，作出新娘财礼的承诺需要根据《民法典》第518条第1款的规定类推适用形式上的要求。[⑦]

3. 因已结束的配偶内部合伙而产生的请求权

A. 概况

4　　无论婚姻财产制如何，在配偶双方之间能够为了追求一个共同的目的而成立一个民法

---

① 对于该审查模板参看下文第二十八节边码7。
② 例如 BGH FamRZ 2013，296；OLG Frankfurt NZFam 2020，531。
③ 例如作为先前受赠财产，参看上文第十六节边码32及以下各边码。
④ 参看下文本节边码12及以下各边码。
⑤ OLG Stuttgart FamRZ 2019，1925.
⑥ BGH NJW 2020，2024.
⑦ 对此的批评参看 *Dutta* FamRZ 2020，1077（1078）。

上的合伙（BGB-Gesellschaft）。当配偶双方已经成立了一个也在外部出现的"真正"合伙时，对此就直接适用《民法典》第 705 条及以下各条。尽管配偶双方在内部是以一个共同的企业为出发点的，但是经常只有配偶一方作为企业所有者而对外（例如在土地登记簿或者商事注册簿上也同样如此）出现。在这种情况下就被称作一个（无共同共有财产的）**内部合伙**（**Innengesellschaft**）。

如果这一"合伙"因为配偶双方的分居或者离婚而解散了，那么退出的配偶一方就将可以——如同一个民法上的合伙者在退伙的情况下一样——要求结算。部分法院会将《民法典》第 738 条第 1 款第 2 句作为其**请求权基础**（**Anspruchsgrundlage**）①，而联邦最高法院一般只援引《民法典》第 730 条及以下各条。②

例子： 商人康拉德（Konrad，K）及其同性配偶马克斯（Max，M）共同经营着一家鞋店。但是只有 K 一个人登记在了商事登记簿上，这家公司仅仅以他的名字进行经营。公司的账户也是同样的情况。事实上同性配偶 M 每周在企业中要一同工作整整 30 个小时。另外 M 在店面的装修上也投入了 50 000 欧元并且在银行那儿除了他的配偶之外作为连带债务人也签署了贷款契约。K 和 M 是将这家鞋店当作他们"共同的企业"。在这个例子中，在对外关系上可能仅仅只有 K 是企业所有者；然而在内部关系中却成立了一个配偶内部合伙。如果配偶双方离婚了，那么 M 就将要求按照份额来进行支付。

> **依据《民法典》第 730 条及以下各条因已结束的配偶内部合伙而产生的请求权**
>
> 1. 按照《民法典》第 705 条所规定的明确或者可推断的合伙契约之订立
> 2. 共同创造价值（例如相关的企业或者不动产）作为所追求的合伙目的
> 3. 明显超出法定扶养义务的配偶互相之间的贡献
> 4. 配偶双方差不多平等的地位
> 5. 合伙因终局性的分居或者离婚而结束
>
> **法律后果：** 根据《民法典》第 730 条及以下各条的分配共同财产请求权；按照《民法典》第 734 条、第 722 条第 1 款的规定，在有疑义的情况下对半平分合伙财产。

B. 一个合伙存在的前提条件

相应适用（entsprechend）《民法典》第 730 条及以下各条所产生之补偿请求权的第一个重要的前提条件在于，配偶双方已经事实上——明确或者可推断地——订立了一个**合伙契约**（**Gesellschaftsvertrag**）或者更确切地说按照约定追求一个合适的**合伙目的**（**Gesellschaftszweck**）。

联邦最高法院③："当伴侣双方所追求的**意图**（**Absicht**）在于，借由获得某一财产，比如不动产，来创造——尽管只有经济上的——某一**共同价值**（**gemeinschaftlichen Wert**），而这一价值不仅仅是由他们共同地用于他们生活共同体的长期存续，而且按照他们的设想也应该属于他们共同所有时，那么就可以考虑适用合伙法上的规范。相反，一个纯粹事实

---

① 参看 OLG Schleswig FamRZ 2004，1375。
② 例如 BGH NJW 2012，3374。
③ **BGH NJW 2012，3374.**

上的意思一致对于一个要按照合伙法原则进行判断的合作是不够的。当伴侣双方所追求的一个**目的**（Zweck）没有超越……婚姻生活共同体的实现时，就不能……认定一个合伙契约已经可推断地成立了。这样在原则上就对必不可少的法律约束意思存在怀疑了。因为在这一点上伴侣双方通常并没有超越安排他们共同体的法律构想。"

6　　　因此，肯定存在一个合伙关系①的前提条件就在于，配偶双方追求一个共同的（ge-meinsamen），在实现婚姻生活共同体和保障家庭扶养之外的**超越性目的**（hinausgehenden Zweck），就像比如建立一家企业，共同从事职业工作或者创造诸如房屋这样形式的共同财产价值。另外，一个合伙关系的前提条件还在于配偶双方处于一个基本权利平等的地位以及彼此之间的贡献都占较大的比重。② 配偶一方仅仅处于一个很明确的下属地位或者完成一些辅助性工作，还是不够的。

　　　联邦最高法院③：对于配偶内部合伙的存在而言"具有决定性意义的还取决于，配偶双方借由财产之形成所追求的是哪些目标构想，尤其是他们借由他们的活动是否想要达到一个超越仅仅实现婚姻生活共同体的这么一个目的，并且他们的行为是否构成了下面这个构想的基础，即共同所创造的财产从经济上看不应当仅仅属于形式上的权利人，而是应当属于配偶另一方。应根据合伙法原则进行评价的配偶双方合作的**证据**（Indizien）可以从例如财产形成的计划、范围和持续时间中得出，此外还可以从有关所获得收入之使用和再投资的约定中得出。不过另一方面，只要配偶每一方都应当对合伙给付一份值得重视并且对于所追求之成功具有重大意义的贡献，那么就不能由于参与的可能性不同而过分强调平等安排之合作这一要求"。

7　　　配偶双方对于**盈利**（Gewinn）和损失的**参与份额**（Beteiligung）④ 或者配偶双方在企业中广泛的平等地位⑤尤其能够支持对一个合伙关系的肯定。对于一个合伙而言，这些前提条件是否满足，则必须要在个案中进行谨慎审查；不可仓促地肯定一个合伙的存在。

　　　在以下这些情况中一个合伙的存在就**被否决了**（Abgelehnt）：

　　　● 请求补偿的丈夫在登记簿中仅仅被登记为雇员；他的个人所得税也为其支付了。就此而言，这一明确的劳动契约就成了认定默示配偶合伙存在之阻碍了。⑥

　　　● 妻子在她丈夫所有的一家之前早已经存在的中小型制造企业中⑦或者在她丈夫的诊所中⑧一同工作。

　　　C. 补偿请求权的数额

8　　　如果在个案中要肯定一个合伙的存在，但是配偶双方想要通过分居或者**离婚**（Schei-dung）来**解除**（auflösen）这一合伙，那么相应适用《民法典》第730条及以下各条就存在一项分配共同财产请求权或者更确切地说是一项**金钱形式的补偿请求权**（Ausgleichsan-

---

① 参看《民法典》第705条。

② 参看 OLG Hamm FamRZ 2010，1737。

③ **BGH FamRZ 2016，965.**

④ BGHZ 31，197.

⑤ BGH NJW 2006，1268；也参看上文本节边码4的案例。

⑥ BGH NJW 1995，3383.

⑦ BGH FamRZ 1967，208.

⑧ BGH FamRZ 1974，592.

spruch in Geld）。为了能够确定补偿请求权的数额，一方面就必须查明合伙财产。另一方面则必须紧接着确定配偶双方各自的份额。双方互相之**份额**（**Anteile**）的大小首先则要根据配偶双方的相关**约定**（**Vereinbarung**）或者以补充契约解释的方式进行判断。① 只有当这样的一个约定缺少时，**《民法典》第 722 条第 1 款**（**§ 722 Abs. 1 BGB**）的兜底规范（**Auffangsregelung**）才会介入，据此在有疑义时不考虑双方贡献的方式和大小而应当认为配偶双方对合伙财产分别有**一半的参与份额**（**hälftige Beteiligung**）。如果相关的配偶想为自己请求更高的金额，那么他必须陈述并且举证，他明确地比配偶另一方提供了更多的贡献，其形式可以是劳动给付、金钱给付或者是物之给付。②

4. 因委托而产生的请求权

配偶一方为了保障配偶另一方的贷款债务而提供**担保**（**Sicherheiten**）的情况也不在少数，例如在自己土地上的设立一项土地债务。只要不存在其他的约定以及配偶内部合伙，对这类案件的处理都是按照委托法上的规范进行的。"如果婚姻破裂，而这又可以通过分居和提起离婚申请表现出来，那么担保就可以基于重要理由而予以通知终止。③ 作为通知终止的法律后果，受委托人可以根据**《民法典》第 670 条**（**§ 670 BGB**）请求**对其费用予以赔偿**（**Ersatz seiner Aufwendungen**）。如果受委托人是为了这一目的而接受了这些义务，那么他可以请求**免除**（**Befreiung**）这些义务。④ 那么免除请求权的债务人原则上就负有义务，要让债权人处于就像他在没有第三人负担债务的情况下将会处在的位置那样"⑤。尽管如此，根据诚实信用原则以及作为婚姻的后效力（Nachwirkung）还是可以产生一些限制，尤其是在时间方面。"受委托的配偶一方将不得不以合适的方式对此予以考虑，例如通过以下方式，即在一个理性且考虑他自己可能性的清偿计划之框架内同意另一方配偶缩减义务。"⑥

> **考试提示：** 如果在分居或者离婚时涉及配偶双方之间的财产补偿请求权，那么首先——在不考虑婚姻财产制的情况下——要审查的是由**契约**（**Vertrag**）所产生的请求权。视不同情况尤其可以考虑从以下当中所产生的请求权：
> - 借贷契约⑦
> - 赠与契约或者赠与的撤回⑧
> - 已结束的配偶内部合伙⑨
> - 委托⑩

---

① BGH FamRZ 2016，965.
② BGH 同上。
③ **《民法典》第 671 条第 3 款**（**§ 671 Abs. 3 BGB**）。
④ **《民法典》第 257 条**（**§ 257 BGB**）。
⑤ BGH FamRZ 2015，818.
⑥ BGH 同上。
⑦ **《民法典》第 488 条**。
⑧ **《民法典》第 531 条第 2 款，第 530 条第 1 款，第 812 条第 1 款第 2 句**的前半句一选项。
⑨ 相应适用**《民法典》第 730 条及以下各条**。
⑩ **《民法典》第 662 条，第 670 条**。

此外还要考虑因连带债务人补偿①所产生的请求权。② 所涉及的其他请求权就要根据财产制进行区分了。在法定财产制中要注意的是，有关**增益补偿（Zugewinnausgleich）**的**规范具有终局性（abschließend）**，并且排除了《民法典》第 313 条或者不当得利法上所产生的绝大多数请求权。③

二、因连带债务人补偿而产生的请求权

10 如果配偶双方以下列方式负有给付义务，即他们的债务人能够选择要求他们中的任何一人全部或者部分进行给付，那么他们就是《民法典》第 421 条意义上的**连带债务人**（**Gesamtschuldner**）。这方面的一个典型例子就是配偶双方为购买不动产融资所共同接受的借贷。如果配偶一方在对外关系中履行了债权人的债权（例如清偿了借贷），那么在**对内关系（Innenverhältnis）**中就会产生一个问题，那就是该配偶是否以及在多大程度上能在其配偶那里进行追偿。对此，**《民法典》第 426 条第 1 款第 1 句（§ 426 Abs. 1 S. 1 BGB）**规定，连带债务人在对内关系中有疑义时，只要没有另外之规定，就以相同份额负担债务。从中对于配偶内部关系而言就产生了如下这一问题，即在哪些情况下是这里所谓的"一些其他的规定"。

根据联邦最高法院的持续性判决，对于《民法典》第 426 条第 1 款第 1 句意义上的**其他规定（anderweitige Bestimmung）**来说，伴侣双方的约定并非必不可少；毋宁说其他规定能够从连带债务人之间所存在的法律关系的意义和目的中或者从**事物的本质（Natur der Sache）**中得出，也就是说可以从**事实上所发生之事**的**特别形态（Gestaltung des tatsächlichen Geschehens）**中得出。④ 此外，以下这一问题也很重要，即共同债务是由配偶一方在共同生活期间还是在离婚之后逐渐偿还的；因为随着**分居（Trennung）**，那些之前已经证成某一特别分配标准的情形大多数情况下都不存在了，所以根据《民法典》第 426 条第 1 款第 1 句为一般情况所规定的这种按份责任就又可以适用了。⑤

例子：

● 如果配偶双方的**税款债务（Steuerschulden）**在婚姻关系存续期间一直由同一个配偶清偿，而且曾经也没有向配偶另一方请求过补偿，那么由于配偶双方这一事实上的行为方式就出现了《民法典》第 426 条第 1 款第 1 句意义上的不同规定了。⑥ 因此，事后就不能再主张补偿请求权了。相反，随着分居就再也不存在理由来继续坚持之前的处理方式了。如果此时共同的税款债务得以清偿，那么相应于按照各自收入所分配到的应缴税款，就存在一项按份追偿请求权。这也相应地适用于清偿共同所接受的不动产借贷。⑦

---

① 《民法典》第 426 条。
② 参看下文本节边码 10。
③ 参看下文本节边码 14、18。
④ BGH NJW 2007, 3564；FamRZ 2015, 1272.
⑤ BGH FamRZ 2015, 1272；OLG Hamm FamRZ 2016, 1369.
⑥ BGH FamRZ 2002, 1024.
⑦ BGH FamRZ 2015, 1272.

● 如果配偶双方维持一个共同的**银行账户（Bankkonto）**①，那么通常就可以认为，配偶双方在内部关系中也都有完全的处分权利并且事后不应该存在补偿请求权。分居之后账户中的存款余额在有疑义的情况下由配偶双方对半分，相关规定参看《民法典》第 426 条第 1 款第 1 句。②

财产制法上有关财产增益共有制的规定并不排除法定的连带债务人补偿。③ 在增益补偿上，根据《民法典》第 426 条所产生的债权在有权请求债权之配偶一方的最终财产中将会被计算到资产当中。与此相对应的是，配偶另一方的债务则会被算入其负债当中，只要在其各自情况下符合以下的前提条件，即这一债权也是可执行的。如果在结婚之前已经成立了共同的连带债务，那么就可能出现该债务应如何被纳入**初始财产（Anfangsvermögen）**当中这一问题。

> **案例**④：就在婚礼前不久，妻子艾拉（Ella，E）已经取得了一块建房用地的单独所有权，之后被用于为家庭建造住房。为了用于融资而接受的贷款，已经订婚的伴侣双方向银行承担了连带债务责任。在婚姻关系存续期间，丈夫本（Ben，B）为贷款的清偿作出了贡献。然而，贷款渐渐地被进行了重新安排并由 E 单独承担，所以 B 在提起离婚申请时已经不再向银行负担债务了。
>
> 在增益补偿程序的框架内，现在出现了以下争议，即在结婚时以增加 B 负担之方式而曾经存在过的贷款债务是否要以负债的形式归入到他的初始财产当中。如果对此予以肯定，那么在此情况下就会出现，由于在最终财产中缺少债务而从计算上看将会产生一个很有可能不得不进行补偿的增益。不过这将会是一个令人诧异的结果，尤其是在 B 已经通过其清偿给付而为 E 的债务减轻作出了贡献的情况下。按照联邦最高法院的观点，这一类情形下结婚时债务形式上的存在并非决定性的，而是配偶双方或者更确切地说是已经订婚的伴侣双方在内部关系中所确定了的债务之存在才具有决定性。就这方面来说，本案中很明显的是，E 作为离婚情况下房屋的单独所有权人以及贷款清偿的受益人，在内部关系中也应该单独为所剩余的贷款债务负责。因此，所有结婚时所存在的贷款债务都应该单独归入到 E 的初始财产当中。

三、分别财产制情况下离婚时的财产补偿请求权

1. 由于行为基础障碍所产生的请求权

如果增益补偿被排除了或者配偶双方本来就适用的是分别财产制，那么在分居或者离婚时就不发生增益补偿。如果现在已经对配偶另一方进行了**数额较大的无名给予（unbenannte Zuwendungen größeren Umfangs）**，例如以劳务给付或者财产转让的形式，已为给

---

① 所谓的联名账户（Oder-Konto，可直译为"或者-账户"）。
② OLG Brandenburg FamRZ 2020，912.
③ BGH NJW 2018，1475；2020，1300.
④ 根据 BGH NJW 2020，1300。

付的配偶一方经常会在事后渴望补偿。那么正如上所述，首先要审查的就是，之前是否约定过一个劳动关系、劳务关系或合伙关系①抑或一个借贷契约。然而，通常情况下都欠缺证据能够表明在相关方面存在一个法律约束意思。在这一类情况下就要进一步审查，是否由于行为基础障碍②而存在一项补偿请求权。

行为基础障碍（**Geschäftsgrundlage**）通常被理解为"当事人一方在订立契约之时所出现的、对当事人另一方来说很明显且他自己也没有加以反对的设想或者是当事人双方有关某些特定情形现在存在或者将来会出现的共同设想，只要当事人双方的行为意思是建立在这些设想之上"③。如果之后出现了行为基础障碍并且在考虑到个案中所有情形的情况下仍无法合理期待当事人一方会坚持未作变更之契约，那么就可以请求调整契约以适应改变了的情形④或者是可以行使一项解除权。⑤

13　　然而《民法典》第313条的适用是以一个**法律行为**（**Rechtsgeschäft**）为前提条件的。这样一个法律行为已经不能仅仅在婚姻中被看到了。在更大之给予的情况下，可以说是一种**合作契约**（**Kooperationsvertrag**）或者说是一种**特殊类型的家庭法上之契约**（**familien-rechtlicher Vertrag sui generis**）。在此基础之上，联邦最高法院在持续性判决中认为，"如果配偶一方以婚姻为目的而向配偶另一方给予一份财产价值并且以之作为实现、安排、维持抑或保障婚姻生活共同体的贡献，而此时这一配偶所怀有的构想或者期待就是，婚姻生活共同体将会持续下去并且他在这一共同体之内还将会继续共同享有这一财产价值及其成果"，那么在配偶双方之间就存在一项基于婚姻之给予。然后，在这样的期待之中就能被视为是给予的行为基础了。⑥

> **案例**⑦：妻子艾尔维拉（Elvira，E）在她丈夫莫里茨（Moritz，M）所有的企业中长年以半天制形式与其一同工作，此外还在家中操持家务以及照料子女。当M与她分居时，E问，她现在是否能够事后为她在企业中的劳务给付请求一份报酬。至少M必须向她支付她的"合伙份额"，毕竟她的协助工作从根本上为今日M的企业比以往任何时候都更加成功作出了贡献。而且因为她的协助工作M还省去了雇用另一个劳动力。然而，M却援引他们之前已经约定了分别财产制并且拒绝任何一个支付。
>
> 1. 因为已经约定了分别财产制⑧，所以E不能请求《民法典》第1378条第1款所规定的增益补偿。
>
> 2. 因**劳务契约**（**Dienstvertrag**）⑨或是劳动契约⑩所产生的一项请求权也同样被排除了，因为无法确定E和M之前达成过一个与此相关的约定。

---

① 参看前文本节边码1。

② 《民法典》第313条。

③ 例如 BGH NJW 2012, 523。

④ 《民法典》第313条第1款。

⑤ 《民法典》第313条第3款连同适用第346条。

⑥ 例如 BGH NJW 2006, 2330；2012, 3374。

⑦ 根据 BGH NJW 1994, 2545。

⑧ 《民法典》第1414条。

⑨ 《民法典》第611条第1款。

⑩ 《民法典》第611a条。

3. 由于依据《民法典》第 730 条及以下各条进行**配偶内部合伙**（**Ehegatteninnenge-sellschaft**）的解散或者分配共同财产①而产生的结算请求权在本案中也要予以否定。一方面以此为目标（至少是默示）的契约订立是否进行过已经是有疑问的了。但是首要的问题在于配偶双方没有追求过共同的目的；因为一直以来企业就仅仅是只属于 M 的，而并非双方共同所有。而且 E 也只是作出了从属性的劳务给付，所以并不存在配偶双方所作出的同等重要的贡献。所有这些都不支持对一个配偶内部合伙的认定。

4. 剩下还可以考虑的就是由于**行为基础丧失**（**Wegfalls der Geschäftsgrundlage**）②所产生的补偿支付请求权。在分别财产制的情况下，如果进行重大的，也就是说明显超出扶养法上所应负担范围之外的给予或者在配偶另一方的商店或企业中进行劳动给付，那么应当认定是一个（默示的）**独立类型的家庭法上之契约**（**familienrechtlicher Vertrag eigener Art**），而这一契约则构成了相关给予的法律原因。就此而言，婚姻的存续和对自身劳动成果的继续参与就可以被看作是行为基础了。随着离婚的提出，这一行为基础就消失了并产生了以下后果，即协助工作者在《民法典》第 313 条第 1 款、第 3 款的前提条件下可以主张一项补偿请求权。

本案中这些前提条件要予以肯定。E 只是因为信赖持久存续下去的婚姻生活共同体，才因此提供了远远超出扶养法上所应负担的劳务给付。无法合理期待她在面对离婚时还去坚持这一有关无报酬劳务给付的默示约定。

因此，E 针对 M 拥有一项由《民法典》第 313 条第 1 款、第 3 款，第 346 条第 1 款、第 2 款第 1 句所产生的经济补偿请求权。③只要在这一范围之内仍然可以确定一个不当得利，那么 M 在本来的情况下必须为找到一个替代劳动力而花费的金额就可以作为补偿之依据。

2. 由《民法典》第 313 条第 1 款，第 3 款第 1 句，第 346 条第 1 款，第 2 款所规定的请求权的前提条件

> **由于特殊类型的家庭法上之契约的行为基础丧失而产生的补偿请求权**④
>
> 1. 《民法典》第 313 条的可适用性
> a. 配偶双方排除了增益补偿或者约定了分别财产制度
> b. 不存在具有优先适用的契约请求权
> 2. 配偶一方的重大给予
> 3. 对婚姻之存续以及自身给付之继续受益的期待构成了行为基础
> 4. 因确定性的分居或离婚而导致行为基础的丧失
> 5. 无法合理期待给付者对财产移转的坚持，对此可参看《民法典》第 313 条第 1 款

---

① 参看上文本节边码 4 及以下各边码。
② 《民法典》第 313 条。
③ 参看下文本节边码 17。
④ 《民法典》第 313 条。

> **法律后果：**《民法典》第 313 条第 1 款，第 3 款以及第 346 条所规定的金钱形式的补偿请求权

A.《民法典》第 313 条的可适用性

14　　上述原则只适用于配偶双方排除了增益补偿或者本来就适用**分别财产制**（**Gütertrennung**）的情况。此外，对于那些在结婚之前已经进行过的给予也要考虑《民法典》第 313 条所规定的请求权。[①] 然而*相比于*（*neben*）增益补偿，由于行为基础障碍而产生的这些请求权只有在极其例外的情况下才可以考虑。[②]

　　另外，当各自的请求权目标已经通过在个案中可适用的特别债法而被终局性地予以规范时，《民法典》第 313 条就不适用了。

　　一项配偶内部合伙分配共同财产的请求权[③]也具有优先适用性。如果这样一项请求权得到肯定，那么就不需要再讨论《民法典》第 313 条了。至于配偶内部合伙和一个给予契约或者说是合作契约的区分标准是什么，则可以适用以下这条简便规则，即合伙主要是由一个通过双方互相贡献给付而进行的超越婚姻生活共同体的**共同利益创造**（**gemeinsame Wertschöpfung**）所塑造，而借助行为基础这一解决方案则是要将最终被当作婚姻生活共同体（特别）贡献的从属性劳务给付或者给予包括进来。就此而言，如果财产形成有疑义，那么配偶双方的**目标构想**（**Zielvorstellungen**）就成了具有决定作用的区分标准了。[④]

B. 因信赖婚姻的存续而进行较大给予

15　　给予（**Zuwendung**）有可能涉及劳务给付，对伴侣企业或房屋的投资，清偿配偶另一方的债务或是转让例如不动产这样的财产。劳务给付或者劳动给付也可能是在从属性的职位上进行的。[⑤] 具有决定性的是，相关的基于婚姻之给予从**范围**（**Umfang**）上看，已经很**明显**（**erheblich**）超出了配偶双方依据《民法典》第 1360 条在扶养法上本来互相所负担的义务。也就是说只有这样才可以被认为是一个独立的（默示）合作契约。

　　同时，在这样一个较大给予的情况下通常很明显的是，这一给予只是为了婚姻或者因信赖婚姻生活共同体的存续而进行的。所以在这当中就存在给予的行为基础。而婚姻的破裂则导致了行为基础的丧失。

C. 无法合理期待对财产移转的坚持

16　　《民法典》第 313 条第 1 款构成要件的另一个前提条件在于，**无法合理期待**（**unzumutbar**）对未作变更之契约的坚持。对于这一点必须要谨慎且**基于个案**（**einzelfallbezogen**）地予以审查。因此，如果作为对配偶房屋进行大量资金投入的回报也能够免除房租地在里面居住多年，那么排除补偿请求权可能是可以合理期待的。对于给予人来说，仅在短暂的婚姻之后就被要求对共同居住的不动产转让一半份额的共同所有权，这看起来是无法合理期待的，但是在一段长达三十年的婚姻之后，这一要求就并非无法合理期待了。

---

① BGH NJW 2012，3374.
② 参看下文本节边码 18 及下一边码。
③ 参看上文本节边码 4 及下一边码。
④ BGH NJW 1999，2962.
⑤ 参看上文本节边码 13 的案例。

联邦最高法院①："是否以及如果必要的话在什么范围内给予由于行为基础的丧失而必须被偿还，对此的权衡也应当要考虑，伴侣**曾经也认为**向另一方提供这些给付**是适当的**（**einmal für richtig erachtet hat**）。只有当维持这一通过给付所建立的财产关系**根据诚实信用原则**（**nach Treu und Glauben**）对于给付者而言是不可合理期待的并因此是不公平的时候，修正性的干涉原则上才是正当的。同时**不公平**（**Unbilligkeit**）的特征也意味着，只能是由于那一类根据各自的关系理应**具有重大意义**（**erhebliche Bedeutung**）的给付才要考虑补偿。对这一点的考虑标准则是**对个案中的所有情形予以通盘权衡**（**Gesamtabwägung der Umstände des Einzelfalls**）……因此，是否以及如果必要的话在多大程度上存在着这样一项请求权，尤其要取决于生活共同体的持续时间，伴侣双方的年龄，已提供给付的类型和范围，由此而形成并且目前还存在的财产增加幅度之金额以及收入关系和财产关系。"

3. 《民法典》第 313 条第 1 款，第 3 款第 1 句所规定之请求权的法律后果

按照《民法典》第 313 条第 3 款第 1 句的规定，因为契约调整通常被排除了，所以应当肯定给付者的**解除权**（**Rücktrittsrecht**）。由此产生的请求权大部分情况下针对的是《民法典》第 346 条第 2 款第 1 句所规定的请求支付金钱形式的补偿，有时候也可能针对《民法典》第 346 条第 1 款所规定的请求返还某一具体物品。**补偿请求权的金额**（**Höhe des Ausgleichsanspruchs**）要根据个案的情形进行计算，尤其是无法合理期待之范围，但首先得根据给付的种类和范围。补偿请求权的**上限**（**Obergrenze**）则是在配偶另一方之处最新所能查明的财产增加幅度或者是他（为了另一个劳动力）所节省下的费用。这也和《民法典》第 818 条第 2 款、第 3 款的评价相符合。非婚生活共同体中的类似问题则可参看下文第二十八节边码 21 及以下各边码。

除了《民法典》第 313 条连同适用第 346 条所规定的请求权之外，在个案中《民法典》第 812 条第 1 款第 2 句选项 2②所规定的请求权对于配偶双方来说也可能起到重要作用。但是在非婚生活共同体的情况下这一点则具有更加重要的意义，这就是为何与此相关的问题只在那一部分论述中才提出来的原因。③

四、除了增益补偿之外的补偿请求权

1. 作为终局性特别规范的《民法典》第 1373 条及以下各条

如果配偶双方适用的法定财产制，那么在离婚的情况下有关增益补偿的规定原则上就构成了一个终局性的特别规范。④ 也就是说配偶双方之间的无名给予在分居的情况就不单独地进行补偿了。同时也是因为否则的话就会产生这样的问题，即如何正确地互相区分这两个程序。尽管如此，因契约所产生的具体请求权，其中尤其包括配偶内部合伙⑤以及连带债务人补偿⑥所产生的请求权则仍然不受影响。

---

① BGH NJW 2012, 3374.
② **目的落空的不当得利返还**（**Zweckverfehlungskondiktion**）。
③ 参看下文第二十八节边码 28。
④ BGHZ 82, 227.
⑤ 参看上文本节边码 4。
⑥ 参看上文本节边码 10。

《民法典》第 1373 条及以下各条作为终局性特别规范的原则在个案中有可能导致一些难以忍受的结论。比如值得注意的有，在增益补偿的框架内从一项给予（例如房屋一半所有权）中最多只有价值上之一半可以被请求返还。然而联邦最高法院已经一再强调，这些不可避免地从《民法典》第 1373 条及以下各条的体系中所得出的结论，**原则上应当予以接受（grundsätzlich hinzunehmen）**，即使这些结论在个案中可能看起来非常不公正。

例子[①]：妻子为了能够在扶养程序中针对向她请求扶养的（来自前一段婚姻的）子女援引自己缺乏收入和财产或者更确切地说是没有给付能力，而将自己所有的有价证券都转让给了丈夫。之后在离婚的时候妻子请求丈夫返还这些有价证券。然而由于缺乏具体的契约约定，因此不存在对此要求返还的请求权。妻子所能援引的只有增益补偿程序，但是通过这一程序她将只能取回一部分价值。

2. 例外情况

19　　不过判决也仍然承认，在特殊情形之下其他的请求权会例外地予以考虑，也就是说当增益补偿最终导致了**完全难以忍受的结果（schlechthin untragbaren Ergebnissen）**时。[②] 然而，这样的一个情况迄今为止只是非常罕见地得到了肯定。

由于行为基础丧失而产生的请求权[③]或者根据诚实信用原则[④]而产生的增益补偿更正是能够被承认的：

● 不仅仅期待着结婚，同时也期待着存续一生之久的婚姻而进行**婚前（vorehelichen）**大量给予之时；因为这样一来，仅仅根据婚姻关系存续时间来进行的增益补偿就起不到作用了。[⑤]

● 当进行给付的配偶一方在增益补偿中实际上无法从配偶另一方那儿请求任何东西，然而自己却在婚姻关系存续期间进行了重大的给予，并且现在在离婚的时候由于陷入贫困而不再有能力维持自己生计之时。[⑥]

● 当对返还某一完全**特定的物品（bestimmte Gegenstand）**（例如父母的祖宅，家传首饰）上存在特别的个人利益之时[⑦]；尽管如此，之后还是必须要向对方提供相应的补偿支付。

五、岳父母（公婆）给予的返还

1. 由于行为基础丧失而产生的请求权

20　　有个一直不变的时新主题，就是之前岳父母（公婆）对女婿（儿媳）进行了给予，但是之后，当其子女和给予领受人的婚姻走向破裂之时，他们又要求返还给予。这些因此而牵扯在一起的大量法律问题最好根据接下来的这一案例而予以论述。

---

① 根据 BGHZ 115, 132。
② BGH FamRZ 1991, 1169；NJW 1997, 2747；NJW-RR 2010, 1513.
③ 《民法典》第 313 条。
④ 《民法典》第 242 条。
⑤ BGHZ 115, 261.
⑥ 《民法典》第 528 条的思想。
⑦ 在 BGHZ 82, 227 中作了简要论述。

案例：蒂娜（Tina，T）和马克斯（Max，M）准备结婚。为了配偶双方能有一个住所，M 购买了一套私有住房，而他自己作为单独所有权人被登记到了土地登记簿上。由于 M 仅能够凑出部分购房价款，T 的父母决定赠与 100 000 欧元，并将这笔资金汇到了 M 的账户上。结婚之后 2015 年的时候，T 和 M 搬进了这套住房里。然而他们在一年之后就已经分居了。2017 年年底提交了离婚申请，2019 年正式离婚。T 的父母虽然一直以来对所有的一切都知情，但是之前却还始终抱着 M 和 T 能重修旧好的希望，所以直到 2021 年二月才向 M 提出要求返还 100 000 欧元。他们要求返还全部金额，因为这套住房的价值一直保持没变。相反，M 则认为岳父母的要求来得太迟了。

一、父母可能有《民法典》第 313 条第 1 款，第 3 款第 1 句，第 346 条第 1 款所规定的针对 M 的偿还请求权

1. 债之关系

该案中作为基础的债之关系有可能是《民法典》第 516 条意义上的一项赠与。和配偶之间的关系①相比，父母与（女婿或儿媳）子女之间关系的不同之处在于，通常不会将其认定一项无名给予，而是认定为一项真正的赠与；对于赠与人而言最终都会导致持久的财产减少。相对于配偶进行一项给予时会有在婚姻的框架内还能继续从给予物品中获得使用的构想，岳父母（公婆）在提供一项给予时则会意识到这是一次自身财产的持久性减少。②

2.《民法典》第 313 条的可适用性

当适用于各自契约类型的特别债法已经具备了一个有优先效力并且在此方面具有终局性的特别规范时，《民法典》第 313 条第 1 款的适用就被排除了。就本案的情况来看，似乎应当考虑《民法典》第 527 条及以下各条。这些条文在自身适用领域的框架内虽然相对于赠与的撤回和返还而言构成了具有优先效力的规范。然而仍然应当认为，立法机构借此仅仅只是对具体的典型情况作出进一步的安排，但同时并不排除在由于其他原因而丧失行为基础的其他情况下对行为基础障碍一般性原则③的追溯。因此，只有当《民法典》第 527 条及以下各条根据其适用领域已经足够之时，这些条文才能阻却《民法典》第 313 条的可适用性。④ 但是本案中的情况，即赠与的行为基础存在于对 M 而言他和 T 的婚姻本应会长久持续下去这一可识别的期待中，却并没有被包括在《民法典》第 527 条及以下各条之内。因此《民法典》第 313 条在本案中是可以适用的。

3. 行为基础障碍

行为基础障碍（Geschäftsgrundlage）通常被理解为"当事人一方在订立契约之时所出现的、对当事人另一方来说很明显且他自己也没有加以反对的设想或者是当事人双方有关某些特定情形现在存在或者将来会出现的共同设想，只要当事人双方的行为意思是建立在这些设想之上"⑤。在本案中能够被当作父母赠与之行为基础的是 M 和 T 之间**婚姻的持久（或者至少是很长一段时间的）存续（Bestand der Ehe）**，因为只有在这种情况

---

① 参看上文本节边码 2。
② BGHZ 184，190.
③ 《民法典》第 313 条。
④ BGH FamRZ 2006，473；NJW 2015，690.
⑤ 例如 BGH NJW 2012，523。

下才能保证，所赠与之物品或者说其使用对自己的子女也能持久地发挥效用。[1] 父母的行为意思正是建立于这一期待之上。而这一点在当时对于 M 而言毫无疑问也是可识别的。

因此，随着女儿的分居或者离婚，对父母而言就是他们赠与的**行为基础**（**Geschäftsgrundlage**）已经**消失**（**entfallen**）了。

提示：如果父母同时还追求其他的动机，例如对他们的金钱进行合理投资，那也将会是无关紧要的。[2] 但是，如果其他的动机处于非常重要之位置，例如希望摆脱亟待翻新且价值不高的不动产，而这一不动产又无论如何也无法作为子女住房来使用，那么情况可能就另当别论了。[3]

4. 无法合理期待对财产移转的坚持

《民法典》第 313 条所规定的契约调整或者偿还请求权在给予之情况下要求的前提条件在于，维持已经进行的财产移转与诚实信用原则[4]不相符并且是无法合理期待的。行为基础的丧失并非自动地，而是仅在个别可确定的无法合理期待对赠与之坚持时才产生一项契约调整请求权。[5] 在本案中父母之前毕竟也认为对女婿进行给予是合适的。所以返还请求权的前提条件在于，坚持未作变更之契约对于岳父母而言将会导致一个不再能够忍受的结果。就这方面而言需要对**个案中的所有情形**（**alle Umstände des Einzelfalls**）进行评估，尤其是婚姻的持续时间并且也包括岳父母个人和经济上的关系。即使是婚姻已经维持了二十年之久，也不可必然地认为排除了所有请求权。[6] 本案中岳父母之前向 M 给付了仅仅只是导致 M 个人财产增加的 100 000 欧元金额，因为只有 M 一人作为住房所有权人被登记在了土地登记簿上。而岳父母最初的着眼点却是女儿的幸福。然而，由于分居，女儿再也不能从给予中受益了。事实上她在该住房中也只是生活了一年而已。所以对父母而言在这项给予之上继续坚持就将会是无法合理期待的了。因此，应当依据《民法典》第 313 条第 1 款第 1 句，第 3 款第 1 句，第 346 条第 1 款肯定这一偿还请求权。

5. 请求权数额的确定

请求权的数额应当以权衡个案中所有情形的方式来确定。[7] 尤其需要考虑的是，由对方之前所作出的补偿性对待给付有多少或者是给予人或其受益人（本案中的 T）已在多大范围上从这项给予中受益了，例如之前已经有对给予之物品的无偿使用利益了。[8] 最后，行为基础仅仅是在自己的子女无法像所期待的那样适当地从赠与中受益这一范围中消失了。本案中分居在搬入住房后一年就已经开始了。因此 T 的受益只持续了很短一段时间。根据所提供的案件事实，住房在价值上也没有受到损失。在这些情形之下，所有的一切都有利于父母提出全额的偿还请求权。

---

[1] 例如 BGH NJW 2015, 690。

[2] 参看 BGH NZFam 2019, 822。

[3] OLG Oldenburg BeckRS 2020, 40800.

[4] 《民法典》第 242 条。

[5] BGH NJW 2015, 1014；2015, 690.

[6] BGH NJW 2015, 690；不同观点参看 *Kogel*, FamRZ 2013, 512 (514)。

[7] BGH NJW 2012, 523；OLG Bremen FamRZ 2016, 504.

[8] 参看 BGH NJW 2012, 523；OLG Düsseldorf FamRZ 2015, 173。

6. 消灭时效

按照《民法典》第 195 条（§ 195 BGB）的规定，《民法典》第 313 条所规定的请求权经过 3 年的普通消灭时效期间而时效期间届满。只有当赠与物品本身就是一块土地或者一项不动产时，情况才会有所不同。此时，请求权的消灭时效无须考虑具体的请求权基础而适用《民法典》第 196 条所规定的 10 年消灭时效期间。① 而本案中还是适用普通消灭时效期间，因为这一项给予涉及的是一笔款项。

有疑问的是，本案中消灭时效期间从何时开始起算。在由于行为基础障碍或者丧失而产生请求权的情况下，起决定性作用的就是行为基础时何时消失。在和本案相同类型的那些案件中，赠与的行为基础都是随着子女与女婿（儿媳）的婚姻破裂而消失的。因此，按照联邦最高法院的观点，在这方面就应该根据**离婚申请提起的时间点（Zeitpunkt der Einreichung des Scheidungsantrags）** 来确定。② 而由于以下这些事实则不应赞成采用分居时间点，即分居时间点经常无法准确地进行确定，而且有时候也不清楚，此时涉及的是尝试性的分居还是终局性的分居。一旦岳父母已经获悉或者在无重大过失的情况应当已经获悉离婚申请的送达，那么就应当肯定在岳父母这一方已经满足了根据《民法典》第 195 条所规定的必不可少的债权人知情这一条件。③ 本案中父母一直以来都知悉所有的一切，所以也获悉了离婚的提出。所以按照《民法典》第 195 条、第 199 条第 1 款的规定，消灭时效要从 2017 年 12 月 31 日开始起算。因此消灭时效期间到 2020 年 12 月 31 日届满。

结论： 虽然本案中岳父母的请求权是有根据的，但是却已经超过消灭时效期间了。

二、此外，除了《民法典》第 313 条所规定的请求权之外，联邦最高法院认为对于岳父母的返还请求而言还有《民法典》第 812 条第 1 款第 2 句选项 2（Anspruch aus § 812 Abs. 1 S. 2 Alt. 2 BGB）由于目的落空（Zweckverfehlung）而产生的请求权可以考虑。尤其是所追求的目的可能可以存在于以下情况中，即给予之物品以其婚姻存续的方式而让自己的子女持久地受益。④ 然而在本案中这样一项请求权也已经超过消灭时效期间了。

如果岳父母（公婆）（也或者仅仅只是）承担了女婿（儿媳）在取得不动产时所花费的**公证费用（Notarkosten）**，那么在离婚的情况下就不存在针对女婿（儿媳）的补偿请求权。也就是说，就此而言婚姻关系的长期存续就几乎无法被看作是行为基础了。毋宁说这时候涉及的是一项承担当前花费或者日常生活需要的（非独立）金额。

当支付的是**租金（Zinsen）** 时也存在类似的情况。⑤ 对此联邦最高法院作出的解释是，租金反映了当前的居住费用，因此只要不动产也没有随之增值，那么就不具有可补偿性。⑥ 另外让给付人在这样一个相对较少的数额上坚持一项给予，通常也将并非是可合理期待的。就这方面来说，对于**不同的给予物品（verschiedene Zuwendungsgegenstände）** 也应当要各自**分别地（getrennt）** 进行审查。

---

① BGH FamRZ 2015，393.
② BGH NJW 2016，629.
③ BGH 同上。
④ BGHZ 184，190.
⑤ BGH NJW 2015，690.
⑥ BGH NJW 2012，3374，对配偶之间给予的解释。

此外，如果受赠与的**子女并没有结婚（Kinder nicht verheiratet）**，而仅仅是以非婚生活共同体的方式进行生活，其结果就是此时并不涉及法律意义上的岳父母（公婆）①，那么在这种情况下上述适用于岳父母（公婆）给予的**原则（Grundsätze）也相应适用（entsprechend）**。②

2. 给付领受人的确定

22　　有疑问的是，当岳父母（公婆）没有直接将所涉及的金额汇到女婿（儿媳）的账户上，而是首先汇到了**自己子女的账户（Konto des eigenen Kindes）**里，之后才应该由子女适时地将这笔钱转交给自己的配偶时，应该如何适用。就这个问题而言，当自己子女的账户只是被当作一个"中转站"并且子女相应地也只是充当一个信使的角色时，那么这笔钱在法律上仍然属于对女婿（儿媳）的给付。但是当最终所涉及的是对子女共同所有权的资助或者是对子女共同债务的偿还，那么通常情况下就将被认为是对配偶双方的给付。相反，如果第一个受赠人对于这笔金额就有自由的处分权能，那么此人就应当被单独地看作是**给付领受人（Leistungsempfänger）**。也就是说，对于确定女婿（儿媳）本身是否以及在多大程度上是给付领受人（并且因此成为《民法典》第 313 条或者《民法典》第 812 条第 1 款第 2 句选项 2 所规定的请求权之债务人），需要对个案中的所有情形进行评估。③

3. 与增益补偿的联系

23　　岳父母（公婆）的赠与既应当在女婿（儿媳）的初始财产中，也应当在其最终财产中予以考虑。对于婚前赠与而言，可以从《民法典》第 1374 条第 1 款中得出在初始财产中予以考虑，对婚后赠与则要根据《民法典》第 1374 条第 2 款（优惠收入）的规定进行。不过仍然遗留下来的问题则是，岳父母（公婆）可能的返还请求权通常在对增益补偿具有决定性作用的《民法典》1384 条所规定的截止日之前就已经形成，并因此有可能在最终财产中作为债务而产生减少增益的效果。对此联邦最高法院作了一个巧妙的处理，即这一债务也**同时在最终财产中（zugleich im Anfangsvermögen）**予以考虑，也就是说当作（在一定程度上以分居作为停止条件的）将来债务。④ 通过这样的方式就可以确保给予价值在增益补偿中得以抵扣。

4. 对岳父母（公婆）的给予

24　　此外，考试中的一个绝佳材料则是与之前的相反情况，也就是女婿（儿媳）对岳父母（公婆）的给付。

> **案例**⑤：马丁（Martin，M）和芬雅（Finja，F）夫妇俩搬进了属于 F 父母的房屋里。配偶双方都不需要付租金。为了能为这个年轻的家庭营造一个漂亮的家，M 为大规模的房屋翻新投入了资金。一年之后 M 搬出了这幢房屋。当 M 为了他的给付而向岳父

---

① 参看《民法典》第 1590 条。
② 参看 BGH NZFam 2019，822 这一案例。
③ OLG BremenFamRZ 2016，504.
④ BGH NJW 2010，2202.
⑤ 根据 BGH NJW 2015，1523.

母提出价值补偿的时候，岳父母则提请他注意，F 以及夫妻俩共同的孩子还一直住在这幢房屋里。

本案中要考虑的是《民法典》第 313 条第 1 款，第 3 款第 1 句，第 346 条第 2 款第 1 句所规定的 M 的一项请求权（Anspruch des M aus §§ 313 Abs. 1，Abs. 3 S. 1，346 Abs. 2 S. 1 BGB）。

而这一点是要以当事人之间的一个法律行为为前提条件的。此外，有疑问的是，作为基础的债之关系应当如何归类。依据《民法典》第 516 条的规定而认定成立一项赠与（Schenkung）则被排除了；因为翻新给付的目的不是使岳父母获利，而是实现自己的生活共同体。

但是也应当否定这是一项以合作契约为基础的**无名给予**（unbenannte Zuwendung）①，因为这里涉及的不是同领受人一起构建一个生活共同体。毋宁说在这一类情况下，给付人采取的是一种相对于岳父母来说并非处于一种双向关系中的具有自益性资金性质的投入。

与岳父母的法律关系不如说应当界定为**借用**（Leihe）②，因为父母向配偶双方无偿出让了对房屋的使用。但是这一借用关系是持续存在的。最终岳父母同意 M 今后可以继续留在房屋里。但首先则是 F 与子女在借用的基础之上继续生活在房屋里。只要这一借用关系是持续存在的，就还不能称之为翻新给付的行为基础丧失了。所以只要这一住房还被给付人、其子女或者其前配偶使用着，那么无论如何也不存在《民法典》第 313 条所规定的请求权。③

此外，只要这个借用关系还在持续下去，就存在着一个**《民法典》第 812 条第 1 款**（§ 812 Abs. 1 BGB）意义上的法律原因，以至于《民法典》第 812 条第 1 款第 2 句选项 1 中的请求权也被排除了。这样一来也就还谈不上《民法典》第 812 条第 1 款第 2 句选项 2 中目的落空了。

《民法典》第 601 条第 2 款，第 677 条及以下各条所规定的请求权也不成立，因为 M（作为无因管理人）在资金投入时并非是想为了他人利益而进行这一管理，或者更确切地说他没有请求岳父母（作为本人）进行补偿的目的。④ 因此，到目前为止 M 还没有任何请求权。

只有当不动产又由父母单独使用或者出租给其他人使用并且他们之后能够（提前）从（具有增值作用的）翻新中获得使用利益时，才可能可以考虑《民法典》第 313 条或者《民法典》第 812 条第 1 款第 2 句选项 2 所规定的请求权。

 深入阅读材料推荐

深入学习：*Budzikiewicz/Herr/Wever*，Reformbedarf im Güterrecht und Nebengüterrecht，FamRZ 2021，255；*Grziwotz*，Rückgewähr von Schwiegerelternschenkungen，ZNotP 2019，449；*Henke/Keßler*，Die Rückforderung von Zuwendungen nach endgültiger Trennung，JuS 2011，583 und 686；*Liebrecht*，Abschied von der unbenannten Zuwendung，

---

① 对此参看上文本节边码 13。
② 《民法典》第 598 条。
③ BGH NJW 2015，1523.
④ 参看《民法典》第 685 条。

AcP 217 （2017），886；*Szalai*，Die familienrechtliche Überlagerung zivilrechtlicher Ansprüche unter Eheleuten，NZFam 2018，761；*Weinreich*，Das Gesamtschuldverhältnis bei Trennung und Scheidung，FF 2020，439；*Wellenhofer*，Ausgleich von Zuwendungen unter Ehegatten nach § 313 BGB，NZFam 2014，314；*Wever*，Die Rückabwicklung der Schwiegerelternschenkung in der Praxis，FamRZ 2016，857；*ders.*，Die ehebezogene Zuwendung in der Vermögensauseinandersetzung，FamRZ 2021，329；*Wever/Frank*，Die Entwicklung der Rechtsprechung zur Vermögensauseinandersetzung der Ehegatten außerhalb des Güterrechts，FamRZ 2020，885。

案例与考试：*Adolphsen/Mutz*，Fortgeschrittenenklausur：Rückforderung schwiegerelterlicher Zuwendungen，JuS 2011，431；*Braun*，Ein schockierendes Leben，Jura 2013，1 159；*Brugger*，Die Rückabwicklung familiärer Zuwendungen in der Fallbearbeitung，JuS 2020，306；*Körner*，Referendarexamensklausur-Familienrecht：Vermögensausgleich zwischen Ehegatten im Falle der Trennung，JuS 2007，661；*Löhnig/Leiß* Fälle FamR Fall 8；*Roth* Fall 8；*Schwab* FamR PdW Fall 62。

第十九节 复 习

1. 配偶双方能否通过婚姻契约来确定，在增益补偿中并不支付盈余之一半[①]，而是仅仅支付其中的 1/3？

2. 对于增益补偿时最终财产的计算适用的是哪一个截止日？

3. 负有补偿义务的配偶之子女是否也能够被请求支付增益补偿？

4. 当负有补偿义务的配偶在离婚程序中将其很大一部分财产都赠送给了子女并且在之后离婚时事实上已经无支付能力之时，就增益补偿而言可以得出哪些结论？

5. 如果配偶一方在分居期间获得了彩票奖金，那么这一彩票奖金在增益补偿时是否应当在该配偶的最终财产中予以考虑？

6. 如果配偶一方在提起离婚申请的前一天获得了一笔 50 000 欧元的精神抚慰金，那么这笔金额在增益补偿的框架内是否负有补偿义务？

7. 在哪种情况下对于处于法定财产制中的未亡配偶而言拥有在继承法解决方案和婚姻财产制法解决方案之间进行选择的权利？

8. 如何描述因已结束的配偶内部合伙而产生之请求权与因增益补偿而产生之请求权之间的关系？

9. 当女婿在离婚时已经破产并且必须关闭企业之时，岳父母还能否请求返还之前对女婿的一笔较大数额的给与，而这笔给与当时应当用于女婿的企业并因此而间接地用于配偶双方生活开销的？

自测题的答案在本书书末。

---

① 参看《民法典》第 1378 条。

第五章

离婚及离婚后果法

第二十节　离　婚

一、基础

1. 概况

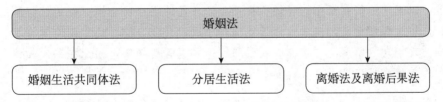

　　如果要离婚，从法律上可以分为三个时间段：现存婚姻生活共同体时期①，分居生活时期②以及可以产生法律上之离婚后果③的离婚之后时期。就此而言，重要的是——尤其是在扶养请求权上——不断准确地去审查，这些请求权是针对哪个时间段主张的以及涉及哪些与此相关的规范群。

　　离婚（**Ehescheidung**）指的是通过**法院裁定**（**gerichtlichen Beschluss**）进行的婚姻解除，并对将来产生效力。④ 按照《民法典》第1564条第2句，《家事与非诉事务程序法》第116条第2款的规定，只有通过具有既判力的法院裁定才能离婚。考虑在公证人处或者户籍登记处引入对无子女之婚姻进行法院外离婚的额外选择方案（"轻便式"（light）），到目前为

1

2

---

① 参看《民法典》第1353条及以下各条。
② 《民法典》第1361条至第1361b条，参看下文第二十一节。
③ 例如《民法典》第1569条及以下各条所规定的扶养请求权。
④ 参看《家事与非诉事务程序法》第116条第1款。

止都还无法得到实现。① 要与离婚区别开来的则是由于废止②或者死亡导致的婚姻解除。

根据联邦统计局的统计数据③，2019 年德国**婚姻的离婚数为 149 000 对**（149 000 Ehen geschieden）。配偶双方在结婚后平均 14.8 年离婚。

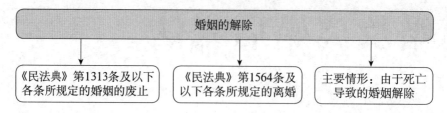

2. 破裂原则

3　　根据《民法典》第 1565 条第 1 款第 1 句的规定，当婚姻本身已经破裂时，才能够离婚。就此而言，现行离婚法的这一（指导）思想就是**破裂原则**（**Zerrüttungsprinzip**）。婚姻已经破裂或者说无法补救地性毁坏这一客观情形使（在一段规定的分居生活阶段之后）离婚得以证成。而哪些原因导致了婚姻的破裂却是无关紧要的。离婚不取决于过错。即使是以可责难的方式将婚姻带向破裂的那一方配偶——比如因为他出轨——也可以请求离婚。破裂原则是符合《基本法》的。④

破裂原则是通过 1977 年 1 月 1 日生效的第一次婚姻改革法引入的。在这之前实行的是所谓的**过错原则**（**Verschuldensprinzip**）。根据这一原则，配偶一方严重违反义务才使得配偶另一方有权利请求离婚。此外离婚过错的影响力也及于离婚后果。对离婚负有过错的一方，原则上就无法得到离婚后的扶养。然而，这导致了对婚姻存续期间无职业家庭主妇的不公平，以至于她们在离婚的时候不得不为了自己的生存而奋战。但是过错原则首先所具有的一个较大弊端就是，当事人为了能够着手进行过错分配，经常被迫要将其私密生活中的细节公之于众（所谓的"清洗脏衣服"）。这些痛苦的经历也因此在一次具体化了的离婚程序之后就被张扬出去了。

3. 契约自由的限制

4　　破裂原则以及与其相联系的《民法典》第 1564 条及以下各条的条文都是**强行性法律**（**zwingendes Recht**）。配偶双方通过**婚姻契约**（**Ehevertrag**）既不能确定过错原则的适用⑤（Rauscher，Rn.503），也不能排除对其婚姻主张离婚。⑥ 就此而言，婚姻的可离婚性也属于根据《基本法》第 6 条第 1 款所提供的婚姻的制度保障以及符合世俗化的民法婚姻之观念，特别是只有这样才能使通往重新缔结婚姻之路畅通无阻。⑦ 然而，尽管配偶双方的婚姻已经破裂，但是他们当然能够自愿地永久不提起离婚申请。此外，法律所规定的分居

---

① 对此参看 *Göhler-Schlicht*，FF 2006，77。

② 参看上文第六节边码 13 及以下各边码。

③ 访问网址为 www.destatis.de。

④ BVerfGE 53，224.

⑤ *Rauscher* FamR Rn.503.

⑥ BGH NJW 1986，2046.

⑦ BVerfGE 31，58；FamRZ 2007，615.

时间①也是无法任意处置的。但是有时候配偶双方在法庭上主动互相一致地主张分居时间已经够了，而法官也并不总是能够核查是否真实地经过了规定的分居时间。

二、离婚的前提条件

不存在离婚**请求权**（keinen Anspruch），《民法典》第 1564 条及以下各条并不包含任何请求权基础。所存在的仅仅是到法院申请离婚的可能性。所以需要审查的是离婚申请的可行性。在**考试**（Klausuren）中也可能需要附带地澄清离婚的前提条件，例如如果继承发生时离婚的前提条件已经存在并且被继承人已经申请了离婚或者同意了离婚，那么在审查根据《民法典》第 1933 条第 1 句已经被排除了的法定配偶继承权的情况。②

离婚的前提条件

1. 按照《家事与非诉事务程序法》第 124 条的规定，在有管辖权的家事法庭提起的离婚**申请**（Antrag）

2. 现存**婚姻**（Ehe）有效

3. 按照《民法典》第 1565 条第 1 款第 1 句的规定，当**婚姻破裂**（Ehe gescheitert）时，申请才有根据

a.《民法典》第 1566 条第 1 款所规定的推定

——一年时间的分居

——双方均提出申请或者同意离婚申请

b.《民法典》第 1566 条第 2 款所规定的推定

——3 年时间的分居

c. 辅助方式：依据《民法典》第 1565 条第 1 款第 2 句进行实质性的个案审查

——婚姻的破裂

——按照《民法典》第 1565 条第 2 款的规定，一年时间的分居或者困难情况（Härtefall）

4. 依据《民法典》第 1568 条的规定，**不存在困难情况**（Kein Härtefall）

1. 离婚申请

在家事法庭申请离婚可以由配偶一方或者配偶双方提出。按照《家事与非诉事务程序法》第 114 条第 1 款的规定，对离婚申请人适用律师强制代理。③ 按照《家事与非诉事务程序法》第 133 条第 1 款第 1 项的规定，应当在**申请书**（Antragsschrift）中写明共同子女的姓名和出生日期。此外，按照《家事与非诉事务程序法》第 133 条第 1 款第 2 项的规定还必须说明，配偶双方是否已经就父母照顾、与子女的交往、子女抚养、配偶扶养或者婚姻住房以及家居物品上的法律关系确定了相关规则。至于离婚申请的其他方面，按照《家

---

① 《民法典》第 1566 条。
② 案例：OLG Düsseldorf FamRZ 2020，715。
③ 参看下文本节边码 17。

事与非诉事务程序法》第 124 条第 2 句的规定，则相应适用《民事诉讼法》中有关起诉书的规定。关于离婚程序则参看下文本节边码 17 及下一边码。

2. 现存婚姻有效

7　　只有现存婚姻有效才可以离婚。如果之前所进行过的结婚无效，也就不需要离婚了。婚姻的无效可以经申请而通过法院的裁定来确定。[①] 如果一段婚姻既是可废止的[②]并且此外也已经破裂了，那么配偶双方就可以选择他们是申请婚姻废止还是离婚。

3. 《民法典》第 1566 条所规定的基于破裂推定的离婚

8　　按照《民法典》第 1565 条第 1 款第 1 句的规定，离婚的中心前提条件就是婚姻已经破裂。《民法典》第 1565 条第 1 款第 2 句规定，如果配偶双方的生活共同体不复存在并且也无法期待配偶双方能对其进行重新修复，那么婚姻就已经**破裂了**（**gescheitert**）。对此具有决定性意义的是，配偶双方之间的内在联系已经终局性地中断了，当然大多数情况下这还伴随着外在的分居。然而，与此相关的对事实上破裂之审查有可能非常困难，特别是当配偶双方对此有不同意见的时候。所以按照《民法典》第 1566 条的规定，法律借助所谓的破裂推定。首先要合理地审查这些推定并且只有在这些推定并不相关的情况下，才回溯到对《民法典》第 1565 条第 1 款第 2 句所规定的一般性破裂构成要件的审查。[③]

　　A.《民法典》第 1566 条第 1 款的破裂推定

9　　根据《民法典》第 1566 条第 1 款的规定，当配偶双方**分居满一年**（**einem Jahr getrennt**）并且配偶双方都提出离婚申请或者离婚的申请相对人同意离婚申请，那么婚姻就**无可辩驳**（**unwiderlegbar**）地被推定为已破裂。如果这些前提条件满足了，法官就不必再审查，婚姻是否在《民法典》第 1565 条第 1 款意义上已经事实上破裂了。因此，对法官来说大多数情况下就可以避免对配偶双方隐私的侵犯了。至于应该如何理解分居，则由《民法典》第 1567 条来规定。[④] 一年的分居时间只要在法院作出裁判时届满就已经足够了。

　　按照《家事与非诉事务程序法》第 134 条第 1 款的规定，**对离婚申请的同意**（**Zustimmung zum Scheidungsantrag**）可以在法院书记处进行笔录时或者在言辞辩论中法院进行笔录时作出表示。《家事与非诉事务程序法》第 134 条第 2 款第 1 句规定，同意可以在有关离婚裁判的言辞辩论结束前被**撤回**（**widerrufen**）。

　　B.《民法典》第 1566 条第 2 款的破裂推定

10　　根据《民法典》第 1566 条第 2 款的规定，当配偶双方**分居满 3 年**（**drei Jahren getrennt**）时，那么婚姻就不可推翻地被推定为已破裂。此时由谁提出离婚申请或者另一方是否反对，都已经无关紧要了。因此，在 3 年的分居时间之后——除了符合《民法典》第 1568 条困难条款的情况之外——任何婚姻都能被离婚。宪法法院已经确认了这一规范的合宪性。[⑤]

---

①　《家事与非诉事务程序法》第 121 条第 3 项意义上的婚姻事务。
②　参看《民法典》第 1314 条所规定的废止原因。
③　参看 OLG Brandenburg FamRZ 2010，1803。
④　参看下文第二十一节边码 2。
⑤　BVerfGE 53，224（247）；FamRZ 2001，986.

4.《民法典》第 1565 条所规定的基于破裂构成要件的离婚

A. 审查《民法典》第 1565 条第 1 款第 2 句的基本构成要件

如果《民法典》第 1566 条的推定构成要件没有满足，就要继续审查《民法典》第　11
1565 条第 1 款第 2 句的基本构成要件。这就要求——即使在配偶双方都同意离婚申请的情况下——分两个步骤对婚姻的破裂进行谨慎的实质性个案审查：

- 配偶双方的生活共同体不可能再存在了（对当时实际状况的审查）。
- 另外也无法期待，配偶双方重新修复生活共同体（对未来的诊断）。

配偶双方的生活共同体被理解为"婚姻关系的整体，但是首要的还是配偶双方**相互的内在联系**（wechselseitige innere Bindung）"；家庭共同体仅仅只是其中的一个部分领域。①因此，当配偶双方之间的内在纽带已经终局性地中断，而单方面的退出婚姻对此就已经足够了的时候，婚姻生活共同体就不复存在了。因此也有可能在不分居的情况下存在婚姻破裂。具有决定性意义的是"内在"的分开，而外在的分居只是起到证据性作用。仅仅是配偶一方由于年龄以及疾病而导致丧失行为能力这一事实，还无法说明内在的亲密联系被消除。②

例子：恩斯特（Ernst，E）和菲奥娜（Fiona，F）因工作原因而造成分居，导致他们在柏林和慕尼黑都有住所，但是只要内在的亲密联系还持续着，婚姻生活共同体的"存在"就不受影响。但是一旦 E 因为一段新的关系而终局性地偏离了婚姻轨道时，内在的婚姻纽带就断裂了。从这一刻开始，E 和 F 之间的婚姻生活共同体就不复存在了。然而，如果 E 虽然有了一段新关系，但是 E 和 F 仍然继续保持彼此之间亲密的性关系时，情况就将会不一样。此时还仍然无法认定婚姻生活共同体的破裂。③

除了审查婚姻当时的实际状况之外，《民法典》第 1565 条第 1 款第 2 句另外还要求进　12
行**消极的未来诊断**（negative Zukunftsprognose）。只有当无法期待配偶双方重新修复婚姻生活共同体时，婚姻才算是破裂了。就这点来说，法官必须彻底**分析**（analysieren）婚姻的实际状况以及从事实上评估修复可能性。此外，法官还将安排配偶双方本人出席法庭，以便能够听取他们的意见（anhören）。④ 当法院相信至少在配偶一方已经终局性地不存在和好意愿时，就足以认定婚姻的破裂了。⑤

对于判断婚姻破裂具有决定性的仅仅在于，个案中所涉及之配偶双方的具体生活共同体主要是受哪些**主观构想**（subjektiven Vorstellungen）所塑造的。⑥ 这样一来，对于某一对具体的配偶双方而言，过去的一次不忠就有可能意味着婚姻已经终局性毁灭了，而其他那些公开承认了第三者关系的配偶双方就不会认为这对他们的婚姻是一个威胁。

B.《民法典》第 1565 条第 2 款所规定的困难情况下的提前离婚

《民法典》第 1565 条第 2 款限制了根据《民法典》第 1565 条第 1 款第 2 句以实质性　13

---

① BGH FPR 2002，143.
② BGH 同上，S. 144。
③ OLG Schleswig FamRZ 2001，1456.
④ 参看《家事与非诉事务程序法》第 128 条第 1 款第 1 句。
⑤ BGH FamRZ 1979，285；OLG Brandenburg NZFam 2015，379.
⑥ BGH NJW 1995，1082.

破裂审查为基础的离婚：如果配偶双方分居尚未满一年，那么只有当婚姻的继续将会因配偶另一方个人本身的原因对申请者构成了无法合理期待的困难时，才可以离婚。也就是说根据《民法典》第 1565 条第 1 款的离婚，原则上也是要以**一年的分居**（**einjähriges Getrenntleben**）为前提条件的。这样做是为了保护婚姻，防止仓促的离婚申请以及单方面的权利滥用。只有在困难情况下才有可能提前离婚。在实践中只有大概 1‰ 的离婚是这一类提前离婚。

按照通说**无法合理期待的困难**（**unzumutbare Härte**）必须涉及婚姻的继续本身或者**形式上**（**formale**）继续保持已婚状态。① 无法合理期待继续共同生活还是不够的，因为已经可以通过分居来保护自己免受其害了。此外只有当现有情形下等待这一年的分居时间确实例外地无法合理期待之时，才存在这种困难。另外，无法合理期待的原因还必须是**由于配偶另一方个人本身**（**in der Person des anderen Ehegatten**）。同样都涉及双方的（住房过于狭小，子女的负担）原因是不够的。对此应当设置一个较为严格的标准。② 但是在此期间的和好尝试并不必然会阻碍困难情况下的离婚。③

被拒绝承认为困难情况的例子：

● 不支付扶养费④

● 配偶一方与新的同性伴侣同居⑤

● 多年婚姻生活后配偶一方在毫无特别情形影响的情况下公开自己的同性恋身份⑥

● 结婚三天之后婚姻就宣告破裂，因为丈夫向妻子的一位女性朋友示爱⑦

● 妻子怀了第三者的孩子并不是妻子可以提前离婚的原因，因为这一原因终究只是来自她自身⑧

● 妻子酗酒。⑨

被肯定为困难情况的例子：

● 配偶另一方实施的严重身体虐待行为（但是只有唯一一次的虐待则不行⑩）

● 严重的侮辱和诽谤，严重违反婚姻义务以及因明显的暴力倾向所造成的严重威胁⑪或者是常年的羞辱和殴打⑫

● 配偶一方因精神疾病所造成的不当行为已经导致有离婚意愿的配偶另一方产生严重的健康后果（重度抑郁情绪、恐慌症发作或者产生自杀念头），必须接受医学治疗，而且这也成为配偶另一方丧失工作能力的原因⑬

---

① BGH FamRZ 1981，127，129；OLG Oldenburg FamRZ 2018，1897.

② OLG Stuttgart NZFam 2015，1168.

③ OLG Karlsruhe FamRZ 2017，1037.

④ OLG Stuttgart FamRZ 2001，1458.

⑤ OLG Köln FamRZ 1997，24.

⑥ OLG Nürnberg NJW 2007，2052.

⑦ OLG München FamRZ 2011，218.

⑧ OLG Naumburg NJW 2005，1812.

⑨ OLG Stuttgart FamRZ 2013，1764.

⑩ 参看 OLG Stuttgart FamRZ 2002，239.

⑪ OLG Dresden NJW-RR 2012，1284.

⑫ OLG Oldenburg FamRZ 2018，1897.

⑬ KG NZFam 2018，233.

- 因在公共场合通过公开私密之事而使其出丑，配偶另一方进行谋杀威胁①
- 妻子从事性工作②
- 丈夫向另一个女子进行给予对病重的妻子造成了特别的伤害和心理负担③
- 妻子怀了第三者的孩子对丈夫而言构成了一个困难原因，因为在孩子出生之前所提起的离婚申请可能使丈夫承受父亲身份撤销的负担，对此可参看《民法典》第 1599 条第 2 款的规定。④

案例： 最近一段时间以来，马克斯（Max，M）和弗罗拉（Flora，F）夫妇双方越来越频繁地发生争吵。渐渐地双方都发觉，他们的生活已经彼此疏远了并且也想要分开居住。因此，2020 年 10 月 11 日他们从同一所婚姻住房内搬到了不同的房间里。他们对卫生间和厨房各自的使用时间都单独作了规定并且对其严格遵守。M 和 F 就这样一直相互回避着。当 F 和 M 的兄弟贝恩德（Bernd，B）开始一份亲密关系的时候，M 再也无法忍受这一状况了并于 2021 年 1 月搬出了婚姻住房，而 B 则马上搬了进来。F 想和 B 待在一起并且和他在婚姻住房中规划着一个共同的未来。而 M 也没有和解的意愿。他向家事法庭提起了离婚申请，该申请于 2021 年 2 月 15 日被送达至 F。M 认为，离婚的前提条件已经存在了，主要是因为与 F 继续维持婚姻关系对他来说是无法合理期待的。F 的行为对他是一种贬低轻视，使他在所有熟人以及拥有 500 名居民的社区邻居那里沦为笑柄。F 迄今为止都没有同意这份离婚申请。在 2021 年 5 月的言辞辩论之后就要进行裁判的法院将会批准离婚吗？

如果离婚的前提条件（Voraussetzungen für die Scheidung） 都存在了，那么法院将会批准 M 的离婚申请。

1. M 已经在家事法庭提起了**离婚申请（Scheidungsantrag）**。据此可以认为，他已经由律师进行了代理并且所有形式上的前提条件都已经满足了。

2. 根据案件事实在 M 和 F 之间存在着真实有效的**婚姻（Ehe）**。

3. 根据《民法典》第 1565 条第 1 款第 1 句的规定，唯一的**离婚原因（Scheidungsgrund）** 就是婚姻的破裂。当配偶双方的生活共同体不复存在并且无法期待配偶双方对其进行重新修复之时，依据《民法典》第 1565 条第 1 款第 2 句的规定，婚姻就已经破裂了。不过，如果《民法典》第 1566 条所规定的破裂推定中之一种成立了，就不需要进行实质性的破裂审查了。

a)《民法典》第 1566 条第 1 款的破裂推定没有满足，因为 F 没有同意离婚。

b) 就《民法典》第 1566 条第 2 款的破裂推定而言，则缺少了对该推定来说必需的 3 年分居生活。

c) 因此必须审查，是否存在《民法典》第 1565 条第 1 款意义上的婚姻破裂。F 和

---

① OLG Brandenburg FamRZ 2001，1458.
② OLG Bremen FamRZ 1996，489.
③ OLG Stuttgart NZFam 2015，1168.
④ OLG Hamm FamRZ 2014，2004.

M 已经于 2020 年 10 月 11 日通过在婚姻住房中分居的方式①，废止了他们的家庭共同体。但是这一点只能被评价为婚姻破裂的证据。具有决定性意义的是，配偶双方之间的内在纽带，内在的亲密联系是否还继续存在。根据案件事实，F 与 B 发生了婚外恋情，并且计划和 B 共度未来的生活。在和 F 的这段关系上 M 也同样失去了兴趣。所以双方都没有意愿要将婚姻生活共同体继续下去。因此，最终的结果就是婚姻关系共同体不复存在了。因为 F 转向了另一个伴侣并且 M 和 F 没有和解的意愿，所以也不能期待婚姻生活共同体会得以重新修复（消极的未来诊断）。因此婚姻已经破裂了。

d）即使婚姻已经破裂了，但是也只有当配偶双方至少**分居一年**（**ein Jahr getrennt**）或是婚姻对于提出离婚申请的那一方而言构成了无法合理期待的困难时，才能够按照《民法典》第 1565 条第 2 款离婚。

aa）分居的一年时间尚未届满。分居最早是在 2020 年 10 月 11 日开始的；从那时起到 2021 年 5 月尚未满 12 个月。

bb）因此，现在就要取决于，婚姻的继续由于 F 个人本身的原因对 M 而言是否将会意味着《民法典》第 1565 条第 2 款中的**无法合理期待的困难**（**unzumutbare Härte**）。

无法合理期待婚姻生活还不足以构成无法合理期待的困难；因为从中产生的困难已经可以通过分居来处理了。毋宁说必须要具备的是，婚姻作为法律关系继续下去或者形式上继续保持已婚状态是无法合理期待的。此外，对于认定一项无法合理期待的困难还应当具备严格的要求。违反婚姻忠诚义务只有在特殊的情形之下才构成一项困难的原因②，特别是配偶双方分居之后忠诚义务本来就会变得宽松。尽管如此，在本案中需要注意的是，F 是和她丈夫的兄弟发生了婚外情并且就在 M 搬出去之后立刻就将他接纳到婚姻住房里了。考虑到 M 和 F 居住在一个仅仅只有 500 名居民，以至于这类小道消息传播得特别迅速的小地方这一情形，我们完全可以将这一状况列为对 M 而言是难以忍受的。③ 而且困难的原因也在于 F 个人本身。

因此应当肯定存在《民法典》第 1565 条第 2 款意义上的困难情况。离婚的前提条件已经满足了。

法院将会批准 M 的离婚申请。

5. 《民法典》第 1568 条所规定的困难情况下不允许离婚

A. 规范目的

14　　与《民法典》第 1565 条第 2 款意义上允许提前离婚的困难不同，《民法典》第 1568 条意义上的困难能够（首先）阻却离婚。对此可以想到例子就是，尽管婚姻确实已经破裂，但是至少在一定时间内在婚姻的存续上还存在着合法利益并且从法律上看也是值得保护的。所以《民法典》第 1568 条第 1 款规定，如果并且只要为了子女的利益而维持婚姻是极其必要的或者离婚对于离婚申请相对人而言将会构成特别严重的困难的，就不"应

---

① 参看《民法典》第 1567 条第 1 款第 2 句。

② Palandt/*Siede*，BGB § 1565 Rn. 11.

③ 参看 OLG Köln FamRZ 2003，1565；OLG Oldenburg FamRZ 1992，682；也有值得赞同的不同观点。

该"离婚（＝不允许离婚）。

B.《民法典》第 1568 条第 1 款选项 1 所规定的相冲突的子女利益

根据《民法典》第 1568 条第 1 款困难条款中的第一个选项，子女利益有可能会与离婚（暂时）相冲突。对此需要注意的是，原则上每一起离婚都已经附带对子女产生了负担，因而仅仅是这一点还无法构成困难情况。毋宁说必须要担忧的是，子女的关系由于**离婚（Scheidung）**（不是因为分居）而从根本上恶化了，以至于**子女利益将会从整体上受到显著损害（Kindeswohl insgesamt erheblich beeinträchtigt）**。

困难情况的例子：

● 离婚的情况下子女的经济关系将会急剧地恶化，因为对此应该考虑到的是，父亲中止抚养支付并且逃到一个不认识的地方。

● 子女在父母离婚的情况下以自杀相威胁。[①]

● 子女对父母双方都有特别强的联系，而这些联系在离婚情况下极有可能会被危及到。[②]

C.《民法典》第 1568 条第 1 款选项 2 所规定的对配偶另一方而言的困难

即使配偶一方不想离婚，在经过 3 年时间的分居之后原则上也必须要接受离婚。[③]《民法典》第 1568 条第 1 款选项 2 只是为以下情况作出了一个例外规定，那就是离婚表示（不是分居）对该方配偶而言由于异常的情形将会构成严重的困难，以至于即使在考虑到离婚申请人利益的情况下维持婚姻看起来也是极其必要的。

> **考试提示：**《民法典》第 1568 条第 1 款选项 2 为离婚申请相对人提供了一个针对离婚申请的**抗辩（Einwendung）**，这一抗辩只应当通过其自己的陈述而不应当由法院依职权来主张。[④]

这一特别的法律表述造成了对困难条款**非常严格的适用（sehr restriktiver Handhabung）**。离婚只有在异常困难且无法合理期待的个案情形当中才应当被排除。通常与分居或者离婚相联系在一起的后果（心理负担，生活标准恶化，失去社会救济，失去婚姻住房等）都还满足不了《民法典》第 1568 条第 1 款选项 2 的构成要件。[⑤]

肯定一个困难情况的例子：

● 由于离婚而导致"被遗弃配偶"现有的重病（例如多发性硬化症）有继续恶化之虞。[⑥]

● 不愿离婚且需要人护理的配偶正住在护理院里，而且一旦离婚就将会失去在德国的居留权。[⑦]

● 离婚的情况下存在一个非常急迫的自杀危险。

● 妻子在维系了 36 年的婚姻中一直为丈夫的企业作出了诸如金钱上的个人牺牲，并且

---

① 参看 OLG Hamburg FamRZ 1986，469。
② 参看 *Schwab* FamR GdR Rn. 376 f.；OLG Celle FamRZ 1978，508。
③ 参看《民法典》第 1566 条第 2 款。
④ 参看《家事与非诉事务程序法》第 127 条第 3 款。
⑤ 参看 OLG Brandenburg NJW-RR 2012，71。
⑥ BVerfGE 55，134（137）.
⑦ AG Tempelhof-Kreuzberg FamRZ 2014，1780.

尽管不久之前才发生了他们共同的儿子因事故罹难的不幸，她还是违背其意愿被要求离婚。①

否定困难情况的例子：

- 配偶一方因罹患精神疾病而长期需要救助。②
- 心理上可控制的抑郁症状。③
- 还没有引起心理上极端状况的疾病状态。④
- 担心因离婚而成为需社会救济之人。⑤

三、程序上的提示

1. 总论

17 按照《家事与非诉事务程序法》第 121 条第 1 项，第 111 条第 1 项的规定，离婚程序（离婚事务）属于**婚姻事务（Ehesachen）**。家事法庭对此有管辖权。《家事与非诉事务程序法》第 122 条规定了地域管辖。离婚程序按照《家事与非诉事务程序法》第 133 条及以下各条的特别规定展开，补充适用有关婚姻事务的一般规定。⑥ 占据主导地位的是——依据《家事与非诉事务程序法》第 121 条第 2 款，第 3 款的规定作一定的限制——依职权调查原则（Amtsermittlungsgrundsatz）。如果法庭认为存在婚姻继续下去的希望，那么法庭就能够中断程序。⑦《家事与非诉事务程序法》第 130 条第 2 款规定，不允许通过缺席裁判离婚。按照《家事与非诉事务程序法》第 131 条的规定，如果在离婚产生既判力之前配偶一方死亡的，则视为诉讼程序已经终了。其他情况下婚姻则依据批准离婚申请之裁定的既判力而解除。针对裁定可以合法地行使上诉这一法律手段。⑧

按照《家事与非诉事务程序法》第 114 条第 1 款的规定，在婚姻事务上对配偶双方适用**强制律师代理制度（Anwaltszwang）**。尽管如此，但是按照《家事与非诉事务程序法》第 114 条第 4 款第 3 项的规定，在离婚以及离婚申请撤回之同意或是离婚撤回之同意上不需要经由律师代理。因此，对于双方互相同意的离婚而言，配偶双方只需要一名律师。但是需要注意的是，没有经由律师代理的配偶不能进行独立的诉讼程序行为。所以按照《家事与非诉事务程序法》第 138 条第 1 款的规定，为了其权利的行使，法院可以依据职权为其指定一名律师。

2. 与离婚合并处理

18 离婚的时候可能还存在其他问题需要澄清：增益补偿，供养补偿，共同住房和家居物品的处理，离婚后的扶养，对子女的照顾权。这些事务可以——除了供养补偿这一例

---

① BGHFamRZ 1979，422.
② BGHFamRZ 1979，469.
③ OLG Brandenburg NJW-RR 2012，71.
④ OLG Brandenburg FamRZ 2010，1803.
⑤ OLG Bamberg FamRZ 2005，810.
⑥ 《家事与非诉事务程序法》第 121 条及以下各条。
⑦ 参看《家事与非诉事务程序法》第 136 条。
⑧ 参看上文第一节边码 9。

外——从一开始就在一个独立的程序中进行处理。但是也有可能在同一个程序中将**离婚事务和后果事务合并**（**Verbunds von Scheidungs- und Folgesachen**）处理。通过这一方式，所有的相关事务都可以在同一时间进行商讨和裁判。① 如果配偶一方只愿意在一定的条件下同意离婚，例如仅仅在答应其特定扶养支付的情况下，这一点就显得尤为重要了。

如果一方配偶请求合并处理，那么按照《家事与非诉事务程序法》137 条第 2 款第 1 句的规定，至迟必须在一审言辞辩论的前两周使所涉及的合并事务在离婚事务中发生诉讼系属。唯一的例外只适用于由法院依职权采取的供养补偿之执行②，只要配偶双方对此没有事先进行有效的排除即可。在特定情形之下法院还可以将后果事务从合并处理中拆分出来并且将其引导到一个独立程序中，相关规定可参看《家事与非诉事务程序法》140 条第 2 款。③ 按照《家事与非诉事务程序法》第 142 条第 2 款的规定，只要合并处理仍然存在，就要进行**统一最终裁判**（**einheitliche Endentscheidung**）。然而，如果离婚申请被驳回了，只要一方当事人没有明确地提起另一个申请，那么后果事务就没有存在的理由了。④《家事与非诉事务程序法》第 148 条规定，在离婚表示发生既判力之前，有关后果事务的裁判不发生效力。针对合并处理中统一最终裁判的上诉可以仅限于这一裁判中的部分。通过这一方式离婚可以发生既判力，而有关增益补偿的争议则可以通过其他审级继续进行下去。

 深入阅读材料推荐

深入学习：*Bergschneider*，Härtefallscheidung vor Ablauf des Trennungsjahrs，§ 1565 Abs. 2 BGB，NZFam 2016，158；*Cubeddu Wiedemann/Henrich*，Neue Trennungs- und Scheidungsverfahren in Italien，FamRZ 2015，1253；*Grziwotz*，„Bis dass der Tod unsscheidet" oder zumindest Kinderschutzklausel im Ehevertrag?，FamRZ 2008，2237；*Hilbig*，Besonderheiten im Scheidungsverfahren，Jura 2009，910；*Roth*，Vierzig Jahre Eherechtsreform in Deutschland，FamRZ 2017，1017。

案例与考试：*Schwab* FamR PdW Fälle 78 – 85。

第二十一节　分　居

一、导论

1. 法律效力概况

在离婚之前通常还有一个配偶双方**分居**（**Getrenntleben**）的阶段。对此存在一系列的

---

① 参看《家事与非诉事务程序法》137 条第 1 款。
② 《家事与非诉事务程序法》137 条第 2 款第 2 句。
③ 对此参看 BGH NJW 2011，1141。
④ 参看《家事与非诉事务程序法》第 142 条第 2 款。

特别规范。

● 配偶双方根据《民法典》第 1360 条所负的家庭扶养义务取消；按照《民法典》第 1361 条规定的规定，可以存在一项（单方面的）**分居扶养（Trennungsunterhalt）**支付请求权。

● 按照《民法典》第 1361a 条的规定，有关分配**家居物品（Haushaltsgegenstände）**的争议可以提起申请要求由法院进行分配。

● 按照《民法典》第 1361b 条的规定，有关哪一方配偶可以继续在**婚姻住房（Ehe-wohnung）**中居住的争议可以提起申请要求由法院进行裁判。

● 停止家事代理权，对此可以参看《民法典》第 1357 条第 3 款。

● 对共同子女的共同**照顾权（Sorgerecht）**虽然仍然存在，但是按照《民法典》第 1671 条的规定，可以提起申请要求变更照顾权的分配。[1]

● 如果子女目前与父母一方共同生活，那么按照《民法典》第 1687 条的规定，这一方父母在子女日常生活的事务上就有单独决定的权限。[2]

2. 分居的概念

A. 定义

2　根据《民法典》第 1567 条第 1 款第 1 句的规定，当配偶双方之间**不存在家庭共同体（keine häusliche Gemeinschaft）**并且配偶一方因为拒绝婚姻生活共同体而明显不愿意对其进行建立时，他们就处于分居状态。因此，分居需要存在一个客观因素（缺少家庭共同体）以及一个主观因素（拒绝建立共同体）。然而，《民法典》第 1567 条第 1 款第 1 句并不适用于例如由于职业原因而造成的被迫分居。

例子：如果马克斯（Max，M）和弗罗拉（Flora，F）夫妇分居是因为作为考古学家的 F 为了进行考古发掘工作而在约旦那里待两年，那么在客观上他们虽然是处于分居状态，但是当至少配偶一方有意识地避开另一方并且拒绝与其一起的婚姻生活共同体时，才可以从中得出《民法典》第 1567 条意义上的分居。[3]

《民法典》第 1567 条第 1 款第 1 句的概念规定不仅仅适用于离婚法，原则上也适用于配偶分居概念在其中具有重要性的所有其他相关的条文。如果分居的时间点有争议，那么也可以为此——例如在增益补偿程序当中——向法院提起中间确认申请（Zwischenfests-tellungsantrag）。[4]

B. 和好尝试

3　《民法典》第 1567 条第 2 款规定，为了使配偶双方和好而进行的较短时间共同生活并不中断或者中止《民法典》第 1566 条中（以及《民法典》第 1565 条第 2 款中）所规定的期间。因为法律想要对婚姻进行保护[5]，那么配偶双方的和好尝试就应该得到支持，并且不应当与不利于配偶双方计算分居时间的后果联系在一起。所以，不成功的和好尝试并不

---

① 参看下文第三十二节边码 18 以及下一边码。

② 参看下文第三十三节边码 7。

③ 参看 KG NZFam 2019，86。

④ OLG Brandenburg NZFam 2020，913.

⑤ 参看《基本法》第 6 条第 1 款。

影响已经届满的分居时间并且也不会导致一个新分居期间的开始。另外，只要涉及的是《民法典》第 1566 条第 1 款中一年分居时间的满足与否，那么《民法典》第 1567 条第 2 款意义上的"**较短时间**"（**kürzere Zeit**）最长可以达到 3 个月。[①]

例子：马克斯（Max，M）和弗罗拉（Flora，F）夫妇从 2020 年 3 月 1 日开始分居。然而，在 10 月 1 日的时候 M 又返回了婚姻住房，因为他希望，借此能够挽救婚姻以及挽回 F。不过在四周之后还是没有显示出任何回转的余地，所以 M 又搬了出去。因此到 2021 年 3 月 1 日为止，分居时间就将会被认为已满 12 个月了。依据《民法典》第 1567 条第 2 款的规定，和好尝试的这段时间是无关紧要的或者更确切地说说基于《民法典》第 1566 条可以被视为是分居时间。另一方面，这段时间内家事代理权则会暂时予以恢复。

C. 在婚姻住房内分居

《民法典》第 1567 条第 1 款第 2 句规定，配偶双方也可以在婚姻住房内分居。事实上 4 有可能存在根本没有足够的金钱立即去租第二套住房的情况。此外，为了子女的利益也很明显能让人想到最好在婚姻住房中进行分居。另一方面必须避免的是，配偶双方为了尽可能快速地达到离婚的目的而在法庭上直截了当地宣称，在共同的婚姻住房内一年的分居时间已经届满。因此判决在判断同一住房内的分居时会采取一种**严格的标准**（**strengen Maßstab**）。

配偶双方必须努力地根据具体的居住状况而尽可能高标准地实现空间上的分居状态。对于一次只能一人使用的设备（如洗衣机）或者厨房或卫生间中的设施，就要达成明确的**使用规则**（**Benutzungsregelungen**）。住房中的其他房间原则上不允许共同使用，特别是卧室。配偶双方必须分开居住和睡觉。[②] 如果配偶一方一如以往那样单独全面地负责家务劳动，那么还无法认定这是在婚姻住房内进行分居。[③] 毋宁说必须要进行**前后一致的生活领域分离**（**konsequente Absonderung der Lebensbereiche**）。就此而言即使在考虑到子女感受的情况也不允许作出例外处理。如果配偶双方通常与子女一同用餐的，那么这一点就可以说明这并非是在进行分居。[④] 但是个别的救助行为，比如在生病的情况下，则不应当影响分居（的认定）。

二、《民法典》第 1361 条所规定的分居扶养请求权

如果配偶双方在《民法典》第 1567 条第 1 款意义上分居，那么按照《民法典》第 5 1361 条第 1 款第 1 句规定，配偶一方可以根据配偶双方的生活条件以及收入和财产关系而向配偶另一方请求适当的扶养。为了与分居之前根据《民法典》第 1360 条（由配偶双方互相）给付的家庭扶养相区别，这一扶养就被称为**分居扶养**（**Trennungsunterhalt**）。按照《民法典》第 1361 条第 4 款第 4 句，第 1360a 条第 3 款，第 1614 条的规定，分居扶养原则上不能有效地事先放弃。[⑤]

---

① OLG Saarbrücken FamRZ 2010，469.
② OLG Brandenburg NZFam 2020，913.
③ OLG Köln FamRZ 2013，1738.
④ OLG München FamRZ 2001，1457.
⑤ 对此参看 BGH FamRZ 2015，2131.

例子：阿丽娜（Alina，A）和本（Ben，B）夫妇之前是在父母的催促下结婚的，但并没有搬到一起住，而是继续在柏林和巴黎从事他们各自的职业。他们偶尔会互相到对方那里去，但没有发生过性关系。现在 A 向 B 请求分居扶养，因为 B 明显赚得比她要多。事实上，《民法典》第 1361 条第 1 款的前提条件在这一类情况下也是满足的。这一规范的文义并不取决于配偶双方是否曾经共同生活过或者共同管理过家务，也不取决于是否形成了以婚姻为条件的经济依赖性。[1]

> **记忆辅助（Merksatz）**：*分居扶养请求权不等同于离婚后扶养请求权。*[2] *所以离婚之后需要有一项新的扶养名义*（Unterhaltstitel）。

6　　考虑到需要估算（Bedarfsbemessung）贫穷以及给付能力，对分居扶养适用的还是与离婚扶养相类似的原则，所以可以参考下文对此的详细论述。[3] 然而，在扶养权利的前提条件方面却存在不同之处；因为只要尚未离婚，那么配偶双方之间相互的责任总是显示得更强一些。

《民法典》第 1361 条并没有使那些没有从事职业的配偶负有立即从事职业的义务。这里适用的是一个与离婚后相比**较为宽松的标准（großzügigerer Maßstab）**。[4] 目前终究只是进行分居；是否以及何时离婚还是不确定的。所以配偶双方不应该被迫仓促地完全改变他们的生活条件。因此，《民法典》第 1361 条第 2 款规定，没有从事职业的配偶一方此后只有在以下情况下才能被要求自己通过从事职业赚取扶养（费用），即当根据其个人关系，尤其由于早些时候从事过某一职业，在考虑到婚姻持续时间的情况下，并且根据配偶双方的经济关系，这一点能够为其所期待的时候。[5]

例子：正在照管一名 6 岁子女并且 10 年以来就一直没有再工作的 45 岁的妻子，不必为了自己赚取扶养（费）而随着分居就立即去寻找一个工作职位。至少在第一年的分居时间里她拥有《民法典》第 1361 条第 1 款所规定的分居扶养请求权。相反，离婚之后原则上她就必须要努力找到一份职业了。[6]

三、家居物品的分配和婚姻住房的分配

1. 分居时家居物品的分配

A. 所有权关系的澄清

7　　随着配偶双方的分居——《民法典》第 1567 条第 1 款第 2 句中的情况除外——通常还要就**家居物品（Haushaltsgegenstände）**（家具、厨房设备、家用汽车等）进行一个分配。

---

① BGH NJW 2020，1674.

② BGH FamRZ 1982，465；OLG München FamRZ 2015，2069.

③ 参看下文第二十三节边码 18 及以下各边码。

④ 例如 BGH NJW 2012，2190；OLG Koblenz NZFam 2016，755。

⑤ 参看例如 OLG Koblenz NJW 2003，1816。

⑥ 参看《民法典》第 1570 条，第 1573 条第 1 款，第 1574 条。

对此，第一步必须要先澄清所有权关系，而这点有时候可能会很困难。① 尽管如此，就此而言还可以利用《民法典》第 1568b 条第 2 款的推定（**Vermutung des § 1568b Abs. 2 BGB**），即对于那些购置之后用于共同家务的物品根据这一规定存在一个共同所有的推定。其他情况下在有疑义时，按照《民法典》第 1006 条第 1 款第 1 句，第 1008 条的规定，单独占有的应推论为单独所有或者更确切地说配偶双方共同占有的应推论为配偶双方共有所有。

对于**分居时**（**bei Getrenntleben**）家居物品的分配，《民法典》第 1361a 条（**§ 1361a BGB**）包含了一个特别规范。当这些物品上仅仅存在一个期待权或者这些物品被租赁或者出租时，这一规范也相应适用。②

B. 配偶一方单独所有之物品的返还

按照《民法典》第 1361a 条第 1 款第 1 句（**§ 1361a Abs. 1 S. 1 BGB**）的规定，如果配偶双方处于分居之中，那么他们中的任何一方都可以向配偶另一方**请求返还**（**herausverlangen**）属于自己的家居物品。不过法律还在此处作出了这样的一个限制：如果配偶另一方需要某件物品用来进行一项特别的家务并且根据这一情况下的情形交付物品也与公平相符合，那么按照《民法典》第 1361a 条第 1 款第 2 句的规定，拥有所有权的配偶一方就有负有义务向配偶另一方交付该物品以供其使用。《民法典》第 1361a 条第 3 款第 2 句规定，法院可以为该物品的使用规定一个适当的费用。《民法典》第 985 条的返还请求权被《民法典》第 1361a 条第 1 款排除了。③

例子：分居之后妻子弗罗拉（Flora，F）主张，为了她在家远程办公的职业需要，马克斯（Max，M）的个人电脑应分配给她使用，因为她自己负担不起属于自己的电脑。在 M 拒绝了这一主张之后，F 将之诉诸法院。法院可以使作为所有权人的 M 向 F 交付个人电脑供其使用以及为此确定一笔使用费用。但是法院不能规定，M 必须向 F 转让这台个人电脑的所有权。④《民法典》第 1361a 条第 3 款第 2 句所规定的**使用费用**（**Nutzungsentgelt**）请求权只从要求支付的那一个时间点开始才存在⑤；否则的话配偶可以认为，物品的使用未作变更地被默示交付给他了。

C. 配偶双方共同所有之物品的分配

对于**共同所有**（**Miteigentum**）的家居物品，配偶双方可以一起决定，将物品转让给配偶中的一方使其单独所有。对此他们也可以约定一笔费用。按照《民法典》第 1361a 条第 2 款（**§ 1361a Abs. 2 BGB**）的规定，对于分配有争议时可以诉诸法院，之后法院就根据公平原则（**Grundsätzen der Billigkeit**）在配偶之间对相关的家居物品进行分配。实践中所产生的争议主要涉及的是**宠物**（**Haustiere**）⑥，对此应类推适用《民法典》第 1361a 条，然后还有**汽车**（**Autos**）。

案例：马克斯（Max，M）和菲奥娜（Fiona，F）夫妇二人在分居之后，还无法达

8

9

---

① 参看上文第十二节边码 11 及以下各边码对此已作过论述。
② OLG Zweibrücken NJW 2020，1817.
③ OLG Zweibrücken NJW 2020，1817；参看下文本节边码 14。
④ 参看《民法典》第 1361a 条第 4 款。
⑤ 例如 OLG Frankfurt NZFam 2018，902 有关 Auto 的判决。
⑥ OLG Nürnberg NZFam 2017，158.

成一致意见的是，到目前为止一直为了家庭目的（购物、度假、接送子女等）而使用的共同所有之汽车应该归谁所有。M 想要自己拥有这辆汽车并且提出向 F 支付相应的价款。而 F 则认为她更加迫切地需要使用这辆汽车，特别是为了每天开车送孩子去上学以及去运动。而且 M 也能够在一个他雇主所提供的租赁模式框架内非常实惠地获得一辆另外的汽车。这一争议能够如何解决？

按照《民法典》第 1361a 条第 2 款（§ 1361a Abs. 2 BGB）连同适用《家事与非诉事务程序法》第 203 条第 1 款，第 2 款的规定，在属于配偶双方共同所有的家居物品方面，配偶双方都可以在家事法庭提出申请，要求**由法官基于公平进行分配（richterliche Zuweisung nach Billigkeit）**。根据《家事与非诉事务程序法》第 111 条第 5 项，这里涉及的是一项家庭事务或者更确切地说依据《家事与非诉事务程序法》第 200 条第 2 款第 1 项涉及的是一项家居事务。

1. M 与 F 是夫妇并且此时处于《民法典》第 1567 条第 1 款第 1 句意义上的分居当中。

2. 这辆汽车必须是一件家居物品。但是在哪些情形下会将一辆**汽车作为家居物品（Auto als Haushaltsgegenstand）**来理解，在细节上是有争议的。一定程度上依据的是使用这个重点，并且只有在汽车完全或者大部分时候用于婚姻以及家庭共同生活（购物、旅行、子女的接送）而并非首先用于配偶一方个人或者职业目的时，才可以被认为是一件家居物品。[1] 而按照另一个观点，当汽车无论如何也同时用于家庭目的时，就满足作为家居物品的条件了。[2] 在本案中两种观点会产生相同的结论，因为根据案件事实，汽车是完全用于家庭目的的。

3. 这辆汽车属于配偶双方共同所有。[3]

4. 因此，法院——在与配偶双方就该事务进行过讨论之后[4]——必须基于**公平（Billigkeit）**作出裁判。对此也要重视子女的需求[5]，正是这一点在本案中——在缺乏其他具体证据的情况下——支持将汽车分配给 F 使用。此外，在进行公平性思考时，那些在《民法典》第 1579 条中所提到的方面也可能会被考虑。[6]

5. 如果这辆汽车仍然要保持配偶双方共同所有，那么法院就会确定，F 必须向 M 给付哪些使用费用。但是配偶双方[7]也可以约定，这辆汽车现在由 F 单独所有，并且可以为此确定一个价格。

10   另外配偶双方也可以决定一起**出让（Veräußerung）**属于共同所有的物品并且之后再分配出让所得。《民法典》第 749 条第 1 款就此规定，任何一个按份共同关系人（Teilhaber）

---

[1] BGH FamRZ 1991, 43; OLG Stuttgart NJW 2016, 1665; *Erbarth* FPR 2010, 548 (550).

[2] OLG Frankfurt NJW 2015, 2346; OLG Düsseldorf NJW 2007, 1001; *Brudermüller* FamRZ 2006, 1157 (1160).

[3] 《民法典》第 1008 条。

[4] 参看《家事与非诉事务程序法》第 207 条。

[5] 参看 KG FamRZ 2003, 1927.

[6] MüKoBGB/*Weber-Monecke* BGB § 1361a Rn. 12, 15.

[7] 不是法官，参看《民法典》第 1361a 条第 4 款。

在任何时候都可以请求废止按份共同体（Bruchteilsgemeinschaft）*（此处为共同所有）。如果通过分割物本身来废止共同体已经被排除了的话，那么依据《民法典》第 753 条第 1 款第 1 句的规定，废止就根据有关质物出售的规定①通过出售物品的方式来进行。

2. 分居情况下婚姻住房的分配

此外还有可能会产生有关继续使用婚姻住房的争议。也许双方都会要求由自己单独使用目前的住房。**婚姻住房的概念（Begriff der Ehewohnung）**应作广义解释，包括所有配偶双方用于居住或共同居住过的房间，或者是所有根据情形被确定用于此目的的房间。② 甚至可以存在好几套婚姻住房，所以即使不是主要使用的周末住房或是度假住房也可能构成婚姻住房。从时间上看，（先前共同使用过的）婚姻住房无论如何在整个分居期间都将被归到法律意义上的婚姻住房当中。③

在分居的情况下，配偶双方此时都有可能为自己单独主张这一住房。对此，《民法典》第 1361b 条第 1 款第 1 句规定，当为了避免**不公平的困难（unbillige Härte）**，在考虑了配偶另一方利益的情况下这也是必要之时，配偶一方可以请求另一方向自己交付婚姻住房。尤其是当子女的利益要求子女和父母一方在这一住房中继续居住时，就有可能存在一种不公平的困难。④

当住房的**所有权（Eigentum）**属于另一方配偶时，就适用一个较为严格的标准。在这种情况下将住房分配给作为非所有权人的配偶一方，意味着一种对基本法上所保护的**所有权（Eigentumsrecht）**的重大干涉。这样一类干涉需要特别的证成。⑤ 不过，当配偶双方在婚姻住房内分居并且考虑到拥挤的居住空间，丈夫新生活伴侣的屡次来访严重增加了妻子的心理负担时，将住房分配给妻子还是可能可以证成的。⑥

按照《民法典》第 1361b 条第 3 款第 2 句的规定，只要因住房分配而使（作为单独所有权人、共同所有权人或者居住权人的）配偶另一方的使用权受到干涉，就应当基于公平向其支付经估算的**使用费用（Nutzungsvergütung）**，除非配偶另一方的住房利益已经在扶养估算时被考虑到了。不过，根据通说，如果住房不是基于法院的裁判，而是自愿腾出的，也存在一项使用费用请求权⑦，但是这一请求权最早只能从明确要求支付的那一个时间点开始才存在。当另一方配偶从不可分开的使用中未获取任何经济利益时，原则上也要给付使用费用。⑧ 如果搬出去的配偶一方对住房既没有一项物上的权利又不承担租金，那么基于公平将会否定其费用请求。⑨

---

　* 德国《民法典》第 741 条及以下各条所规定的共同关系之概念，可参看陈卫佐译注《德国民法典（第 5 版）》，第二编第八章第十七节标题之注释，法律出版社 2020 年版。——译者注
① 《民法典》第 1233 条及以下各条。
② BGH FamRZ 1990，987；OLG Hamm NJW 2015，2349.
③ BGH NJW 2017，260.
④ 例如 OLG Hamburg NZFam 2019，324。
⑤ 参看《民法典》第 1361b 条第 1 款第 3 句。
⑥ OLG Hamm FamRZ 2016，1082.
⑦ 例如 OLG Karlsruhe NZFam 2019，211。
⑧ BGH NJW 2014，462.
⑨ OLG Karlsruhe NZFam 2019，211.

12　　　从配偶另一方的**暴力行为**（**Gewalttätigkeiten**）中能够产生将住房分配给配偶这一方的一个特别证成。对此，《民法典》第 1361b 条第 2 款第 1 句规定，整个住房通常应当交付给遭受配偶另一方非法且故意的身体、健康或自由之损害或是相应威胁的配偶一方作单独使用。另外，在这一些情况中，《民法典》第 1361b 条第 3 款第 1 句就变得很重要了，据此法院可以补充性地作出保护以及停止侵害的指令。有关《暴力保护法》参看下文本节边码 15 及以下各边码。

　　　例子： 在丈夫曼弗雷德（Manfred，M）对其妻子艾玛（Emma，E）进行多次严重的人身虐待之后，E 要求同 M 分居，但是她自己却仍然想要留在婚姻住房中。本案中 E 就可以依据《民法典》第 1361b 条第 2 款第 1 句通过法院实现将住房分配给她。如果她还担心 M 的继续侵害，法院还可以另外依据《民法典》第 1361b 条第 3 款第 1 句作出指令，不允许 M 再踏入住房并且也不允许他在一定距离内靠近 E。[1]

> **记忆金句：** 按照《暴力保护法》第 2 条的规定，在暴力行为和跟踪的情况下，**未婚伴侣**（**unverheiratete Paare**）也可以向法院申请住房分配以及补充性的保护指令。

3.《民法典》第 1361a 条，第 1361b 条与物权法规定的关系

A. 与占有人之占有保护的关系

13　　　有争议的是，《民法典》第 1361a 条，第 1361b 条中的规范与由所有权和占有产生的一般请求权处于什么样的关系。因为《民法典》第 1361a 条，第 1361b 条仅仅涉及（刚开始或者正在进行）分居的情况，所以这一问题自然只涉及这一时间段。与《**民法典**》**第 858 条及以下各条中有关占有人之占有保护规定**（**Besitzschutzvorschriften der §§ 858 ff. BGB**）的关系最好借助于一个案例来加以说明。

> **案例：** 爱德华（Edward，E）和贝拉（Bella，B）夫妇在他们终局性分居的时候，对于配偶双方共同所有的心爱宠物狗哈索（Hasso）将来应该归谁所有发生了争议。但是 B 没有迟疑很久并且直接带着狗一起搬进了她的新住房中。E 询问他此时有何权利。
>
> **一、E 针对 B 可能拥有《民法典》第 1353 条第 1 款第 2 句所规定的返还请求权**
>
> 根据《民法典》第 1353 条第 1 款第 2 句，配偶双方互相负有维持婚姻生活共同体的义务。此处也属于这种义务，即他们互相同意共同使用并因此而共同占有家居物品。[2] 所有根据配偶双方生活条件为了家庭共同生活所确定的物都是家居物品。[3] 一只狗虽然不是家居物品，然而相关的条文在考虑到《民法典》第 90a 条的情况下也可以将之相应适用于宠物。[4] 但是在这里，《民法典》第 1353 条第 2 款就和（重新）同意共同占有请求权相冲突了。依据《民法典》第 1353 条第 2 款的规定，当婚姻破裂时，建立婚姻生活共同体的义务就取消了；在本案中，考虑到终局性的分居，就应当以此为出发点。

---

①　参看 OLG Köln FamRZ 2003，319，320。
②　参看上文第九节边码 6。
③　BGHZ 89，137；OLG Frankfurt NJW 2015，2346。
④　OLG Stuttgart FamRZ 2014，1300。

二、依据《民法典》第 1361a 条第 2 款的规定，E 在分居时可能可以请求根据公平原则而将这只狗分配给他

《民法典》第 1361a 条第 2 款虽然多次提及所有家居物品；但是当仅对某一个别家居物品有争议时，这一条文也仍然适用。所以 E 可以请求，对这只狗的分配应基于公平来进行，而就此而言能够申请由法官进行裁判。① 但是应该如何开始这样一个程序，在此处却并不清楚，因为从案件事实中只能得出较少的公平性标准。不过，在动物的情况下还应当考虑动物保护方面的问题。

三、另外，E 针对 B 还可能拥有《民法典》第 861 条第 1 款所规定的重新同意对狗的（共同）占有请求权

1. 只要之前 E 和 B 共同生活在一起，那么依据《民法典》第 866 条他们当时就是所有家居物品或者更确切地说这只狗的共同占有人。

2. 因为 B 在她搬出婚姻住房的时候把狗也带走了，所以 B 是在欠缺 E 之意思的情况下非法地剥夺了他的共同占有并且因此而实施了《民法典》第 858 条第 1 款规定的**被法律所禁止的私力（verbotene Eigenmacht）**。按照《民法典》第 858 条第 2 款第 1 句的规定，B 通过将狗带走所创设的对狗的单独占有，对 E 而言是有过错的。《民法典》第 861 条第 1 款所规定的请求权也没有根据《民法典》第 861 条第 2 款，第 864 条第 1 款被排除。

3. 《民法典》第 866 条的条文规范并没有和 E 的占有保护请求权相冲突，因为在本案中所涉及的并非共同使用的界限，而是涉及占有的完全剥夺。就这方面来说，占有保护也发生在共同占有人之间。②

4. 然而，在涉及《民法典》第 861 条第 1 款所规定的请求权（Anspruch aus § 861 Abs. 1 BGB）时还出现了与《民法典》第 1361a 条的关系（Verhältnis zu § 1361a BGB）问题。

部分文献③和部分判决④也在实体法意义上将《民法典》第 1361a 条看作是特别法（lex specialis）并且只要涉及的是（住房或者）家居物品，就拒绝处于分居状态的配偶双方互相根据一般规定适用占有保护。在《民法典》第 1361a 条中所规定的特别的家庭**法公平衡量（Billigkeitserwägungen）**，同时又是对被法律所禁止私力的一种纠正，必须在任何情况下都要予以考虑；但在适用《民法典》第 861 条第 1 款进行处理时同样的考虑就毫无空间了。在程序经济这个意义上同样必须要避免双重程序（首先是根据《民法典》第 861 条第 1 款重新建立之前的占有关系——在这之后再根据《民法典》第 1361a 条第 2 款基于公平进行分配）。

相反的观点⑤则认为这是一个请求权竞合并且赞同在处于分居状态的配偶双方之间也适用占有人之占有保护，其理由在于，恰恰是在一桩正在解除的婚姻当中，才必须要

① 参看《民法典》第 1361a 条第 3 款第 1 句。
② 参看 *Wellenhofer* SachenR § 5 Rn. 15。
③ PWW/*Weinreich* BGB § 1361a Rn. 30.
④ OLG Karlsruhe FamRZ 2007，59；OLG Nürnberg FamRZ 2006，486.
⑤ OLG Koblenz NJW 2007，2337；OLG Frankfurt FarnRZ 2003，47；*Erbarth* NJW 2019，1169（1173）；Staudinger/*Voppel* BGB § 1361a Rn. 57 f.；*Lipp/Mayer* Rn. 166.

阻止伴侣一方对婚姻住房或者家庭财物的私力侵犯。此处同样也不允许**私力救济**（**Selb-stjustiz**），因此通过《民法典》第 861 条迅速地恢复法和平是必须要被允许的。通过私力带走物品终究是转移了向法院提出申请的负担。但是这一负担不允许以下面的方式推加到配偶另一方的身上，那就是一方以私力的方式进行家居物品分配并因此在《民法典》第 1361a 条所规定的程序中把申请人这一角色强加给另一方。

根据一种折中的观点，虽然《民法典》第 816 条的请求权由于《民法典》第 1361a 条或者第 1361a 条的优先适用而被排除了；但是在《民法典》第 1361a 条，第 1361a 条中应当同时解读出上述占有人之占有保护的规范内容。因此，如果缺少某种剥夺占有的证成或者存在被法律禁止的私力，那么（类推适用）《民法典》第 1361a 条，第 1361a 条所得出的占有同意请求权就已经被肯定了。[1] 最后提到的这种观点值得优先考虑，因为这种观点产生的效果在于，所有重要的评价角度，也是说既包括家庭法上的公平方面也包括占有人之占有保护的意义和目的，在家事法庭的程序中[2]都发挥了作用。

本案中占有保护方面变得很重要，因此在根据《民法典》第 1361a 条第 2 款进行公平性权衡时必须考虑到这一点。

因此，E 可以根据《民法典》第 1361a 条第 2 款的规定请求 B 通过以下方式重新同意自己对狗的占有，即 B 将狗重新带回婚姻住房当中。与之相反的是，一项《民法典》第 861 条第 1 款所规定的（独立）请求权则是不存在的（这一点仍然与本书前一版不同）。

14　　**B.《民法典》第 1361a 条，第 1361b 条与《民法典》第 985 条所规定的返还请求权之关系**

　　案例[3]：丈夫埃米尔（Emil，E）十多年之前就已经和妻子弗雷西娅（Fresia，F）以及他们共同的子女们分居了。E 是这个家庭曾经一起搬进去的那座**房屋**（**Haus**）的单独所有权人。当 E 在 2009 年搬出去的时候，他并没对 F 和子女们继续留在这座房屋里提出过异议。F 因此所享受到的居住利益在计算她关于分居扶养请求权时已经被扣除了。2019 年年初时已经成年的子女搬出了这座房屋。所以此时 E 根据《民法典》第 985 条请求他（仍是现任的）妻子 F 腾出这座房屋并且向 F 发出了"通知终止"。他想从此之后由自己和他的新伴侣来使用他的房屋。

　　一、E 针对 F 可能拥有《民法典》第 985 条规定的返还请求权

　　1.《民法典》第 985 条的前提条件原则上是满足的。E 是房屋的所有权人。目前 F 是直接单独占有人。[4] 在 E 通知终止了（默示的）交付约定之后，F 可能就不再对单独所有权人 E 享有占有权了。[5]

　　2. 尽管如此，本案中有疑问的是《民法典》第 985 条的可适用性（**Anwendbarkeit von § 985 BGB**）。就这方面而言，《民法典》第 1361b 条可能是特别条文并因此是优先适

---

① OLG Frankfurt NZFam 2019，443.

② 参看《家事与非诉事务程序法》第 266 条第 1 款第 3 项。

③ 根据 BGH NZM 2016，886。

④ 参看《民法典》第 854 条第 1 款。

⑤ 《民法典》第 986 条。

用的条文。《民法典》第1361b条在有关婚姻住房上包含了一个适用于以下情况的特别规范，即配偶双方在分居时对于谁可以继续使用婚姻住房存在争议。就此而言，配偶一方可以依据《民法典》第1361b条第1款请求配偶另一方向其交付婚姻住房或者其中一部分单独使用，只要这一点为了避免不公平的困难，在考虑了配偶利益另一方的情况下也是必要的。无论是配偶一方、配偶双方抑或一个第三人为住房的所有权人，这一条文均适用。①

根据通说，在配偶双方分居的期间内，《民法典》第985条被作为特别法的**《民法典》第1361b条**（**§ 1361b BGB als lex specialis**）的条文排除适用了。按照联邦最高法院的观点②，《民法典》第1361b条在处于分居状态的配偶双方之间展现出一种既是实体法也是程序法上的针对其他有关婚姻住房返还请求权的**阻碍效力**（**Sperrwirkung**）。就此而言，其意义和目的在于，在分居和离婚的时候可以将这些婚姻住房争议集中到家事法庭中来。虽然这一点目前原则上已经通过《家事与非诉事务程序法》第266条第1款、第2项、第3项得到了保障。然而，所有权返还作为家庭争议事务的程序③是要由作为婚姻住房事务的其他程序法条④所决定的，而婚姻住房事务作为非诉管辖的家庭事务⑤尤其要适用依职权调查原则，并且在这类事务中，如果子女生活在配偶的家庭之中，那么青少年管理局也会根据申请而参与其中。⑥ 如果允许婚姻住房的返还——比如基于所有权——作为家庭争议事务来进行，那么与之相联系在一起的特别保护就落空了。这也相应地适用于实体法上由《民法典》第1361b条所提供的保护。

3. 不过，《民法典》第1361b条优先适用的前提条件在于，在个案中涉及的仍然是该法条意义上的**婚姻住房**（**Ehewohnung**）。同时按照联邦最高法院的观点，配偶双方过去的共同住房原则上在整个分居期间仍然应当被看作是婚姻住房。规范离婚时间关系中有关"婚姻住房"争议的《民法典》第1568a条条文，也是从这一概念理解出发的。但是成功的离婚原则上是以配偶双方一年或者甚至多年时间的分居为前提条件的。⑦ 除此之外，对婚姻和家庭的具体保护则要求，搬走的配偶一方即使在离开较长时间之后仍然有可能重新回到这一婚姻住房，只要比如子女最佳利益原则中的利益对此有要求。⑧ 与此种观点相关的对作为单独所有权人配偶一方的重大**所有权之干涉**（**Eingriff in das Eigentum**）⑨，借由对家庭的保护而得以证成了。所涉及的同样也只是有关分居时间的一条规范，只是在这一分居时间中另外还能请求费用⑩或者对扶养请求权进行折抵。

据此，在该案例中涉及的仍然还是婚姻住房。因此，这里就排除了《民法典》第985

---

① BGH FamRZ 2014，460.
② NZM 2016，886.
③ 《家事与非诉事务程序法》第112条第3项。
④ 《家事与非诉事务程序法》第113条第1款第2句。
⑤ 《家事与非诉事务程序法》第111条第5项。
⑥ 《家事与非诉事务程序法》第204条第2款。
⑦ 参看《民法典》第1566条。
⑧ BGH同上；有关离婚之后法律状况如何判断的问题则参看下文第二十二节边码8。
⑨ 《基本法》第14条第1款。
⑩ 《民法典》第1361b条第3款。

条的请求权。为此向法院提出的申请将不予受理。①

二、按照《民法典》第 1361b 条第 1 款的规定，E 可能拥有要求将住房分配给自己的请求权

本案中，根据《民法典》第 1361b 条第 1 款提出的请求权或者申请并不因以下的事实而被排除，即由于 E 从住房中搬出并且没有告知要返回的意图，所以依据**《民法典》第 1361b 条第 4 款**（**§ 1361b Abs. 4 BGB**）首先会依法推定 F 的单独使用权。当情形发生变化时（本案中成年子女搬出了婚姻住房，自己使用的需求，长时间分居），即使在《民法典》第 1361b 条第 4 款的情况下——就如同在一个依据《民法典》第 1361b 条第 1 款由法院提前进行交付的情况下一样——也可以根据《家事与非诉事务程序法》第 48 条第 1 款请求变更交付规则。② 如果 F 无法提出有利于她自己的特别情况，那么 E 相关的申请就将会取得成功。

4. 婚姻住房的分割拍卖

15　在进行分居的时候，配偶一方可能会有兴趣出售有共同所有权（**gemeinsamen Eigentum**）的婚姻住房。就这方面而言，从《民法典》第 749 条第 2 款中会产生，在任何时候都可以请求配偶另一方废止按份共同体的权利。如果配偶另一方拒绝协助进行所谓的直接出售（freihändiger Verkauf），那么就可以考虑申请分割拍卖。③ 有疑问的是，配偶另一方对此能够如何进行防御。如果此时婚姻住房涉及**财产整体**（**Vermögen im Ganzen**）并且配偶双方适用法定婚姻财产制，那么这对于配偶另一方来说是最有利的，因为按照《民法典》第 1365 条的规定，此时例外地需要配偶另一方的同意。④ 不过根据《民法典》第 1361b 条将婚姻住房**分配给配偶一方单独使用**（**Alleinbenutzung zugewiesen**）这种情形，并不构成对分割拍卖的阻碍。但是配偶另一方此时可能可以援引说，在特定的时间申请分割拍卖不符合《民法典》第 1353 条第 1 款所规定的婚姻**注意义务**（**Rücksichtnahmepflicht**），因而是不应予受理的；这样就会接着进入基于个案的利益权衡了。⑤

在允许拍卖的情况下，正在使用的配偶一方另外还受到《强制拍卖与强制管理法（ZVG）》第 180 条第 2 款、第 3 款的保护。依此规定，如果在权衡了双方的利益之后这样做看起来是适当的或者是为了避免对共同子女的利益造成严重危害这么做是必需的，那么就应该根据申请而指令暂时停止强制拍卖程序。⑥

四、附论：根据《暴力保护法》所采取的措施

16　《暴力保护法》（缩写为 GewSchG）不包含特别的家庭法规范，而是以有利于暴力行

---

① BGH 同上。

② BGH 同上。

③ 参看《民法典》第 753 条第 1 款。

④ 参看上文第十四节边码 3。

⑤ 例如 OLG Jena NJW-RR 2019，264；OLG Köln FamRZ 2021，20；对此参看 *Wever* FamRZ 2019，504。

⑥ 对此参看例如 LG Bremen FamRZ 2017，1334。

为或者暴力威胁之受害者的方式，一般性地为其提供采取临时保护措施的可能性。就此而言，家庭暴力领域的规范也被考虑在内了；另外对所谓跟踪缠扰行为（Stalking）的情况也能够作出回应。相关的程序法则被规定在《家事与非诉事务程序法》第 210 条及以下各条之中。

1. 《暴力保护法》第 1 条所规定的保护指令

《暴力保护法》第 1 条使法院在下列情况下能够作出保护指令，首先是为遭受到身体伤害、健康伤害或自由伤害①或者这一类伤害威胁②的人，此外还包括在非法侵入住宅以及不受欢迎的跟踪或者远程通信追踪③的情况下。对此，尤其需要作为一项保护指令可能之内容来考虑的是，禁止行为人（Täter）进入受害人的住房④或是禁止他在受害人住房四周一定范围内逗留。⑤ 在可能的情况之下也考虑让行为人负担放弃住所的义务。⑥ 此外，在跟踪缠扰行为受害人的情况下还可以根据《暴力保护法》第 1 条第 1 款第 3 句第 4 项禁止行为人通过远程通信手段来与被害人联系。但是，上述第 1 款规定中有关这方面所列举的一系列措施并非终局性的。

保护指令的前提条件在于，存在**重复发生之危害**（Wiederholungsgefahr）。不过这一点在那些暴力行为已经进行过的情况下只能得出可推翻的推定。对行为人推翻这一推定提出了很高的要求。⑦ 只有在**故意行为**（Vorsatztaten）的情况才考虑根据《暴力保护法》第 1 条作出保护指令。在过失的情况下，受害人应当诉诸一般性的侵权法规定。

在决定**延长已经签发的暴力保护指令**（Verlängerung einer ergangenen Gewaltschutz-anordnung）时，应当再次充分地审查，是否存在防御请求权并且这一请求权在暴力保护程序是否允许被执行。⑧

《暴力保护法》第 1 条本身**并非实体法上的请求权基础**（keine materiell-rechtliche Anspruchsgrundlage），而仅仅只是程序性规定。⑨ 这些指令的签发是以一般性的停止侵害请求权作为为基础的。⑩

2. 《暴力保护法》第 2 条所规定的交付住房

《暴力保护法》第 2 条规定，在《暴力保护法》第 1 条第 1 款意义上已经结束的暴力行为的情况下，处于长期进行共同家务管理情形中的暴力行为受害人拥有一项交付住房供其单独使用的请求权。与《暴力保护法》第 1 条相反的是，《暴力保护法》第 2 条包含了可以用来要求交付住房的**一个真正实体法上的请求权基础**（eine echte materiell-rechtliche

17

18

19

---

① 第 1 款第 1 句。
② 第 2 款第 1 句第 1 项。
③ 跟踪缠扰行为，《暴力保护法》第 1 条第 2 款第 1 句第 2b 项。
④ 《暴力保护法》第 1 条第 1 款第 3 句第 1 项。
⑤ 《暴力保护法》第 1 条第 3 款第 3 句第 2 项。
⑥ BGH FamRZ 2014，825.
⑦ Palandt/*Götz* GewSchG § 1 Rn. 6.
⑧ OLG Brandenburg NJW-RR 2019，837.
⑨ BGH FamRZ 2014，825.
⑩ 例如《民法典》第 1004 条连同类推适用第 823 条第 1 款。

Anspruchsgrundlage）。按照《暴力保护法》第 2 条第 6 款的规定，如果仅仅只是《暴力保护法》第 1 条第 2 款第 1 句第 1 项意义上的威胁，那么只有当为了避免不公平的困难而必须这么做时，才能够要求交付住房。

20 　　与《民法典》第 1361b 条所规定的的交付住房[①]相反，《暴力保护法》第 2 条的适用范围扩展至在家庭共同体中生活并且**长期进行共同家务管理（auf Dauer angelegten gemeinsamen Haushalt）**的所有人。因此这一规范也可以适用于共同生活的非婚伴侣。另一方面，在配偶之间存在家庭暴力的情况下，当至少配偶中的一方有分居意图时，《民法典》第 1361b 条就构成了特别规定。[②]

　　《暴力保护法》第 2 条所规定的请求权是由受害人要求**交付住房供其单独使用（Überlassung der Wohnung zur Alleinnutzung）**。住房上的法律关系（所有权、物权、租赁关系）仍然保持不变。按照《暴力保护法》第 2 条第 2 款第 2 句的规定，如果受害人并非住房的（共同）所有权人或者共同承租人，那么交付住房应当由法院限制在最长不超过 6 个月的期间之内。

 深入阅读材料推荐

　　深入学习：*Büte*，Gewaltschutz：Häusliche Gewalt in den Zeiten von Corona，FK 2020，105；*Cirullies*，Rechtsprechungsübersicht zum Gewaltschutzrecht，NZFam 2020，194；*Erbarth*，Die Ansprüche auf Überlassung der Ehewohnung zur Alleinnutzung，NJW 2019，1169；*Gängel*，Zum Schicksal des Hundes bei Ehescheidung und Trennung，NJ 2020，107；*Götz*，Ehewohnung oder nicht Ehewohnung？Das ist jetzt die Frage，NZFam 2017，433；*Krumm*，Familienfahrzeuge-Wem „gehören" sie eigentlich？，FamRZ 2014，1241；*Wever*，Teilungsversteigerung des Familienheims während des Getrenntlebens？，FamRZ 2019，504；*Milzer*，Vereinbarungen zum Trennungszeitpunkt，NZFam 2018，1109。

　　案例与考试：*Schwab* FamR PdW Fälle 65，66，68，74，75。

第二十二节　离婚时分配住房和请求家居物品

一、交付婚姻住房

1. 概况

1 　　如果配偶双方没有在分居的时候就已经对**婚姻住房（Ehewohnung）**的继续使用达成一致意见或没有根据《民法典》第 1361b 条由法院进行过分配[③]，而是在**离婚时（anlässlich der**

---

① 参看上文本节边码 11。

② Palandt/*Götz* GewSchG § 2 Rn. 4.

③ 参看上文第二十一节边码 11 及下一边码。

Scheidung）才产生争议，那么就和《民法典》第 1568a 条的适用相关了。而在这种情况下，有关家居物品则适用《民法典》第 1568b 条。这些条文规范替代了 2009 年 8 月 31 日之前在《家具条例（Hausratsverordnung）》中予以规定的早先的条文规范。

2. 《民法典》第 1568a 条所产生的请求权

A. 《民法典》第 1568a 条第 1 款所规定的交付婚姻住房请求权

根据《民法典》第 1568a 条第 1 款的规定，如果考虑到在家中居住的子女利益以及配偶双方生活条件的情况下，配偶一方比配偶另一方更加依赖于婚姻住房的使用或者由于其他原因交付婚姻住房更符合公平，那么该配偶一方就可以请求配偶另一方在离婚的时候向其交付婚姻住房。这一规定是一个**请求权基础（Anspruchsgrundlage）**。与婚姻生活条件的联系确保了**个案中的所有情形（alle Umstände des Einzelfalls）**都能得到考虑，例如也考虑到了配偶双方的年龄和健康状况。[①] 如果没有子女，那么提出请求的配偶一方之前在这一住房中长大成人这一点，也可以作为公平性原因而发挥一定作用。[②] 所规定的**法律后果（Rechtsfolgen）**仅仅是一个租赁关系的成立或者继续。

这一**住房（Wohnung）**有可能是配偶双方共同所有或者是一套租赁住房。[③] 如果只有配偶一方是所有权人，那么就应该适用《民法典》第 1568a 条第 2 款的规定。[④] 对于工作住房（Dienstwohnungen），《民法典》第 1568a 条第 4 款中规定了一条特别规范。依据《民法典》第 1568a 条是否仍然涉及婚姻住房，将根据离婚发生既判力之时的状况来进行判断。[⑤]

B. 只有一方配偶对婚姻住宅有（共同）所有权

按照《民法典》第 1568a 条第 2 款第 1 句的规定，在一方配偶是婚姻住房**单独所有权人（Alleineigentümer）**或者与一个第三人一起作为共同所有权人的情况下，只有当这样做对于避免不公平的困难是必要的时候，配偶另一方才能够请求交付这一住房。对于非所有权人的配偶一方或者对于子女而言，**不公平的困难（unbillige Härte）**必须要达到一个不同寻常之沉重负担的程度；仅仅是不方便或者由于搬家产生负担是不够的。[⑥]

C. 《民法典》第 1568a 条第 3 款所规定的租赁住房作为婚姻住房

如果婚姻住房是一套租赁住房，那么按照《民法典》第 1568a 条第 3 款第 1 句的规定，租赁关系就归属于应当被交付婚姻住房的配偶一方而继续下去。如果租赁关系仅仅是由应当进行交付的配偶一方单独订立的，那么目前单独在住房中居住的配偶一方就依据法定继受而接替其地位。如果租赁关系从一开始就是配偶双方共同订立的，那么在交付之后婚姻住房的领受者就单独继续这一租赁关系。这些法律效力或者在配偶双方所发出的**通知（Mitteilung）**到达（Zugang）出租人之时而产生[⑦]，或者随着相应的法院裁判发生**既判力**

---

① OLG Saarbrücken FamRZ 2013，1982.
② BR-Drs. 635/08 S. 44.
③ 参看下文本节边码 4。
④ 参看下文本节边码 3。
⑤ BGH NJW 2021，1527.
⑥ 参看 OLG Hamm FamRZ 2004，888。
⑦ 《民法典》第 1568a 条第 3 款第 1 句第 1 项。

（**Rechtskraft**）之时而产生。[①] 就此而言，如果配偶双方就将来由他们中的一人单独继续使用达成一致意见的话，那么就存在一个请求权，要求配偶另一方根据《民法典》第 1568a 条第 3 款第 1 项一起协助向出租人发出通知。[②]

5　　出租人（**Vermieter**）基本上必须同意租赁关系的继续，然而他的利益受到依据《民法典》第 1568a 条第 3 款第 2 句而相应适用的《民法典》第 563 条第 4 款所规定之**特殊通知终止权**（**außerordentliche Kündigungsrecht**）的保障。联邦最高法院认为这一条文在这方面是符合宪法的。[③]

　　　　D. 对婚姻住房重新成立一项租赁关系请求权

6　　如果在婚姻住房上之前还不存在租赁关系，那么按照《民法典》第 1568a 条第 5 款第 1 句的规定，有交付住房请求权的配偶就可以向有权利进行出租之人（通常就是住房的所有权人）请求在这一婚姻住房上成立一项租赁关系。特别是在出售住房[④]或者根据《民法典》第 753 条可能进行分割拍卖的情况下，该配偶作为承租人也受到保护。在以下情况中**成立一项租赁关系的请求权**（**Anspruch auf Begründung eines Mietverhältnisses**）就变得至关重要了：

- 进行交付的配偶对婚姻住房有单独所有权
- 配偶双方对婚姻住房有共同所有权
- 进行交付的配偶和一个第三人对婚姻住房有共同所有权
- 之前由第三人无偿交付使用[⑤]
- 通知终止之前与第三人的租赁关系[⑥]

按照《民法典》第 1568a 条第五款第 1 句，第 3 句的规定，租赁关系应当按照**当地通常的条件**（**ortsüblichen Bedingungen**）成立。如果该配偶仍然没有着手进行租赁关系的订立，那么按照《民法典》第 1568a 条第 5 款第 1 句的规定，有权利进行出租之人也可以要求订立契约。在《民法典》第 575 条的前提条件下[⑦]或者也可以出于公平性原因，出租人可以请求一个适当的租赁关系期间。按照《民法典》第 1568a 条第 6 款的规定，成立租赁关系请求权就如同《民法典》第 1568a 条第 3 款中的情况一样，在离婚发生既判力一年之后**消灭**（**erlischt**）。只要法官没有作出其他决定，那么出租人只有在《民法典》第 588 条第 1 款所规定的等待时间之后才有可能**提高租金**（**Mieterhöhung**）。[⑧]

3. 婚姻住房事务中的程序

7　　按照《家事与非诉事务程序法》第 1 条，第 111 条第 5 项的规定，在程序法上则涉及由家事法庭管辖的家庭事务或者更确切地说是婚姻住房事务。[⑨] 在这里申请也始终是必需

---

① 《民法典》第 1568a 条第 3 款第 1 句第 2 项。
② OLG Frankfurt NZFam 2017, 1067.
③ BGH NJW 2013, 2507.
④ 参看《民法典》第 566 条。
⑤ 例如父母。
⑥ 参看 BR-Drs. 635/08 S. 46.
⑦ 例如可预见的自身需求。
⑧ AG München FamRZ 2014, 1459.
⑨ 《家事与非诉事务程序法》第 200 条第 1 款第 2 项。

的；按照《家事与非诉事务程序法》第 203 条第 3 款的规定，需要在申请中说明的是，是否有子女生活在配偶双方的家中。如果正是这种情况，那么按照《家事与非诉事务程序法》第 205 条第 1 款的规定，也应该听取青少年管理局的意见。《家事与非诉事务程序法》第 137 条第 2 款第 1 句第 3 项规定，裁判也可以在与离婚合并处理中进行。《家事与非诉事务程序法》第 204 条第 1 款则规定，住房出租人也可以成为程序当事人。

4. 与债法和物权法规定的关系

《民法典》第 1568a 条，第 1568b 条——就如同《民法典》第 1361a 条，第 1361b 条一样①——属于家庭法中的特别规定，在其适用领域内排除了债法或者物权法中一般规定的适用。在这方面的目的是维持法律在实体法和程序法上对为婚姻住房所提供的**特别保护**（besonderer Schutz）。② 只有当住房不再是婚姻住房或者物品不再是家居物品时，一般规定③才再次适用。④ 不过有争议的是，在什么前提条件下才会被认为要进行相应的适用范围重新设定（Umwidmung）。

例子⑤：弗雷德（Fred，F）和威尔玛（Wilma，W）夫妇虽然在 2012 年就已经办理了具有既判力的离婚，但事实上他们仍然和以前一样共同生活在 2007 年搬入的婚姻住房之中，而这一住房属于 F 单独所有。2018 年他们共同的子女出生了。新冠疫情导致 2020 年（二人）重新出现了争议。F 搬出了住房，但是又立即向 W 请求返还这一住房。

问题在于，F 能否成功地在家事法庭⑥针对 W 提起根据《民法典》第 985 条的返还之诉。F 是住房的所有权人；针对 F，W 也没有占有权。⑦ 但是《民法典》第 985 条在此的适用很有可能被《民法典》第 1568a 条的特别规范所排除。在离婚之时无论如何涉及的仍然还是婚姻住房。但是，联邦最高法院根据《民法典》第 1568a 条的意义和目的以及条文的体系位置认为，根据第 1 款和第 2 款所产生的请求权在离婚发生既判力之后一年就已消灭。最终已经无法再据此请求成立一项租赁关系了，对此可参看《民法典》第 1568a 条第 6 款。⑧ 所以，在此基于《民法典》第 985 条得出返还请求权。子女最佳利益原则上的利益在这这一点上也无法起到作用。

二、家居物品上所有权关系的规范

1. 概况

另外，在离婚的时候可能——如果在分居时尚未出现过的话⑨——出现的问题就是，

---

① 参看上文第二十一节边码 13，14。
② 参看 BGH NZM 2016，886。
③ 尤其是《民法典》第 749 条及以下各条有关共同所有人之间共同财产分配或者是有关按份共同体中共同关系人的规定以及《民法典》第 985 条所规定的返还请求权。
④ BGH NJW 2021, 1527.
⑤ 根据 OLG Frankfurt FamRZ 2020, 414。
⑥ 《家事与非诉事务程序法》第 266 条第 1 款第 3 项所规定的其他家庭事务。
⑦ 《民法典》第 986 条。
⑧ BGH NJW 2021, 1527.
⑨ 参看第二十一节边码 7 及下一边码。

该由哪一方配偶得到哪些家居物品。《民法典》第 1568b 条在此就有所帮助了，这一条文赋予配偶一方在特定前提条件下对某一家居物品要求**交付的请求权**（**Anspruch auf Überlassung**）。

那些根据配偶双方财产和生活条件而为住房、家务以及家庭的共同生活所确定的可移动之物品都应被视为是**家居物品**（**Haushaltsgegenstände**）[①]，例如共同使用的住房设施物品，但是也包括**宠物**（**Haustiere**）[②] 以及在可能的情况下还包括一辆汽车。[③] 根据《民法典》第 1568b 条的法条文义，被认为是家居物品的只能是那些**所有权**（**Eigentum**）属于配偶双方的物品。不过，对那些在其上已经存在一个期待权的物品类推适用这一条文将是显而易见的。[④]

2. 《民法典》第 1568b 条所产生的请求权

10   根据《民法典》第 1568b 条第 1 款的规定，如果考虑到在家中居住的**子女**（**Kinder**）**之利益**（**Wohl**）以及配偶双方生活条件的情况下，配偶一方比配偶另一方更加依赖于家居物品的使用，那么该配偶一方就可以请求配偶另一方在离婚的时候向其交付**共同所有的家居物品**（**Miteigentum stehenden Haushaltsgegenstände**）。当交付由于其他原因而和公平相符合时，也相应适用这一规定。也就是说要证明一个具体的**需求状况**（**Bedürfnislage**）或者一个特定的**公平性原因**（**Billigkeitsgrund**）。这样的一个原因有可能在于，相关的配偶一方曾经自己购买了这一物品或者在婚姻关系存续期间以自己的费用对该物品进行了照管。[⑤]

因此《民法典》第 1568b 条第 1 款包含了一个**请求权基础**（**Anspruchsgrundlage**），针对的是交付物品并且转让为单独所有权。对于因移转而造成的所有权丧失，按照《民法典》第 1568b 条第 3 款的规定，进行转让的配偶一方可以请求**适当的补偿支付**（**angemessene Ausgleichszahlung**）。在法院程序中应在裁定中对支付义务作出指令并且进行价格估算。[⑥]

11   对于某一物品之前是否属于配偶双方共同所有这一问题，《民法典》第 1568b 条第 2 款为那些在婚姻关系存续期间因共同家务而购置的家居物品规定了一项**共同所有推定**（**Miteigentumsvermutung**）。这一推定是《民法典》第 1006 条第 1 款的特别法。[⑦] 当配偶一方能够证明其单独所有权时，这一共同所有推定就被推翻了，相关规定可参看《民法典》第 1568b 条第 2 款末尾。[⑧]

根据其文义，法律并未赋予可以要求转让属于配偶另一方**单独所有**（**Alleineigentum**）的家居物品的请求权。

---

① 参看 BGHZ 89，137；OLG Frankfurt NJW 2015，2346。

② OLG Nürnberg NJW-RR 2017，387；参看上文第二十一节边码 13 对此已作过论述。

③ 参看上文第二十一节边码 9。

④ 参看 *Roth* FamRZ 2008，1388（1390）。

⑤ BR-Drs. 635/08，S. 49。

⑥ 参看《家事与非诉事务程序法》第 209 条第 1 款。

⑦ OLG Stuttgart FamRZ 2016，1087.

⑧ 上文第十二节边码 4 对此已作过论述。

3. 家务事务上的程序

按照《家事与非诉事务程序法》第 1 条，第 111 条第 5 项的规定，在程序法上则涉及 12 由家事法庭管辖的家庭事务或者更确切地说是**家务事务**（**Haushaltssache**）。《家事与非诉事务程序法》第 203 条规定，对于要开始这一程序而言，一项**申请**（**Antrag**）始终是必须的。因为同时涉及所谓的后果事务[①]，这一裁判也可以在同离婚合并处理当中进行。[②]

4. 与增益补偿的关系

对于与增益补偿的关系来说，所适用的仍然是下面这一原则，即根据《民法典》第 1568b 13 条进行家居物品的分配与增益补偿互相排除。[③] 在这方面，**《民法典》第 1568b 条**（**§ 1586b BGB**）的规范具有**优先适用性**（**Vorrang**）。这意味着：根据《民法典》第 1568b 条而被移转的家居物品不用进行增益补偿并且因此也不用在初始财产和最终财产中进行考虑；因为就此而言，《民法典》第 1568b 条第 3 款由于补偿支付义务而包含了一条终局性的特别规范。与之相反的是，那些配偶一方**单独所有**（**Alleineigentum**）并因此而无法根据《民法典》第 1568b 条被请求的家居物品，则要归入其最终财产中并且应当在增益补偿中予以考虑。[④]

深入阅读材料推荐

深入学习：*Blank*，Schnittstellen zwischen Familien- und Mietrecht in § 1568aBGB，NZFam 2014，492；*Götz*，Ehewohnung oder nicht Ehewohnung? -Das ist jetzt die Frage，NZFam 2017，433；*Götz/Brudermüller*，Nutzungs- und Rechtsverhältnisse an Ehewohnung und Haushaltsgegenständen，Verfahren nach dem GewSchG，FamRZ 2015，177；*Hoppenz*，Die Vergütung für die Benutzung der Ehewohnung ab Rechtskraft der Ehescheidung，NZFam 2014，503；*Horndasch*，Das Kind und die Ehewohnung，FuR 2017，127；*Kleinwegener*，Fahren oder laufen-der Pkw im Familienrecht，FF 2018，64。

案例与考试：*Wiedemann*，Der Fliesenleger，JA 2016，494。

第二十三节　离婚后的扶养和未婚母亲的扶养

一、导论

按照《民法典》第 1569 条第 1 句的规定，离婚之后，配偶双方都负有由自己提供自 1 身扶养的职责。这适用的是**自我负责原则**（**Grundsatz der Eigenverantwortung**）。只有在没

---

① 《家事与非诉事务程序法》第 137 条第 2 款第 3 项。

② 对此参看上文第二十节边码 18。

③ 参看 BR-Drs. 635/08，S. 49。

④ BGH FamRZ 2011，183 und 1039。

有能力进行自我扶养的时候，比如由于照顾子女、年老、疾病或者丧失劳动能力，才在《民法典》第 1570 条及以下各条的前提条件下存在针对配偶另一方的一个扶养请求权。[①] 就此而言，扶养义务也是婚姻（离婚后）团结（Solidarität）的表现。但是最重要的是，扶养请求权是作为对**因婚姻所致不利的补偿（Kompensation ehebedingter Nachteile）**而得以证成的。比如当配偶一方在长期照管子女之后无法找到一个合适的工作职位时，那么配偶另一方就必须通过扶养给付来减轻这种因婚姻所致的事业发展不利（Fortkommensnachteile）。

现行《民法典》第 1570 条及以下各条依据的是 2008 年 1 月 1 日生效的《扶养法修正法》。[②] **扶养法改革（Unterhaltsrechtsreform）**的目标尤其在于强化自我负责原则的适用。

法定扶养义务

一、配偶之间的扶养（生活伴侣关系中的扶养）

- 《民法典》第 1360 条（《生活伴侣关系法》第 5 条）所规定的共同生活期间的扶养
- 《民法典》第 1361 条（《生活伴侣关系法》第 12 条）所规定的分居扶养
- 《民法典》第 1569 条及以下各条（《生活伴侣关系法》第 16 条）所规定的离婚后的扶养

二、《民法典》第 1615l 条所规定的未婚母亲因照管子女的扶养

三、《民法典》第 1601 条及以下各条所规定的亲属之间的扶养

- 子女抚养*
- 父母赡养
- 孙子扶养等

二、离婚后扶养请求权的前提条件

2   离婚后扶养请求权的中心前提条件在于，《民法典》第 1570 条及以下各条中某一作为**请求权基础（Anspruchsgrundlage）**的构成要件满足了。对此的说明责任和举证责任由请求扶养的那一方承担。此外扶养请求人还必须确实处于贫困之中。扶养义务人必须有给付能力，也就是说在考虑其他扶养义务的情况下也有能力支付所要求的扶养。《民法典》第 1585 条第 1 款对扶养提供的类型作了规定，持续的扶养应当通过支付**金钱定期金（Geldrente）**的方式提供。

《民法典》第 1569 条及以下各条所规定的离婚后扶养请求权

1. 离婚

---

* 德语并不像中文一样根据血亲中的尊卑关系而将扶养区分为抚养、赡养以及扶养，而是统一以 Unterhalt（本意为维持生活）一词来表达血亲之间的法定扶养义务，下文将根据中文习惯适当在译文中予以区分，尤其是涉及子女抚养（Kindesunterhalt）和父母赡养（Elternunterhalt）时。其他一般性地论述扶养义务时仍旧翻译为扶养（Unterhalt）。——译者注

① 参看《民法典》第 1569 条第 2 句。

② BGBL 2007 I S. 3189.

2. 满足《民法典》第 1570 条至第 1576 条所规定的某一扶养构成要件

3. 《民法典》第 1578 条所规定的扶养标准

4. 《民法典》第 1577 条所规定的受扶养人的贫困

5. 《民法典》第 1578b 条所规定的请求权的减少以及/或者限期

6. 《民法典》第 1579 条所规定的在重大不公平情况下限制或者拒绝扶养

7. 《民法典》第 1581 条所规定的扶养义务人的给付能力

8. 对其他抗辩或者抗辩权的审查

a)《民法典》第 1585c 条所规定的其他不同的约定

b)《民法典》第 1586 条、第 1586a 条所规定的因死亡或者再婚而导致请求权的消灭

c)《民法典》第 1613 条所规定的对过去扶养的限制

d)《民法典》第 197 条、第 195 条第 2 款所规定的消灭时效

1. 离婚

在配偶之间的扶养上应区分为根据《民法典》第 1360 条所规定的家庭扶养①，根据 3 《民法典》第 1361 条所规定的分居扶养②以及依据《民法典》第 1569 条及以下各条所规定的离婚后的扶养。这些扶养分别涉及各自独立的扶养构成要件。离婚后就无法再对一项分居扶养名义进行强制执行了。③ 此时需要的是——只要没有自愿进行过支付——一项新的名义。但是有关离婚后的扶养在与离婚合并处理（Scheidungsverbund）中就已经可以进行裁判了。④

2. 扶养构成要件

A.《民法典》第 1570 条所规定的因照管子女的扶养

因**照管子女（Kindesbetreuung）**的扶养具有最为重要的意义。离婚之后承担起照管共 4 同子女的配偶一方经常无法或者只能有限制地从事一项职业并因此——完全或者部分地——需要扶养。《民法典》第 1570 条第 1 款第 1 句对此规定，照管子女的配偶一方在任何情况下都可以请求扶养，直到（最小的）**子女出生后 3 年（bis drei Jahre nach der Geburt）**。在这段时间当中照管子女的父母一方一点也不用承担从事职业的职责；这样就应该能够全身心地投入子女照管当中。就此而言，通常存在完全扶养⑤（volle Unterhalt）请求权。

按照《民法典》第 1570 条第 1 款第 2 句的规定，扶养请求权还可以延长至子女的第 5 三个生日之后，只要（solange und soweit）这样和公平相符合。对此首先要审查的就是**与子女相关的延长原因（kindbezogene Verlängerungsgründe）**。例如，子女由于慢性疾病、残疾⑥或者出于其他**个人原因（individuellen Gründen）**都有可能非常需要照管。不过 3 岁的

---

① 参看上文第九节边码 11。

② 参看上文第二十一节边码 5 及下一边码。

③ BGH FamRZ 1982，465；OLG Düsseldorf NJW-RR 2010，867.

④ 参看上文第二十节边码 18。

⑤ 所谓的**基础扶养（Basisunterhalt）**。

⑥ 对此参看 BGH NJW 2010，1665。

子女正常情况下还有一个**幼儿园名额**（Kindergartenplatz）请求权。[①] 就此而言也存在采用一种现存（可合理期待的）照管可能性的职责。[②] 因此需要审查的是，是否以及在什么样的范围之内，照管子女通过由父母一方进行照管以外的方式得到或者可能得到保障。[③] 然而，如果幼儿园里只能提供比如一个半天的名额，那么母亲也就只能工作半天了。这样一来无论如何都要为她保留相应比例的扶养请求权了。因此，应该分别根据照管子女的"现存诸多可能性"[④]，**基于个案**（einzelfallbezogen）进行裁判。[⑤] 以子女特定年龄段作为总括式导向的这种方式是不予以考虑的。[⑥]

例子：

● 为了满足**子女体育或者音乐方面的需求**（sportlicher oder musischer Bedürfnisse des Kindes），有扶养权利的父母一方的照管给付也有可能是必要的，比如以驾车接送的方式。[⑦]

● 对于**数个**（mehrere）正接受义务教育的未成年子女，如果不存在全天的照管可能性，那么就不能请求照管子女的父母一方从事全职的工作。[⑧] 如果是处于幼儿园年龄段的双胞胎，也可能产生一些特殊之处。[⑨]

6　此外延长照管扶养的一个（在第二个步骤中才应当审查）可能性还可以依据《民法典》第 1570 条第 2 款从**与父母相关的原因**（elternbezogenen Gründen）中得出。这些原因都可从离婚后的团结中找到其证成。就此而言的一个重要方面就是在婚姻中发展起来的**对所约定或者所实践的角色分配之信任**（Vertrauen in die vereinbarte oder praktizierte Rollenverteilung）以及照管子女的共同安排。[⑩]

例子：为了顺从丈夫马克斯（Max，M）的愿望，妻子菲奥娜（Fiona，F）在第二个孩子出生之后就彻底放弃了她（颇为成功）的职业，以便于全身心地投入对子女的照顾当中。也就是说 M 使她相信，两个子女至少到小学结束都需要起码父母一方的全面照顾。当两个子女 5 岁和 7 岁的时候，M 和 F 结束了长达 10 年的婚姻。在这些情形之下，在考虑了婚姻分工安排、婚姻持续时间的情况以及由于对所约定或者所实践的角色分配之信任，如果 F 除了继续照管子女还要马上被迫投入全职工作当中，那将会是不公平的。所以此时只能合理期待她进行一份兼职工作。

7　另一个与父母相关的延长照管扶养的原因还可能在于，照顾子女的父母一方由于从事职业和仍然存在的子女照管相累加而**负担了过重的职责**（überobligationsmäßig belastet）。[⑪] 毕竟，全职工作和子女照管的相结合尤其对于单独抚育子女的父母一方来说是与巨大的负担联系在一起的。[⑫] 就此而言必须要实现一个**公平的负担分配**（gerechte Lastenverteilung）。

---

① 参看《社会法典》第八编第 24 条第 3 款。

② BGH NJW 2009，1876.

③ BGH NJW 2012，1868.

④ 参看《民法典》第 1570 条第 1 款第 3 句。

⑤ BGH FamRZ 2012，1040.

⑥ BGH NJW 2011，2646.

⑦ BGH NJW 2012，1868.

⑧ OLG DüsseldorfFamRZ 2016，63.

⑨ OLG Koblenz FamRZ 2018，824.

⑩ BGH FamRZ 2010，1050.

⑪ BGH NJW 2012，1868；2010，3369.

⑫ 参看 *Meier*，FamRZ 2008，101（103）.

特别是在上午或者稍晚的下午以及晚上，都需要定期提供进一步的教育给付和照管给付，其范围可能会分别根据子女或者子女个人的照管需求而有所不同。① 所以即使在子女受到全天照管的情况下，也无法自动地认为可合理期待全职工作或者**无突然的转换**（**kein abrupter Wechsel**），而是只能要求从父母照管**逐级过渡**（**gestufter Übergang**）到从事全职工作。② 如果在婚姻关系存续期间子女和事业之间的关系就已经被协调好了，那么这才有可能成为在离婚之后也可以合理期待这种状况的一个证据。③

　　与父母相关的延长原因（**Elternbezogene Verlängerungsgründe**）只能是那一类在考虑了子女教育和从事职业之安排的情况下在婚姻中仍然具有重要意义的原因。因此，只要受扶养人的特别负担的产生是由于其在照管子女的同时还采取了**职业培训措施，深造措施或者资格认证措施**（**Ausbildungs-，Fortbildungs- oder Qualifizierungsmaßnahmen**），那么这就是为了其自身的职业利益而并非有利于子女的利益。所以，提供照管的父母一方的这一类负担，并不构成《民法典》第 1570 条第 2 款意义上的与父母相关的原因。④

　　负有给付照管扶养的义务原则上应当在**法院的裁定**（**gerichtlichen Beschluss**）中作出**无期限限制的裁判**（**unbefristet zu tenorieren**）。子女人生最初三年时间的照管扶养以及紧接着之后进一步的照管扶养构成了一个整体的扶养请求权。只有当为子女年满 3 岁后的时间进行裁判的那个时间点可以预见不再存在任何与子女或者父母相关的延长原因之时，才应当立即驳回将来的照管扶养。⑤

8

　　B. 《民法典》第 1571 条所规定的年老扶养

　　当配偶一方由于年老而无法期待其能继续从事一项职业并因此而陷入贫困时，配偶另一方就负有年老扶养义务。对此需要注意的是在法律中所提到的那些**计算时间点**（**Einsatzzeitpunkte**）。扶养构成要件必须是在离婚时，或者在照管子女之后，或者在因失业或疾病而获得扶养权利的阶段之后即得到满足。换言之，从离婚开始就必须已经存在一个无缝衔接的扶养权利了。在此期间没有扶养权利的那一方——比如由于从事职业——事后也不能（再次或者首次）请求扶养了，因为这期间他已经变得年老了。

9

　　案例：库尔特（Kurt，K）和丽莎（Lisa，L）结束了 10 年之久的婚姻。L 目前是 62 岁。就像在前一次她与弗里茨（Fritz，F）的婚姻中已经出现过的一样，在和 K 的婚姻关系存续期间 L 也没有工作，而是操持家务。现在 L 在离婚之后向 K 请求扶养。

　　鉴于长时间中断工作已经不能够再期待本案中已经 62 岁的 L 重新回到职业生活中去。就此而言，《民法典》第 1571 条的构成要件在达到**退休年龄**（**Renteneintrittsalter**）之前也已经能够满足了。⑥ 具有决定性意义的是个案中的情形，特别是也包括可以考虑的职业之类型。而 L 结婚时已经 52 岁了这一点也没有与《民法典》第 1571 条中的扶养

---

① BGH NJW 2012，1868；OLG Düsseldorf FamRZ 2014，772.

② 参看 BGH FamRZ 2012，1040.

③ 参看 BGH FamRZ 2010，1050.

④ BGH NJW 2012，3037，有关获取教授资格的案件。

⑤ BGH NJW 2009，1876.

⑥ BGH FamRZ 2012，951.

权利相冲突。① 尽管如此，在本案的情形之下根据《民法典》第 1578b 条第 2 款②对扶养进行时间上的限制则是显而易见的。

C.《民法典》第 1572 条所规定的疾病扶养

10　　此外按照《民法典》第 1572 条的规定，对于已离婚的配偶一方而言，可能由于疾病而导致完全或者部分地无法合理期待其从事一项职业。对此也同样适用特定的计算时间点。③ 至于所涉及的是何种疾病（例如遗传性疾病）以及疾病是何时突发的，则是无关紧要的。即使在结婚时这一疾病已经存在了，原则上（义务人）也要承担之后的扶养义务。在罹患疾病和婚姻之间不需要存在因果关系。④ 但是要根据《民法典》第 1578b 条考虑作出一些**限制（Beschränkungen）**⑤，主要是因为终身的扶养义务在这样的情况下就显得几乎无法合理期待了。⑥

D.《民法典》第 1573 条第 1 款所规定的失业扶养

11　　只要《民法典》第 1570 条至第 1572 条，第 1576 条中的扶养构成要件没有满足，原则上仍然适用自我负责原则。⑦ 那么已离婚的配偶就有职责通过从事职业来赚取自己的扶养费。然而，尽管他作出了种种的努力，却仍然有可能无法找到一个适当的工作职位。在这种情况下该配偶就可以根据《民法典》第 1573 条第 1 款请求失业扶养。不过，对此的前提条件在于，扶养需求人要**证明（nachweist）**，他已经长时间努力寻求过一个工作职位。⑧ 失业扶养权利必须在离婚之后或者依据《民法典》第 1570 条至第 1572 条或第 1575 条所规定的扶养权利才会产生。⑨ 也就是说仍然适用的是特定的计算时间点。然而，当配偶虽然一开始已经找到了一个工作职位，但又立即失去了这一职位时，也仍然存在扶养请求权。⑩

12　　比较难回答的问题是，到底哪些职业对于离婚后的配偶来说是可合理期待的。在与一个顶级经理人的十年婚姻中都没有从事过职业工作的前律师，必须要在离婚之后接受一份作为律师助理的工作吗？就此而言，《民法典》第 1573 条第 1 款、第 1574 条第 1 款仅仅要求接受一份**"适当的职业"（angemessenen Erwerbstätigkeit）**。根据《民法典》第 1574 条第 2 款的规定，一份符合已离婚配偶的职业教育、能力、先前一份职业、年龄以及健康状况的职业就是适当的。不过，扶养请求人还可以抗辩说，某一特定的职业根据**婚姻生活条件（ehelichen Lebensverhältnissen）**来看将会是不公平的。所以，总的来说要经由通盘评估来进行决定。按照《民法典》第 1574 条第 3 款的规定，如果有必要，还必须进行深造或者改行再培训。

---

① 参看 BGHFamRZ 1982，28。
② 对此参看下文边码 28 及下一边码。
③ 上文本节边码 9 对此已作过论述。
④ BGH FamRZ 2013, 1291.
⑤ 对此参看下文边码 32。
⑥ 对此参看 BGH NJW 2010, 1598 und 2953。
⑦ 《民法典》第 1569 条。
⑧ BGH FamRZ 2012, 517.
⑨ 参看《民法典》第 1573 条第 1 款，第 3 款。
⑩ 参看《民法典》第 1573 条。

例子：

● 对于一个已经完成**大学学业**（**Studium**），却由于语言问题而从一开始就在德国无法找到与其大学专业（环境技术员）相符的工作职位，并且因此在婚姻关系存续期间已经从事食品零售行业的外国人而言，离婚之后在这一领域里找到一份工作也是可以合理期待的。①

● 一名**没有受过职业培训**（**keine Berufsausbildung**）却在婚姻关系存续期间长时间在丈夫的企业里作为秘书而工作的妻子，在25年的婚姻之后也能够合理期待她能够胜任零售行业中（例如高级女装店）的高级工作。②

● 可以合理期待一个以提供病人护理服务赚钱的受扶养人，为了满足她自己的扶养需求而同时从事两份兼职工作。③

E.《民法典》第1575条所规定的旨在职业培训，深造或者改行再培训的扶养

按照《民法典》第1575条第1款第1句的规定，如果配偶一方结婚前出于对婚姻的期待或者在婚姻关系存续期间而没有接受或者中断了一项职业培训，那么当其离婚之后尽可能快地开始这项或者与之相应的一项职业培训并且也能够期待其成功地完成这项职业培训，那么就可以请求扶养。《民法典》第1575条第2款规定，前一款规定对于深造或者改行再培训也相应适用。 13

例子：

● 如果一名56岁受扶养人**攻读博士学位**（**Promotion**）也不再会对其收入状况产生决定性改善，那么就不必为其提供资助。④

● 然而，如果能够预期随后可以作为女专科医生而从事职业，那么就应该为46岁的受扶养人的**专科医生职业培训**（**Facharztausbildung**）提供扶养。⑤

F.《民法典》第1576条所规定的因为公平性原因的扶养

在个案中上述所提到的扶养构成要件有可能一个也没有满足，但是公平性却仍然要求给付扶养。所以如果因为其他重要原因而无法期待配偶从事一项职业，并且在考虑了配偶双方利益的情况下**拒绝扶养**（**Versagung von Unterhalt**）将会造成**重大不公平**（**grob unbillig**），那么《民法典》第1576条（§ 1576 BGB）就会提供一项扶养请求权。比如当妻子离婚之后承担了对丈夫第一次婚姻所生子女的照管，或者是承担了一名共同接收的寄养子女的照管时⑥，这一项请求权就是合适的。最后，以共同子女为前提条件的《民法典》第1570条在这里则并不相关。 14

G.《民法典》第1573条第2款所规定的追加扶养

如果配偶一方离婚后虽然**从事职业**（**berufstätig**），但是收入仍然处在婚姻生活条件的水平之下或者处于根据此而计算出来的"完全扶养"⑦之下，那么这一配偶就可以根据 15

---

① BGH NJW 2005，61.

② BGH FamRZ 2012，517.

③ BGH FamRZ 2012，1483.

④ OLG Karlsruhe FamRZ 2012，789.

⑤ OLG Düsseldorf FamRZ 2014，1466.

⑥ OLG Koblenz NJW-RR 2005，802.

⑦ 参看下文本节边码19.

《民法典》第 1573 条第 2 款请求所谓的追加扶养。[①] 按照《民法典》第 1578b 条的规定，这一请求权也同样可能在时间和金额方面有所限制。

> **案例：** 在和丈夫马克斯（Max，M）离婚后，一开始由菲奥娜（Fiona，F）照管他们共同的儿子西门（Simon，S）并且在这期间 F 获得金额为 1 800 欧元的"完全"照管扶养。[②] 在 S 入学受教育之后 F 开始从事一份半天的工作，为此她能赚到的净工资收入为 700 欧元。将 S 进行课后日间托管从而能够允许 F 扩展其职业的名额目前还没有空缺的。F 有哪些扶养请求权？
>
> 1. 首先 F 可以请求《民法典》第 1570 条第 1 款所规定的扶养（Unterhaltaus § **1570 Abs. 1 BGB**）的一半。因为对于 S 而言在下午还不存在《民法典》第 1570 条第 1 款第 3 句意义上的"照管子女可能性"，所以 S 有延长照管扶养的请求权。然而，因为可以合理期待她半天从事职业，所以《民法典》第 1570 条第 1 款的请求权降低至完全扶养的一半，也就是降低至 900 欧元。对于这样一种部分请求权[③]而言，《民法典》第 1573 条第 2 款起不了作用。[④]
>
> 2. 至于有关这剩下的另外"一半"，《民法典》第 1571 条、第 1572 条、第 1573 条第 1 款、第 1575 条或者第 1576 条中的这些扶养构成要件在本案中都没有满足。
>
> 3. 不过 F 可以根据《民法典》第 1573 条第 2 款的规定请求追加扶养。因为从半天的工作中 F 所获得的收入（700 欧元）低于金额为 900 欧元的相应份额的完全扶养。所以她有权利获得根据《民法典》第 1573 条第 2 款所得出的金额为 200 欧元的**差额**（**Differenz**）。
>
> 因此结论即为 F 可以请求金额共计为 1 100 欧元的扶养费。

H. 各个扶养构成要件之间的关系

16 就像上一个案例所表明的那样，扶养请求权可以由多个请求权基础组成。请求权可以从不同的扶养构成要件中得出不同的份额。因为不同的构成要件并不一定会得出相同的法律后果，所以必须要分别完全准确地予以判断，一项扶养请求权依据的是哪一（些）条文。不过，即使某一其他的部分请求权是从其他扶养构成要件中产生的，《民法典》第 1570 条中所规定的扶养请求权顺位[⑤]仍然涵盖了受扶养人的全部扶养请求权。[⑥]

17 此外需要注意的是，**多个扶养构成要件**（**mehrere Unterhaltstatbestände**）可以**累积性地**（**kumulativ**）得到满足，例如因为照管子女的妻子同时又身患疾病并且没有工作能力，那么《民法典》第 1570 条和第 1572 条就同时满足了。就此而言，《民法典》第 1570 条相比所有其他的构成要件具有**优先适用性**（**Vorrang**）。也就是说，如果受扶养人由于照管子女而完全无法从事一项职业，全部的扶养就应当只依据《民法典》第 1570 条进行给付，

---

① 例如 BGH FamRZ 2016，203。

② 有关计算参看下文本节边码 18 及下一边码。

③ 从《民法典》第 1570 条至第 1572 条，第 1575 条，第 1576 条中所产生。

④ 参看 BGH FamRZ 2014，823。

⑤ 参看《民法典》第 1609 条第 2 项。

⑥ BGH FamRZ 2014，1987.

而不管其他的扶养构成要件①是否也可能满足。② 而《民法典》第1571条的年老扶养又比《民法典》第1572条及以下各条具有优先适用性③，而《民法典》第1573条第1款、第2款所规定的请求权相对于《民法典》第1570条及以下各条而言是辅助性的。

除此之外，不同的扶养构成要件可以**在时间上彼此紧密相连**（**zeitlich aneinander-reihen**）。例如，离婚的妻子可能首先拥有《民法典》第1570条所规定的因照管子女的扶养请求权，之后有了《民法典》第1572条所规定的疾病扶养请求权并且在疾病痊愈之后拥有《民法典》第1573条第1款所规定的失业扶养请求权。就此而言，上述的**计算时间点**（**Einsatzzeitpunkte**）具有重要意义。

3. 扶养标准

A. 对半分原则

如果根据原因得出了一项扶养请求权，那么在接下来的步骤中就要考虑，这一请求权的金额有多高。对此《民法典》第1578条第1款第1句规定，扶养标准取决于**婚姻生活条件**（**ehelichen Lebensverhältnissen**）。此外，按照《民法典》第1578条第1款第2句的规定，扶养应当涵盖全部的生活需要。计算的起点就是，配偶双方在离婚时主要塑造了婚姻生活条件的全部净收入。根据联邦宪法法院从《基本法》第6条第1款连同适用《基本法》第3条第2款所得出的④所谓**对半分原则**（**Halbteilungsgrundsatz**），这一收入作为在婚姻中产生的经济上共同给付，原则上配偶双方有权各自享有一半。也就是说，从事家务劳动的配偶一方对于家庭扶养的贡献在法律意义上被看作是具有同等价值的。⑤

B. 七分之三法（配额扶养）

然而，只要涉及**职业收入**（**Erwerbseinkommen**），在实务当中所实行的就是，这一收入不进行对半分配，而是允许按照每一份职业就有一笔1/7⑥或者1/10⑦的预扣款来作为职业激励或者所谓的**职业奖励**（**Erwerbstätigenbonus**）。⑧ 通过这样的方式也同时考虑到了通常与从事某种职业相关的较高费用；不过，如果已经提前扣除了例如收入之5%的总括性款项或者能够具体证明的一笔金额来用于支付与工作相关的费用，那么也可以同样适用职业奖励。⑨

如果配偶双方的所得仅仅来自从事职业，那么就适用以下的简便规则，即在离婚的时候完全的扶养需要合计为**配偶双方全部净职业收入的**（**des gemeinsamen Nettoerwerbseink-ommens**）3/7。如果只有扶养义务人获取一份职业收入，那么他就不得不从中支付3/7作为扶养。如果配偶双方都各获取一份职业收入，那么扶养请求权就合计为收入差额的3/7

18

19

---

① 例如《民法典》第1573条第1款、第2款。
② 参看 BGH FamRZ 2010，869。
③ BGH NJW 2012，2028.
④ BVerfG FamRZ 2002，527；2011，437.
⑤ 参看《民法典》第1360条第2句。
⑥ 按照《杜塞尔多夫表格（Düsseldorfer Tabelle）》。
⑦ 按照《南德扶养指导方针》。
⑧ 对此参看 *Christl* NZFam 2020，237；对此的批评则参看 *Gerhardt* FamRZ 2013，834。
⑨ BGH NJW 2020，238.

（差额法）。只要有收入也来自**其他所得**（**anderen Einkünften**）[1]，那么这一笔收入就仍然适用不存在 1/7 预扣款的对半分原则。[2]

七分之三法基于这样一种假设，即基本上所有的家庭收入都是用于消费目的。在**高收入**（**hohes Einkommen**）的情况下，这种假设往往是无法证成的。毋宁说此时收入的一部分通常会被用于财产积累。这一部分在计算配额扶养时就不予以考虑了。按照联邦最高法院的观点[3]可以认定的是，用于消费的金额可以是《杜塞尔多夫表格》所规定之最高收入金额的两倍。[4] 目前这将会是 11 000 欧元的净收入；那么这一收入的 3/7 将会是 4 714 欧元。如果扶养权利人认为，配偶双方的生活条件是由用于消费目的较高收入花费所塑造的，那么他必须对此进行具体说明。[5]

这样所确定的扶养需要也被称作"**完全扶养**"（**voller Unterhalt**）。原则上扶养请求权的上限以此作为明确的标识。不过，还是可以额外地主张所谓的预备扶养（Vorsorge-unterhalt）[6] 以及也包括事先未预料到的特别需要。[7]

C. 确定调整后的净收入

为了能够计算上述的配额扶养（Quotenunterhalt），就必须**事先**（**vorab**）确定配偶双方相关的收入。除了职业收入之外，所有其他所得的类型都应当考虑，但是社会救济或者根据《人类免疫缺陷病毒感染救助法（HIV-Hilfegesetz）》获得的定期金[8]不在其内。此外，在自己的不动产中免租金居住而产生的**居住利益**（**Wohnvorteil**）也被当作收入。[9] 另外，还有可能要计算的是**拟制所得**（**fiktive Einkünfte**），这虽然不是事实上获得的，但是当扶养义务人或者扶养权利人将从事对其自身来说既是职责也是可合理期待的一项职业或者其财产在经济上将有所增加时，他是有可能获得的。[10]

从计算出来的收入中要扣除的是，应缴纳的税款、已支付的子女抚养金、补充的养老预备花费以及塑造婚姻的持续性债务（例如支付不动产贷款）。与职业有关的花费可以总括性扣除，也可以选择按具体证明的金额扣除。[11] 向前一任配偶作出的扶养给付也可以作为塑造婚姻的债务而予以扣除。[12] 这样所得到的结果就是所谓的**调整后净收入**（**bereinigte Nettoeinkommen**）。

> **案例：**扶养义务人 U 在离婚的时候每个月从其职业中所赚得的净收入为 3 450 欧元。他提出与职业相关的费用为每个月 50 欧元，这些费用不计入税收。对于 U 和其前

---

① 例如来自财产或者租赁。
② 参看边码 20 的例子。
③ NJW 2018，468；2019，3570.
④ 参看下文第三十五节边码 5 中的表格。
⑤ BGH 同上。
⑥ 《民法典》第 1578 条第 3 款；对此参看 BGH NJW 2019，3570。
⑦ 例如搬家费，某次医生治疗费；参看《民法典》第 1585b 条第 1 款。
⑧ 对此参看 BGH NJW 2018，2638。
⑨ BGH FamRZ 2014，1098；NJW 2012，1144.
⑩ 参看下文第三十五节边码 7。
⑪ OLG Koblenz FamRZ 2020，1266.
⑫ 对此参看 BGH NJW 2019，3570。

妻之前为了共同支付目前属于两人共同所有的游艇而接受的一笔贷款，他每个月要支付200欧元的分期还款及利息。从出租一套多年前就已经继承得来的住房中，U每个月获得600欧元的租金；而住房的维护措施平均每个月要花费100欧元。每个月U要支付给其子女K金额为400欧元的子女抚养费。U目前租房子居住。有扶养权利的妻子则没有收入。

在此，要从U的职业收入中扣除的有与职业相关的费用、支付的贷款以及子女抚养费。所得出的金额为2 800欧元（＝3 450－50－200－400）。从目前的这一金额中U可以扣除1/7（＝400欧元）作为职业激励。[①] 所以最后剩余2 400欧元。还要加上扣除了相关费用之后的租赁所得，也就是500欧元。因此U应当计算的收入合计为2 900欧元。如果有扶养权利的妻子不赚取任何收入并且应当享有完全的扶养请求权，那么这一请求权根据对半分原则共计为该收入的50％，也就是1 450欧元。

D. 确定收入的截止日

确定收入原则上应当以**离婚的时间点（Zeitpunkt der Scheidung）**为根据，或者说更确切地说要根据离婚既判力产生之前所出现的情形进行。因此，在分居期间出现的工资上涨也会被考虑在内。此外，根据联邦最高法院所主张的有关**变动中之生活条件（wandelbaren Lebensverhältnissen）**的论点，离婚后的发展也会对需求估算产生影响，只要这些发展即使在婚姻关系继续存续的情况下也将会出现（例如定期加薪、退休；但是不包括出乎意料的事业飞跃）或者以其他方式在婚姻中本就会出现并且有较大的可能性是可以预料得到的。[②] 这就意味着，可支配收入**之后的变化（spätere Änderungen）**也对扶养标准产生了影响，并且不用管这些变化何时产生，涉及的是减少还是增多或者这些变化是出现在扶养义务人一方还是受扶养人一方。不过，对离婚后可支配收入减少的考虑在离婚后的团结中会存在界限。在扶养法上有可责难之行为（例如故意通知终止工作职位）的情况下，这种变化仍然是不重要的，因此或许还要继续将其认定为相应的拟制收入。[③]

E. 替代判决

如果严格对待上述截止日的观点，那么扶养费申请人在离婚后由于目前所从事的一份职业才获得的收入本身就可能无法被认为是塑造婚姻的收入了。毋宁说这笔收入必须要被归入《民法典》第1577条第1款意义上的应扣除金额并会因此而在完全的范围内降低扶养请求权。那么该配偶将要处于的境况甚至还不如离婚前就已经工作了并且其完全扶养请求权将达到配偶双方收入差额3/7的一位配偶。这种差别对待此时就显得不公平了。

所以联邦最高法院就提出了一个论点，认为**后续职业（spätere Erwerbstätigkeit）**应当看作是扶养权利人之前已经进行的家务管理给付的**替代（Surrogat）**。婚姻生活条件之前也是由这些劳务性给付所塑造或者改善的。因此，从现金扶养给付和家务管理或是照管子女具有同等价值这一点出发，有扶养权利配偶在离婚之后所取得的职业收入，应当被看作就

21

22

---

① 参看上文本节边码19。

② BGH FamRZ 2012，281.

③ BGH FamRZ 2008，968，972.

像是之前家庭工作经济价值的替代，并且在计算扶养时同样必须根据累加法或差额法对其进行考虑。[1]

替代判决被扩展到那些扶养权利人在新一段的关系中为**新伴侣**（**neuen Partner**）所进行的**家务管理给付**（**Haushaltsführungsleistungen**）。[2] 例如，《南德家事审判委员会的扶养法指导方针》[3] 在第六点（Punkt 6）中对此作出规定，当一位非从事职业者为有给付能力的第三人管理家务时，220 欧元至 550 欧元之间的某一金额就应当被视为收入。

F. 超出职责的所得

23 如果扶养权利人或者扶养义务人在扶养法上虽然**没有或只有有限的从事职业之职责**（**keine oder nur eine eingeschränkte Erwerbsobliegenheit**），但仍然从从事职业之中获取所得[4]，那么就必须要**依据个案**（**einzelfallabhängig**）进行思考，这些所得中有多少需要在进行扶养计算时予以考虑。比如在达到法定退休年龄之后从事一份职业所得[5]，或者不顾疾病仍然从事一份职业的所得[6]，以及父母一方虽然同时在照管一名不满三岁的子女却仍然获取的所得[7]，都属于超出职责。在此，应当在考虑诚实信用原则的情况下基于个案思考，在确定需要[8]的时候这些所得中的哪**一份额**（**Anteil**）应当以公平的方式计算到收入当中。在扶养权利人的情况下，《民法典》第 1577 条第 2 款对折抵的其他限制作了规定。不需要折抵的部分在确定扶养请求权时就不用考虑了。

> **案例**：菲奥娜（Fiona，F）离婚之后照管两岁的孩子。因此，她从丈夫恩斯特（Ernst，E）那里获得金额为 1 500 欧元（＝3 500 欧元的 3/7）的完全配额扶养。为了避免职业生涯中断，F 目前仍然工作半天并且在这段时间让其母亲照管孩子。F 从这份职业中每个月能获得 800 欧元的净收入。
>
> 在此，原则上要认为 F 在从事一份超出职责的职业（überobligatorischen Erwerbstätigkeit）。因为直到子女三岁生日之前，照管子女的母亲自己本身就没有从事职业的职责。[9]
>
> 不过在扶养法上完全不考虑 F 的这份收入还是显得不适当的；否则的话 F 就有可能比 E 有更多可供支配的金钱了。另一方面 F 超出职责的工作投入也不应该只由她来负担。因此依据《民法典》第 1577 条的评价，在考虑个案特殊性的情况下，应当基于**公平**（**Billigkeit**）对这些所赚取的收入进行折抵。收入的一部分仍然不需要折抵，另一部分则在确定需要时作为收入进行估算。如果在这一例子中对 50%（本案中为 400 欧元）进行折抵是合适的，那么 E 目前仍要负担的就是 3 500 欧元和这笔需要进行折抵的 400

---

[1] BGH FamRZ 2003，434.

[2] BGH FamRZ 2004，1170.

[3] 截至 2021 年 1 月 1 日时的修订状况。

[4] 所谓超出职责的所得（überobligatorische Einkünfte）。

[5] BGH FamRZ 2011，454.

[6] BGH NZFam 2021，29.

[7] BGH FamRZ 2014，1987.

[8] 参看上文本节边码 19 及下一边码。

[9] 参看上文本节边码 4；不过，在个案中事实上从事工作也有可能是该项工作具有可合理期待性的证据，参看 BGH FamRZ 2005，1154.

欧元之间差额的 3/7。在此的总金额就将是 1 328 欧元（3 500 欧元－400 欧元＝3 100 欧元；3 100 欧元乘以 3/7＝1 328 欧元）。E 的扶养义务因此就减少到了这一金额。

4. 扶养权利人的贫困

按照《民法典》第 1577 条第 1 款的规定，只要扶养权利人不能从其所得中对自己进行扶养，那么就存在扶养请求权。通常在确定需要时扶养权利人所有的职业所得和所有其他塑造婚姻的所得都已经被考虑进去①之后，《民法典》第 1577 条第 1 款的适用范围就缩减到那些**不能被认为在婚姻中本就会出现（nicht als in der Ehe angelegt）**的（新）**离婚后所得（(neue) nacheheliche Einkünfte）**。这有可能涉及的是一笔遗产②或者目前让扶养权利人从财产中获取所得（例如从利息或者从所购买的不动产租赁当中）的一笔离婚后中奖的彩票奖金，其结果就是扶养权利人当前有了财产性所得（例如利息或者从所得不动产中产生的租金）。另一个例子则有可能是，权利人有了出乎意料的事业飞跃，从而当前为其产生了新的额外所得。这样，在以上每个范围之内都不太可能会出现权利人的贫困并且扶养请求权将会相应地被减少甚或是完全被取消。③ 其他有关折抵的细节则由《民法典》第 1577 条第 2 款作了规定。按照《民法典》第 1577 条第 3 款的规定，现存**财产（Vermögen）**④是否必须要为了扶养之目的而作清算，应当依据个案并基于公平进行判断。

5. 扶养义务人的给付能力

A. 总论

一开始所计算得出的扶养在可能的情况下还会依据《民法典》第 1578b 条、第 1579 条⑤（对此参看边码 28）进行缩减。这之后所得出的金额实际上能否以及是否必须完全被支付，还要取决于给付义务人的给付能力。这一点在以下情况下尤其具有重要意义，即扶养义务人**负担了多个人的扶养（mehreren Personen Unterhaltschuldet）**。这样一来，现存收入有可能就不足以满足所有扶养请求权了。在这种情况下，扶养义务人可以首先从其收入中扣除对于其自身生活扶养所必需的金额。⑥ 在配偶扶养的情况下，根据《杜塞尔多夫表格》⑦ 一名从事职业者的自我维持通常总计为 1280 欧元。按照《民法典》第 1581 条第 1 句的规定，只有那些在满足了自身需要之后还有剩余的，才必须被用于扶养目的当中。如果剩余的金额不足以满足所有现存的扶养请求权，那么多个扶养权利人互相之间的关系就取决于所谓的顺位关系。

B.《民法典》第 1609 条所规定的顺位关系

《民法典》第 1609 条规定了**存在多个扶养需要人情况下（bei Vorhandensein mehrerer Unterhaltsbedürftiger）**的顺序。顺位分级所产生的结果就是，在轮到下一个有可能也会落

---

① 参看上文本节边码 20 及下一边码。
② 参看 BGH FamRZ 2012，1483。
③ 参看《民法典》第 1577 条第 1 款。
④ 所谓的财产主干部分（Vermögensstamm）。
⑤ 参看下文本节边码 28 及以下各边码。
⑥ 所谓的自身需要或者**自我维持（Selbstbehalt）**。
⑦ 截至 2021 年 1 月 1 日时的修订状况。

空的顺位级别之前，原则上较高顺位级别首先受到完全扶养的偿付。① 在考虑了义务人自身适当扶养的情况下，当其给付能力不足以满足所有扶养权利人的请求权时，就出现了**不足情况（Mangelfall）**。② 同一顺位的权利人，也就是例如多个未成年子女或者处于同一顺位等级的（前）配偶，在不足情况下则根据他们的贫困**按比例（anteilig）**从义务人所剩下并且应当要进行分配的剩余收入中获得扶养。③

《民法典》第 1609 条所规定的多个扶养需要人情况下的顺位关系

　　顺位 1：未婚的未成年子女以及只要在父母家中生活并且正在进行一般学校教育（Schulausbildung）的未满 21 岁的未婚成年子女④

　　顺位 2：因照管子女而有扶养权利或者可能处于离婚情况下的父母双方，以及在婚姻关系长期存续情况下的现任或者已离婚配偶

　　顺位 3：不属于第二顺位的现任或前任配偶

　　顺位 4：不属于第一顺位的子女

　　顺位 5：（外）孙子女和其他直系卑亲属

　　顺位 6：父母

　　顺位 7：其他亲属

C. 三等分

27　　　一个扶养义务人同时负担一位已离婚配偶以及其现任配偶扶养的问题，也需要应当通过《民法典》第 1609 条来解决。此外还要区分不同的案件情形。如果前一任配偶依据《民法典》第 1609 条在顺位上优先于之后的现任配偶，那么具有优先权的前任配偶之需要就应当在不考虑对新配偶扶养义务的情况下予以确定。⑤ 就此而言仍然适用对半分原则。对于后顺位的配偶而言，所剩余的有可能就不会很多了。

　　然而，如果已离婚配偶和新配偶根据《民法典》第 1609 条是**同一顺位的（gleichrangig）**，那么联邦最高法院主张**三等分（Dreiteilung）**。⑥ 对此，扶养义务人和两位有扶养权利之（前任）配偶（在职业收入的情况下要分别扣除 1/7 的职业激励）的全部（实际或拟制）所得都应当一起计算并且之后要除以三。这 1/3 份额就构成了对扶养权利人的完全扶养。那么，向前任配偶所应当支付的就是这 1/3 份额和其自己所得之间的相差金额。⑦

6. 根据《民法典》第 1578b 条的扶养减少及限期

A. 规范目的

28　　《民法典》第 1578b 条使得能够根据**金额（Höhe）**（第 1 款）以及在**时间方面（zeitli-**

---

① 参看 BGH NJW 2005，2145。

② MüKoBGB/*Langeheine* BGB § 1609 Rn. 2.

③ 参看下文第三十五节边码 17 有关计算子女扶养的例子。

④ 参看《民法典》第 1603 条第 2 款第 2 句。

⑤ BGH FamRZ 2012，281.

⑥ 详情参看 Reinken，NZFam 2015，689。

⑦ BGH FamRZ 2012，281；2014，1183.

cher Hinsicht)（第 2 款）限制扶养请求权。二者也能够互相组合（第 3 款），这既可以从一开始就进行或者也可以分阶段依次进行。这一规范的背景在于发现一项依据婚姻生活条件水平而负担的无时间限制之扶养义务，并非在任何情况下都是适当的。但是，还是要注意作为这一规范基础的常规——例外关系。只有当一项**不受限制的扶养请求权**（unbeschränkter Anspruch）将会产生**不公平**（unbillig）之时，才能够对其进行减少或者限期。因此，减少或者限期并非常规，而是**例外**（Ausnahme）。[①]

《民法典》第 1578b 条第 1 款第 1 句规定，如果根据照婚姻生活条件来估算扶养请求权，即使在考虑到交托于权利人来进行照料或者教育的共同子女利益的情况下也将会不公平时，扶养请求权应当依据**适当的生活需要**（angemessenen Lebensbedarf）进行减少。根据《民法典》第 1578b 条第 2 款第 1 句的规定，当时间上无限制的扶养请求权将会不公平时，应当对离婚后扶养请求权在时间上予以限制。公平性权衡的标准则由《民法典》第 1578b 条第 2 款第 2 句、第 3 句中得出。根据这些标准，在公平性权衡时尤其需要考虑的是，在获取自身扶养可能性方面的**不利多大程度上是由于婚姻**（durch die Ehe Nachteile）所产生的，或者在考虑了**婚姻持续时间**（Dauer der Ehe）的情况下减少扶养请求权是否将会是不公平的。

因婚姻所致之不利（Ehebedingte Nachteile）首先可能从照料和教育共同子女的持续时间以及从**家务管理的安排**（Gestaltung von Haushaltsführung）或者从婚姻关系存续期间从事职业当中产生。"一项因婚姻所致之不利通常表现在，有扶养权利的配偶在离婚之后无法获取在没有婚姻或者不用照管子女的情况下本应该能获取的所得。"[②] 与此同时，已确定的因婚姻所致之不利要完全以有利于扶养权利人的方式予以考虑，不应当在配偶双方之间进行对半分配。[③] 另一方面，与**养老预备**（Altersvorsorge）相关的不利，原则上应当通过供养补偿和预备扶养请求权来进行弥补，所以通常就不用再予以考虑了。[④]

《民法典》第 1578b 条本身适用于**所有的扶养构成要件**（alle Unterhaltstatbestände）。但是《民法典》第 1578b 条第 2 款所规定的照管扶养限期则被排除了，因为在《民法典》第 1570 条第 1 款第 2 句、第 2 款情况下所要进行的有关扶养持续时间的公平性权衡，就此而言具有优先适用性以及终局性。[⑤]

B. 公平性权衡

对于是否以及在什么范围内应当对一项扶养请求权进行限制这个问题，首先依据的是，在多大程度上扶养权利人的**需要处境**（Bedürfnislage）是**因婚姻所致**（ehebedingt），对此可参看《民法典》第 1578b 条第 1 款第 2 句[⑥]；最终，扶养给付的证成正好在于，这是对由于婚姻角色分配所造成的因婚姻所致之事业发展不利的弥补。就此而言所要确定的尤其是，从照料或者教育共同子女的持续时间以及从家务管理的安排和婚姻存续期间从事职业当中，对扶养权利人产生了哪些不利。

29

---

① BGH NJW 2010, 3097.

② BGH NJW-RR 2020, 1；NJW 2018, 2638；2016, 2256.

③ BGHNJW 2016, 2256.

④ BGH FamRZ 2014, 823；NJW 2018, 2636.

⑤ BGH FamRZ 2014, 823.

⑥ BT-Drs. 16/1830, S. 18.

为了判断所出现的因婚姻所致之不利，应当在扶养权利人目前的生活处境和其在没有结婚情况下的**假定生活状况（hypothetischen Lebenssituation）**之间作一个**比较（Vergleich）**。[①] 这一比较具有双重意义。一方面，已确定的因婚姻所致之不利是公平性考虑的决定性标准。另一方面，《民法典》第 1578b 条第 1 款第 1 句意义上的**"适当的需要"（angemessene Bedarf）** 也是通过这一方式所确定的，是根据扶养权利人在没有婚姻或者不用教育子女的情况下从自己所得中将会获得的收入来衡量的。同时也借此来表明减少扶养的**下限（Untergrenze）**。

比如如果扶养权利人在其所学职业中从事全职性的工作，那么根据联邦最高法院的观点，这就是证明持续性因婚姻所致之不利不存在的一个证据。这种情况下，扶养权利人就必须实证式（substantiiert）说明，哪些具体的因婚姻所致之不利仍然还是出现了。[②] 除此之外，被减少的请求权必须至少还满足最低生存限度。[③]

30 《民法典》第 1578b 条第 1 款第 2 句也将**婚姻持续时间（Dauer der Ehe）**规定为公平性衡量标准。这样规定的目的在于，防止缺少因婚姻所致之不利就自动导致了对离婚后扶养的限制。[④] 不过婚姻持续时间这一标准，仍然应当与其他标准**互动（Wechselwirkung）**进行评估，尤其是与婚姻角色分配以及以此为基础的经济关系的交织。[⑤] 婚姻持续时间超过三十年也并不自动意味着对扶养限期的排除。

案例： 结婚之后年轻的医生马丁（Martin，M）购置了一家诊所并且正在为建立自己职业上的生存而努力工作。为了能够更好地照看家务以及两个子女，妻子夏娃（Eva，E）最终还是违背其丈夫的意思放弃了她作为女药剂师的职业，最主要还是因为去距离较远的处方药店（Apotheke）所耗费的长时间驾驶占据了她太多的时间。为此 E 在一家药品商店（Drogerie）找了一份离住所较近的工作。10 年之后他们离婚了。E 继续照看这两个每天下午两点之前都可在小学中受到照管的子女。鉴于长期的职业中断，E 作为女药剂师现在只能找到一份待遇较差的助理职位。所以 E 向目前收入颇丰的 M 主张她的扶养请求权。

1. 因为子女没有全天受到照管，所以 E 毕竟还是能够按比例享有一项《民法典》第 1570 条第 1 款所规定的扶养请求权（Unterhaltsanspruch aus § 1570 Abs. 1 BGB）。

2. 此外，虽然 E 继续从事一项职业，但是还无法因此达到以《民法典》第 1578 条规定的扶养标准为依据的婚后收入水平。因此，E 还有一项按照《民法典》第 1573 条第 2 款所规定的追加扶养（Aufstockungsunterhalt，§ 1573 Abs. 2 BGB）请求权。

3. 仍有疑问的是，是否应当依据《民法典》第 1578b 条第 1 款减少 E 的追加扶养请求权。然而在这里——在本案给定的时间上——应当对此予以否定。鉴于所描述的分工，E 已经遭受了重大的因婚姻所致之事业发展不利。转换成一个和所受教育不相干且收入明显更差的工作是为能够让从事职业和照管子女之间变得更加协调。就此而言，工作职位的转

---

① BGH NJW 2013, 528；2018, 2638；2018, 2636.
② BGH NJW 2010, 3653 und 1813.
③ BGH NJW 2016, 2256.
④ 参看 BT-Drs. 17/11885, S. 5. f.
⑤ BGH NJW 2013, 1530.

换也可能是《民法典》第 1578b 条第 1 款意义上的一项**因婚姻所致之不利**（**ehebedingter Nachteil**）。① 在这一点上具有决定性意义的就是角色分配和照管子女在事实上的安排。扶养义务人不能抗辩说，他已经敦促过配偶另一方要保留这一（未作变更的）职业。②

即便是在全职从事职业的情况下，E 也几乎不会有机会达到她在没有因家庭中断时作为女药剂师所可能有的收入。就此而言，一场 10 年的婚姻在扶养法意义上也已经可以被看作是"漫长的"了。③ 所以，E 以婚姻生活条件的水平参与其中看起来就得以证成了。因此必须排除对扶养请求权的减少。

根据《民法典》第 1578b 条，公平性权衡的**其他标准**（**weitere Kriterien**）有可能是例如：扶养权利人对扶养的依赖性，扶养权利人负担有其他扶养义务或者照管任务④，但是也包括（婚姻关系存续期间内）扶养需要人以有利于扶养义务人及其事业的方式所做的其他支持性给付⑤以及根据《民法典》第 1577 条第 3 款已向受扶养人要求过的财产利用之方式和范围。⑥ 婚内过错行为或者离婚过错在《民法典》第 1578b 条中则没有意义。⑦ 　31

即使在作出裁判时，对《民法典》第 1578b 条的后果作出终局性裁判看起来似乎还是不可能，但也不允许完全推迟对此的裁判。毋宁说在这方面，法院必须根据事实处境和能够可靠预见的情形，在可能的范围内作出裁判。

C. 对疾病扶养请求权的限期

《民法典》第 1578b 条在**因疾病的扶养请求权**（**Unterhaltsanspruch wegen Krankheit**）⑧上具有特别重要的意义。这一扶养的正当性由其性质来看并非来自弥补因婚姻所致之不利的思想，而是来自离婚后团结⑨；因为疾病在任何情况下都不是因婚姻所致，而是命运中注定会出现的。然而，按照持续性判决，《民法典》第 1578b 条也考虑到了**离婚后团结**（**nacheheliche Solidarität**）。在公平性权衡的框架内，还应当结合上述标准⑩来确定在个案中必要的离婚后团结之程度。⑪ 在此的基本方面还包括婚姻关系存续期间由扶养权利人所作出的生活给付以及在婚姻关系存续期间所实践过的角色分配。⑫ 配偶一方很可能因此而没有为因疾病所致之收入减少的情况做好充足的预备。⑬ 　32

例子：如果仓库工人和女企业家结婚，然后长期罹患重病并且在没有子女的情况下仅在 5 年之后就离婚了，那么根据《民法典》第 1572 条几乎无法证成妻子按照第 1578 条的规定以其收入所塑造的婚姻生活条件水平来负担在时间上没有限制的扶养义务。即使丈夫

---

① BGH NJW 2013, 1738.

② BGH 同上。

③ 参看 BGH FamRZ 2006, 1006。

④ BGH FamRZ 2011, 713.

⑤ BGH NJW 2012, 2028；2013, 2434.

⑥ BGH FamRZ 2012, 517.

⑦ BGH NJW 2013, 2434.

⑧ 《民法典》第 1572 条。

⑨ BGH NJW 2010, 1598 und 2953.

⑩ 参看上文本节边码 28 及下一边码。

⑪ BGH NJW-RR 2020, 1；NJW 2016, 2256.

⑫ BGH NJW 2018, 2638.

⑬ BGH NJW 2013, 2434.

在婚姻关系存续期间没有工作，因婚姻所致之不利也仍然很低，因为作为一个仓库工人即使在中断 5 年之后通常也很有可能以与之前相当的工资水平重新从事工作。如果这点因疾病的原因被排除了，那么仍然要注意的是，丈夫即使在没有结婚的情况下也同样非常有可能生病并且处境并不会变得更好。在这些情形之下，**必要的婚姻团结之程度（gebotene Maß an ehelicher Solidarità）**所要求的仅仅是一项根据《民法典》第 1578b 条第 2 款所产生的以较少年数为期限的扶养义务。如果这是一场 20 年的婚姻，情况则将有所不同，此时丈夫已经长期照料家务和子女并且因此无法为收入减少的情况作出适当的预备。

D. 在变更扶养名义的情况下《民法典》第 1578b 条的适用

33　《民法典》第 1578b 条在根据《家事与非诉事务程序法》第 238 条、第 239 条所进行的变更申请的框架内也同样具有重大意义，通过这些申请，先前一项（经常以诉讼调解形式出现的）扶养名义就会**在将来得以变更（für die Zukunft abgeändert）**。① 在这一类程序中进行公平性权衡时，也应当考虑扶养权利人对一项长期扶养请求权的信赖。如果扶养是基于 2007 年 12 月之前有效的先前的扶养法而被赋予名义的，这一点也正好是适用的。虽然《民事诉讼法施行法（EGZPO）》第 36 条第 1 项的过渡规范已经对此要求考虑对未作变更之扶养的信赖。但是这一方面在根据《民法典》第 1578b 条进行全面利益权衡的框架内也应当同时予以注意。②

在所有**变更申请（Abänderungsanträgen）**的情况下都要注意的是，申请只能基于之前程序的事实辩论结束后所产生的原因，对此可参看《家事与非诉事务程序法》第 238 条第 2 款。③ 但是，如果先前程序的事项是扶养权利人申请增加扶养，那么扶养义务人在之后根据《民法典》第 1578b 条请求减少扶养的程序中也能够被允许依据在先前程序中已经可以被考虑的事实，因为在此涉及的是不同的争议事项。④

7.《民法典》第 1579 条所规定的因重大不公平而排除或者减少扶养

34　不管《民法典》第 1578b 条的限制可能性如何，在个案中的特别情形总可能使扶养给付显得重大不公平并因此而不可合理期待。就此而言，在扶养法中也适用诚实信用原则，该原则在《民法典》第 1579 条的**消极困难条款（negativen Härteklausel）**中得到了具体体现。这一条文列举了重大不公平的七种常规例子（第 1 项至第 7 项），并由具有一般条款性质的兜底构成要件（第 8 项）进行了补充。

> **《民法典》第 1579 条的审查**
>
> 1. 审查第 1 项至第 7 项的常规例子
> 2. 作辅助之用：审查第 8 项的一般条款
> 3. 全面的公平性权衡
> 4. 考虑由权利人照管共同子女的利益

---

① 例如 BGH FamRZ 2015，1694。
② BGH NJW 2012，2028.
③ 参看下文本节边码 46。
④ BGH NJW 2018，1753.

> 5. 对具体法律后果作出裁判：减少或者完全排除扶养

A.《民法典》第 1579 条第 1 项所规定的婚姻持续短暂时间

按照《民法典》第 1579 条第 1 项前半句的规定，当婚姻仅持续短暂时间时，扶养义务通常就被排除了。对于一场婚姻而言，**3 年（drei Jahren）**之内都可以被认定是持续短暂时间①，这通常是按照从结婚开始到离婚申请发生法律系属之间的时间进行计算的。② 然而，如果在短暂的婚姻当中有子女出生了，那么由权利人照管子女的时期通常就应当和婚姻关系存续时期等同了。③ 这样一来，《民法典》第 1579 条第 1 项的适用大多数情况下就没有必要了。 **35**

B.《民法典》第 1579 条第 2 项所规定的权利人稳固的生活共同体

《民法典》第 1579 条第 2 项的构成要件具有重大的实务意义。根据这一规定，当权利人生活在一个稳固的生活共同体中时，扶养可以被拒绝。稳固的生活共同体指的是两个人，可以是同性也可以是异性之间的一个关系达到了这样一种强度，以至于这一关系具有了几乎足以**替代婚姻的效果（eheersetzende Wirkung）**。这一概念在很大程度上对应的就是《社会法典》第二编第 7 条第 3 款第 3c 项中需要共同体（Bedarfsgemeinschaft）的定义。④ 虽然同居关系或者性关系可以作为对此的明确证据，但是并不必然以之作为前提条件。⑤ 最迟在两到三年之后，当伴侣双方在经济上已经发生强烈交织或者更早时候家庭就已经建立后，判决才肯定这一关系已经充分地坚固了。⑥ **36**

根据立理由⑦以及持续性判决⑧，在这一类情况下排除扶养得以证成的原因在于，离婚者借由新生活共同体终局性地**从离婚后团结中分离（nachehelichen Solidarität herauslöse）**出来并且自己承认对此已经不再需要。当扶养权利人从其新伴侣处事实上获得生计时，这一点是有可能适用的。但是当扶养权利人不得不继续地和因婚姻所致之事业发展不利进行斗争以及新伴侣自身都没有能力对自己进行扶养时，例如因为他正处于失业当中，那么这一规范就显得很成问题了。然而，根据联邦最高法院的观点，新伴侣的给付能力也并不重要。⑨

这一根据《民法典》第 1579 条第 2 项（完全或者部分）丧失的扶养请求权在稳固的生活共同体结束之后原则上可以**再次恢复（wiederaufleben）**，特别是在考虑到共同子女利益的情况下。但是，在任何情况下对此都需要一个考虑到所有情形的可合理期待性的审查。⑩

C.《民法典》第 1579 条第 3 项至第 6 项的情况

《民法典》**第 1579 条第 3 项（§ 1579 Nr. 3 BGB）**涉及的是扶养权利人针对扶养义务人及其近亲属刑法上（strafrechtlich）重要的行为方式，例如严重的人身虐待。**第 4 项** **37**

---

① 参看 BGH NJW 2011, 1582。
② 参看 BGH NJW 1986, 2832。
③ 参看《民法典》第 1579 条第 1 项后半句。
④ KG FF 2016, 502.
⑤ BGH FamRZ 2011, 1854.
⑥ 参看 OLG Koblenz FamRZ 2016, 1938；OLG Oldenburg NZFam 2017，74。
⑦ BT-Drs. 16/1830, S. 21.
⑧ 例如 BGH NJW 2011, 3712。
⑨ BGH NJW 2011, 3712；正确的批评参看 *Schwab* FamRZ 2005, 1417 (1421)。
⑩ BGH FamRZ 2011, 1498. ai.

（**Nr. 4**）所包括的情况则是权利人的贫困是由其自己故意导致的，例如因为轻率地辞去了工作职位①或者可责难的挥霍财产。不过，"故意"怀孕则不满足这一构成要件。② 另一方面，当扶养权利人故意无视扶养义务人的重大财产利益时，**第 5 项**（**Nr. 5**）则会适用。根据《民法典》第 1579 条**第 6 项**（**Nr. 6**）的规定，当权利人从其自身方面来说在分居前就已经较长时间严重违反自己负担家庭扶养的义务时，排除扶养就有可能是正当的了。

例子：

● 当妻子在扶养程序中隐瞒了将会导致其扶养请求权减少的所得时③，就有可能涉及第 5 项了。

● 此外，损害财产利益的原因还有故意错误地或者同样包括轻率或纯粹恶意地**检举犯罪**（**Strafanzeigen**），例如因盗窃④或者逃税⑤而受到配偶检举。

● 此外，当丈夫在婚姻关系存续期间没有找工作并且也没有照看孩子或者从事家务，以至于满足家庭生活需要对妻子来说变得非常困难时，就有可能存在第 6 项中的一种情况。之后，妻子并不对丈夫负担扶养义务。⑥

D.《民法典》第 1579 条第 7 项所规定的权利人严重的道德过错行为

38　　根据《民法典》第 1579 条第 7 项的规定，当权利人针对义务人作出了一项明显重大的、可明确归因于他的**过错行为**（**Fehlverhalten**）时，扶养可以被减少或者排除。由于刑法上重大的行为方式已经归到第 3 项当中了，所以这里所涉及的只能是一项道德上的过错行为了。

例子：

● 如果一名妻子对其丈夫隐瞒了在婚姻存续期间出生的**子女**（**Kind**）可能是其与另一名男子所生，那么这一点原则上就形成了《民法典》第 1579 条第 7 项意义上一项过错行为的困难原因；因为在一个"基本个人问题上丈夫的生活安排"就这样受到了干涉。由丈夫进行父亲身份的撤销则不是对此的前提条件。⑦

● 当妻子为了在其他方面能够有所发展，便在一夜之间以**毫无顾忌的方式**（**rücksichtslose Weise**）离开了丈夫和子女时，那么排除扶养就显而易见。

● 但是，当一方配偶在结婚之后由于职业上的原因，而拒绝同另一方配偶在另一个地方建立一个共同的住所并因此而最终导致离婚时，第 7 项就不满足了。⑧

● 配偶一方在某一社交网络上发布自己与新伴侣的照片则不会根据《民法典》第 1579 条第 7 项导致对分居扶养的拒绝。⑨

39　　有疑问的是，**违背婚姻忠诚**（**Bruch der ehelichen Treue**）或者由于一段新关系而离开婚姻伴侣是否就已经构成了《民法典》第 1579 条第 7 项意义上的一项过错行为。基本上

---

① BGH FamRZ 2007，1532.

② 参看上文第九节边码 5。

③ **诉讼欺诈**（**Prozessbetrug**）。

④ OLG Koblenz FamRZ 1991，1312，1313.

⑤ OLG Köln NJWE-FER 1999，107.

⑥ OLG Düsseldorf NZFam 2019，360.

⑦ BGH NJW 2012，1443.

⑧ BGH FamRZ 1987，572；参看上文第九节边码 3 的案例。

⑨ AG Lemgo NZFam 2016，269.

应当对此予以否定，因为随着 1976 年的婚姻法改革，过错原则已经被废除了[①]并且此外《民法典》第 1579 条原则上也不允许被用来通过"后门"而重新引入过错原则。在这方面，联邦最高法院也确认，仅仅是婚姻不忠还不足以认定一项严重的过错行为。[②]

不过，当配偶一方违背配偶另一方的意思，而从一场"完好无缺的"或者通常来看还过得去的婚姻中出来转向新伴侣并与其一起在类似婚姻的共同体中生活，同时让配偶另一方承担从根本上本应由配偶双方负担的照管给付时，判决有时候也会认定是《民法典》第 1579 条第 7 项的情况。[③] 从中应当看到如此严重的**中断婚姻联系**（**Abkehr von den ehelichen Bindungen**），以至于根据构成婚姻扶养法基础的相互（Gegenseitigkeit）原则，向配偶另一方要求扶养就显示出重大不公平了。[④] 然而，如果婚姻之前就已经破裂了或者另一方伴侣之前就已经宣布脱离婚姻联系，那么过错行为的单方面性就被否定了。

> **案例：** 当妻子弗罗拉（Flora，F）和丈夫马克斯（Max，M）分居期间，她结识并爱上了路易斯（Louis，L），而且立即就和他搬到一起住了。就像之前为 M 所做的一样，F 目前为 L 管理家务，而 L 则从事职业。F 自己由于慢性疾病而没有工作能力。两年之后 M 和 F 离婚了。现在 F 能够向 M 请求扶养吗？
>
> F 的**扶养权利**（**Unterhaltsberechtigung**）从**《民法典》第 1572 条**（**§ 1572 BGB**）中得出。
>
> 因为婚姻忠诚在分居之后就不再具有很重大的意义了，所以转向一名新伴侣在此无论如何都不是可责难的过错行为，而这种过错行为根据《民法典》第 1579 条第 7 项是有可能可以证成扶养减少的——要么在分居扶养方面[⑤]，要么在离婚扶养方面。
>
> 但是，如果新的关系持续了两到三年时间并且这一关系因此在一定程度上处于一种婚姻关系的地位上，那么就可以考虑依据《民法典》第 1579 条第 2 项产生的扶养排除。[⑥] 不过此外，F 也不得不忍受在期间届满之前对减少其扶养。因为作为对其家务工作的回报，如果 F 领受了 L 的扶养给付，那么这些扶养给付就被判决当作在确定需要时应当考虑进去的收入来对待了。[⑦]

E. 《民法典》第 1579 条第 8 项所规定的兜底构成要件

最后，重大不公平可能是从一个与第 1 项至第 7 项中所罗列原因同样严重的**其他原因**（**anderen Grund**）中产生。例如，不能适用《民法典》第 1579 条第 3 项或第 7 项，因为在过错行为上至少不涉及减轻的责任能力；但是当从**客观情形**（**objektiven Umständen**）当中无法产生合理期待时，比如因为在无责任能力状态中《民法典》第 1579 条的多个权利丧失（Verwirkung）构成要件在较长时间内以特别严重的方式得以实现[⑧]，在此就应该肯

40

---

① 参看上文第二十节边码 3。
② BGH NJW 2012, 1443.
③ BGH NJW 1983，451；1982，1216；1981，1782.
④ BGH FamRZ 2008, 1414.
⑤ 参看《民法典》第 1361 条第 3 款连同援引《民法典》第 1579 条。
⑥ 参看上文本节边码 36。
⑦ 参看上文本节边码 22。
⑧ OLG Hamm NJW-RR 2014，523.

定《民法典》第 1579 条第 8 项。另外，当继续支付分居扶养显示出重大不公平时，第 8 项还可能被适用于配偶双方时间特别长的分居当中。①

F. 公平性权衡

41　　如果第 1 项至第 7 项中的一个常规例子或者第 8 项的一般条款满足了，那么这也仍然不会自动导致扶养的排除。只有在个案中对所有情形进行**全面权衡**（**umfassender Abwägung**）之后才能对此作出裁判。为此首先要考虑扶养权利人所照管的子女之利益。取消扶养也必须要和子女最佳利益原则相一致。因此排除《民法典》第 1570 条的扶养始终只是例外情形。另外法院还可以按照每一个个案作出灵活处理并且视情况而对扶养采取完全或者只是部分排除。

8. 针对扶养请求权的其他抗辩或者抗辩权

A. 《民法典》第 1613 条所规定的对过去扶养的限制

42　　扶养给付的作用在于满足当前的需要或者是生存保障。因此《民法典》第 1585b 条限制了溯及既往地提出扶养主张的可能性，并且很大程度上援引了适用于亲属扶养的《民法典》第 1613 条之规定。②

B. 《民法典》第 197 条第 2 款所规定的消灭时效

43　　按照《民法典》第 195 条、第 197 条第 2 款的规定，扶养请求权在 3 年之后消灭时效届满。《民法典》第 199 条第 1 款规定，消灭时效于请求权产生的那一年的年终开始计算。

C. 因死亡或者再婚而消灭

44　　按照《民法典》第 1586 条第 1 款的规定，扶养请求权随着权利人的**再婚**（**Wiederheirat**）以及**死亡**（**Tod**）而消灭。不过，如果新缔结的婚姻之后又解除了，那么按照《民法典》第 1586a 条第 1 款的规定，当还存在前一段婚姻当中的一名子女在被照管时，一项先前的扶养请求权还是可以恢复的。义务人的死亡并不导致请求权消灭。③

D. 其他不同的约定

45　　另外还需要注意的是，配偶双方在结婚的时候可以在一份婚姻契约当中或者在一项离婚后果约定的离婚框架内作出与法定规范不同的扶养安排或者甚至放弃扶养。但是，按照《民法典》第 1585c 条第 2 句的规定，离婚前所达成的有关离婚后扶养的约定需要**作成公证证书**（**notariellen Beurkundung**）。有关这一类约定的内容审查参看上文第十三节边码 10 及以下各边码。

三、程序法上的提示

46　　**扶养事务**（**Unterhaltssachen**）④ 被规定在《家事与非诉事务程序法》第 231 条及以下各条。裁判则根据一般规定而可以被强制执行。在《家事与非诉事务程序法》第 238 条、

---

① OLG Bamberg FamRZ 2014，1707.
② 参看下文第三十五节边码 24。
③ 参看《民法典》第 1586b 条。
④ 依据《家事与非诉事务程序法》第 111 条第 8 项规定的家庭事务。

第 239 条的前提条件下，可以对法院赋予或者文书上记载的扶养名义进行**变更**（**Abänderung**）。特别是当收入条件在事后有了本质上的变化并且从中产生了一项已改变了的扶养请求权时，这一点就尤其重要了。但另一方面，前一裁判的法律错误无法通过变更申请而得以更正。①

另外，当修改后的法律（比如因为扶养法改革）或者最高法院的新判决导致了不同的计算方法时，也可以考虑进行变更。这样一来，对于一个先前的扶养调解而言，**行为基础**（**Geschäftsgrundlage**）通常就丧失了。② 随着《民法典》第 1578b 条的制定才成为可能的（特别是由于疾病的）扶养请求权限期，也能够通过变更申请的方式而被请求。③

除了通过法院变更之外，扶养关系的当事人还能够**在法庭外**（**außergerichtlich**）通过一项依据《民事诉讼法》第 794 条第 1 款第 5 项所产生的新强制执行名义（例如青少年管理局文书）来代替现存的一项扶养名义。但是在这方面必须明确的是，他们想要通过双方一致同意的方式来代替之前的名义。

根据《民法典》第 1580 条，已离婚的配偶双方互相负有对各自**所得**（**Einkünfte**）及财产依对方请求进行**告知**（**Auskunft**）的义务。如果告知对于扶养请求权能够具有意义，而这同时又是很通常的情况，因为扶养标准取决于所得，那么此时告知请求权就已经存在了。④《民法典》第 1605 条则相应地适用。此外还有《家事与非诉事务程序法》第 235 条、第 236 条所规定的程序法上的告知义务。⑤

四、《民法典》第 1615l 条第 2 款所规定的未婚母亲的照管扶养

1. 概况

照管非婚生子女（nichteheliches Kind）的未婚母亲的扶养请求权由《民法典》第 1615l 条第 2 款第 2 句所规定，虽然和离婚后果法完全没有关系，但是鉴于和《民法典》第 1570 条所规定的请求权在事实上的相似性，所以应当放在此处予以探讨。对此的出发点在于，在未婚者之间原则上并不存在扶养请求权，即使在多年的非婚姻生活共同体之后也同样不存在。然而《民法典》第 1615l 条却为在非婚姻关系中有一名子女出生这一情况，规定了一个例外。需要注意的是，在《民法典》第 1615l 条中存在着多个请求权基础或者说扶养构成要件；然而，在此只对照管扶养请求权进行详细讨论。

《民法典》第 1615l 条（**§ 1615 l BGB**）包含多个**请求权基础**（**Anspruchsgrundlagen**）：

- 第 1 款第 1 句：母亲保护期间（Mutterschutzfrist）的扶养请求权
- 第 1 款第 2 句：怀孕以及生产费用补偿请求权
- 第 2 款第 1 句：因怀孕或者生产所致疾病而丧失职业能力所产生的扶养请求权

---

① BGH FarnRZ 2015，1694.

② 对此参看 BGH FarnRZ 2010，192；NZFam 2017，111。

③ 详情参看 BGH NJW 2010，2349；也可参看上文本节边码 33。

④ BGH NJW 2018，468.

⑤ 有关告知请求权参看下文第三十五节边码 40 及以下各边码。

47

> ● 第 2 款第 2 句、第 3 句：子女 3 岁生日前的照管扶养请求权
> ● 第 2 款第 4 句：基于公平性而要求延长照管扶养的请求权

2. 最初三年的照管扶养请求权（所谓的基础扶养）

48 　　《民法典》第 16151 条第 2 款第 2 句规定了母亲照管非婚生子女而针对子女父亲的照管扶养请求权。按照《民法典》第 16151 条第 4 款的规定，如果是父亲照顾子女，那么就由他享有请求权。不过因为这一情况只构成一个例外，在其他情况下原则上还是关系到母亲。这一规范的背景在于，非婚生子女同婚生子女一样在**人生的最初三年（ersten drei Lebensjahren）**中通过其母亲而拥有**人身照管（persönliche Betreuung）**请求权。[1] 这与由母亲自己以及人身性照管其子女的权利是相一致的。就像《民法典》第 1570 条的情况一样[2]，照管子女的父母一方在这最初三年之内不必援引一种其他照管子女的可能性（例如通过托儿所，（外）祖父母）。[3] 在没有照管子女的情况下母亲是否可能已经工作了，这一点也是无关紧要的。[4]

3. 超出三年之后的延长

49 　　只要（solange und soweit）与**公平（Billigkeit）**相符合，就考虑根据《民法典》第 16151 条第 2 款第 4 句、第 5 句的规定延长扶养义务。扶养请求权限期三年按照法律之设想（Konzept）是一般规则，延长则是例外规定。[5] 应当区分为与子女有关的延长原因和其他延长原因。

　　按照 2007 年年底之前适用的旧条文，只有当拒绝扶养显示出重大不公平时，延长才有可能。然而，与之相联系的婚生子女和非婚生子女之间间接的**不平等（Ungleichbehand-lung）**，则被联邦宪法法院依据《基本法》第 6 条第 5 款宣布违反宪法。所以在扶养法改革的框架之内，离婚母亲的照管扶养请求权[6]和"非婚"母亲的照顾扶养请求权尽可能地被进行了相同的安排。

50 　　依据《民法典》第 16151 条第 2 款第 4 句的规定，延长请求权的原因可能是——就像《民法典》第 1570 条第 1 款的情况一样——子女的残疾、慢性疾病或者也包括特殊的发育障碍，只要这些情形不允许（全面的）他人照管（比如在幼儿园中）。[7] 不过，按照《民法典》第 16151 条第 2 款第 5 句的规定，此处具有决定性意义的还要看现存的**照管子女的可能性（Möglichkeiten der Kindesbetreuung）**。对于至少三岁的子女而言，只有在没有其他照管可能性，没有全天或合适的其他照管可能性或者没有可合理期待的其他照管可能性（幼儿园、课后日间托管、日间保姆、私人照管）时，这一扶养请求权才应当（部分）予以延

---

① BT-Drs. 16/6980，S. 22.

② 参看上文本节边码 4。

③ BGH NJW 2013，3578.

④ OLG Frankfurt FamFR 2012，322.

⑤ BGH FamRZ 2010，357.

⑥ 参看《民法典》第 1570 条。

⑦ 有关患有唐氏综合征子女的案件参看 BGH FamRZ 2015，1369。

长。有关这方面可以参看对《民法典》第 1570 条的详细论述。①

比如当母亲和父亲较长时间地**非婚同居**（**nichtehelich zusammengelebt**）过并且因信赖 　*51*
这一关系将持续下去而生育了一个或者甚至是多个子女时②，还仍然可以考虑**因其他原因
的延长**（**Verlängerung aus sonstigen Gründen**）。③ 就此而言，同居的持续时间也变得很重要
了。④ 由于职业原因或者由于想完成怀孕前被打断的职业培训之愿望，都无法产生延长原
因；因这一类原因而产生的扶养只在配偶之间作了规定。⑤

对于可能的延长原因由母亲来承担**说明和举证责任**（**Darlegungs- und Beweislast**）。⑥
不过，就像《民法典》第 1570 条的情况一样⑦，只有当进行有关基础扶养的裁判时已经确
定无疑地可以预见，在子女年满三岁之后不会存在延长原因时，一项从一开始就有期限的
扶养请求权**判决**（**Tenorierung**）才会被考虑。⑧

4. 扶养请求权的其他前提条件

依据第 3 款第 1 句，《民法典》第 1615l 条所规定的扶养请求权原则上适用一般性的**亲**　*52*
属扶养规定（**Regeln des Verwandtenunterhalts**）。因此，依据《民法典》第 1615 条第 3 款
第 1 句、第 1610 条的规定，需要的确定仅仅根据**母亲的生活地位**（**Lebensstellung der
Mutter**）来进行。⑨ 所依据的基准（Messlatte）原则上就是母亲在子女出生时**从职业收入
中**（**aus Erwerbseinkommen**）可支配的收入。这也适用于子女父母在较长时间同居之后的
情况。⑩ 不过，除此之外也值得注意的是，母亲在没有怀孕的情况下将会拥有哪些收入⑪；
如果在这样的情况下她完成了学业并且赚得更多的话，那么这些假定所得就具有决定性意
义了。在适用《民法典》第 1615l 条时，母亲任何其他可能的（例如来自财产）收入在需
要估算和审查贫困的情况下都不予以考虑。

例子⑫：M 在完成了心理学专业大学学业之后只找到了一份收入很低的兼职工作。在
经过心理治疗师以及医师执业许可证的进修教育之后，她在一家诊所中找到了一份收入不
错的全职职位。但是仅仅在三周之后她就由于怀孕以及生病而无法继续从事这一职业了。
在生产完之后她则照管孩子。虽然之前（较高的）收入仅仅只在短期时间之内实现了，但
是根据当时的情形可以期待，她能够继续获得这份薪酬，所以这一收入就构成了扶养计算
的基础。

但是无论如何，照顾子女的未婚母亲在任何情况下都能够请求一份金额为最低生存限

---

① 参看上文本节边码 5。

② 参看 BGH NJW 2006, 2687; 2008, 3125.

③ 参看《民法典》第 1615l 条第 2 款第 5 句："特别是（insbesondere）"一词。

④ BT-Drs. 16/6980, S. 22.

⑤ BGH FamRZ 2015, 1369.

⑥ BGH NJW 2010, 937 und 1138.

⑦ 参看上文本节边码 8。

⑧ BGH NJW 2013, 3578.

⑨ BGH NJW 2008, 3125; 2019, 2392.

⑩ BGH 同上；OLG Düsseldorf FamRZ 2008, 87；对此的批评参看 *Graba* NJW 2008, 3105。

⑪ BGH FamRZ 2015, 1369.

⑫ KG NZFam 2018, 1047.

度的**最低需要**（Mindestbedarf）费用，这一需要在扶养法上总计为一名非职业者必要的自我维持（目前按照《杜塞尔多夫表格》为 960 欧元）。① 对于过去的扶养只有在《民法典》第 1613 条第 1 款、第 2 款的前提条件下才会考虑；就此而言《民法典》第 16151 条第 3 款第 3 句包含了一个法律原因援引。②

53 除此之外，联邦最高法院还同时认可有关**配偶间扶养权**（Ehegattenunterhaltsrecht）的条文和原则可以**类推适用**（analoge Anwendung）于《民法典》第 16151 条中的请求权：

● 母亲在从事职业中的**超出职责所得**（überobligatorische Einkünfte），可以以类推适用《民法典》第 1577 条第 2 款的方式基于公平而按比例折抵入扶养需要中。③ 从因缺乏扶养支付而不得不从事的职业当中所获得的所得，也不能从一开始就免于折抵。④

● 母亲的需要受到**对半分原则**（Halbteilungsgrundsatz）的限制⑤，因为非婚母亲不应该比已婚母亲处于更有利的位置。所以请求权最大总计为从事职业之父亲 3/7 的职业收入。⑥

● 如果《民法典》第 16151 条第 2 款第 2 句所规定的请求权与扶养义务人某一（现任或者前任）配偶的同等顺位请求权发生了竞合，那么就可以适用三分法。⑦ 如果扶养义务人已经死亡，则在确定需要时应假定其继续生存着并对需要相应地进行拟制调整。⑧

● 如果按照《民法典》第 16151 条第 2 款有扶养权利的母亲**结婚了**（verheiratet），那么她的扶养请求权就以类推适用《民法典》第 1586 条的方式被取消了。⑨

● 如果有扶养权利的母亲生活在一个**稳固的生活共同体**（verfestigten Lebensgemein-schaft）中，那么她的扶养请求权就会以类推适用《民法典》第 1579 条第 2 项的方式而被取消。⑩

5. 多个扶养义务人之间的顺位关系

54 如果母亲既照料婚生子女，同时也照料非婚生子女，那么既会从《民法典》第 16151 条第 2 款第 2 句中产生（非婚）父亲的一个按比例分配之责任，也会从《民法典》第 16151 条、第 1360 条、第 1361 条或是第 1570 条中产生（有可能是正处于分居中或者已离婚的）丈夫的一个按比例分配之责任。这一**责任**（Haftung）以相应适用《民法典》第 1606 条第 3 款第 1 句的方式根据各自的给付能力**按比例**（anteilig）予以确定。⑪ 不过，也必须考虑到哪类子女在更大程度上阻碍了母亲从事一项职业。另外，需被照料之子女的年

---

① BGH NJW 2010，937.
② BGH NJW 2013，3578.
③ BGH NJW 2005，818.
④ BGH NJW 2019，2392.
⑤ BGH NJW 2005，818；2008，3125.
⑥ OLG Düsseldorf NJW-RR 2008，397.
⑦ BGH NJW 2019，2392.
⑧ BGH 同上.
⑨ BGH NJW 2005，503.
⑩ 隐含地表达了此观点 BGH NJW 2008，3125；不同观点 OLG Nürnberg NJW 2011，939；详情参看 *Menne* NZ-Fam 2019，797.
⑪ BGH FamRZ 2005，357；2007，1303.

龄，数目以及照管需要都起到了一定的作用。① 这也相应适用于照管多个不同父亲的非婚生子女的情况。②

 深入阅读材料推荐

深入学习：*Battes*，Erneute Reform des Geschiedenenunterhalts？，FamRZ 2019，10；*Götz*，Unterhalt wegen Kindesbetreuung-Vereinheitlichung der Regelungen in § 1615 l und § 1570 BGB，FamRZ 2018，1474；*Graba*，Angemessen und billig im Unterhaltsrecht，NZFam 2018，145；*ders.*，Strukturelemente des Unterhaltsrechts，JuS 2019，677；*ders.*，Entwicklungen im Unterhaltsrecht，NZFam 2020，608；*Koch*，Ehegattenunterhalt nach der Scheidung，ZRP 2017，162；*Menne*，Entwicklungsperspektiven des Betreuungsunterhalts-Teil 2，FuR 2018，626；*Niepmann*，Lebensstandardgarantie versus Nachteilsausgleich，FF 2018，471；*Niepmann/Seiler*，Die Entwicklung des Unterhaltsrechts seit Anfang 2020，NJW 2020，2597；*Reinken*，Die Dreiteilungsrechtsprechung des BGH，NZFam 2015，689；*Rubenbauer/Dose*，Der Anspruch auf Krankheitsvorsorge- und Altersvorsorgeunterhalt，FamRZ 2020，1974；*Schürmann*，Der Topos von der „nachehelichen Solidarität" und seine Grenzen，NZFam 2020，837；*Schwab*，Reformbedarf des § 1615 l BGB？，FF 2018，192；*Viefhus*，Der Unterhaltsanspruch der unverheirateten Mutter nach § 1615 l BGB，FuR 2015，686 und FuR 2016，27。

案例与考试：*Röthel* Fall 7；*Schwab* FamR PdW Fälle 86 - 116。

第二十四节 供养补偿

一、导论

1. 概念

尽管如同增益补偿一样，供养补偿的目的在于离婚的时候在配偶双方之间进行一个补偿，但其目的还另外在于资产（Vermögensgegenstand），也就是为了对**因年老或收入能力降低而可获得供养的权利（Anrechten auf eine Versorgung wegen Alters oder verminderter Erwerbsfähigkeit）**进行补偿。这些供养权利（Anrechte）尤其是之后（当事人）年老时定期金支付的基础并因此而特别重要。

作为供养补偿之基础的思想在于，配偶双方在婚姻关系存续期间所获得的供养权利应当由双方平等地享有。在这方面，联邦宪法法院也肯定了享有共同所得一半的请求权。③

1

---

① 参看 BGH NJW 2008，3125。

② BGH FamRZ 2005，357.

③ **对半分原则（Prinzip der Halbteilung）**；例如 BVerfG NJW 2006，2175；BGH NJW 2018，1961。

所以按照《供养补偿法》第 1 条（§ 1VersAusglG）的规定，在离婚的情况下配偶双方享有供养权利补偿请求权，其金额为各自婚姻关系存续期间份额（Ehezeitanteile）**价值的一半（Hälfte des Wertes）**。因此，其结果就是配偶双方在离婚后都会拥有针对供养提供者的独立给付请求权。对于在婚姻中已经完全投身于子女的照管之中并因此而无法或者只能少量积累独立供养的配偶一方来说，这一点尤为重要。

供养补偿在体系上类似于增益补偿。但是，这两个程序之间还是要严格区分开来。因此，对于每一财产价值都要确定，是否应当将其纳入增益补偿当中抑或作为供养权利应当纳入供养补偿当中。这些区分问题有可能出现在比如人寿保险的情况中。①

2   在《民法典》中，《民法典》第 1587 条（§ 1587 BGB）所规定的规范援引了《供养补偿法》来实施供养补偿。这一现行法律的特征在于，**每一项个别的供养权利（jedes einzelne Anrecht）**都要在离婚的配偶双方之间进行分割。② 从中通常会产生双方之间互相的补偿请求权。这对于供养提供者而言，花费不可谓不大。例如，如果配偶双方各自拥有三项无法进行互相结算的供养权利，那么在供养补偿中就必须被分割为六项供养权利。

> **考试提示**：与增益补偿不同的是，供养补偿不在第一次国家考试的范围之内。

2. 法律发展

3   供养补偿制度设立于 1977 年。2009 年 9 月 1 日之前供养补偿被规定在《民法典》第 1587 条至第 1587p 条以及《供养补偿中困难规范法》③ 中。然而当时所适用的计算和换算方法曾多次受到抨击④并且有部分甚至被认为是违反宪法的。⑤ 所以立法机构决定进行一次供养补偿的**结构性改革（Strukturreform）**⑥，其结果便是 2009 年 9 月 1 日以《供养补偿法》⑦ 的形式出台的供养补偿法新规范。现行的补偿体系得以保留。2021 年 8 月 1 日则通过《供养补偿法修订法》⑧ 对部分方面进行了修正。⑨

二、供养补偿的实施

4   《民法典》第 1587 条规定，按照《供养补偿法》在已经离婚的配偶之间进行存在于国内或者国外的供养权利之补偿，尤其是来自法定养老定期金保险（Rentenversicherung），来自诸如公务员供养或者专业供养等其他法定保险体系，来自企业养老金（Altersversorgung）或者来自私人的养老以及伤残预备的供养金权利。按照《家事与非诉事务程序法》第 137

---

① 参看 OLG Brandenburg FamRZ 2015，1798。

② "来回补偿"（„**Hin-und-Her-Ausgleich**"）。

③ VAHRG（Gesetz zur Regelung von Härten imVersorgungsausgleich）。

④ BVerfG NJW 2006，2175.

⑤ OLG Oldenburg FamRZ 2002，1408.

⑥ BR-Drs. 343/08.

⑦ VersAusglG（Versorgungsausgleichsgesetz）.

⑧ Gesetz zur Änderung des Versorgungsausgleichsrechts.

⑨ BGBl. I 1085；对此参看 *Borth* FamRZ 2020，1801；*Schwamb* NZFam 2020，896 und 1091.

条第 2 款第 2 句的规定，供养补偿的实施要在离婚程序中由法院**依职权**（von Amts wegen）进行。《供养补偿法》**第 1 条第 1 款**（**§ 1 1 VersAusglG**）描述了供养补偿的中心法律效力：按照这一规定，在婚姻关系存续期间所获得的供养权利份额（婚姻关系存续期间份额）应当在已经离婚的配偶之间分别进行对半分割。有补偿权利之人有权利分别享有**各自婚姻关系存续期间份额价值的一半**（**Hälfte des Werts des jeweiligen Ehezeitanteils**）（补偿价值）。

供养补偿的前提条件

1. 离婚
2. 没有有效地通过契约排除供养补偿
3. 婚姻关系存续期间为三年以下时：按照《供养补偿法》第 3 条第 3 款的规定，只能通过申请
4. 《供养补偿法》第 2 条第 2 款意义上应补偿的供养权利
5. 确定供养权利的婚姻关系存续期间份额
6. 按照《供养补偿法》第 18 条的规定，在微小情况下不存在供养权利补偿
7. 《供养补偿法》第 27 条规定，在重大不公平情况下的排除或者限制

---

1. 应补偿的供养权利

按照《供养补偿法》第 2 条第 2 款的规定，应补偿的供养权利是指**通过工作或财产创造**（**durch Arbeit oder　Vermögengeschaffen**）或者维持的供养权利，这些权利用于为年老或者伤残时提供保障并且**以定期金为目标**（**auf eine Rente gerichtet**）。就此而言，对于这些权利就仅仅适用供养补偿，因此按照《供养补偿法》第 2 条第 4 款的规定排除了供养权利在婚姻财产制法上的补偿。《供养补偿法》第 3 条第 1 款规定，所有但也只限于在婚姻关系存续期间所获得的供养权利应当被计算到供养补偿当中，在这种情况下，婚姻关系存续期间的计算是以结婚当月的第一天开始并且以离婚申请送达当月的最后一天结束。另外，供养补偿只包括上述供养权利各自的**婚姻关系存续期间份额**（**Ehezeitanteil**），而这一份额则需更加详细地进行计算，对此参看《供养补偿法》第 5 条的规定。[①] 此外，只有在作出有关供养补偿裁判之时还现存的供养权利才可以进行补偿。[②]《供养补偿法》第 39 条及以下各条还包含了有关供养权利价值确定的详细规定。

《供养补偿法》第 4 条第 2 款规定，为了确定供养权利以及请求权，配偶双方互相都享有包括针对供养提供者在内的**告知请求权**（**Auskunftsansprüche**）。按照《家事与非诉事务程序法》第 220 条的规定，这一实体法上的告知义务由程序法上当事人在面对法庭时所负有的告知义务来予以补充。

2. 通过内部或者外部分割进行的供养补偿

只要配偶双方之间没有作其他的约定[③]，那么所应补偿的供养权利**通常**（**im Regelfall**）

5

6

---

① 参看例如 BGH NJW 2018，1961。
② BGH FamRZ 2019，1993.
③ 参看上文本节边码 10。

应当在配偶双方之间**进行内部分割**（**intern zu teilen**）。按照《供养补偿法》第10条第1款的规定，这意味着家事法庭会以增加补偿义务人供养权利负担的方式，在补偿义务人供养权利所在的供养提供者那里，将一项具有补偿价值金额的供养权利为补偿权利人进行转让。① 补偿价值的确定应当以婚姻关系存续期间结束的时间点为准。② 《供养补偿法》第10条第2款规定，只要配偶双方在相同的供养提供者那里拥有供养权利，那么在结算之后对价值的差额只进行一次补偿。其他的细节由《供养补偿法》第11条及下一条进行规定。

7　　按照《供养补偿法》第14条第2款的规定，与内部分割相对立的则是（辅助性的）**外部分割**（**externe Teilung**），其发生于当家事法庭为补偿权利人在另一个供养提供者那里创立一项具有补偿价值金额的供养权利之时。《供养补偿法》第14条第2款规定，外部分割只**在例外情况下**（**ausnahmsweise**）发生，比如当配偶双方对此作了约定或者补偿义务人的供养提供者对此作了要求。这些例外以及补偿价值的确定在实践中构成了重大问题。③

外部分割时出现问题的尤其是以下这一情况，即补偿义务人从企业养老金中所产生的一项供养权利缩减的价值④并没有以相应数额反映在权利人获得独立的供养权利之中。亦即，在这方面事实上可能导致之后由权利人承受负担的**转移损失**（**Transferverlusten**）；在现实当中受此不利的基本上是女性，而这一点在考虑到《基本法》第3条第2款第1句时是很值得怀疑的。同时，过度的转移损失也构成对《基本法》第14条第1款所规定的补偿义务人之所有权的不正当干涉。⑤ 因此，为了避免一种违反宪法的补偿，法院必须为此确保在个案中当事人的基本权受到保障。

3. 供养补偿的排除和限制

A. 短暂的婚姻持续时间；缺少补偿条件（Ausgleichsreife）；微小情况

8　　如果按照《供养补偿法》第3条第1款所计算的**婚姻持续时间**（**Ehezeit**）少于3年，那么按照《供养补偿法》第3条第3款的规定，只有当配偶一方对此提出申请时，才发生供养补偿。另外，《供养补偿法》第19条还规定，只要一项供养权利未达到补偿条件（ausgleichsreif），离婚时就（还）不发生价值补偿。⑥

此外，《供养补偿法》第18条第1款规定，当配偶双方同一类供养权利的补偿价值差额很**微小**（**gering**）时，家事法庭不应当对其进行补偿。⑦

按照《供养补偿法》第18条第2款的规定，这一规定也相应适用于具有微小补偿价值的个别供养权利。⑧ 这一应当性规定（Sollvorschrift）为法院提供了一定程度的**裁量空间**（**Ermessensspielraum**）；对此所提出的理由必须要在裁定中予以说明。⑨ 这一规定的法

---

① 例如 BGH FamRZ 2015，1869。
② BGH FamRZ 2015，1869.
③ 例如 BGH NJW 2017，3148；2019，3228。
④ 《供养补偿法》第17条。
⑤ BVerfG FamRZ 2020，1078；对此参看 *Borth* FamRZ 2020，1053。
⑥ 对此参看 BGH FamRZ 2016，1576。
⑦ 对此参看 BGH FamRZ 2016，1654 und 1658。
⑧ 对此参看 BGH FamRZ 2015，2125；2017，960 und 1303。
⑨ BGH FamRZ 2015，313.

律目的首先在于为供养提供者避免不成比例的管理费用。① 此外，配偶从中所获利益同管理费用完全不成比例的所谓碎片式供养（Splitterversorgungen）也应当避免。②

B. 重大不公平的情况

公式化的供养补偿实施，在个案中可能会导致令人无法忍受的违背公平的结果，并且在这方面也同样无法再通过从《基本法》第 6 条第 1 款和第 3 条第 2 款中所得出的**对半分原则**（**Halbteilungsprinzip**）进行正当化了。所以，需要不公平条款来对此进行修正。③ 因此《供养补偿法》第 27 条规定，如果会出现重大不公平，那么供养补偿就例外地不发生。

"对于排除或者减少价值补偿而言，《供养补偿法》第 27 条要求要有重大不公平，也就是说在具体案件特殊事实的情况下，纯粹公式化的供养补偿实施必定会和**法定规范的基本思想**（**Grundgedanken der gesetzlichen Regelung**），即应当保障配偶双方长期均等地共同享有在婚姻关系存续期间所获得的供养权利，**以无法忍受的方式发生矛盾**（**unerträglicher Weise widersprechen**）。由于《供养补偿法》第 27 条的例外特性，重大不公平必须要在个案中从对配偶双方经济、社会和各人关系的通盘权衡中得出。"④

案例：配偶双方都从事职业的 E 和 F 共同生活了 5 年，这之后又继续分居了 10 年。在分居时期开始的时候，E 因年龄关系退休并且从那时起没有再取得其他供养权利了。相反，显然更加年轻的 F 在分居之后还开拓了其职业。就这样 F 获得了大量的供养权利盈余。所以 E 在离婚的时候尽管已经有相当不错的养老金了，但他还是请求进行供养补偿。

本案中 F 在分居期间所获供养权利上的补偿义务看起来是《供养补偿法》第 27 条中所规定的重大不公平。⑤ 就此而言这些**特殊的全部情形**（**besonderen Gesamtumstände**）（相对较短时间的共同生活，长时间的分居，在分居期间获得重要的供养权利，仅仅由于另一方配偶的退休而有盈余，不存在因婚姻所致的供养不利；缺少 E 对供养补偿的依赖性）都支持限制对共同生活期间所获供养权利进行供养补偿。

4. 有关供养补偿的约定

配偶双方可以就供养补偿达成约定，他们可以按照《供养补偿法》第 6 条第 1 款第 2 句第 2 项的规定将其特别地予以排除，或是按照第 6 条第 1 款第 2 句第 3 项的规定以债法上补偿定期金（Ausgleichsrente）的形式对其进行约定，或是达成一个结算协议⑥，抑或在离婚的时候对其完全放弃。⑦ 按照《供养补偿法》第 7 条第 1 款的规定，这一约定需要**作成公证证书**（**notariellen Beurkundung**），或者在婚姻契约的框架内则需要《民法典》第 1410 条所规定的形式，对此参看《供养补偿法》第 7 条第 3 款的规定。按照《供养补偿

---

① BGH FamRZ 2015, 2125.

② BGH 同上。

③ 参看 BVerfG FamRZ 2003, 1173.

④ BGH FamRZ 2016, 35；相似的还有 OLG Hamburg NZFam 2018, 1043。

⑤ 参看 BGH FamRZ 2016, 35。

⑥ 例如 BGH FamRZ 2014, 1179。

⑦ OLG Nürnberg FamRZ 2016, 980.

法》第 7 条第 2 款，《民法典》第 127a 条的规定，作为一种可选择的方案，这一约定也可以在法院调解中达成。当通过**婚姻契约**（Ehevertrag）来排除供养补偿从而使一方配偶遭受严重的单方面不利时，通过这种方式所达成的供养补偿排除在例外情况下有可能是无效的。[①] 另外，在个案中，增益补偿也可以为供养财产的累积作出贡献并且可以证成对供养补偿的排除。[②] 有关婚姻契约的内容审查则参看上第十三节边码 10 及以下各边码。

5. 离婚后的补偿请求权

11　　并非所有的供养权利都能够在法院裁判时进行分割，例如因为供养权利是在一个不允许进行分割的外国供养提供者那里所获得的。[③] 在这一类情况下或者甚至配偶双方对此已经作过约定，那么在之后的某个时间点还是能够主张补偿请求权。

　　如果补偿义务人从一个尚未进行过补偿的供养权利中获取当前的供养，那么只要补偿权利人也已经处于退休年龄或者伤残之中，他就能够向补偿义务人以定期金的形式请求补偿价值，对此参看《供养补偿法》第 20 条的规定。此处的供养补偿就是事后通过提供一个**债法上补偿定期金**（schuldrechtliche Ausgleichsrente）请求权的方式进行的。另外按照《供养补偿法》第 21 条的规定，补偿权利人还可以——为了保障其法律地位——请求将针对供养提供者的请求权以补偿定期金之金额为限让与给自己。[④]

　　另一方面，《供养补偿法》第 22 条包括了一些供养权利，这些供养权利由于缺少补偿条件而在离婚时不受价值补偿限制，而是仍然保留在债法上的供给补偿中，但是之后又被转化为资产性供养权利。[⑤]

　　《供养补偿法》第 25 条、第 26 条还包含了补偿义务人死亡情况下的一些其他规定。不过，《供养补偿法》第 20 条及以下各条不作为兜底规范而适用于在原因程序（Ausgangs-verfahren）中被忽略、被隐瞒或者被遗忘的供养权利。[⑥]

6. 发生既判力之后的调整

12　　供养补偿的作用在于对那些以**将来给付**（künftige Leistungen）为目的的供养权利进行补偿。也就是说提供这些给付的前提条件通常还没有满足并且还要取决于那些裁判时还无法完全可预见的有关供养补偿的其他情形。由此在个案中就出现了之后对法院裁判作**变更**（Abänderungen）的需要，很多与之相关的问题此时可能也要通过新的内部分割才能够解决。

　　《供养补偿法》第 32 条及以下各条就这方面包含了有关供养补偿裁判**调整的特别规范**（Sonderregelungen zur Anpassung）。[⑦] 按照《供养补偿法》第 33 条第 1 款的规定，这里首先涉及的情况就是，补偿权利人从一项在供养补偿中所取得的供养权利中无法获得当前的

---

① 对此参看 BGH FamRZ 2014，1978 und 1364。

② 有关增益补偿和供养补偿的"功能性等价"参看 BGH FamRZ 2014，1978；NJW 2018，2871。

③ 参看 BT-Drs. 343/08 S. 148，其中有其他例子。

④ 对此参看 BGH NJW 2019，1613。

⑤ 对此参看 BGH NJW-RR 2019，385。

⑥ BGHZ 198，91。

⑦ 例如 BGH FamRZ 2016，697。

供养并且在没有通过供养补偿进行缩减的情况下针对补偿义务人可能就拥有一个法定扶养请求权。在这种情况下缩减当前的供养就有可能根据申请而被中止。之后补偿义务人仍然取得他自己未缩减的供养并且不得不为此给付其他的扶养。只为《供养补偿法》第 32 条意义上的法定保险体系规定了中止定期金缩减，而并没有为补充性的养老金进行相应的规定，这种情形联邦最高法院认为是合宪的。[①]

另外，从《家事与非诉事务程序法》第 225 条第 2 款可以得出，针对婚姻关系存续期间结束之后对供养权利补偿价值起反作用并且导致基本价值改变[②]之法律或者事实上的变化，可以在法院提出**申请（Antrag）**要求**变更（Abänderung）**先前的裁判。然而变更程序不能用于修正诸如计算或方法错误等原因裁判（Ausgangsentscheidung）的错误，错误确定婚姻关系存续期间或者有关供养提供者不正确的信息告知。[③] 变更或者打破既判力的可能性只存在于法律所明确规定的情况当中。

在以下情况中适用一条特别规范，即补偿权利人从在供养补偿中取得的供养权利中获取供养仅仅**不到 3 年时间（weniger als drei Jahre）**，然后就死亡了。在这种情况下供养补偿在某种程度上就应该又可以被废止了。所以《供养补偿法》第 37 条第 1 款规定，一项供养权利在这种情况下就不再由于供养补偿而被缩减了。有关配偶一方死亡的情况也可参看《供养补偿法》第 31 条。

13

三、程序上的提示

《家事与非诉事务程序法》第 217 条规定，供养补偿事务是指涉及供养补偿的程序。按照《家事与非诉事务程序法》第 111 条第 7 项的规定，供养补偿事务同样属于家庭事务并且被分派到家事法庭管辖。《家事与非诉事务程序法》第 219 条第 2 项、第 3 项规定，当事人除了配偶双方（或者他们的遗属）之外也包括各自的供养提供者。变更程序在《家事与非诉事务程序法》第 225 条及以下各条中予以规定。

14

深入阅读材料推荐

深入学习：*Bergmann*，10 Jahre Versorgungsausgleichsreform-wo stehen wir jetzt？；NZFam 2019，750；*Borth*，Der Entwurf eines Gesetzes zur Änderung des Versorgungs-ausgleichsrechts，FamRZ 2020，1801；*Bührer*，Der Tod im Versorgungsausgleich，FamRZ 2019，1846；*Götsche*，Corona und Versorgungsausgleich，FuR 2020，446；*Grziwotz*，Vereinbarungen zum Versorgungsausgleich，NJW 2020，2016；*Holzwarth*，Rechtsprechungsübersicht zum Versorgungsausgleich，FamRZ 2020，721；*Kirchmeier*，Typische Fehler und Korrekturmöglichkeiten beim Versorgungsausgleich，FamRZ 2017，845；*Norpoth*，Grobe Unbilligkeit im Versorgungsausgleich，NJW 2018，3627；*Sachs*，

---

① BGH NJW 2013，226；FamRZ 2015，1104.
② 参看《家事与非诉事务程序法》第 225 条第 3 款。
③ BGH FamRZ 2015，1279.

Grundrechte：Eigentumsgarantie beim Versorgungsausgleich，JuS 2020，1088；*Weil*，Rechtsprechungsübersicht zum Versorgungsausgleich，FF 2020，430。

考试：*Löhnig/Leiß* Fälle FamR Fall 17。

第二十五节　复　习

1. 配偶双方能否在婚姻契约中约定，他们只愿意在特定的前提条件下离婚？

2. 一场婚姻在哪些前提条件下会被看作已经破裂了？

3. 请举出有关《民法典》第 1565 条第 2 款所规定不可合理期待之困难的一个例子！

4. 《民法典》第 1565 条第 2 款所规定的困难后果和《民法典》第 1568 条第 1 款所规定的困难后果有什么不同？

5. 如果配偶双方的家居物品在分居之后应该互相分配完毕，那么就会出现有关所有权关系的问题。在有疑义的情况下在于应当依据哪些规定？

6. 如何证成供养补偿制度？

7. 在哪些情况下离婚的时候不发生供养补偿？

8. 为了有说服力地论证其离婚后的补偿请求权，已经离婚的一方配偶必须说明哪些前提条件？

9. 《民法典》为离婚后的扶养规定了哪些扶养构成要件？

10. 为了能够自己赚取生活扶养费，从事哪些职业对已经离婚的配偶一方而言是可以合理期待的？

11. 在哪些情况下《民法典》第 1609 条的顺位次序会起到作用？

12. 为什么《民法典》第 1615l 条第 2 款为一名非婚子女的未婚母亲提供了一项与《民法典》第 1570 条所规定的婚姻中照管扶养请求权几乎同等的请求权？

13. 《民法典》第 1361a 条和《民法典》第 1568b 条这两方面的规范有何不同？

自测题的答案在本书书末。

第六章

登记的生活伴侣关系和非婚生活共同体

第二十六节　登记的生活伴侣关系

一、基础

1.《生活伴侣关系法》

2001 年颁布了《有关登记的生活伴侣关系法》（简称《生活伴侣关系法》）。[①] 依据这一法律，同性伴侣可以成立登记的生活伴侣关系，其法律效力基本上与婚姻的法律效力相符合。最初对这一法律之合宪性以及与《基本法》第 6 条第 1 款相符合与否的怀疑，很快就被联邦宪法法院所消除了。[②] 毋宁说随后联邦宪法法院作出了一系列判决，其中包括督促实现生活伴侣关系与婚姻更加全面的平等，尤其是在税法领域。[③] 之后于 2017 年 7 月，立法机构决定也对同性伴侣开放婚姻。同时成立生活伴侣关系的可能性被废除了，对此可参看现行《生活伴侣关系法》第 1 条第 1 句的规定。不过 2017 年 9 月 30 日之前所成立的生活伴侣关系则可继续存在下去。对于这些生活伴侣关系，《生活伴侣关系法》还继续适用。

1

2. 术语

婚姻的伴侣双方被称为配偶（Ehegatten），而登记的生活伴侣关系的伴侣双方则被各项法律（《生活伴侣关系法》《民法典》《民事诉讼法》《刑法典》等）称作"生活伴侣"（Lebenspartner）。就此而言必须始终注意的是，不可轻率地在日常用语的意义上理解这一概念。

2

---

① Gesetz über die eingetragene Lebenspartnerschaft (**LPartG**).
② BVerfGE 105，313.
③ BVerfG NJW 2010，2783；2013，2257.

> 　　**记忆辅助（Merksatz）：** 如果法律中提到了"生活伴侣"（Lebenspartner），始终指的是《生活伴侣关系法》意义上的登记的生活伴侣，而不是非婚生活共同体框架内的伴侣（Lebensgefährte）。*

3. 与婚姻法的相似性

3　　登记的生活伴侣的法律状况与婚姻配偶的法律状况基本上完全一致。但是在**法条引用（Normzitat）** 时还是必须要注意。部分法律基础只是产生于《生活伴侣关系法》①，部分则需要对《生活伴侣关系法》连同《民法典》一起引用。

　　原则上相同的法定规范适用于例如下列这些领域：
- 财产增益共有制作为法定财产制②
- 包括处分限制在内的财产增益共有制以及增益补偿的具体安排③
- 日常家事代理权④
- 伴侣关系结束后的扶养⑤
- 供养补偿⑥
- 法定继承权以及特留份权⑦

　　为婚姻配偶所发展出来的**判决续造法律（Rechtsprechungsrecht）** 原则上可以相应适用于登记的生活伴侣。这涉及，例如婚姻契约内容审查的相关原则也相应适用于生活伴侣关系契约的内容审查。⑧

二、登记的生活伴侣关系的特点

1. 生活伴侣关系的成立

4　　与结婚相比的某些不同表现在生活伴侣关系成立的前提条件上。就此而言，这一关系的双方必须是成年人并且同时必定是同一性别的两个人。对于生活伴侣关系成立时有瑕疵的情况，（曾经）不存在与《民法典》第 1313 条及以下各条（婚姻的废止）相当的规范。

2. 伴侣关系的生活共同体

5　　《生活伴侣关系法》第 2 条的表述比《民法典》第 1353 条要简单。按照该条第 1 句的

---

　　* 该德文单词的字面意思亦为"生活伴侣"，为了和具有特殊含义的"生活伴侣"（Lebenspartner）一词相区分，该词单独出现时一律翻译成"伴侣"。——译者注
　　① 例如《生活伴侣关系法》第 2 条有关伴侣关系上的生活共同体。
　　② 《生活伴侣关系法》第 6 条第 1 句。
　　③ 《生活伴侣关系法》第 6 条第 2 句援引《民法典》第 1363 条第 2 款以及第 1364 条及以下各条。
　　④ 《生活伴侣关系法》第 8 条第 2 款援引《民法典》第 1357 条。
　　⑤ 《生活伴侣关系法》第 16 条第 2 句援引《民法典》第 1570 条及以下各条。
　　⑥ 《生活伴侣关系法》第 20 条以及对《供养补偿法》的援引。
　　⑦ 《生活伴侣关系法》第 10 条部分以及一定程度上对《民法典》的援引。
　　⑧ 参看上文第十三节边码 10 及以下各边码。

规定，生活伴侣应当负有互相照料和扶持以及形成共同生活的义务。第2句规定，他们互相负有责任。相反，《民法典》第1353条第1款第1句却包含了终身原则。另外，《民法典》第1353条所表达的则是负有"婚姻生活共同体"的义务。除此之外，《民法典》第1353条第2款还提供了申请建立生活共同体的可能性，而《生活伴侣关系法》第2条则没有。

3. 生活伴侣关系和子女

关于在法律上平等对待异性伴侣和同性伴侣的讨论主要是由共同父母身份的问题所引起的。虽然立法机构在《生活伴侣关系法》第9条第1款至第4款中已经基本上将生活伴侣置于与婚姻中继父母一方相平等的地位，并且从2005年开始，按照《生活伴侣关系法》第9条第7款的规定，也允许登记的生活伴侣可以**收养继子女**（Stiefkindadoption），而这一点对于女性生活伴侣一方借助精子捐献而进行**人工授精**（künstliche Befruchtung）的情况尤其具有重要意义。但是《**生活伴侣关系法**》第9条第7款（§ 9 Abs. 7 LPartG）直到今天仍然拒绝生活伴侣双方，如同《民法典》第1741条第2款第2句为婚姻配偶双方所规定的那样可以进行**共同收养**（gemeinschaftliche Adoption）。基于联邦宪法法院的一个判决①仅仅只为生活伴侣双方开放了所谓的**继受收养**（Sukzessivadoption）这一选项，亦即由伴侣一方进行收养之后再进行继子女收养。② 不过随后，整个讨论随着同性伴侣婚姻的开放戛然而止。

4. 生活伴侣关系的解除

登记的生活伴侣关系可能由于死亡或者由于"废止"而解除。此外，一方面，《生活伴侣关系法》第15条及以下各条中**废止**（Aufhebung）的概念相对应的就是婚姻法中**离婚**（Scheidung）的概念，但是另一方面，这一概念也考虑到了在婚姻法中被规定为婚姻废止的一些情况。③ 与之相反的是，对于其他婚姻废止的情况，在生活伴侣关系法中却没有对应的规定；这些成立时的瑕疵毋宁说导致的是无效。因为废止相对应于离婚，因此《生活伴侣关系法》第15条第2款所规定的前提条件相当于《民法典》第1565条及以下各条所规定的离婚前提条件。废止后果也如同离婚后果一样被规定。在废止的情况下**程序法上**（verfahrensrechtlich）涉及的是《家事与非诉事务程序法》第269条第1款第1项意义上的生活伴侣关系事务，对此有管辖权的则是家事法庭。④

5. 生活伴侣关系转变为婚姻关系

如果生活伴侣双方亲自并且同时向户籍登记处表示他们愿意互相缔结婚姻，那么2017年10月1日之后，登记的生活伴侣关系可以依据《生活伴侣关系法》第20a条第1款的规定转变为婚姻关系。有关结婚的规定对此也相应适用。按照《生活伴侣关系法》第20a

---

① NJW 2013，847.
② 参看《生活伴侣关系法》第9条第7款第2句以及对《民法典》第1742条的援引。
③ 参看《生活伴侣关系法》第15条第2款第2句连同适用《民法典》第1314条第2款第1项至第4项。
④ 《法院组织法》第23a条第1款第1项。

条第1款第3句的规定，随后这一生活伴侣关系就作为婚姻继续存在下去。通过自2018年12月22日起生效的《有关实施引入同性结婚权法之法律》①，在《生活伴侣关系法》第20a条第2款至第6款中对此规定了必要的过渡性规范。

 深入阅读材料推荐

深入学习： *Dethloff*，Ehe für alle，FamRZ 2016，351；*Löhnig*，Die Umwandlung einer eingetragenen Lebenspartnerschaft in eine Ehe nach dem Gesetz zur Umsetzung des Gesetzes zur Einführung des Rechts auf Eheschließung für Personen gleichen Geschlechts，NZFam 2019，166。

第二十七节　非婚生活共同体的概念和法律基础

一、导论和定义

1. 作为社会现象的非婚生活共同体

1　　与非婚生活共同体有关的法律争议一直有所增加，因为这一生活共同体的数量在过去几十年中也在持续地上升。与此同时，在德国有超过 **1/10 的伴侣（jedes zehnte Paar）** 以非婚的方式在同一家庭中共同生活。② 在国外也存在相类似的情况。这方面的一个典型情况就是，伴侣双方都是35岁以下，全职工作或者正在接受职业培训以及未婚并且无子女。③ 对于这一人生阶段而言，非婚生活共同体也没有构成与婚姻相竞争的模式，而是一种较为超前的生活形式。当伴侣双方怀上了子女的时候，之后大部分情况下他们都会结婚。之前关系中的子女也经常被带入非婚生活共同体当中，以至于形成了"非婚异亲家庭"（nichteheliche Stieffamilien）。

当今，非婚生活共同体已经得到了的社会认可。社会价值观念的转变使得非婚生活共同体成为婚姻真正的替代方案。④ 共同生活的**动机（Motiv）**与结婚时的情况一样，是情感上的互相联系；性关系上的忠诚也是以类似的方式作为前提条件的。在年轻人那里，非婚生活共同体对于特别人生阶段而言则构成了一种独立自主的生活形式。他们先尝试共同生活；在可能的情况下再计划之后结婚。与之相反则是，那些身后已经有过一次失败婚姻的人，则可能惧怕踏进第二次婚姻当中并且宁可（暂时）接受没有那纸结婚证的生活。另外，如果结婚将会导致扶养请求权或者遗属抚恤金（Witwenrenten）以及与此相类似的丧

---

① Gesetz zur Umsetzung des Gesetzes zur Einführung des Rechts auf Eheschließung für Personen gleichen Geschlechts.

② 二百九十万对伴侣；参看上文第一节边码3。

③ *Nave-Herz* FPR 2001，3（4）.

④ 对此也可参看 *Steinbach/Helms* FamRZ 2020，476（478）。

失，那么也会被放弃。另外还存在**不可能结婚（Eheschließung nicht möglich）**的情况，比如因为伴侣一方仍然处于已婚当中或者受到独身戒条（Zölibat）的阻碍。最后也同样存在这样一些伴侣，其中一方非常乐意结婚，但另一方却（仍然）不愿意。另一方面，伴侣双方原则上拒绝作为法律制度的婚姻，这种情况倒是非常少见的。因此，应当谨慎的是，不可始终将不婚者等同于想要无拘束的状态或是有意识地决定要一种法外空间。

2. 非婚生活共同体的定义

> **记忆辅助：** 非婚生活共同体是两个人之间旨在长期持续的生活共同体，不允许除此之外同一类型的其他生活共同体并且其突出特点在于为伴侣彼此之间建立互相担当的内部联系，也就是说超越了纯粹居住共同体和经济共同体当中的关系。

这一定义来源于联邦宪法法院的判决[1]，并且目前是受到普遍认可的。具有决定性意义的是，共同生活不只是单纯居住或者经济上的共同体（比如在大学生或者兄弟姐妹之间），而是能够作为**"责任以及担当共同体"（Verantwortungs- und Einstehensgemeinschaft）**来描述其特点，其中最重要的并非个人需要，而是首要考虑共同的生活需要。[2] 这样定义的一种共同体存在与否，是要根据一些**证据（Indizien）**来确定的。可视为证据的有例如存在旨在长期持续的家庭共同体，共同的经济，共同的生活，（不过并非作为必要前提条件的）性关系共同体，照料共同的子女，对伴侣账户的支配权以及对外也很明显的关系亲密度，等等。至于这一伴侣关系是涉及异性抑或是同性，则无关紧要。

二、非婚生活共同体的宪法地位

建立并进行一个非婚生活共同体属于《基本法》第2条第1款第1句所规定的**一般行为自由（allgemeinen Handlungsfreiheit）**之范围。另外不结婚的决定也受到包括消极结婚自由在内的《基本法》第6条第1款的保护。根据一致的观点，非婚生活共同体无法为自身要求可与婚姻相比拟的保护。从《基本法》第6条第1款中尤其无法得出未婚者可共享为已婚者所规定之优待请求权。然而，促进婚姻的要求也不能被理解为损害其他生活形式的要求。因此，立法机构无论如何都应该可以颁布保护非婚生活共同体的个别规范。[3] 在各州宪法中，勃兰登堡[4]承认以及在较弱的程度上柏林也承认[5]其他旨在长期持续的生活共同体之保护需要。

非婚伴侣原则上无法为了可以获得与婚姻配偶的同等地位，而援引《基本法》第3条第1款所规定的**平等对待原则（Gleichbehandlungsgrundsatz）**。

● 根据《个人所得税法（EStG）》第26条，第26b条排除未婚伴侣适用个人所得税法上

----

① BVerfGE 87，234.

② BGH NJW 2006，2687.

③ *Coester-Waltjen* Jura 2008，108（109）.

④ 《勃兰登堡州宪法》第26条第2款。

⑤ 《柏林市州宪法》第12条第2款。

的**分开纳税税率**（**Splittingtarif**），既不违反保护婚姻与家庭的要求①，也不违反《基本法》第 6 条第 5 款中平等对待非婚子女的要求或者是《基本法》第 3 条第 1 款的平等原则。②

● 拒绝《社会法典》第六编（SGB VI）第 46 条所规定的**遗属定期金**（**Witwenrente**）同样也不意味着损害未亡女性伴侣由《基本法》第 6 条第 1 款、第 4 款、第 5 款所规定的基本权。③

但是，当同时还涉及**家庭保护**（**Familienschutz**），也就是说涉及一个有共同子女的非婚生活共同体时，**平等对待请求权**（**Anspruch auf Gleichbehandlung**）还是可以从连同适用《基本法》第 6 条第 1 款当中得出。

> **案例：**妮娜（Nina，N）和帕特里克（Patrick，P）未婚，和他们共同的女儿生活在一起。N 照料孩子及家务，P 则从事职业工作。他们甚至计划过很快就结婚。但是目前 N 却成了一起恐怖袭击的受害者并且死亡。因此，为了能够照顾孩子，P 迫不得已限制了他的职业工作。现在 P 根据《受害人补偿法（OpferentschädigungsG）》为自己请求遗属抚恤金。
>
> 联邦宪法法院④对此作出的判决认为，根据《受害人补偿法》的给付不仅应当提供给未亡配偶，而且出于平等对待和家庭保护的原因也应当提供给非婚伴侣，只要这一伴侣在放弃从事职业的情况下去照料共同的子女。然而，按照联邦宪法法院的观点，当所涉及的并非共同子女时，这一点就不适用了，因为所遗留的子女和非婚继父母一方之间在此缺少任何法律关系。⑤

5　　也就是说，仍然需要注意的是，《基本法》第 6 条第 1 款（Art. 6 Abs. 1 GG）意义上的"**家庭**"（**Familie**）这一概念，是独立于婚姻的概念而存在的，还包括未婚的伴侣双方及其**共同的子女**（**gemeinsames Kind**）。⑥ 婚姻家庭和非婚家庭都履行着同样的抚养任务并因此也能够要求相似的法律保护和支持。

与《基本法》第 6 条第 1 款相比，《欧洲人权公约》第 8 条第 1 款（Art. 8 Abs. 1 EMRK）意义上的"家庭生活"概念应作更加广泛的理解。因此，伴侣双方之间的**私人关系**（**private Beziehung**）受到保护，而不论他们是已婚关系或是一般伴侣关系，同性关系或是异性关系。所以，两名未婚者之间的事实关系（de-facto-Beziehung）也依据《欧洲人权公约》第 8 条第 1 款而被包括到家庭生活的概念当中。⑦ 另外，《欧洲人权公约》第 8 条的保护还扩展到了"**事实家庭**"（**De-facto-Familie**）的所有变形，尤其是也包括子女与非婚继父母一方紧密的个人联系。⑧

---

① 《基本法》第 6 条第 1 款。
② BFH NJW 2017，2223.
③ BVerfG NJW 2011，1663.
④ BVerfGE 112，50.
⑤ BVerfG FamRZ 2005，595.
⑥ BVerfGE 112，50.
⑦ EGMR FamRZ 2015，1785.
⑧ EGMR FamRZ 2008，377.

三、现有非婚生活共同体在法律上的考虑

1. 总论

非婚生活共同体本身在法律上的归类是很困难的，因为通常无法确定能够将权利或者义务与其联系在一起的具体法律行为。然而伴侣双方也还是不想置身于一个完全法外的空间当中。① 在这方面，有必要在个案中以现行法律为基础或者也可以在谨慎的法之续造中找到一个适当的解决方案。对此尤其可以适用总则②以及债法和物权法的规定。另外还有可能仍然要审查家庭法规定的（类推）适用。 6

原则上排除类推适用婚姻法的规定③，主要是由于通常当事人的意思也对此表示反对。然而，那些不具有特别与婚姻相关的内容，而是一般性涉及亲密的人之间关系的规范条文还是能够类推适用的。④

记忆辅助：适用于婚姻配偶的法律原则上**不**（**nicht**）类推适用于非婚生活共同体。

在假定一个"**可推断的共同生活契约**"（**konkludenten Zusammenlebens**）上，要求非常谨慎。按照一般观点，有关建立共同家庭的协议，并不意味着从中可以产生出因类推适用婚姻法而发展出广泛之权利和义务的可推断的合作契约（Kooperationsvertrag）。⑤ 7

法定**扶养义务**（**Unterhaltspflichten**）只在《民法典》第 1615l 条的框架内，以有利于照管共同子女那一方伴侣的方式而存在于未婚伴侣双方之间。⑥ 另外，扶养请求权原则上并不取决于，子女的父母目前是否共同生活或者曾经共同生活过。但是较长时间的共同生活可能已经产生了一个特别的信赖构成要件，从而有可能证成依据《民法典》第 1615l 条第 2 款第 4 句、第 5 句而产生扶养延长。⑦

2. 所有权关系和占有关系

A. 所有权关系

任何一方伴侣仍然是其所带来之物的所有权人。⑧ 在生活共同体存续期间所取得之物，属于购置或者按照《民法典》第 929 条及以下各条取得此物的伴侣一方所有。就此而言具有决定性意义的是取得意思；其中适用的是有关"行为效力归属行为人本身"（Geschäft für den，den es angeht）的规则。不过，之后却往往不再有可能确定取得过程。这样一来对于哪些**证据**（**Indizien**）应当具有决定性意义，就产生争议了。 8

---

① 参看 *Schwenzer* JZ 1988，781（782）。

② 比如以《民法典》第 164 条及以下各条代替《民法典》第 1357 条。

③ 例如 BGH FamRZ 1980，40；OLG Düsseldorf NJW-RR 2006，1535。

④ 例如《民法典》第 1359 条；参看下文本节边码 13。

⑤ *Grziwotz* NeL，§ 5 Rn. 12 f.

⑥ 对此参看上文第二十三节边码 47 及以下各边码。

⑦ BGH FamRZ 2008，1830.

⑧ 参看《民法典》第 1006 条第 2 款也作了相同规定。

例子： 妮娜（Nina，N）和帕特里克（Patrick，P）在8年的非婚关系之后彼此分开了。在共同家庭解除的时候，双方都分别要求一块红色的客厅地毯归自己。双方都宣称，这地毯本就属于自己所有。谁在8年前支付了这一地毯却已经无法再确定了。

9　　　《民法典》第1568b条第2款中配偶双方的家居用品在有疑义时以共同所有为出发点的推定，按照通说不可类推适用于未婚者。[1] 但是一定程度上可以认为，那些为了**共同使用（gemeinsamen Benutzung）**而购置的家具，根据推定的当事人意思而通常应当属于共同所有。[2] 在一个相对应于家庭主妇或者家庭主夫婚姻这种模式的非婚生活共同体中，这一观点无论如何都应该是合适的。[3] 反之，在双收入者的情况下，在个案中从**融资（Finanzierung）**推断出取得（意思）可能更加合适。[4] 具有决定性意义是个案中的情形。只有确定为供伴侣一方个人使用的物品，才在有疑义时（立即或者通过事后的让与）由其使用的那一方伴侣所获得。[5] 如果借助这些原则仍然无法得出清晰的解决方案，那么对于双方所共同占有的家具，还可以借助《民法典》第1006条第1款连同适用第1008条所规定的可推翻的**共同所有推定（Miteigentumsvermutung）**，并且在有疑义时这一共同所有依据《民法典》第742条具有相同份额。[6] 因此，上述的那个例子也可以这样得到解决。

10　　　在非婚伴侣之间进行**让与（Übereignungen）**的情况下有疑问的是，非婚生活共同体本身是否构成《民法典》第868条意义上的中**占有媒介关系（Besitzmittlungsverhältnis）**。虽然这一点在婚姻的情况下得到了认定[7]，但在非婚生活共同体的情况下，则被慕尼黑州高等法院[8]所否定了。在基础案件中，虽然丈夫"赠送"给妻子一辆汽车，但是却保留着第二把钥匙以及相关证件并且继续（共同）占有这辆车。因此，由于缺少"赠与人"完全放弃占有，《民法典》第929条第1句中有关让与的前提条件并没有满足。但是也没有具体的占有媒介关系依据《民法典》第930条而被约定，以至于出现了占有媒介关系在非婚生活共同体中是否存在的问题。但是因为非婚生活共同体并非法定的（gesetzliches）法律关系，所以慕尼黑州高等法院也否定了根据《民法典》第930条的让与。

B. 无法类推适用《民法典》第1362条所规定的所有权推定

11　　　《民法典》第1362条第1款中，其所有权推定有利于各债务人的债权人保护规定[9]，不应类推适用于非婚生活共同体。[10]

C. 占有关系和占有保护

12　　　就**占有关系（Besitzverhältnisse）**方面而言，在生活共同体存续期间通常存在伴侣双方对共同使用的家居物品以及住房的（有权）**共同占有（Mitbesitz）**。《民法典》第598条

---

[1]　Palandt/*Götz* BGB Einf v § 1568a Rn. 3.

[2]　PWW/*Weinrich* BGB Vor § 1297 Rn. 49.

[3]　参看 *Schulz* FamRZ 2007，593（601）。

[4]　同样的观点也参看 OLG Hamm NJW 1989，909；OLG Köln NJW-RR 1996，1411。

[5]　《民法典》第1362条第2款的法思想。

[6]　例如 OLG Karlsruhe FamRZ 2007，59。

[7]　参看上文第十二节边码6。

[8]　NJW 2013，3525.

[9]　参看上文第十二节边码9及下一边码。

[10]　BGH FamRZ 2007，459；不同观点 Staudinger/*Voppel* BGB Anh. zu §§ 1297 ff. Rn. 266；*Dethloff* FamR § 8 Rn. 15，援引了一般可比较的事实情况。

意义上有约束力的使用借贷契约有可能被订立，但是在缺少明确合意的情况下原则上不应当假定这一契约存在。共同占有的权利随着伴侣通知终止生活共同体而结束。如果物品错误地没有被返还，那么根据《民法典》第987条的规定，由于欠缺占有权而产生使用赔偿请求权。

> **案例①**：现年80岁的爱尔娜（Erna，E）和75岁的库尔特（Kurt，K）于10年前在E的房子里开始了非婚生活共同体。就在这期间E罹患了老年痴呆并且由女律师布克（Buck，B）作为照管人进行照管。当E最终搬进了护理院时，B请求K搬离这一房子。K拒绝了这一要求并且继续使用这座房子，因为他认为，即使是E无论如何也会认为这是合理的。然而K却无法证明基于一项物权性居住权或者一份明确借用契约的占有权。
>
> 　　照管人作为E的代理人②在此可以提出**《民法典》第985条所规定的搬离请求权**（**Anspruch auf Räumungaus § 985 BGB**）。由于E和K之间缺少契约上的约定，对K依据《民法典》第986条要求继续享有占有权应当予以拒绝。K之前的占有权所依据的仅仅是E事实上的同意。随着E搬入护理院以及B的返还请求，这一同意的效力就终止了。最迟从返还请求开始，K对于他的占有权也已经构成了恶意。因此从这一时刻开始依据《民法典》第987条，K就负有支付使用赔偿的义务了。③
>
> 　　**注意**：E和K是能够事先通过一个相应的照管处分④来采取预防措施的。在这点上如果E已经及时地确定了，某一天K应该是她的照管人，那么这一冲突就能被避免了。

《民法典》第858条及以下各条有关**占有保护**（**Besitzschutz**）的规定则提供防止伴侣另一方**突然驱逐**（**plötzlichen Rauswurf**）的保护。如果门锁不经预先通知而被更换了，从而导致伴侣一方在一夜之间被剥夺对在那之前一直由双方共同使用之住房的占有，那么所存在的这种情况就是法律禁止的私力。⑤虽然对于双方来说都有一项在任何时间结束这一关系的权利；但是根据诚实信用原则，在有关居住关系方面则必须要为伴侣提供一定的过渡时期。所以被驱逐者可以依据《民法典》第861条请求再一次同意对住房（或者也可以是对动产）的暂时占有。《民法典》第1361a条、第1361b条对此不构成妨碍，因为这两条规定并不类推适用于未婚者。

3. 责任问题

A. 内部责任标准

在内部关系上，按照通说伴侣双方只是在《民法典》第277条意义上以**自己通常的注意**（**eigenübliche Sorgfalt**）互相承担责任。⑥这是从整体类推适用与伴侣双方密切的个人亲密联系相关的《民法典》第708条、**第1359条**（**§ 1359 BGB**）、第1664条中得出的。

---

① 根据 BGH FamRZ 2008，1404。

② 参看《民法典》第1902条。

③ BGH 同上。

④ 《民法典》第1901c条。

⑤ 参看 AG Köln FamRZ 2015，1310。

⑥ OLG Celle FamRZ 1992，941；Erman/*Kroll-Ludwigs* BGB Vor § 1353 Rn. 21.

至于责任特权所涉及的范围有哪些，则可以借助适用于配偶之间的原则。①

违反伴侣之间有关避孕、家庭计划等的内部约定并不会——就像在配偶之间那样②——产生损害赔偿义务，因为这样一类约定被认为在法律上不具有约束力。③

B. 附保护伴侣效力契约

14　伴侣被一同纳入伴侣另一方所订立的**租赁契约（Mietverträgen）**的保护范围。

> **案例**④：房东弗格尔（Vogl, V）的出租房钥匙不知道怎么回事就弄丢了。但 V 并没有将此事告知租客并且也没有换新锁。结果现在房子失窃了；而且女租客妮娜（Nina, N）的非婚生活伴侣帕特里克（Patrick, P）也遭受了损失。因此 P 向 V 请求损害赔偿。
>
> 本案中 P 作为 N 的伴侣，和她共同生活在非婚生活共同体中，已经被纳入了 N 与 V 之间**租赁契约的保护效力（Schutzwirkungen des Mietvertrages）**之中。而 V 作为房东则违反了他的契约警告和通知义务。⑤ 所以 P 针对 V 享有《民法典》第 280 条第 1 款所规定的因违反租赁契约⑥产生的附随义务连同适用关于附保护第三人效力契约的原则而产生的损害赔偿请求权。

分别根据各自具体的相关情况，其他契约也具有相应的**保护效力（Schutzwirkungen）**。例如，非婚伴侣也能够依据其伴侣所订立有关避孕措施或者基因检测的**医疗契约（Arztvertrag）**，而为意外出生的子女请求抚养赔偿请求权。⑦ 而且伴侣也应当被纳入，那些在某一家庭成员（Angehörige）意外死亡的情况下可以要求所谓惊吓损害（Schockschäden）赔偿的人员范围内。⑧

C. 在死亡或者受伤的情况下因丧失扶养而产生的损害赔偿

15　在伴侣死亡的情况下，未亡伴侣不因丧失之前所给付的扶养而享有**《民法典》第 844 条第 2 款（§ 844 Abs. 2 BGB）**所规定的损害赔偿请求权。⑨ 也就是说未婚者之间——除了在有子女的生活共同体中出现《民法典》第 1615l 条的情况之外——在受伤的时候缺少《民法典》第 844 条第 2 款所规定的**法定（gesetzlichen）**扶养义务这一前提条件。如果能够证明存在特别的个人亲密关系时，那么非婚生活伴侣也享有《民法典》第 844 条第 3 款所规定的遗属抚慰金。

有争议的（Umstritten）是，操持家务的伴侣受伤是否依据**《民法典》第 842 条、第 843 条（§§ 842, 843 BGB）**为其产生自己的**工作损害（Erwerbsschaden）**。⑩ 不过，这一

---

① 参看上文第十一节边码 1。
② 参看上文第九节边码 5。
③ BGH NJW 1986, 2043.
④ 根据 OLG Hamburg NJW-RR 1988, 1481。
⑤ 参看《民法典》第 241 条第 2 款。
⑥ 《民法典》第 535 条。
⑦ BGH NJW 2007, 989.
⑧ LG Frankfurt NJW 1969, 2286.
⑨ 也可参看 BGH NJW 2007, 506。
⑩ 判决中被否定的参看 OLG Nürnberg FamRZ 2005, 2069；*Jahnke* NZV 2007, 329 (335)。

点是需要予以肯定的①，因为法律在此正好**没有以法定扶养义务**（**keine gesetzliche Unterhaltspflicht**）作为前提条件。具有决定性的，毋宁说是实际工作能力受到损害并由此而导致工作前景受到阻碍。当伴侣事实上在家庭中提供了给付并且存在有根据的假设，认为这些给付在持续存在的共同体框架内将来还会继续被提供的时候，对此而言就应该足够了。一个可推断的有偿约定也可能被假定，最终家务管理被证实为另一方从事职业工作的一个对应。②

4. 租赁权

A. 伴侣双方作为共同的租赁契约当事人

未婚伴侣可以成为共同的租赁契约当事人。不过，为此他们双方的名字都必须在租赁契约中被提及并且双方都要在这一契约上签字。这样，按照《民法典》第 427 条的规定，他们就作为连带债务人而为租金负责。在伴侣双方共同租赁的情况下，他们在**内部关系**（**Innverhältnis**）中的权利关系则受到**合伙法**（**Gesellschaftsrecht**）的约束。③

案例：未婚伴侣妮娜（Nina，N）和帕特里克（Patrick，P）一同在房东弗格尔（Vogl，V）那里租了一套住房。当关系破裂的时候，P 就从住房中搬了出去并且违背 N 的意思以符合规定形式和期限的方式向 V 作出了对租赁契约的通知终止。不过，房东 V 认为，P 的通知终止和搬出住房对他而言是无关紧要的。只要 N 继续在住房里住着，P 也就必须要继续支付租金。其中的法律状况如何？

V 要求支付租金的请求权是根据《民法典》第 535 条第 2 款得出的（**Anspruch des V auf Mietzahlung folgt aus § 535 Abs. 2 BGB**）。N 和 P 作为共同的租赁契约当事人，根据《民法典》第 427 条的规定是租金的连带债务人。因此 V 也可以单独向 P 请求支付。④ 租赁契约并没有因为 P 的通知终止而有效地结束，因为由 P 和 N 订立的契约也只能由他们共同通知终止。⑤ P 的搬走也不导致契约的变更，以至于租赁关系现在只在 N 和 V 之间继续存在下去；因为对于这样一个契约变更而言所有当事人都必须一同协助参与，尤其是 V 必须也要同意。

然而 P 针对 N 拥有《民法典》第 730 条第 1 款中要求**协助向 V 进行共同通知终止**（**Mitwirkung an der gemeinsamen Kündigung**）的请求权。通过共同订立租赁契约，在 P 和 N 之间形成了《民法典》第 705 条及以下各条中所规定的内部合伙，由此产生了协助解除合伙的附随义务。而按照《民法典》第 723 条第 1 款第 1 句或者第 2 句的规定，随着伴侣双方的分开在此就应该认定存在一个合伙的通知终止原因。就此而言，P 的搬走可以被看作是可推断的合伙通知终止。只有当 P 因此而得到了 N 的协助或者是提起了诉讼，才能够向 V 有效地进行通知终止并且 P 才能从其支付义务中脱身出来。

---

① LG Offenburg SVR 2015，383；*Löhnig* FamRZ 2005，2030.

② *Huber* NZV 2007，1（3）.

③ 《民法典》第 705 条及以下各条；LG Berlin ZMR 2002，751；AG Kiel NJW-RR 2001，154.

④ 参看《民法典》第 421 条。

⑤ 参看 BGH NJW 2005，1715.

B. 将伴侣接纳到已经承租的住房中

17　　将伴侣接纳到一套已经承租下来的住房中，根据《民法典》第 553 条第 1 款是需要得到许可的（**§ 553 Abs. 1 BGB erlaubnispflichtig**）。由于在接纳配偶时①不需要许可，只负有告知义务②，就此而言非婚伴侣被归为了"第三人"③。不过，要建立一个非婚生活共同体的这一愿望在接纳伴侣上通常就产生了**有权利之利益**（**berechtigtes Interesse**）④，以至于原则上就存在一项**许可请求权**（**Anspruch auf die Erlaubnis**）。按照《民法典》第 553 条第 1 款第 2 句的规定，只有在住房超员或者正好在伴侣个人身上存在一个重要原因的情况下，许可才能被拒绝。而《民法典》第 553 条第 3 款规定，禁止非婚共同居住的契约条款原则上是无效的。不过，在接纳伴侣上的利益被允许在"订立租赁契约之后"才形成，而这需要由承租人进行说明。

　　如果承租人没有根据《民法典》第 553 条获取许可，那么这通常并不构成通知终止原因；因为如果本来就存在许可请求权，那么就不存在能够根据《民法典》第 543 条证成通知终止的重大义务违反了。⑤

　　另外，当被接纳的伴侣由于事实上的占有关系而应被看作是共同占有人时，出租人在这一情况下必须按照《民事诉讼法》第 885 条针对伴侣双方提起**搬离之诉**（**Räumungsklage**）以及也包括搬离和返还住房的强制执行措施。而之前出租人是否已经被告知接纳这一点，则不影响这一适用。⑥

C. 在伴侣死亡的情况下加入租赁契约

18　　在**承租人死亡**（**Tod des Mieters**）的情况下，家庭成员所享有的加入租赁契约之权利也依据《民法典》第 563 条第 2 款第 3 句而扩展至那些旨在与承租人长期持续地共同管理家务之人，亦即也扩展至非婚生活伴侣。不过，相对于配偶、子女或者其他家庭成员的加入权，伴侣**加入权**（**Eintrittsrecht**）仅具有辅助性效力。如果伴侣双方都是契约当事人，则适用《民法典》第 563a 条，按照这一规定，租赁关系原则上随着未亡伴侣而继续存在下去。

　　案例：承租人马丁（Martin，M）把他的女朋友莱妮（Leni，L）接纳到了住房当中，却没有将此事告知房东弗格尔（Vogl，V）。当一年后 M 死亡时，V 才认识到真实的情况并且请求 L 立刻搬离住房或者说作出了不留期限的通知终止表示。L 必须要搬出这一住房吗？

　　V 针对 L 可能拥有《民法典》第 985 条（**§ 985 BGB**）所规定的**搬离请求权**（**Anspruch auf Räumung**）。

　　V 是住房的所有权人。L 则是占有人。问题在于，依据《民法典》第 986 条 L 是否拥有占有权。L 自己并没有与 V 订立可以作为占有权基础的租赁契约。然而，依据《民

---

① 也是因为《基本法》第 6 条第 1 款。
② BGH NJW 1991, 1750.
③ BGHZ 157, 1.
④ BGHZ 92, 213.
⑤ LG München NJW-RR 1991, 1112.
⑥ BGH NJW 2008, 1959.

法典》第563条第2款第3句的规定，随着M的死亡L就已经加入了租赁关系中。L并没有根据《民法典》第563条第3款作出相反的表示。从中可以得出L基于租赁契约拥有自己的占有权。就此而言，之前L搬入住房却并没有告知V这一点，就无关紧要了。

不过，如果V已经有效地通知终止了租赁关系，那么现在这一占有权就有可能消灭了。然而根据《民法典》第563条第4款却不存在附期限的特殊通知终止权，因为在L个人身上并没有显而易见的重要原因。因为住宅被擅自交付给了第三人①或者由于其他原因无法合理期待要求继续租赁关系②而产生的特殊通知终止权，同样应当被否定。因为依据《民法典》第553条第1款本来就存在许可请求权，所以将非婚伴侣私下接纳到住房当中不能被看作是重大义务违反。因此V并不享有通知终止权。所以也不存在《民法典》第985条、第546条第1款或者第2款所规定的搬离请求权。也就是说L不必搬走。

5. 继承权

非婚伴侣**不享有法定继承权（kein gesetzliches Erbrecht）**，但是能够通过遗嘱或者继承契约③而将其指定为继承人。有利于伴侣的处分原则上**并非**《民法典》第138条意义上的**违背善良风俗（nicht sittenwidrig）**。④ 违背善良风俗的"情妇遗嘱"时代已经过去了。仅仅是情人因被指定为继承人而成为妻子所住房屋的共同所有人这一情形，还不足以被认定为违反善良风俗。⑤ [19]

根据《民法典》第1969条的规定，居住在家庭中的家庭成员在继承发生后30天内享有扶养和家产使用请求权⑥，假如之前伴侣得到死者的扶养，那么应当同意该规定也相应地适用于伴侣。⑦ 不过，按照通说，伴侣却无权获得《民法典》第1932条所规定的所谓先取份（Voraus）。⑧

未婚者**不（nicht）**能像婚姻配偶那样⑨设立**共同遗嘱（gemeinschaftliches Testament）**。不过如果存在伴侣一方书写并且伴侣双方共同签字的终意处分，只要伴侣双方都分别遵守了所规定的相应形式并且作为个别处分（Einzelverfügung）而得以维持是符合当事人意思的，那么就可以考虑转换（Umdeutung）成个别处分。⑩ 这一点必须通过解释来确定。

非婚生活共同体存续期间以有利于伴侣为目的而设立的**遗嘱（Testament）**，在伴侣双方分开的情况下，根据通说不应当**类推适用《民法典》第2077条第1款、第2款（analog** [20]

---

① 《民发典》第543条第1款第1句第2项。
② 《民法典》第543条第1款。
③ 例如OLG München FamRZ 2015, 1061.
④ 参看例如BayObLG FamRZ 2002, 915。
⑤ OLG Düsseldorf FamRZ 2009, 545.
⑥ 所谓的"三十天扶养费（Dreißigster）"。
⑦ OLG Düsseldorf FamRZ 1983, 274.
⑧ Soergel/*Schumann* Nehel. LG Rn. 201.
⑨ 参看《民法典》第2265条。
⑩ OLG Braunschweig NJW-RR 2005, 1027；LG Bonn FamRZ 2004, 405.

§ 2077 Abs. 1，2 BGB）而在有疑义时被看作无效。[1] 然而，与此相反的观点[2]认为，有利于配偶的处分在离婚后有疑义时就不应当再有效这一思想，不难适用于未婚伴侣双方已经终局性地分开这一处境当中。这所涉及的也只是一条**解释规则**（**Auslegungsregel**），所以在个案中仍然存在不同裁判的空间。不过如果还是要遵循通说，那么在这一类情况下——当一般的解释已经无法继续有所帮助时——遗嘱只能通过撤销而变成无效了；然而要解释撤销的前提条件却并非容易之事。

 深入阅读材料推荐

深入学习：*Brosius-Gersdorf*，Solidargemeinschaften jenseits der Ehe und der einge-tragenen Lebenspartnerschaft，Möglichkeiten und Grenzen rechtlicher Anerkennung，NZ-Fam 2016，145（Teil 1）und 245（Teil 2）；*Dutta*，Paarbeziehungsregime jenseits der Ehe. Rechtsvergleichende und rechtspolitische Perspektiven，AcP 216（2016），609；*Grziwotz*，Die nichteheliche Lebensgemeinschaft，MDR 2018，833；*ders.*，Vereinbarungen der nichtehelichen Lebensgemeinschaft，FPR 2013，326；*Kroiß/Eckert*，Das Erbrecht und die nichteheliche Lebensgemeinschaft，NJW 2012，3768；*Nave-Herz*，Die nichteheliche Lebensgemeinschaft-eine soziologische Analyse，FPR 2001，3；*Wellenhofer*，Gesetzlicher Unterhaltsanspruch für nichteheliche Lebensgemeinschaften？，FamRZ 2015，973。

案例与考试：*Schwab* FamR PdW Fall 275。

第二十八节　非婚生活共同体结束时的财产补偿

一、导论

1. 难题的案件情形

1　　在非婚生活共同体法中属于主要难题的问题在于，如果先前伴侣另一方接受过较大**给予**（**Zuwendungen**），但是对此又缺少具体的约定，那么伴侣双方在**分开之后**（**nach Trennung**）是否以及在多大程度上享有财产法上的补偿支付请求权。典型的案件情形涉及以下这些：

- 转让较大的财产价值，例如不动产
- 投资伴侣的房子（翻新；改建）或者企业
- 为伴侣的房子提供具有财产价值的劳动给付（例如作为建筑师或者工匠）
- 偿还伴侣的债务

---

[1]　BGH NJW 2019，3449；OLG Frankfurt ErbR 2016，276。

[2]　**参看** *Koutses* FPR 2001，41（42）。

2. 不补偿原则

通说和联邦最高法院持续性判决的出发点都在于，当非婚生活共同体解除之时，只要　2
伴侣双方没有进行过其他约定，那么原则上不存在财产法上的补偿请求权（**grundsätzlich
keine vermögensrechtlichen Ausgleichsansprüche**）：

"在这样一个共同体中这些个人关系是如此重要，所以这些关系也确定了伴侣双方涉
及共同体的财产行为，因此，不仅在个人方面，而且在经济方面都不存在法律共同体。当
伴侣双方没有在他们之间作出一些特别规定时，他们个人和经济上的给付相应地也就不互
相进行抵销。只要出现了需要，并且如果不是由双方提供，而是由对此有能力的那方提供
了，共享就已经被给付了。如果事后还进行了一些补偿，那么这些补偿的实现也都是出于
团结（Solidarität），而并非是在履行某一法律义务。"[①]

只要涉及的是以维持共同体为目的的**当前费用（laufenden Beiträge）**，那么不补偿
（Nichtausgleichung）原则就是恰当的。[②] 因此对于家务管理、照料给付、照管子女、提供
扶养或者住房、支付当前的租金、偶尔的手工给付以及其他当前的资金贡献都不负担补偿
义务。[③] 这同样适用于在伴侣的职业或者企业中进行协助工作，而这在婚姻配偶之间属于
预期中应有的协助工作范围。而且也几乎不可能在事后分开之时将所有的给付都进行估算
和抵销。另外还可以为未婚者援引适用《民法典》第 1360b 条的思想（**Gedanken des §
1360b BGB**），按照这一规定相对来说给付较多扶养费用的婚姻配偶，在有疑义时不能对此
请求补偿。另外，在非婚生活共同体中也应当相应适用《民法典》第 1360 条第 2 句而将
家务管理和现金扶养看作具有同等价值。

> **案例：**帕特里克（Patrick，P）和妮娜（Nina，N）已经以非婚生活共同体的方式
> 生活了 10 年之久。在此期间 P 从事职业工作，而 N 则管理家务以及照料 P 生病的母
> 亲。在分开之后 N 向 P 请求照料给付的事后偿还。毕竟，如果没有 N 的协助工作 P 就
> 必须雇用其他照料人员并且不得不对此进行支付了。
>
> N 在此无法向 P 请求任何东西。**照料给付（Pflegeleistungen）**是她对共同体的贡
> 献，而 P 则努力赚取可用的现金。就此而言适用的是不补偿原则。只有当 N 和 P 之前
> 订立过明确的劳务契约时，情况才会有所不同；然而对此却完全看不出任何迹象。另
> 外，即使有请求权，绝大部分的消灭时效也已经届满了。[④] 这一结果不一定令人满意，
> 但是在没有立法机构介入的情况下，这也是不可避免的。

不过如果伴侣一方在生活共同体存续期间以有利于另一方的方式提供了明显超出维持生　3
活共同体所必需的给付，例如以**转让大额财产价值（Übertragung großer Vermögenswerte）**
的形式（给付），那么不补偿原则就无法令人信服了。如果在分开的情况下也一直终局性
地保持这样一种财产移转的状态，因为与此相关的契约订立无法确定，那么这就将会导致

---

① 例如 BGHZ 77，55（57）；BGH FamRZ 2008，1404；OLG Hamm FamRZ 2014，228。
② 参看 *Gernhuber/Coester-Waltjen* FamR § 43 Rn. 20；*Schwab* FamR GdR Rn. 606。
③ 例如 OLG Hamm FamRZ 2014，228；OLG Bremen NJW-RR 2013，197。
④ 参看《民法典》第 195 条。

重大的不公平。因此，联邦最高法院自 2008 年变更其判决以来，在这一类情况下也赞同《民法典》第 313 条以及第 812 条第 1 款第 2 句第 2 选项所规定的补偿请求权。[①]

3. 请求权基础概览

4　　在考试（Klausur）中重要的是，要正确地确定**重点**（Schwerpunkte）。位于重点位置的通常是根据《民法典》第 313 条以及《民法典》第 812 条第 1 款第 2 句第 2 选项规定因内部合伙结束所产生的请求权。因此，对于其他可能出现的请求权基础，通常情况下只能作一简要论述了。

检验清单：非婚生活共同体解除之后的补偿支付请求权

1. 类推适用婚姻法以及订婚法所产生的请求权，例如《民法典》第 1298 条、第 1301 条或者第 1378 条第 1 款，一般来说应当予以拒绝。

2. 具体契约约定所产生的请求权
——例如由劳务契约、承揽契约、借贷、委托所产生的
——《民法典》第 531 条第 2 款、第 530 条第 1 款所规定的因撤回赠与所产生的请求权

3.《民法典》第 730 条及以下各条所规定的因内部合伙结束所产生的请求权

4.《民法典》第 683 条第 1 句、第 670 条所规定的因无因管理所产生的花费补偿请求权

5.《民法典》第 426 条所规定的因连带债务人补偿所产生的请求权

6.《民法典》第 812 条第 1 款第 2 句第 2 选项所规定的不当得利法上的请求权

7.《民法典》第 313 条、第 346 条所规定的因行为基础丧失所产生的请求权

5　　被排除（Ausgeschlossen）的则是**类推适用婚约法或者婚姻法**（analoge Anwendung von Verlöbnis- oder Eherecht），因为这些条文仅仅适用于订婚人以及婚姻配偶并且就此而言恰恰不存在违反计划的法律漏洞。[②] 因此在考试中，不值得在这上面花费大量时间。

考试提示：多个不同的给予或者给付（例如手工给付、支付租金以及承担花费）在价值上不应当进行累加，而应当各自基于自身的请求权基础**分别**（gesondert）予以审查。[③]

二、契约请求权的审查

1. 劳务契约，借贷等产生的请求权

6　　需要审查的首要问题是，伴侣双方就各自的给付是否已经订立了一个具体的契约。在

---

① BGH NJW 2010，998；2008，3277；NJW-RR 2009，1142.

② Staudinger/*Löhnig*，Anh. zu §§ 1297 ff. Rn. 39f.

③ 参看例如 BGH NJW 2013，2187。

劳务给付的情况下有可能约定了一个**劳务契约**（Dienstvertrag）[①] 或者是劳动合同[②]，在交付使用的情况下有可能是**租赁**（Miete）[③]，在金钱给付的情况下可能是**借贷**（Darlehen）[④]，在完成其他事务的情况下则有可能是**委托**（Auftrag）。[⑤] 这在未婚伴侣之间自然也是有可能的。然而，在考试案例中——就像在实务中也会出现的一样——通常会缺少与此相关的**明确约定**（ausdrückliche Vereinbarungen）。不应该受此诱导而仓促地假定存在可推断的契约订立。毋宁说对于默示契约的认定需要**"特别的事实性证据"**（besonderer tatsächlicher Anhaltspunkt），使得以下情况得以清楚显现出来，即伴侣双方之前正是想要把相关的给付——不同于其他为共同体所作的当前费用——纳入具有法律约束力的规范当中。[⑥] 仅仅提供给付本身还无法满足这一点。因此，结果就是在大部分情况下一个**法律约束意思**（Rechtsbindungswille）就会被**否认**（zu verneinen）。

例子：

● 当伴侣双方相识才几周时间并且男方为女方清偿了高达 1 万欧元的债务时，一项默示的借贷契约就有可能以例外的方式被认定。[⑦] 在这一类情形之下，领受人不能因此就以善意的方式期待，这笔款项应当长期地留在自己这里。

● 此外，当伴侣一方以有利于伴侣另一方**职业工作**（beruflichen Tätigkeit）的方式清偿了一项债务或者进行一项投资时，就有可能被认为是**委托**（Auftrag）；因为由此所提供的给付不是为了共同体，而是为了伴侣自身的生活领域，以至于不补偿原则不应当发挥效力。[⑧]

2. 因撤回赠与所产生的请求权

> **《民法典》第 531 条第 2 款、第 530 条第 1 款、第 812 条第 1 款第 2 句选项 1**
> **所规定的赠与撤回后的返还请求权**
>
> 1.《民法典》第 516 条第 1 款意义上的赠与
>
> 2. 撤回原因
>
> a)《民法典》第 530 条第 1 款所规定的客观上的严重不当行为（schwere Verfehlung）
>
> b）主观上的重大忘恩意图（grob undankbare Gesinnung）
>
> 3.《民法典》第 531 条第 1 款所规定的撤回之表示
>
> **法律后果：**根据《民法典》第 812 条第 1 款第 2 句选项 1 进行返还（法律原因援引）。

在个案中一项归还请求权或者价值赔偿请求权可以从《民法典》第 531 条第 2 款、第 530 条第 1 款、第 812 条第 1 款第 2 句选项 1 中得出。对此的第一个前提条件则是，事先已经进行过一项《民法典》第 516 条第 1 款意义上的**赠与**（Schenkung）了。这里已涉及的必须

7

---

① 《民法典》第 611 条。

② 《民法典》第 611a 条。

③ 《民法典》第 535 条。

④ 《民法典》第 488 条。

⑤ 《民法典》第 662 条。

⑥ BGH FamRZ 2008，1404.

⑦ OLG Koblenz NJW-RR 1998，1516.

⑧ 对此有争议；要取决于个案。

是一项来自赠与人财产的给予（Zuwendung），在客观上使得领受人得利，并且当事人双方就其无偿性已经达成意思一致。在生日礼物、圣诞礼物以及场合性赠礼（Gelegenheitsge-schenke）的情况下都和这一点是相符的。相反，其他的一些用于安排以及促进生活共同体或者互相扶养的给予则并非是无偿进行的，而是处于一个相互关系之中。在在此可以称为——就像在婚姻配偶之间一样①——所谓的**无名给予**（**unbenannte Zuwendungen**）。②

8   但是第二个前提条件，也就是**撤回原因**（**Widerrufsgrund**），只在很少的情况下会得到认定。《民法典》第 530 条第 1 款意义上的严重不当行为或者**重大忘恩**（**grober Undank**）客观前提条件在于违反以感恩之心所形成的注意赠与人利益之义务，并且主观上则以受赠人在很严重的程度上失去感恩之心为前提条件。③ 具有决定性意义的则是在个案中对所有情形予以通盘权衡，其中也应当考虑赠与人自身的行为。④ 伴侣的欺骗或者造成两人分开对此而言原则上还是不够的，主要是因为在未婚者之间不像婚姻配偶之间那样根据《民法典》第 1353 条第 1 款而存在法律上的忠诚义务。因此还必须要有其他特别严重的情形，使其可以被称为严重不当行为（例如人身虐待）。

> **案例：** 帕特里克（Patrick，P）和妮娜（Nina，N）搬到一起住了，主要是他们想要在一年之后结婚。因为 N 正好身无分文，所以 P 为 N 清偿了她私人保险拒绝赔付的金额为 500 欧元的配眼镜账单。两个月后，N 在出差过程中与同事克劳斯（Klaus，K）一起过夜。当 P 知悉此事之后，两人发生了争吵并最终导致分手。现在 P 请求偿还之前"垫付"的 500 欧元。⑤
>
> P 针对 N **没有偿还请求权**（**keinen Rückzahlungsanspruch**）。
>
> 1. 由于缺少与此相关的约定，所以不能以一项（无息）借贷⑥为出发点。出于同样的原因，也应当否定一项能够产生《民法典》第 670 条所规定费用赔偿请求权的法律上有约束力的委托。⑦
>
> 2. 《民法典》第 1301 条、第 818 条第 2 款所产生的返还订婚赠礼请求权或者对此进行价值补偿的请求权也不存在。虽然 P 和 N 可能之前已经订婚了，然而清偿账单却不构成《民法典》第 1301 条意义上的订婚赠礼。⑧
>
> 3. 同样要拒绝《民法典》第 531 条第 2 款、第 530 条第 1 款、第 812 条第 1 款第 2 句选项 1 所产生的请求权。这一给予并非《民法典》第 516 条第 1 款意义上的赠与。P 的给付并非首先用于使 N 得利，而是构成一项对共同生活非独立的当前费用。因此，赠与法并不适用。况且即便是赠与，N 的出轨行为也还并非可以认定为严重不当行为或者重大忘恩的充足原因。⑨

① 参看上文第十八节边码 2。
② 例如 BGH NJW 2014，2638。
③ BGH FamRZ 2014，937.
④ BGH NJW-RR 2020，179.
⑤ 参看上文第五节边码 18 中已论述过的案例。
⑥ 《民法典》第 488 条第 1 款。
⑦ 《民法典》第 662 条。
⑧ 参看 BGH NJW-RR 2005，1089。
⑨ 参看 OLG Hamm NJW 1978，224。

3. 《民法典》第 730 条及以下各条所规定的合伙法上的补偿请求权

根据《民法典》第 730 条及以下各条所规定的合伙法上的补偿请求权也属于因契约而 产生的请求权。伴侣双方明确成立（外部）合伙的情况，无论是作为民法上的合伙①或者 是作为公开商事合伙②，在这一点上都是很确定的。因此，如果合伙在伴侣双方分开时应 当进行共同财产分配，那么就适用《民法典》第 730 条及以下各条。不过，如果伴侣双方 虽然对外并不以合伙的形式出现，但是在内部关系中追求一个《民法典》第 705 条意义上 的共同目的并因此形成了一个所谓的**内部合伙（Innengesellschaft）**，那么也相应适用上述 规定。这样的话，在内部合伙由于伴侣双方的分开而导致解散的情况下，也同样可能存在 补偿请求权。在这方面基本上适用和婚姻配偶情况下相同的原则并且也几乎适用相同的审 查模板。③

> **未婚伴侣之间内部合伙解散之后依据《民法典》第 730 条及以下各条的补偿请求权**
>
> 1. 《民法典》第 705 条所规定的明确或者可推断的合伙契约之订立
> 2. 共同创造价值（例如涉及企业或者不动产）作为所追求的合伙目的
> 3. 伴侣双方的贡献明显超出实现生活共同体的范围
> 4. 伴侣双方大致平等的地位
> 5. 因为终局性的分开而导致合伙的结束
>
> **法律后果**：根据《民法典》第 730 条及以下各条的共同财产分配请求权；《民法 典》第 734 条、第 722 条第 1 款所规定的在有疑义时对合伙财产进行对半分。

A. 合伙存在的前提条件

首先的前提条件就是一个**明确（ausdrücklicher）**或者至少是**推断（schlüssi）**已成立的 合伙契约。④ 一个以此为目标的**法律约束意思（Rechtsbindungswille）**必须要得到确定；纯 粹事实上的意思一致是不够的。⑤ 这方面的证据可以从共同工作的计划、范围以及持续时 间中得出。非婚生活共同体本身或者是为共同生活融资还不足以构成一个合伙目的。所追 求的**目的（Zweck）**必须是明显超出实现生活共同体的范围，因而有可能涉及比如创建一 所企业⑥或者是建造一座房屋。就此而言，伴侣双方必须有创造一项**共同价值（gemeinsa- men Wert）**的意图，而且按照他们的构想——无论物权法上的法律状况如何——这项价值 也应当属于他们共同所有。⑦ 在房屋或者住房的情况下，这也有可能涉及配偶双方所居住 的不动产；但是在这种情况下，对认定一个默示约定的合伙时就要有更高的要求了，因为

---

① GbR, Gesellschaft bürgerlichen Rechts.
② OHG, OffeneHandelsgesellschaft.
③ 参看上文第十八节边码 4 及以下各边码。
④ BGHZ 165，1；183，242；OLG BrandenburgFamRZ 2015，1308.
⑤ BGH NJW 2008，3277.
⑥ BGH FamRZ 2006，607.
⑦ BGH NJW 2013，2187；NJW-RR 2005，1089.

和简单的实现生活共同体的界限在此是不易分清的。[①]

例子：

11
● 女方以单独所有的形式取得了一座房屋并且为了融资而接受了一项贷款。女方伴侣共享权利或者共负义务已经有意识地被停止了，因为存在着一份对其不利的个人信用记录登记（Schufa-Eintragung）。伴侣是一名经过学习培训的木工，在他的全面协助之下他们对房子进行了装修。另外，他还参与到了对分期贷款的偿还之中。在本案中联邦最高法院[②]否定了存在一个合伙关系，因为没有特别的证据能够表明存在一个旨在合伙的**法律约束意思（Rechtsbindungswillen）**。男方对女方有关房子形式——物权上的单独权利也已经有意识地接受了。

● 男方为女方清偿了以之后共同居住的不动产融资为目的而接受的 50 000 欧元信用贷款。仅仅是这一点还是不足以能够认定存在《民法典》第 705 意义上的独立目的。[③]

12
对于一个合伙而言其特点就在于，**伴侣双方的基本贡献（beiderseitig wesentliche Beiträge）**都已经被给付了，或者是以金钱的形式，或者是以劳务给付的形式。另外，对于认定一个合伙关系所必需的是，伴侣双方将自己看作是"**具有同样权利的**"（**gleichberechtigt**）或者在级别上大致是处于同一等级的。[④] 所以，伴侣一方依赖伴侣另一方并按其指示所进行的劳务给付是不够的。[⑤] 而另一方面，资金上的给付在与伴侣的贡献相比，也不应当明显较少。

例子：

● 女方以自己的资金获得了一块土地并且作为单独所有权人被登记在了土地登记簿上。之后在土地上又借助男方的资金以及他作为建筑师所作的规划给付而建起了一座房屋。就物权法而言，虽然在此只有女方才是所有权人[⑥]，但是鉴于双方所作出的重大贡献，在内部关系上可以被称为共同创造价值并因此可以说存在一个合伙。

● 虽然企业是以男方的名义在运作，但是女方通过巨大的资金及个人投入为企业的创建作出了贡献。在这一类情形之下也应当肯定存在一个合伙关系。[⑦]

● 伴侣一方将共同居住之房屋一半的共同所有份额转让给了伴侣另一方。在分开的情况下在此则不存在合伙法所规定的回复请求权，因为缺少共同创造价值。之前所转让的仅仅是当时现存的价值。

考试提示：依据联邦最高法院的判决进行审查的前提条件在个案中并非总是能清楚地互相区分开来。所以，在鉴定报告中，上述审查模板所提到的几个点也可以一起总结一下或者在可能的情况下还可以以其他顺序进行审查。

13
在"共同"银行账户（**Bankkonten**）的情况下虽然不涉及合伙，而是涉及一个依据

---

① BGH NJW 2008, 3277.

② BGH NJW 2013, 2187.

③ BGH NJW 1997, 3371.

④ OLG Brandenburg FamRZ 2015, 1308.

⑤ 例如在伴侣的诊所中常年从事门诊助理员工作。

⑥ 参看《民法典》第 946 条。

⑦ 参看 BGHZ 84, 388.

《民法典》第741条及以下各条的简单**按份共同体（Bruchteilsgemeinschaft）**，但是在判断仅以伴侣一方名义持有的账户在内部关系上是否应当由伴侣双方共享这一点上，则适用相应的标准。① 如果这一账户用于追求一个共同目的，那么就存在按份权利（Bruchteils-berechtigung）。②

B. 合伙解散时的补偿请求权

如果在伴侣双方之间成立了一个内部合伙，但在**分开（Trennung）**的时候又解散了，*14*那么"退出"的伴侣一方就享有补偿请求权。共同财产分配请求权的数额，则应当在依据个案所进行的参与份额计算（Beteiligungsberechnung）的基础上相应适用《民法典》第730条及以下各条来确定。对此具有决定性意义的是，所涉及资产的哪些**增值（Wert-steigerung）**是通过伴侣的贡献给付所获得的并且哪些份额要相应地分配给这一伴侣。这在可能的情况下应当由法院进行评估。如果参与份额计算无法产生清楚的结果，那么作为替代性方案则应当按照《民法典》第722条第1款的对半分原则进行。另外，作为法律后果还要考虑物的返还或者归还。③

> **考试提示**：如果合伙法所规定的一项请求权得到了认定，那么根据《民法典》第812条第1款第1句或者第313条对因无因管理所产生的其他请求权之审查就取消了。

三、因无因管理以及连带债务人补偿所产生的请求权

1. 无因管理

A. 现有生活共同体存续期间的支付

如果伴侣的债务得到清偿，那么就考虑因委托④或者无因管理⑤所产生的请求权。但*15*是在现有生活共同体存续期间一项有约束力的委托通常会被否认。⑥ 正是出于这个原因自然可能考虑到因无因管理所产生的请求权。

例子：妮娜（Nina，N）和帕特里克（Patrick，P）未婚共同居住。N以融资租赁的方式租了一辆汽车。分期融资租赁费则由P来支付，因为N已经失业好几个月了。在伴侣双方分开之后P还继续支付了6个月的分期融资租赁费，因为在那之后N才又找到了工作。

> **《民法典》第677条、第683条第1句、第670条所规定的在有权无因管理情况下的费用赔偿请求权**
>
> 1. 《民法典》第677条所规定的管理他人事务
> 2. 管理他人事务之意思

---

① 参看 OLG Schleswig FamRZ 2016，993。
② 《民法典》第742条。
③ 《民法典》第732条。
④ 《民法典》第662条。
⑤ 《民法典》第677条及以下各条。
⑥ 参看上文本节边码6。

> 3. 没有委托或者其他权利
>
> 4. 有权利承担对事务的管理
>
> a）《民法典》第 677 条所规定的符合本人利益并且依据本人意思进行管理
>
> b）《民法典》第 679 条选项 1 所规定的履行符合公共利益
>
> c）《民法典》第 679 条选项 2 所规定的履行法定扶养义务
>
> d）《民法典》第 684 条第 2 句所规定的经由管理人追认
>
> 5.《民法典》第 685 条所规定的没有赠与意图
>
> 6.《民法典》第 670 条所规定的费用限定在必要的框架内

16　　　清偿伴侣的债务（**Schulden des Partners**），但这一债务同时并不构成伴侣双方的连带债务，那么原则上则可以被称为管理他人事务。当债务来源于伴侣另一方自己的生活领域，也就是可以被归入其工作、业余时间当中，并且和共同生活完全没有关系时，这一点尤其适用。然后可以推定存在**管理他人事务之意思**（**Fremdgeschäftsführungswille**）了。然而，只要非婚生活共同体存在，就应当注意**《民法典》第 685 条**（**§ 685 BGB**）[①]，据此伴侣在进行管理**之时**（**im Zeitpunkt**）若没有事后请求赔偿之意图，那么该伴侣也就没有请求权。这一点大多数情况下会出现在稳定的生活共同体中，以至于请求权通常会由于《民法典》第 685 条而失败。当然，在特别巨大的支付情况下，仍然还是要审查《民法典》第 313 条的请求权。[②]

　　　B. 生活共同体结束后的支付

17　　　如果伴侣的债务是在**分开之后才**（**erst nach der Trennung**）得到清偿的，那么情况通常就会有所不同。在这一阶段进行支付的伴侣一方的目的不再是实现生活共同体，同时也作为自己（**auch-eigenes**）事务，以至于管理他人事务以及管理他人事务之意思通常都是毫无疑问的。此时也无法再假定存在《民法典》第 685 条意义上的赠与意图了。因此，只要之前没有明确作出过其他不同的约定，那么就应当肯定《民法典》第 683 条第 1 句、第 670 条所规定的费用赔偿请求权。[③] 所以，在上述的例子中[④]，P 只能够向 N 请求赔偿在分开之后所支付的分期融资租赁费。

2.《民法典》第 426 条所规定的因连带债务人补偿所产生的请求权

18　　　**例子**[⑤]：未婚伴侣妮娜（Nina，N）和帕特里克（Patrick，P）共同租了一套住房。然而他们却没有定期支付租金，主要是因为 N 失去了她的工作。拖欠的租金很快就累积到高达 2 000 欧元了，不过这笔欠款最终由 P 转账给了房东。当 P 和 N 互相分开的时候，拖欠的租金又已经达到了 1 500 欧元。但是几周之后 P 还是支付了这笔金额以及在伴侣分开和通知终止期限日之间这段时间还另外产生的 1 000 欧元租金。现在 P 请求 N 赔偿所有由他所给付之支付的一半。

---

① 赠与意图。

② 参看下文本节边码 21 及以下各边码。

③ BGH FamRZ 1981，530.

④ 参看上文本节边码 15。

⑤ 根据 BGH NJW 2010，868。

在此同样要在生活共同体存续期间的支付和分开之后的支付之间作一个区分。对于**分开之后的支付**（**Zahlungen nach Trennung**），通说肯定了《民法典》第 426 条第 1 款和第 2 款的补偿请求权①；因为随着生活共同体的破裂，就不存在任何理由为前伴侣承担债务了。因此，在这个例子中 P 有权获得分开之后仍应支付之租金一半的赔偿。在共同接受借贷的情况下，对于分开之后所提供的清偿给付和利息给付也将相应适用这一规则。但是，只要这一借贷仅仅是用于伴侣另一方自身之目的，那么在内部关系上就存在免责请求权（Anspruch auf Freistellung）② 或者是《民法典》第 426 条第 1 款第 1 句所规定的完全追偿请求权。

然而，如果支付的是**分开之前**（**vor der Trennung**），也就是生活共同体存续期间所形成的共同债务，情况就有所不同了。就此而言之后的补偿义务通常就被排除了，因为"只有在没有作出其他规定"时，《民法典》第 426 条第 1 款第 1 句的对半分原则才适用。但是在非婚生活共同体存续期间，通常会被认为已经默示约定，有经济能力的伴侣那一方将会承担支付。此外，对于一切共同体日常所需的当前费用——就像租金一样——适用的却是**不补偿原则**（**Grundsatz der Nichtausgleichung**）。③ 就此而言，从非婚生活共同体的法律关系性质中产生了一条推翻《民法典》第 426 条第 1 款第 1 句中对半分原则的其他规定。④

在上述例子⑤中，很有可能 P 暂时独自赚钱，而 P 和 N 事实上（默示）的做法则是，P 承担了包括租金在内的当前花费。所以从这些情形中得出了《民法典》第 426 条第 1 款第 1 句意义上的一条其他规定。因此，对于在共同生活期间所涉及的租金支付，P 之后不能根据《民法典》第 426 条第 1 款请求补偿。P 是在分开前还是分开后对这笔租金进行了转账，对此则将是无关紧要的。⑥

有关**连带债务人补偿**（**Gesamtschuldnerausgleich**）的问题尤其会出现在与不动产相关的方面。

> **案例⑦**：米娅（Mia，M）和妮娜（Nina，N）处于未婚关系当中。她们居住在属于她们共同所有的一座房屋当中。她们作为连带债务人而负责的不动产贷款，则由她们共同的账户来支付。在一次争吵之后，M 搬出了房屋。之后 N 仍在这座房屋当中居住了一年时间，并且在这段时间当中独自负担了高达 30 000 欧元的贷款支付以及贷款利息。之后这座房屋就被出租了出去。现在 N 起诉 M 要求其支付 15 000 欧元，因为 M 必须要负担上述花费的一半。M 很惊讶并认为 N 不能提任何要求，毕竟 N 已经单独使用了房屋来作为回报了。
>
> 在本案中，M 和 N 作为《民法典》第 421 条意义上的连带债务人（**Gesamtschuldner iSv § 421 BGB**）而为不动产贷款负责。在内部关系上，连带债务人根据《民法典》第 426 条第 1 款第 1 句的基本规则以平等的份额负担义务。在分开后的这段时间内并没

19

20

---

① BGH NJW 2010，868；OLG Bremen NJW 2016，1248.

② 《民法典》第 257 条。

③ 参看上文本节边码 2。

④ 例如 BGH NJW-RR 2018，1217。

⑤ 参看上文本节边码 18。

⑥ BGH NJW 2010，444.

⑦ 根据 BGH NJW-RR 2018，1217。

有作出过具有优先适用性的其他约定。无法被假定的是，在分开后还愿意承担承担前任伴侣的债务。① 因此，N 有权获得一半的补偿请求权。

M 有可能能够以《民法典》第 745 条第 2 款所规定的使用赔偿请求权（Nutzungser-satzanspruch aus § 745 Abs. 2 BGB）进行抵销。作为共同所有权人，M 和 N 构成了一个按份共同体。② 根据《民法典》第 745 条第 2 款的规定，按份共同关系人——尤其是在情形发生变更的情况下——可以请求一个（新的）管理及适用约定。比如可以约定，其中一名按份共同关系人现在可以单独使用住房，并且必须为此支付费用。这样的一个使用约定将会是一项相应支付请求权的必要前提条件，但在本案中却没有作出过。而由一名按份共同关系人在事实上单独使用，还无法产生③另一人的赔偿请求权。如果另一名按份共同关系人不行使《民法典》第 743 条第 2 款所规定的共同使用权限，则是其自己的决定。因此，M 实际上并不拥有可以借以进行抵销的相对立之请求权。

但是，如果 N 还拥有一半的补偿请求权，而同时却否定 M 可以溯及既往地请求使用费用，那么在上述的情形种将会是不公平的。因此，联邦最高法院④作出裁判认为，《民法典》第 242 条所规定的补偿请求权，在这一类情况下根据诚实信用原则⑤应当从一开始就缩减至使用价值的一半。这样一来，就完全不再需要进行抵销了。如果一半的补偿请求权和一半的使用价值是相等的，那么 M 因此就不再负担任何债务了。

四、因行为基础障碍所产生的请求权（《民法典》第 313 条）

1. 适用于婚姻配偶之原则的转适用

21　在**婚姻配偶法**（Ehegattenrecht）中，当配偶一方对另一方进行了重大的给予，但是在离婚的情况下由于分别财产制而导致法定补偿请求权无法起作用时，就适用行为基础障碍或者丧失的规范。⑥ 联邦最高法院已经将这些原则广泛地转适用于非婚生活共同体的情况。⑦ 可以参考上文第十八节边码 13 的审查模板。

2. 构成要件中的前提条件以及法律后果

A. 重大的给予

22　按照为婚姻配偶所发展出的原则，伴侣一方对另一方必须已经进行过**较大数量的给予**（**Zuwendung größeren Ausmaßes**）。⑧ 在此不应当仅仅涉及共同生活扶养的当前费用。因此，这意味着只有那些超出他们直接目的之外，明显也应当用于长期保障生活共同体的给付才

① 参看上文本节边码 18，对此已作过论述。
② 参看《民法典》第 741 条及以下各条。
③ BGH NJW-RR 2018，1217.
④ BGH 同上。
⑤ 《民法典》第 242 条。
⑥ 参看上文第十八节边码 14 及以下各边码。
⑦ NJW 2008，3277；2014，2638；2013，2187.
⑧ 劳务给付、投资、财产转让等。

包括在内。只有在这种情况下才可以称为是一种单独类型的给予契约或者说**合作契约**（**Kooperationsvertrag**）。

"只要基于共同体的加利行为是以生活共同体将存续下去的构想或者期望作为基础，那么就要考虑这样一个（《民法典》第 313 条所规定的）请求权。但是，回复（**Rückabwicklung**）却并不导致在关系破裂时对全部的给予都要进行补偿。**需要排除的**（**auszuscheiden**），首先是在**日常共同生活**（**täglichen Zusammenlebens**）框架内即使没有期待非婚生活共同体会持续存在下去也进行过的给付。同样需要判断的是，没有对当前花费作出贡献，而是进行较大数额一次性支付的伴侣之给付。在这方面，这一伴侣不能比满足了日常所需费用或者承担了其他必需费用的那一伴侣，处于更加有利的地位。"①

例子：伴侣一方在建立关系的时候，为了关系的更加稳固而偿还了伴侣另一方高达 50 000 欧元的债务。其中不仅仅存在着满足当前需要的金额，也包括一笔重大的给予，以至于可以认为这是一个默示的给予契约或者合作契约。②

B. 生活共同体继续存在作为行为基础

生活共同体的存续以及与此相联系的继续参与分享每个基于共同体的给予利益，必须根据情形而被看作给予或者说合作契约的**行为基础**（**Geschäftsgrundlage**）。③ 因此，当分开导致了每个利益（例如参与享有收益、共同使用权等）都提前丧失时，行为基础就消失了。另外具有重大意义的恰恰还有因**伴侣一方死亡**（**Tod eines Partners**）而导致生活共同体解除的情况。

例子：

● 当伴侣一方将属于自己所有、由两人共同居住之房子的一半共同所有份额转让给另一方时，实施这件事的目的就是期待，伴侣双方继续长久地共同居住在这一房子里并因此很明显是用于确保生活共同体。如果之后（提前）分开或者生活共同体因为**给付领受人的死亡**（**Tod des Leistungsempfängers**）而解除了，那么这一给予的行为基础就消失了。因此，针对继承人而存在一项《民法典》第 313 条第 1 款所规定的请求权。④

● 相反，**如果给付人死亡了**（**Stirbt hingegen der Leistende**），那么通常就不认为这是行为基础的丧失。⑤ 因为只有这一伴侣自己个人参与分享或者使用被给付才能被当作是其行为基础。如果这一使用直到他自己死亡时都存在着，那么就满足了作为基础的期待并且行为基础也未受到阻碍。另外，给予也有可能是以保障另一方伴侣为目的。给予人之继承人的请求权就因此而被排除了。对于在伴侣一方认识到自己立即就要去世时所为的给付，这一点就更加适用了；在这种情况下，不存在对共同体继续存在的信赖。⑥

● 如果较大的给予（也）是为了在给付人很快就会死亡的情况下用于**保障**（**Absicherung**）伴侣另一方，那么这一点丝毫不改变原则上将生活共同体的继续存在看作是行

23

24

---

① BGH NJW 2013，2187.

② 参看 OLG Karlsruhe FamRZ1994，377。

③ 例如 OLG Brandenburg FamRZ 2015，346。

④ 参看 BGH FamRZ 2021，964。

⑤ BGH NJW 2010，998.

⑥ BGH FamRZ 2008，247.

为基础①，以至于在生前分开的情况下可能存在《民法典》第313条第1款、第3款连同适用第346款所得出的补偿请求权了。

C. 不可合理期待性

25　　按照《民法典》第313条第1款的规定，只有当坚持已经进行过的财产移转财产对于给付人而言在结果上是**不可合理期待的**（unzumutbar）之时，才存在补偿请求权。这一点应当基于个案来进行审查。

　　"只有当维持这一通过给付所建立的财产关系根据诚实信用原则对于给付者而言是不可合理期待的时候，修正性的干涉原则上才是正当的。在这方面，回溯到适用于生活在财产分别所有这一婚姻财产制中的婚姻配偶之间给予补偿的**不公平性标准**（Maßstab der Unbilligkeit），应当才是恰当的。同时，不公平性这一标准意味着，只能考虑对那些根据其各自关系具有重大意义的给付进行补偿。具有决定性意义的则是**对个案中的情形予以通盘权衡**（Gesamtabwägung der Umstände des Einzelfalls）。"②

　　尤其是生活共同体的持续时间、伴侣双方的年龄、已提供之给付的类型和数量，由此而形成的并且目前尚存的财产增加之数额以及收入条件和财产条件③都应该纳入考虑范围之中。

　　例子：

　　● 当作为回报，伴侣一方可以常年**无须租金地居住**（mietfrei wohnen）在这座房屋里时，那么就可合理期待该伴侣虽然对房子进行了重大投资却得不到相应补偿。这也相应适用于参与对不动产贷款的利息支付或者也包括对贷款本身金额的偿还，只要这些支付根据其数量级别只是反映了居住费用（租金）。④

　　● 另外，对或多或少是强加给伴侣另一方的非必需（奢侈品）投资没有获得补偿，也将会是可合理期待的。

　　● 如果伴侣一方为另一方的房子提供了重大的劳务给付并且在分开时这一给付已经为伴侣另一方带来了显著且当时尚存的**财产增长**（Vermögenszuwachs），那么情况就会有所不同。⑤

D. 法律后果

26　　如果坚持财产移转在个案中显得不可合理期待，那么作为法律后果就从《民法典》第313条第3款第1句中得出给付人的**解除权**（Rücktrittsrecht）。⑥ 只要伴侣另一方还处于得利之中，那么就由此产生了返还给付请求权⑦或者是价值赔偿⑧请求权。相关细节则可以参考适用于婚姻配偶之间的原则。⑨

---

① BGH NJW 2014, 2638.
② BGH NJW 2013, 2187; 2014, 2638; OLG Brandenburg NZFam 2016, 336.
③ 就像在婚姻配偶的情况中一样，参看上文第十八节边码16。
④ BGH NJW 2013, 2187.
⑤ BGH NJW 2008, 3277; 2013, 2187.
⑥ BGH NJW 2014, 2638.
⑦《民法典》第346条第1款。
⑧《民法典》第346条第2款第1句第2项。
⑨ 参看上文第十八节边码17。

五、由不当得利法所产生的请求权

1. 概况

《民法典》第 812 条第 1 款包含了四个不同的请求权基础。《民法典》第 812 条第 1 款　*27*
第 1 句选项 1 所规定的给付不当得利（**Leistungskondiktion，§ 812 Abs. 1 S. 1 Alt. 1 BGB**）
请求权，在非婚生活共同体的伴侣双方之间大多数情况下都被排除了，因为如果当前费用
是为了实现生活共同体而被提供的，那么就已经不存在有意识并且以增加他人财产为目的
这一意义上的给付了。但是在数额较大的个别给予的情况下，比如转让房屋所有权一半，
《民法典》第 812 条第 1 款第 1 句选项 1 也不合适，因为这一类给予是为了生活共同体而
进行的并且在其中就存在着其法律原因。也就是说这里并不涉及无法律原因的给付。而且
也是由于《**民法典》第 814 条**（**§ 814 BGB**）阻碍了返还请求，因为伴侣双方从一开始就
知道，他们不负担任何义务。[①]

> **考试提示：** 考试的时候在这一类情况下，通常就不需要讨论《民法典》第 812 条第
> 1 款第 1 句，而只需讨论《民法典》第 812 条第 1 款第 2 句选项 2。

2. 由《民法典》第 812 条第 1 款第 2 句选项 2 所产生的请求权（给付目的不达不当得利[②]）

同时在判决中得到承认的是，除了《民法典》第 313 条之外，《民法典》第 812 条第 1　*28*
款第 2 句选项 2 也可以是非婚伴侣分开时补偿请求权的合适基础。[③] 在考试中，这两个请
求权基础通常处于审查的中心位置。

《民法典》第 313 条和《民法典》第 812 条第 1 款第 2 句选项 2 之间的关系是有争议
的。联邦最高法院负责家事法的第十二审判委员会似乎认为，在婚姻配偶或者未婚者的财
产补偿情况下存在着请求权竞合。[④] 少数观点想要在未婚者缺少契约关系的情况下只适用
《民法典》第 812 条第 1 款第 2 句选项 2 所规定的法定请求权。[⑤] 与之相反，通说则将《民
法典》第 812 条第 1 款第 2 句选项 2 相对于《民法典》第 313 条而归为辅助性地位。

A. 《民法典》第 812 条第 1 款第 2 句选项 2 中构成要件的前提条件

一个将会被涵摄归入《民法典》第 812 条第 1 款第 2 句选项 2 之下的经典情况所涉及　*29*
的就是，在以后会被给付领受人指定为继承人这一常年而明显的期待之中所进行的给付或
者投资。[⑥] 因此，这里的给付就超出了其直接目的而追求一个对其不存在可诉请求权的其
他目的。

[①] BGH FamRZ 2009，849.

[②] condictio ob rem.

[③] 基础性判决为 BGH NJW 2008，3277；2008，3282。

[④] BGH NJW 2008，3277.

[⑤] *Scherpe* JZ 2014，659；*Sorge* JZ 2011，660.

[⑥] 例如 BGHNJW 2013，2025。

> **《民法典》第 812 条第 1 款第 2 句选项 2 的请求权**
>
> 1. 获得某些东西
> 2. 通过给付
> 3. 给付的目的在于特定结果（作为或者不作为）
> ——对其不存在请求权（例如指定继承人、结婚、订立契约）
> ——这超出了原本的履行效果（例如生活共同体持续存在下去以及继续参与分享给付物品）
> 4. 在伴侣之间存在（默示的）目的约定
> 5. 作为目的的结果没有出现
> 6. 不存在依据《民法典》第 815 条的排除
> **法律后果**：《民法典》第 818 条第 1 款、第 2 款所规定的返还所获得的或者进行价值赔偿

在非婚生活共同体的情况下，涉及的是伴侣一方**数额较大的给予**（**größere Zuwendungen**），而且这一给予的进行在于很确定地期待，生活共同体仍然会持续多年时间，而且这些给予应当用于**长期保障生活共同体**（**Lebensgemeinschaft langfristig abzusichern**）。[①] 当这一目的因为共同体早于期待被解除，例如也可以由于给予领受人死亡，而没有得到满足时，可能就要考虑《民法典》第 812 条第 1 款第 2 句选项 2 所规定的请求权了。

30　　对此需要谨慎审查的是作为构成要件要素的伴侣之间的**目的约定**（**Zweckvereinbarung**）。对此的前提条件在于，与给付领受人就这一作为目的的结果取得了具体的**意思一致**（**Willensübereinstimmung**）；单方面的构想和希望是不够的。[②] 但是，当这一方作出其给付的目的在于一个特定的结果并且另一方对此也**认识到**（**erkennt**）了以及没有反对接受这一给付时，一个在这一意义上的默示的意思一致也足够了。[③] 不过在这方面需要进一步的事实确定以及**谨慎的审查**（**sorgfältige Prüfung**）。说明责任和举证责任则由提出请求权的一方承担。[④] 如果缺少可以表明意思一致的事实证据，在有疑义时就应当否定这一请求权。

联邦最高法院[⑤]："只有在非婚生活共同体或者其他旨在长久持续下去的伴侣关系内部，一个以不能强制之结果作为目标的给付的必要最终指向，才会确定这种明显超出共同体每天所必需之给予或者工作给付……毋宁说所要求的是一个具体目的协议，就像比如当伴侣双方虽然不想要创造共同的财产价值，但是一方以能够长期参与分享所获得物品的期望而增加了另一方的财产时，这样的一个协议仍然能够存在。"[⑥]

例子：

● 对伴侣房子的重大投资，有可能是以明显并且是由她所默示接受的下列期待进行

---

① 例如转让某一不动产上的共同所有份额。
② BGH FamRZ 2009, 849；OLG Brandenburg FamRZ 2015, 1308.
③ BGH NJW 2010, 998.
④ BGH FamRZ 2009, 849.
⑤ BGH NJW 2008, 3277.
⑥ 在 BGH NJW 2010, 998；NJW 2013, 2187 这两个判决中这一观点得到了确认。

的，即给付人将会因此而被赋予终身居住权。

● 与此相反，怀着对先前所进行的劳务给付等的感恩之心而进行的给予，其目的就不再是之后的结果，所以《民法典》第812条第1款第2句选项2就不适用了。[1]

● 在联邦最高法院的这个判决[2]中，伴侣双方共同取得了一块**建房用地**（**Hausgrundstück**）。之后男方也将自己的共同所有份额转让给了女方，因此而使她成为单独所有权人，但是同时又采取多重措施保障自己：他被赋予了终身的使用权，对女方作出处分禁止之限制并且她负有在生活共同体破裂的情况下返还转让份额的义务。不过也明确规定了，这一附条件的返还请求权不应当被继承。在男方**死亡**（**Tod**）之后，他先前婚姻所生的子女主张返还请求权或者补偿请求权。联邦最高法院以所有可以想到的法律原因否定了这种请求权。在《民法典》第812条第1款第2句选项2这方面，男方想要保障自己终身使用该不动产虽然可以被称为是一种目的约定，然而这一目的也同样达到了，以至于不能被称为目的落空。而除此之外的其他目的则并不明显。

B. 根据《民法典》第815条排除请求权

如果要在个案中肯定《民法典》第812条第1款第2句选项2的前提条件，那么还需要审查的是，请求权是否依据**《民法典》第815条**（**§815 BGB**）而例外地被排除了。在此要考虑的变形是，给付人违背诚实信用原则而阻止结果的出现，因为他自己以特别不忠诚的方式导致伴侣双方的分开。但是这种情况很少见。仅仅是分开本身还不构成不忠诚。[3]   31

C. 法律后果

《民法典》第818条第1款所规定的请求权是要求**返还**（**Herausgabe**）所获得的，例如   32
要求返还转让的不动产。如果出现返还不能（比如在劳务给付的情况下），那么按照《民法典》第818条第2款的规定，就应当给付**价值赔偿**（**Wertersatz**）。只要在领受人处出现领受财产减少，请求权就发生相应的减少[4]，除非领受人按照《民法典》第818条第4款、第819条、第820条要为财产减少加重负责。在关于《民法典》第820条第1款第1句方面，非婚生活共同体的存续，并不构成《民法典》第820条第1款意义上其发生是不确定的这样一种有意追求的结果。从领受人的角度来看，分开将只是一个遥远的可能性；这不足以构成《民法典》第820条第1款第1句意义上的不确定性。[5]

> **考试提示**：现在对非婚生活共同体结束后财产补偿请求权的审查，与对在离婚情况下采用分别财产制的婚姻配偶之间补偿请求权的审查几乎没有什么不同。[6]

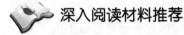 **深入阅读材料推荐**

深入学习：*Grziwotz*，Die nichteheliche Lebensgemeinschaft，Auseinandersetzung

---

① BGH NJW 2008，443.

② BGH NJW 2010，998.

③ OLG Karlsruhe NJW 1994，948.

④ 《民法典》第818条第3款。

⑤ BGH NJW 2008，3277.

⑥ 参看上文第十八节。

bei der Trennung und erbrechtliche Besonderheiten，MDR 2018，907；*Moes*，Der Vermögensausgleich bei aufgelöster Lebensgemeinschaft，FamRZ 2016，757；*Scherpe*，Vermögensrechtliche Abwicklung beendeter nichtehelicher Lebensgemeinschaften，JZ 2014，659；*Schulz*，Ausgleich gegenseitiger Leistungen bei Scheitern der nichtehelichen Lebensgemeinschaft，FPR 2010，373；*M. Schwab*，Die Vermögensauseinandersetzung in nichtehelichen Lebensgemeinschaften，FamRZ 2010，1701；*Stein*，Zuwendungen in der nichtehelichen Lebensgemeinschaft，NZFam 2014，303；*Wellenhofer*，Die Vermögensauseinandersetzung nichtehelicher Lebensgemeinschaften bei Trennung der Partner，NZFam 2021，381.

案例与考试：*Benner* Fall 9；*Benz*，Geschenkt ist geschenkt?，Jura 2020，851；*v. Koppenfels-Spies/Gerds*，Referendarexamensklausur：Nichteheliche Lebensgemeinschaft und Ehevertrag，JuS 2009，726；*Jobst*，Bis dass der Tod uns auseinandersetzt，JA 2014，659；*Roth* Fall 12.

第二十九节　复　习

一、自测题

1. 伴侣（Lebensgefährten）和《民法典》意义上的"生活伴侣"（Lebenspartner）之间有什么区别？

2. 登记的生活伴侣如何能够成为法律意义上的婚姻配偶？

3. 非婚生活共同体中家居物品在有疑义的时候是否应当被认定为属于伴侣双方共同所有？

4.《民法典》第 1362 条第 1 款的所有权推定是否可类推适用于非婚生活共同体？

5. 当非婚生活共同体的伴侣双方共同承租了一套住房时，伴侣的内部关系根据哪些条文规范进行判断？

6. 非婚伴侣是否是法定继承人？

7. 当非婚生活共同体中的伴侣双方互相分开的时候，要求返还较大数额给付最重要的请求权基础是哪些？

8. 当生活共同体因死亡结束的时候，非婚伴侣之间给予的行为基础是否就消失了？

9. 在非婚生活共同体的情况下，给予补偿是否基本适用和分别财产制婚姻中一样的原则？

10. 赠与与无名给予的区别是什么？

11. 在哪些前提条件下在非婚生活共同体的伴侣双方之间应当认定存在一个内部合伙？

自测题的答案在本书书末。

二、考试案例 2（最后的投资）

案件事实

离异的莫里茨（Moritz, M）和单身的海雷娜（Helene, H）于 2008 年相识并且相爱了。很快他们就搬到一起居住。但是他们却没有结婚。一年之后 M 决定独自创业，并且开了一家美食店。H 以不同数额的资金为店铺装潢融资作出了贡献。另外 H 多年以来还在个别的工作日作为店里的女收银员来支持 M。因此美食店经营得非常好。M 和 H 之间的关系也发展得很幸福。然而 2018 年的时候幸福却黯淡下来了。M 突然被查出罹患重病并且将不久于人世。此外，H 的父亲去世了。H 以这样的方式继承了一块上面建有一座老房子的土地。2019 年年初 H 和当时需要人照料的 M 搬进了这座老房子。这样，他们两人都还能更多地享受美丽花园里的景色并且为了给 H 留点美好的事物，M 用他财产中的 20 000 欧元投资加建了一座宽敞的露台。

2020 年 2 月 M 去世了。M 唯一的继承人是他前一次婚姻所生的儿子西格弗里德（Siegfried, S）。作为唯一继承人，S 现在针对 H 主张"M 因为对露台的投资而拥有的高达 20 000 欧元的返还请求权"。S 认为，M 仅仅是将钱"借给了"H。到最后已经很清楚了，他马上就要死了，所以他无论如何都将无法再长久地享受这个露台了。与之相反的是，H 将 M 的投资也看作是对她在其经营中各种支持给付的补偿。另外，她还在 M 离世前最后一段时间里在家照料他以及组织了对美食店的出售。因此，M 感到对 H 在资金上有所亏欠。作为对所有这些的感谢，他将这一露台"赠与"给了她。

现在 S 找到了女律师丽塔·拉迪克斯（Rita Radix），请求她审查，由于 M 在 H 土地上所投资的 20 000 欧元，他享有哪些支付请求权。现在，H 的这块建房用地因为这笔投资至少比之前增值了 15 000 欧元。请完成这位女律师的鉴定报告！

答案

S 作为 M 的继承人，可能因为《民法典》第 1922 条所规定的概括继受而针对 H 享有 M 在死亡时已经享有的针对 H 的所有补偿请求权。所以接下来应当审查，之前存在哪些 M 针对 H 的请求权，而现在能够由 S 来主张。

一、增益补偿请求权（《民法典》第 1371 条第 2 款、第 1378 条第 1 款）或者因订婚产生的请求权（《民法典》第 1298 条、第 1301 条）（不成立）

M 和 H 并没有结过婚或者订过婚。按照整个通说，由于缺少违反计划的规范漏洞，因而排除了上述条文类推适用于非婚生活共同体的伴侣。直到目前为止立法机构都有意识地放弃了相应的规范。另外，即使成立，将享有增益补偿请求权的也只是未亡伴侣，而非死者的继承人。

二、《民法典》第 488 条第 1 款第 2 句所规定的借贷返还支付请求权（不成立）

对此在 H 和 M 之间必须已经成立了一个借贷契约。涉及露台方面，M 没有向 H 移转过资金。他仅仅是在她土地上投入了资金。所以借贷已经可以因为这个原因而被否定了。然而，最重要的是，无论明确的还是可推断的返还支付约定都看不到。没有任何证据可以表明双方相应的法律约束意思。鉴于 M 面临着死亡以及 M 看到对于 H 有亏欠这一情形，毋宁说应该认定，M 并没有期待要偿还他的费用。所以不存在《民法典》第 488 条第 1 款第 2 句所规定的请求权。

三、《民法典》第 516 条第 1 款、第 530 条第 2 款、第 531 条、第 812 条及以下各条第 2 句所规定的返还支付 20 000 欧元请求权（不成立）

1. 存在一个赠与契约（不成立）

这一请求权的前提条件在于，在投资这一露台时涉及的是《民法典》第 516 条第 1 款意义上 M 对 H 的一项赠与。

依据《民法典》第 516 条第 1 款的规定，一项赠与是一种给予，而通过这一给予某人从自己的财产中使另一人得利，在此事上双方就给予的无偿进行达成了意思一致。在本案中双方并未就无偿性作出过明确的意思一致。但是，无偿性是能够可推断地被约定的。不过当存在所谓的无名给予时，无偿性就要被否定了。无名给予指的是为了伴侣关系以及作为实现和安排，维持和保障生活共同体的贡献而对伴侣另一方进行的、具有财产价值的给付。这一类给予并非真的无偿，而是在生活共同体的框架内处于一种相互关系之中，因为也期待另一方具有相同目的设定的贡献。因此，与《民法典》第 516 条第 1 款意义上的赠与相反，无名给予不应当被看作是无偿的。[①]

在本案中值得注意的是，H 已经为 M 所开美食店的店铺装潢的融资作出了贡献。除此之外，多年以来，H 还在店中作为女收银员来支持 M。M 想要对此表示感谢并且另外想要为了能够与 H 共同享受他生命最后的时日而对此作出贡献。就此而言，他也确实是在支持生活共同体。因此这一投资与 H 先前所进行的给付处于一种广义上的交换关系之中并因此就并非是无偿进行的了。所以应当否定《民法典》第 516 条第 1 款意义上的赠与。

2. 撤回原因（不成立）

另外，也缺少《民法典》第 530 条第 1 款意义上的撤回原因，因为受赠的 H 并没有有过错地作出过严重不当行为。此外，H 也没有杀害 M，所以对 S 而言也无法从《民法典》第 530 条第 2 款中得出撤回原因。

3. 中间结论

从赠与法中所产生的请求权同样不存在。

四、《民法典》第 601 条第 2 款第 1 句、第 680 条第 1 句、第 670 条所规定的因使用借用物而产生的费用或者使用赔偿请求权（不成立）

如果 M 因为共同居住在 H 的房子里而至少部分地使用、借用了这一房子，那么按照《民法典》第 601 条第 2 款第 1 句的规定，M 对露台的投资就有可能构成一件借用之物的费用。

---

① 参看 BGH NJW 2014，2638。

但是已经有疑问的是，在 H 和 M 之间事实上是否订立了《民法典》第 598 条所规定的借用契约（Leihvertrag）。因为缺少明确的约定而在必要时是可以考虑可推断的借用契约。然而，需要注意的是，在非婚生活共同体伴侣之间通常并不是在一个法律基础上提供当前的互相给付。所以对于认定一个契约而言需要特别的事实证据，借以表明，伴侣双方确实想要以不同的方式对待所涉及的给付或者更确切地说想要将其作为真实的法律行为来进行对待。[①] 然而在本案中却不存在迹象可以表明，伴侣双方想要约定一个具有（可诉的）权利和义务的借用契约。所以这一请求权也不存在。

五、《民法典》第 730 条及以下各条所规定的因内部合伙结束而产生的共同财产分配请求权（不成立）

得到普遍承认的是，在婚姻配偶或者未婚伴侣分开时，在一个（内部）合伙解散的情况下能够根据《民法典》第 730 条及以下各条产生补偿请求权。[②]

对此，H 和 M 必须已经明确或者可推断地依据《民法典》第 705 条订立了一个合伙契约。然而，有疑问的是，从哪里可以看出 M 和 H 所共同追求的合伙目的。按照整个通说，非婚生活或者共同的家庭经营还不构成合伙目的。在涉及美食生意的经营上面可以考虑伴侣双方的合伙。不过按照案件事实的描述，M 和 H 在这方面并未将他们自己看作是平等的伴侣。H 所给付的仅仅是次要的贡献。即使不考虑这一点，这一经营在 M 生前就已经关闭并且清算了。也就是说能够被看作是合伙目的的充其量只有在加建露台这件事上。这一目的至少还是超出了实现生活共同体的范围的。

但是，合伙也以双方都具有较大重要性的贡献为前提条件。这样一种贡献在 H 那一方是无法辨识出来的。而伴侣另一方对属于伴侣一方所有的房子进行投资这一情形，对于认定一个合伙而言通常还是不够的。在这样的情况下也缺乏主观必要条件，即所获得的物品按照伴侣双方的构想应当属于他们双方共同所有。在此对于 M 而言很清楚的是，他对 H 的房子或者土地进行投资了。就此而言就不能被称为"共同创造价值的意图"了，就像联邦最高法院在认定合伙时通常会将其作为前提条件那样。[③] 因此也看不到证据可以表明订立了一个合伙契约。

所以应当否定在 M 和 H 之间存在一个（内部）合伙。因合伙法而产生的请求权就被排除了。

六、《民法典》第 683 条第 1 句，第 670 条或者第 684 条第 1 句，第 812 条第 1 款所规定的因无因管理所产生的费用赔偿请求权（不成立）

1. 管理他人事务（成立或者不成立）

对一处不动产进行投资是《民法典》第 677 条意义上的一项事务。当这项事务发生在他人利益范围或者权利范围内，就属于他人事务。[④] 露台和花园位于 H 的土地上这一点就

---

① 参看 BGH NJW 2008，2333。

② 例如 BGH NJW 2011，2880。

③ BGH NJW-RR 2003，1658.

④ Erman/*Dornis* BGB § 677 Rn. 5.

能说明 M 进行这一事务的他人性。由于《民法典》第 946 条的规定，露台的所有权也属于 H。虽然 M 也想要追求自己的目的；但是这一点并没有使这项事务成为一项（只是）M 自己的事务。不过，认定同时是他人（auch-fremden）事务这一点对于适用无因管理的条文规范而言已经足够了。

2. 管理他人事务之意思（不成立）

在同时是他人事务的情况虽然在有疑义时能够推定管理他人事务之意思。[1] 不过只有当从案件事实中无法得出其他情况的时候，这一推定才适用。然而这里却能看出，M 是自愿并且带着感谢来对 H 做这些事的。而他自己也还想作出一些美好的事物。所以缺少一个管理他人事务之意思。

3. 无赠与意图（不成立）

即使想要对最后这一点作不同的判断，因无因管理所产生的赔偿请求权在此也与《民法典》第 685 条第 1 款（的思想）相冲突。也就是说根据情形，应当认定 M 没有请求 H 进行赔偿的意图。

4. 中间结论

M 因无因管理而产生的针对 H 的请求权被排除了。

七、《民法典》第 996 条第 1 款所规定的使用赔偿请求权（不成立）

对此必须事先已经存在一个所有人—占有人关系了。然而 M 直到去世都拥有一项以 H 事实上的许可为依据的占有权[2]这一点，就使这一关系不成立了。

八、《民法典》第 313 条第 1 款、第 3 款，第 346 条所规定的由于行为基础丧失而产生的补偿请求权（不成立）

1.《民法典》第 313 条的可适用性（成立）

在本案中《民法典》第 313 条是可适用的。因为其中看不到具有优先适用效力的契约上的请求权。

2. 行为基础（成立）

M 以投资露台的形式对 H 进行了较大数额的给予，使得这一给予明显已经超出了为了维持生活共同体所需要的当前费用。因此可以说在伴侣双方之间存在一个默示的给予契约或者合作契约。

有疑问的是，给予约定是依据哪个行为基础所达成的。一个行为基础的形成通常是因为并非出现在真正契约内容中，但在契约订立时已经出现的当事人双方的共同设想，或者对另一方来说很明显且他自己也没有加以反对的契约一方当事人有关某些特定情形现在存在或者将来会出现的设想，而且当事人双方的行为意思是建立在这些设想之上。[3]

本案中 M 的设想或者期待可以作为给予的基础，而用给予来安排的生活共同体并没有因为提前的分开而结束。与此相关而有可能已经形成的期待则是，自己尽可能长久地参

---

[1]　参看比如 BGH NJW 2007，63，64。

[2]　《民法典》第 986 条。

[3]　例如 BGH NJW 2001，1204；NJW-RR 2006，1037。

与分享自己所投资的成果。

3. 因为生活共同体解除而导致的行为基础丧失（不成立）

不过有疑义的是，上述的行为基础是否因为 M 的死亡而消失。在此需要注意的是，生活共同体不是因为提前分开，而是因为死亡才结束的。而这一点正好符合 M 的期待。他正好是在对自己死亡的预期中进行的这一给予并且没有处于对非婚生活共同体长久持续下去的信赖当中。他自己也还是尽可能长久地，也就是直到他去世，享受这一给予所产生的使用。所以也就谈不上因为 M 的死亡而导致行为基础的丧失了。

4. 中间结论

由于行为基础丧失而产生的针对 H 的补偿请求权同样不予以考虑。

九、《民法典》第 812 条第 1 款第 1 句选项 1、第 818 条第 2 款所规定的价值补偿请求权（非债清偿不当得利①）（不成立）

即使不论从哪里可以看到在此有可能出现的 M 进行给付的法律原因这一问题，给付型不当得利无论如何因为《民法典》第 814 条而不成立；因为 M 知道，他不负有给付义务。

十、《民法典》第 812 条第 1 款第 2 句选项 1、第 818 条第 2 款所规定的价值补偿请求权（原因嗣后丧失不当得利②）（不成立）

《民法典》第 812 条第 1 款第 2 句选项 1 所规定的请求权的前提条件在于，给付的法律原因之后丧失了。如果非婚生活共同体被看作是法律原因，那么非婚生活共同体的结束只是使法律原因面向未来（ex nunc）消失了，其结果就是，在过去所进行的给予还是具有法律原因的。③ 但是也可以赞成的是，非婚生活共同体总归不构成法律原因，而仅仅只能是一项给付的动机。这样生活共同体的结束也就不构成一项法律原因的丧失了。所以应当否定因《民法典》第 812 条第 1 款第 2 句选项 1 所规定的请求权。

十一、《民法典》第 812 条第 1 款第 2 句选项 2、第 818 条第 2 款所规定的价值补偿请求权（给付目的不达不当得利④）（不成立）

1. 获得某些东西（成立）

H 获得了对新建露台的所有权和占有。

2. 通过 M 的给付（成立）

这些是通过 M 的给付而发生的，而 M 也是想为此目的而增加 H 的财产。

3. 在伴侣之间存在目的约定（成立）

其他的前提条件将是，H 和 M 至少默示地对一个与给付相联系的其他目的达成了意思一致。就此而言不可或缺的是，伴侣双方对以给付为目的的结果达成事实上的意思一

---

① condictio indebiti.

② condictio obcausamfinitam.

③ *Benner* Rn. 456.

④ condictio ob rem.

致，而这一结果之后并未出现。单方面的期待是不够的。本案中投资建造露台的首要目已经达成了。对于目的不达不当得利来说具有决定性意义的其他目的约定就在于，M 还想要在那里与 H 一起共享他生命中的最后时日。然而，本案中无法假定 H 和 M 在期待生活共同体长期存续这一意义上达成了更进一步的目的约定。相反，一方面可以说，M 借由给予另外所要达成的目的在于对 H 表示感谢并且承认之前由 H 所提供的给付。[①] 另一方面，鉴于 M 面临着死亡，从他的角度来看，总归不会再考虑更加长久的生活共同体。

4. 作为目的的结果没有出现（不成立）

直到 M 生命尽头还能够与 H 一起共同共享受露台这一（默示）约定的目的，在本案中已经实现了。所以无法称之为作为目的的结果没有出现了。

5. 中间结论

《民法典》第 812 条第 1 款第 2 句选项 2、第 818 条第 2 款所规定的价值补偿请求权不存在。

十二、《民法典》第 951 条第 1 款、《民法典》第 812 条第 1 款第 1 句选项 2、第 818 条第 2 款所规定的价值补偿请求权（不成立）

M 针对 H，《民法典》第 951 条第 1 款，《民法典》第 812 条第 1 款第 1 句选项 2，第 818 条第 2 款所规定的价值补偿请求权，同样也没有满足。也就是说在本案中因非给付不当得利所产生的请求权必须被排除，因为 M 确实对 H 进行了给付（给付不当得利的优先适用性）。

十三、结论

S 针对 H 没有请求权。

---

① 参看相似的案例 BGH NJW 2008，443。

第七章 ◀
亲子关系法

第三十节　亲子关系法基础

一、概况

亲子关系法位于《民法典》第四编第二章"血亲关系"的标题之下。重点是父母与其 *1*
（未成年）子女之间（血亲）关系的法律设置。在这方面，父母的责任主要体现在父母照
顾并且与子女交往的权利和义务以及所负担的抚养给付义务上。

属于亲子关系法的有下列**规范领域（Regelungsbereiche）**：
- ●《民法典》第 1591 条及以下各条所规定的出身
- ●《民法典》第 1601 条及以下各条所规定的抚养法
- ●《民法典》第 1615a 条及以下各条所规定的非婚亲子关系
- ●《民法典》第 1616 条及以下各条所规定的姓名法
- ●《民法典》第 1626 条及以下各条所规定的父母照顾和交往权
- ●《民法典》第 1741 条及以下各条所规定的收养

考试提示：子女抚养法，子女姓名法以及收养在第一次国家考试中几乎不重要。但
是属于必修科目的通常是出身法基本原理以及父母照顾。

现行亲子关系法的主要特点在于原则上**婚生子女和非婚生子女的地位平等（Gleich-** *2*
stellung von ehelichen und nichtehelichen Kindern）。与之相反的是，1998 年之前《民法典》
还区分适用于婚生子女的条文规范和适用于非婚生子女的条文规范。因此，当时在所有规
范领域——从父亲身份撤销到子女抚养直到照顾权——都存在实质性差别。然而，这并不
符合《基本法》第 6 条第 5 款所规定的宪法委托（Verfassungsauftrag），按照此规定应当
为婚生子女和"非婚生"子女尽可能地创造相同的发展条件。

　　如今，"非婚生子女"这一概念已经不再出现在《民法典》中了。少数几条还剩余的有关"子女及其未婚父母"的特别规定①，却主要涉及未婚母亲针对父亲的扶养请求权。② 在其他方面，对婚生子女和非婚生子女适用**相同的法律原则**（**die Gleichen Rechtsgrundsätze**）。但是在适用的细节上并非总是毫无差别；比如在父亲身份③或者获得照顾权④上便是如此。

　　与非婚生子女法律地位的改善相应的是，在过去的几年中**"非婚父亲"**（**nichtehelichen Vaters**）的法律地位也明显被加强了。以《基本法》第 6 条第 2 款所规定的保障父母权为出发点，也为未与子女母亲结婚的父亲创造了共同照顾权的可能性。⑤ 甚至当他并非法律意义上的父亲时，他也享有交往权。⑥ 此外，他作为生父还能拥有父亲身份撤销权。⑦

二、父母子女关系总论

1. 概况

3　　父母子女关系（Eltern-Kind-Verhältnis）产生多种法律效力。需要强调的尤其是以下这些：
- 《民法典》第 1626 条及以下各条所规定的父母进行父母照顾的权利和义务⑧
- 《民法典》第 1601 条及以下各条所规定的相互扶养义务⑨
- 《民法典》第 1684 条所规定的交往的权利和义务⑩
- 《民法典》第 1618a 条所规定的负有帮助和注意义务⑪
- 《民法典》第 1619 条所规定的子女的劳务给付义务⑫
- 《民法典》第 1664 条所规定的在内部关系中有利于父母的责任减轻⑬

2. 帮助和注意

4　　依据《民法典》第 1618a 条的规定，父母与子女之间互相负有帮助和注意义务。就此而言涉及是真正的**法律义务**（**Rechtspflichten**）。⑭ 但是，要从《民法典》第 1618a 条中推导出具体的给付请求权却很困难。不过得到普遍承认的是，可以依据《民法典》第 1618a 条得出子女针对父母一方的告知自身基因出身的请求权，例如要求披露父亲或者母亲的姓

---

① 《民法典》第 1615a 条及以下各条。
② 参看上文第二十三节边码 47 及以下各边码。
③ 《民法典》第 1592 条。
④ 《民法典》第 1626a 条第 1 款。
⑤ 《民法典》第 1626a 条及以下各条；参看下文第三十二节边码 14 及下一边码。
⑥ 《民法典》第 1685 条第 2 款，第 1686a 条；参看下文第三十四节边码 16 及以下各边码。
⑦ 《民法典》第 1600 条第 1 款第 2 项；参看下文第三十一节边码 31 及以下各边码。
⑧ 参看下文第三十三节。
⑨ 参看下文第三十五节。
⑩ 参看下文第三十四节。
⑪ 参看下文本节边码 4。
⑫ 参看下文本节边码 5。
⑬ 参看下文第三十三节边码 22。
⑭ *Schwab* FamR GdR Rn. 747.

名。① 依据《民法典》第 1618a 条的规定，子女也必须要注意父母的财产利益，这一点在扶养法中可能就具有重要意义了。② 在其他方面，《民法典》第 1618a 条能够用来确定一般条款③的内容。尤其是在判决的框架内有关家庭成员作保证而违背善良风俗方面，可借助《民法典》第 1618a 条进行论证。

例子：父亲法伊特（Veit，V）由于他的企业出了状况而急需要一笔新贷款。根据银行的建议，V 劝说他正在艺术史专业第四学期学习而没什么钱的儿子斯特凡（Stefan，S）去承担对贷款金额的**保证（Bürgschaft）**。由于对 V 情感上的联系，S 很难能够推脱 V 的催促。然而当 V 催促他的儿子接受这项危险的保证时，他就没有对 S 的利益尽到必要的注意并且所做的行为违背了《民法典》第 1618a 条的要求。如果银行作为贷款人为了自己的利益而利用了这一点，那么保证表示可以被看作违背了善良风俗并因此而被认为是无效的。④

3. 子女的劳务给付义务

按照《民法典》第 1619 条的规定，如果子女仍归属于父母的**家庭（Hausstand）**并且受到父母的教育或者抚养，那么只要与其能力以及生活地位相符，子女就负有在父母的家庭事务以及业务中给付劳务的义务。父母的这一请求权可能最多针对成年子女才具有意义；但是对相应给付名义的强制执行，由于类推适用《家事与非诉事务程序法》第 120 条第 3 款而不予以考虑。当第三人导致子女受伤或者死亡并因此而（暂时）使其丧失劳动力时，《民法典》第 1619 条所规定的法定劳务给付义务在**侵权法（Deliktsrecht）**中就可能具有重要意义了。⑤

三、子女的姓名

1. 名字

子女的名字由有权利对其进行人身照顾之人来确定，通常是父母。父母原则上可以自由选择名字；只有出现**损害子女最佳利益（Beeinträchtigung des Kindeswohls）**的威胁时，才存在限制。⑥ 因为按照《民法典》第 1627 条的规定，进行父母照顾的目的就是子女最佳利益。

例如，不允许许子女因为名字而遭受**耻笑（Lächerlichkeit）**。因此"普鲁士"（Borussia）*，"香车叶草"（Waldmeister）**，或者"勋爵"（Lord）⑦ 这些都不能被选择作为子

5

6

---

* AG KasselStAZ 1997，240. Borussia 为普鲁士的拉丁语称呼，象征形象为一名妇女。——译者注
** OLG BremenBeckRS 2014，14116. Waldmeister 字面意思为"森林主人"，中文译名也叫"香猪殃殃"。——译者注
① 详情参看下文第三十一节边码 60。
② OLG Brandenburg FamRZ 2016，1462.
③ 《民法典》第 138 条，第 242 条，第 1611 条。
④ 详情参看 BGH NJW 1994，1341；1997，52.
⑤ 参看《民法典》第 845 条。
⑥ BVerfGE 104，373（385）；BVerfG FamRZ 2005，2049.
⑦ OLG ZweibrückenFamRZ 1993，1242.

女的名字。另外名字还必须符合子女的性别。[1]"基兰"（Kiran）可以被当作一个女孩子的名字来使用，而不必选择一个可以明显被识别出性别的其他名字。[2]有些名字（例如"卢卡"（Luca）或者"基姆"（Kim））既可以考虑让女孩子使用，也可以考虑让男孩子使用。"玛利亚"（Maria）这个名字则具有一个特别的地位，因为这一名字也能够作为一个附加的男性名字（zusätzlicher männlicher Vorname）而被使用。如果父母在名字的选择上无法达成意思一致，那么可以根据《民法典》第 1628 条向法院起诉。

2. 姓氏

7　　如果子女的父母在其出生时有一个**共同的婚姻姓氏**（gemeinsamen Ehenamen）[3]，那么根据《民法典》第 1616 条的规定子女也取得这一姓氏。按照《民法典》第 1617 条第 1 款第 1 句的规定，如果父母因为没有确定婚姻姓氏或者没有结婚，因而**没有婚姻姓氏**（keinen Ehenamen），但是他们有**共同照顾**（Sorge gemeinsam）的权利，那么他们在进行人身照顾时，应通过向户籍登记处进行表示来确定子女的姓氏。父亲或者母亲在进行姓氏确定时所使用的姓氏可以被选作子女的姓氏。由父亲和母亲的姓氏所共同组成的**复姓**（Doppelname）则不予以考虑。[4]根据《民法典》第 1617 条第 1 款第 3 句的规定，所作出的姓氏确定也有约束力地适用于其他共同子女。

　　如果**只有父母一方有权利进行人身照顾**（nur ein Elternteil personensorgeberechtigt），那么按照《民法典》第 1617a 条第 1 款的规定，只要有照顾权利的父母一方没有根据《民法典》第 1617a 条第 2 款赋予子女父母另一方的姓氏，那么子女就获得这一有照顾权利的父母一方在子女出生时所使用的姓氏来作为出生姓氏。

3. 姓氏变更

A.《民法典》第 1617b 条，第 1617c 条的情况

8　　父母的姓氏变更可能会对子女的姓氏产生影响。对此作为原则适用的是，之前所获得的姓氏得以保留。然而，当配偶双方在子女出生之后**事后选择了一个共同婚姻姓氏**（nachträglich einen gemeinsamen Ehenamen）时，就产生了一个例外。[5]如果所选择的婚姻姓氏与子女的姓氏不一致，那么按照《民法典》第 1617c 条第 1 款的规定，在子女小于 5 岁的情况下其姓氏也自动变更为这一婚姻姓氏。在子女年纪更大的情况下，只有当他们对这一姓氏确定表示赞同时，才适用这一规则。

　　例子：弗赖塔格（Freytag，F）女士和蒙太格（Montag，M）先生已婚。他们 16 岁的儿子保罗（Paul，P）使用的是弗赖塔格这一姓氏。值此他们结婚二十周年纪念日之际，夫妇俩决定使用蒙太格作为婚姻姓氏。因此现在弗赖塔格女士就叫蒙太格女士了。这一姓氏变更不适用于保罗，除非他自己对此表示赞同。根据《民法典》第 1617c 条第 1 款第 2

---

[1] OLG Frankfurt a. M. StAZ 1998，146.

[2] BVerfG FamRZ 2009，294.

[3] 《民法典》第 1355 条第 1 款第 1 句；参看上文第七节边码 2。

[4] OLG München FamRZ 2014，1551；有关合宪性参看 BVerfG FamRZ 2002，306；有关不行使确定权时的程序参看《民法典》第 1617 条第 2 款。

[5] 《民法典》第 1355 条第 3 款第 2 句。

句的规定，保罗只有在征得父母的同意下才能自己作出这一表示。

当已经成为子女出生姓氏的婚姻姓氏发生变更或者在《民法典》第1617条、第1617a条以及1617b条的情况下当已经成为子女出生姓氏的父母一方姓氏以不同于通过结婚的其他方式而发生变更时（例如通过父母一方被收养），依据《民法典》第1617c条第2款也相应适用上述规定。

照顾权的变更（**Änderungen des Sorgerechts**）原则上不影响子女的姓氏。但是如果在子女已经根据《民法典》第1617a条获得了一个出生姓氏之后，共同照顾才成立，那么按照《民法典》第1617b条第1款第1句（**§ 1617b Abs. 1 S. 1 BGB**）的规定，父母可以再3个月之内重新确定子女的姓氏。如果父母放弃重新确定子女的姓氏，那么这一已经形成的有关子女继续使用之前姓氏的意思决定，也对其他被确定了共同照顾的子女有约束效力。[①]

按照《民法典》第1617b条第2款的规定，当子女的出生姓氏之前是丈夫的姓氏时，在有效的**父亲身份撤销（Anfechtung der Vaterschaft）**的情况下，母亲的姓氏可以依据子女的申请或者在子女5岁及以下时也可以依据丈夫的申请而成为子女的出生姓氏。

B. 姓氏赋予

如果有照顾权利的父母一方在离婚之后重新结婚了并且这一方父母因此而采用了新的姓氏，那么（照管子女的）父母一方的姓氏就与子女的姓氏不再一致。这一情况能够根据《民法典》第1618条的规定以所谓姓氏赋予（Einbenennung）的方式而得到改变。

当父母另一方同样拥有照顾权或者子女使用其姓氏时，按照《民法典》第1618条第3句的规定，姓氏赋予需要**父母另一方的同意（Einwilligung des anderen Elternteils）**。如果为了子女最佳利益而有必要，那么按照《民法典》第1618条第4句的规定，家事法庭就可以代替同意。[②] 姓氏赋予可以导致姓氏替换或者也可以导致一个**复姓（Doppelnamen）**的产生，因为按照《民法典》第1618条第2句的规定，进行姓氏赋予的配偶的婚姻姓氏，也可以作为附带姓氏（Begleitname）而被放置于先前所使用的子女姓氏之前或者添补到其后。通过姓氏赋予，子女的姓氏原则上就恒定地被改变了。

根据《民法典》第1618条对子女进行姓氏赋予的前提条件

1. 未成年的未婚子女

2. 其新的婚姻姓氏应当被赋予给子女的父母一方单独或者与父母另一方共同拥有照顾权

3. 子女被进行姓氏赋予的父母一方及其新配偶被接纳到共同的家中

4. 父母另一方的同意，只要

——存在共同的照顾或者

——《民法典》第1618条第3句所规定的子女使用其姓氏

按照《民法典》第1618条第4句的规定，作为替代方案可以由法院来代替同意

5. 按照《民法典》第1618条第3句的规定，如果子女已经年满5岁，还需子女的同意

---

① BGH NJW 2020，470.

② 对此参看 OLG Frankfurt a. M. FamRZ 2020，591。

> 6. 按照《民法典》第 1618 条第 5 句的规定，向户籍登记处作出表示并且所有的表示需进行公证

四、亲子关系法程序上的提示

11　　　在程序法上，对亲子关系事务、出身事务、收养事务以及扶养事务①进行了区分。有关**亲子关系事务（Kindschaftssachen）**的程序在《家事与非诉事务程序法》第 151 条及以下各条中予以规定。亲子关系事务尤其包括涉及父母照顾、交往权以及监护关系和保佐关系的程序。② 按照《家事与非诉事务程序法》第 155 条第 1 款的规定，涉及子女的居留、交往权或者子女送还的亲子关系事务以及因危害子女最佳利益③而进行的程序具有优先适用效力并且**应尽快进行（beschleunigt durchzuführen）**。

12　　　按照《家事与非诉事务程序法》第 158 条第 1 款（§ 158 Abs. 1 FamFG）的规定，只要在程序中对维护涉及子女人身的子女利益是有必要的，法院就必须为未成年子女指定一名**程序援助人（Verfahrensbeistand）**。《家事与非诉事务程序法》第 158 条第 1 款第 1 句规定，程序援助人必须确定子女的利益并且在法院程序中主张这些利益。程序援助人是一种"子女的律师"。但是这一职务是不需要特别职业培训的。原则上任何人都可以被指定为程序援助人。④

　　　按照《家事与非诉事务程序法》第 159 条第 1 款第 1 句的规定，超过 14 岁的子女在亲子关系事务中通常要**亲自被听取意见（persönlich anzuhören）**，而《家事与非诉事务程序法》第 159 条第 2 款规定，当子女的兴趣、关系或者意愿对于裁判很重要或者由于其他原因而需要亲自被听取意见时，年龄更小的子女也要亲自被听取意见。大多数情况下这些前提条件都会被肯定。《家事与非诉事务程序法》第 160 条、第 162 规定，父母以及青少年管理局在涉及子女人身的程序中也应当亲自被听取意见。

五、附录：法律中的重要年龄段概况

13　**出生前**　　《民法典》第 1923 条第 2 款：胎儿的继承权

　　　　　　　《民法典》第 823 条第 1 款：侵权法上对胎儿的保护

　　　　　　　《刑法典》第 218 条：对未出生生命免受杀害的保护

　出生时　　《民法典》第 1 条：权利能力

　　　　　　　《民事诉讼法》第 50 条：当事人能力

　5 岁　　　《民法典》第 1617 条第 2 款第 2 句，第 1618 条第 3 句，第 1757 条第 2 款第 2 句：姓氏变更中的同意

---

① 《家事与非诉事务程序法》第 111 条第 2 项、第 3 项、第 4 项、第 8 项。

② 参看《家事与非诉事务程序法》第 151 条第 1 项、第 2 项、第 4 项、第 5 项。

③ 《民法典》第 1666 条、第 1667 条。

④ 有关改革方面的思考参看 Menne NZFam 2020，1033。

7 岁	《民法典》第 106 条：限制行为能力
	《民法典》第 828 条第 3 款：限制侵权行为能力
10 岁	《民法典》第 828 条第 2 款：道路交通中的限制侵权行为能力
14 岁	《子女宗教教育法（RelKErzG）》第 5 条：自己选择宗教信仰
	《民法典》第 1617c 条：有关姓氏变更的决定
	《民法典》第 1746 条第 2 款：收养中的同意
	《民法典》第 1762 条第 1 款：废止收养申请权
	《民法典》第 1887 条第 2 款：免除监护申请权
	《家事与非诉事务程序法》第 60 条，第 159 条第 1 款：程序中的被听取意见权和上诉权
16 岁	《民法典》第 2229 条第 1 款，第 2247 条第 4 款：遗嘱能力
18 岁	《民法典》第 2 条：成年（完全行为能力；完全侵权行为能力；达到适婚年龄）
	《民事诉讼法》第 51 条：诉讼能力
21 岁	《民法典》第 1743 条：提前有效的收养能力
25 岁	《失踪法（VerschG）》第 3 条第 2 款：允许死亡宣告的最早年龄
	《民法典》第 1743 条：通常的收养能力

 深入阅读材料推荐

Campbell，Bestimmung des Kindesnamens，NJW-Spezial 2020，132；*Dutta*，Reform des Namensrechts?，ZRP 2017，47；*Köhler*，Jugendliche ab 14 Jahren in Kindschaftssachen，ZKJ 2018，50；*Lack*，Verfahren in Kindschaftssachen während der Corona-Krise，NJW 2020，1255；*Osthold*，Antrags- und Amtsverfahren in Kindschaftssachen nach dem FamFG，FamRZ 2017，1643；*Schwab*，Personenname und Recht，StAZ 2015，354；*Stößer*，Das neue Verfahren in Kindschaftssachen，FamRZ 2009，656.

第三十一节　出身法

一、血亲关系和姻亲关系

1. 血亲关系的概念

《民法典》第 1598 条第 1 句规定，一人为另一人后代的，则他们互为直系血亲（例如曾祖母——祖母——父亲——女儿——外孙）。这些直系卑亲属被称为晚辈直系血亲（Abkömmlinge）。《民法典》第 1598 条第 2 句规定，不互为直系血亲，但为同一第三人后代的人，则互为**旁系（Seitenlinie）**血亲。

例子：

● 兄弟姐妹不互为直系血亲，但因为其中任何两人都是作为同一第三人的父母的后代，因此互为旁系血亲。

● 叔叔（舅舅）和侄女（外甥女）不互为直系血亲，但毫无疑问是旁系血亲，因为两人都是同时为侄女的祖父母，即叔叔的父母之后代。

2　　按照《民法典》第 1598 条第 3 句的规定，**亲等**（**Grad der Verwandtschaft**）按照**使**血**亲关系形成的出生**（vermittelnden Geburten）**之数量**（**Zahl**）来确定。为了确定亲等，应从需要确定其亲等的人出发，按着出身系（Abstammungslinien）计算出为了建立与他人的血亲关系纽带而必需的出生数。

例子：

● 兄弟姐妹的亲等：以兄弟姐妹 1（这不计算在内）为出发点，父母一方的出生以及兄弟姐妹 2 的出生是必要的。因此计算为两个出生数。所以兄弟姐妹互为二亲等血亲。

● 叔叔（舅舅）和侄子（外甥）的亲等：应当计算在内的是侄子父母一方的出生，祖父母一方的出生以及叔叔的出生：三个出生数或者说是三亲等血亲。

● 对于堂（表）兄弟姐妹而言还要多算一个出生数，因此是四亲等血亲。

3　　血亲关系的概念具有多种**重要意义**（**Bedeutung**）。在《民法典》中，血亲关系的重要意义体现在例如《民法典》第 1307 条所规定的婚姻禁止，《民法典》第 1601 条所规定的法定扶养义务中，或者《民法典》第 1924 条及以下各条所规定的血亲的法定继承权，以及《民法典》第 2303 条所规定的晚辈直系血亲和父母的特留份权中。在刑事诉讼法中，按照《刑事诉讼法》第 52 条第 1 款第 3 项的规定，血亲关系产生了拒绝作证的权利，并且按照《刑事诉讼法》第 61 条的规定，血亲关系还产生了拒绝宣誓的权利。

2. 姻亲关系

4　　配偶一方的血亲与配偶另一方互为姻亲。按照《民法典》第 1590 条第 1 款的规定，姻亲关系的系和亲等，要按照使姻亲关系形成的血亲关系的系和亲等来确定。

例子：

● 岳母和女婿互为一亲等的直系姻亲，因为妻子是其母亲（＝丈夫的岳母）直系一亲等的后代。

● 丈夫和其妻子的兄弟，也就是和他的舅子为二亲等的旁系姻亲。

二、母亲身份

1. 概览

5　　过去只是简单地适用"母亲始终确定"（*mater semper certa est*）这一非成文原则，而自从 1998 年亲子关系法改革以来在《**民法典**》**第 1591 条**（**§ 1591 BGB**）中对这一原则进行了下列的明确规定，即子女之母亲是生下该子女之女子。在缺少其他条文规范的情况下，这一点只能完全且不可变更地适用。不存在母亲身份承认或者母亲身份撤销。

然而，借助现代生殖医学早就已经有可能实现在一个女子体内移植他人的卵细胞或者是他人的胚胎。在此的移植接受者，可以是有生育愿望的母亲（Wunschmutter）自己或者也可以是一名为有生育愿望的父母生育子女的代孕母亲。因此，在个案中生育母亲和基因母亲可能是相分离的。不过这种医学措施依据《胚胎保护法》① 第 1 条第 1 款（§ 1 Abs. 1 EmbryonenschutzG）的规定在德国是被禁止的。② 因此，立法机构之前也认为没有必要通过法律来澄清与此相关的出身法上的后果问题。

那些只能借助卵细胞捐献或者是代孕母亲才能实现生育子女愿望的配偶双方，鉴于德国国内实行的禁止性规定，只能采取去**国外**（**Ausland**）进行相关医疗的办法。这被称为"生殖旅游"（Fortpflanzungstourismus）③。**卵细胞捐献**（**Eizellspende**）在大多数欧洲国家中是被允许的，尤其是在奥地利和西班牙。根据新闻报道，在欧洲每年大约进行 30 万例这样的医疗。如果生育者作为卵细胞接受者同时也是"有生育愿望的母亲"，那么在出身法上几乎不会出现问题。卵细胞接受者依据《民法典》第 1591 条成为法律上的母亲，这将会与其愿望相符。但是除了放弃子女而让他人收养这一可能性之外，母亲身份也随之不可变更地确定下来了。由于欠缺基因上的血亲关系而撤销母亲身份或者"真正"基因上的母亲通过法院而让自己被确定为母亲的可能性，根据德国法律是不存在的。

在国外捐献卵细胞（**Eizellspende im Ausland**）的情况下还应该注意的是，当地经常会以匿名捐献的方式进行。之后在德国出生的子女几乎就没有机会再去探究自己的出身了。由《基本法》第 1 条第 1 款、第 2 条第 2 款所产生的，这些子女知悉自己出身的权利④，最终就因此而被忽视了。出于这一原因，应该考虑让卵细胞捐献在德国合法化这一建议是正确的。⑤

2. 代孕

A. 禁止代孕

代孕母亲通常是指一名为有生育愿望的父母怀上一个并非源自她自身之胚胎的女子。她在子女出生之后依据约定将子女送还给有生育愿望的父母。在德国，代孕是被禁止的。根据《胚胎保护法》第 1 条第 1 款第 1 项、第 2 项、第 6 项、第 7 项的规定，协助代孕的医生将会受到刑事上的处罚。经营"代孕母亲中介"的机构则因违反了《收养介绍法（AdVermiG）》第 13c 条而导致其行为违法。因此，代孕母亲契约依据《民法典》第 138 条第 1 款而被认为是**违反善良风俗**（**sittenwidrig**）的。⑥ 相反，德国外的部分国家代孕是合法的，尤其是在乌克兰、英国⑦、希腊或者美国加利福尼亚州。

如果一对德国配偶决定在国外进行代孕，那么所产生的问题就是，他们随后的父母身份在德国是否也会发生效力。确立父亲身份大多数情况下是毫无问题的，因为有生育愿望的父亲通常可以通过父亲身份承认⑧来取得父亲身份。因为国内和国外的法律在这方面通

6

---

① ESchG.

② 有关改革需要参看 Kersten NVwZ 2018, 1248。

③ 对此参看 *Funcke* NZFam 2016, 207。

④ 参看下文本节边码 54。

⑤ 对此参看 *Schewe* FamRZ 2014，90；*Müller-Terpitz* ZRP 2016，51。

⑥ OLG Hamm NJW 1986，781；LG Freiburg NJW 1987，1486。

⑦ 对此参看 *Scherpe* FamRZ 2010，1513。

⑧ 《民法典》第 1594 条。

常情况下有类似的要求，因此适用哪种实体法也是无关紧要的。而在母亲身份确认方面则要困难得多。

B. 对国外裁判的承认

7　　同时，对于**在国外实施代孕（im Ausland durchgeführten Leihmutterschaft）**后通过**法院裁判（Gerichtsentscheidung）**或者至少通过行政行为而在当地确立父母身份或者母亲身份的这种情况，法律状况已经基本得到了澄清。通过对代孕法定要求是否得到遵守的相关审查，尤其确保了代孕母亲的权利没有受到侵害以及确保她是自愿送还子女的。这样的一个裁判依据**《家事与非诉事务程序法》第 108 条第 1 款（§ 108 Abs. 1 FamFG）**的规定会在我国得到承认。对于在**加利福尼亚州（Kalifornien）**所实施的代孕，联邦最高法院[①]已经作出澄清，即承认并不违反所谓的公共秩序(*ordre public*)。[②] 毋宁说子女最佳利益要求子女要被归属到其（有生育愿望的）父母名下；那么当至少有生育愿望的父母一方——与代孕母亲相反——与子女有基因上的血亲关系时，这一点无论如何都要适用了。与子女最佳利益相比，一般性的预防方面在此也不得不退居其次了。这些原则同样地适用于异性婚姻和同性婚姻。

　　欧洲人权法院认为，法国最高法院(*Cour de cassation*) 那些反对承认国外代孕的相反裁判，违反了**《欧洲人权公约》第 8 条（Art. 8 EMRK）**所规定的子女要求尊重其**私人生活（Privatleben）**的权利。[③] 根据欧洲人权法院的观点，如果有生育愿望的父母任何一方虽然均与子女不存在基因上的血亲关系，但是与子女存在需要保护的事实家庭生活（de facto-Familienleben），那么上述的原则也适用。[④] 但是，在一起被意大利政府归类为非法贩卖儿童并且也缺少基因上血亲关系的案件中，欧洲人权法院就作出了不同的裁判。[⑤]

C. 作为替代方案的通过继子女收养取得父母身份

8　　但是，如果在国外不存在可以被承认的"裁判"，比如因为父母身份仅仅由户籍登记处在当地进行登记，那么仍然基于德国的出身法[⑥]而根据《民法典》第 1591 条来确定代孕母亲的母亲身份。这种情况尤其涉及乌克兰的法律状况。[⑦] 这样，有生育愿望的母亲就只能够通过收养或者继子女收养的方式取得法律上的父母身份了。

　　对此，德国**收养法（Adoptionsrecht）**也仍然为有生育愿望的父母设置了障碍，因为只有当事实上对于子女最佳利益是"有必要"时，《民法典》第 1741 条第 1 款第 2 句才在"违反善良风俗的中介……一名子女"的情况下允许收养。[⑧] 在这方面所存在的争议就是有关代孕母亲的约定是否也在上述范围之内。[⑨] 即使《民法典》第 1741 条第 1 款第 2 句被认为是相关的，但拒绝继子女收养将几乎不符合子女最佳利益这一点也应该是很明显的。

---

① BGH NJW 2015，479；NJW-RR 2018，1473.

② 《家事与非诉事务程序法》第 109 条第 1 款第 4 项。

③ EGMR FamRZ 2014，1349 und 1525.

④ EGMR FamRZ 2015，561.

⑤ EGMR NJW 2017，941，Paradiso u. Campanelli.

⑥ 参看《民法典施行法》第 19 条第 1 款。

⑦ 参看 BGH NJW 2019，1605.

⑧ 对此参看 AG Hamm FamRZ 2011，551。

⑨ 正确地予以否定的有 OLG München NJW-RR 2018，516；OLG Frankfurt NJW 2019，1615；不同观点则参看 LG Düsseldorf BeckRS 2012，19794.

3. 同性婚姻中的母亲身份

依据《民法典》第 1591 条的规定，在同性婚姻中（或者是在登记的生活伴侣关系中） 9 同样只有生育子女的女子是子女的母亲。另一名女子无法依法成为父母另一方。《民法典》第 1592 条第 1 项有关母亲的丈夫依法成为父亲的规则也无法类推适用于母亲的同性配偶。① 这一法律状况在考虑到《基本法》第 6 条第 2 款、第 3 条第 1 款的情况下，一定程度上被认为是违反宪法的。② 无论如何，早就已经到应该进行法律改革的时候了。

迄今为止只有通过**继子女收养**（**Stiefkindadoption**）③ 的方式才能获得合作母亲身份（Mit-Mutterschaft）。* 当配偶一方以配偶另一方的卵细胞怀孕并生育了子女并且一名女子因此成为基因上的母亲，而另一名女子则成为《民法典》第 1591 条意义中法律上的母亲时，这一点也同样适用。④ 根据欧洲人权法院的观点，这一法律状况和《欧洲人权公约》第 14 条连同适用第 8 条相符合。⑤

当同性婚姻或者生活伴侣关系是在**国外**（**Ausland**）缔结的时候，就有一些特殊了。如果在这种情况下，适用的外国法不仅将子女父母的地位分配给法律上的母亲，还分配给了她的妻子或者生活伴侣，那么在这里也并不构成对冲突法上*公共秩序*（*ordre public*）的违反。⑥ 这意味着，一名合作母亲（Mit-Mutter）的父母身份已经从外国法的适用中依法产生了，原则上也能够**在德国得到承认**（**in Deutschland anerkannt**），并且在这类情况下，伴侣就不再需要依据继子女收养来获得母亲身份了。

三、父亲身份的构成要件

1.《民法典》第 1592 条概况

确定父亲身份自然要比确定母亲身份更加困难。如果父亲身份最终难以确定时，法律 10 就必须利用推定进行处理了。父亲身份被规定在《民法典》第 1592 条之中。根据这一规定，应区分为三种情况：

- ●《民法典》第 1592 条第 1 项规定，依据与母亲的婚姻产生的父亲身份
- ●《民法典》第 1592 条第 2 项规定，依据承认产生的父亲身份
- ●《民法典》第 1592 条第 3 项规定，依据法院确定产生的父亲身份

首先需要审查的是，母亲在子女出生的时候是否已经**结婚了**（**verheiratet**）；如果这点 11 得到肯定，那么丈夫依据《民法典》第 1592 条第 1 项的规定而被视为是子女的父亲。如果母亲当时未婚，那么按照《民法典》第 1592 条第 2 项和第 3 项的规定，只有通过一

---

* 在同性婚姻或者同性生活伴侣关系中，怀孕分娩的那一方是子女的生物学意义上的母亲（生母），而她的同性伴侣则被称为合作母亲（Mit-Mutter, co-mother）或者非生母。——译者注

① BGH NJW 2019，153；不同观点 *Kiehnle* Jura 2019，563。

② OLG Celle NZFam 2021，352.

③《民法典》第 1741 条第 2 款第 3 句；《生活伴侣关系法》第 9 条第 7 款。

④ OLG Köln NZFam 2015，936 以及 NJW-RR 2014，1409 有关生活伴侣关系。

⑤ EGMR NJW 2014，2561.

⑥ BGH NZFam 2016，652.

名男子承认父亲身份或者根据向法院提出的相应申请由法院将一名男子确定为父亲，法律意义上的父亲身份才得以确立。承认和法院确定作为公开的备选方案而一并存在。（自愿）承认和法院确定的法律效力是等价的。然而，基因和法律上的父亲身份的一致性只有通过法院确定才能得到保障，因为在法院确定的情况下原则上需要取得一份医学上的出身鉴定。[①]相反，在（花费较少以及较为快捷的）承认的情况下，不对出身关系进行审查。

> **记忆辅助（Merksatz）：**基因上的父亲身份和《民法典》第1592条意义中法律上的父亲身份并非（绝对）一致。

如果怀疑法律上的父亲**并非（nicht）**同时是基因上的父亲或者生父，那么《民法典》第1592条第1项以及第2项意义上的父亲身份就能够通过法院而被撤销。[②]

2. 依据婚姻产生的父亲身份

12　　如果母亲在子女出生的时候已经结婚了，那么根据《民法典》第1592条第1项的规定，依据法律**丈夫就被视为是**子女的**父亲（Ehemann als Vater）**。婚姻之后是否被解除，则是无关紧要的。在父母结婚前子女就出生了的情况下，《民法典》第1592条第1项就不适用了。在这种情况下需要父亲身份承认或者法院确定。随后进行的结婚也并不导致子女变为"合法"（Legitimation）[③]。如果子女在离婚发生既判力之后（很快）就出生了，那么这一子女也同样不再被归属到丈夫名下。对于非婚生活共同体而言则不存在法定的父亲身份推定。在此也必须选择通过《民法典》第1592条第2项或者第3项这样的方式。

在子女出生前母亲的**丈夫如果死亡了（Stirbt der Ehemann）**，那么按照**《民法典》第1593条第1句**（§ 1593 S. 1 BGB）的规定，如果子女是在死亡发生之后的300天内出生的，那么则相应适用《民法典》第1592条第1项。然而，如果母亲在这种情况下重新结婚了并且子女也因此在新的婚姻之中出生，那么按照《民法典》第1593条第3句的规定，子女就被归属到新丈夫名下。

四、父亲身份承认

1. 承认的前提条件

13　　通过自愿、单方、需要形式、无须领受的**意思表示（Willenserklärung）**，一名男子就可以承认父亲身份。即使男子知道他并非生父，承认在此也是同样有效的。不对事实上的出身关系进行审查。为了能够使承认确立《民法典》第1592条第2项意义上的父亲身份，就必须要满足以下这些前提条件：

---

① 参看下文本节边码25。
② 参看下文本节边码27及以下各边码。
③ 之前旧的《民法典》第1719条则作出了与此不同的规定。

父亲身份承认的前提条件
1. 《民法典》第 1596 条第 4 款规定，高度人身性的表示
2. 《民法典》第 1594 条第 3 款规定，不附条件或者期限
3. 有行为能力或者《民法典》第 1596 条所规定的要求
4. 形式：《民法典》第 1597 条第 1 款规定，作成官方证书
5. 《民法典》第 1595 条第 1 款规定，母亲的同意
6. 《民法典》第 1595 条第 2 款规定，可能还需要子女（额外的）同意
7. 《民法典》第 1594 条第 2 款规定，没有其他现存的父亲身份
8. 时间点：最早为怀上子女之后，参看《民法典》第 1594 条第 4 款

A. 承认表示

承认表示必须由承认自己为父亲的男子**亲自（höchstpersönlich）**作出。依据《民法典》第 1596 条第 4 款的规定，通过代理人作出表示被排除了。《民法典》第 1594 条第 3 款规定，表示必须毫无保留地作出，不得附条件或者期限。 **14**

原则上以表示人具有**行为能力（Geschäftsfähigkeit）**为前提条件。《民法典》第 1596 条第 1 款第 2 句规定，限制行为能力人虽然可以自己作出承认，但是还另外需要其法定代理人的同意。按照《民法典》第 1596 条第 1 款第 3 句的规定，经法院同意，无行为能力人的法定代理人为其作出承认。这一点也同样适用于（有行为能力的）被照管人（Betreute），只要之前指令的同意保留①也包括父亲身份问题在内。

B. 形式

《民法典》第 1597 条第 1 款规定，父亲身份承认需要**作成**官方**证书（Beurkundung）**。主管的机构有公证处、户籍登记处②以及青少年管理局。③ 另外，《家事与非诉事务程序法》第 180 条规定，在亲子关系程序中表示可以在法院书记处进行笔录时作出，但是在离婚程序中不可以。④ 按照《民法典》第 125 条的规定，不遵守形式的表示无效。 **15**

C. 《民法典》第 1595 条第 1 款所规定的母亲的同意

为了使之生效，承认在任何情况下都需要**母亲（Mutter）**的同意。如果母亲拒绝同意，那么只剩下根据《民法典》第 1592 条第 3 项、第 1600d 条所规定的通过法院进行父亲身份确定这一方式了。就像由男子进行承认一样，按照《民法典》第 1597 条第 1 款的规定，母亲的同意表示也需要亲自作出⑤，不可附条件⑥并且需要作成官方证书（öffentliche Beurkundung）。在欠缺（完全）行为能力的情况下还要注意《民法典》第 1596 条的规定。 **16**

D. 《民法典》第 1595 条第 2 款所规定的子女的同意

尽管从根本上说子女是父亲身份承认的主要相关者，但是按照《民法典》第 1595 条 **17**

---

① 《民法典》第 1903 条。
② 《个人身份登记法》第 44 条第 1 款。
③ 《社会法典》第八编第 59 条第 1 款第 1 句第 1 项。
④ BGH NJW-RR 2013，705.
⑤ 《民法典》第 1596 条第 4 款。
⑥ 《民法典》第 1595 条第 3 款连同适用《民法典》第 1594 条第 3 款。

第 2 款的规定，只有在"母亲就此而言不享有父母照顾权"的情况下才需要子女的同意。比如当母亲的照顾权（完全或者部分）被剥夺了的时候或者当子女已经成年了的时候，她就不再享有照顾权了。

有争议的是，当**母亲死亡（Mutter verstorben）**时，应当如何适用。对于这一情况，一些观点认为应适用法院确定程序。[1] 然而看不出有什么理由在此要否定承认这个方式。[2] 如果**子女（Kind）**已经**死亡（verstorben）**了，根据正确的大多数观点，只要母亲同意就足够了。[3]

E. 没有其他现存的父亲身份

18 　 只有当其他的父亲身份都不存在时，才有进行承认的空间。[4] 只要母亲的丈夫根据《民法典》第 1592 条第 1 项被视为父亲，或者另一名男子在一个更早的时间点有效地承认了父亲身份并因此满足了《民法典》第 1592 条第 2 项的构成要件，或者另一名男子依据《民法典》第 1592 条第 3 项经由法院被确定为父亲，那么一项承认表示虽然能够被作出，但会一直处于**效力待定（schwebend unwirksam）**的状态，直到其他的父亲身份（通过撤销）被废除。

F. 承认最早可以在怀上子女之后生效

19 　 按照《民法典》第 1594 条第 4 款的规定，承认的表示在子女**出生之前（vor der Geburt）**就已经能够被作出了。但是承认要直到子女活着出生之后才得以生效。并没有规定子女被怀上之前的有效承认。另外，承认**不存在期限（keine Frist）**，当"子女"早就已经长大成人时，承认表示也还是能够被作出。

2. 其他程序；撤回权

20 　 按照《民法典》第 1597 条第 2 款的规定，任何一个作成证书的机构（公证处、户籍登记处、青少年管理局或者法院）必须将经过认证的所有表示（承认，同意）之**副本（Abschriften）送达（übersenden）**父亲、母亲、子女以及户籍登记处。通过这一方式所有当事人都会得到通知。另外，父亲身份承认也会在出生登记簿中与出生登记一起注明。[5] 但是违背这些条文规范却没有任何意义；就此而言这些规范所涉及的并非父亲身份承认的其他生效前提条件。

鉴于这一（多个）必要的同意表示或者废除还现存的一名其他男子法律上的父亲身份，直到承认得以生效可能还需要一些时间。但是因为不可合理期待对此进行无尽等待，所以在承认作成证书之后一年仍然没有生效的情况下，《民法典》第 1597 条第 3 款赋予进行承认的男子一项撤回权。按照《民法典》第 1597 条第 3 款第 2 句的规定，撤回的形式要与承认表示的形式相符合；但是此时就不需要母亲的同意了。

3. 其他无效原因的不重要性

21 　 按照《民法典》第 1598 条第 1 款的规定，只有当承认、同意以及撤回不符合《民法

---

① LG Koblenz StAZ 2003，303；BeckOK BGB/*Hahn* BGB § 1595 Rn. 4.

② KG StAZ 2017，305；*Gernhuber/Coester-Waltjen* FamR § 54 Rn. 35.

③ BayObLG NJW-RR 2000，1602 以及 FamRZ 2001，1543；不同观点参看 *Rauscher* FPR 2002，359（362）。

④ 参看《民法典》第 1594 条第 2 款。

⑤ 《个人身份登记法》第 27 条第 1 款。

典》第1594条至第1597条中适用于这些表示之规定的要求时，才无效。这意味着，其他的无效原因，就如在《民法典》总则中所规定的，都是无关紧要的。非出于真意的承认[1]或者因恶意欺诈[2]而作出的承认也是完全有效的。留给已有效作出承认之男子的，只有根据《民法典》第1599条及以下各条进行父亲身份撤销这一种方式。[3]

4. 有效承认的法律后果

只有所有必要的表示（承认、同意、可能的情况下还包括法定代理人的同意）都存在时，父亲身份承认才会根据《民法典》第1592条第2项的规定产生父亲身份。然而，效力是自动产生的，不需要其他官方的行为。从这一时间点开始——并非从一开始——每个人都能够以这一父亲身份为依据并可以主张父亲身份的法律效力（扶养请求权、继承权、国籍等）。此外，**父亲身份（Vaterschaft）**还**回溯**作用于**出生的时间点（Zeitpunkt der Geburt zurück）**，以至于也可以溯及既往地考虑请求权。

例子： 在父亲 V 对其父亲身份作出承认后，按照《民法典》第1607条第3款第1句的规定，曾经为该子女负担过两年抚养费用的姑妈 T 可以因为扶养给付而向 V 进行追偿。虽然 T 最早只能随着承认的生效而主张这一请求权，但是在内容上却完全可以溯及过去的两年时间。[4]

5. 禁止滥用父亲身份承认

在进行父亲身份承认时，作成证书的机构[5]是不审查该男子是否真的是子女的亲生父亲的。这一法律状况可能会被利用，从而通过滥用父亲身份承认来获取一些**外国人法上的利益（ausländerrechtliche Vorteile）**。

比如，如果一名德国男子为一名外国孩子承认了父亲身份，那么按照《国籍法（StAG）》第4条第1款的规定，这名孩子就获得了**德国国籍（deutsche Staatsangehörigkeit）**。这名子女因此就获得了居留权。此外，根据从《基本法》第6条所得出并在《居留法（AufenthG）》第27条及以下各条中被转化规定的家庭团聚原则，又能得出子女母亲的居留权。[6] 政府部门甚至获悉了这样的一种情况，即一名男子为几十名孩子（可能是为了换取金钱）作出了这样的承认。此外，例如一名外国男子仅仅为了获得一项自己的居留权而为一名具有德国国籍的孩子作出承认，这种情况在现实中也很常见。

立法机构一开始想要借助**机关的父亲身份撤销权（behördlichen Vaterschaftsanfechtungsrechts）**来与这一类被滥用的承认作斗争。然而，在2008年为此而颁布的规范却被联邦宪法法院[7]宣布为违反宪法，因为这一规范被归类为绝对禁止的国籍剥夺。[8] 随着《关

---

[1] 《民法典》第118条。
[2] 《民法典》第123条。
[3] 参看下文本节边码27及以下各边码。
[4] 也参看《民法典》第1613条第2款第2a项。
[5] 参看上文本节边码15。
[6] 《居留法》第28条第1款第1句第3项。
[7] BVerfG NJW 2014, 1364.
[8] 参看《基本法》第16条第1款第1句。

于加强实施离境义务法》①的颁布，之后立法机构在 2017 年决定采用**预防性（präventiven）**手段并制定了《民法典》第 1597a 条这一规范条文。②

根据《民法典》第 1597a 条第 1 款的规定，不得**以获得某些外国人法上的利益为目的而专门（gezielt gerade zu dem Zweck）**承认父亲身份。不过，如果该男子事实上就是子女的生父，那么在任何情况下都不存在被滥用的承认。③ 这一点可以通过出具一份基因鉴定报告来证明。如果滥用的情况未被发现并且作成证书因此而进行了，那么承认就完全有效；《民法典》第 1597a 条并非《民法典》第 134 条意义上的禁止性规范条文。

对是否存在被滥用的**审查（Prüfung）**是在一个**逐级程序（gestuften Verfahren）**中展开的。④ 首先由作成证书的机构根据《民法典》第 1597a 第 2 款第 2 句所列出的那些标准进行初审。按照这一规定，比如承认者获得了金钱⑤或者是该名男子与子女的母亲之间看起来缺少任何一种个人关系⑥，这些情形都是非常值得怀疑的。按照《民法典》第 1597a 条第 2 款第 1 句的规定，如果有证明表明存在被滥用的承认，那么任何一个机构都应暂停作成证书程序并将此情况通知给外国人管理局（Ausländerbehörde）。随后外国人管理局依据《居留法》第 85a 条进行一个审查程序。《民法典》第 1597a 条第 2 款第 4 句规定，如果外国人管理局通过行政行为最终确认了这是一起滥用的情况，那么作成公证证书就会终局性地被拒绝。

五、通过法院的父亲身份确定

24　　如果《民法典》第 1592 条第 1 项、第 2 项的构成要件（依据婚姻或者承认产生的父亲身份）没有得到满足或者通过成功的父亲身份撤销而被废除了，那么也（辅助性地）根据**《民法典》第 1600d 条第 1 款（§ 1600d Abs. 1 BGB）**的规定考虑通过法院确定父亲身份。⑦ 父亲、母亲和子女都有权利申请。其他人（比如祖父母）并没有借此确定父亲身份的权利。尤其是当父亲不想要自愿承认或者当母亲拒绝同意承认或者是当事人对父亲身份并非完全确定时，通过法院的父亲身份确定就具有重要意义了；因为只有在法院程序中才会进行**基因上的出身审查（Überprüfung der genetischen Abstammung）**。

即使在潜在的父亲**死亡之后（nach dem Tod）**，也有可能进行通过法院的父亲身份确定。该男子死后的人格权并不会妨碍开棺验尸以及父亲身份鉴定，因为在《家事与非诉事务程序法》第 178 条第 1 款所规定的可合理期待之审查（Zumutbarkeitsprüfung）的框架内，这一权利通常必须为子女知悉自己出身的权利让路。⑧

在子女**出生前（Vor der Geburt）**，父亲身份确定被排除。在这方面，《民法典》第

---

① BGBl. 2017 I 2780.
② 对此参看 *Balzer* NZFam 2018，5。
③ 参看《民法典》第 1597a 条第 5 款。
④ 参看 BT-Drs. 18/12415，20。
⑤ 第 5 项。
⑥ 第 3 项。
⑦ 参看《民法典》第 1592 条第 3 项。
⑧ BGH NJW 2014，3786。

1594 条第 4 款的规范不可类推适用于父亲身份确定。因此，**冷冻胚胎（kryokonservierte Embryonen）**的"父亲身份"也无法根据德国法而被确定；所剩下的可能性只有一种，即生殖细胞捐献者以类推适用《民法典》第 1912 条的方式被指定为保佐人。[①]

从 2018 年 7 月 1 日开始，按照**《民法典》第 1600d 条第 4 款（§ 1600d Abs. 4 BGB）**的规定，只要是在医疗机构使用异体精子进行的医学辅助人工授精的，就**排除了（ausgeschlossen）**为用其精子所生育之子女而对精子捐献者（**Samenspender**）进行通过法院的父亲身份确定。[②] 不过，如果生育了子女的精子是在该规范生效前使用的，那么依据《民法典施行法》第 229 条第 46 节的规定则不适用这一排除。

按照《法院组织法》第 23a 条第 1 款第 1 项，《家事与非诉事务程序法》第 1 条、第 111 条第 3 项、第 169 条第 1 项的规定，对父亲身份确定有管辖权的是**家事法庭（Familiengerichte）**。申请的目的在于确定该男子（申请人或者申请相对人）是子女的父亲。申请人必须提供**证据（Anhaltspunkte）**，使得当事男子的**父亲身份（Vaterschaft）**看起来是有可能的。[③] 法院通常会获得一份关于基因上**出身（Abstammung）**的专家鉴定。[④] 根据《家事与非诉事务程序法》第 178 条第 1 款的规定，只要对出身鉴定而言是必要的，那么每个人都必须要容忍检查，特别是验血血样提取或者是黏膜拭子，除非检查对他们来说是不可合理期待的。[⑤]

在口腔黏膜拭子的基础上，现如今通过对比子女和男子至少十个不同染色体上的基因片段，就能够以近乎于肯定的极大可能性确定，该男子是否是父亲。[⑥] 2009 年 7 月 31 日颁布的**《基因诊断法》（GendiagnostikG）**为出身检查提供了法律规定。在此基础之上，基因诊断委员会[⑦]为人类基因检查的实施方式制定了指导方针，当今的实践便据此进行操作。所以《民法典》第 1600d 条第 2 款第 1 句中基于同房（Beiwohnung）的父亲身份推定，在当今就几乎没有意义了。

通过法院的父亲身份确定具有和父亲身份承认相当的**法律后果（Rechtsfolgen）**。[⑧] 按照《家事与非诉事务程序法》第 184 条第 2 款的规定，确定男子父亲身份的具有既判力之裁定产生**对世（für und gegen jedermann）**效力，也就是说也对那些没有参与到程序中的人正面或负面地产生效力。借由这一既判力，每个人都能够——也包括溯及既往地——以男子的父亲身份为依据并主张其法律后果（扶养义务等）。

随着父亲身份的确定，子女也获得了对其父亲的**继承权（Erbrecht）**。在死后父亲身份确定（**postmortalen Vaterschaftsfeststellung**）的情况下能够形成事后的法定继承权或者特留份权。不过继承法上的**消灭时效规则（Verjährungsregeln）**不受影响。[⑨] 所以，一些请求权在父亲身份确定的那个时间点，消灭时效就已经届满了。就此而言，《民法典》第

25

26

---

① BGH NJW 2016, 3174.

② 也可参看下文本节边码 45。

③ BGH NJW 2014, 3786.

④ 参看《家事与非诉事务程序法》第 177 条第 2 款。

⑤ 对此参看例如 OLG Braunschweig FamRZ 2020，1200。

⑥ 对此参看 BGH FamRZ 2006，1745，富有启发性。

⑦ Gendiagnostikkommission (GEKO).

⑧ 参看上文本节边码 23。

⑨ BGH NJW 2020，395.

1600d 条第 5 款并不引起消灭时效停止。

有争议的是，在**被收养子女**（adoptierter Kinder）的情况下是否也应当允许进行父亲身份确定。《民法典》第 1600d 条第 1 款的文义无论如何都不妨碍这一点。不过如果对这一问题的回答是肯定的，那么裁定不应该对收养父母的父母地位有丝毫影响。这样一来在裁判中所能够做的就仅仅是确定基因上的出身而已。①

六、父亲身份撤销

1. 概况

27　　根据《民法典》第 1592 条第 1 项、第 2 项所产生的父亲身份并不必然与**基因上的父亲身份**（genetischen Vaterschaft）相符合。有可能是母亲已经结婚了，但子女事实上却不是丈夫的，而是为另一名男子所生。有可能是一名男子以自己是父亲的设想作出了父亲身份承认，而在事后才获悉，实际情况并非如此。在这些情况下，父亲身份撤销就提供了一种通过法院裁判废除《民法典》第 1592 条第 1 项、第 2 项意义上（不符合基因）的父亲身份之可能性。相关的规范被规定在《民法典》第 1599 条及以下各条。

为了启动父亲身份撤销的法院程序，必须由撤销权人向家事法庭提出申请。② 撤销申请的目标是（在法律上）确定，根据《民法典》第 1592 条第 1 项或者第 2 项而拥有父亲身份的男子并非子女的父亲。按照《家事与非诉事务程序法》第 177 条第 2 款的规定，为了作出这一确定，应当在程序取得一份医学上的**专家鉴定**（Sachverständigengutachten）（出身鉴定）。

《民法典》第 1600a 条第 1 款规定，有关撤销的裁判必须**当面**（höchstpersönlich，高度人身性地）作出。《民法典》第 1600a 条第 2 款至第 5 款则对无行为能力或者限制行为能力情况下的撤销进行了规范。

在撤销程序中，子女可以由未与法律上父亲结婚的有照顾权之母亲进行代理。③ 按照《民法典》第 1795 条第 1 款第 3 项的规定，法律上的父亲在撤销程序中则依法被排除了对子女的代理④；因为在这方面，《家事与非诉事务程序法》上的程序也被归入条文规范意义上的“法律争议”中。

28　　依据《民法典》第 1600 条第 1 款的规定，**有撤销权利的**（Anfechtungsberechtigt）是《民法典》第 1592 条第 1 项、第 2 项意义上的法律上的父亲、母亲和子女以及在某些特定限制下也包括生父（Leiblicher Vater）。这一撤销权作为高度人身性权利是**无法放弃的**（unverzichtbar）并且也无法在《民法典》第 242 条意义上丧失。必须要遵守的仅仅是撤销期限。⑤

由**母亲**（Mutter）进行的撤销不受任何特别前提条件的限制；尤其是这一撤销并不取决于对子女最佳利益的审查。即使母亲之前向进行承认的男子保证了她将放弃自己的撤销权，她也仍然可以进行撤销。⑥ 而**法律上的父亲**（rechtlichen Vaters）即使在进行父亲身份

---

① OLG Celle NZFam 2020，1101 便是如此。
② 《家事与非诉事务程序法》第 171 条；《家事与非诉事务程序法》第 169 条第 4 项意义上的出身事务。
③ BGH NJW 2017，561；NZFam 2021，547.
④ BGH NJW 2012，1731.
⑤ 参看下文本节边码 38。
⑥ BGH NZFam 2020，525.

承认之时已经明确知道自己并非子女基因上的生父，他也仍然有撤销权。

此外，法律上的父亲之前已经通过援引他和子女之间存在社会—家庭（sozial-familiäre Beziehung）关系来阻止生父的撤销，也无关紧要。随后法律上的父亲自己的撤销**并非是不被允许的权利行使（keine unzulässige Rechtsausübung）**，因为每一个撤销权人在自己的撤销期限届满之前都可以自由地决定是否要进行撤销。①

父亲身份撤销的前提条件

1.《家事与非诉事务程序法》第 171 条规定的向家事法庭提出申请

注意：依据《家事与非诉事务程序法》第 171 条第 2 款所规定的主张具体化要求（Substantiierungsanforderungen）

2.《民法典》第 1600 条第 1 款规定的有撤销之权利

a)《民法典》第 1592 条第 1 项、第 2 项意义上的父亲

b)《民法典》第 1591 条意义上的母亲

c) 子女

d) 依据《民法典》第 1600 条第 2 款、第 3 款所规定的生父

3.《民法典》第 1600a 条第 1 款规定的高度人身性（亲自）的撤销

a)《民法典》第 1600a 条第 2 款规定，限制行为能力的男子或者母亲无须法定代理人同意

b)《民法典》第 1600a 条第 2 款第 3 句规定，无行为能力的男子或者母亲由照管人进行撤销

c)《民法典》第 1600a 条第 3 款、第 4 款规定，未成年子女由法定代理人进行撤销

4.《民法典》第 1600b 条第 1 款规定的撤销期间：两年

5. 依据《民法典》第 1600 条第 4 款的规定不存在撤销被排除

---

2. 申请及其主张具体化

依据《家事与非诉事务程序法》第 171 条第 2 款第 2 句的规定，撤销人必须在父亲身份撤销程序中说明那些能够否定父亲身份的情形，以及获知这些情形的时间点。

在这一条文规范生效之前有争议的是，对于进行撤销之法律上的父亲的说明应当提出哪些要求。一种观点认为，撤销人声称由法院获取的鉴定将会表明他不是子女的父亲这一点，这就足以使**撤销申请具有决定性（Schlüssigkeit des Anfechtungsantrags）**了。② 相反，根据联邦最高法院的观点，进行撤销的男子必须具体化地陈述情形并且在必要时还必须证明，在客观考虑的情况下引起对子女出身的怀疑或者产生一种**初步怀疑（Anfangsver-dacht）**是合适的。③ 在联邦宪法法院对联邦最高法院的这一判决予以肯定之后④，立法机构以《家事与非诉事务程序法》第 171 条第 2 款第 2 句中的规范对此作出了回应。也就是

29

---

① OLG Düsseldorf NJW-RR 2020，456.

② *Schwonberg*，JAmt 2005，265；*Wellenhofer*，FamRZ 2005，665.

③ BGH NJW 2003，585；1998，2976.

④ BVerfG NJW 2007，753.

说目前的问题在于，为了满足主张具体化要求，哪些说明在个案中是必要的。

充分具体化的（**Hinreichend substantiiert**）撤销申请有例如以下这些：

- 男子无生育能力的证明
- 母亲承认和多人保持性关系[①]
- 证人提供证言证明母亲和多人保持性关系

与之相反的是以下这些被认为是**不充分的**（**nicht ausreichend**）：

- 援引声称存在其他的父亲身份的匿名来电者[②]
- 在父亲和子女之间缺乏相像性的主张[③]
- 生育能力受限的证明[④]
- 指出母亲拒绝协助进行父亲身份检测[⑤]
- 出具秘密进行的父亲身份检测的明确结果[⑥]

30   一名男子背着母亲和子女进行秘密**的父亲身份检测**（**heimliche Vaterschaftstests**）是被禁止的。这损害了《基本法》第 2 条第 1 款连同适用第 1 条第 1 款所规定的子女**信息自决**（**informationelle Selbstbestimmung**）的基本权[⑦]，并且秘密的父亲身份检测也不允许使用从而对一项撤销申请具有决定性。[⑧] 同时**《基因诊断法》**（**Gendiagnostikgesetz**）已经使秘密检测基本上变得不可能；因为《基因诊断法》第 17 条第 1 款第 1 句规定，只有在当事人被事先告知了这一检查并且当事人已经同意这一检查和获取检测结果的情况下，才允许为了澄清出身而进行的基因检查。

3. 由生父进行的撤销

A. 规定之前的历史

31   2004 年之前生父（生身父亲）还不属于撤销权人的范围。之前立法机构想要阻止生父——比如母亲的婚外情人——通过他的撤销之诉而妨碍母子、子女和法律上的父亲之间现存的家庭。就此而言，通过《基本法》第 6 条第 1 款第 1 句所保障的对婚姻和**所生活之家庭的保护**（**Schutz der gelebten Familie**），相对于通过《基本法》第 6 条第 2 款所保护的生父作为父亲获得法律上地位的利益而在当时被赋予了优先性。然而问题在于，法律是毫无例外地拒绝了这一撤销权，也就是说甚至在没有家庭需要保护的情况下也是如此。在这种情形下，联邦宪法法院正确地看到了对生父权利的损害[⑨]并且要求制定新的规范，这就是现在的《民法典》第 1600 条第 1 款第 2 项、第 2 款、第 3 款。

B. 同房的代替宣誓保证

32   作为潜在的生父，按照《民法典》第 1600 条第 1 款第 2 项的规定，只有同时也作出

---

① AG Korbach FamRZ 2005，290.

② BGH FamRZ 2008，501.

③ BGH FamRZ 2008，501；OLG Celle NZFam 2019，232.

④ OLG Celle NJW 2004，449.

⑤ Laumen，FamRB 2005，132.

⑥ BGH NJW 2005，497.

⑦ BVerfG NJW 2007，753.

⑧ BGH NJW 2005，497；2006，1657.

⑨ BVerfG NJW 2003，2151.

与子女的母亲在怀孕期间**曾经同房（beigewohnt）**的代替宣誓保证，才能够进行撤销。通过这一方式是要阻止其他第三人的干涉。同时也借此明确，（匿名的）精子捐献者不拥有撤销权。但是问题在于，与此相关的撤销之排除是否也应该让"公开的"捐献者承受不利之负担。

> **案例①**：女同性婚姻配偶莉亚（Lea，L）及皮娅（Pia，P）和萨姆（Sam，S）约定，由他为她们捐献精子。L之后想要通过这样的方式由自己来进行受孕。孩子出生之后，L说服她的朋友布鲁诺（Bruno，B）为孩子承认了父亲身份。紧接着B应当同意由P进行（继子女）收养②，这样L和P就能够成为子女的共同母亲了。当S获悉此事之后，立即就撤销了B的父亲身份；因为他想要成为子女法律上的父亲。在此的问题是，S在没有进行同房的代替宣誓保证的情况下是否能够撤销B的父亲身份。
>
> 根据联邦最高法院的观点，《民法典》第1600条第1款第2项所规定的代替宣誓保证这一"形式障碍"在这一类情形之下并不妨碍撤销。同房本身并非一项成功撤销申请的前提条件。立法机构原本想将精子捐献者排除在撤销权之外的情况只在于下列这一种，即作为有生育愿望之父亲的一个第三人想要取得法律上的父亲身份，也就是说事先已经进行过一个《民法典》第1600条第4款意义上的约定了。③ 但是这一点在本案中就不合适了。所以应当允许由S进行的撤销。相比之下，想要取得母亲角色的同性婚姻配偶另一方的利益就必须要作出退让了。

《民法典》第1600条第1款第2项、第2款所规定的由生父进行的父亲身份撤销

1. 曾经与子女母亲在怀孕期间同房过的代替宣誓保证
2. 在法律上的父亲和子女之间缺少社会家庭关系
3. 撤销人的生父身份

C. 与法律上的父亲缺少社会家庭关系

对生父而言一个很大的障碍在于，他必须**说明（darzulegen）**，在法律上的父亲和子女之间不存在（具有优先性的，根据《基本法》第6条第1款值得保护的）**社会家庭关系（sozial-familiäre Beziehung）**。就此而言，这在可证立性审查（Begründetheitsprüfung）的框架内涉及的是一个消极的构成要件前提条件。任何余下的怀疑都由撤销人来承受不利之负担。

依据《民法典》第1600条第4款的规定，如果法律上的父亲在事实上为子女**承担责任（Verantwortung trägt）**或者直到其去世时为子女承担过责任，那么就存在一个社会家庭关系。对此并不必然以父亲和子女的共同居住为前提条件，但这种关系确实需要是一种社会上"具有实质性内容"（gehaltvolle）的关系。④ 具有决定性意义的是，在法院作出判

---

① 根据 BGH NJW 2013，2589。
② 参看《民法典》第1741条第2款第3句。
③ 所谓的合意异体授精；对此参看下文本节边码41。
④ OLG Hamm FamRZ 2016，1185.

决的那个**时间点**（**Zeitpunkt**），也就是说在最后的事实审结束之时，是否存在一个社会家庭关系。如果确实属于上述这种情况，那么由生父进行的撤销就被排除了。[1] 对这一关系继续发展的预测则并不重要。[2]

> 　　**案例**[3]：妻子马拉（Mara，M）为了能够和福尔克尔（Volker，V）共同生活，而（暂时）和她无生育能力的丈夫伊根（Egon，E）分居了。很快 M 就怀上了 V 的孩子。但是，在孩子（K）出生前不久 M 返回到了婚姻住房当中的 E 那里。在孩子出生之后，E 就承担起了父亲的角色并且和 M 一起照顾 K。感觉受到欺骗并且断言这是"抢劫精子"的 V，现在能否撤销 E 的父亲身份？
>
> 　　本案中 E 作为丈夫，依据《民法典》第 1592 条第 1 项是子女 K 的父亲。依据《民法典》第 1600 条第 1 款第 2 项、第 2 款的规定，由 V 撤销 E 父亲身份所需的前提条件将会是，在 K 和 E 之间不存在**社会家庭关系**（**sozial-familiäre Beziehung**）。即便不考虑法律在父母结婚的情况下推定存在这样一种关系[4]，在此还存在的情况是，E 随着子女的出生马上就承担起了父母责任。这一点看起来也是旨在长期持续下去的。因此，存在《民法典》第 1600 条第 3 款第 1 句意义上的一个社会家庭关系。子女还非常小以及有可能还无法同法律上的父亲建立紧密个人关系这两点，在此都是无关紧要的。尤其是也不应该取决于生父是否在子女出生之后非常迅速地进行了撤销。[5] 也不在子女权利和生父权利之间进行权衡。毋宁说立法机构为了保护现存家庭免受隐私的披露，已经一般化地提前进行了这样一种权衡。[6]
>
> 　　对于 V 而言，这样一种结果毫无疑问是难以忍受的。然而联邦最高法院强调，就此而言立法机构已经以符合宪法的方式，对（子女）所生活之家庭的保护赋予了优先于生父权利的地位。[7]

34　　此外，子女是否也同样已经与其生父建立起了一种社会家庭关系，这对于父亲身份撤销的成功而言则无关紧要。

> 　　**案例**[8]：玛雅（Maja，M）和理查德（Richard，R）一起共同生活，并且也和他生育了一名子女。在和 R 分开之后，M 又和维克多（Viktor，V）一起共同生活了一段时间并且与其生育了一个女儿蒂娜（Tina，T）。在这之后 M 回到了 R 那里并且和他以及两名子女一起共同生活。目前 R 为 T 承认了父亲身份。T 也经常和 V 有交往。又过了一段时间之后，M 决定想要非常确定地和 V 在一起并决定与其结婚。因此，M 就和子女一起搬到了 V 那里。不过 T 也有大量时间继续与 R 待在一起。现在 V 想要知道，他

---

[1]　BGH NZFam 2021，547.
[2]　BGH FamRZ 2008，1821.
[3]　根据 BGH FamRZ 2007，538。
[4]　《民法典》第 1600 条第 3 款第 2 句。
[5]　参看 BGH FamRZ 2007，538。
[6]　BGH 同上。
[7]　BGH FamRZ 2008，1821；OLG Nürnberg FamRZ 2013，227 也这样认为。
[8]　根据 BGH NJW 2018，947。

能否成功撤销 R 的父亲身份。

V 作为生父，在此期间与子女的母亲结婚并且与她和子女一起共同生活，在本案中这一事实依据《民法典》第 1600 条第 1 款第 2 项的规定使得他拥有撤销权。因此，将 T 归属于 V，由他作为法律上的父亲，这看起来是最佳的解决方案。

然而，根据《民法典》第 1600 条第 2 款的规定，由生父进行撤销的前提条件在于，在子女与法律上的父亲之间不存在社会家庭关系。但是在本案中，在 T 和 R 之间以定期交往接触的形式存在着一个社会家庭关系。因此，根据法律明确的文义，也就是没有规定任何例外或者是允许利益权衡，V 的撤销申请将会是没有根据的。尤其是法律并不注重子女与生父之间关系的质量。①

在这方面很明显的是，现行的法律状况在法政策方面几乎难以让人信服，对立法机构而言则很有必要采取行动了。②

不过联邦宪法法院已经一再肯定了现行规范原则上符合宪法。③ 在子女出生数月之后生父自己就已经与子女建立起了一种社会家庭关系④或者甚至和子女一起共同生活了数年⑤，也可以被允许排除在撤销之外。那些错过了及时设法进行自身父亲身份确定的人，也必须承担相应的后果。现行的这一规范也未受到欧洲人权法院的质疑。⑥ 欧洲人权法院认为，与此相联系的对《欧洲人权公约》第 8 条所规定的生父要求尊重其私人生活之权利的干涉，为了保护法律上的父母以及子女也是正当的。

然而，联邦宪法法院最近对下列情况作出限制，即生父**已经启动了父亲身份确定程序**（**Vaterschaftsfeststellungsverfahren eingeleitet hatte**），但是因为第三人在程序进行期间为子女承认了父亲身份而导致程序没有成功。

例子⑦：因为子女的母亲米莱娜（Milena，M）拒绝同意让瓦茨拉夫（Václav，V）为儿子山姆（Sam，S）进行父亲身份承认，所以 V 就根据《民法典》第 1600d 条启动了通过法院进行父亲身份确定的程序。然而，M 想要通过一切手段阻止 V 介入她对 S 的教育当中，因此她说服了自己的朋友丹尼尔（Daniel，D）在她的同意之下为 S 承认了父亲身份。在 D 的父亲身份被有效确立之后，法院就向 V 指出，父亲身份确定程序因此而成为无法予以受理的了，因为子女已经有了一个父亲。

根据联邦宪法法院的观点，在这种情形之下驳回父亲身份确定申请损害了《基本法》第 6 条第 2 款所规定的申请人的父母权利："当生父在某个时间点已经启动了通过法院进行父亲身份确定的程序，并且其父亲身份确定的前提条件得到满足之时，原则上不得因另一名男子在正在进行的父亲身份确定程序期间承认了父亲身份而妨碍生父取得父亲身份。如果在启动通过法院进行父亲身份确定程序的那个时间点，另一名男子与子女还不存在社会家庭关系，而生父自己则已经与其子女建立起了一个社会家庭关系，那么这一点也无论

35

---

① 参看 BGH 同上。

② 对此参看 *Wellenhofer* NZFam 2017，898。

③ BVerfG FamRZ 2008，2257.

④ BVerfG FamRZ 2014，191.

⑤ BVerfG FamRZ 2015，817.

⑥ EGMR NJW 2014，3083.

⑦ 根据 BVerfG NJW 2018，3773。

如何适用。"①

　　为了父亲身份确定程序在第三人随后进行父亲身份承认的情况下不至于从一开始就落空，而是提供有效的法律保护，在这种情况下就必须考虑到，在**父亲身份确定申请发生诉讼系属的时候（Zeitpunkt der Anhängigmachung des Vaterschaftsfeststellungsantrags）**，与法律上的父亲或者父亲身份承认人是否已经存在一个社会家庭关系。② 否则的话，受基本权所保护的，生父要求通过充分有效的程序取得法律上父亲地位的请求权就会受到损害。③

36　　关于《民法典》第 1600 条第 2 款意义上的社会家庭关系，法律也制定了两个**推定（Vermutungen）**。如果法律上的父亲与母亲为**已婚（verheiratet）**或者与子女较长时间在家庭共同体中生活过，那么依据《民法典》第 1600 条第 3 款第 2 句的规定，通常就存在事实上的责任承担。然而在这类情况下的这一法定推定仅限于责任承担。至于是否由此变为对子女的长期事实上的责任，则是另一个问题了。就此而言这两个推定是**可推翻的（widerlegbar）**。

　　撤销人可以说明，男子虽然与子女母亲已经结婚了，但是事实上自子女出生以来两人就一直分居，并且因此在丈夫与子女之间没有发展出父母—子女关系以及丈夫事实上也没有承担起对子女的责任。可以同样作出说明的是，较长时间的共同居住——也就是说至少是一年时间的共同居住④——也并未产生一个社会家庭关系。《家事与非诉事务程序法》第 176 条规定，在与此相关的调查框架内，法院也应当听取青少年管理局的意见。

　　D. 撤销人的生父身份

37　　只有当"生父"事实上是子女**基因上的父亲（genetischer Vater）**时，他才能够成功地进行撤销。《家事与非诉事务程序法》第 178 条规定，对此应当提供相应的证据。通常是要取得一份医学上的出身鉴定。如果根据这项鉴定撤销人便是生父，那么借此就同时证明了，被撤销的父亲身份不存在。在这种情况下，按照**《家事与非诉事务程序法》第 182 条第 1 款（§ 182 Abs. 1 FamFG）**的规定，应当在裁定中确定撤销人的父亲身份。因此通过裁定就确立了一个《民法典》第 1592 条第 3 项意义上的父亲身份。相反，如果法院得出结论，撤销人并非生父，那么父亲身份撤销的申请就会被驳回。⑤ 在这类情形之下，所要撤销的父亲身份存在与否就无关紧要了，并且也不需要进一步进行审查。

　　4. 撤销期限

38　　按照《民法典》第 1600b 条的规定，父亲身份撤销权并非无期限地被授予，而是受制于**两年的期限（Zweijahresfrist）**。在法和平性和法安定性的意义上，子女的身份不应该长期地受到父亲身份撤销之可能性的威胁。

　　A. 期限的开始

39　　按照《民法典》第 1600b 条第 1 款第 2 句的规定，期限**开始（beginnt）**于撤销权人得知那些能够否定父亲身份的情形时，然而按照《民法典》第 1600b 条第 2 款第 1 句的规定，最早可以开始于子女出生的时候。如果依据承认产生的父亲身份被取消了，那么按照

---

① BVerfG 同上。
② 参看 OLG Hamburg NJW-RR 2019，1286。
③ BVerfG 同上。
④ OLG Frankfurt a. M. FamRZ 2007，1674。
⑤ 参看《家事与非诉事务程序法》第 182 条第 2 款。

《民法典》第 1600b 条第 2 款第 1 句的规定，期限在承认生效前不开始。对于由生父进行的撤销不存在特别适用①；社会家庭关系②这一阻却撤销事项不引起期限停止。③

当撤销权人对产生**怀疑**（Verdacht）或者存在另一父亲身份较大可能性的**事实有确定知悉**（Kenntnis von Tatsachen）时，他就得知了有关的"情形"。对此具有决定性意义的是，一个理智并且未预先受过自然科学方面相关教育的普通人的**客观视角**（objektive Sicht）。④ 前述意义上的事实可以是：

- 医生确诊法律上的父亲无生育能力
- 母亲作出说明，她并不知道父亲是谁⑤
- 知悉女方与另一名男子保持性关系，即使发生性关系时一直使用避孕套也一样⑥
- 从生父的角度来看：在女方受孕期间他与子女母亲保持性关系，并且基于某根畸形的手指而与子女在遗传特征上具有一致性⑦
- 子女在遗传特征上有显著差异（例如黑色皮肤的子女）
- 一项根据《民法典》第 1598a 条所取得的出身鉴定结果

相反，获知下列事实的时刻不引起期间开始：

- 有关其他出身的模糊传言⑧
- 父亲与子女不相像
- 知悉女方在受孕期间和多人保持性关系，但也可确信地得到保证，当时选择了可靠的避孕药物。

B. 子女的特别期限

无论如何，子女在**成年时**（Eintritt der Volljährigkeit）都享有一项自己的撤销权。无论法定代理人之前是否已经有意识地放弃了撤销或是其撤销被认定为不予受理而被驳回，这一撤销权都存在。子女的撤销期限最早开始于成年时⑨，在其他情况下则开始于《民法典》第 1600b 条第 1 款意义上的知悉时。在有利于无行为能力人的情况下，以上规定也相应适用。⑩

按照《民法典》第 1600b 条第 6 款的规定，如果子女知悉一些情形，使得**父亲身份**（Vaterschaft）的后果对他来说是**不可合理期待的**（unzumutbar），那么对子女而言一个**额外的**（zusätzliche）两年**撤销期限**（Anfechtungsfrist）就开始起算了。这有可能涉及男方对子女或者母亲的严重不当行为，男方损害名誉的行为，严重的遗传或者精神疾病以及不道德的生活作风。此外，具有重要性的情况还包括，母亲在这期间嫁给了真正的生父⑪或者是她和虚假父亲（Scheinvater）的婚姻解除了。

40

---

① 参看《民法典》第 1600b 条第 1 款第 2 句。
② 参看上文本节边码 33。
③ 对此的解释参看 OLG Karlsruhe NZFam 2016，574。
④ BGH NJW 2014，629.
⑤ OLG Brandenburg FamRZ 2014，1215.
⑥ BGH NJW 2014，629.
⑦ OLG Hamm FamRZ 2020，1846.
⑧ OLG Brandenburg FamRZ 2018，517.
⑨ 《民法典》第 1600b 条第 3 款。
⑩ 参看《民法典》第 1600b 条第 4 款。
⑪ OLG Brandenburg FamRZ 2009，59.

例子： 子女之前只是为了让与虚假父亲婚姻很幸福的母亲高兴而放弃了父亲身份撤销。但是现在母亲离婚了，以至于母亲和子女与虚假父亲的关系都彻底中断了。在这样的情形下子女就不必再坚持（承认）这一父亲身份了，而是获得了一个新的撤销期限。

5. 《民法典》第 1600 条第 4 款所规定的在精子捐献情况下的撤销排除

A. 有关精子捐献的总论

41   如果男方无生育能力，那么还存在以下列方式实现拥有子女愿望的可能性，即女方以一名**精子捐献者**（Samenspenders）的精子让自己进行人工授精。这就被称为**异体人工授精**（heterologe Insemination）。此外，借助精子捐献生育在两名女性组成的同性婚姻中也具有重要意义。与卵细胞捐献[1]不同的是，在德国是允许精子捐献的。然而，对精子捐献却没有进行更加详细的法律规范。[2] 在实务操作中，则以联邦医学协会有关在辅助生殖框内提取以及移植人类生殖细胞的指导方针为准。[3]

如果借助精子捐献所怀的子女是在异性婚姻中出生的，那么根据《民法典》第 1592 条第 1 项的规定，母亲的丈夫就依法成为父亲。但是，按照《民法典》第 1600 条第 4 款的规定，不同于其他法律上和基因上的父母身份互相分离的情况，在这种情况下丈夫不能撤销其父亲身份。

B. 撤销排除的前提条件

根据《民法典》第 1600 条第 4 款所规定的父亲身份撤销排除

1. 通过人工授精生育子女
2. 使用第三人的精子捐献
3. 男方（有生育愿望的父亲）和母亲的有效同意

---

42   依据《民法典》第 1600 条第 4 款的规定，撤销排除只适用于**人工授精**（künstliche Befruchtung）的情况，而不适用于与第三人保持性关系的情况。但是对人工授精这一概念要作广义上的理解。这也可能包括胚胎移植的情况。[4] 另一方面在这其中则并不一定涉及依靠医生所采取的措施。私下进行的人工授精——例如通过用儿童玩具医疗箱中的针筒注射精子的方式[5]——就足够了。法律上的父亲身份则可以依据与母亲的婚姻或者在未婚的情况下依据父亲身份承认而产生。

如果男方（丈夫）不同意人工授精治疗，那么他的撤销权也仍然不受影响。有效**同意**（wirksame Einwilligung）的前提条件有哪些，法律则没有予以规定。根据通说，同意涉及的是以行为能力和相应法律约束意思为前提条件的**无形式的**（formlos）有效**意思表示**（Willenserklärung）。[6] 表示领受人则是子女的母亲。[7] 同意必须在人工授精治疗**之前**

---

① 参看上文本节边码 5。
② 有关规范需要参看例如 *Taupitz/Theodoridis* MedR 2018，457。
③ Deut. Ärzteblatt v. 11. 5. 2018，S. A 1.
④ OLG Frankfurt NZFam 2018，1145.
⑤ OLG Hamm FamRZ 2008，630.
⑥ OLG Oldenburg FamRZ 2015，67.
⑦ BGH NJW 2015，3434.

（**vor**）就已经被作出并且在进行治疗的时候仍然继续存在，也就是说在这期间不允许被撤回。在和女方分开的情况之下，很有可能会存在男方同意的可推断的撤回。①

C. 由子女进行的撤销

撤销排除只涉及法律上的父亲以及母亲，而不涉及子女。如果特别需要的话，子女之后可以通过父亲身份撤销的方式使自己摆脱在基因上不相符的父亲。②

D. 缺少父亲身份情况下的法律状况

依据《民法典》第 1600 条第 4 款的规定，撤销排除的目的应该是为子女维持其法律上的父亲。然而，当父母没有结婚并且男方尽管同意精子捐献却仍然不承认父亲身份时，这一规范就会落空。这样一来就缺少一个依据《民法典》第 1592 条规定的法律上的父亲身份了。不过根据联邦最高法院的观点③，在此包含着一个约定，据此男方在对女方进行异体人工授精予以同意的同时，还带有自己为这一将要出生的子女接受父亲地位的目的，通常也同时包含着主要具有家庭法特征的**利益将要出生子女的契约**（**Vertrag zugunsten des zuzeugenden Kindes**）。从这一契约中则产生该男子应该像一个法律上的父亲那样对子女承担起抚养的义务。因此无论如何，子女针对该男子都拥有一个**契约上的抚养请求权**（**vertraglicher Unterhaltsanspruch**）。

E. 附论：精子捐献者的法律地位

精子捐献者的法律地位取决于数个因素。如果涉及的是来自精子库的"正式"精子捐献者并且是依靠医生进行的受精，那么从 2018 年 7 月 1 日开始，按照《民法典》第 1600d 条第 4 款的规定，这一类精子捐献者就**不**（**nicht**）再能够**通过法院被确定**（**gerichtlich festgestellt**）为法律上的父亲了。也就是说他不必担心突然有一天会被请求支付扶养费等。不过，在母亲同意的情况下④由精子捐献者自愿进行父亲身份承认则仍然是可能的。

2018 年 7 月 1 日，德国建立了一个中央精子捐献者登记簿（zentrales Samenspenderregister），现在如果一名女子在使用捐献精子进行医学人工授精之后生下子女，那么捐献者的数据则会被记录在册。⑤ 在这种情况下，之后子女就可以请求告知有关捐献者的信息了。⑥ 也就是说精子捐献者无论如何必须要考虑，子女突然有一天出现在他面前。

如果精子捐献者和母亲本人是**认识的**（**bekannt**），那情况就有所不同了。此时的捐献者就被称为**私下捐献者**（**privaten Spender**）或者"杯子分配器"（Becherspender）。事实上杯子分配器甚至都可能有兴趣接受父亲地位。⑦ 这一点在由想要借助精子捐献者建立家庭的两名女子所组成的**同性婚姻**（**gleichgeschlechtlichen Ehen**）当中，尤其具有重大意义。在这种情况下，这一认识的精子捐献者在个案中也能够享有父亲身份撤销权。⑧ 如果精子捐献者已经成功进行了父亲身份确定⑨，那么他就拥有《民法典》第 1686 条所规定的要求

43

44

45

46

---

① OLG Frankfurt NZFam 2018，1145.

② 对此参看 *Motejl* FamRZ 2017，345。

③ BGH NJW 2015，3434.

④ 《民法典》第 1595 条。

⑤ 对此参看 *Spickhoff* ZfPW 2017，257（277）；*Helms* FamRZ 2017，1537。

⑥ 参看下文本节边码 57。

⑦ 例如 OLG Zweibrücken NJW 2016，3252。

⑧ 参看上文本节边码 32。

⑨ 《民法典》第 1600d 条第 1 款。

告知有关子女实情的请求权。①

如果已经计划好了要由合作母亲进行继子女收养②，则需要作为生父的私下精子捐献者作出相关的同意。

例子：女同性婚姻配偶莉亚（Lea，L）和皮娅（Pia，P）从精子捐献者那里获得了精子捐献。接着，P 产下了一名孩子。现在 L 想要通过继子女收养的方式获得合作母亲身份。当法官询问有关子女的父亲身份时，L 和 P 作出说明，她们是从一个朋友那里获得精子捐献的。

在这一情形下，这位认识的精子捐献者就是《民法典》第 1747 条第 1 款第 2 句意义上的"生父"了，所以在由伴侣另一方进行**继子女收养上他的同意（Einwilligung in die Stiefkindadoption**）原则上是必需的。依据《基本法》第 6 条第 2 款第 1 句而受到保护的生父能够接受作为子女父亲的法律地位的利益，根据联邦最高法院的观点应当通过以下方式得到程序法上的保护，即为了使生父能够参与到程序中来而由家事法庭依据《家事与非诉事务程序法》第 7 条第 4 款的规定通知他来参加收养程序。③ 也就是说如果当母亲想要收养程序能够继续进行下去，那么她就必须告知捐献者姓名。只有当不考虑捐赠者的参与是毫无疑问的情况下，比如因为他作为匿名捐献者从一开始就放弃了他受基本权所保护的利益，才能不考虑捐献者的参与。④

6. 成功撤销父亲身份的法律后果

47　　如果根据法院的确信而可以肯定，依据婚姻或者承认而将子女归属其名下的男子并非子女的父亲时，撤销就取得成功了。按照《家事与非诉事务程序法》第 177 条第 2 款的规定，对此通常要进行——就像在进行父亲身份确定时一样⑤——一个通过取得一项医学鉴定而进行的**证据调查（Beweisaufnahme**）。⑥ 如果撤销申请被批准了，那么具有既判力的法院裁定就**溯及既往地（rückwirkend**）废除了父亲身份。之后父亲身份的所有**法律效力（alle Rechtswirkungen**）（抚养义务、继承权、照顾权、血亲关系等）都以面向未来的效力而被取消。这也适用于子女的国籍，不过《国籍法》第 17 条第 2 款、第 3 款第 1 句在年龄限制上作了保留。⑦《家事与非诉事务程序法》第 184 条第 2 款规定，这一裁定产生对世的法律效力。

7.《民法典》第 1599 条第 2 款所规定的附随于离婚的身份转换

48　　原则上根据《民法典》第 1592 条第 1 项或者第 2 项所产生的父亲身份只有通过撤销（**nur durch Anfechtung**）才能够被废除。按照《民法典》第 1599 条第 2 款的规定，法律为下列情况作出了一个例外规定，即子女虽然**在离婚裁定具有既判力之前就出生了（vor Re-**

---

① OLG Hamm NJW 2014, 2369；OLG Düsseldorf FamRZ 2017, 809.

② 参看上文本节边码 9。

③ BGH NJW 2015, 1820.

④ 有关私下捐献者的放弃参看 OLG Nürnberg NJW-RR 2019, 1154；有关整个论述则参看 *Keuter* NZFam 2017, 873.

⑤ 参看上文本节边码 25。

⑥ 详情参看 *Wellenhofer*，NZFam 2014, 117。

⑦ 对此也可参看 BVerfG NZFam 2019, 813。

chtskraft des Scheidungsbeschlusses geboren），但是**一个第三人承认了父亲身份**（**ein Dritter die Vaterschaft anerkennt**）并且母亲和表见父亲对其作出了同意。这一例外的背景在于，如果一名子女是在离婚程序进行期间出生的，那么就假定《民法典》第 1592 条第 1 项中有利于丈夫的父亲身份推定是值得怀疑的；离婚终究是以配偶双方一年时间的分居为前提条件的。在此，当大家都同意子女归属作为父亲的"第三人"名下时，就可以为当事人免去时间和金钱成本都很昂贵的撤销程序了。

不过如果丈夫还是倾向于正式的撤销程序，那么对此的**法律保护需要**（**Rechtsschutzbedürfnis**）也不必然就不存在；因为只有在撤销程序中才进行有关出身的正式**证据调查**（**Beweisaufnahme**）。[1] 另外，因为离婚有可能会拖延下去，所以相比通过《民法典》第 1599 条第 2 款的前提条件，通过撤销常常能更为迅速地实现父亲身份的废除。

《民法典》第 1599 条第 2 款情况中的父亲身份撤销的可放弃性

1. 根据《民法典》第 1592 条第 1 项所产生的母亲之丈夫的父亲身份
2. 离婚申请发生诉讼系属后子女出生
3. 在一年期限内由第三人对父亲身份进行有效的承认
4. 丈夫的同意
5. 母亲的同意
6. 具有既判力的离婚

由第三人进行的承认（**Anerkennung durch den Dritten**）必须要满足一般的生效要件。[2] 但是，丈夫仍然有的父亲身份本来阻碍着承认这种情形，在此作为例外则是无关紧要的，对此可参看《民法典》第 1599 条第 2 款第 1 句后半句中所规定的《民法典》第 1594 条第 2 款在这方面并不适用。第三人的承认在子女出生之前也已经可以进行了[3]，但是最迟必须在离婚后一年之内作出。至于有关丈夫和母亲的其他同意要何时进行，联邦最高法院的解释是，这些同意也可以在一年期间届满之后进行。[4] 一种不可合理期待的长时间悬而未决状态并不会因此而形成，因为要进行承认的第三人可以根据《民法典》第 1597 条第 3 款的规定行使他的撤回权。只要所有前提条件都已存在，第三人就成了《民法典》第 1592 条第 2 项意义上的子女的父亲，但最早也只能是在准予离婚申请的裁判发生既判力之时。

49

七、权利行使之阻却和虚假父亲追偿

1. 出身法的权利行使之阻却

《民法典》第 1600d 条第 5 款（§ 1600d Abs. 5 BGB）规定，除非法律另有规定，父亲 50

---

[1]　OLG Frankfurt FamRZ 2016，918.
[2]　参看上文本节边码 13 及以下各边码。
[3]　《民法典》第 1599 条第 2 款，第 1594 条第 4 款。
[4]　BGH NJW-RR 2013，705.

身份的法律效力从其被确定的时候开始（通过法院的确定或者承认）才能够被主张。这意味着，只有当父亲身份依据《民法典》第 1592 条而在法律意义上有效存在时，原则上——比如在其他法院程序的框架中——才允许依据这一父亲身份（行为）。否则就应适用权利行使之阻却（Rechtsausübungssperre）。为了保护子女，应当防止附带的父亲身份确定（Inzidente Vaterschaftsfeststellungen）。

例子： 一名未婚女子根据《民法典》第 1615l 条的规定而向子女的父亲请求扶养，因为子女一直是由她来照管。但是如果被请求的男子迄今为止既没有作出过承认也没有通过法院被确定为父亲，那么这名女子原则上也无法在扶养程序中依据他的父亲身份（提出请求）。有关这一先决问题尤其不允许附带地进行举证。但是，《家事与非诉事务程序法》第 248 条第 1 款包含着一定程度的缓和规定：一旦父亲身份确定程序已经按照《民法典》第 1600d 条发生诉讼系属了，就能够以临时指令（einstweilige Anordnung）的方式申请暂时的扶养安排了。

51 从《民法典》第 1599 条第 1 款（§ 1599 Abs. 1 BGB）之中则相应地得出，针对一个父亲身份不存在的主张只能在撤销程序的框架之内被提出。没有人能够在形式化的出身程序之外对一名子女的身份（尤其是其"婚生身份"）提出质疑。

例子： 当 G 去世之后，他的女儿 T 认为，她已经去世的兄弟 B 的儿子 S 不能够与她一起成为 G 的共同继承人，因为 S 毕竟不是 B 亲生的，而是 B 的妻子在一段出轨关系中所生。然而，T 的这一抗辩并不会成立。在一起**遗产纠纷（Erbschaftsstreit）**中所无法依据的是，一名子女并非被继承人基因上的后代。具有决定性意义的仅仅是法律上的血亲关系或者根据《民法典》第 1592 条而在法律上现存的父亲身份。在此是不允许进行附带的出身审查的。[①]

52 现在的问题是，要在哪些情形之下允许这些**权利行使之阻却（Rechtsausübungssperren）**存在**例外（Ausnahmen）**。早些时候的判决在此处表现得非常严格，主要是因为在当时，婚生和非婚生之间的区别在很长一段时间内仍然发挥着作用。但是当今这一点已经越来越不重要了。因此联邦最高法院在此期间已经多次承认了《民法典》第 1599 条第 1 款、第 1600d 条第 5 款的例外：当在他们之间子女事实上的出身已经并无争议之时，一方面是为虚假父亲追偿[②]的某些情况所承认的例外，另一方面则是在程序框内于法律上的父母之间（照管扶养或者供养补偿）所承认的例外。

案例[③]： V 和 M 结婚已经 28 年了，但其中有 12 年时间他们是分居的。在分居 4 年之后 M 生了一个女儿（T），而这个女儿毫无争议是与她新的伴侣 L 所生的。在离婚之后，V 希望在进行供养补偿的时候不将分居时间考虑在内。然而只有当有请求权的配偶在长时间的分居当中没有承担因婚姻而产生的任务，特别是没有照管共同的子女时，才能在以全部婚姻关系存续期间为基础[④]这一原则中作出一个例外。[⑤] 不过在此 M 还是照

---

① 参看 OLG Frankfurt NJW-RR 2017，519；OLG Rostock FamRZ 2020，792。

② 参看下文本节边码 53。

③ 根据 BGH FamRZ 2008，1836。

④ 参看《供养补偿法》第 3 条第 1 款。

⑤ 参看《供养补偿法》第 27 条。

管了一名法律意义上的共同子女，因为 V 基于婚姻而被看作是父亲。① 因此问题就在于，为了能够减少供养补偿，是否允许 V 违背《民法典》第 1599 条第 1 款的规定而主张（在当事人之间并无争议的）女儿是由 L 所生的。

联邦最高法院肯定了这一问题。② 具有决定性意义的是，是否以及在何种强度上子女和家庭和平这些值得保护的利益会由于下面这一情况而遭受到损害，即父母一方依据子女很可能并非由法律上的父亲所生。但是就此而言在目前这个案例中很清楚的是，通过附带确定毫无争议并且因此而无须举证的 L 的父亲身份，也将一样完全不会改变子女与法律上的父亲或者与生父之间的关系。所以允许 V——无论是否进行（在适当情况下还是有可能的）父亲身份撤销——针对 M 主张 T 并非由自己所生。

2. 虚假父亲追偿

如果父亲身份随着父亲身份撤销程序中裁定发生既判力而溯及既往地被取消了，那么也就确定了，"虚假父亲"在过去的时间里并无义务为子女提供抚养给付。但是如果之前事实上已经提供了**抚养给付**（**Unterhaltsleistungen**），那么虚假父亲现在可能就有兴趣从基因上的父亲那里获得对这些给付的赔偿了。对于相关的告知请求权则参看下文本节边码 60。

53

> **案例：**丈夫恩斯特（Ernst，E）成功地对 5 岁的子女康拉德（Konrad，K）撤销了父亲身份并且最终和妻子菲奥娜（Fiona，F）离婚了。在 E 和 F 之间没有争议的是，瓦伦丁（Valentin，V）才是 K 的生父。在此期间 V、F 和 K 也生活在一起。E 想要获得在过去时间中为 K 所提供的抚养给付的赔偿，数额总计为 16 000 欧元。但是，在父亲身份撤销之后一年半的时间里，V 的父亲身份既没有被承认也没有通过法院而被确定。E 有哪些请求权？一项可能的请求权何时消灭时效届满？
>
> 一、由于无因管理（GoA）所产生的请求权③被排除了，因为 E 之前只要进行了支付，就是将自己看作是父亲并且因此并非为他人，而是为自己管理事务。
>
> 二、从《民法典》第 812 条第 1 款第 1 句选项 1（§ 812 Abs. 1 S. 1 Alt. 1 BGB）中所得出的针对 K 的请求权通常将会失败。按照《民法典》第 818 条第 3 款所规定的，虽然 E 对 K 毫无法律原因地提供了抚养给付，然而也已经被 K 所耗尽。④
>
> 三、一项由于其他方式的不当得利而从《民法典》第 812 条第 1 款第 1 句选项 2（§ 812 Abs. 1 S. 1 Alt. 2 BGB）中所得出的针对 V 的请求权，已经因为（针对 K 的）给付不当得利的优先适用性而被否定了。
>
> 四、如果 F 可以被责难为以强加一个他人子女于名下的方式对 E 进行了违反善良风俗的故意损害，那么在任何情况下都能从《民法典》第 826 条（§ 826 BGB）中得出针

---

① 《民法典》第 1592 条第 1 项。

② BGH NJW 2012, 1446.

③ 《民法典》第 677 条，第 683 条第 1 句、第 679 条、第 670 条。

④ 参看 BGH FamRZ 1981, 30.

对作为妻子和子女母亲的 F 的请求权。[1] 但是对此却缺少进一步的证据。

五、不考虑其他从侵权法中得出的请求权[2]，因为没有一个其中所提到的法益受到损害。[3] 尤其是婚姻忠诚本身并非《民法典》第 823 条第 1 款意义上的其他法益。[4]

六、因此，针对 V 就只剩下从《民法典》第 1607 条第 3 款第 2 句所得出的请求权（**Anspruch aus § 1607 Abs. 3 S. 2 BGB**）（扶养追偿）了。

1. 如果一名"第三人作为父亲"（在本案中是 E）而给付了扶养，那么子女针对自己父亲所拥有的抚养请求权就依法移转给了这一第三人。虚假父亲过去在支付的时候是否知道或者预料到他并非生物学意义上的父亲，这一点在此则是无关紧要的。[5]

2. 请求权相对人就是子女的父亲。但是，《民法典》意义上的父亲却只能是法律上的父亲。就此而言本案所出现的问题却是，V 由于缺少父亲身份承认或者通过法院的确定迄今为止还不是《民法典》第 1592 条意义上的父亲。V 看起来似乎也不想要在可预见的未来改变这样一种法律状况。在 1998 年对未婚子女的法定机关保佐被废除之后，也不存在青少年管理局依据职权启动父亲身份确定的机会了。E 自己也不享有根据《民法典》第 1600d 条启动父亲身份确定程序的权利。

E 的虚假父亲追偿本身就将因此而会被阻止了；因为从《民法典》第 1600d 条第 5 款的权利行使之阻却（**Rechtsausübungssperre des § 1600d Abs. 5 BGB**）中得出的是，不允许在其他程序的框架内附带地确定父亲身份。然而在本案中这对 E 而言将会是一个令人无法忍受的结果。在这一类情况下，只有在一定前提条件下以**目的性限缩（teleologischen Reduktion**）的方式允许《民法典》第 1600d 条第 5 款的例外存在，才可能是适当的解决方案。[6] 如果虚假父亲已经成功撤销了父亲身份[7]，子女是被请求男子所亲生这一点又没有争议，同时无法指望在可预见的未来内（在任何情况下都不得等待超过 18 个月）进行父亲身份确定以及附带的父亲身份确定没有和值得保护的子女利益相冲突，那么就可以认定为是一种例外情况。所以这些在本案中都应当被肯定。因此，在本案中 V 缺少法律上的父亲身份并不妨碍被追偿。

3. 请求权的数额，则以父亲（V）按照其收入而根据《民法典》第 1601 条规定本应向子女所负担的抚养金额为限。[8] 同时，E 可以请求偿还的金额最多不超过他自己已经给付过的金额。

4. 按照《民法典》第 1613 条第 2 款第 2a 项的规定，也可以为**过去（Vergangenheit**）主张这一请求权。

5. 如果根据相关情形，向生父进行完全追偿将意味着一种不公平的困难，那么法院可以根据《民法典》第 1613 条第 3 款第 1 句指令减少金额或者延期支付。[9]

---

[1] 参看 BGH NJW 1990，706；2013，2108，但这一点在这几个案例中都被否定了。

[2] 《民法典》第 823 条第 1 款、第 2 款。

[3] 参看 BGH NJW 2013，2108。

[4] 参看上文第十一节边码 11。

[5] 参看 OLG Celle NZFam 2017，912。

[6] BGH FamRZ 2008，1424；2009，32；2012，437。

[7] 对此的解释参看 BGH FamRZ 2012，437.

[8] 有关子女抚养的计算参看上文第三十五节边码 4 及以下各边码。

[9] 例如 OLG Celle NJW-RR 2019，776：主张 17 年这一长时段的追偿。

6. 就**消灭时效**（**Verjährung**）而言，联邦最高法院[①]已经作过解释，即只要虚假父亲有可能主张请求权，那么 3 年的诉讼时效期限[②]就开始起算。因此，在生父确立法律上的父亲身份之前，《民法典》第 199 条第 1 款意义上的请求权就有可能已经形成了。在所涉及的案例中，母亲和生父从一开始就已经明确表示，他们拒绝启动父亲身份确定程序。因此，根据联邦最高法院的观点，消灭时效的起算应当以父亲身份撤销程序中的裁判发生既判力为准。

八、告知有关出身的实情

1. 知悉自己出身的权利

从**自由发展人格**（**freie Entfaltung der Persönlichkeit**）[③] 的权利以及**人的尊严**（**Menschenwürde**）[④] 中也产生了具有高度人身性的个人知悉其自己基因出身的权利[⑤]，因为： 54

"理解和发展个性是……与知悉对其而言具有根本性的那些因素紧密联系在一起的。除了其他之外，出身也可被视为这些因素之一。出身不仅仅确定个人基因上的基本状况并且同时也塑造了他目前这样的个性。除此之外，出身也在个人意识中对个性发现和自我认识起到了关键性的作用。"[⑥]

当法律上和基因上的父母身份互相分离或者不知道基因上的父亲时，这一权利就变得至关重要了。虽然从知悉自己出身的权利中无法针对国家机构产生要求为自己获得对自己出身之了解的请求权；但是知悉自己出身的权利可以保护自己以**防止国家机关扣留可获得的信息**（**vor der Vorenthaltung erlangbarer Informationen**）。所以在先前的出身法中，那些在特定前提条件下拒绝子女进行父亲身份撤销以及因此阻碍了澄清出身的限制，被看作是违反宪法的。[⑦] 也就是说现行法必须尽可能地确保，子女能够查明自己的基因根源。 55

2. 在精子捐献的情况下知悉自己出身的权利

对于**精子捐献**（**Samenspende**）领域长期以来得到承认的是，从由此而出生之子女知悉其出身的权利中得出医生对相关捐献者数据的**记录义务**（**Dokumentationspflicht**）；因为只有这样这一子女之后才有可能查明他生物学意义上的出身。因此，借助于精子捐献而出生的子女原则上可以依据《**民法典**》第 242 条（§ 242 BGB）向进行人工授精的医生或者生殖医疗机构请求**告知**（**Auskunft**）有关自己的基因出身。[⑧] 就此而言，与有生育愿望的父母所订立的医疗契约就被归类为利益子女的**附保护效力契约**（**Vertrag mit Schutzwirkung**）。 56

---

① BGH NJW 2017, 1954.
② 《民法典》第 195 条。
③ 《基本法》第 2 条第 1 款。
④ 《基本法》第 1 条第 1 款。
⑤ BVerfGE 79, 256; 90, 263; 96, 56.
⑥ BVerfG NJW 1997, 1769.
⑦ BVerfGE 79, 256; 90, 263.
⑧ BGH FamRZ 2015, 642; NJW 2019, 848; OLG Hamm FamRZ 2013, 637.

针对精子库的经营者也同样存在一项告知请求权。[1]

父母作为子女的法定代理人也可以以子女的名义主张这一请求权，只要他们要求告知的目的在于为子女获取信息。告知对于医生而言是否是可合理期待的，则要以全面**利益权衡**（**Interessenabwägung**）的方式予以澄清。但是，以宪法所保护的子女一般人格权[2]为基础的子女的法律地位，对此通常具有相当重大的影响。[3]

57　　　但是，从《民法典》第 242 条所得出的告知请求权很快就只对旧的情况还具有重大意义了。因为通过《异体使用精子情形下规范知悉出身权法》[4] 建立了**中央精子捐献者登记簿**（**zentrales Samenspenderregister**），自 2018 年 7 月 1 日起生效。从那时开始，如果一名女子在利用捐献精子进行医学人工授精之后生下了一名子女，那么捐献者的数据就会被记录在册。[5] 对于这些子女而言，现在捐献者就将会是明确**可识别的**（**identifizierbar**）。目前，按照《精子捐献者登记法》第 5 条第 1 款第 1 句的规定，人工授精医疗机构原则上还只允许使用那些捐献者被相应登记在册的精子。**数据应当保存**（**Daten zu speichern**）110年。任何猜测自己是通过使用捐献精子进行人工授精而受孕出生的人，依据《精子捐献者登记法》第 10 条第 1 款的规定都有根据登记簿要求进行**告知的请求权**（**Anspruch auf Auskunft**）。精子捐献者自己则没有告知请求权。私下的精子捐献则不会被登记在册。

3. 弃婴保护舱和秘密生育

58　　　弃婴保护舱首先是由医院经营者设立的，为那些由于怀孕而处于心理困境中的女性提供了一种可能性，使她们在生育之后将她们的孩子放置于此处并且交由医院照料。[6] 在德国，每年被放置在弃婴保护舱中的孩子数量很少[7]，所以与之相关的法律问题不具有很大的实务意义。然而，仍然值得强调的是，实践中这样的做法损害了子女知悉自己出身的权利；因为如果父母不再出现的话，子女或许将永远无法查明自己的基因根源。

59　　　相应的情况也出现在所谓的匿名生育中，孕妇在匿名生育中不需要公开自己的身份就可以在医院进行分娩并且之后很快便将子女送交收养。但是在此毕竟还存在可能性，使人相信分娩女子仍然还是会留下她的数据。通过 2013 年 8 月 28 日公布的《扩大救助孕妇以及**规范秘密生育**（**Regelung der vertraulichen Geburt**）法》[8] 则为此创造了法定的框架条件。[9] 在《民法典》中与此有关的则是第 1674a 条、第 1747 条第 4 款。通过**顾问处**（**Beratungsstelle**）确定母亲的身份之后，该女子则在一所医院之中以**匿名**（**Pseudonym**）的方式生下她的孩子。按照《避免和解决怀孕冲突法》[10] 第 31 条第 1 款的规定，子女在年满

---

[1]　AG Wedding FamRZ 2017, 1582.

[2]　《基本法》第 2 条第 1 款连同适用第 1 条第 1 款。

[3]　BGH FamRZ 2015, 642; NJW 2019, 848.

[4]　BGBl. 2017 I 2513.

[5]　对此参看 *Taupitz/Theodoridis* MedR 2018, 457。

[6]　详情参看 *Katzenmeier* FamRZ 2005, 1134; *Paulitz* ZKJ 2010, 360。

[7]　*Swientek* FPR 2001, 353 (354) 提到 20 到 40 个孩子。

[8]　Gesetz zum Ausbau der Hilfen für Schwangere und zur Regelung der vertraulichen Geburt vom 28. 8. 2013 (BGBl. I 3458).

[9]　对此参看 BT-Drs. 17/112814; *Helms* FamRZ 2014, 609 ff.; *Schwedler* NZFam 2014, 193.

[10]　Gesetz zur Vermeidung und Bewältigung von Schwangerschaftskonflikten (SchKG).

16 周岁以后拥有查阅母亲数据的请求权。通过这一方式子女要求知悉自己出身的请求权就尽可能地得到了保护，但是同时，生育的女子也获得了一种得以向其生活环境隐瞒生育的可能性。

4. 子女对父母提出的告知请求权

知悉自己出身的权利也在父母子女关系中间接地起作用。因此，根据《民法典》第 **60** 1618a 条（**§ 1618a BGB**）而肯定了子女针对母亲的告知请求权，其目的在于提供有关生父个人信息或者被考虑为生父的男子个人信息。[1] 然而，在以下这一情形中，子女知悉自己出生的权利还是会和同样受基本权所保护的母亲的人格权[2]相对立起来，即母亲依据的是尊重她的私人和私密生活，而与伴侣的性关系也属于其中。因此在个案中需要对双方的基本权地位进行一个**权衡（Abwägung）**。就此而言，并没有任何预先确定的结果，子女的权利并不必然具有优先地位。[3] 如果子女并不认识母亲，那么告知请求权能够以相应的方式针对父亲提出。[4]

如果子女针对父母一方的告知请求权被赋予了名义，那么这一请求权通常也是**可执行的（vollstreckbar）**；还可能面临秩序措施（Ordnungsmittel）的威胁。[5] 此外针对父母要求披露祖父母姓名的请求权也可以依据《民法典》第 1618a 条。[6]

5. 不存在虚假父亲针对母亲的告知请求权

虚假父亲追偿（Scheinvaterregress）[7] 的前提条件在于，虚假父亲从根本上知道，必 **61** 须要向谁主张他的请求权。在此的核心问题是，子女的母亲是否负有义务向虚假父亲告知有关子女生父的个人信息，比如从《**民法典》第 242 条（§ 242 BGB**）中所得出[8]或者在婚姻配偶双方的情况下从《民法典》第 1353 条第 1 款中得出。然而在认定这样一类告知义务中，联邦宪法法院[9]却认为这是一种不被允许的法官对法的续造；因为母亲负有告知义务意味着对她根据《基本法》第 2 条第 1 款连同适用第 1 条第 1 款而享有的**人格权（Persönlichkeitsrecht）**的严重干涉；而这种干涉只有在一条具体法定规范的基础上才能够变得具有正当性。

联邦宪法法院在上述判决中指出，在有告知义务的情况下女方就要被迫"交代与某一名男子或者多名特定男子的性关系了。她不得不因此而公开私人生活中最隐秘的一些事情。对于大多数人而言会存在少数具有较大私密性的事情，为了他们个人名声的纯洁性而对这些事进行保密对他们而言将会比他们的性关系更重要"。

因此，根据现行法（**geltendem Recht**），母亲**没有告知义务（keine Auskunftspflicht）**。 **62**

---

① LG Passau FamRZ 1988，144；OLG Stuttgart FamRZ 1993，733.

② 《基本法》第 1 条第 1 款、第 2 条第 1 款。

③ BVerfG NJW 1997，1769.

④ AG Schöneberg FamRZ 2018，1096.

⑤ BGH FamRZ 2008，1751.

⑥ AG Lüdinghausen NJW-RR 2012，1412.

⑦ 参看上文本节边码 53。

⑧ BGH FamRZ 2012，200；2013，939；2014，1440 这些判决仍然如此认为。

⑨ BVerfG FamRZ 2015，729.

仍然可以考虑的充其量只有，因为以违反善良风俗的方式进行故意损害而由**《民法典》第
826 条**（**§ 826 BGB**）所产生的一项虚假父亲的请求权。而在法律后果方面，这可能使母
亲理论上负有所有损害赔偿的义务或者至少负有告知生父的义务来作为对弥补损害的分
担。然而直接将子女强加于名下的做法还不属于《民法典》第 826 条的范围；毋宁说对此
必须还要附加一些其他的特别情形①，而这些情形却很少在上述情况下出现。

6. 配偶双方之间的公开义务

63　　　根据联邦最高法院的观点，原则上妻子没有义务在事先未经询问的情况下就对丈夫公
开，将要出生的子女（可能）并非是他亲生的。在母亲沉默一事上并不存在《民法典》第
823 条第 1 款意义上的侵权行为并且原则上也不是适用《民法典》第 826 条的情况。② 然
而，当子女的出身很明显构成一项财产给予的**行为基础**（**Geschäftsgrundlage**）时，一项公
开义务就会得到肯定。

　　　案例③：当马克斯（Max，M）和弗罗拉（Flora，F）的婚姻破裂之时，M 赠与了
他没有财产的妻子一套住房，这样她和他们共同的儿子山姆（Sam，S）在他们离婚之
后就可以舒适地生活在那里了。然而 M 很快就确定了，S 根本不是他的亲生儿子，并且
成功撤销了父亲身份。紧接着 M 就要求返还这套住房。他当时借着这一给予行为正好
也想照顾"他的"儿子，但是现在已无这个必要了。

　　　在本案中由**《民法典》第 313 条第 1 款**（**§ 313 Abs. 1 BGB**）所得出的 M 针对 F 要
求返还住房的**请求权**（**Anspruch**）应当予以肯定。在上述情形之下，子女的血缘出身就
不仅仅是 M 单方面的动机了，而是很明显已经成为行为基础；因为给予或者赠与也被
确定为是为了满足子女的扶养需要。随着父亲身份的撤销，这一行为基础就消失了。

　　　此外还要考虑由《民法典》第 812 条第 1 款第 1 句选项 1 连同适用第 123 条所得出
的一项 M 的请求权。在一个如此贵重的给予的情况下，对于 F 而言存在着有关 S 出身
的公开义务。④ 由于她的沉默，F 满足了**故意欺诈**（**arglistigen Täuschung**）的构成要件，
所以 M 也可以选择性地进行撤销并且提出不当得利法上的返还请求权。

九、依据《民法典》第 1598a 条进行的出身澄清程序

1. 导论

64　　　在缺少子女或者照顾权利人知情和同意之情况下所取得的秘密**父亲身份检测**（**Vater-
schaftstests**），根据判决的观点是违法的。这类检测损害了由《基本法》第 2 条第 1 款连同
适用第 1 条第 1 款所产生的子女的信息自主决定基本权。⑤ 但是，《民法典》第 1592 条意

---

① 参看 BGH FamRZ 2013，939。
② 参看 BGHZ 196，207。
③ 根据 BGH NJW 2012，2728。
④ BGH 同上。
⑤ BVerfG NJW 2007，753；BGH NJW 2005，497。

义上的父亲应该如何查明"他"的子女是否事实上也是他基因上的后代，特别是如果孩子的母亲拒绝同意进行测试？

父亲身份撤销程序在此很难说是正确的方式；因为即使在不存在基因上出身的情况下，男方可能也有兴趣保持这一法律上的父亲身份。就此而言，在引入《民法典》第1598a条之前，子女知悉自己出身的权利虽然得到了保障，但是与之相对应的**父亲知悉他自己后代的权利（Recht des Vaters auf Kenntnis seiner eigenen Abkömmlinge）**却没有得到保障。

然而，根据联邦宪法法院的观点，男方的**人格权（Persönlichkeitsrecht）**也包括知悉 *65* 一个子女是否由他所亲生的权利。为了能够通过合法的途径知悉这一点，就需要**引入一种程序（Einführung eines Verfahrens）**，使得男方有可能取得向他隐瞒并且对于知悉他子女的出身而言是必需的信息。① 随后，立法机构就制定了《民法典》第1598a条。

这一条文规范是以父亲方面的出身为考虑而起草的并且在体系上也是位于父亲身份法中。但是因为子女知悉自己出身的权利以同样的方式涉及**母亲方面以及父亲方面的出身**（**mütterliche wie väterliche Abstammung**），所以澄清请求权在涉及母亲方面的出身时也应当被肯定。②

《民法典》第1598a条所规定的出身澄清请求权

1.《民法典》第1598a条第1款所规定的有澄清的权利

a)《民法典》第1592条意义上的父亲；而不是：生父

b)《民法典》第1591条所规定的母亲

c) 子女（在法院程序中：按照《民法典》第1629条第2a款的规定由保佐人代理）

2. 依据第1款的澄清义务人

3. 澄清对象：法律上的父亲或者法律上的母亲方面的出身

4. 请求权目标：同意出身鉴定或者在出身鉴定中予以协助

2.《民法典》第1598a条中的规范

A. 法院外的程序

《民法典》第1598a条第1款赋予法律上的父亲、母亲和子女彼此之间要求协助私下 *66* 委托的出身检查的请求权。这一请求权的存在不用其他条件并且不需要理由；法律并没列举特别的前提条件。这一请求权是有意识地"以非常低的门槛"进行设计的。③ 没有需要注意的期限。④ 父亲身份撤销期限甚至可能已经届满了。⑤

主张这一请求权在必要时可能构成**权利滥用（rechtsmissbräuchlich）**，尤其是如果一份

---

① BVerfG NJW 2007，753.

② *Schwab* FamRZ 2008，23（24）；*Borth* FPR 2007，381（382）.

③ BT-Drs. 16/6561，S. 11.

④ 对此的解释参看 OLG KoblenzNJW-RR 2013，1349。

⑤ OLG Karlsruhe FamRZ 2012，1734.

先前已经进行过的出身鉴定已经得到了一个可靠的结果①；这种情况下最终已经没什么可以再去"澄清"了。② 但是当对先前鉴定的正确性存在合理的怀疑时，尤其是如果这一鉴定是几十年前进行的，那么就足以进行一次（新的）出身澄清了。③

出身声明程序也能够被用于获取一项鉴定，然后在其基础之上对先前发生既判力的**出身程序进行重审（Abstammungsverfahren wiederaufgenommen）**。④ 就此而言出具一份新的鉴定就提供了一个**恢复原先程序之原因（Restitutionsgrund）**。⑤ 只有当先前的程序是由于错过父亲身份撤销期限而没有成功时，这一方式才被排除了，对此可看《民法典施行法》第 229 条第 17 节。⑥

67 《民法典》第 1598a 条第 1 款所规定的**请求权的目标（Ziel des Anspruchs）**在于，其他当事人对必要的身体样本（现今大多数情况下是口腔黏膜拭子）的提取以及允许对其进行**检查作出同意表示（Abgabe von Einwilligungserklärungen）**。基因研究所以及检查方法的选择则交由当事人进行。按照《民法典》第 1598a 条第 4 款第 1 句的规定，与《民法典》第 1598a 条第 1 款中同意义务和协助义务相对应的则是知悉检查结果请求权。《家事与非诉事务程序法》第 177 条第 2 款第 2 句规定，在其他当事人同意的情况下，检查随后还能被用于父亲身份确定程序或者父亲身份撤销程序。⑦

B. 潜在生父的排除

68 当《民法典》第 1598a 条提到父亲的时候，指的仅仅是依据《民法典》第 1592 条所规定的**法律上的父亲（rechtlicher Vater）**。⑧ 为了有利于或者不利于**生父（leiblicher Vater）**，立法机构对其**没有规定澄清请求权（keine Klärungsansprüche）**。⑨ 然而他要求知悉的权利，至少在他也享有父亲身份撤销权的前提条件下，看起来是值得保护的。之前联邦宪法法院一开始对此也已经作了简要论述⑩，然而后来还是认为立法机构的决定是合宪的。⑪

此外，《民法典》第 1598a 也没有赋予子女本身针对潜在的生父的出身澄清请求权。在此有必要进行改革。

案例⑫：50 岁的基拉（Kira，K）认为 80 岁的福尔克尔（Volker，V）是她的生父。在 K 出生之后已经启动过针对 V 的父亲身份确定程序了，但是当时由于鉴定意见

---

① OLG Frankfurt FamRZ 2016，1476.
② BGH NJW 2017，2196.
③ 参看 OLG Stuttgart FamRZ 2010，53；过于严格的判决参看 BGH 同上；较为宽松的则参看 BGH NJW 2019，2849。
④ 但是 OLG Frankfurt FamRZ 2016，1746 对此提出了批评。
⑤ 参看《家事与非诉事务程序法》第 185 条第 1 款。
⑥ 详情参看 *Wellenhofer* FS Salgo，2016，S. 117，(130).
⑦ 对此参看 OLG NaumburgNZFam 2014，136.
⑧ OLG Nürnberg FamRZ 2013，227 以及 2014，404.
⑨ 参看 *Helms* FamRZ 2008，1033；*Wellenhofer* NJW 2008，1185 (1188).
⑩ BVerfG NJW 2007，753.
⑪ BVerfG FamRZ 2013，1195.
⑫ 根据 BVerfG NJW 2016，1939.

不明确，被认为没有根据，因此被驳回。当今因为借助 DNA 鉴定实际上所有情况下都有可能获得明确的出生澄清，所以 K 现在依据《民法典》第 1598a 条要求 V 协助进行一次父亲身份检测。然而，V 拒绝了这一要求。

事实上对 K 而言，在此并不存在澄清她出身的可能性。

1. 依据《民法典》第 1600d 条第 1 款要求父亲身份确定（Vaterschaftsfeststellung gem. § 1600d Abs. 1 BGB）的申请由于与先前裁判的既判力相冲突而将无法予以受理。

2. 重审程序（Wiederaufnahmeverfahren）无法进行，因为为此必须要出示一份新的鉴定。[1] 然而，只要 V 拒绝协助进行检测，就将无法取得这样一份鉴定。

3.《民法典》第 1598a 条第 1 款所规定的澄清请求权（Klärungsanspruchaus § 1598a Abs. 1 BGB）并不存在，因为潜在的生父在该条规定中并没有被列为澄清义务人。"父亲"这个概念也无法作其他的解释，因为《民法典》意义上的父亲始终只是《民法典》第 1592 条意义上的父亲。

按照联邦宪法法院的观点[2]，这一法律状况是合宪的。《基本法》第 2 条第 1 款连同适用第 1 条第 1 款所产生的一般人格权，使立法机构负有义务，除了根据《民法典》第 1600d 条的父亲身份确定程序之外不再给可能的生父提供一个单独的出身澄清程序。知悉自己的出身**并非绝对受到保护（nicht absolut geschützt）**。立法机构拥有宽大的空间来对互相冲突的基本权进行平衡。在这方面也涉及由《基本法》第 2 条第 1 款连同适用第 1 条第 1 款所保护的各自男子和母亲的隐私及对其背后所存在之家庭的保护[3]。因为也考虑到子女的起诉可能是在信口开河，所以当澄清义务人的范围超出了法律上家庭成员的范围时，与起诉相关的基本权损害可能会"产生相当大的个人传播幅度"[4]。

C. 由法院来代替同意

如果在例外情况下对《民法典》第 1598a 条所规定的出身澄清的同意被拒绝了，那么就可以通过申请**由家事法庭代替（vom Familiengericht ersetzt）**进行同意。[5] 有申请权利的人则是《民法典》第 1598a 条第 1 款所列举的那些人。对于未成年子女则由补充保佐人代为处理，参看《民法典》第 1629 条第 2a 款的规定。[6] 此外还能够申请由法院指令的对样本采集的容忍。就此而言强制执行手段也是能够考虑的，尤其是《家事与非诉事务程序法》第 178 条第 2 款所规定的直接强制。法律并未列举法院适用的裁判标准。从根本上适用的标准是，请求权存在并且法院必须在裁定中宣布代替进行同意，除非法院根据《民法典》第 1598a 条第 3 款决定中止程序。

D.《民法典》第 1598a 条第 3 款所规定的程序中止

为了在特殊的情况下考虑到子女最佳利益，程序可以根据第 3 款的规定而被暂时中止。立法机构在此所考虑的是这样一类情况，即在其中应当担心，由于特殊的情形直面出

69

70

---

[1] 参看《家事与非诉事务程序法》第 185 条。

[2] BVerfG NJW 2016，1939.

[3] 《基本法》第 6 条第 1 款。

[4] 对此的正确批评参看 *Löhnig/Plettenberg/Runge-Rannow* NZFam 2016，408；*Spickhoff* FamRZ 2016，885.

[5] 《家事与非诉事务程序法》第 169 条第 2 项意义上的出身事务。

[6] 对此参看 OLG Jena NJW-RR 2010，300.

身鉴定结果会引发非典型的，**对未成年子女而言特别严重的后果**（**schwere Folgen für das minderjährige Kind**）。① 可能可以想到的是自杀的危险或者目前所存在的严重疾病有急剧恶化的危险。②

E. 法律后果

《民法典》第1598a条所规定的程序不产生直接的法律后果。所涉及的仅仅是对出身目前存在与否的**知悉获取**（**Kenntniserlangung**）问题。法律上的父亲身份则不受此影响。但是只要《民法典》第1600b条第1款所规定的期限尚未届满，此时当事人就可以自由地提起父亲身份撤销程序。如果所获取的鉴定得出的结果是父亲和子女之间不存在血亲关系，那么撤销期限最迟于知悉此事时开始起算。在法院程序期间，期限则根据第2款和第3款规定而被停止了。③

 深入阅读材料推荐

深入学习：*Campbell*，Das Verbot der Leihmutterschaft，NJW-Spezial 2018，196；*Coester-Waltjen*，Das Recht auf（Kenntnis der eigenen）Abstammung，FF 2017，224；*Dethloff*，Leihmutterschaft-Globale Rechtsvielfalt und ihre Herausforderungen，BRJ 2019，12；*Duden*，Leihmutterschaft-Aktuelle Entwicklungen in der Rechtsprechung，StAZ 2018，137；*Frie*，Das neue Samenspenderrecht，NZFam 2018，817；*Grziwotz*，(Heimliche) Vaterschaftstests für alle?，FF 2020，428；*Heiderhoff*，Kann ein Kind mehrere Väter haben?，FamRZ 2008，1901；*dies.*，Anspruch des Kindes auf Klärung der genetischen Vaterschaft?，NJW 2016，1918；*Heiderhoff/Beißel*，Elternkonkurrenzen，Jura 2017，1243；*Keuter*，Entwicklungen im Statusrecht，FamRZ 2021，473；*Löhnig*，Gemeinsame Elternschaft gleichgeschlechtlicher Paare kraft Gesetzes?，NJW 2019，122；*Röthel*，Abstammung：Mutterschaft und Vaterschaft，Jura 2019，711；*Schumann*，Elternschaft nach Keimzellspende und Embryoadoption，MedR 2014，736；*Spilker*，Das Recht auf Kenntnis der Abstammung im Verfassungsrecht，JuS 2016，988；*Wellenhofer*，Die Samenspende und ihre（späten）Rechtsfolgen，FamRZ 2013，825；*dies.*，Die Schranken des Anfechtungsrechts des leiblichen Vaters gem. § 1600 Abs. 2，3 BGB，NZ-Fam 2017，898。

案例与考试：*Bischoff*，Fortgeschrittenenklausur - Bürgerliches Recht：Zivilrechtliche Probleme heimlicher Vaterschaftstests，JuS 2006，421；*Löhnig/Leiß* Fälle FamR Fall 13；*Preisner*，Examenstypische Klausurkonstellationen im Familien- und Erbrecht，Teil II，JA 2010，505；*Röthel* Fall 6；*Schwab* FamR PdW Fälle 117 - 139。

---

① OLG Karlsruhe FamRZ 2012，1734 也如此认为。

② BT-Drs. 16/6561，S. 13；OLG Koblenz NJW-RR 2013，1349.

③ 参看《民法典》第1600b条第5第1句。

第三十二节　父母照顾的取得和丧失

一、导论

1. 父母照顾的概念

父母对子女的责任是在"父母照顾"中实现的。按照《民法典》第 1626 条第 1 款第 1 句的规定，父母照顾描述的是父母照顾未成年子女的义务和权利。与之相对应的则是《基本法》第 6 条第 2 款第 1 句的规定，据此，照料和教育子女是**父母的自然权利（natürliches Recht der Eltern）**并且对他们而言首先是所负的义务。以相应的方式存在着一项**子女的权利（Recht des Kindes）**，可以要求由自己的父母进行照料和教育。① 《基本法》第 6 条第 2 款第 2 句规定，国家共同体对父母责任的履行进行监督。特别是在子女最佳利益遭受严重威胁的情况下，监督机关就具有重大意义了。② 除此之外，父母在教育他们的子女上拥有很大的决定和形成空间。

"父母原则上可以不受国家的影响和干涉而根据自己的设想决定，他们如何安排对他们子女的照料和教育并因此而使他们的父母责任得以正确履行。"③

父母照顾有着广泛的内容，其目的在于维护和促进子女在身体、智识、精神、社会和经济诸多方面上的全部利益。对此法律采取了如下的区分，即一方面是对子女人身的照顾④，另一方面是对子女财产的照顾。⑤

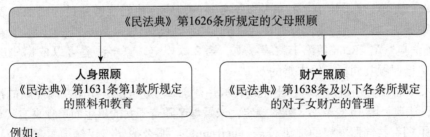

《民法典》第1626条所规定的父母照顾

人身照顾	财产照顾
《民法典》第1631条第1款所规定的照料和教育	《民法典》第1638条及以下各条所规定的对子女财产的管理

例如：
- 学校教育
- 对子女的监督
- 医疗供养
- 《民法典》第1632条第1款所规定的确定居留地
- 《民法典》第1632条第2款所规定的与第三人的交往

《民法典》第1629条所规定的包括在两个照顾领域对子女的法定代理

---

① BVerfG FamRZ 2008，845.
② 参看《民法典》第 1666 条。
③ BGH NZFam 2019，342.
④ 《民法典》第 1631 条及以下各条所规定的**人身照顾（Personensorge）**；参看下文第三十三节边码 1 及以下各边码。
⑤ 《民法典》第 1638 条及以下各条所规定的**财产照顾（Vermögenssorge）**；参看下文第三十三节边码 5。

2. 照顾权的分配方式

3   父母照顾可以由父母一方单独享有（**单独照顾，Alleinsorge**）或者由父母双方共同享有（**共同照顾，gemeinsame Sorge**）。此外还可以考虑单独照顾和共同照顾相结合。这样一来对于部分领域可以存在父母一方的单独照顾（例如对于已经继承了丰厚遗产的子女的财产照顾），而在其他领域则由父母双方共同进行照顾。

至于法律上获得父母照顾的途径则被区分为以下三种形式：

● 依据法律取得①
● 依据意思表示取得②
● 依据法院裁判取得③

3. 基本的案件情形

4   对于是存在**共同照顾**（gemeinsame Sorge）还是**单独照顾**（Alleinsorge）这一问题，基本上被区分为下列这些情形。对此应当注意的是，当法律中提到父母时，指的是《民法典》第 1591 条意义上的母亲以及《民法典》第 1592 条意义上的父亲。只要法律意义上的父亲身份还不存在，也就不存在照顾权。

● 如果父母在子女出生的时候已经**互相结婚了**（**miteinander verheiratet**），那么他们就自动取得对子女的共同照顾。这一点是依法适用的，即使可能也不存在任何一条条文规范对此作过明确的表述。但是通过解读《民法典》第 1626 条及以下各条是可以得出这点的。

● 另外按照《民法典》第 1626a 条第 1 款第 2 项的规定，从父母互相结婚的那一时间点开始也适用共同照顾。

● 如果**父母没有互相结婚**（**nicht** miteinander **verheiratet**），那么按照《民法典》第 1626a 条第 1 款第 1 项、第 1626b 条及以下各条的规定，他们能够通过作出照顾表示而获得共同照顾。④

●《民法典》第 1626a 条第 1 款第 3 项、第 2 款规定，家事法庭可以依据父母一方的申请而将父母照顾共同授予给未婚的双方。

● 只要父母没有结婚，没有作出照顾表示并且家事法庭也没有作出共同照顾的指令，那么按照《民法典》第 1626 条第 3 款的规定，未婚母亲随着子女的出生而单独享有父母照顾。

● 如果拥有共同照顾权的父母**分居**（**getrennt**），那么按照《民法典》第 1671 条的规定，他们中的任何一方都能够向家事法庭提出申请，要求通过法院裁判而将单独照顾授予自己。⑤ 但是分居或者离婚本身还不会对共同父母照顾的继续存在产生影响。

例子：

● 如果子女在其父母结婚之前就出生了，那么首先存在的是母亲的单独照顾⑥，随着

---

① 例如《民法典》第 1626a 条第 3 款所规定的未婚母亲的单独照顾。
② 《民法典》第 1626a 条第 1 款第 1 项所规定的未婚父母的共同照顾。
③ 例如《民法典》第 1671 条第 1 款所规定的离婚后的单独照顾。
④ 参看下文本节边码 5 及以下各边码。
⑤ 参看下文本节边码 18 及以下各边码。
⑥ 《民法典》第 1626a 条第 3 款。

父母双方结婚则自动变为共同照顾。①

　　● 如果一名子女是在其母亲婚外出轨的情况下出生的，那么共同照顾权由母亲和她依据《民法典》第 1592 条第 1 项而成为子女法律上父亲的丈夫享有。只有当丈夫的父亲身份被成功撤销了，生父有效地承认了父亲身份并且之后例如通过根据《民法典》第 1626a 条第 1 款第 1 项所作的照顾表示或者法院依据《民法典》第 1626 条第 1 款第 3 项的裁判而确立了共同照顾时，生父才能获得照顾权。

二、通过照顾表示取得共同照顾

1. 前提条件

　　如果子女的父母并未互相结婚并且他们也不想结婚，那么他们就可以通过作出**照顾表示**（**Sorgeerklärungen**）来获得共同的父母照顾。先前的法律状况一般性地排除了未互相结婚之父母的共同照顾，这在 1991 年的时候被联邦宪法法院根据《基本法》第 6 条第 2 款以及第 5 款宣布为违反宪法。②　　　　　　　　　　　　　　　　　　　5

《民法典》第 1626b 条及以下各条所规定的共同照顾表示的生效前提条件

　　1. 由父母双方作出共同照顾的意思表示

　　2. 按照《民法典》第 1626c 条第 1 款的规定，属于高度人身性的表示

　　3.《民法典》第 1626c 条第 1 款规定，表示不得附条件或者时间限制

　　4.《民法典》第 1626d 条第 1 款中所规定的形式：作成官方证书

　　5. 原则上：表示人需具有行为能力

　　《民法典》第 1626c 条第 2 款则为限制行为能力人设立了特殊规范

　　6. 按照《民法典》第 1626b 条第 3 款的规定，不存在由法院作出的相冲突的照顾权裁判

　　A. 双方的表示

　　照顾表示是**意思表示**（**Willenserklärungen**）。但是父母双方并非互相之间相对地作出　6
共同照顾的意思表示；两者的意思表示也并非是需要领受的。毋宁说可以称为平行作出的表示。③ 在此涉及的是高度人身性的表示；按照《民法典》第 1626c 条第 1 款的规定，代理就被排除了。《民法典》第 1626b 条第 1 款规定，表示不得附条件和期限。照顾必须是指全方位以及法定意义上的；既不允许“在一定时期内试用式预订的”照顾，也不允许将其与一定的条件联系在一起（例如母亲那方提出条件，要求子女在无论如何都要和她住在一起）。

　　B. 形式

　　按照《民法典》第 1626d 条第 1 款的规定，为了使其生效，照顾表示需要**作成官方证**　7

---

① 《民法典》第 1626a 条第 1 款第 2 项。

② BVerfG FamRZ 1991, 913.

③ *Schwab* FamR GdR Rn. 770.

书（öffentliche Beurkundung）。对此有管辖权的则是公证人[1]以及青少年管理局。[2] 此外，表示还能够以法院批准的父母约定形式进行。[3] 父母双方也可以选择不同的机构作成证书。双方的表示不必同时作出。

C. 表示人的行为能力

8　　当父母双方想要有效地作出照顾表示时，原则上他们必须具备行为能力。但是，共同照顾的可能性也应该向比如 17 岁的未婚母亲以及她子女的父亲一起开放。在这种情况下，按照《民法典》第 1626c 条第 2 款第 1 句的规定，一方面需要——由于表示具有高度人身性——限制行为能力人的照顾表示，并且另一方面也需要法定代理人的同意。如果代理人拒绝进行同意，那么按照《民法典》第 1626c 条第 2 款第 3 句的规定，还存在通过家事法庭来代替进行同意的可能性。无行为能力人无法作出有效的照顾表示。

D. 存在与之相冲突的法院照顾权裁判时受阻却

9　　《民法典》第 1626a 条第 1 款第 1 项意义上的照顾表示，只能够在未婚母亲于子女出生后享有单独照顾的情况下作出。[4] 相反，如果父母一方的单独照顾依据的是法院的一项裁判[5]，那么按照《民法典》第 1626b 条第 3 款的规定，对这一裁判的变更只能通过一项新的法院裁判进行。

E. 不存在期限

10　　对于照顾表示而言不存在法定期限。但是从事物之本质（Natur der Sache）中还是能够得出，只要子女还未成年，就必须进行表示，因为父母照顾随着子女的成年就结束了。至于最早的时间点，《民法典》第 1626b 条第 2 款明确规定，表示**在子女出生之前（vor der Geburt des Kindes）**也已经可以被作出了。不过，即使是子女出生之前也还必须是已经受孕了。

在**《民法典》第 1599 条第 2 款（§ 1599 Abs. 2 BGB）**（一名子女在离婚程序期间出生）的前提条件下，在法律意义上（还不）是子女父亲的男子也能够作出一个效力待定的（schwebend unwirksame）照顾表示。

> **案例：**玛塔（Marta，M）和埃米尔（Emil，E）已经结婚了，但是两年前他们开始分居。在 M 的离婚申请发生诉讼系属之后，毫无争议是由 M 的新伴侣路易斯（Louis，L）所生的子女基姆（Kim，K）出生了。现在 L 在 E 和 M 的同意之下为 K 承认了父亲身份。同时 L 和 M 按规定的形式在青少年管理局作出了照顾表示。一年后离婚发生既判力。在此期间 M 又和 L 分居了并且不想继续进行共同照顾了。M 认为之前所作出的照顾表示是无效的，因为 L 在那个时间点还不是法律意义上的父亲。本案的法律状况如何？
>
> 在本案中，照顾表示的所有前提条件，除了 L 的父亲身份这一例外，其他都满足了。就此而言问题在于，为了能够在一个效力待定阶段之后随着父亲身份的产生而变为确定有效，一项照顾表示（Sorgeerklärung）是否**在获得法律上的父母身份之前（vor Erlangung der rechtlichen Elternschaft）**在某种程度上就已经能够预备性地作出了。联邦

---

[1] 《联邦公证人条例（BNotO）》第 20 条第 1 款第 1 句。
[2] 《社会法典》第八编第 59 条第 1 款第 1 句第 8 项。
[3] BGH FamRZ 2011，796.
[4] 参看《民法典》第 1626a 条第 3 款。
[5] 特别是根据《民法典》第 1671 条。

最高法院在《民法典》第 1599 条第 2 款的前提条件下对这一问题作了肯定的回答。按其观点，当一个效力待定的父亲身份承认是可能的时候，这点也必须类推适用于一项相应的照顾表示，主要是因为父亲身份承认和照顾表示受到完全相似的前提条件所限制。①

在本案中《民法典》第 1599 条第 2 款的前提条件已经满足了。因此父亲身份以及照顾表示都随着离婚的既判力而变为有效了。如果 M 现在要求一种其他的照顾权分配，那么她必须通过法院并且按照《民法典》第 1671 条的规定提出申请。②

F. 不存在其他的生效要求

就如同在父亲身份承认的情况下一样③，按照《民法典》第 1626e 条的规定，法律也 **11** 为照顾表示规定了，只取决于《民法典》第 1626b 条及以下各条的特别生效要求。这意味着，一方面**其他的无效原因被排除了（andere Nichtigkeitsgründe ausgeschlossen）。**④ 另一方面也因此澄清了，无须进行审查共同照顾是否也与子女最佳利益相一致，父母到底是否共同生活或者甚至他们是否可能已经和其他伴侣结婚了。就此而言法律止步于子女父母的意思一致，而这点自然也是强有力的证据，表明他们能够胜任共同照顾权。

2. 法律后果

当父母双方都已经作出有效的表示，可能必要的同意也存在并且子女已经出生时，照 **12** 顾表示才发生效力或者说之后才产生共同照顾。因此是以**面向未来的效力（ex-nunc-Wirkung）**适用共同照顾。如果对已经作出的照顾表示的有效性存在怀疑，那么在具有特别确定利益的情况下，可以提出申请要求确定父母照顾存在或者不存在。⑤

在共同照顾产生之后，仍然只有通过**法院裁判（gerichtliche Entscheidung）**才有可能对其进行变更。⑥ 也就是说照顾表示既不能被撤回也不能根据《民法典》第 119 条及以下各条被撤销并且还不能以双方互相同意的方式被变更或者被废止。

三、《民法典》第 1626a 条第 1 款第 3 项、第 2 款所规定的通过法院裁判取得共同照顾

如果子女的父母双方没有互相结婚并且没有作出照顾表示，那么按照《民法典》第 **13** 1626a 条第 3 款的规定，母亲拥有单独照顾（权）。这一规定在联邦宪法法院 2010 年的裁判之后才算是告一段落。

1. 先前的法律状况违反宪法

根据《民法典》第 1626a 条、第 1672 条的旧条文，未与子女母亲结婚的父亲，在缺

---

① BGH NJW 2004，1595.

② 参看下文本节边码 18。

③ 参看《民法典》第 1598 条第 1 款；参看上文第三十一节边码 21。

④ 例如由于《民法典》第 116 条及以下各条而产生的无效。

⑤ 例如 OLG Stuttgart FamRZ 2008，539。

⑥ 参看下文本节边码 18 及以下各边码。

少母亲协助的情况下，不存在获得共同或者单独照顾权的可能性。也没有规定由法院审查母亲拒绝照顾表示的原因。甚至当共同照顾权对子女而言看起来是最佳解决方案时，也不能违背母亲的意思而对共同照顾权作出指令。因为欧洲人权法院①认为其中存在着对《欧洲人权公约》第 14 条连同适用《欧洲人权公约》第 8 条（私人生活和家庭生活的权利）所规定的**禁止歧视**（**Diskriminierungsverbot**）的违反，所以联邦宪法法院也表示先前的法律构想与《基本法》第 6 条第 2 款不相符②，因为这一法律构想意味着对《基本法》第 6 条第 2 款第 1 句所规定的未婚父亲的**父母权**（**Elternrecht**）不合比例之干涉。③ 之后通过《未互相结婚之父母的父母照顾改革法》④ 才制定了于 2013 年 5 月 19 日生效的新规范。

> **案例：** 在一场婚姻失败之后咪咪（Mimi，M）和她的男朋友维托（Vito，V）一起共同生活。当 M 和 V 生了女儿塔拉（Tara，T）的时候，V 催促着要作出照顾表示，因为他想要与 M 共同进行对 T 的父母照顾。虽然和 V 的关系发展良好，但是 M 由于前一次的离婚已经丧失了对永恒爱情的信念并且目前想避免任何一个法律上的束缚。所以她拒绝作出照顾表示。V 的问题是，他是否必须对此予以容忍。

> 按照 2013 年之后的现行法，在子女出生时母亲根据《民法典》第 1626a 条第 3 款拥有单独照顾并且拒绝作出照顾表示的情况下，V 还有可能依据《民法典》第 1626a 条第 1 款第 3 项、第 2 款的规定向家事法庭提出申请将照顾共同授予他们。

2. 根据《民法典》第 1626a 条第 1 款第 3 项、第 2 款提出共同照顾申请

14　　依据《民法典》第 1626a 条第 2 款第 1 句的规定，当授予共同照顾**不会与子女最佳利益相冲突**（**Kindeswohl nicht widerspricht**）时，家事法庭依据父母一方的申请而将共同照顾授予未结婚的父母双方。如果父母另一方不说明能够阻却授予共同父母照顾的原因，并且也无法明显看出有其他的这一类原因，那么就按照第 2 句的规定推定，共同父母照顾与子女最佳利益不冲突。与此同时，《家事与非诉事务程序法》第 155a 条则对此作出相应规定，法院在这类情况下可以不需要听取青少年管理局的意见以及不需要父母亲自被听取意见而以书面程序进行裁判。依据《民法典》第 1626a 条第 1 款第 3 项的规定，申请可以由母亲或者父亲提起，但在实践中具有重大意义的也只有父亲的申请了。

　　根据联邦最高法院的观点，法律依据的是下面这一假定，即共同父母照顾原则上符合子女根据与父母双方的关系而产生的需要。从中可以产生下列这一法定**指导原则**（**Leitbild**），即如果不存在相反的原因，那么父母双方原则上应该承担对子女的共同父母照顾。⑤ 然而这并不意味着，在有疑义的情况下也将会原则性地作出共同照顾的裁判。毋宁说在父母另一方说明原因之后紧接着所要进行的是**全面的事实查明**（**umfassende Sachaufklärung**）。

15　　不应当对能够不利于共同照顾的**原因说明**（**Darlegung von Gründen**）提出过高的要

---

① EGMR FamRZ 2010，103.

② BVerfG NJW 2010，3008.

③ 仍然不同的观点则参看 BVerfG FamRZ 2003，285；2003，1447。

④ BGBl. I 795.

⑤ BGH FamRZ 2016，1439；BVerfG FamRZ 2020，1559；BT-Drs. 17/11048，S. 12.

求。当在具体事实证据的基础而从所说明的情形中，得出共同的父母照顾与子女最佳利益不相符的可能性时，这就已经足够了。根据相关的证据就已经可以产生法院**依职权调查义务**（Amtsermittlungspflicht），这就产生了在普通照顾权程序中应当进行的全面审查。① 只有当根据穷尽的事实查明都无法确定，共同照顾与子女最佳利益相冲突时，才从子女最佳利益审查的消极表述中产生以下（客观的）确定责任负担（Feststellungslast），即在有疑义的情况下应当宣布将父母照顾共同授予父母。②

根据《民法典》第 1626a 条第 1 款第 3 项、第 2 款的申请

1. （由父亲或者母亲）向家事法庭提出申请
2. 之前由母亲根据《民法典》第 1626a 条第 3 款取得单独照顾
3. 共同照顾与子女最佳利益不冲突（消极的子女最佳利益审查）

对于**共同照顾**（gemeinsame Sorge）在个案中是否**与子女最佳利益相冲突**（Kindeswohl widerspricht）这一核心问题，则需要对所有有利于和不利于共同照顾的情形进行全面的**权衡**（Abwägung）。就此而言适用类似于根据《民法典》第 1671 第 1 款第 2 句第 2 项进行裁判时所适用的原则，其中所涉及的是与废止共同照顾相反的情况。③ 子女最佳利益几个非常重要的考虑角度是父母的教育能力、与子女的联系、促进和连续性原则以及子女意思。但是这些标准并不互相累积在一起。其中的每一个在个案中对裁判都能或多或少地具有重要意义，这一点是符合子女最佳利益的。④

父母一方笼统地拒绝共同照顾这一情形还无法对共同照顾产生不利。但是，在父母照顾的基本领域达成**最低限度的一致**（Mindestmaß an Übereinstimmung）⑤ 以及父母之间存在总体上**可维持的社会关系**（tragfähige soziale Beziehung）是共同行使父母责任的前提条件。所以如果在父母的沟通层面持续存在着严重的障碍，以至于使人担心，对父母而言没有作出共同决策的可能并因此而将给子女增加重大负担，从而父母将要被迫去共同承担照顾，那么就不应当授予共同的父母照顾。⑥

例子：

● 如果父亲不了解自己的子女，不接受探访约定，不想与子女母亲有任何接触并且认为，由于拥有共同照顾权他就能够单独确定探访时间，而不必取决于子女母亲，而且在电子邮件中对子女母亲以完全不适当的命令口气指定了探访日期，那么共同照顾就被排除了。⑦

● 只要针对父亲而提出的对子女进行性虐待的指控没有被消除，就必须排除共同照顾。⑧

● 已上学的子女以坚决的意思表达父亲应该在重要事情上共同作决定，这一点就可以

---

① BGH FamRZ 2016，1439.

② BGH 同上。

③ BGH FamRZ 2016，1439.

④ 例如 BGH NJW 2020，1065。

⑤ BVerfG FamRZ 2021，279；OLG Saarbrücken FamRZ 2016，1858.

⑥ BGH FamRZ 2016，1439；OLG Karlsruhe FamRZ 2020，1920.

⑦ AG Gießen NZFam 2014，285.

⑧ OLG Naumburg NJ 2019，159.

被视为共同照顾可替代性的证据了。①

3. 关于程序

17   家事法庭的**裁判**（**Entscheidung**）是在**加速程序**（**beschleunigtes Verfahren**）中进行的。《家事与非诉事务程序法》第 155a 条第 2 款规定，在申请被接受之后法院将这一申请送达父母另一方并且为其确定**表态期限**（**Frist zur Stellungnahme**）。如果父母另一方没有说明不利于共同照顾的任何原因②，虽然依据《家事与非诉事务程序法》第 155a 条第 3 款的规定，法院应该不需要听取青少年管理局的意见以及不需要父母亲自被听取意见而以**书面程序**（**schriftlichen Verfahren**）作出裁判。③ 但是因为根据联邦最高法院的观点，不应对不利于共同照顾的原因说明提出过高要求④，所以依据《家事与非诉事务程序法》第 155a 条第 3 款所规定的书面程序在司法实践中将会被减少到在以下情况中进行，即法院完全没有收到有关任何原因的通知。

     如果不考虑书面程序，那么依据《家事与非诉事务程序法》第 155a 条第 4 款的规定，就要指定一个最迟应该在原因公布之后一个月进行的商议日期。对此很重要的是，也要**听取子女意见**（**Kind anzuhören**）。根据联邦最高法院的观点，原则上也不能放弃对 14 岁以下的子女听取意见。依据**《家事与非诉事务程序法》第 159 条第 2 款**（**§ 159 Abs. 2 Fam-FG**）的规定，当子女的兴趣、联系或者意思对于裁判具有重要意义或者当由于其他原因而表明应当进行亲自被听取意见时，那么这样的一个子女就应当亲自被听取意见。不过这些前提条件在照顾权程序中通常已经满足了。只有在子女非常年幼的情况下或者由于特殊情形导致子女能力受到严重限制，因而无法表达自身意思以及自身关系之时，才有可能由于缺少表达能力而放弃听取意见。⑤

四、父母照顾的变更

1. 根据《民法典》第 1671 条第 1 款提出单独照顾的申请

18   《民法典》第 1671 条**第 1 款**（**Abs. 1**）所涉及的情况是，**照顾（权）由父母共同**（**Sorge den Eltern gemeinsam**）享有，而现在父母一方为自己要求单独照顾。对此的出发点在于，即使父母分居或者离婚了，也仍然存在共同的父母照顾。在绝大多数情况下父母也就会对此保持这样的现状。但是在父母分居的情况下，父母任何一方都可以向**家事法庭提出申请**（**Familiengericht zu beantragen**），要求将父母照顾（或者其中的一部分）**单独**（**allein**）授予自己。

     共同的父母照顾可以基于照顾表示，父母的结婚或者根据《民法典》第 1626a 条第 1 款第 3 项而作出的法院裁判。根据《民法典》第 1671 条第 1 款的规定，由目前为自己要求单

---

① OLG Saarbrücken FamRZ 2016, 1858.

② 《民法典》第 1626a 条第 2 款第 2 句。

③ 对此的批评参看 *Willutzki*，FPR 2013, 236 (238).

④ 参看上文本节边码 15。

⑤ BGH FamRZ 2016, 1439.

独照顾的父母一方提出申请。而前提条件则是，父母双方并非只是暂时**分居**（**getrennt leben**）。① 他们曾经是否一起共同生活过或者他们已经分居多长时间了，都是无关紧要的。

这里涉及的是《家事与非诉事务程序法》第 151 条第 1 项意义上的**亲子关系事务**（**Kindschaftssache**）。另外子女是一名"必要当事人"（Muss-Beteiligter）②。如果子女自身没有诉讼能力③，那么就需要法定代理。在这方面，如果通过指定程序援助人④已经能够确保子女的有效利益代理了，那么即使在父母与子女之间存在严重利益冲突的情况下也可以考虑在程序中由父母进行代理。⑤ 这样就不需要根据《民法典》第 1629 条第 2 款第 3 句、第 1796 条的规定剥夺照顾权并且指定一名补充保佐人了。

根据《民法典》第 1671 条第 1 款的申请

1. 向家事法庭提出申请

2. 之前存在父母的共同照顾

3. 父母并非只是暂时的分居

4. 申请的可证立性

a）在互相同意申请的情况下：当父母另一方同意时，按照《民法典》第 1671 条第 1 款第 2 句第 1 项的规定，应在子女没有提出反对的情况下

b）在申请有争议的情况下：按照《民法典》第 1671 条第 1 款第 2 句第 2 项的规定，当根据法院的确信可以期待，

——废止共同照顾以及

——授予申请人单独照顾

与子女最佳利益最相符合时

5.《民法典》第 1671 条第 4 款规定，不存在依据法律作出其他裁判的必要性

A. 可证立性审查的步骤

可证立性审查取决于**父母另一方**（**andere Elternteil**）是否**同意申请**（**dem Antrag zustimmt**）。⑥ 同意必须以高度人身性以及无条件地被作出。⑦ 在同意的情况下就推定，双方所想要采用的规则对于子女最佳利益来说将是最合理的。就此而言《基本法》第 6 条第 2 款第 1 句所规定的父母权也赞同由父母自主安排的规则。然而，当年满 14 岁的**子女**（**Kind**）**反对**（**widerspricht**）申请时，情况就有所不同了。在这种情况下裁判状况又是开放的了。此时法院的任务就是作出一个以子女最佳利益为导向的个案裁判。

如果**父母另一方**（**andere Elternteil**）因为想要维持共同照顾，或者自己提出了将单独照顾授予自己的申请，从而**反对**（**widerspricht**）申请，那么法院就必须对法律状况进行**全**

19

20

---

① 关于这个概念参看《民法典》第 1567 条。

②《家事与非诉事务程序法》第 7 条第 2 款第 1 项。

③《家事与非诉事务程序法》第 9 条第 1 款第 3 项。

④ 参看上文第三十节边码 12。

⑤ BGH NJW 2011，3454；2012，1150。

⑥《民法典》第 1671 条第 1 款第 2 句。

⑦ OLG Koblenz FamRZ 2016，475。

面的审查（umfassende Prüfung）。① 对此必须分为**两个步骤**（zwei Schritten）进行审查。

在第一个步骤中（im ersten Schritt），为了能够批准申请，法院必须确信，废止共同照顾对子女更为有利。如果父母之间缺少**可维持的社会关系**（tragfähige soziale Beziehung），就应当认定这一点；因为共同的父母责任是以他们之间达成最低限度的一致为前提条件的。然而，由于作出单独照顾的指令总是同时导致父母另一方照顾权的剥夺，从而严重干涉了其父母权②，因此也必须始终注意比例原则。③

在下列情况下**废止共同照顾**（Aufhebung der gemeinsamen Sorge）则将是显而易见的：

● 在过去的时间中父母已经表明，他们自身并不具备能力以有利于子女的方式达成有意义的共同决定。④

● 父母处于非常严重的敌视状态并且无法进行适当的沟通或者合作。⑤

● 父母另一方侵犯或者严重虐待子女。

21　**在第二个步骤中**（im zweiten Schritt）应当审查的是，授予申请人单独照顾是否正好最符合**子女最佳利益**（Kindeswohl）。否则申请则应当被驳回。在审查申请人看起来是否正好是更佳的单独照顾权人这一问题上，则依据**促进原则**（Förderprinzip）和**持续性原则**（Kontinuitätsprinzip）进行。⑥ 这样就要考虑，谁能够更好地促进子女身体、精神和学习上的发展。此外需要提出的问题则是，在涉及住所、学校、社会关系等类似事务上，父母哪一方能够提供给子女更多持续性和均匀性。就此而言正好也涉及对子女已形成的联系以及父母的联系容忍度（Bindungstoleranz）⑦ 之保护。很多家庭心理鉴定（Gutachten）所得出的结论是，子女与母亲之间存在最强的联系，所以在大多数情况下照顾权都会授予母亲。但是不存在下列法律上的推定，即在有疑义时子女最好归由母亲照顾。⑧

例子：如果一个正处于小学年龄段的男孩有可能存在**性别障碍**（Geschlechtsdysphorie），也就是说他难以认同自己目前所具有的性别，那么不忽视这种状况并且不禁止这一男孩在公共场合穿女生服饰的父母一方似乎就更适合进行单独照顾。因为在这一类情况下，认真对待子女的**感受和愿望**（Gefühle und Wünsche）对子女的发展非常重要。⑨

22　此外，只要**子女的意思**（Wille des Kindes）是自主形成的并且与子女最佳利益相符合，那么就具有十分重大的意义。所以《家事与非诉事务程序法》第 159 条第 2 款规定，子女应当亲自被听取意见。在个案中法院有可能面临困难的权衡过程。如果法院自身缺少足够的专业知识来判断全部状况，那么就要获取一份专家鉴定了。以有疑义时应从法律中推断出有利于共同照顾之评价为理由，是不足以驳回单独照顾之申请的。⑩ 在任何情况之下，法院的裁定都应当谨慎地进行论证。

---

① 《民法典》第 1671 条第 1 款第 2 句第 2 项。

② 《基本法》第 6 条第 2 款第 1 句。

③ BVerfG NZFam 2019，274.

④ OLG Frankfurt/M. FamRZ 2008，1470.

⑤ 例如 OLG Celle FamRZ 2016，385。

⑥ 例如 OLG Frankfurt a. M. NJW-RR 2020，1394.

⑦ 例如 BGH NJW 2020，1065。

⑧ OLG Frankfurt FamRZ 2016，1093.

⑨ BVerfG NZFam 2018，72.

⑩ 参看 BVerfG FamRZ 2004，354。

案例[①]：米拉（Mira，M）和恩格尔贝特（Engelbert，E）之前长年处于非婚关系，在此期间生育了两名子女并且基于照顾表示而对他们享有共同照顾权。自从M和E分开之后，M就带着子女与她的新男朋友弗雷德（Fred，F）共同生活了。两名子女都很爱他们的母亲。在没有考虑E想法的情况下M单独作出了所有与子女相关的决定并且避免和E有任何联系，虽然E完全地表现出了乐意合作的态度。M以所谓的恋童癖为由向法院提出了申请，要求禁止E与子女们交往接触，但这未获成功；M仍然坚持她所作的指控。因此M和E之间的关系已经毫无修复希望地被破坏了。现在M向法院为自己申请单独照顾，E则不同意这一申请。

本案涉及的是有争议的《民法典》第 1671 条第 1 款第 2 句第 2 项所规定的申请（**Antrag nach § 1671 Abs. 1 S. 2 Nr. 2 BGB**）。进行共同照顾的前提条件在于在父母照顾的基本领域达成**最低限度的一致**（**Mindestmaß an Übereinstimmung**）以及父母之间存在总体上可维持的社会关系。[②] 然而本案中在父母之间却不存在可维持的关系；他们之间的关系已经完全破裂了。因此由父母一方进行单独照顾更加符合子女最佳利益。

但是，仍有疑问的是，单独照顾是否正好应当被授予申请人，因为一方面M由于她对E（可能）没有根据的指控而显得不是特别适合教育子女，以及另一方面她正好也要为共同照顾无法维持下去承担责任。不过需要注意的是，照顾权裁判的目的不是惩罚父母一方。裁判仅仅只是在符合那些子女最佳利益考虑角度的情况下才会被作出。就此而言要考虑的是，子女一直以来都与他们的母亲生活在一起并且和她在情感上也有很强的联系。因此，尽管M在部分领域存在教育上的错误，但仍然应当认为，将单独照顾授予她从总体上来说还是最符合子女最佳利益的。

B. 折中解决方案：部分单独照顾

根据《民法典》第 1671 条第 1 款第 1 句、第 2 款第 1 句的文义，也可以考虑将某一**"部分的父母照顾"**（**Teils der elterlichen Sorge**）授予父母一方。除了共同照顾和完全的单独照顾也能想象得到折中的解决方案。这样原则上就可以让共同照顾保持现状，而将某一特定的部分领域单独授予父母一方，这就被称为**部分单独照顾**（**partielle Alleinsorge**）。如果父母在总体上是能够合作的，但在特定问题上刚好无法达成一致，那么这种做法很合理。这一类部分领域可以涉及比如为某一继承人进行财产照顾、健康照顾、子女的宗教归属或者**确定居留地**（**Aufenthaltsbestimmung**）。法院可以根据申请宣布部分单独照顾或者也能够以完全单独照顾申请之补充（**Minus**）的方式作出。

例子：如果母亲想要带着子女**移民国外**（**auswandern**），而父亲却不同意其子女移居，那么只有当母亲事先取得单独的居留地确定权时，她才能够实施她的计划。在对此作出裁判时，法院必须要根据子女最佳利益进行权衡，对子女而言什么才是最佳的解决方案。这就导致了复杂的权衡过程，主要是因为有可能有多种方案可以考虑，比如跟随母亲出国或者留在父亲身边抑或由于放弃移民国外计划而保持现状。对此非常重要的权衡方面是，有

---

① 根据 BGH FamRZ 2008，592。

② 参看 BVerfG NZFam 2018，72；BGH FamRZ 2016，1439。

可能发生的与父母一方联系的丧失，以及通过听取子女的意见以及有可能通过指定程序援助人[1]而查明的子女自身的意愿。[2]

C. 父母一方被全面授予代理权时的单独照顾申请

24 　　在有共同照顾权的父母处于分居状态的情况下比较合适的做法是，父母一方向与子女一起生活的父母另一方授予**全面的代理权**（umfassende Vollmachten）。这样一来被授权的父母一方就可以在法律事务中单独行使父母的代理权限并且独立作出这方面与子女相关的一些决定。同时这样也减少了父母之间发生冲突的可能性。即使在父母之间不存在可维持的社会关系的情况下，本来看起来有必要对父母一方授予的单独照顾，此时也因此而变得没有必要了。最终，与剥夺照顾权相联系的对《基本法》第 6 条第 2 款所规定的父母权的干涉在这种情况下就显得不符合比例了。然而，如果在过去的时期内显示出代理权无法提供足够可靠的手段来代表子女的利益，比如因为行政机关已经将其驳回或者父母另一方之后不愿意合作了，那么情况就有所不同了。在这种情况下根据《民法典》第 1671 条第 1 款提出的单独照顾申请应当得到批准。[3]

D. 不存在依据法律作出其他裁判的必要性

25 　　按照《民法典》第 1671 条第 4 款的规定，只要父母照顾根据其他规定必须予以不同的规范，那么一项根据《民法典》第 1671 条的申请就无法被批准。这首先涉及的是《民法典》第 1671 条第 1 款第 2 句第 1 项、第 2 款第 2 句第 1 项中的情况，在这其中不必进行进一步的子女最佳利益审查。如果由于照顾被授予父母另一方而使子女最佳利益遭受具体危害这一点在此处是显而易见的，那么基于《民法典》第 1666 条的另一规范就应当依职权而被适用。[4] 就此而言通过《民法典》第 1666 条防范子女最佳利益所遭受的危害就具有优先适用性了。

　　例子：如果很明显，父亲一再地对子女施加人身暴力，并且可以预见这一状况在未来还会持续下去并且法院不久之后将会因此被迫根据《民法典》第 1666 条再次剥夺父亲的单独照顾，那么父母双方要求将单独照顾授予父亲的申请就不会被批准。

2. 父亲根据《民法典》第 1671 条第 2 款提出单独照顾的申请

26 　　《民法典》第 1671 条第 2 款涉及的是《民法典》第 1626a 条第 3 款的初始情况，即未婚母亲原初的单独照顾。在这种情况下，父母照顾或者其中的一部分[5]可以通过父亲的申请而被单独授予给他。所进行的审查要符合根据《民法典》第 1671 条第 1 款第 2 句提出申请时的结构。[6] 不过，在《民法典》第 1671 条第 2 款第 2 句第 1 项的情况下，也应当检查是否存在单独照顾**不与子女最佳利益相冲突**（dem Wohl des Kindes nicht widerspricht）。另一方面，在《民法典》第 1671 条第 2 款第 2 句第 2 项的情况下则应当确定，共同照顾是不予以考虑的。

---

① 参看上文第三十节边码 12。
② BGH NJW 2010，2805：移民墨西哥；OLG Frankfurt FamRZ 2014，323：移居土耳其。
③ BGH NJW 2020，2182；详情参看 *Amend-Traut* FamRZ 2020，805；*Prinz* NZFam 2020，747。
④ 参看下文本节边码 31 及以下各边码。
⑤ 参看上文本节边码 23。
⑥ 参看上文本节边码 18。

如果有单独照顾权的母亲因为同意了对子女的**收养**（Adoption），她的照顾权因此依据《民法典》第 1751 条第 1 款第 1 句而停止时，则适用特别规则。在这一情况下，按照《民法典》第 1671 条第 3 款第 1 句的规定，父亲依据《民法典》第 1626a 条第 2 款提出的共同照顾申请就被看作是根据《民法典》第 1671 条第 2 款提出的单独照顾申请。如果这样不会与子女最佳利益相冲突，那么就应当批准申请。①

3. 照顾权和交替模式

如果由处于分居状态的父母双方以大致相同的时间比例照管子女，那么这就被称为交替模式（Wechselmodell）或者更确切地说是"平等的交替模式"。之后子女就轮流生活在父母双方的住房中，每隔几天或者也可以是每周一次进行交替更换。这样一种类型的分担照管虽然直到如今还很少被实行，但可能会越来越重要。根据通说，这类照管模式也可以**违背父母一方的意思**（gegen den Willeneines Elternteils）而通过法院**进行指令**（angeordnet）。如果分担照管在过去成功地被实行过，但现在父母一方在无合理原因的情况下对此却不想再坚持下去了，那么这样一种选项可能就会特别显而易见。对此则缺少具体的法定规范。根据联邦宪法法院的观点，立法机构也没有义务考虑将指令处于分居状态的父母进行平等照管规定为一般情况，而将法院作出的不同规则规定为例外。②

根据联邦最高法院的观点③，无论如何都能够以根据《民法典》第 1684 条第 3 款**由法院作出交往规则**（gerichtlichen Umgangsregelung）的形式指令一种照管模式。前提条件就在于，与其他的照管模式相比，由父母双方分担照管在具体情况中与**子女最佳利益**（Kindeswohl）最相符。对此，为了探究子女的意思，也必须听取子女的意见。在任何情况下都很重要的是**父母双方现存的沟通与合同能力**（bestehende Kommunikations- und Kooperationsfähigkeit der Eltern），因为分担照管需要更多的协调。如果父母之间的关系充斥着严重的冲突或者缺少父母一方对父母另一方必要的**忠诚**（Loyalität）④，那么指令一种平等的交替模式一般是不符合我们通常所理解的子女利益的。此外，涉及和父母家庭、学校以及照管设施空间距离的外部框架条件也必须合适。⑤

是否也能够以依据《民法典》第 1671 条第 1 款作出的**照顾权规则**（sorgerechtlichen Regelung）的形式指令交替模式，则尚未得到最终的澄清。只要这一点得到肯定，那么就可以提出以下的可能性了，即为了实现分担的照管而根据《民法典》第 1671 条第 1 款授予父母双方一项**交替的居留地确定权**（alternierendes Aufenthaltsbestimmungsrecht）。⑥ 除此之外，甚至有（几乎无法令人信服的）观点认为，只能以照顾权规则的形式对分担的照管进行指令。⑦

---

① 也参看 BGH NJW 2008，223。

② BVerfG NZFam 2015，755；2018，459.

③ BGH NJW 2017，1815.

④ BGH NJW 2020，1067.

⑤ 参看例如 OLG Brandenburg FamRZ 2020，345；FamRZ 2021，34；OLG Karlsruhe NJW-RR 2020，516；FamRZ 2021，688；详情参看 Helms/Schneider FamRZ 2020，813。

⑥ Hammer FamRZ 2015，1433；OLG Schleswig FamRB 2014，251.

⑦ OLG Frankfurt NJW 2020，3730. 有关心理学方面则参看 Salzgeber，FamRZ 2015，2018；有关交往权参看下文第三十五节边码 28。

4. 父母一方死亡之后的变更

28　　父母照顾随着父母一方的死亡或者死亡宣告而终止。[①] 有关这对父母另一方产生哪些后果这一问题，则必须按照下列情形而予以区分。依据《民法典》第 1680 条第 3 款的规定，在由于子女最佳利益遭受危害而根据《民法典》第 1666 条剥夺照顾权的情况下也相应适用。[②]

●　如果（已婚或者未婚的）父母拥有**共同照顾（gemeinsame Sorge）**而父母一方死亡了，那么按照《民法典》第 1680 条第 1 款的规定，未亡的父母一方依据法律单独享有照顾（权）。

●　如果父母照顾（权）之前根据《民法典》第 1626a 条第 3 款或者《民法典》第 1671 条而由死亡的父母一方**单独（allein）**享有，那么照顾就不会自动落到父母另一方身上。按照《民法典》第 1680 条第 2 款的规定，毋宁说此时需要由法院进行审查，是否存在这一点不与子女最佳利益相冲突。[③] 外祖父母针对将照顾权授予父亲的法院裁判则不享有上诉权。[④]

如果父母双方都死亡，那么就必须为子女指定一名监护人了。[⑤]

5. 根据《民法典》第 1696 条的照顾权变更

29　　如果是依据法院裁定而进行的照顾权分配并且法律并没有为变更作出特别规定[⑥]，那么依据《民法典》第 1696 条第 1 款第 1 句的规定可以通过向家事法庭提出申请而进行**重新变更（erneute Veränderung）**。这一点所适用的情况比如有，单独照顾之前已经依据《民法典》第 1671 条第 2 款被授予了父亲，现在应当又重新被授予母亲。成功申请的前提条件就是，根据《民法典》第 1696 条第 1 款的一般条文规范所规定的，持续涉及子女最佳利益的**正当原因（triftige Gründe）**。如果所希望的是再次获得共同照顾，而不是根据《民法典》第 1671 条第 1 款、第 2 款所指令的单独照顾，也相应适用。

如果一开始居留地确定权已经根据《民法典》第 1671 条第 1 款而被授予父母一方，而之后又要求以交替模式的形式指令分担照管的交往权上的裁判，那么就不存在《民法典》第 1696 条的情况。在此所涉及的是一个根据《民法典》第 1684 条第 3 款第 1 句首次由法院作出的交往权规则，而并非一个根据《民法典》第 1696 条的变更裁判。[⑦]

6. 父母照顾的停止

30　　当父母照顾停止时，虽然父母一方仍然拥有父母照顾，但已经没有权利行使父母照顾了。这涉及下列这些情况：

●《民法典》第 1673 条第 1 款所规定的父母一方无行为能力

●《民法典》第 1673 条第 2 款（请阅读！）所规定的父母一方为限制行为能力

---

① 《民法典》第 1677 条。

② 参看下文本节边码 35。

③ 参看对此已经作出的判决 BVerfG FamRZ 2008, 381：涉嫌杀害母亲的父亲不享有照顾权。

④ BGH FamRZ 2011, 552.

⑤ 参看下文第三十八节边码 2 及以下各边码。

⑥ 参看《民法典》第 1696 条第 1 款第 2 句。

⑦ BGH NJW 2020, 1067.

- 《民法典》第 1674 条所规定的较长时间（例如因为服刑）无法进行照顾
- 《民法典》第 1674a 条所规定的子女是"秘密出生"的。

按照《民法典》第 1678 条第 1 款前半句的规定，在共同照顾权的情况下这样所产生的后果就是，父母另一方单独行使照顾权。然而如果之前照顾是由所涉及的父母一方单独享有，那么按照《民法典》第 1678 条第 1 款的规定，为了将单独照顾授予父母另一方就需要法院的裁判并且就此而言需要确定，父母另一方的单独照顾并不与子女最佳利益相冲突。此外，《民法典》第 1751 条第 1 款第 1 句规定，在父母一方同意子女收养的情况下父母照顾也会停止。而按照《民法典》第 1751 条第 1 款第 2 句的规定，在这之后通常青少年管理局就依法成为监护人。

五、《民法典》第 1666 条及以下各条所规定的照顾权规范

照顾权人并非一直能够为了子女最佳利益而行使照顾权。如果这一点导致子女看起来遭受到严重危害时，就必须为了保护子女而对此进行干涉了。因此《基本法》第 6 条第 2 款第 2 句规定，《基本法》将父母照顾权置于**国家的监督**（Wächteramt des Staates）之下。在子女身体、智识或者精神上的最佳利益遭受危害的情况下，《民法典》第 1666 条就构成了法院措施的法律基础。按照该条规定，家事法庭为了防止危害可以采取必要的措施。但是因为这一类措施始终同时意味着对人身照顾的核心领域或者说是对宪法所保护的父母权的干涉，所以也要以最为严格的方式遵守**比例**（Verhältnismäßigkeit）原则。[1] 《民法典》第 1667 条则允许在**子女财产**（Kindesvermögens）遭受危害情况下的法院措施。[2]

1. 《民法典》第 1666 条第 1 款所规定的子女利益遭受危害

> **依据《民法典》第 1666 条采取法院措施的前提条件**
>
> 1. 子女身体、智识或者精神上的最佳利益遭受危害或者子女财产遭受危害
> 2. 父母不愿意或者无法自己防止有威胁的危害
> 3. 注意比例原则

如果可以觉察到对儿童发展的**现存**（gegenwärtige）或者至少是迫在眉睫的危害，而这种危害如果持续下去，就会以相当确定的可能性使子女身体、智识或者精神上的最佳利益（**körperlichen, geistigen oder seelischen Wohls**）遭受严重损害，那么子女最佳利益就受了到危害。[3] 仅仅只是将来有威胁或者抽象的危害还不足以证成法院措施。子女最佳利益必须持续且严重地受到了危害。对法院查明案件事实则提出了非常高的要求[4]；必须对现有的专家鉴定进行彻底评估并且也要究根问底。[5]

---

[1] BVerfGE 79, 51 (60)；60, 79 (89).

[2] 参看下文本节边码 36。

[3] BGH FamRZ 2017，212；NZFam 2019，342.

[4] BVerfG FamRZ 2021，104.

[5] BVerfG FamRZ 2015，112.

子女最佳利益遭受危害的例子：

● 在身体和精神上**虐待**（**Misshandlungen**）子女[①]，也包括遭受第三人的虐待，例如照顾权人的新生活伴侣[②]

● 计划为一个非洲裔女孩行**割礼**（**Beschneidung**)[③]

● 拒绝同意采取必要的医疗措施（例如输血）

● 从子女出现全面的发育和语言发展迟缓中，得出远远超出一般程度的心理社会的支持需求，但是虽然经过多次门诊救治父母却无法保证这种支持需求[④]

● 拒绝将处于义务教育阶段的子女送往**学校**（**Schule**)[⑤]

● 如果子女的父亲曾多次因性侵犯儿童以及持有儿童色情制品而被处以刑罚并且被证实其为性行为成瘾，那么可以根据《民法典》第 1666 条第 3 款第 4 项而证成探视禁令。[⑥]

● 在可以察觉的严重危害的情况下，也可以考虑在生育前就剥夺照顾权。[⑦]

● 如果父母让一个 10 岁的子女玩对 18 岁以上的人[⑧]才开放的**第一人称射击游戏**（**Ego-Shooter-Games**），那么他的智识和精神上的最佳利益就受到了危害。[⑨]

● 但是任凭一个 8 岁的子女玩**智能手机**（**Smartphone**）通常还没有危害到其最佳利益。[⑩]

2. 缺少由父母防止危害

33　　必须要将缺少照顾权人防止危害的意愿或者能力加入**子女最佳利益遭受危害**（**Kindeswohlgefährdung**）的构成要件中来。也就是说如果父母自己能够以及（**und**）愿意对一个明显可辨识的危害进行抵抗，那么国家干涉父母权原则上（仍然）还是无法证成的。然而，如果父母尽管有良好的意愿但实际上却束手无策或者尽管存在防止危险的可能性（尤其是在青少年管理局提供救济的情况下）却表示出不愿意时，情况就不一样了。就此而言不取决于父母违反义务或者父母的过错抑或与其行为的因果关系。

　　在怀疑子女最佳利益遭受危害的情况下，首先是**青少年管理局**（**Jugendamtes**）有查明事实以及评估危害风险的任务。如果青少年管理局认为为了防止危害而提供救济是合适并且是有必要的，那么青少年管理局就会向有权教育子女之人提供这些救济。但是如果之后青少年管理局认为法院的行动是必不可少的，那么就会致电通知法院。在子女最佳利益遭受危害的情况下，有关青少年管理局保护任务的相关规范被规定在了**《社会法法典》第八编第 8a 条**（**§ 8a SGB VIII**）当中。2016 年，德国各地青少年管理局在 45 777 个案件中完成了对当前或者潜在的子女最佳利益遭受危害的评估。[⑪]

---

① 参看《民法典》第 1631 条第 2 款。
② BGH FamRZ 2017，212.
③ BGH NJW 2005，672.
④ BGH FamRZ 2016，1752.
⑤ BGH FamRZ 2008，45；OLG Celle FamRZ 2021，427；参看《民法典》第 1666 条第 3 款第 2 项。
⑥ OLG Frankfurt a. M. NZFam 2019，680.
⑦ 对此参看 OLG Hamm FamRZ 2020，1355。
⑧ 即游戏分级中的"USK ab 18（娱乐软件审查局仅限 18 岁以上人士）"。
⑨ AG Bad Hersfeld NZFam 2018，414.
⑩ OLG Frankfurt NZFam 2018，689.
⑪ Stat. Bundesamt, Auszug aus dem Datenreport 2018：Familie, Lebensformen und Kind, S. 74.

3. 措施的选择和比例原则

《民法典》第 1666 条给法院提供了多种反应的可能性。可以考虑的**措施**（**Maßnahmen**）34既包括警告（Ermahnungen）、训诫（Verwarnungen）、行为命令、禁令或者是交往规则的指令，也包括完全或者部分剥夺照顾权。在《民法典》第 1666 条第 3 款第 1 项至第 6 项中以范例的方式列举了不同措施。尤其《民法典》第 1666 条第 3 款第 5 项规定了照顾权人的表示（例如同意对子女进行必要的手术）可以由法院来代替作出。《家事与非诉事务程序法》第 157 条第 1 款、第 2 款规定，法院必须和父母以及在有可能的情况下还要和子女讨论防止危害的可能性并且在通常情况下对此还要指令父母亲自出席。按照《家事与非诉事务程序法》第 158 条第 2 款第 2 项的规定，如果考虑剥夺人身照顾权，就应当为子女指定一名程序援助人。

由法院所指令的措施在任何情况下都必须要**符合比例**（**verhältnismäßig**）[1]并且在法院的裁定中得到全面的**论证**（**begründet**）。[2]这些措施必须适合于改善子女的处境并且鉴于产生威胁的具体危害从方式和范围来看都必须是**必要的**（**erforderlich**）。就此而言应当始终选择尽可能少的干涉。《民法典》第 1666a 条第 2 款规定，只有当其他措施毫无效果或者可以假定，这些措施还不足以防止危害时，才允许剥夺全部的人身照顾；因为**将子女与父母分开**（**Trennung des Kindes von den Eltern**）是对《基本法》第 6 条第 2 款第 1 句所规定的父母权最强烈的干涉并且只有在《**基本法》第 6 条第 3 款**（**Art. 6 Abs. 3 GG**）的前提条件下才会被允许。[3]另外，按照《民法典》第 1696 条第 2 款的规定，如果一个对子女最佳利益的危害已经不再存在了，那么就应当废止根据《民法典》第 1666 条采取的子女保护法上的措施。

例子：

● 对于实施一个必要的**手术**（**Operation**）来说，由法院代替父母作出同意就足够了；此时就不需要剥夺人身照顾权。

● 只有当具体的禁令[4]还不足够时，居留地确定权才会被剥夺。在可能的情况下部分剥夺居留地确定权就足够了。[5]

● 如果子女生活在一个寄养家庭（Pflegefamilie）中并且将其送还回父母那里将会危害子女最佳利益，那么《民法典》第 1632 条第 4 款意义上的**留下指令**（**Verbleibensanordnung**）就会比剥夺居留地确定权具有优先适用的地位。[6]

● 在父母的信仰团体（十二支派）允许或者甚至要求对子女进行系统以及定期惩罚的情况下，部分剥夺照顾权就已经可以证成了，但是需要谨慎的审查和论证。[7]

● 在个案中，如果母亲有能力保护子女不受她有恋童癖并且因**性侵犯**（**sexuellen**

---

[1] 例如 BGH FamRZ 2017，212；NZFam 2019，342。

[2] BVerfG FamRZ 2021，104.

[3] BVerfG 同上。

[4] 例如去某一特定国家的**旅行禁令**（**Reiseverbot**）。

[5] BVerfG FamRZ 2016，22.

[6] BGH NJW 2014，1004.

[7] EGMR NZFam 2018，455.

Missbrauchs）儿童而受过刑事处罚的伴侣的攻击，那么就应当可以否定存在具体的子女最佳利益遭受危害；尤其是因为将子女从家庭中带走而有可能产生的损害可能是不符合比例的。①

● 即使子女们与作为恐怖组织"伊斯兰国"成员而被监禁的母亲的分离是不可避免的，但是按照她所希望的将子女们安置在外祖母那里仍然可能符合子女最佳利益。②

4. 对照顾权状况产生的后果

35   如果父母一方的照顾依据《民法典》第 1666 条被完全或者部分剥夺了，那么按照《民法典》第 1680 条第 1 款、第 3 款的规定，父母另一方此时对此就单独进行照顾。③ 如果父母双方被剥夺了照顾或者其中的一部分，那么就必须为子女指定一名监护人或者保佐人。④ 如果单独有权进行照顾的父母一方被完全或者部分剥夺照顾，那么在《民法典》第 1680 条第 2 款的前提条件下，照顾可以由法院依据申请而授予父母另一方。如果这一途径被排除了，就再一次需要指定保佐人甚至指定一名监护了。⑤

5.《民法典》第 1667 条所规定的子女财产遭受危害时的措施

36   在子女财产遭受危害的情况下，《民法典》第 1667 条为法院措施提供了法律基础。如果父母通过自利或者经济上无用的措施而导致子女现有财产有贬值或者损失的风险或是使子女背负不适当债务的风险，那么就可以被称为**财产遭受危害（Vermögensgefährdung）**。⑥按照《民法典》第 1666 条第 2 款的规定，当照顾权人违反了他对子女的抚养义务或者他与财产照顾相联系的义务抑或不遵守法院作出的指令时，通常就会被认定为是子女的财产遭受了危害。为《民法典》第 1666 条所阐述过的原则⑦在《民法典》第 1667 条的框架内按其意义变通适用⑧，在选择**法院措施（gerichtliche Maßnahmen）**时也同样应当注意比例原则。

依据《民法典》第 1667 条由法院作出指令的**例子**有：

● 按照《民法典》第 1667 条第 1 款第 1 句的规定，负有提交一份财产目录并提供账目的义务。

● 按照《民法典》第 1667 条第 2 款第 1 句的规定，有关特定投资形式的指令

● 按照《民法典》第 1667 条第 2 款第 1 句的规定，有关允许提取子女金钱之必要性的指令

● 按照《民法典》第 1667 条第 3 款第 1 句的规定，负有担保给付的义务

---

① BGH NZFam 2019，342.

② OLG Frankfurt a. M. NJW-RR 2020，951.

③ 上文本节边码 28 对此已作过论述。

④ 《民法典》第 1909 条第 1 款第 1 句。

⑤ 《民法典》第 1773 条第 1 款。

⑥ *Schwab* FamR GdR Rn. 904.

⑦ 参看上文本节边码 31 及以下各边码。

⑧ Palandt/*Götz* BGB § 1667 Rn. 1.

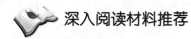

深入阅读材料推荐

深入学习：*Amend-Traut*，Sorgerechtsvollmachten，FamRZ 2020，805；*Britz*，Kinderschut-aktuelle verfassungsrechtliche Leitlinien，NZFam 2016，1113；*Coester*，Kindeswohlgefährdung：Anforderungen an die Gefährdung aus juristischer Sicht，NZFam 2016，577；*Döll*，Rechtsprechungsübersicht zum Recht der elterlichen Sorge und des Umgangs，FamRZ 2020，1326；*Duderstadt*，Einschränkung und Ausschluss im Sorge- und Umgangsrecht，Teil 1（Sorgerecht），NZFam 2020，901；*Hammer*，Entwicklungslinien im Sorge- und Umgangsrecht bei Getrenntleben der Eltern，FamRZ 2021，905；*Rake*，Gründe für die Übertragung der Alleinsorge，FuR 2019，194；*Salgo*，Der Familienrichter als tragende Säule im Kinderschutz，ZKJ 2018，168；*Schneider*，Kindeswohlgefährdung durch Smartphones und Internetzugänge?，MDR 2019，12；*Schumann*，Gemeinsam getragene Elternverantwortung nach Trennung und Scheidung，NJW 2018，Beilage 2 zu Heft 20，S. 33；*Schwonberg*，Anordnung eines Wechselmodells，FamRZ 2018，1298；*Wache*，Die Entwicklung des Rechts der elterlichen Sorge seit Anfang 2019，Teil I NZFam 2020，1084，Teil II NZFam 2021，53。

案例与考试：*Löhnig/Leiß* FamR Fall 12；*Schwab* FamR PdW Fälle 165 – 173；216 – 232。

第三十三节　父母照顾的行使和限制；子女的法定代理

一、父母照顾的行使

1. 人身照顾的行使

A. 总论

按照《民法典》第 1631 条第 1 款规定，人身照顾尤其包含了下列的**义务和权利**　　1（**Pflicht und das Recht**），即照料子女、教育子女、监督子女以及确定其居留地。有关人身照顾的少数法定规范则见于《民法典》第 1631 条至第 1632 条。人身照顾是在实际照料（供应食物；照料身体；指导学习等）以及法律行为（例如订立有关子女医疗的契约）中实现的。与此相一致的则是这一领域中子女的法定代理。[①] 行使照顾权的指导方针则是**子女最佳利益**（**Kindeswohl**）。《民法典》第 1626 条第 2 款第 1 句规定，应当考虑子女独立而具有责任感之行动的能力日益增强以及需要日益增加。随着子女年龄渐长，也必须相应地给予他更多**自主决定**（**Selbstbestimmung**）的空间。

[①]　参看下文本节边码11及以下各边码。

与**医学治疗**（medizinischen Behandlungen）相关的问题较为复杂。① 在一个 16 岁的子女接受**治疗**（Heilbehandlung）的情况下，至少要给予该子女发言权。如果治疗措施并非绝对必要并且对子女未来的生活形成具有本质后果，那么子女应当享有否决权。② 因此，具有足够判断能力的青少年也应该被列入医疗说明的谈话中。

如果一名未成年人具备同意能力，也就是说根据其智识和道德上的成熟度能够理解手术的影响（在医学方面的以及包括心理学上的后果）并且能够据此来调整自己的意思，那么这名未成年人进行中止妊娠时就不需要其法定代理人的同意。③

通过 2021 年 5 月 22 日起生效的《有关保护具有**性别发展变异性**之儿童的法律（Gesetz zum Schutz von Kindern mit **Varianten der Geschlechtsentwicklung**)》④，一条新的《民法典》第 1631e 条被制定出来，据此规定人身照顾并不包括同意为使子女的身体外形适应男性或女性而进行手术的权利。⑤

B. 确定居留地

2　人身照顾权还包括**居留地确定权**（Aufenthaltsbestimmungsrecht）。⑥ 父母可以确定，未成年子女应该在哪里居住以及被允许在哪些地方居留。按照《民法典》第 1632 条第 1 款的规定，父母可以请求任何一个非法扣留他们子女的人送还子女。作为人身照顾的一部分以及绝对权利，居留地确定权也享有《民法典》第 823 条第 1 款的保护。如果共同享有照顾权的父母互相之间对子女的居留地产生了争议，那么他们就必须通过《民法典》第 1671 条⑦或者《民法典》第 1628 条⑧寻求解决的途径。

从对《民法典》第 1632 条第 1 款连同《民法典》第 1684 条第 2 款的类推适用中，得出在均具有照顾权的父母双方之间存在一项**返还子女护照**（Herausgabe des Reisepasses）的请求权；因为与目的在于和子女待在一起的送还子女请求权相并行的，还必须存在一项为此目的所必需的个人物品和文件的返还请求权。不过在个案中，这一请求权可能会被否定，比如如果存在子女有被绑架至国外的危险时。⑨

在**子女最佳利益遭受危害**（Kindeswohlgefährdung）很严重的情况下，尤其可以将剥夺居留地确定权作为根据《民法典》第 1666 条的措施来考虑。⑩ 作为后果，子女可能会被（暂时）安置到其他亲属那里或者一个寄养家庭中。只有在获得家事法庭批准的情况下，才允许将**子女安置**（Unterbringung des Kindes）在与剥夺自由相关的疗养院或者护理院中。⑪ 相反，每晚将子女安顿在一家放开的康复教育（heilpädagogischen）机构中则不受

---

① 对此参看 *Spickhoff* FamRZ 2018，412。
② BGH FamRZ 2007，130；LG München II NZFam 2020，1123。
③ OLG Hamm NJW 2020，1373；详情参看 *Amend-Traut／Bongartz* FamRZ 2016，5；*Lugani* NJW 2020，1330。
④ BT-Drs. 19/24686。
⑤ 对此参看 *Henn／Coester-Waltjen* FamRZ 2020，481。
⑥ 参看《民法典》第 1631 条第 1 款。
⑦ 参看上文第三十二节边码 18 及以下各边码。
⑧ 参看下文本节边码 9。
⑨ 参看 BGH NZFam 2019，568。
⑩ 参看上文第三十二节边码 34。
⑪ 参看《民法典》第 1631b 条。

法院批准要求的限制；《民法典》第 1906 条不能类推适用。①

C. 确定子女的交往

此外人身照顾权人也能确定子女和其他人的交往。② 不过，按照《民法典》第 1626 条 3
第 3 款第 2 句的规定，父母在这方面必须考虑到，与和子女有**联系（Bindungen）**之人的
交往可以对子女的发展起到促进作用。交往确定权受到特定人法定交往权的限制，而这些
人也就是《民法典》第 1685 条所规定的（外）祖父母、兄弟姐妹以及与子女关系紧密之
人（例如继父母），以及《民法典》第 1686a 条所规定的生父。另外，在父母处于分居状
态的情况下，按照《民法典》第 1684 条第 1 款的规定，父母另一方的交往权就起到一个
重要作用了。③

D. 要求无暴力教育权

子女享有要求无暴力教育权。《民法典》第 1631 条第 2 款规定，体罚、精神伤害以及 4
其他侮辱措施都是不允许的。④ 因此，父母的教育权并不能为——比如为了惩罚的目
的——打子女耳光提供任何证成性理由。

E. 同意男性子女进行割礼

科隆州法院先前曾将一名医生应父母意愿而对无同意能力的小男孩进行专业割礼视为 4a
伤害身体罪⑤案件，但是鉴于非常不清晰的法律状况而以有利于医生的方式认定这是一个
不可避免的禁止错误⑥，然后就产生了对**由于宗教原因而进行割礼（Beschneidung aus
religiösen Gründen）**的广泛讨论。⑦ 立法机构察觉到了澄清需要并且制定了《民法典》第
1631d 条这一条文规范，已经于 2012 年 12 月 28 日生效。根据该条文第 2 句的规定，人身
照顾权也包括同意对男性子女进行并非医学上治疗需要之割礼的权利，只要这一割礼并不
危害子女最佳利益。⑧

如果子女的父亲（违背子女母亲的意思）而为其 6 岁的儿子实施了割礼并且由于缺乏
对医学标准的遵守而引发子女的炎症以及后果损害，那么子女针对父亲基本上就享有《民
法典》第 1664 条以及第 823 条第 1 款所规定的**损害赔偿（Schadensersatz）**及精神抚慰金
(Schmerzensgeld) 请求权。⑨

2. 财产照顾权的行使

财产照顾的目的在于维持或者增加子女的财产。大多数情况下子女自身的财产来源自 5
遗产（Erbschaften），例如从（外）祖父母处继承而来。按照《民法典》第 1638 条的规
定，就此而言**被继承人能够作出指令（Erblasser anordnen）**，父母不应该管理来自遗产的
财产。在有疑义的情况下这样一个指令意味着，父母被排除在整个遗产的财产照顾之外；

---

① BGH NJW 2013，2969.
② 参看《民法典》第 1632 条第 2 款。
③ 参看下文第三十四节。
④ 对此参看 *Coester*，FS Schwab，2005，747。
⑤ 《刑法典》第 223 条第 1 款。
⑥ LG Köln FamRZ 2012，1421.
⑦ 例如 *Fegert* ZKJ 2012，418。
⑧ 详情参看 *Spickhoff* FamRZ 2013，337；*Herzberg* JZ 2016，350。
⑨ OLG KarlsruheFamRZ 2015，860.

也就是说他们也不能主张特留份请求权以及也无法以子女的名义拒绝遗产。① 按照《民法典》1909 条第 1 款第 2 句的规定，毋宁说此时应当为该子女指定一名补充保佐人。

除这一特别情况之外，**子女的财产（Kindesvermögen）**都要受制于父母照顾。② 因此，为了保护子女免受父母不利管理措施以及疏忽的影响，法律作出了一系列的保护性规定。

● 《民法典》第 1640 条第 1 款第 1 句规定，父母必须设立一个财产目录（编制目录义务）并且提交给家事法庭，只要财产金额合计超过 15 000 欧元。③

● 《民法典》第 1642 条规定，子女的金钱要按照经济的财产管理原则进行投资。

● 《民法典》第 1643 条第 1 款规定，某些（具有风险的）法律行为需要得到批准。

● 《民法典》第 1645 条规定，以子女名义进行一项新的经营需要家事法庭的批准。

● 《民法典》第 1646 条第 1 款规定，如果父母用子女的金钱以自己的名义购买了动产，那么所有权就自动转移给子女。④

● 《民法典》第 1641 条规定，**不能**以子女的名义从子女的财产中**进行赠与（keine Schenkungen）**。该条第 2 句则规定，只有在进行礼节性赠礼（Anstandsgeschenke）的情况下才适用例外。已经进行了的赠与仍然是无可挽回的无效。⑤

> **案例：**10 岁的纳蒂娅（Nadja，N）从她的母亲那里继承了很多首饰。当她的父亲（V）两年之后再婚时，N 想要从遗产中赠与她非常喜欢的新继母萨拉（Sarah，S）一枚价值 20 000 欧元的戒指。N 单独拥有照顾权的父亲对这一赠与表示了同意。现在的问题是随着交付，S 是否就取得了戒指的所有权？
>
> 物权合意是根据《民法典》第 929 条第 1 句进行的。因为对 N 而言涉及的是法律上遭受不利的法律行为，所以按照《民法典》第 107 条的规定，N 在这方面无法作出有效的合意表示。对此她需要法定代理人的同意。然而，由于《民法典》第 1641 条的规定，V 既不能作为 N 的代理人作出合意表示也不能依据《民法典》第 108 条追认由她所作出的表示。按照《民法典》第 134 条的规定，在这一类情况下，负担行为⑥和处分行为⑦均无效。《民法典》第 1641 条第 2 句规定，只有当所涉及的赠礼符合风俗上的义务或者出于礼节而需要考虑的义务时，才适用例外。然而，在涉及一枚如此昂贵的戒指的情况下，对这一点应当予以否定。因此 S 并没有成为所有权人。

3. 父母处于分居状态下共同照顾权的行使

6

共同拥有照顾权的父母分居本身并不会对照顾权产生影响。共同照顾仍然维持不变。在离婚的情况下也是如此。但是，离婚申请中必须包含以下说明，即是否有未成年子女⑧

---

① BGH NJW 2016，3032.

② 参看《民法典》第 1638 条。

③ 参看《民法典》第 1640 条第 2 款。

④ 物上代位，对此参看 *Becker* JA 2016，89。

⑤ 《民法典》第 134 条。

⑥ 《民法典》第 516 条。

⑦ 《民法典》第 929 条第 1 句。

⑧ 《家事与非诉事务程序法》第 133 条第 1 款第 1 项。

以及配偶双方在有关父母照顾、交往以及扶养义务上是否达成了一个解决方案。① 但是处于分居状态中的父母也可以向法院**申请（beantragen）**另一个解决方案，对此则参看《民法典》第 1671 条的规定。② 如果他们放弃了申请或者申请没有成功，那么尽管处于分居状态父母也必须尽力完成共同照顾了。这其中大多数情况的特点都在于，子女在父母一方那里有自己固定的住所，而同父母另一方仅仅只有交往上的接触。

在这一类情况下**《民法典》第 1687 条第 1 款（§ 1687 Abs. 1 BGB）**为父母照顾权的行使规定了**照顾权的分离（Aufspaltung des Sorgerechts）**：

- 对于那些对子女而言具有**重大意义（erheblicher Bedeutung）**之**事务（Angelegenheiten）**的决定，父母互相之间的同意（始终）是必需的。
- 相反，对于那些**日常生活事务（Angelegenheiten des täglichen Lebens）**以及事实上的照管，与子女一起生活的父母一方就有单独作出决定的权限。

因此，进行照管的父母一方在**当前事务（laufenden Angelegenheiten）**上有**单独决定职权（Alleinentscheidungszuständigkeit）**并且由其进行与此相关的法定代理。法律以这一方式选择了一个切实可行的解决方案。否则的话处于分居状态中的父母关于每一件细小之事的沟通最终都有可能是极其麻烦和耗时的。此外还可以避免与此相关的长期争执。不过，父母一方单独职权的前提条件在于，子女经父母另一方的同意或者基于法院的一项裁判而在这一方父母处长期居住。以法律所禁止之私力将子女接到自己这里的父母一方并不因此而取得任何特别权限。

7

依据《民法典》第 1687 条第 1 款所规定的单独决定权限的前提条件

1. 父母并非只是暂时分居③
2. 父母有共同照顾权
3. 子女经父母另一方的同意或者基于法院的一项裁判而在这一方父母处长期居住。
4.《民法典》第 1687 条第 1 款第 3 句所规定的日常生活事务

在个案中可能很难决定，一项事务是具有"**重大意义**"（erheblicher Bedeutung）还是应该被归为"日常生活"。《民法典》第 1687 条第 1 款第 3 句对此的规定是，日常生活事务通常指的是那一类**经常（häufig）**发生并且对子女的发展不具有重大改变影响的事务。

8

可以被归为**日常照顾（Alltagssorge）**的有：

- 包括课后辅导在内的学校日常事务④
- 子女护照的申请⑤
- 确定那些可以将子女从儿童日托托儿所接走的人⑥

---

① 《家事与非诉事务程序法》第 133 条第 1 款第 2 项。
② 参看上文第三十二节边码 18 及以下各边码。
③ 参看《民法典》第 1567 条。
④ OLG Düsseldorf NJW-RR 2005，1529.
⑤ OLG Bremen FamRZ 2008，810.
⑥ OLG Dresden FamRZ 2019，1334.

- 医生的预防性体检以及轻微疾病的治疗，例如流感或者咳嗽①
- 有关零花钱数额的决定。

与此相对的是，下面这些事务具有**重大意义**（erhebliche Bedeutung）：

- 办理小学入学②以及选择学校③
- 每周三天将子女安置在日托保姆那里④
- 医疗手术
- 为子女接种疫苗，或者确切地说也包括所谓的标准疫苗接种或者常规疫苗接种⑤
- 宗教教育和洗礼
- 变更子女的姓氏⑥
- 出于商业目的而在互联网网站上面公开子女的照片⑦
- 前往一个存在较高恐怖主义或者袭击危险的国家或联邦外交部已发布旅行警告的国家⑧，但是仅仅是长途旅行还不属于⑨
- 前往在**新冠疫情大流行**（Corona-Pandemie）时期乘坐飞机前往国外，不仅是在联邦外交部已发布旅行警告的情况下，而是在可能的情况下因为存在与之相关的一般不可预测因素⑩
- 在新冠疫情大流行时期，由于相关的感染风险增加而**取消听课**（Ausfall des Präsenzunterrichts）的情况下，在学校中对子女的**紧急照管**（Notbetreuung）。⑪

4. 拥有共同照顾权时父母的意见分歧

9 　　依据《民法典》第 1627 条第 1 句的规定，父母必须以自己的责任（in eigener Verant-wortung）并且在**互相同意**（gegenseitigem Einvernehmen）的情况下为了子女最佳利益而行使照顾权。该条第 2 句则规定，在意见分歧的情况下，他们必须尝试达成意思一致。如果达成意思一致看起来已经完全不可能了，处于分居状态的父母可以依据《民法典》第 1671 条向法院申请照顾权分配（Sorgerechtszuordnung）的变更。⑫ 但是如果争议仅仅涉及一项**个别事务**（einzelne Angelegenheit）——例如姓氏的选择、姓氏的变更⑬、学校的选择⑭、同意子女登记注册从 17 岁开始的陪伴驾驶（Begleitetes Fahren ab 17）⑮——那么

---

① Palandt/*Götz* BGB § 1687 Rn. 7.
② KG FamRZ 2018，502.
③ OLG Brandenburg NZFam 2019，275；OLG Rostock FamRZ 2020，102.
④ OLG Karlsruhe NJW-RR 2020，581.
⑤ BGH NJW 2017，2826.
⑥ BGH NZFam 2017，25；OLG Hamm NZFam 2020，888.
⑦ OLG Oldenburg NJW-RR 2018，1134.
⑧ OLG Frankfurt FamRZ 2016，1595；KG NJW-RR 2017，774.
⑨ KG NJW 2020，2415，泰国。
⑩ OLG Braunschweig NZFam 2020，781：西班牙马略卡岛；OLG Frankfurt a. M. NZFam 2020，537：尼加拉瓜。
⑪ AG Aachen NJW 2020，2039.
⑫ 参看上文第三十二节边码 18。
⑬ BGH FamRZ 2017，119.
⑭ OLG Dresden FamRZ 2017，39.
⑮ AG Hannover FamRZ 2014，856.

在紧急情况下同样存在**请法院介入**（Gericht einzuschalten）的可能性。**《民法典》第 1628 条**（§ 1628 BGB）规定，可以依据申请而将决定职权授予父母一方。这也适用于共同生活的父母双方。

根据《民法典》第 1628 条由法院进行决定的前提条件

1. 父母一方的申请
2. 父母（在相关领域）的共同照顾权
3. 父母在父母照顾的某一个别事务或者某一特定类型的事务上缺少意思一致
4. 具有重大意义的事务
5. 决定符合子女最佳利益[1]

法院首先将尝试谋求父母双方的互相同意。[2] 如果仍然不能由此达成双方的意思一致，那么法院自己不对事务进行决定，而是仅仅在其裁定中确定，将决定权限授予父母哪一方。因此，法院必须形成这样一个意见，即父母哪一方能够为了**子女最佳利益**（**Wohl des Kindes**）而作出更好的决定。为此，法院在可能的情况下也必须首先获得相关事务上的相应专业知识。按照《民法典》第 1628 条第 2 句的规定，法院在授予决定权限的时候可以附加限制和义务，但是不允许法院将自己对相关事务的意见强加给父母。[3]

　　案例： 马龙（Marlon，M）和弗兰齐丝卡（Franziska，F）已经结婚并且育有一名 8 岁的儿子西门（Simon，S）。在此期间 M 和 F 分居了。F 是天主教徒，M 信奉的则是伊斯兰教。F 带着 S 搬到了巴伐利亚高地（bayerisches Oberland）一带。现在 F 要求，S 应受洗成为天主教徒，因为不论对 S 融入其天主教教区还是对他的精神发展这都是必要的。而 M 则拒绝了 S 的洗礼。他不希望子女的信仰这么早就固定下来，尤其是 M 也还想要有机会将自己信仰的基础介绍给 S。神父拒绝了 F 的洗礼申请，只要 M 对此还没有表示同意。

　　在本案中 M 和 F 因为结婚拥有了共同照顾权。分居不会对此产生任何改变。因此只有当父母双方对此表示互相同意时，洗礼原则上才能够进行。本案中如果 F 例外地得到了单独决定权时，情况就将有所不同。

　　1. 因为 S 居住在 F 那里，所以按照《民法典》第 1687 条第 1 款第 2 句的规定，她有权限单独决定**日常生活事务**（**Angelegenheiten des täglichen Lebens**）。然而《民法典》第 1687 条第 1 款第 3 句规定，只有那些经常发生的事务才是日常生活事务。在洗礼方面，这一点就不符合了。

　　2. 此外，如果 M 在这方面**被剥夺了父母照顾**（elterliche Sorge entzogen）的话，F 也将有单独的决定权限。然而从中无法明显看出，阻止洗礼造成了《民法典》第 1666 条意义上的对子女最佳利益的严重危害。所以基于《民法典》第 1666 条的照顾权剥夺被排除了。

　　3. F 还可以进一步地向法院申请，将对 S 的**单独照顾**（Alleinsorge）授予（übertragen）

---

[1] 参看《民法典》第 1697a 条。
[2] 参看《家事与非诉事务程序法》第 156 条。
[3] 参看 BVerfG NJW 2003，1031。

自己或者至少是包括宗教教育在内的照顾之一部分（部分单独照顾）。[1] 然而还是无法明显看出，M 和 F 对 S 的事务不再具备一般的合作能力或者意愿。所以并不存在废止共同照顾的理由。但是也看不到存在可以赞同 F 部分单独照顾的情形。如果父母的意见分歧只是涉及某一个别事务，那么根据《民法典》第 1671 条的申请也并非正确的途径。

4. 对 F 而言还剩下的可能性就是，向法院申请，依据《**民法典**》**第 1628 条**（**§ 1628 BGB**）将有关子女宗教归属的**单独决定之职权**（**Alleinentscheidungszuständigkeit**）授予自己。

a）F 可以向家事法庭提出一项这样的申请。

b）M 和 F 有共同照顾的权利。

c）有争议的是父母照顾的一项个别事务，也就是洗礼。

d）看起来始终有疑问的是，是否涉及一项具有"重大意义"的事务。只要一项事务并不具有紧迫的意义或者还是能够被推迟的，那么就可以考虑否定其具有重大意义。也就是说，和比如选择学校这种必须在一个确定的时间点进行的事务不同的是，对于一个洗礼而言并不存在固定的时间点。但是一般的通说根据的不是个案中的紧迫性，而是按照一般意义上的重大性。而在这点上有关子女宗教信仰的决定也属于具有重大意义的事务。[2]

e）之后仍需要决定的是，决定职权实际上是否应当被单独授予 F。洗礼有助于 S 融入其周围环境这一点可能有对此有帮助。不过 S 由于不进行目前的洗礼就将面临特别不利之处并非显而易见这一点，又对此产生不利。最后，即使没有洗礼也不能阻止 F 事实上在自己的信仰中教育 S 或者将其一同带去教会。因此在本案中不容易进行决定，到底什么最符合子女最佳利益。在这样一个案件中法院也必须听取子女的意见并且必须探究他的意思。在此法院也可以得出结论认为，在目前这一时间点看起来还没必要作出决定或者还应推迟子女终局性地融入某一特定的宗教团体；在这种情况下申请就将会被驳回。[3] 但是当一个 9 岁的子女自主且真实地表达了他要进行天主教洗礼的意思时，情况就有所不同了。[4]

二、子女的法定代理

1. 法定代理的意义

11　　按照《民法典》第 1629 条第 1 款第 1 句的规定，只要父母的照顾权是足够的，那么父母也是其子女的法定代理人。父母可以以其子女的名义作出并且接受意思表示，进行诉讼[5]以及订立契约。《民法典》第 164 条第 1 款第 1 句（**§ 164 Abs. 1 S. 1 BGB**）规定，他

---

① 参看《民法典》第 1671 条。

② 参看 OLG Karlsruhe FamRZ 2016，1376。

③ OLG Karlsruhe FamRZ 2016，1376 认为在子女 3 岁的情况就是如此。

④ OLG Stuttgart FamRZ 2016，1378.

⑤ 《民事诉讼法》第 51 条、第 52 条。

们的意思表示直接对所代理的子女产生有利或者不利的效果。按照《民法典》第 108 条第 1 款的规定，限制行为能力子女所作出的效力待定的法律行为需要法定代理人的追认才能生效。此外按照《民法典》第 278 条第 1 句的规定，在债之关系的框架内子女必须将其法定代理人的过错如同自己的过错一样归责于自己。①

在个案中可能要澄清的是，存在的是父母**自身行为**（**Eigengeschäft**）抑或是父母作为法定代理人以子女的名义所进行的行为。父母通常以自己的名义而不是作为子女的代理人订立满足当前需要的行为（饮食、衣物、玩具）。而租赁契约或者是预订旅行通常也只是以父母的名义签订的，但也包含了利益子女的保护效力。相反，子女加入运动协会、订立医疗契约或者是处分子女财产都是以子女名义进行的真正的代理人行为。

如果一个子女名下的储蓄账户是由父母开立的，那么在个案中就必须确定，谁应当成为账户持有人。根据联邦最高法院的观点②，具有决定性意义的是可识别的银行客户开立账户的意思。只要父母一方保留了对存折的唯一占有，而不仅仅是想成为子女的他主占有者或者是占有媒介人，并且也只将自己的金钱存入账户之中，那么这些都支持父母一方是账户持有人。

2. 子女的单独代理和共同代理

如果父母一方有单独照顾的权利，那么按照《民法典》第 1629 条第 1 款第 3 句的规定，该方父母就是子女的单独法定代理人。如果父母双方有共同照顾的权利，《民法典》第 1629 条第 1 款第 2 句规定适用**共同代理**（**gemeinschaftliche Vertretung**）。共同代理原则上意味着，父母双方必须协同一起作出意思表示，比如为了能够有效地以子女的名义订立一项契约。　　**12**

例子：如果子女的金钱被用作了投资，那么银行就会要求父母双方的签名。只要仅有父母一方签了名，根据《民法典》第 177 条的规定契约就仍然处于效力待定状态。《民法典》第 184 条、第 182 条规定，行为的生效取决于父母另一方的追认。

但是，如果父母一方授予另一方代理权，使其可以在一项具体法律行为、一个特定行为类型上或者一般性地同时作为他的**代理人**（**Vertreter**）而为行为，那么也就足够了。③当父母互相之间对人身照顾的任务（学校事务；业余活动；当前的医疗供养）进行分配时，这样一类代理权授予也可以通过可推断的行为进行。如果比如很明显，由于父母一方的全职工作，父母另一方单独负责带子女去看医生，那么父母另一方也将同时被允许以父母双方的名义作出例如有关预防性检查的当前决定。　　**13**

> **考试提示：**如果尽管需要父母双方的共同法定代理，但是仍然只存在父母一方的意思表示，那就要谨慎审查，这对于子女的代理是否也例外地足够了。

如果出现下列情况，尽管原则上需要共同的父母代理，但**只要父母一方**（**nur eines Elternteils**）的参与或者意思表示也足够了：　　**14**

---

① 对此参看下文本节边码 25 的案例。
② BGH NJW 2019，3075.
③ 例如 BGH NJW 2020，2182.

- 为行为的父母一方同时作为父母另一方的**代理人**（Vertreter）。①
- **第三人的表示**（Erklärungen von Dritten）应该相对于子女而被作出；按照《民法典》第 1629 条第 1 款第 2 句的后半句、《民事诉讼法》第 170 条第 3 款的规定，表示到达父母一方在此就足够了。
- 按照《民法典》第 1629 条第 1 款第 4 句的规定，存在**延误危险**（Gefahr in Verzug）而应当采取对子女最佳利益而言是必要的法律上的行为（例如发生事故之后的医疗）。
- 按照《民法典》第 1629 条第 1 款第 3 句选项 2 的规定，一个具体的决定（例如有关学校的选择）依据《民法典》第 1628 条通过法院裁定而被单独授予父母一方。②
- **照顾的某一特定部分**（Teil der Sorge）（例如卫生保健）被单独授予父母一方（所谓的部分单独照顾）。③ 在这种情况下这一方父母对这一部分领域也有单独法定代理权。
- 针对父母另一方的一项**抚养请求权**（Unterhaltsanspruch）应当被主张；按照《民法典》第 1629 条第 2 款第 2 句的规定，进行照料的父母一方在此就可以单独为子女进行代理；如果在程序进行期间取消了对子女的照料，那么整个抚养申请将溯及既往地不予受理。④
- 按照《民法典》第 1687 条第 1 款的规定，父母**分居**（getrennt leben）并且涉及的是完成日常生活事务；就此而言进行照管的父母一方能够单独决定并且单独为子女进行法定代理。⑤

三、通过父母进行子女法定代理的限制

1. 概况

15   为了保护子女——无论是在单独照顾还是共同照顾的情况下都一样——父母的法定代理权也受到了诸多**限制**（Beschränkungen）。这会涉及以下这些事项：

- 行使子女**高度人身性权利**（höchstpersönliche Rechte）⑥，
- 《民法典》第 1631b 条所规定的剥夺自由的安置子女行为。
- 《民法典》第 1631c 条所规定的同意子女绝育。
- 《民法典》第 1641 条所规定的以子女名义的赠与，其中的例外则是礼节性赠礼。⑦
- 以子女的名义实施特别重大或者**具有风险的行为**（riskanter Geschäfte）。⑧
- 在父母与子女之间可能存在**利益冲突**（Interessenkollision）的行为。⑨
- 在由未成年人根据《民法典》第 112 条进行经营或者由他根据《民法典》第 113 条

---

① 参看上文本节边码 13。
② 参看上文本节边码 9。
③ 参看上文第三十二节边码 23。
④ OLG Koblenz FamRZ 2020，1266.
⑤ 参看上文本节边码 6 及以下各边码。
⑥ 参看下文本节边码 16。
⑦ 参看上文本节边码 5。
⑧ 参看下文本节边码 17。
⑨ 参看下文本节边码 19。

所订立的服务关系框架内的行为。

2. 高度人身性权利

在行使高度人身性权利时虽然通常也需要法定代理人的协助（比如以其同意的形式）， 16
但是法定代理人不应当能够越过子女而始终单独进行决定。所以法律赋予子女从一定年龄
开始在行使高度人身性权利时的发言权。

对于子女的**收养（Adoption）**，只要子女尚未年满 14 岁，就应当由法定代理人表示同
意。按照《民法典》第 1746 条第 1 款的规定，14 岁之后子女只能自己作出同意，但是需
要法定代理人事前同意。在进行**姓氏确定（Namensbestimmung）**① 时，5 岁的子女已经有
同意权了。由子女自己作出照顾表示②以及子女对父亲身份的承认或者撤销③必须要由其
本人亲自进行，但是需要法定代理人事前同意。

父母不能以子女的名义设立遗嘱。按照《民法典》第 2064 条的规定，亲自原则在继
承法中不受限制地适用。未成年人设立遗嘱也不需要其法定代理人的同意。④ 只不过他必
须至少年满 16 岁⑤并且以公证员记录的方式设立遗嘱。⑥ 按照《民法典》第 2247 条第 4 款
的规定，未成年人不得设立自书遗嘱。

有关医学手术则已作过论述。⑦

3. 具有特别影响的法律行为

在有关财产照顾的条文规范框架内，**《民法典》第 1643 条第 1 款（§ 1643 Abs. 1** 17
BGB）规定，父母以子女的名义实施《民法典》第 1821 条以及第 1822 条第 1 项、第 3 项、
第 5 项、第 8 至第 11 项所规定之情况中的法律行为时需要**法院的批准（gerichtlichen**
Genehmigung）。在这方面则是参照了监护法。所涉及的有如下这些法律行为：

● 《民法典》第 1821 条第 1 款第 1 项、第 4 项所规定的处分**土地（Grundstücke）**或者
土地权利或者使土地负担义务，不过按照《民法典》第 1821 条第 2 款的规定，抵押、土
地债务和定期金土地债务则除外；然而，如果用益物权的设立发生在未成年人取得土地的
过程中并且设立用益物权的物权合意和土地让与合意同时发生，对此则不需要批准。⑧

● 《民法典》第 1821 条第 1 款第 5 项所规定的旨在有偿取得土地或者土地权利的契
约，不过《民法典》第 1821 条第 2 款所规定的除外。

● 按照《民法典》第 1822 条第 1 项的规定，使子女负有义务在整体上处分其财产或
者处分其**遗产（Erbschaft）**抑或处分其未来法定继承份额或未来特留份的法律行为，以及
处分子女对某一遗产的份额。

---

① 《民法典》第 1617a 条及以下各条。
② 《民法典》第 1626c 条第 2 款。
③ 《民法典》第 1596 条、第 1600a 条。
④ 参看《民法典》第 2229 条第 1 款、第 2 款。
⑤ 《民法典》第 2229 条第 1 款。
⑥ 《民法典》第 2232 条。
⑦ 参看上文本节边码 1。
⑧ BGH NZFam 2021，457.

●《民法典》第 1643 条第 2 款第 1 句所规定的拒绝遗产或者遗赠以及放弃特留份，不过《民法典》第 1643 条第 2 款第 2 句所规定的情况除外。

● 按照《民法典》第 1822 条第 3 项的规定，旨在有偿获得或者出让某一**营业**（**Erwerbsgeschäfts**）的契约抑或相应的合伙契约。

● 按照《民法典》第 1822 条第 5 项的规定，当契约关系所持续的时间长于子女成年之后一年时的租赁契约或者用益租赁契约以及其他子女因此而负担经常性给付义务的契约。

●《民法典》第 1822 条第 8 项所规定的以子女名义接受一项**金钱信贷**（**Geldkredit**）。

●《民法典》第 1822 条第 10 项所规定的同意一项保证以及其他对他人义务的承担。

●《民法典》第 1822 条第 11 项所规定的授予**商业全权代理权**（**Prokura**）。

● 授权限制行为能力的子女独自从事一项营业[①]以及收回这样一个授权。[②]

18　　法院作出有关**授予批准**（**Erteilung der Genehmigung**）决定的衡量标准在于子女最佳利益。[③] 按照《民法典》第 1643 条第 3 款连同适用第 1828 条的规定，批准会被授予有代理权的父母，而这些父母之后还可以考虑是否要使用这一批准。在法院的批准程序中父母可以自己代理他们的子女，只要并非《民法典》第 1795 条、第 1796 条所规定的情况产生其他适用规定。[④]《民法典》第 1825 条规定，对于某些特定的行为也可以事先给予父母一般性的授权。如果一项契约是在没有必要法院批准的情况下被订立的，那么就形成了一种效力待定的状态，对此应适用《民法典》第 1829 条及以下各条。

4. 可能存在利益冲突的行为

19　　如果存在利益冲突的危险，那么由父母对其子女进行法定代理就被排除了。就此而言《民法典》第 1629 条第 2 款第 1 句援引了**《民法典》第 1795 条**（**§ 1795 BGB**）中对监护人所适用的规范。据此在下列这些情况下代理就被排除了：

●《民法典》第 181 条、第 1795 条第 2 款所规定的父母和子女之间的法律行为（自己代理行为），除非所涉及的仅仅是义务的履行。

●《民法典》第 1795 条第 1 款第 1 项所规定的父母一方的配偶、生活伴侣或者某一直系亲属与子女之间的法律行为，除非所涉及的仅仅是义务的履行。

● 根据《民法典》第 1795 条第 1 款第 2 项实施的法律行为（例如将子女以土地债务为担保的针对法定代理人的借款债权让与给第三人）。

● 涉及上述类型法律争议的法院程序；联邦最高法院将父亲身份撤销程序也纳入其中了。就此而言，进行撤销的（法律上的）父亲以及其（作为母亲的）妻子就依法被排除了对未成年子女的法定代理。[⑤]

对此则不取决于在个案中是否事实上存在利益冲突。法律允许**抽象的危险**（**abstrakte Gefahr**）就足够了。如果父母一方根据上述规定被排除了代理，那么这一点也适用于父母

---

① 《民法典》第 112 条第 1 款。

② 《民法典》第 112 条第 2 款。

③ 参看《民法典》第 1697a 条。

④ BGH NJW 2019，1814.

⑤ BGHZ 193，1.

另一方。因此，按照《民法典》第 1909 条第 1 款第 1 句的规定，对于之前已经计划好的行为就要**指定（zu bestellen）**一名能够维护子女利益的**保佐人（Pfleger）**了。

不过，在纯获**法律上利益行为（rechtlich vorteilhafte Geschäfte）**的情况下应当对《民法典》第 1795 条的适用范围进行目的性限缩。在此不需要指定保佐人；《民法典》第 107 条规定，限制行为能力子女甚至连父母的同意也不需要。如果父母在《民法典》第 1795 条禁止代理的情况下仍然实施了一项法律行为，那么就属于无代理权而进行代理的一种情况了。[①] 此时仍然可以考虑是由保佐人或者在此期间已经成年的子女进行追认。

> **案例**[②]：爷爷古斯塔夫（Gustav，G）想要赠与他 12 岁的孙子埃米尔（Emil，E）一块已被设立用益租赁的农业用地，但是同时又想为自己保留终身的土地用益物权。对此应该确定的是，G 作为用益物权人必须承担特别的修整和翻新费用以及土地的特殊负担。考虑到契约要由公证员作成证书以及土地让与合意，现在的问题是，在 E 这方面他自己，他的父母或者一名保佐人是否必须协同参与。
>
> 1. 本案所涉及的是无偿**取得一块土地（Erwerb eines Grundstücks）**，所以无论如何都不需要根据《民法典》第 1643 条第 1 款、第 1821 条第 1 款第 5 项所规定的法院对契约的批准。
>
> 2. 所涉及的很有可能还是 E 纯获**法律上利益的行为（rechtlich vorteilhaftes Geschäft）**。在这种情况下 E 作为限制行为人能力依据《民法典》第 107 条的规定将不需要其法定代理人的同意，所以可能的保佐人指定也将会失去意义。然而本案中涉及的却是一块已被设立用益租赁的土地。在取得一块已被租赁或者被设立用益租赁之土地的情况下，所有权人对从契约关系中所产生之义务负有个人责任，对此可以参看《民法典》第 566 条第 1 款、第 581 条第 2 款、第 593b 条有关用益租赁的规定。[③] 所以并不存在纯获法律上利益的行为。
>
> 3. 仍然有待澄清的是，按照《民法典》第 1629 条第 1 款第 1 句、第 2 句的规定，E 在这一行为中是否能够**由其父母进行代理（Eltern vertreten werden）**。在此所涉及的行为中的一方是爷爷，也就是说是一个与有代理权的父母一方互为直系血亲的人。[④] 所以《民法典》第 1795 条第 1 款第 1 项连同适用《民法典》第 1629 条第 2 款第 1 句的条件就得到满足了，并且产生下列结果，即有照顾权的父母在本案的法律行为中不能代理 E；因为所涉及的不仅仅是履行一项义务。
>
> 因此必须要为 E 指定一名保佐人。[⑤]

另外按照《民法典》第 1629 条第 2 款第 3 句、第 1796 条的规定，当事实上有重大**利益冲突（Interessenkollision）**之虞时，家事法庭在个案中可以剥夺父母对个别事务或者对

---

① 《民法典》第 177 条及以下各条。

② 根据 BGH NJW 2005，1430。

③ 详情参看 BGH NJW 2005，1430 f.；通过赠与方式所取得的住房对未成年人而言也并非是纯获法律上的利益，BGH FamRZ 2010，2065。

④ 《民法典》第 1589 条第 1 句。

⑤ 参看《民法典》第 1909 条第 1 款第 1 句。

某一特定事务领域的代理权。这涉及比如针对父母一方提起刑事诉讼起诉的决定或者在一个针对父母一方的**刑事诉讼程序**（**Strafverfahren**）中子女的附带诉讼，因为《民法典》第1795条并未包括这种情况。[①] 不过关于在针对父母的刑事诉讼程序中同意让子女作为证人接受询问的问题，联邦最高法院结合《刑事诉讼法》第52条第1款第3项所规定的免于出庭作证的权利，认为应当依法排除父母对子女的代理。[②] 这样一来就应当指定一名补充保佐人了。[③]

5. 《民法典》第1629a条所规定的对未成年人责任的限制

20　　尽管有上述的限制，仍然还是存在父母在其代理权限的框架内使子女负担规模重大之义务的危险。这样一来子女很有可能在成年的时候还要面临着并非无关紧要的债务负担。然而所需要的正是保护子女免受其害。[④] 所以在履行由《基本法》第6条第2款第2句规定的国家监督所产生的义务中，立法机构于1999年根据联邦宪法法院的指示制定了《民法典》第1629a条的条文规范。[⑤]

　　《民法典》第1629a条给予已成年子女以其成年时所现有的财产为**责任限制**（**Haftungsbeschränkung**）的可能性。在这方面，从作为法定代理人的父母的法律行为中，从子女根据《民法典》第107条及以下各条在父母的同意下所进行的法律行为中，从父母在家事法庭的同意下所实施的行为中，或者从死因取得中都有可能产生债务。在费用是由公法法律关系产生（例如驱逐出境费用）的情况下，《民法典》第1629a条可以相应适用。[⑥] 然而根据《民法典》第1629a条第2款的规定，责任限制并不适用于由未成年人根据《民法典》第112条得到授权而独立从事某一营业所产生的义务，以及也不适用于由仅仅用作满足个人需求（例如自行车、电脑）的法律行为中所产生的义务。

21　　按照《民法典》第1629a条第1款第2句的规定，责任限制并不是依法适用的，而是必须由成年人以提出**抗辩的方式适用**（**einredeweise geltend**）。对此并不存在一个期限。如果责任限制得到主张，这就会导致相应适用《民法典》第1990条、第1991条中适用于继承人责任的规定。《民法典》第1629a条并不具有特别的实务意义。

四、父母子女关系中的责任问题

1. 《民法典》第1664条的规范

22　　在父母与子女之间的内部关系中——就如同配偶之间或者第三人之间一样——可能出现对义务的违反以及其他侵权行为。对此《民法典》第1664条第1款规定，父母在行使父母照顾权时对子女仅须为自己通常的注意负责。如果父母双方都对一项损害负责，那么

---

① OLG Bamberg NZFam 2020，816.

② BGH FamRZ 2020，1197.

③ 对此也可参看 BVerfG FamRZ 2020，1000。

④ BVerfGE 72，155.

⑤ 对此参看 *Habersack* FamRZ 1999，1。

⑥ OVG Lüneburg BeckRS 2014，56491；对此的批评 VG Oldenburg FamRZ 2014，427。

按照《民法典》第 1664 条第 2 款的规定，他们作为连带债务人对此负责。

《民法典》第 1664 条只适用于子女的**父母（Eltern）**。一名寄养母亲如果没有充分照料委托给她的子女，则不能享受责任特权。①

A. 责任的减轻

《民法典》第 1664 条第 1 款首先以利益父母的方式包含了一个内部关系中的**责任特权**（**Haftungsprivilegierung**）。仅须为**自己通常的注意**（**eigenübliche Sorgfalt**）负责之人虽然不能免于因重大过失所产生的责任②，但是通常能够免除轻微过失责任。较轻责任标准的目的在于维护**家庭和平**（**Familienfriedens**）。③ 根据通说，《民法典》第 1664 条第 1 款适用于照顾权行使的所有领域。不过，对父母作为道路交通中机动车驾驶员违反义务的情况作了一个例外规定。④

例子⑤：母亲 M 允许才 4 岁的基拉（Kira，K）与 6 岁的哥哥一起前往游乐场地。K 在途中离开了人行横道并且跑到了马路上，导致她被一辆汽车撞倒并且严重受伤。因为这一年龄段的孩子在道路交通中还是需要持续不断的看管，因此由才 6 岁的哥哥带领是不够的。所以母亲违反了她的看管义务并且同样要为所出现的损害负责。在这一案例中，M 行为上有重大过失并且很有可能连通常的注意也没有遵守。

B.《民法典》第 1664 条作为请求权基础

根据通说，《民法典》第 1664 条第 1 款与其文义相反，所包含的不仅仅是——就如同《民法典》第 1395 条一样——责任减轻，而是同时也包含一个父母在行使父母照顾权时违反义务的情况下子女损害赔偿请求权的**请求权基础**（**Anspruchsgrundlage**）。⑥ 除此之外还能够从其他的请求权基础中得出针对父母的请求权，例如《民法典》第 823 条第 1 款或者第 2 款。但是应当注意的是，《民法典》第 1664 条第 1 款的责任减轻同样适用于这些请求权；这一点也适用于从《民法典》第 833 条第 1 句所规定的动物饲养者责任中所产生的针对父母一方的请求权。⑦

例子：

● 父母带着他们 3 岁的子女去观看赛马。考虑到天气炎热，所有运马车的后部坡道都是敞开着的，但马匹本身却被牢牢地绑在里面。当父母暂时没有注意到他们子女的时候，他爬上了一辆运马车并且在那里被一匹**马**（**Pferd**）严重踢伤了。如果《民法典》第 1664 条第 1 款被正确地视作请求权基础，那么根据《民法典》第 1664 条以及《民法典》第 823 条第 1 款、第 2 款的规定，父母应该对他们的子女承担因违反看管义务所产生的损害赔偿。在这种情况下应当肯定存在过失以及一般也包括对自己通常注意的违反，因为必须在那样一个危险的处境下密切关注一名这么小的子女。按照《民法典》第 1664 条第 2 款、第 840 条第 1 款的规定，**父母（Eltern）**作为**连带债务人**（**Gesamtschuldner**）而对此负责。

---

① OLG Köln NJW-RR 2016, 401.

② 参看《民法典》第 277 条。

③ 参看上文第十一节边码 1 已作过论述的有关配偶关系中《民法典》第 1359 条所规定的相应规范。

④ OLG Bamberg NJW 2012, 1820；关于理由参看上文第十一节边码 6。

⑤ 根据 OLG Karlsruhe NJW 2012, 3043。

⑥ BGH FamRZ 2021, 518；OLG Frankfurt FamRZ 2019, 457.

⑦ BGH FamRZ 2021, 425.

如果父母双方没有作出具体的约定，那么就不允许父母任何一方信赖另一方会提供必要的监督。[1] 此外，按照《民法典》第 840 条第 3 款的规定，动物饲养者则完全不用承担《民法典》第 833 条所规定的责任。

● 如果父亲在带着子女和狗散步时遵守了自己通常的注意，那么即使子女摔倒在绷紧的狗绳上并且受伤，由于《民法典》第 1664 条第 1 款的缘故父亲无须根据（不取决于过错的）《民法典》第 833 条第 1 句的规定承担责任。[2]

● 如果父母违反了他们的财产照顾义务，比如因为他们从**子女的储蓄账户（Sparkonto des Kindes）**中提取钱款，以此用来购置子女房间的家具，支付子女度假旅行以及衣物上的费用，那么由《民法典》第 1664 条所产生的损害赔偿请求权也会得到肯定；因为为这些需要提供资金是父母基于现存的抚养义务所承担的职责。[3] 所以他们不能根据《民法典》第 1648 条而向子女请求补偿。[4]

● 如果在与银行的关系上一个储蓄账户的账户持有人虽然是父母一方，但是储蓄余额却涉及子女自己的金钱（例如由第三人所赠与的金钱），那么对此则可能存在一项《民法典》第 1664 条第 1 款所规定的损害赔偿请求权；因为就此而言，父母在与孩子的关系中受到信托身份的约束，不允许他们为自己的目的对其进行处分。[5]

24　　如果遵循少数观点（**Mindermeinung**），认为《民法典》第 1664 条第 1 款中不存在请求权基础[6]，那么在个案中仍然要审查，是否存在由《民法典》第 280 条第 1 款所产生的子女的请求权。父母与子女之间依据《民法典》第 1626 条及以下各条的照顾权关系最终构成了一种法定债权关系，所以《民法典》第 280 条第 1 款原则上就将是可以适用的。但是，即使在《民法典》第 280 条第 1 款的框架内也应当考虑《民法典》第 1664 条第 1 款的责任减轻。相反，如果按照通说认为在《民法典》第 1664 条第 1 款中也存在一个请求权基础，那么这一特别条文规范就排除了一般性的《民法典》第 280 条的适用了。这个观点看起来更可取，因为像《民法典》第 280 条或者也包括《民法典》第 241 条第 2 款这样的条文规范似乎不太适合适当涵盖家庭法的特殊性。

> **考试提示**：在考试中则应当遵循《民法典》第 1664 条第 1 款是一个独立请求权基础的观点，因为这符合持续性的判决实践。

2. 父母过错的归责

25　　一个常见的考试问题则涉及在子女针对第三人有责任请求权的情况下**父母的与有过错**（**Mitverschulden der Eltern**）。就此而言的出发点在于，如果受损害人在损害形成上或者由损害范围看来产生了与有过错，那么按照《民法典》第 254 条的规定，受损害人必须承受从其损害赔偿总额中扣除相应的金额。对此《民法典》第 254 条第 2 款第 2 句规定，《民

---

[1]　BGH MDR 2021，361.

[2]　BGH FamRZ 2021，425.

[3]　《民法典》第 1601 条。

[4]　OLG Bremen FamRZ 2015，861.

[5]　BGH NJW 2019，3075.

[6]　*Gernhuber/Coester-Waltjen* FamR § 58 Rn. 65.

法典》第278条可以相应适用，就是说履行辅助人或者法定代理人的与有过错也能够被归责。这整个问题将借助下面这一例子予以说明。

> **案例：**4岁的康拉德（Konrad，K）和他的父亲V正在S市的公共游乐场地玩耍。然而K玩的滑梯却没有固定在地面上并且已经有些摇晃了。所以V格外留神。不过，V还是很快就分散注意力，因为漂亮的女邻居妮娜（Nina）出现了。就在这个时候K又爬上了滑梯，摇摇晃晃地摔了下来并且严重受伤。K针对S有哪些请求权?[①]
>
> 一、在此可能可以存在一个从《民法典》第823条第1款中得出的（aus § 823 Abs. 1 BGB）K针对S市的**请求权**（Anspruch）。
>
> 1. 鉴于K的身体伤害，《民法典》第823条第1款的构成要件是满足了。S市在维护游乐场所或者更确切地说是维护滑梯方面有过失地违反了其交往安全义务。一个公共游乐场中的交往安全必须持续地受到检查。
>
> 2. 然而，有疑问的是，K父亲的**与有过错**（Mitverschulden）是否要归责于K并且K因此而必须承受从他的损害赔偿请求权中扣除相应的金额。K自己的与有过错是不需要予以考虑的，因为他无过错能力。[②] 就此而言，在与有过错的情况下也必须考虑到《民法典》第828条第1款的评价。[③] V与有过错的归责可能可以从《民法典》第254条第2款第2句援引《民法典》第278条中得出。
>
> a）根据整个通说对此首先需注意的是，要将《民法典》第254条第2款第2句视作这一条文规范中独立的一款规定。[④] 该句处于第2款末尾的位置被解释为立法机构的编辑错误。[⑤] 也就是说法定代理人与有过错的归责也可以在《民法典》第254条第1款的情况中予以考虑。
>
> b）然而根据文义，适用《民法典》第278条的前提条件在于，有一个"债权人"存在；也就是说必须在损害人（在此为S市）和被损害人（K）之间（在加重损害的行为发生之前就已经）存在一个**债之关系**（Schuldverhältnis）或者是一个特别联系。在本案中这点却并不符合。不过部分观点主张，前述这一点完全不重要，因为《民法典》第254条第2款第2句援引《民法典》第278条应当被看作是**法律后果援引**（Rechtsfolgen-verweisung）。[⑥] 所以即使在损害人和受损害人之间欠缺一个特别联系，法定代理人的过错也需要被考虑在内。否则的话援引的适用范围就将变得过于狭窄了。按照这一观点，K在此必须依据《民法典》第254条第1款、第2款第2句、第278条将V的疏忽或者过失看作是与有过错。
>
> 然而根据正确的通说，在《民法典》第254条第2款第2句的情况下涉及的是一个**法律原因援引**（Rechtsgrundverweisung）。[⑦] 也就是说如果"在受损害人和损害人之间没

---

① 也可参看 BGHZ 103，338（346 ff.）。
② 参看《民法典》第828条第1款。
③ Erman/*Ebert* BGB § 254 Rn. 25.
④ BGH NJW 2009，582.
⑤ 可参看的只有 Erman/*Ebert* BGB § 254 Rn. 71.
⑥ *Lange*，NJW 1953，967.
⑦ BGHZ 103，338；OLG Zweibrücken NJW-RR 2006，1165；Palandt/*Grüneberg* BGB § 254 Rn. 48.

有形成债法上关系的情况下"，也将法定代理人的与有过错归责于受损害人，那么"这就将意味着，第三人的行为归责被区别对待了，因为损害人在没有债法上关系的情况下不必为此承担责任，而受损害人在这样一个情况下却不得不接受因为被归责的与有过错而产生的请求权减少"①。然而，这将会是对他人行为进行归责时的一种不被允许的不平等了。所以只有当损害人和受损害人之间存在一个契约关系或者一个其他法律上的**特别联系**（Sonderverbindung）时，法定代理人的过错才能被归责于受损害人。在这样一个特别联系欠缺的情况下，虽然对于与有过错的归责问题能够借助《民法典》第 831 条第 1 款的思想这一观点将是值得赞同的②，但是在父母子女关系中却不合适。③ 法定代理人无法与一个事务辅助人相提并论；尤其是子女不必留心注意或是引导父母。因此以不利于 K 的方式而对 V 的与有过错进行归责就被排除了。

3. 剩下仍需审查的是，是否应当根据**受阻碍的连带债务**（gestörte Gesamtschuld）原则进行请求权的缩减。

a）"受阻碍的连带债务"涉及的是下列这一情况，即两个（或者更多个）人相对于受损害人满足了责任产生的构成要件，但是由于某一有利于其中一位损害人的责任特权（例如契约上的责任排除），最终只有另一位损害人承担责任。被请求承担责任的损害人在"正常的"连带债务中可以根据《民法典》第 426 条按比例向另一损害人进行追偿，然而在"受阻碍的连带债务"（在这种情况下严格来说完全没有形成《民法典》第 840 条、第 421 条意义上的连带债务）中这一要求就会被拒绝。然而，如果责任特权的原因来自受损害人那方面，结果却是损害人遭受不利，那么这就可能与诚实信用原则不相符了。比如契约上的责任排除作为不利于第三人的约定所产生的就是这样的效果。所以在这样一类情况下，损害人就被允许立即从损害赔偿总额中扣除在假想连带债务或者假定追偿的情况下，将会重新从另一损害人处所获得的金额。不过其中的具体细节却仍然有争议；而判决也并非总是一致。④

b）在本案中，如果 V 虽然从根本上来看要为 K 负责，但是因为《民法典》第 1664 条第 1 款中的规范却不必负责并且 S 从一开始就不可能向 V 行使追偿权，那么就能够根据这些原则考虑缩减了。所以要附带审查的是，K 针对 V 是否也有一个责任请求权。

aa）V 可能会因为《民法典》第 1664 条第 1 款而向 K 承担损害赔偿的责任。对此的前提条件首先将在于，**《民法典》第 1664 条第 1 款**（§ 1664 Abs. 1 BGB）构成了一个独立的**请求权基础**（Anspruchsgrundlage）。通说认为与其文义相反，在《民法典》第 1664 条第 1 款中不仅仅——就如同在《民法典》第 1359 条中一样——存在责任减轻，而是同时也存在一个子女在父母行使父母照顾权时违反义务的情况下所产生的子女损害赔偿请求权的请求权基础。⑤ 这一观点是值得赞同的，因为在父母子女关系中借助一般债法

---

① OLG Schleswig VersR 2003，82.

② Erman/*Ebert* BGB § 254 Rn. 77.

③ 参看 *Medicus*/*Petersen* BürgerlR Rn. 867。

④ 对此参看 *Medicus*/*Petersen* BürgerlR Rn. 928 ff.；*Röthel* Jura 2020，218（226）。

⑤ OLG Frankfurt FamRZ 2016，147；*Schwab* FamR GdR Rn. 871 f.

的条文规范①看起来是不合适的。②

在本案中《民法典》第1664条第1款的前提条件满足了。V作为照顾权人③在进行父母照顾的时候所为行为违反了义务，因为他（短时间地）疏忽了对K的看管义务。④不过，就此而言有争议的是《民法典》第1664条第1款的标准（主观上的自己通常的注意）是否也适用于**违反看管义务（Aufsichtspflichtverletzungen）**。当然可以赞同说，为了保护子女在这方面必须适用一般性的客观标准。然而通说却认为这一条文规范也适用于违反看管义务。⑤ 不然的话其适用范围还是会过于狭窄。另外从条文规范的文义中也无法推断出相关的限制。毋宁说该条文规范的作用在于，保护在违反看管义务时正好会被危害到的家庭和平。

为能够根据《民法典》第1664条第1款使其承担负责，V就必须违反了自己通常的注意。⑥ 但是由于V只是在非常短的时间内分散了注意力，所以不能责难他有重大的违反义务行为。所以V不因为《民法典》第1664条第1款而承担负责。

bb) 但是，V还是有可能会因为《民法典》第823条第1款而对K负有损害赔偿义务。不过这一责任也要被否定，因为《民法典》第823条第1款意义上的过错也由于依据《民法典》第1664条第1款的责任减轻而欠缺。《民法典》第1664条在相互竞合的侵权请求权框架内也适用。⑦

c) 因此在中间结论中所确定的是，虽然V在《民法典》第1664条第1款以及《民法典》第823条第1款方面都已经满足了侵权行为的构成要件，然而由于责任特权他不必为此负责。因此这可能应当被肯定为所谓"受阻碍的连带债务"的一种情况。最后当S市清偿了K的损害时，也可能无法从V处按比例实现追偿，因为V相对于K由于责任特权而没有成为连带债务人。不过，考虑到《民法典》第1664条的情况，有争议的是，在此是否也应当以有利于损害人的方式而允许请求权的缩减。联邦最高法院已经拒绝这一观点。⑧ 反对请求权缩减的事实就在于，《民法典》第1664条的作用应当是保护家庭和平，否则的话家庭和平将再次间接处于危险中。这一条文规范也应当在父母子女关系中创造一定程度的自由空间。而如果子女受到伴随有父母与有过错的第三人损害时，就必须让自己一直承受最终也将会加重家庭经济负担的请求权缩减，那么这些条文规范的目的就将受到质疑了。所以所有这些都赞同否定请求权的缩减或者适用有关受阻碍的连带债务原则。⑨

二、结论：K针对S拥有完全的损害赔偿请求权。

---

① 特别是《民法典》第280条第1款。
② 参看上文本节边码24。
③ 参看《民法典》第1626条。
④ 参看《民法典》第1631条第1款。
⑤ OLG Stuttgart NJW-RR 2011，239；OLG Karlsruhe NJW 2012，3043；MüKoBGB/*Huber* BGB § 1664 Rn. 12.
⑥ 参看《民法典》第277条。
⑦ MüKoBGB/*Huber* BGB § 1664 Rn. 9.
⑧ BGHZ 103，338.
⑨ 不同观点则认为值得赞同。

五、父母照顾和家庭寄养

1. 概况

26　　如果父母（暂时或者也包括长期）没有能力以适当的方式照料他们的子女，那么子女可以通过青少年管理局的介绍而被交给一个**寄养家庭（Pflegefamilie）**。* 按照《社会法典》第八编第 33 条第 2 句的规定，为发展受障碍的儿童及青少年创造合适形式的家庭寄养就此而言也属于青少年福利救济给付。当父母对其子女的居留确定权根据《民法典》第 1666 条被剥夺了并且青少年管理局作为保佐人确定将子女安置于一个寄养家庭中时，家庭寄养就变得尤为重要了。只要亲生父母还享有照顾权，那么自然就会出现和寄养父母权限的界限问题。此外在一段时间之后可能会产生值得保护的子女和寄养父母的联系，而这些联系也需要法律的保障。

　　尽管大多数接受全日制寄养的子女仍然和原生家庭有联系，但在寄养家庭中生活往往成了一个永久性的解决方案。寄养子女返回原生家庭的比例很低。

2. 寄养人的小照顾权

27　　如果一个子女**较长时间（längere Zeit）**生活在家庭寄养中，按照《民法典》第 1688 条第 1 款第 1 句的规定，那么寄养人就有权决定日常生活事务以及在这一类事务中代理有权进行父母照顾的人。《民法典》第 1688 条第 1 款第 3 句规定，存在延误危险时寄养人享有《民法典》第 1629 条第 1 款第 4 句所规定的紧急代理权。不过，这一规范还受制于如下的保留前提，即有权进行父母照顾的人没有作出其他的表示。此外《民法典》第 1688 条第 3 款第 2 句还规定，当为了子女最佳利益而必不可少之时，家事法庭能够限制或者排除寄养人的权限。

　　《民法典》第 1630 条第 3 款第 1 句规定，如果父母较长时间地将子女交由家庭寄养，那么家事法庭可以依据父母或者寄养人的申请而将父母照顾事务授予寄养人。同一条款的第 2 句则规定，如果寄养人提出申请，那么父母的同意则是必不可少的。

3. 法院的留下指令

28　　在子女接受家庭寄养一段时间之后，父母可能会催促子女返回他们的家中。如果子女在他们父母的照料下身体、智识或者精神上的最佳利益将会受到危害，那么就应当拒绝这种**子女返回（Rückführung des Kindes）**。① 按照《**民法典》第 1632 条第 4 款**（**§ 1632 Abs. 4 BGB**）的规定，如果并且只要将子女从寄养父母处带走不符合子女最佳利益，家事法庭可以依职权或者依据寄养人的申请而指令，子女仍留在寄养人处。② 如果没有返回原

---

　　* Pflegefamilie 字面意思为"照料家庭"，同理，Familienpflege 的意思则为"家庭照料"，但根据中文翻译惯例，在此翻译为寄养家庭和家庭寄养，下同。——译者注

　　① BVerfG NZFam 2017，261.

　　② 所谓的**留下指令（Verbleibensanordnung）**。

生家庭的前景，那么与父母的交往在可能的情况下可能被限于很少的接触。①

特别是如果子女作为幼儿之前已经来到寄养家庭中并且现在和寄养父母之间存在紧密联系，那么此时将子女从寄养家庭中带走就可能**使子女最佳利益遭受危害**（**Kindeswohl gefährden**）。② 就此而言应当注意的是，寄养子女是一个特别**高风险的群体**（**risikobehaftete Gruppe**），几乎不能低估他们对稳定性和持续性的巨大需求。与亲生父母团聚的目标并不必然与子女的利益相一致。③ 虽然法院在作出裁判时必须要充分考虑宪法所保障的**父母权**（**Elternrecht**）④；主要是因为根据联邦最高法院的观点，维持与父母的分离只有根据《基本法》第6条第3款的标准，在遵守最严格比例原则要求的情况下才符合基本法。⑤ 但是经常出现的情况却是，只有留在寄养家庭中才符合子女最佳利益。⑥

通过立法机构已经通过的《**儿童与青少年强化法**》（**Kinder- und Jugendstärkungsgesetz**）⑦，子女在家庭寄养中的权利会得到进一步的保障。新的《民法典》第1632条第4款第2句规定，如果父母的教育条件长期没有得到改善并且未来也将不会有所改善，那么现在也有可能指令子女长期在寄养人身边，只要这一指令对于子女最佳利益是有必要的。根据新的《民法典》第1632条第3款，这一指令是可以废止的。《社会法典》第八编第37条及以下各条也进行了与此相关的修改。⑧

六、重组家庭的保护

如果父母一方重新结婚，而子女此时与亲生父母一方及其新配偶一起生活，那么这就   29
被称为重组家庭（Stieffamilie）。母亲或者父亲的新伴侣就成了继父或者继母。在此有可能形成子女与继父母一方之间值得保护的联系；不过，在这类情形之下也有可能产生与亲生父母另一方的冲突。此外继父母一方经常会参与到对子女的教育当中。因此，存在着下列这些规范：

● 《民法典》第1687b条第1款规定，当生父母一方有单独照顾权时，继父母一方在日常生活事务上拥有有限的**共同照顾权**（**Mitsorgerecht**）。

● 《民法典》第1687b条第2款规定，存在延误危险的情况下，继父母一方有紧急照顾权。

● 如果父母另一方想要将子女从重组家庭中带走，例如在进行照料的父母一方死亡之后，那么就存在作出**法院留下指令**（**gerichtliche Bleibeanordnung**）⑨ 的可能性。⑩

然而迄今为止仍被立法机构所忽视的是所谓"**非婚重组家庭**"（**nichteheliche Stieffamilie**），   30

---

① OLG Hamm FamRZ 2016，1778.

② 对此参看 BVerfGFamRZ 2010，353；OLG HammFamRZ 2013，1228。

③ 参看 EGMRUrt. v. 22. 11. 2010-*Moretti und Benedetti*/*Italien*。

④ 例如 OLG Stuttgart FamRZ 2014，320。

⑤ BVerfG FamRZ 2013，361.

⑥ 有关整体情况参看 *Heilmann/Salgo*，FamRZ 2014，705。

⑦ BGBl. 2021 I，1444.

⑧ BT-Drs. 19/26107 v. 25. 1. 2021 und 19/28870 v. 21. 4. 2021；对此参看 *Meysen* FamRZ 2021，401。

⑨ 参看上文本节边码28。

⑩ 参看《民法典》第1682条第1句。

也就是说，一对伴侣未婚而和被带入这一关系中的子女共同生活在一起。在此子女同继父母一方——而且在个案中继父母这一方有可能是家庭的供养者——的关系，根据现行法几乎没有得到保障。

非婚继父母一方没有照顾权，没有共同照顾权，甚至连紧急照顾权也没有，更确切地说，即使是亲生父母一方死亡的时候，非婚继父母一方也仍然没有紧急照顾权。按照《民法典》第 1779 条第 1 款、第 2 款的规定，在必要情况下还是存在将继父母一方指定为监护人的可能性。不过按照《民法典》第 1685 条第 2 款的规定，继父母一方作为密切相关之人至少能够获得交往权。

31　　然而，与此同时，非婚重组家庭也通过下列方式获得了承认，即按照**《民法典》第 1766a 条第 1 款（§ 1766a Abs. 1 BGB）**的规定，现在也允许——除了婚姻配偶之外——以稳固的生活共同体方式共同生活在一个家庭中的两个人进行所谓的**继子女收养（Stiefkindadoption）**。①

 深入阅读材料推荐

深入学习：*Becker*，Zum Umgang mit § 1664 BGB in der Fallbearbeitung，JA 2015，576；*ders.*，Zur pflichtwidrigen Abhebung vom Sparbuch des Kindes，FamRZ 2016，869；*Flume*，Zur Reichweite familiengerichtlicher Genehmigungstatbestände im Unternehmensrecht，FamRZ 2016，277；*Heilmann/Salgo*，Sind Pflegekinder nicht（mehr）schutzbedürftig?，FamRZ 2014，705；*Onstein*，Schule im Kontext familiengerichtlicher Entscheidungen，FuR 2017，131；*Rake*，Social Media und elterliche Umgangsbestimmung，FamRZ 2017，1733；*Röthel*，Eltern-Kind-Verhältnis und Haftung，Jura 2020，218；*Schwab*，Elterliche Sorge und Religion，FamRZ 2014，1；*Stockmann*，Wer bestimmt den Urlaubsort?，FamRB 2017，315；*Weber*，Gerichtliche Entscheidungen bei Meinungsverschiedenheiten der Eltern，NJW 2020，523。

案例与考试：*Lack*，Klausur Kindschaftsrecht，JA 2020，421；*Löhnig/Leiß* Fälle FamR Fall 2；*Röthel* Fall 4，5；*Roth* Fall 10；*Schwab* FamR PdW Fälle 181-186；191-215。

第三十四节　交往权

一、概念和意义

1　　照顾权人通常是与未成年子女共同居住在一起的。在这种情况下，人身接触作为照顾权的结果就已经得到保障了。然而当照顾权人没有与子女在同一个屋檐下共同生活或者父

---

① 参看下文第三十六节边码 7。

母一方甚至根本不（再）拥有照顾权时，这样一来交往权就具有重要意义了。交往权指的是父母一方与子女或者是子女与父母一方在时间上有限制**接触**（Kontakten）的权利。《民法典》第 1626 条第 3 款第 1 句对此规定，**与父母双方的交往**（Umgang mit beiden Elternteilen）通常属于**子女最佳利益**（Wohl des Kindes）。因此，《民法典》第 1684 条第 1 款赋予了双方一项交往权。按照《民法典》第 1684 条第 1 款前半句的规定，子女有与父母双方交往的权利；联邦最高法院则认为这是子女一项高度人身性的权利。[①]《民法典》第 1684 条第 1 款后半句则规定，父母在**《基本法》第 6 条第 2 款第 1 句**（Art. 6 Abs. 2 S. 1 GG）所规定的父母权之基础上拥有与子女交往的权利和义务。另外，交往权还受到旨在保护私人生活和家庭生活得到尊重之权利的《欧洲人权公约》第 8 条的保护。[②]

交往权包括了（在特定日子里，在周末或者在度假中）直接的人身接触，但是也包括以信件、电话和电子通讯形式进行的所有其他形式的**交流**（Kommunikation）。[③]

在**父母子女关系**（Eltern-Kind-Verhältnis）中，交往权涉及的是下列这些**情形**（Konstellationen）：

● 父母有共同照顾权，但是（与此同时）分居了。子女现在居住在父母一方那里。在此父母另一方和子女为了能够互相保持接触而彼此之间享有交往权。

● 父母（或许一直以来就已经）分居了，父母一方拥有单独照顾权。[④] 在这种情况下父母另一方和子女也拥有交往权。

● 一个**寄养家庭**（Pflegefamilie）接纳了子女。在此亲生父母和子女彼此之间就享有交往权。[⑤]

● 父母被剥夺了父母照顾；子女和其他人生活在一起，例如与（外）祖母一起生活。对父母和子女而言在这种情况下也存在交往权。

因此交往权的目的在于，让没有与子女长期生活在一起的父母一方能够亲眼确信子女的状况和成长并且保持血亲上的纽带。[⑥]

> **记忆辅助**（Merksatz）：照顾权和交往权并不互相排除。有照顾权的父母一方也可能需要主张交往权。

除了《民法典》第 1684 条意义上父母子女关系中的交往之外，在《民法典》第 1685 条、第 1686a 条的前提条件下还存在其他人与子女的**交往权**（Umgangsrechte），也就是下列这些人：

●《民法典》第 1685 条第 1 款所规定的（外）祖父母和兄弟姐妹

●《民法典》第 1685 条第 2 款所规定的与子女密切相关之人；这会涉及例如继父母[⑦]

---

① BGH FamRZ 2008, 1334.

② 参看上文第二节边码 14 及下一边码。

③ Palandt/*Götz* BGB § 1684 Rn. 13.

④ 例如根据《民法典》第 1626a 条第 3 款或者第 1671 条。

⑤ 对此参看 BVerfG FamRZ 2013, 361.

⑥ BVerfG FamRZ 1995, 86.

⑦ 参看下文本节边码 14 及下一边码。

● 《民法典》第 1686a 条所规定的（与法律上的父亲不一致的）子女生父[1]

二、针对交往权规则的法院指令

1. 概况

4 很多处于分居状态的父母，都很成功地以互相同意之方式达成了适当的交往规则并且同时也考虑到了子女的意愿。就此而言之后这一所达成的**约定**（**Vereinbarung**）就对交往接触的方式和频率具有决定性意义了。然而在个案中也经常会产生与此相关的争议；或者是因为父母无法就交往时间达成意思一致；或者是因为父母一方没有坚持所达成的约定。在这些情况中受煎熬的人则是子女，在父母之间被来回抢夺或者被父母一方煽动反对另一方。按照《民法典》第 1684 条第 2 款的规定，在交往的权利和义务方面，法律自然要求父母停止一切妨碍子女与父母另一方关系或者加剧教育困难的作为。然而这一**符合最佳利益行为要求**（**Wohlverhaltensgebot**）却经常被忽视。

例子： 在父母莫娜（Mona，M）和维克多（Viktor，V）分开之后，女儿基拉（Kira，K）和 M 一起生活。按照约定，K 每隔一个周末从周五的下午三点到周日的下午三点在 V 那里度过并且 V 必须始终准时地将孩子送回来。然而 V 经常到晚上九点左右才将 K 送回来。另外 V 经常当着 K 的面说一些有关 M 的坏话，并且也一而再地带着孩子与一名曾经因为性虐待儿童[2]而有犯罪前科的朋友碰面。所以 M 要求一项法院的规则。

5 在有争议的情况下，当事人可以求助于能够进行适当指令的家事法庭。争议的范围在此与**法院指令可能性**（**gerichtlichen Anordnungsmöglichkeiten**）的选择一样广泛。重点则在于根据《民法典》第 1684 条第 3 款第 1 句所作出的有关交往**方式和范围**（**Art und Umfang**）的规则。就此而言法院交往规则的目的在于，规定交往接触的方式以及确定时间和频率，以防止有关细节的进一步争议。对此已经形成了一系列法院标准，而这些标准将分别根据子女的年龄和生活情形在个案中进行具体化。

一项法院规范的例子： "申请人有以下权利，即 **(1)** 在每月的第一个周末和第三个周末，从周六上午 **10** 点到周日晚上 **7** 点，**(2)** 在暑假的前三周以及 **(3)** 在复活节，五旬节以及圣诞节的第二个假日，从早上 **10** 点到晚上 **7** 点，将当事人共同的子女接到自己身边。申请人为了行使交往权而将子女从母亲处接走并且还要准时地将子女送回。"

6 由父母双方交替照管子女[3]（所谓的**交替模式**）也能够通过交往权规则的方式来予以确定。[4] 除此之外以下这些也能够由**法院作出指令**（**gerichtlich angeordnet**）：

● 有关行使交往权的规则[5]
● 对交往权的限制[6]则在《民法典》第 1684 条第 4 款第 1 句中作了规定[7]

---

① 参看下文本节边码 16 及以下各边码。
② 《刑法典》第 176 条。
③ 所谓的**交替模式**（**Wechselmode**）。
④ BGH NZFam 2017, 253；有关问题领域的详情参看上文第三十二节边码 27。
⑤ 例如按照《民法典》第 1684 条第 4 款第 3 句、第 4 句的规定，指令由愿意协助的一名第三人陪同进行的交往。
⑥ 例如在时间上或者地点上抑或关于同特定第三人的接触上。
⑦ 有关地点上的限制参看 BVerfG FamRZ 2010, 109。

● 按照《民法典》第 1684 条第 3 款第 3 句的规定，作出**交往保佐（Umgangspfleg-schaft）**的指令，作为对反复出现的严重违反义务的反应或者在父母关系完全破碎的情况下。①

●《民法典》第 1684 条第 4 款第 1 句规定的交往权的**排除（Ausschluss）**

● 针对**第三人（Dritten）**的规则②

● 针对父母一方，使其负有**符合最佳利益行为（Wohlverhalten）**义务的指令，对此可参看《民法典》第 1684 条第 2 款的规定③

● 按照《民法典》第 1686 条的规定，涉及与子女共同生活的父母一方有关子女个人关系的**告知义务（Auskunftspflicht）**之指令。④

《民法典》第 1696 条第 1 款第 1 句规定，如果出于持续涉及子女最佳利益的正当原因而这么做是合适的，那么法院指令的交往规则之后可以依据申请而随时重新**得以变更（abgeändert）**。

2. 程序上的提示

涉及交往权的程序是《家事与非诉事务程序法》第 151 条第 2 项意义上的**亲子关系事务（Kindschaftssachen）**。适用《家事与非诉事务程序法》第 155 条规定的优先适用要求及**加速要求（Beschleunigungsgebot）**。⑤《家事与非诉事务程序法》第 156 条第 1 款规定，法院应该根据可能性谋求当事人的互相同意以及指示咨询的可能性。按照《家事与非诉事务程序法》第 158 条第 1 款、第 2 款第 5 项的规定，如果程序的议题是排除或者从根本上限制交往，那么通常要为子女指定一名程序援助人。

3. 法院裁判的标准

在交往争议中家事法庭所面临的困难任务是找到一条如下的规则，即既考虑到了父母双方由《基本法》第 6 条第 2 款第 1 句所规定的基本权地位又考虑到了**子女最佳利益（Wohl des Kindes）**及其作为基本权主体的个性。法院必须尽力**调和不同的基本权（Konkordanz der verschiedenen Grundrechte）**。对此的前提条件尤其在于，法院尽力分析个案的诸多特点并且探究对于一项以**子女最佳利益（Kindeswohl）**为导向的裁判具有重要意义的所有情形。经常——并且很有可能在每一审级中都重新进行——有必要取得家庭心理学的专家鉴定，而之后法院必须借此进行进一步的分析。《家事与非诉事务程序法》第 26 条规定，适用依职权调查原则。

例子：如果监狱在父亲子女关系的框架内为符合子女最佳利益的交往提供良好的框架条件，那么一名 5 岁的子女与其受到监禁的父亲的交往是可以考虑的。⑥

---

① OLG Düsseldorf FamRZ 2020，178.

② 例如外祖母负有义务将每周五待在她那儿的（外孙）子女送回到有交往权的父亲那里；母亲负有义务将子女带到火车站，以便于其能够搭乘火车去父亲那里；母亲负有义务影响子女，以减少子女对与父亲交往的保留。

③ 例如停止有关父母另一方的某些特定说法的义务。

④ 对此参看例如 BGH NZFam 2017，854.

⑤ 也可参看 EGMR FamRZ 2011，1283.

⑥ OLG Hamburg NZFam 2017，581.

子女的意思（Wille des Kindes）也具有重大作用。所以按照《家事与非诉事务程序法》第 159 条的规定，子女在程序中应当**被听取意见（anzuhören）**①，而且即使 4 岁的子女原则也应当被听取意见。② 对于再稍微大一点的子女则可以假定，他们理解交往权的意义并且他们的意思因此而是相当重要的。如果子女某一受第三人影响的意思表达了真实并因此是值得保护的联系，那么这一意思也可能是相当重要的。③ 如果子女拒绝交往，法院就必须要探究其原因。违背子女意思而强制执行交往权与**人格权（Persönlichkeitsrecht）**通常是不相符的。④ 在子女年龄较大的情况下（大致从 10 岁开始）也不应该再认为，他们的抵触可以通过（尤其是有照顾权之父母的）教育措施来克服。⑤

9　　只有当对于子女最佳利益确实是**必要（erforderlich）**之时，**限制**或者**排除交往的规则（Regelungen zur Beschränkung oder zum Ausschluss des Umgangs）**才是合法的。因此，比如排除已经上一年级的子女在父亲那里过夜这种交往解除方式就需要特别的证成，因为和父亲的这种交往接触方式通常来说是符合子女最佳利益的并且也没有对子女提出过高要求。⑥ 发生**新冠疫情大流行（Corona-Pandemie）**本身并不能证成对子女与父母一方交往的任何限制。⑦ 此时父母一方在与子女交往的过程中原则上也不必佩戴 FFP2 类别口罩（FFP2-Maske）⑧ 并且不必等到接种新冠疫苗之后才可以与子女交往。⑨

不过在个案中，为了防止对子女的精神或者身体发展造成危害，**排除交往（Umgangsausschluss）**对于保护子女也可能是必要的。⑩ 在大多数情况下对此只是宣布暂时排除交往；但是在例外情况下也可能指令**无期限的排除（unbefristeter Ausschluss）**。⑪ 如果实际状况有所改变，可以考虑根据《民法典》第 1696 条提出变更申请。

例子：如果 10 岁的儿子非常决然地——也考虑到其中无法化解的父母冲突——拒绝与父亲的接触并且将会对强制交往表现出沮丧的退缩举动或者其他不恰当的摆脱策略，那么交往权（在保留通信接触的前提下）可以被排除长达两年时间。"不顾子女的严重抵触而强制进行的交往可能会由于自身人格被无视的经历而造成弊大于利。"⑫

4. 交往规则的执行

A. 案例群

10　　基于交往的义务，例如父亲同子女交往的义务或者母亲协助实施交往规则的义务⑬，

---

① BGH NZFam 2016，1179 中作了强调。
② BGH FamRZ 2019，115.
③ BVerfG FamRZ 2015，1093；2016，1917.
④ OLG Saarbrücken NJW-RR 2011，436.
⑤ OLG Hamm FamRZ 2008，1371.
⑥ OLG Köln NJW-RR 2019，1029.
⑦ OLG Braunschweig NJW 2020，2038.
⑧ OLG Brandenburg NZFam 2020，976.
⑨ AG Tostedt FamRZ 2021，200.
⑩ BVerfG FamRZ 2015，1093.
⑪ BVerfG FamRZ 2016，1917.
⑫ BVerfG FamRZ 2015，1093.
⑬ 参看下文本节边码 11。

也可以违背这些当事人的意思而被赋予名义或者由法院予以确定。① 当然此时当事人遵守法院指令的意愿可能不会很大。在这种情况下所出现的问题便是，法院的交往规则如何能够得到**执行**（durchgesetzt）。

例子：

● 尽管通过法院裁定已经确定，父亲 V 始终可以在每周五下午 4 点来接女儿，但是母亲和女儿每周五却总是不在家，以至于 V 无法实现他的交往权。

● 两岁的马里奥（Mario，M）是 V 婚外出轨所生。现在 M 的母亲想要 M 认识他的父亲并且想通过法院来为他和 V 的交往权指令一条规则。相反，V 却不想和 M 有任何关系，而且觉得不应该有什么固定交往日期。

B. 缺少进行照管父母一方的协助

按照《家事与非诉事务程序法》第 89 条的规定，如果父母一方的行为违反了交往规则强制执行名义，那么法院可以对其实施**秩序罚款**（Ordnungsgeld）。② 如果以违警罚款的方式惩罚对义务的违反，那么长久以往就有可能非常昂贵。这样将会阻止**负有协助义务的父母一方**（mitwirkungsverpflichteten Elternteil）在有疑义的情况违反交往规则而行。除此之外在父母之间有可能提出损害赔偿请求权。③《家事与非诉事务程序法》第 89 条还规定，对于违警罚款无法追收或者不成功的情况，还可以作出**秩序拘留**（Ordnungshaft）的指令。④ 如果为了交往权的行使而应当让子女被送回，那么还可以考虑直接强制来作为最终的手段，但是根据《家事与非诉事务程序法》第 90 条第 2 款第 1 句的规定，不允许针对子女适用直接强制。

《家事与非诉事务程序法》第 89 条第 4 款第 1 句规定，如果义务人**提出原因**（Gründe vorträgt），表明他**不必**为违反行为**负责**（nicht zu vertreten），那么一项**秩序措施**就会**免于实施**（Ordnungsmittels unterbleibt）。然而子女意外约定的日期还并不能满足这一要求，例如生日邀请。如果未经有交往权的父母一方的同意，那么负有交往义务的父母一方并没有权限擅自处置对交往权的安排。只要没有作出隔离的指令或者一名家庭成员已经明显确诊了，那么即使是**新冠疫情大流行**（Corona-Pandemie）也无法证成对交往名义的违反。⑤

C. 针对不愿进行交往的父母一方的秩序措施？

如果问题在于，**负有交往义务的父母一方**（umgangsverpflichteter Elternteil）自己不愿意进行交往，那么就会提出这样一个疑问，以强制的方式执行法院的交往规则就此而言是否也将会是正确的。这一疑问长期以来一直有争议⑥，因为如果**不愿进行交往的父母一方**（umgangsunwilligen Elternteil）在面临秩序罚款或者甚至秩序拘留的情况下而被迫与子女交往，这对子女是否有益处就显得很可疑了。⑦ 联邦宪法法院在 2008 年 4 月 1 日作出的判决则在此给晦暗不明的争议现状带来了曙光。

11

12

---

① 例如 OLG Frankfurt FamRZ 2021，432 对不愿进行交往的父亲作出的判决。

② 例如 OLG Brandenburg NJW-RR 2020，887。

③ 参看下文本节边码 23。

④ 例如 OLG Saarbrücken NJW-RR 2020，195。

⑤ OLG Schleswig NJW 2020，2895；OLG Frankfurt MDR 2020，1320.

⑥ 肯定强制执行的例如有 OLG Köln FamRZ 2001，1023。

⑦ 所以 OLG Nürnberg FamRZ 2007，925 这一判决对此予以拒绝。

> **案情**①：已经结婚了的一家之父 V 有一个在婚外关系中所生的儿子 S。虽然父亲身份已经得到了承认，但是 V 一直以来都拒绝与儿子进行哪怕一次的接触。然而 S 的母亲想要 V 负担交往的义务并且作为法定代理人而以 S 的名义向法院提起了相应的申请。最终法院作出指令是，在法院的监管下 V 每三个月和 S 进行持续两个小时的交往。在拒绝的情况下则要面临最高可达 25 000 欧元的强制罚款。针对强制罚款的威胁以及作为基础的旧《非诉讼程序法》第 33 条第 1 款第 1 句、第 3 款的规范，V 提起了宪法诉愿，因为他认为他由《基本法》第 2 条第 1 款连同适用第 1 条第 1 款以及《基本法》第 6 条第 1 款所规定的基本权受到了损害。

13　　　根据联邦宪法法院的观点，与父母一方负有和其子女交往之义务相联系的对《基本法》第 2 条第 1 款连同适用第 1 条第 1 款所规定的人格权的干涉，因为通过《基本法》第 6 条第 2 款第 1 句而对父母所规定的对其子女的责任以及子女要求由父母进行照料以及教育的权利而是正当的。就此而言，相比父母的利益，子女的**人格发展**（Persönlichkeitsentwicklung）原则上被赋予了一个重大得多的重要性。不过仍然应当注意的是，如果子女将要在强迫的交往中面对父母另一方的拒绝时，几乎不会有利于子女发展。

　　　"这其中所隐藏的巨大危险在于，子女的自身价值感在此会受到损害。因为子女几乎无法理解，为什么他的父母一方不想知道有关他的任何事情并且表现出一副很排斥的样子，以至于他有可能在自己身上寻找对此的过错。这通常并不利于子女的最佳利益，甚至是有害于他。"② "就此而言，通过强制手段的威胁所引起的对父母一方基本权的干涉在保护子女人格上并不具有正当性，除非在个案中存在充足的证据可以得出结论，认为强制交往将有利于子女最佳利益。"③

　　　但是在个案中可能对状况作出其他判断。比如子女有可能由于他已经**稳固的人格**（gefestigten Persönlichkeit）并不会由于强制交往而面临遭受不利后果的危险。个别的子女也可能有能力通过他的行为来化解父母一方的抵触并且可以创造出令人满意的交往接触。因此如果在个案中存在充足的证据表明，应当考虑**对子女最佳利益的有利影响**（günstigen Auswirkungen auf das Kindeswohl），那么以强制的方式执行交往义务也是能够考虑的。但是正是这一点必须积极地予以确定。④

三、其他人的交往权

1. 概况

14　　　按照《民法典》第 1685 条第 1 款的规定，交往权并不仅仅存在于父母子女关系当中，如果交往有利于子女最佳利益，那么对于子女的**（外）祖父母**（Großeltern）而言也存在

---

① BVerfG NJW 2008，1287.
② BVerfG NJW 2008，1287.
③ 同上判决主旨 3。
④ BVerfG 同上。

交往权。相反，姨（姑）婆就没有交往权了；《民法典》第 1685 条第 1 款就此而言也是无法类推适用的。①

例子： 如果子女的父母和（外）祖父母的关系是如此不和，以至于子女在和（外）祖父母的交往中将会陷入一种忠诚冲突当中，那么子女与（外）祖父母的交往通常就不利于子女最佳利益。此外，（外）祖父母还必须注意父母在子女教育上的优先权。②

另外，如果子女的**密切相关之人（enge Bezugspersonen）**事实上为子女承担或者曾经承担过责任③，也就是说特别是如果他们曾经与子女在一个家庭共同体中较长时间共同生活过，那么根据《民法典》第 1685 条第 2 款的规定，他们也有交往权。在过去共同生活过就足以能够确立条文规范意义上的社会家庭关系了；并非必须涉及当前的相关之人。④

《民法典》第 1685 条第 2 款（§ 1685 Abs. 2 BGB）可能涉及例如以下这些人：

- 父母一方（继母、继父⑤）当前或者曾经的配偶或登记的生活伴侣
- 父母一方当前或者曾经的非婚伴侣
- 子女曾较长时间与其处于家庭寄养关系中的人（寄养父母）。

正式交往权在所有变形中的前提条件在于，交往**有利于子女最佳利益（Wohl des Kindes dient）**。与此相关的判断原则上属于有权进行照顾的父母。⑥ 此外还值得注意的是《民法典》第 1626 条第 3 款第 2 句，根据这一规定，子女最佳利益还包括同与子女有**联系（Bindungen）**之人的交往，只要维持这些联系对于子女的发展是必要的。在对交往权出现争议的情况下可以提起由法院进行裁判的申请。需要注意的是，在《民法典》第 1685 条所规定的情况下子女自己并不享有交往请求权。

2. 生父的交往权

A. 法律的发展

当《民法典》第 1684 条第 1 款赋予"父母"交往权，所指的仅仅是《民法典》意义上的父母，也就是说《民法典》第 1592 条意义上的父亲和《民法典》第 1591 条意义上的母亲。在法律和生物学意义上的父亲身份互相分离的情况下所出现的问题就是，并非法律上父亲的生父是否也享有交往权。

1998 年的**亲子关系法改革（Kindschaftsrechtsreform）**在这方面并未颁布相关的规范。然而，**联邦宪法法院（BVerfG）**在 **2003 年（2003）**的时候根据《基本法》第 6 条第 1 款认为，毫无例外排除生父的交往权是违反宪法的⑦；因为已经同其子女建立了社会家庭关系并且就此而言能够援引《基本法》第 6 条第 1 款意义上（暂时）现存之家庭的生父，也没有交往权。这一判决首先带来的就是从那时起一般性地规定了"密切相关之人"的《民法典》第 1685 条第 2 款中的新规范，在个案中，生父也能够被涵摄于其中。因此对于以

---

① OLG Celle FamRZ 2016，916.
② BGH NZFam 2017，988.
③ 社会家庭关系（sozial-familiäre Beziehung）；有关这一概念参看前文第三十一节边码 33。
④ BGH FamRZ 2005，705.
⑤ 对此参看 OLG Braunschweig FamRZ 2021，195。
⑥ *Schwab* FamR GdR Rn. 954.
⑦ BVerfGE 108，82.

下这一情况无论如何还是存在交往权的，即生父已经与子女建立起了个人关系。

例子： M 和 V 生活在非婚生活共同体中。他们生下了一个孩子（K）并且共同照顾了其一年时间。之后他们就分手了，而 K 则和 M 继续生活。M 始终没有同意由 V 进行父亲身份承认。现在当 V 想要通过法院来确定他的父亲身份时，他一定会知悉，M 的新伴侣之前已经承认了父亲身份。在这种情况下，V 作为子女过去的密切**相关之人（Bezugsperson）**根据《民法典》第 1685 条第 2 款的规定至少还享有交往权。

17　　但是**没有能够和子女建立起社会家庭关系（keine sozial-familiäre Beziehung）**的生父，长期以来一直处于无权利之状态。即使他想要为他的子女承担起责任，却仅仅由于法律上父母的拒绝而无法实现时，他也仍然被阻止和子女接触。① 虽然联邦宪法法院认为这一法律状况是符合宪法的②，然而**欧洲人权法院（EGMR）**却认为这违反了**要求私人生活得到尊重的权利（Recht auf Achtung des Privatlebens）**③，因为这一权利也包括了与其他人建立和发展关系（拟制家庭生活④）的权利。如果生父从子女出生开始就明确表示了他对子女的兴趣，但仍然被排除在交往权之外，而没有审查这一交往是否可能有利于子女最佳利益的情况下，那么就可能存在不正当地干涉要求私人生活得到尊重的权利。⑤

　　B.《民法典》第 1686a 条中的规范

18　　欧洲人权法院的这些结论促使德国立法机构制定了《民法典》第 1686a 条的规范。根据这一规定，如果有利于**子女最佳利益（Kindeswohl）**，那么对子女表现出重大**兴趣（Interesse am Kind）**的生父拥有与子女交往的权利。⑥ 另外还有要求告知有关子女个人关系的权利。⑦

> **案例⑧：** 妻子玛塔（Marta，M）和她丈夫艾哈德（Erhard，E）分居了。现在 M 认识了莱奥（Leo，L），并且搬去与他一起生活，还怀上了他们共同的孩子。在 M 怀孕期间 L 一直支持着她并且在孩子出生的时候也陪在 M 身边。然而，为了能再次和 E 共同生活，M 在分娩之后没几天就带着孩子返回到了 E 那儿。L 想要为儿子吉连（Kilian，K）进行父亲身份的承认，但是他必定了解到，由于 E 依据《民法典》第 1592 条第 1 项所取得的法律上的父亲身份，这是不可能的。⑨ 在这些情形之下 L 想要至少获得和 K 的交往权。
>
> 1. 因为 L 并非《民法典》第 1592 条意义上的父亲，所以他不能依据《民法典》第 1684 条第 1 款的规定获得交往权。鉴于子女与其法律上的父亲之间所现存的社会家庭关系，L 也没有机会成功撤销 E 的父亲身份⑩，以便能够通过这一方式使自己成为法律上的父亲以及有权进行交往之人。

---

① 参看 BT-Drs. 17/12163，S. 1。

② BVerfG NJW-RR 2005，153。

③ 《欧洲人权公约》第 8 条。

④ *intended family life.*

⑤ 参看 "Anayo" 案的诉讼程序，EGMR FamRZ 2011，269；„Schneider/Deutschland"，FamRZ 2011，1715。

⑥ 《民法典》第 1686a 条第 1 款第 1 项。

⑦ 《民法典》第 1686a 条第 1 款第 2 项。

⑧ 根据 BVerfG FamRZ 2006，1661。

⑨ 参看《民法典》第 1594 条第 2 款；参看上文第三十一节边码 18。

⑩ 参看《民法典》第 1600 条第 1 款第 2 项，第 2 款；参看上文第三十一节边码 33。

2. 依据《民法典》第 1685 条第 2 款的交往权（Umgangsrecht gem. § 1685 Abs. BGB）也同样被排除了，原因在于迄今为止 L 根本没有机会成为子女的密切相关之人。因为 M 在子女出生之后马上就离开了他，他从来无法为 K 承担起事实上的责任。

3. 但是可以考虑的是 L 依据《民法典》第 1686a 条第 1 款第 1 项的交往权（Umgangsrecht des L gem. § 1686a Abs. 1 Nr. 1 BGB）。

a）根据案件事实，L 毫无争议就是子女的生父。

b）另一名男子拥有法律上的父亲身份，也就是 E 依据《民法典》第 1592 条第 1 项的父亲身份。

c）L 也——只要这点对他来说是可能的——表现出对子女的重大兴趣。

d）不过，仍然应当进一步审查的是，根据情形是否可以认为，与 L 的交往将会有利于 K 的最佳利益。[①]

e）然后，（有利于子女最佳利益的）交往的具体范围将必须基于为《民法典》第 1685 条所发展出来的标准，也就是说通常将不会有《民法典》第 1684 条所规定的父母交往权的强度。[②]

C. 《民法典》第 1686a 条所规定的交往权的前提条件

> **《民法典》第 1686a 条所规定的生父交往权**
>
> 1. 另一名男子拥有法律上的父亲身份[③]
> 2. 《家事与非诉事务程序法》第 167a 条第 1 款规定，申请人与子女的母亲在怀孕期间曾经同房的代替宣誓保证
> 3. 申请人的生父身份
> 4. 申请人对子女的重大兴趣
> 5. 《民法典》第 1686a 条第 1 款第 1 项规定，交往要有利于子女最佳利益

第一个前提条件在于，**另一名男子是《民法典》第 1592 条意义上子女法律上的父亲（anderer Mann rechtlicher Vater）**。生父是否能够根据《民法典》第 1600 条第 1 款第 2 项、第 2 款撤销这一父亲身份，在此则是无关紧要的。不过，如果子女没有法律上的父亲，那么有交往意愿的生父就必须首先通过父亲身份承认或者确认来获得法律上的父亲身份，以便为了之后能够根据《民法典》第 1684 条主张交往权。[④]

按照**《家事与非诉事务程序法》第 167a 条第 1 款（§ 167a Abs. 1 FamFG）**的规定，只有当申请人代替宣誓**保证（versichert）**，他与子女的母亲**在怀孕期间曾经同房（während der Empfängniszeit beigewohnt）**时，根据《民法典》第 1686a 条要求授予交往权或者告知权的申请才会予以受理。以此来防止那些一开始就被排除在生父考虑之外的人的介入。而

19

---

① 参看下文本节边码 21 及下一边码。
② OLG Frankfurt NJW-RR 2019，1217.
③ 《民法典》第 1592 条。
④ BT-Drs. 17/12163, S. 12.

且（匿名的）精子捐献者也因此而被排除交往权。① 这一点与《民法典》第 1600 条第 1 款第 2 项中的规范相符。② 不过根据联邦最高法院的观点，如果在当事人之间对申请人的生父身份不存在争议，那么代替宣誓保证的要求也可以例外地被放弃。③

如果作为**私下精子捐献者**（privater Samenspender）的（没有争议的）生父先前已经**同意了**（zugestimmt）由子女母亲的同性婚姻配偶或者生活伴侣进行**继子女收养**（Stiefkindadoption），那应该如何适用尚不清楚。部分判决从相关的放弃法律上的父亲身份，得出了也排除《民法典》第 1686a 条所规定的交往权这一结论或者必要时仅作为《民法典》第 1685 条第 2 款所规定的相关之人而授予交往权。④ 然而，子女的父母另一方是另一名男子或者是一名女子，这都并不重要。根据其文义，《民法典》第 1686a 条在此原则上是满足的；在交往的问题上具有决定性意义的还是子女最佳利益。

20　　只要在当事人之间对申请人的**生父身份**（die leibliche Vaterschaft）有争议，那么按照《家事与非诉事务程序法》第 167a 条第 2 款、第 3 款，第 177 条第 2 款的规定，要通过基因鉴定的方式进行一次**附带的出身澄清**（inzidente Abstammungsklärung）。对此则由法院通过自由裁量来决定，是——尤其是考虑到程序经济的原因——先澄清交往是否有利于子女最佳利益还是先澄清出身问题。如果欠缺前者，那么仅凭这一原因交往就已经被排除了，并且有关出身的证据调查也取消了。

例子⑤：当事人并不清楚，女儿 T 是母亲那生育能力受限的丈夫所生还是精子捐献者 S 的私下捐献精子的结果。但是如果根据情形显示出 S 和 T 的交往目前并不符合子女最佳利益，那么法院就可以放弃对出身的澄清（以及与此相关的对基本权的干涉）。

另一方面，如果所有当事人都期待申请人的父亲身份，特别是考虑到口腔黏膜拭子对身体的干涉很轻微，那么可能应当先进行出身澄清。⑥

此外生父还必须**已经表现出对子女的重大兴趣**（ernsthaftes Interesse am Kindgezeigt）。这一点应当基于个案予以查明。

根据立法理由⑦，在这方面具有重要意义的是，生父是否想要在子女出生之后立即认识子女，他是否已经尽力争取和子女的其他**接触**（Kontakt），他是否一而再地明确表达了交往愿望并且在可能的情况下是否已经制订好了计划，在居住地和工作时间方面他如何能够实现他的接触愿望，他是否在子女出生前后都承认了这一子女，抑或他是否已经表达过要为子女承担起——在可能的情况下也包括经济上的——**责任**（Verantwortung）的意愿。⑧

21　　然而，最重要的是法院必须得出结论，与生父**交往**（Umgang）是**有利于子女最佳利益**（Wohl des Kindes dient）的。立法理由⑨则指出，这一判断尤其要取决于具体的家庭状

---

① BT-Drs. 17/12163, S. 14.
② 参看上文第三十一节边码 32。
③ BGH NZFam 2016, 1179.
④ KG FamRZ 2020, 1271.
⑤ 根据 OLG Frankfurt NZFam 2018, 1088。
⑥ OLG Frankfurt NZFam 2019, 431.
⑦ BT-Drs. 17/12163, S. 13.
⑧ 对此也可参看 OLG Frankfurt NZFam 2019, 431.
⑨ BT-Drs. 17/12163, S. 13.

况，家庭纽带的稳定性和承受能力，关系情形或者是当事成年人之间的冲突程度，子女的年龄和接受程度，子女与法律社会上的父母的联系程度以及子女知道存在生物学意义上之父亲的时间长度。就此而言需要进行一个**全面的子女最佳利益审查**（**umfassende Kindeswohlprüfung**）。欧洲人权法院并未对该规范提出异议。①

根据联邦最高法院的观点，父母**坚决地拒绝**（**Eltern beharrlich weigern**）对交往的允许这一情形，在此还不足以能够否定子女与其生父的交往。"在存在《民法典》第1686a条第1款第1项的情况下，通常生父将会介入一个（完好的）家庭体系当中，而法律上的父母将会阻止交往。因为只有这样才可以解释向法院提起的诉求，而这在自愿交往的情况下本会是不必要的。如果这一**拒绝的态度**（**Verweigerungshaltung**）就已经作为阻碍原因而被接受了，那么《民法典》第1686a条第1款第1项的规范就将落空了。如果交往权应当符合具有欧洲人权法院附加于上之内容的《欧洲人权公约》第8条，那么就不允许一般性地将生父看作是受保护的法律上之家庭的'捣乱者'并因此而在事实上建立起不利于子女最佳利益的推定。即使应当长期考虑与法律上之家庭的联系，也不允许这一联系转变成这样一种类型化。"②

听取子女的意见（**Anhörung des Kindes**）在此也具有重大意义。根据《家事与非诉事务程序法》第159条第1款的规定，子女自14岁起就始终应当被听取意见，而依据《家事与非诉事务程序法》第159条第2款的规定，当子女的兴趣、联系或者意思对于裁判具有重要意义或者当由于其他原因而表明应当亲自被听取意见时，年龄较小的子女也应当被听取意见。在交往程序中子女亲自被听取意见通常是不能被放弃的。此外，亲自被听取意见除了保证法律上的听审权，最重要的是还有助于澄清事实。③

当然，只有当向子女充分说明了交往程序的议题，即启动与"第二个"父亲的接触时，听取子女意见才具有意义。同时这一点是以**向子女说明**有关**其他出身**（**Aufklärung des Kindes** über die **anderweitige Abstammung**）为前提条件的。在子女已经达到一个年龄，以至于能够理解他法律上的父亲和亲生父亲是不同之人这样一类情况中，联邦最高法院认为对子女作相应的告知原则上是必不可少的。④ 如果父母未能进行说明，那么这一任务将落在事实审法官身上，他对此能够要求心理学专家的帮助。

四、作为法定债之关系的交往权关系

父母双方与子女的交往权就在父母之间产生了一个由《民法典》第1684条进行了更加详细构建的家庭法上类型的**法定的法律关系**（**gesetzliches Rechtsverhältnis**）。虽然行使交往权的费用（例如车费）涉及的是有权进行交往的父母一方⑤，但父母另一方有义务协助交往接触的进行。违反义务可能会产生损害赔偿请求权。⑥

---

① EGMR FamRZ 2018, 1423.
② BGH NZFam 2016，1179；类似的则参看 OLG Brandenburg NZFam 2018，367.
③ BGH FamRZ 2016，1439 und 2082.
④ BGH NZFam 2016，1179.
⑤ BGH FamRZ 2007，707.
⑥ OLG Frankfurt FamRZ 2016，387：车费以及收入损失；KG NJW 2020，2415：重新预定休假旅行的费用。

案例①：米娅（Mia，M）和汤姆（Tom，T）在离婚之后分别住在慕尼黑和柏林。他们共同的子女们则跟着 M 住在慕尼黑。经由法院裁定所确定的是，T 被允许让子女们每月有一个周末来柏林到他这里，而 M 则每次都必须将子女送到慕尼黑机场并且也必须在那里再次将他们接回家。然而 M 却认为这一规则并不适当，因为每个要送子女去机场以及将他们从机场接回来的周末总共必定要耗费她三个小时时间。当 M 有一次没有按照约定将子女们送到机场时，T 还额外地来了一趟慕尼黑，以便把子女们接走。现在他向 M 请求赔偿 250 欧元的额外费用。T 的这一请求合理吗？

一、T 针对 M 的**请求权（Anspruch）**可能可以从《民法典》第 **280 条第 1 款**（**§ 280 Abs. 1**）连同适用第 1684 条第 1 款中得出。

1. 交往权关系在父母之间产生了一个法定债之关系，使得他们负有相应的协助义务。② 因此存在《民法典》第 280 条第 1 款意义上的一个债之关系。

2. M 违反了她由法院裁定所具体化了的协助义务。她受到裁定的约束；假如她要求得到另一个规则，她就必须通过一个新的法院裁判来获得这样一个规则。③ 而且之前这个裁定也是合法的。如果父母一方受基本权所保护的交往权在缺乏父母另一方协助的情况下而在事实上受到阻碍，那么父母另一方就有可能负有义务按比例承担为了行使交往权而在接送子女上所付出的时间和组织上的必要花费。④

3. 按照《民法典》第 276 条第 1 款第 1 句的规定，M 是故意并因此是有过错地不进行协助的。

二、此外**请求权（Anspruch）**还可能可以从**《民法典》第 823 条第 1 款**（**§ 823 Abs. 1 BGB**）中得出。

照顾权和交往权构成了《民法典》第 823 条第 1 款意义上的其他法益。⑤ 这些是任何人都必须注意的绝对权利。M 以违法的方式故意地损害了 T 的交往权。

因此根据《民法典》第 280 条第 1 款以及《民法典》第 823 条第 1 款的规定，T 有针对 M 的损害赔偿请求权。

 深入阅读材料推荐

深入学习：*Britz*，Ausgewählte Verfassungsfragen umgangs- und sorgerechtlicher Streitigkeiten beim Elternkonflikt nach Trennung，FF 2015，387；*Clausius*，Die Auskunftsansprüche nach § § 1686，1686a Abs. 1 Nr. 2 BGB，FamRB 2015，65；*Duderstadt*，Einschränkung und Ausschluss im Sorge- und Umgangsrecht，Teil 2（Umgangsrecht），NZFam 2020，952；*Ernst*，Umgang und Unwilligkeit，NZFam 2015，641；*Hammer*，Das neue Verfahren betreffend das Umgangs- und Auskunftsrecht des leibli-

---

① 根据 BGH NJW 2002，2566。
② 通说；对此的批评则参看 *Heiderhoff* FamRZ 2004，324。
③ 参看《民法典》第 1696 条。
④ BVerfG NJW 2002，1863（1864）。
⑤ KG NJW 2020，2415。

chen，nicht rechtlichen Vaters，FamRB 2013，298；*Heiderhoff*，Schuldrechtliche Ersatzansprüche zwischen Eltern bei Verletzung des Umgangsrechts?，FamRZ 2004，324；*Obermann*，Normative Strukturen des Umgangs，FamRZ 2016，1031；*Opitz*，Rechtsprechungsübersicht zum Umgangsrecht，NZFam 2021，191。

案例与考试：*Lack*，Schwerpunktbereichsklausur - Zivilrecht：Kindschaftsrecht，JuS 2015，536；*Löhnig/Leiß* Fälle FamR Fall 3；*Schwab* FamR PdW Fälle 175，179，233，234。

第三十五节　血亲之间的扶养，尤其是子女抚养

一、血亲扶养总论

按照《民法典》第 1601 条的规定，直系血亲①依法互相负有扶养的义务。这不仅涉及父母与子女及孙子女关系中的父母，还涉及子女与父母及（外）祖父母这一直系尊亲关系中的子女。血亲关系可以依据出身②或者收养③而产生。具有决定性意义的仅仅是法律上的血亲关系，而非基因上的血亲关系。④ 与之相对的是，在兄弟姐妹或者其他旁系血亲之间不存在法定扶养义务。

血亲之间的扶养请求权适用以下这些**原则（Grundsätze）**：

● 《民法典》第 1614 条第 1 款规定，这些请求权不可（面向未来）放弃。
● 《民法典》第 1615 条第 1 款规定，这些请求权随着权利人或者义务人的死亡而消灭。
● 《民事诉讼法》第 850b 条第 1 款第 2 项规定，这些请求权原则上不可扣押。
● 《民法典》第 400 条规定，这些请求权因此也是不可转让的。
● 《民法典》第 394 条规定，对扶养请求权的抵销被排除了。
● 相对于扶养请求权，公共社会给付原则上是**辅助性的（subsidiär）**⑤，以至于可以考虑针对扶养义务人的追偿请求权。⑥

二、扶养请求权的前提条件

《民法典》第 1601 条所产生的扶养请求权

1. 直系血亲关系⑦

---

① 参看《民法典》第 1589 条第 1 款第 1 句。
② 《民法典》第 1589 条及以下各条。
③ 《民法典》第 1741 条及以下各条。
④ 对此的解释参看 BGH NJW 2020，925。
⑤ 参看例如《社会法典》第十二编第 2 条。
⑥ 参看例如《社会法典》第十二编第 94 条。
⑦ 参看《民法典》第 1589 条第 1 款。

2.《民法典》第 1610 条所规定的扶养需要

3.《民法典》第 1602 条所规定的扶养权利人的贫困

4.《民法典》第 1603 条所规定的扶养义务人的给付能力

5.《民法典》第 1612 条规定了提供扶养的方式

6.《民法典》第 1611 条尤其规定了不存在抗辩或者抗辩权

1. 扶养义务人的血亲关系和顺位

2   扶养请求权存在于直系血亲之间。在同时存在**多个扶养义务人**（**mehrere unterhalts-pflichtige Personen**）的情况下，对于顺位次序则适用《民法典》第 1606 条、第 1608 条。因此，按照《民法典》第 1608 条第 1 款的规定，**配偶**（**Ehegatte**）或者登记的生活伴侣**先于扶养需要人的血亲**（**vor den Verwandten**）承担责任。《民法典》第 1606 条第 1 款规定，在血亲之间，直系卑血亲先于直系尊血亲承担责任。

    例子：祖母 G 必须主要向她自己的丈夫提出扶养请求权。[1] 作为替代她可以向她的儿子，再或者向她的孙子（直系卑血亲）提出请求权。G 的父母（曾祖父母）作为直系尊血亲只在第四个顺位上承担责任。

3   按照《民法典》第 1606 条第 3 款第 1 句的规定，**多个相同亲等的血亲**（**gleich nahe Verwandte**）则根据他们的收入关系和财产关系按比例承担责任。不过在此仍然应当注意**《民法典》第 1606 条第 3 款第 2 句**（**§ 1606 Abs. 3 S. 2 BGB**），据此规定照管子女的父母一方通常已经通过照料和教育子女履行了其所负有的子女抚养义务；所以这样一来父母另一方就自动地负有给付现金抚养的义务了（"一人照管，一人付钱"）。

    如果进行照管的父母一方死亡了并且子女目前是由第三人（例如没有抚养义务的血亲）进行照管，那么未亡的父母一方同时负有现金抚养和照管抚养的义务。后者接着将总括式地以现金抚养的金额进行计算。[2]

2. 扶养需要

A. 总论

4   《民法典》第 1610 条第 1 款规定，扶养请求权的范围（扶养数额）根据**贫困者的生活地位**（**Lebensstellung des Bedürftigen**）予以确定。可以被请求的金额是权利人根据其之前的收入关系和财产关系为了维持生活而需要的金额。应当要支付的扶养范围包括**所有生活需要**（**gesamten Lebensbedarf**）（饮食、衣物、居住、医疗供养等）。《民法典》第 1610 条第 2 款规定，适当学校教育和职业培训的费用[3]以及其他用于教育的费用也属于生活需要。

    在实际的案件中要根据扶养需要人的个人情况进行区分。对于经济独立的成年人而言，适当的扶养需要应当根据其具体的地位依据个案来予以确定。相反，**子女**（**Kinder**）的生活地位则由**他们父母的**（**ihrer Eltern**）生活地位或者收入得出，更确切地说不取决于

---

[1]《民法典》第 1608 条第 1 款。

[2] BGH NZFam 2021，29.

[3] 参看下文本节边码31及以下各边码。

子女是否与父母一起生活或者曾经一起生活过。① 经验还同时表明，处于大学学习中的子女比一个处于学校教育中的子女有更高的需要，而后者又比一个儿童有更高的需要。根据**收入组**（Einkommensgruppe）和**子女年龄**（Alter des Kindes）所得出的分级反映在了州高等法院的抚养表格中。

B. 根据表格确定现金抚养

在实务中大部分情况下只有当**子女的父母分居**（Kindeseltern getrennt leben）时，子女抚养才变得重要。如果之后父母一方承担了子女照管，那么父母另一方就负有现金抚养的义务了。② 为了简化对子女具体的现金抚养需要的确定，实务中采用了所谓的**抚养表格**（Unterhaltstabellen）。抚养需要在此将依据现金抚养义务人的净收入和子女的年龄而作为固定金额来进行适用。著名的杜塞尔多夫表格区分了四个年龄段。

杜塞尔多夫表格（截至 2021 年 1 月 1 日时的修订状况）

	以年岁为单位的年龄划分 （《民法典》第 1612a 条第 1 款）				百分比	需要控制 金额
	0—5 岁	6—11 岁	12—17 岁	18 岁及以上		
1. 1 900 及以下	393	451	528	564	100	960/1 160
2. 1 901—2 300	413	474	555	593	105	1 400
3. 2 301—2 700	433	497	581	621	110	1 500
4. 2 701—3 100	452	519	608	649	115	1 600
5. 3 101—3 500	472	542	634	677	120	1 700
6. 3 501—3 900	504	578	676	722	128	1 800
7. 3 901—4 300	535	614	719	768	136	1 900
8. 4 301—4 700	566	650	761	813	144	2 000
9. 4 701—5 100	598	686	803	858	152	2 100
10. 5 101—5 500	629	722	845	903	160	2 200
5 501 及以上	根据案件的情形					

所有金额均以欧元为单位

例子：抚养义务人每个月（作净值调整后）收入为 3 200 欧元，那么 10 岁子女的抚养需要就共计为 542 欧元。③

抚养表格**不具有准法律效力**（keine gesetzesähnliche Wirkung）。表格中的数值仅仅作为法院实务的**指导方针**（Richtlinie）而使相同的生活事实可以得到平等对待。④ 但是在个案中可能需要对数值的适当性进行审查。⑤ 如果所主张的请求权在表格数值的框架之内，那么子女就不再负有其他说明和举证责任了。就此而言可以推定，这一数额就是需要的金额。但是作为替代性的选择也可以（只）主张所谓简易程序中的最低抚养。⑥

杜塞尔多夫表格是基于存在两名抚养权利人的情况。表格右侧所罗列的**需要控制金额**

---

① 例如 BGH NJW 2020, 3721。
② 参看《民法典》第 1606 条第 3 款第 2 句。
③ 参看收入组 5；第二年龄段。
④ BGH NJW 2020, 3721.
⑤ BGH NJW 2002, 1269.
⑥ 参看下文本节边码 26。

（**Bedarfskontrollbetrag**）则会确保收入在抚养义务人和有抚养权利之子女之间的均衡分配。如果在考虑了其他抚养义务人的情况下并未超出这一表格金额，那么就应当适用下一个不低于其需要控制金额的较低组的表格金额。①

对于超过 5 500 欧元的**高额净收入（hohe Nettoeinkommen）**，表格指示依据个案的情形来进行适用。在这种情况下子女的抚养并不固定在最高的指导标准上。毋宁说此时子女肯定应该参与共享其父母特别有利的经济状况。无论子女是否已经习惯于相应的高生活标准，这一点都适用。② 所以在高额收入的情况下应当确定一个相应的较高参与共享份额。然而，这也必须和子女的实际需要相匹配。抚养不应当用于财产积累。③

C. 子女补贴费的折抵

7　　表格金额在大部分情况下并非同时就是**支付金额（Zahlbetrag）**。还需考虑的是通常从子女补贴费账户中向进行照顾的父母一方所支付的子女补贴费。但是子女补贴费所要减轻的应该是父母双方的负担，既包括负有现金抚养义务的父母一方也包括事实上进行照管的父母一方，所以父母双方对子女补贴费享有相同的份额。因此在父母双方分居的情况下，现金抚养义务人可以从所负担的现金需要中**扣除（abziehen）一半子女补贴费（hälftige Kindergeld）**的金额。④ 如果是**成年子女（volljährigen Kindern）**，子女补贴费应当全额用于满足其现金需要。⑤ 但是子女补贴费并不构成《民事诉讼法》第 850c 条第 4 款意义上的子女收入。⑥

根据《联邦子女补贴费法》⑦ 第 6a 条的规定，**子女津贴费（Kinderzuschlag）**不应当如同子女补贴费一样被看待。毋宁说在此，子女津贴费全额都属于抚养法上的子女收入⑧，所以应当将其全额折抵入子女抚养请求权中。

D. 特别需要和额外需要

8　　**特别需要（Sonderbedarf）**指的是非规律、异常的高额需要。⑨ 其前提条件在于，这一需要是不太可能预见得到的，因此在计算当前扶养定期金时也是不可能被考虑到的。⑩ 这有可能涉及例如颌面畸形矫正治疗。⑪ 要在通过基本扶养或者表格抚养已经涵盖的当前需要和特别需要之间进行区分，并非始终都很容易。特别需要应当依据个案进行主张并且原则上要由现金扶养义务人承担。

应当和前者相区分的是可预见、暂时的**额外需要（Mehrbedarf）**。这涉及比如基督教坚振礼的费用⑫，由于阅读障碍症而进行的私人补习课程⑬或者法学学生的国家考试复习

---

① 参看杜塞尔多夫表格注释 A.6。
② BGH NJW 2020，3721.
③ BGH 同上。
④ 参看《民法典》第 1612b 条第 1 款第 1 句第 1 项。
⑤ BGH NJW 2006，57.
⑥ BGH NJWRR 2020，297.
⑦ Bundeskindergeldgesetz（BKGG）.
⑧ BGH NZFam 2021，35.
⑨ 参看《民法典》第 1613 条第 2 款第 1 项中的定义。
⑩ BGH FamRZ 2006，612.
⑪ OLG Frankfurt FamRZ 2021，191.
⑫ BGH FamRZ 2006，612.
⑬ BGH NJW 2013，2900.

课程。[1] 对于未成年人子女合理的额外需要，父母双方必须依据《民法典》第 1603 条第 1 款的规定而根据他们的收入关系进行承担，除非进行照顾的父母一方根据《民法典》第 1606 条第 3 款第 2 句的规定被免除了现金抚养义务。[2] 但是额外需要必须具备客观上的合理理由，而这一点在就读**私立学校或者寄宿制学校（Privatschule oder eines Internats）**的情况下就并非总是如此。[3] 主要由于进行照管的父母一方从事职业而造成的照管子女的费用并非额外需要。[4]

3. 贫困

按照《民法典》第 1602 条第 1 款的规定，贫困是指某人自己无法扶养自己。因此，如果或者说只要扶养请求人从实际或者至少是可合理期待能够得到的自身职业所得中，或者从可合理期待的财产利用或者其他所得中能够为自己承担适当的扶养费，那么就不存在请求权。[5] 就此而言扶养权利人必须穷尽所有可合理期待的可能性。

不过，**未婚的未成年子女（das minderjährige, unverheiratete Kind）**受到了法律的**特权（privilegiert）**对待：《民法典》第 1602 条第 2 款规定，当子女的财产所得和工作收入不足以扶养自己时，即使子女有财产，也能就此向父母请求提供抚养。因此子女原则上不必为了确保自己的扶养而动用他财产的核心部分。另外未成年子女不负有为了能够承担自己的扶养而从事职业的义务。毋宁说子女针对父母拥有要求资助其进行一项适当职业培训的请求权。[6] 但是，如果未成年子女已经辍学并且也没有开始职业培训，那么在个案中未成年子女也可能有义务从事一项职业。[7]

只要**成年子女（volljähriges Kind）**还去学校上学，完成一项职业培训或者大学学业，那么成年子女也还有抚养权利。[8] 在此充其量可能可以考虑一种补充性的兼职。不过正在进行大学学习的子女在向父母提出抚养请求之前，则必须要先使用自己财产的核心部分。[9]

4. 给付能力和顺位次序

A. 总论

按照《民法典》第 1603 条第 1 款（§ 1603 Abs. 1 BGB）的规定，扶养义务人必须有能力在不危及其自己适当生活扶养的情况下支付所负担的扶养。否则的话扶养义务人就不具有或者仅具有有限的**给付能力（leistungsfähig）**。就如同在配偶扶养[10]中的情况一样，首先要确定的是扶养义务人经调整后的**净收入（Nettoeinkommen）**。这尤其也包括由本人使

---

[1] OLG Hamm FamRZ 2014，222.
[2] BGH NJW 2013，2900；2020，3721.
[3] OLG Oldenburg NZFam 2019，38；OLG Karlsruhe NZFam 2019，579.
[4] BGH NZFam 2017，1101；AG Pforzheim NJW 2019，2333 有关课后日间托管的费用。
[5] *Schwab* FamR GdR Rn. 1022.
[6] 参看《民法典》第 1610 条第 2 款。
[7] OLG Karlsruhe NJW 2019，3250.
[8] *Dethloff* FamR § 11 Rn. 22.
[9] OLG Zweibrücken FamRZ 2016，726.
[10] 参看上文第二十三节边码 20。

用的自己不动产的全部居住价值。[1] 第三人（例如扶养义务人的父母）自愿作出的当前给予原则上不是收入，也不会增加支付能力。[2]

只有在扶养义务人无法用留给他的子女补贴费份额[3]来支付这些费用的情况下，才应当将**交往费用**（Umgangskosten）（例如前往子女住处的车费）作为收入的扣除款项在此进行考虑；除此以外，这些费用也必须尽可能地维持在一个较低水平。[4]

11　　扶养义务人原则上负有一个进行**全职工作**（vollschichtigen Erwerbstätigkeit）的职责。如果扶养义务人没有从事职业，那么他必须证明，为什么无法合理期待他从事一项（全面的）职业或者他即使尽了自己所有的努力也无法找到一份工作。对于缺少**真实就业机会**（realen Beschäftigungschance）的认定，在此则适用严格标准。[5]

如果扶养义务人因为完全的劳动伤残（Erwerbsminderung）而满足了领取伤残保险定期金的前提条件，这也并非意味着对所有的工作都完全没有能力；在可能的情况下从事迷你工作（Minijob）也是可期待的。[6]

12　　如果扶养义务人放弃了一份对他而言可能并且可合理期待的职业，尽管他原本可以善意地从事这份工作，那么就可以适用一个**拟制的收入**（fiktives Einkommen）。不过这样的一种收入也必须是客观上能够得到的。根据扶养义务人所作出的有关其欠缺或者有限给付能力的陈述，法院必须对实际上可以取得的收入进行一个合理并且**现实的评估**（realitätsgerechte Einschätzung）。[7] 如果扶养债务人由于扶养法上所规定的草率行为而失去其工作职位时，也会考虑适用拟制所得。如果忽视对财产进行盈利性投资或者实现可能的财产性收入（例如特留份请求权）的职责，也相应适用拟制所得。[8]

例子：科布伦茨州高等法院[9]在下列情况中否定了对拟制所得的归责适用，即一名扶养义务人由于酗酒导致的性格缺陷，而没有能力以市场标准的职位条件从事一份与其作为具有供暖安装专业技师学历（Meisterabschluss）的设备机电工这一正式资格相符合的职业。然而该扶养义务人有职责去接受心理疗法上的治疗，只要由此可以提高其就业机会。

13　　如果扶养义务将会使扶养债务人失去其自身为了生存所需的最低生存限度，那么这样的扶养义务将不符合比例并且是违反宪法的。[10] 因此只有超过了所谓**自我维持**（Selbstbehalt）的那部分收入才应当被用于扶养目的。[11] 自我维持指的是为了满足扶养义务人自身扶养而必不可少的金额。

根据杜塞尔多夫表格（截至 2021 年 1 月 1 日时的修订状况），下列这些情况中**自我维持**（Selbstbehalt）的合计金额分别为：

---

① 对此参看 BGH FamRZ 2014，923；NZFam 2021，29。

② 例如 OLG Koblenz FamRZ 2020，1266。

③ 参看上文本节边码 7。

④ OLG Brandenburg NJW-RR 2020，325。

⑤ BGH FamRZ 2014，637。

⑥ BGH FamRZ 2017，109。

⑦ 例如 BVerfG NZFam 2021，74。

⑧ BGH NJW 2013，530。

⑨ OLG Koblenz FamRZ 2015，1973。

⑩ BVerfG FamRZ 2001，1685。

⑪ 计算实例参看下文本节边码 17。

● 从事职业的扶养义务人相对于未成年子女为 1 160 欧元（所谓必要的自我维持），无职业者为 960 欧元

● 相对于有扶养权利的配偶为 1 280 欧元，无职业者为 1 180 欧元

● 相对于成年并且未在家中生活的子女为 1 400 欧元（所谓适当的自我维持）

相对于之前已经获得但之后又失去了经济独立性的成年子女，自我维持也可以确定得更高一些。①

B. 相对于未成年子女而提高了的给付义务

《民法典》第 1603 条第 1 款第 1 句规定，相对于**未成年子女（minderjährigen Kindern**），父母负有义务将所有可支配的金钱平均地用于他们自己和子女的扶养。父母负有义务和他们的未成年子女保持绝对的团结。② 就此而言适用的是扶养法上的严格标准③；父母负有一项提高了的工作职责。在可能的情况下，为了能够给付子女的抚养，他们甚至也必须要动用他们财产的实质性部分。④ 所以，相比于对其他扶养需要人负有给付义务时的情况，此时自我维持会被确定得较低一些。《民法典》第 1603 条第 2 款第 2 句规定，只要 **21 岁及以下的未婚**成年子女还在父母的家中生活并且处于一般的学校教育状态中，他们就**会被等同于（unverheiratete Kinder bis zum 21. Lebensjahr gleichgestellt）**未成年子女。

例子：

● 相对于未成年子女以及有特权成年子女而提高了的抚养义务可能会导致，抚养义务人被合理期待**从事兼职（Nebenbeschäftigungen**）⑤ 或者进行改行就业培训⑥，以此他能够确保对子女的适当抚养。但是如果抚养义务人符合其职业培训而从事全职工作并且已经在通勤上花费较多时间时，从事兼职就被排除了。⑦

● 根据个案中的情况，也可能会肯定一项每周超过 40 个小时的工作职责。⑧

● 为了提高给付能力而有可能被要求**更换工作职位（Arbeitsplatzwechsel**）⑨，尤其是也包括由一份独立性的职业转变为一份受雇于人的工作。⑩

● 为了节省**交通费（Fahrtkosten**）而更换居住地可能是可合理期待的。⑪ 另一方面为了抓住一个就业机会在可能的情况下也必须要忍受更长的通勤路程。⑫

不过，提高了的工作职责也有限制（Grenzen）。

例子：

● 抚养义务人**自己的初始职业培训（eigene Erstausbildung**）属于自身生活需要，允许

14

15

---

① BGH NJW 2012，530.

② *Schwab* FamR GdR Rn. 1053.

③ BGH FamRZ 2014，637.

④ BGH FamRZ 1989，170.

⑤ BGH NJW 2009，1410.

⑥ OLG Karlsruhe FamRZ 2010，1342.

⑦ OLG Rostock FamRZ 2015，937.

⑧ OLG Brandenburg NZFam 2018，224；NJW-RR 2020，325.

⑨ BGH NJW 2009，1410.

⑩ OLG Hamm NZFam 2018，573.

⑪ OLG Brandenburg NZFam 2018，224.

⑫ OLG Koblenz NZFam 2018，611.

优先于子女抚养而得到满足。①

● 如果父母一方在另一个子女出生后把两年的时间都投入到了子女照管当中，以便可以用这种方式使**父母补贴费（Elterngeld）**领取期限得到加倍延长，而因此导致其在子女抚养上没有充足的所得，那么该方父母在可能的情况下不能为此而受到责难。②

另外，按照《民法典》第 1603 条第 2 款第 3 句的规定，如果子女通过其自身财产核心部分的利用能够承担自己的扶养或者存在另一位有给付能力并且负有抚养义务的**血亲（Verwandter）**（例如富有的爷爷），那么对有现金抚养义务的父母一方来说就不产生提高了的义务了。与此同时，在个案中，《民法典》第 1606 条第 3 款第 2 句意义上进行照管的父母一方也可以是这样一位有给付能力的血亲。③

C. 给付能力和"家庭主夫判决"

16　　对未成年子女的法定抚养义务限制了抚养义务人及其新伴侣的**行动自由（Handlungs-freiheit）**。在一段新关系中，在这之前都一直从事职业工作的抚养义务人无法轻易放弃自己的职业，以便现在能够承担起"家庭主夫"或者家庭主妇的角色并且照管在这一段关系中出生的子女（所谓的"家庭主夫判决"）。

之前就负有抚养义务的母亲在其新关系框架内的另一个子女出生后，也无法因为自己目前要去休父母育儿假而因此自动援引没有给付能力。④

> **案例：** 福尔克尔（Volker，V）在前一段婚姻中有一个儿子山姆（Sam，S），现在由其前妻艾薇（Evi，E）进行照管。因此 V 对 S 负担现金抚养义务。⑤ 在他第二段婚姻中，目前 V 在女儿塔拉（Tara，T）出生后就承担起了家庭主夫的角色，而他现任妻子弗兰齐丝卡（Franziska，F）则从事工作。所以在面对 S 时 V 因为缺少收入而援引自己没有给付能力。这正确吗？
>
> 判决强调在两段婚姻中所生育的子女具有同等顺位。所以抚养义务人原则上必须尽力以相同的方式履行所有的扶养请求权。在一段新的关系（婚姻或者非婚生活共同体）中抚养义务人无法任意地退却到家庭主夫的角色当中。只有当**新的角色分配（neue Rollenverteilung）**能明显带来经济上更加有利的关系时，比如因为现任妻子能赚得更多，情况才会有所不同。但是即使这样，为了能够向前一段婚姻中未婚的未成年子女给付现金抚养，抚养义务人在可能的情况下还是负有从事兼职工作的义务。⑥
>
> 因此，在本案例中只有当新的角色分配由于 F 明显较高的收入而得以证成并且对于 V 而言承担一份兼职工作根据实际情形也并非可合理期待时，V 才能够援引自己没有给付能力。

D.《民法典》第 1609 条所规定的顺位次序

17　　与给付能力直接相关的则是对顺位次序的澄清。如果扶养义务人面对着**多名扶养权利**

---

① BGH FamRZ 2011，1041.

② BGH FamRZ 2015，738.

③ BGHZ 189，284；BGH NJW 2013，2897.

④ OLG Koblenz NZFam 2017，615.

⑤ 参看《民法典》第 1606 条第 3 款。

⑥ BGH FamRZ 2001，1065；2006，1827；2015，738.

人（**mehreren Unterhaltsberechtigten**）（例如前妻、两名子女以及现任妻子），但是他的收入在扣除自身维持之后却不足以满足所有请求权，那么就必须澄清，哪些扶养权利人具有优先权。顺位次序是由《民法典》第 1609 条所规定的。[①] 按照《民法典》第 1609 条第 1 项的规定，未婚的未成年子女以及《民法典》第 1603 条第 2 款第 2 句意义上的子女处于第一顺位。也就是说扶养义务人的收入首先是用来满足这些请求权的。这样后一顺位的权利人就有可能落空了。如果收入无法满足同一个顺位级别当中的所有请求权，那么这些请求权就应当按比例进行缩减（配额缩减）。这就被称为**不足情况**（**Mangelfall**）。

不足情况计算的例子：作净值调整后父亲 V 的收入为 1 350 欧元。他负有义务向在母亲家中生活的子女 S（18 岁），T（7 岁）和 P（5 岁）给付现金抚养。在此应当假定的是，子女们的母亲并不负有现金抚养义务并且自己针对 V 也并不享有扶养请求权。V 必要的自身需要金额为 1 160 欧元。因此从他收入中留下用于抚养目的的金额只有 190 欧元。根据杜塞尔多夫表格[②]，S 的最低抚养金额为 564 欧元，T 为 451 欧元以及 P 为 393 欧元。为了能够确定支付金额，在未成年子女的情况下还应该分别扣除一半的子女补贴费，在成年子女的情况下则要扣除全部子女补贴费。[③] 因此，根据 2021 年 1 月 1 日起适用的子女补贴费金额，在 S 那里应该扣除 219 欧元，在 T 那里为 109.5 欧元以及在 P 那里为 112.5 欧元。这样 V 所要承受的抚养负担将达到 967 欧元（＝345＋341.5＋280.5）。然而，正如已经确定的那样，可供 V 用来分配的数额仅有 190 欧元。因此，子女们的请求权必须要以 190÷967 的比率按比例减少。各自的抚养金额则应当乘以前面相除所得到的这一商值。最后得出 S 的金额为 67.79 欧元（＝345×190÷967），T 的为 67.10 欧元以及 P 的为 55.11 欧元。[④]

5. 提供扶养的方式

按照《民法典》第 1612 条第 1 款第 1 句、第 3 款第 1 句的规定，在正常情况下，扶养请求权所要求的是**支付**（**Zahlung**）每个月应预先支付的**金钱定期金**（**Geldrente**）。《民法典》第 1612 条第 1 款第 2 句规定，当存在特别原因使其得以证成时，义务人在例外情况下可以请求允许他（部分地）以其他方式（例如以食物的形式）提供扶养。

对于未婚的未成年**子女**（**Kinder**），《民法典》**第 1606 条第 3 款第 2 句**（**§ 1606 Abs. 3 S. 2 BGB**）明确规定，由父母进行**照料和教育**（**Pflege und Erziehung**）也构成一项对子女的抚养给付。[⑤]

《民法典》第 1612 条第 2 款第 1 句（抚养确定权）（**§ 1612 Abs. 2 1 BGB（Unterhalts-bestimmungsrecht）**）规定，只要子女的利益已经得到了必要的考虑，那么对于年龄渐长的子女以及也包括成年子女，父母有权利确定应当以何种方式以及在什么时间预先提供抚养。当子女正在进行职业培训时，这一点就特别重要了。在这种情况下父母不必根据子女的意愿遵循现金抚养，而是可以继续主要以提供住房、伙食以及零花钱的形式给付现物抚养。

18

19

---

① 上文第二十三节边码 26 对此已作过论述。
② 参看上文本节边码 5。
③ 参看上文本节边码 7。
④ 根据杜塞尔多夫表格注释 C 的例子。
⑤ 参看上文本节边码 3。

因此自然就为成年子女的**自主决定**（**Selbstbestimmung**）设定了界限。[1] 但是当继续和父母一同居住根据情形对子女而言是**无法合理期待**（**unzumutbar**）时，例如在虐待之后，在居住条件不适当的情况下，父母住处和职业培训场所之间距离过远[2]或者父母子女关系中存在无法忍受的紧张状况[3]，则适用例外。

6. 不存在抗辩以及抗辩权

20 尽管满足了《民法典》第 1601 条及以下各条的前提条件，但在个案中仍然可能存在针对扶养请求权的抗辩或者抗辩权。例如，按照《民法典》第 1615 条第 1 款的规定，请求权随着扶养义务人或者扶养给付人的**死亡**（**Tod**）而消灭。此外，主要应当考虑的还有以下这些抗辩或者抗辩权：

A. 《民法典》第 1611 条所规定的不公平抗辩

21 在例外的情况下负担给付扶养义务可能是**不公平的**（**unbillig**）。[4] 按照《民法典》第 1611 条第 1 款第 1 句的规定，在这类情况下扶养义务减少至一个符合公平的金额。而《民法典》第 1611 条第 1 款第 2 句规定，在重大不公平的情况下还可以完全取消扶养义务。法院对此必须权衡个案中的所有情形。不过，按照《民法典》第 1611 条第 2 款的规定，父母相对于**未成年子女**（**minderjährigen Kindern**）的抚养义务不能被缩减。

《民法典》第 1611 条第 1 款的困难条款（穷尽式地）列举了下列这些不公平构成要件：

● 扶养权利人由于自己**道德上的过错**（**sittliches Verschulden**）而变得贫困；例如可责难的酒瘾或者毒瘾可能导致失去了工作职位。[5]

● 扶养权利人**严重疏忽了**（**gröblich vernachlässigt**）他**自己**对义务人**的扶养义务**（**eigene Unterhaltspflicht**）。[6]

● 扶养权利人对扶养义务人或者其近亲属作出的**严重不当行为**（**schwere Verfehlung**），也就是说扶养义务人值得保护的经济利益或者个人利益遭受到了严重损害。[7] 这一点在成年子女拒绝告知有关自己的职业培训、职业工作以及收入关系的信息时，也可能被肯定。[8]

案例：儿子 S 从其父亲 V 那里获得用以资助法学学习的抚养。在父母分开居住之后 S 就越来越疏远 V 了，主要是因为 S 之前就已经和 V 发生过很多争执。与此同时 S 也拒绝同 V 的任何接触并且也不再接受 V 偶尔的邀请。现在 V 认为，鉴于 S 拒绝交往，继续负担扶养义务对他而言就不再是可合理期待的了。

本案中所出现的问题是，**拒绝交往**（**Umgangsverweigerung**）是否构成《民法典》第

---

① 参看 BGH FamRZ 1981，250；OLG Brandenburg JAmt 2006，259。

② OLG Celle FamRZ 2001，116.

③ OLG Brandenburg FamRZ 2009，236.

④ 参看《民法典》第 1579 条对配偶扶养所作的规定；参看上文第二十三节边码 34 及以下各边码。

⑤ 有关父母赡养的判决 OLG Celle FamRZ 2010，817.

⑥ 例如目前向子女要求所谓父母赡养的母亲，自己之前却在子女出生后很快就将其遗弃了，BGH FamRZ 2004，1559；相似的有 OLG Oldenburg FamRZ 2017，1136。

⑦ 参看 BGH FamRZ 2014，541.

⑧ KG FamRZ 2016，379.

1611 条第 1 款意义上的一项严重不当行为。然而在通常情况下对这一点要予以否定。尤其是因为人身疏远所导致的拒绝同父母一方接触，不能被理解为能够证成从中得出扶养法上惩罚的不当行为。[①]

在有关父母赡养[②]的问题上联邦最高法院也作过澄清，即仅仅是父母一方（先前的）**拒绝接触（Kontaktverweigerung）** 不会导致扶养请求权的丧失。为了能够依据《民法典》第 1611 条第 1 款第 1 句选项 3 得出一项严重不当行为，还必须要同时考虑其他情形。在此，**整体审查（Gesamtschau）** 曾经以特别应受责难之方式从家庭团结中脱离了出来、要求赡养之父母一方的行为，能够证成对一项严重不当行为的认定。[③]

B. 由契约约定不同规则的抗辩

通过约定某一特定类型的扶养给付或者约定一个高于法定所应负担的扶养，法定扶养请求能够以契约的方式予以变更（**vertraglich modifiziert**）。然而需要注意的是《民法典》第 1614 条第 1 款：根据《民法典》第 1601 条所产生的扶养请求权是**无法**面向未来**被放弃的（nicht verzichtet）**。这一规定在此对公共利益和个人利益都作了考虑。[④]　22

在法定扶养义务的具体化上虽然还留给了当事人一定程度的**灵活空间（Spielraum）**，但是如果约定的扶养没有达到（最初应当确定的）适当扶养或者一般表格金额的 **1/3（um ein Drittel）**，那么这一约定根据《民法典》第 1614 条第 1 款的规定通常是无效的。[⑤] 不过，父母之间免除义务的约定还是能够有效的，因为在外部关系中这不影响子女的请求权。[⑥] 放弃拖欠的子女抚养也是允许的。[⑦]

C. 消灭时效届满的抗辩权

产生扶养义务的血亲之间的法律关系本身不会发生消灭时效届满，因为只有请求权才会发生消灭时效届满。[⑧] 因此《民法典》第 194 条第 2 款明确规定，从家庭法上的关系中所产生的请求权，只要是旨在面向未来产生与这一关系相对应的状况，那么就不适用消灭时效。然而在过去已经形成的请求权则按照一般规定适用消灭时效。就此而言家庭法上的请求权也适用《民法典》第 195 条所规定的 3 年普通消灭时效期限。但是，还是要注意**《民法典》第 207 条的（des § 207 BGB）** 消灭时效**停止规定（Hemmungsvorschrift）**。　23

D. 《民法典》第 1613 条所规定的（不存在）过去扶养

不管消灭时效问题如何，《民法典》第 1613 条都对**主张过去的扶养请求权（Geltendmachung von Unterhaltsansprüchen für die Vergangenheit）** 进行了限制。对此适用的是"过去的就不存在"（in praeteritum non vivitur）原则。扶养给付终究是用于满足当前的、即将面临的生活需要，而并非为了补偿过去的费用。同时这也涉及对扶养义务人的保护问　24

---

① BGH NJW 1995，1215.
② 参看下文本节边码 35。
③ BGH FamRZ 2014，541.
④ BGH NZFam 2015，1152.
⑤ 例如 OLG Düsseldorf FF 2016，205。
⑥ 对此参看 BGH FamRZ 2009，856。
⑦ OLG Thüringen FamRZ 2014，1032.
⑧ 参看《民法典》第 194 条第 1 款。

题，扶养义务人不应当受到高额扶养拖欠款之主张的突然惊吓。

所以依据《民法典》第 1613 条第 1 款的规定，过去时间段中的扶养只有**从下列时间点开始（ab dem Zeitpunkt）**才能够被请求：

- 从义务人被要求**告知（Auskunft）**与扶养请求权有关的收入以及财产实情开始①，或者
- 从义务人的扶养给付陷入**迟延（Verzug）**② 开始或者
- 从扶养请求权已经发生**诉讼系属（rechtshängig）**开始。

案例：由于一次有关教育共同子女康拉德（Konrad，K）的争吵，父亲 V 中断了对 K 的抚养支付。在此之前，V 基于法庭外约定每个月都会在月初往子女母亲 M 的账户里汇入子女抚养费。现在对子女进行照管的 M 由于自尊心太强而不想乞求抚养，所以一开始并没有采取任何措施。不过经律师建议，M 在九个月后又重新开始向 V 请求继续支付子女抚养费以及补付之前 9 个月的抚养费。这正确吗？

K 针对 V 的**请求权（Anspruch）**从《民法典》第 1601 条中（**aus § 1601 BGB**）得出。即使在共同照顾权的情况下，按照《民法典》第 1629 条第 2 款第 2 句的规定，请求权也能够由 M 以子女的名义对 V 进行主张。

1. 面向未来的请求权是毫无问题的。《民法典》第 194 条第 1 款规定，作为基础的法律关系是不适用消灭时效的。

2. 有疑问的是，补付之前的抚养费应当如何适用。

a) 因为这一抚养在此是为过去而被要求的，因此可能取决于《民法典》第 1613 条第 1 款的前提条件。V 在此有可能已陷入迟延。虽然没有进行过催告，不过 V 基于约定负有每月月初支付固定金额的义务。因此他的给付根据日历已经确定了，因此按照《民法典》第 286 条第 2 款第 1 项的规定是不需要催告的。所以应当肯定 V 已经陷入迟延。

因而 M 能够请求补付。

b) 不过有疑问的是，在本案中到底是否取决于《民法典》第 1613 条的前提条件。这一条文规范的目的在于保护义务人防止想不到的、有追溯效力的请求权。当一项扶养义务经由契约而被固定了并且现在——在知悉过错的情况下——没有被支付时，那么这一保护目的就消失了。在这一情况下判决就不会适用《民法典》第 1613 条。③ 只有类推适用《民法典》第 1585b 条第 3 款时才会设定一个界限。

所以无论如何都存在补付之前抚养费的请求权。

25　《民法典》第 1613 条第 2 款——在保留第 3 款困难规范的前提之下——为下列这些情况规定了《民法典》第 1613 条第 1 款时间限制的一些**例外（Ausnahmen）**：

- 由于**法律上的原因（rechtlichen Gründen）**而导致权利人主张扶养受阻的这段时期，例如因为义务人的父亲身份尚未在法律意义上得到确定。④
- 由于那些属于扶养义务人责任范围内的**事实上的原因（tatsächlichen Gründen）**而

① 参看《民法典》第 1605 条。
② 《民法典》第 286 条及以下各条。
③ BGH FamRZ 2009，2075.
④ 参看上文第三十一节边码 53。

导致权利人主张扶养受阻的这段时期。[①]

- 对于一年之内所主张的**特别需要**（Sonderbedarf）。[②]

三、子女抚养的特殊问题领域

1. 最低抚养和简易程序

为了能够执行子女要求表格抚养[③]的请求权，在可能的情况下必须要进行——尤其是 [26] 当一开始还要求义务人告知有关财产关系的实情时——可能会长时间持续下去并且也会产生相应费用的法院程序。因此为了**简化**（Vereinfachung）和加速请求权的执行，立法机构规定了依据《家事与非诉事务程序法》第 249 条及以下各条进行的有关**未成年人**（Minderjähriger）抚养的简易程序作为常规（审级）程序的替代方案。在此情况下能够进行主张的抚养，最高为《民法典》第 1612a 条第 1 款所规定的最低抚养的 1.2 倍。[④]

按照《家事与非诉事务程序法》第 249 条第 1 款的规定，有抚养权利的未成年子女不允许与被请求的父母一方生活在同一家庭中。所以在以平等的交替模式进行照管的情况下，是不允许简易程序的。[⑤]

《民法典》第 1612a 条、《家事与非诉事务程序法》第 249 条及以下各条所规定的简易程序的前提条件

1. 未成年子女作为受抚养人
2. 子女和负有抚养义务的父母一方没有家庭隶属关系
3. 提出的申请具有依据《家事与非诉事务程序法》第 250 条所作的说明
4. 提出的申请最高为《民法典》第 1612a 条第 1 款所规定的最低抚养费的 1.2 倍
5. 按照《家事与非诉事务程序法》第 249 条第 2 款的规定，不存在优先适用的法院抚养程序

按照简易程序的**抚养需要**（Unterhaltsbedarf）所遵循的基准为免除赋税后所提供的事 [27] 实上子女最低生存限度，而这一最低生存限度则是由德国联邦司法部所颁布的法规[⑥]所规范的。《民法典》第 1612a 条第 1 款第 3 句规定，第一年龄段（0—5 岁）所适用的是最低生存限度的 87%，第二年龄段（6—11 岁）为 100%，第三年龄段（12—17 岁）则为 117%。这是在杜塞尔多夫表格[⑦]第一收入组中所提到的数值。这一**最低抚养**（Mindestunterhalt）（或者是其 1.2 倍）能够[⑧]在任何情况下被要求，就此而言就无须再进一步地

---

① 例如因为负有扶养义务的父亲逃匿了。
② 参看上文本节边码 6。
③ 参看上文本节边码 5。
④ 参看《家事与非诉事务程序法》第 249 条第 1 款（§ 249 Abs. 1 FamFG）。
⑤ OLG Frankfurt NJW-RR 2020，518.
⑥ 《民法典》第 1612a 条第 4 款。
⑦ 参看上文本节边码 5。
⑧ 按照《民法典》第 1612b 条第 1 款第 1 项的规定在扣除一半的子女补贴费之后。

论证抚养需要了。[①] 简易程序的另一个好处在于，抚养需要也能够以对子女每个年龄段均具有决定性意义的最低扶养的百分比形式而**动态地**（dynamisch）被主张。因此，所负担的金额自动地根据现行最低抚养金额标准进行调整，而无须变更抚养名义。

《司法保佐人法（RPflG）》第 25 条第 2c 项规定，在家事法庭的简易程序中由**司法保佐人**（Rechtspfleger）作出裁判。申请相对人能够主张**抗辩**（Einwendungen）的前提条件则在《家事与非诉事务程序法》第 252 条中作了规定；《家事与非诉事务程序法》第 252 条第 1 款第 2 句第 4 项规定，可能的抗辩会受到一定程度的限制。按照《家事与非诉事务程序法》第 252 条第 4 款第 1 句的规定，给付能力欠缺或者受限的抗辩，是和同时无形式地告知有关收入及财产的实情相连接的。在简易程序中可以**不经言词辩论**（ohne mündliche Verhandlung）而作出裁判。[②] 以裁定的形式作出裁判，而父母一方向子女所要给付的抚养就通过这一裁定被确定了。[③]《家事与非诉事务程序法》第 254 条、第 255 条规定，如果申请相对人已经提出过被准许的抗辩，争议程序就依照申请进行。

2. 交替模式下的现金抚养义务

根据《民法典》第 1606 条第 3 款第 1 句的规范，父母按照他们的收入和财产关系**按比例**（anteilig）为子女抚养负责。但是，**《民法典》第 1606 条第 3 款第 2 句**（§ 1606 Abs. 3 2 BGB）却规定，进行照管的父母一方通常已经通过照料和教育未成年子女履行了其抚养义务，以至于父母另一方就自动负有完全的现金抚养义务了。然而当处于分居状态的父母各自大致同等地分担对子女的照管（所谓的交替模式）时，这条以所谓**定点模式**（Residenzmodell）为出发点的规范就不合适了。在这种情况下，**父母双方**（beide Elternteile）按照各自应当适用的收入比例负有**现金抚养义务**（barunterhaltspflichtig）。[④] 子女的需要则根据父母双方的收入进行计算并且除了从中得出的通常需要之外还包括交替模式的额外费用，例如以增加了的交通费的形式。此外在个案中也可能（部分）地需要适用父母的拟制收入。按照《民法典》第 1606 条第 3 款第 1 句的规定，父母按比例的支付义务则应当根据其各自的给付能力而予以确定。不过究竟应当如何具体地进行确定，还有争议。[⑤]任何情况下父母双方都可以从其应当适用的收入中提前扣除所谓的适当自我维持。此外，在分担照管的情况下也应当将**一半的子女补贴费**（halbes Kindergeld）**折抵**（anzurechnen）到子女的现金需要中。[⑥]

在交替模式的实际运用中也有可能出现**单独的子女补贴费补偿**（isolierter Kindergeldausgleich），此时父母一方能够以**家庭法上补偿请求权**（familienrechtlicher Ausgleichsanspruch）的方式仅仅要求父母另一方支付自己应当享有的子女补贴费份额。[⑦] 这一（从判决中发展而

---

① 参看 BGH NJW 2021，421

② 参看《家事与非诉事务程序法》第 113 条第 1 款连同适用《民事诉讼法》第 128 条第 4 款。

③《家事与非诉事务程序法》第 253 条所规定的**确定之裁定**（Festsetzungsbeschluss）。

④ BGH NJW 2017, 1676; 2014, 1958; 2015, 331.

⑤ 对此参看例如 *Duderstadt* NZFam 2020，1097。

⑥ 有关其完整内容参看 BGH NJW 2017，1676。

⑦ BGH NJW 2016, 1956.

来的）家庭法上的补偿请求权在下列这类情况中一般性地得到了承认，即尽管父母另一方（也）完全或者部分地负有抚养义务，但父母一方承担了共同子女的现金抚养并且以这样的方式履行了子女的抚养请求权。①

《民法典》第 1629 条第 2 款第 2 句（§ 1629 Abs. 2 S. 2 BGB）的代理规范规定了虽然 29 存在共同照顾，但对子女进行照料的父母一方可以以子女的名义向父母另一方主张子女抚养请求权，不过在分担照管的情况下却并不适用，因为在此不存在**"照料的父母一方"**（**Obhutselternteil**）。此时要么必须指定一名补充保佐人，要么必须根据《民法典》而将主张抚养的职责赋予父母一方。② 不过在照管比例为 45 %：55 % 的情况下法院还是会认为照管的重点在进行照料的父母一方。③

只要**照管的重点**（**Schwerpunkt der Betreuung**）在父母一方并且父母另一方的照管比 30 例处于 30%至 45%，就在判决中称为**扩展的交往**（**erweiterter Umgang**）④，对其而言，《民法典》第 1606 条第 3 款第 2 句的基本规则仍然适用。就此而言照管比例由事实审法官进行评估；而所承担之照管的时间因素就具有了重要的证据效力。⑤

> **案例**⑥：母亲 M 和父亲 V 以下列方式分担了对他们女儿 T 的照管，即 T 在 14 天中的 9 天里生活在 M 处，而在剩下的 5 天里则住在 V 处。所以 V 现在也想要较少地支付现金抚养。
>
> 在此可能可以支持的观点是，在自己所参与的照管范围内，V 被允许扣除现金抚养并且就此范围而言 M 也负有一项现金抚养义务。毕竟 V 在进行照顾的那几天里必须要承担饮食、玩具等的费用，而 M 的花费就能够相应地得到减少了。然而，按照联邦最高法院的观点，只要**照管的重点**（**Schwerpunkt der Betreuung**）在父母一方（在本案中是在母亲这里），那么适用《民法典》第 1606 条第 3 款第 2 句的基本规则就不应当有疑问。在这类情况下主要进行照管的父母一方所能明显节省下来的花费是无法确定的。为了有利于子女，在此必须要继续给付全部的现金抚养。只有在父母以相同比例提供照管的真正交替模式下，情况才将会有所不同。根据联邦最高法院的观点，由于扩展的交往而使父母另一方所承当的经济上的额外负担能够通过下列方式得到考虑，即鉴于由该方父母所付出的费用而**在杜塞尔多夫表格中对其进行一个或者多个收入组的降级（Herab-stufung um eine oder mehrere Einkommensgruppen der Düsseldorfer Tabelle）**。另外，当负有现金抚养义务的父母一方在行使其扩展交往权的过程中对子女提供了给付，借此以不同于通过支付金钱定期金的方式部分地满足了子女的抚养需要时，还能够继续对抚养进行减少。⑦

---

① 对此参看 *Langheim* FamRZ 2013，1529；OLG Brandenburg FamRZ 2016，1466。

② OLG Celle NJW 2020，1231；OLG Brandenburg NJW-RR 2020，1330.

③ KG NJW 2019，2036.

④ 例如 OLG Düsseldorf FamRZ 2016，142。

⑤ BGH NJW 2015，331.

⑥ 根据 BGH FamRZ 2007，707。

⑦ BGH NJW 2015，331；2014，1958。

3. 子女的培训资助请求权

A. 总论

31 按照《民法典》第 1610 条第 2 款的规定，子女的**抚养需要（Unterhaltsbedarf）**也包括**职业培训（berufliche Ausbildung）**的费用。除了一般的子女抚养之外，父母也必须在自己经济给付能力的框架内承担子女培训期间的培训费用。培训指的是就某一项公认的职业方向（例如教师；医药代表；律师）进行培训。《民法典》第 1610 条第 2 款意义上一项"对某一职业适当的预备培训"在此指的是一项符合子女天赋和能力，努力意愿并且是值得重视、而非仅仅为暂时兴趣的培训。[①]

B. 资助的时间

32 在培训资助应当持续多长**时间（Dauer）**这一问题上所适用的原则是，只对在这期间通过坚定和勤奋的工作——在考虑了个人情形的情况下——通常能够到达培训目的一段适当时间负担抚养。[②] 不过，由于怀孕以及紧接着的子女照管，允许一项培训——依照《民法典》第 1615l 条第 2 款第 2 句中的评价——暂停或者延迟开始。[③] 当成绩较差的子女在中学毕业之后花了较长时间才成功取得培训资格时，也仍然保留培训抚养请求权。[④] 在**社会志愿年（freiwilliges soziales Jahr）**期间，（父母）对子女也同样负有培训抚养义务，只要这在最广泛意义上有助于子女找到职业。[⑤]

在大学学习开始时，应当同意差不多两个学期左右的**定向阶段（Orientierungsphase）**，在这期间还能够进行一次学习专业的更换。[⑥] 不过如果**大学学习（Studium）**在没有出现疾病或者其他重要原因的情况下长期遭到**疏忽（vernachlässigt）**，那么这就会导致抚养请求权的丧失。但是一些较轻的"暂时懈怠"，即使会因此导致**培训迟延（Ausbildungsverzögerung）**，也不会危及到抚养请求权。[⑦] 只要有利于改善职业前景，**海外访学学期（Auslandssemester）**也应受到有给付能力之父母的资助。[⑧] 另外在大学学习安排上，一般来说子女拥有一定程度的自由决定空间。

C. 培训更换以及第二次培训

33 在许多判决中，对**第二次培训（Zweitausbildungen）**的资助都得到了支持。父母通常仅仅负担资助一次职业培训。然而在出乎意料地与天赋不符合的第一次培训中断之后，大多数情况下第二次培训也将会得到资助。例如，当出现下列情况时，以培训更换或者**专业更换（Fachwechsel）**以及第二次培训为目的的抚养给付也会得到负担[⑨]：

● 子女一开始在**违背自己意思（gegen seinen Willen）**的情况下被父母要求进行一个自

---

① BGH NJW 2017，2278；OLG Frankfurt FamRB 2016，335.

② 参看 BGH FamRZ 2000，420；OLG Koblenz FamRZ 2015，1813。

③ BGH NJW 2011，2884；OLG Celle FamRZ 2016，830.

④ BGH FamRZ 2013，1375.

⑤ OLG Düsseldorf NJW 2019，2480.

⑥ OLG Brandenburg NZFam 2018，660；BGH NJW 2017，1478.

⑦ BGH NJW 2006，2984；OLG Koblenz FamRZ 2015，1813.

⑧ 参看 KG FamRZ 2013，1407。

⑨ 参看 BGH FamRZ 2000，420；NJW 2017，1478 und 2278。

已不满意，与其天赋以及兴趣都不相符的培训①；

● 依据对天赋和兴趣的**错误估计**（**Fehleinschätzung**）而决定了第一次的培训选择②；

● 后续的培训是一个先前已经计划好的深造或者鉴于子女之后才明显展示出的能力（例如在子女发育迟缓的情况下）而特别迫切需要进行的深造③；

● 如果子女在完成学士学位的学习之后还想紧接着进行**硕士学位课程**（**Masterstudiengang**），那么基于紧密的时间以及专业上的相关性还是不会称之为第二次培训，以至于一般情况下也存在对硕士学位学习的抚养请求权。④

通过对学徒学习的资助，父母基本上已经提供了一项适当的职业培训。然而在所谓**高中毕业考-学徒学习-大学学习**（**Abitur-Lehre-Studium**）的情况中，如果高校学习与之前的培训阶段存在着紧密的时间以及专业上的相关性并且抚养负担对父母而言**在经济上是可合理期待的**（**wirtschaftlich zumutbar**），那么判决也肯定了紧接着资助高校学习的义务。⑤ 是否事先就已经计划了学徒学习和大学学习的组合，在此则是无关紧要的。⑥

例子：

● 紧接着**银行学徒学习**（**Banklehre**）结束后进行经济学或者法学专业的大学学习毫无疑问是合适的。但是在个案中紧接着进行师范专业的大学学习也可能被肯定为具有充分专业上的相关性。⑦

● 在麻醉师助理的培训和之后的医学专业大学学习之间就存在着专业性上的相关性；但是，如果是在差不多26岁才开始大学学习的，那么资助对父母而言可能就不再是可合理期待的了。⑧

● 在文秘培训之后就无法再请求对国民经济学专业的大学学习提供资助了。⑨

● 当中学毕业后进行了学徒学习并且在职业专科高中（Fachoberschule）毕业之后又寻求高等专科学校的大学学习时，就不存在高中毕业考-学徒学习-大学学习的情况了。⑩

四、父母赡养

父母，比如因为年老而起诉（有职业的）子女或者孙子要求扶养，这在实务当中是几乎不会出现的。毋宁说，诉讼是由那些社会救济承担者提起的，他们承担了例如养老院或者护理院的费用，而现在想要向具有优先负责地位的血亲依据法定债权让与⑪进行**追偿**（**Regress**）；因为就此而言适用的是**社会救济后顺位**（**Nachrang der Sozialhilfe**）原则。父

34

35

---

① BGH FamRZ 1991，322.
② BGH FamRZ 2006，1100；NJW 2017，1478.
③ 参看 BGH FamRZ 2006，1100。
④ OLG Brandenburg FamRZ 2011，1067；VG Mainz FamRZ 2014，1588.
⑤ BGH NJW 2017，2278；OLG Frankfurt FamRB 2016，335.
⑥ BGH NJW 2017，1478.
⑦ BGH NJW 2017，1478.
⑧ BGH NJW 2017，2278.
⑨ BGH FamRZ 2001，1601.
⑩ BGH NJW 2006，2984；OLG Stuttgart NZFam 2019，177：教师培训和紧接着的社会工作专业的学士学位学习。
⑪ 《社会法典》第十二编第94条第1款第1句。

母赡养的请求权基础也同样是《民法典》第 1601 条。联邦宪法法院原则上确认了法定赡养义务是符合宪法的。①

依据《民法典》第 1610 条第 1 款的规定，父母一方的**赡养需要**（**Unterhaltsbedarf**）取决于**其生活地位**（**dessen Lebensstellung**），并因此而包括所有此人为了生活所需要的一切。如果父母一方已经被安置在了**护理院**（**Pflegeheim**），那么他目前的需要原则上就由所产生的护理费用而确定，包括一笔为了满足日常生活需要而供个人支配的现金。② 如果生活条件过于低下，以至于**最低需要无法得到满足**（**der Mindestbedarf nicht gedeckt**），那么子女仍然负有赡养的义务，直到达到最低需要。对此的标准则是一名无业者所必需的自我维持，按照杜塞尔多夫表格（截至 2021 年 1 月 1 日时的修订状况）中的规定则为 960 欧元。③

36　只要工作收入、退休金、养老金、财产性收入和财产核心部分④以及根据《基本保障法》⑤ 的给付无法满足扶养需要时，就陷入了**贫困**（**Bedürftigkeit**）。

37　在被要求承担赡养的子女的**给付能力**（**Leistungsfähigkeit**）方面，联邦最高法院强调，鉴于只有较弱的父母赡养法律规定，赡养义务人原则上不需要由于父母赡养的给付而明显以及长期降低自身的生活标准。⑥ 在**确定收入**（**Einkommensermittlung**）的时候，虽然应当考虑自己房屋的居住利益⑦以及在可能情况下的零花钱请求权⑧，但是另一方面也允许从收入中进行**大量的扣除**（**zahlreiche Abzüge**）。这尤其涉及为自住房屋融资而进行的金额不超过居住利益的利息及清偿给付⑨以及很广泛的**养老预备**（**Altersvorsorge**）费用⑩和大多数在知悉赡养债务之前已经发生的债务。去父母那里的交通费用也是可以扣除的。⑪

如果负有父母赡养义务之人将一套自己使用，在扶养法上**不能作为财产适用的**（**als Vermögen nicht einsetzbare**）自有住房**赠送**（**Verschenkt**）给他的子女并在其上为自己保留一项终身的用益物权，那么他在关于父母赡养方面的扶养法上的给付能力，并不因为存在一项《民法典》第 528 条第 1 款第 1 句所规定的针对受赠人的返还请求权而被提高。⑫ 如果法定赡养义务人仅仅由于赠与而失去了履行能力，那么《民法典》第 528 条第 1 款第 1 句意义上的**陷入贫困**（**Verarmung**）虽然已经可以被肯定了，但是扶养法上主张返还请求权职责的前提条件在于，通过赠与的返还给付能力将会得到恢复或者提高。而如果从中（由于自己使用）本来也将无法得到任何收益，那么这就不符合这一前提条件了。⑬

38　此外，**提高了的自我维持**（**erhöhter Selbstbehalt**）也适用。在 2020 年 1 月 1 日的杜塞尔多夫表格中，在这方面所列出的金额为 2 000 欧元。在扣除自我维持以及具有优先地位

① BVerfGE 113, 88.
② BGH FamRZ 2015, 2138 und 1594.
③ 详情参看 *Dose* NZFam 2018, 429。
④ 除了保留金额（Schonbetrag）之外；参看 BGH FamRZ 2013, 1554。
⑤ 参看《社会法典》第十二编第 41 条及以下各条。
⑥ BGH FamRZ 2015, 1172.
⑦ BGH FamRZ 2017, 519.
⑧ BGH FamRZ 2014, 1990；2013, 363.
⑨ BGH FamRZ 2017, 519.
⑩ BGH FamRZ 2015, 2138；2017, 519.
⑪ BGH FamRZ 2013, 868.
⑫ BGH NJW 2019, 1074.
⑬ BGH NJW 2019, 1439.

的扶养义务和已承认的债务之后所留下的收入不会被完全适用于父母赡养，根据联邦最高法院的持续性判决只能达到 50%。① 由此通常也确保了，义务人不必为父母赡养投入多于留给其自身的收入。

按照《民法典》第 1603 条第 1 款的规定，虽然子女在可能的情况下也必须将其财产的核心部分适用于赡养的承担当中。但是，当涉及适当的自用**家庭住房（Familienheim）**②或者财产利用将和经济上让人无法接受的不利有关时③，子女通过**财产利用（Vermögensverwertung）**承担赡养就此而言就被排除了。此外，鉴于**父母赡养的顺位（Ranges des Elternunterhalts）**较低④，几乎所有其他的扶养请求权（较之）都具有优先地位。尤其是已婚或者离异的赡养义务人首先能够扣除对其配偶的扶养⑤或者也可以扣除《民法典》第 1615l 条第 2 款所规定的对一名非婚伴侣的扶养。⑥

根据《民法典》第 1611 条的规定，父母赡养在个案中也会完全或者部分**丧失（verwirkt sein）**。具有重要意义的首先是《民法典》第 1611 条第 1 款选项 3 所规定的父母一方对子女所为严重的**过错不当行为（schuldhaften Verfehlung）**这一案例群。整体审查曾经以特别应受责难之方式从家庭团结中脱离出来的父母一方的行为，在此同样能够证成对一项严重不当行为的认定。⑦

39

> **案例**⑧：父亲曾经为他未成年的儿子提供过抚养，但是在儿子高中毕业考试之后就完全离开他了并且在自己的遗嘱中也剥夺了他的继承权。几十年后由于父亲的护理费用，社会给付承担者向儿子提出了父母赡养要求。联邦最高法院认为在父亲中断与其成年儿子的联系中虽然肯定存在个人不当行为，然而并非《民法典》第 1611 条第 1 款第 1 句选项 3 意义上的严重不当行为。所以父母赡养请求权并未丧失。
>
> 但是当一位母亲在她未成年的女儿遭兄弟性侵后，在之后的怀孕期间以及在有残疾的子女出生之后，都没有给予过任何形式的援助，多年之后却又向女儿要求赡养时，就可以认为赡养请求权基本已经丧失了。

五、扶养请求权的执行和扶养追偿

1. 告知实情

A. 告知请求权的基础

在扶养请求权能够被主张之前，第一步通常需要被**告知（Auskunft）**关于扶养义务人**收入及财产关系（Einkommens- und Vermögensverhältnisse）**的实情。最终扶养请求权的数

40

---

① 例如 BGH FamRZ 2014，538。
② BGH NJW 2019，1074。
③ BGH FamRZ 2015，1172。
④ 参看《民法典》第 1609 条第 6 项。
⑤ 有关计算参看 BGH NJW 2010，3161。
⑥ BGH FamRZ 2016，887。
⑦ BGH FamRZ 2014，541。
⑧ 根据 BGH FamRZ 2014，541。

额就取决于此。（权利人）也可以向法院提起分阶段的申请，在第一阶段旨在告知实情，在第二阶段则请求扶养的支付。[1]

扶养法中告知请求权的请求权基础

● 《民法典》第 1361 条第 4 款第 4 句连同适用第 1605 条所规定的配偶分居扶养

● 《民法典》第 1580 条所规定的离婚后的扶养

● 《生活伴侣关系法》第 12 条所规定的登记生活伴侣的分居扶养

● 《生活伴侣关系法》第 16 条连同适用《民法典》第 1580 条所规定的伴侣关系结束后的扶养

● 《民法典》第 1605 条所规定的血亲之间的扶养

除此之外，按照**《家事与非诉事务程序法》第 235 条第 1 款（§ 235 Abs. 1 FamFG）**的规定，**法院**还可以**指令（Gericht anordnen）**，申请人和申请相对人必须告知有关他们的所得、他们的财产以及他们个人和经济关系的实情以及提交相关凭证，只要这对于扶养计算来说是必不可少的。如果当事人不履行他们的告知义务，法院也可以从第三人处获得相关实情，例如从雇主或者税务局处。[2] 原则上不存在未经询问而告知实情的义务。但是根据诚实信用原则[3]，当对方在告知上存在明显的利益并且隐瞒并非善意时（例如在重大收入增长导致扶养义务人负有更高的扶养义务或者扶养权利人请求权减少的情况下），那么就存在一个例外。

B. 告知请求权的前提条件

41 扶养权利人享有告知请求权的前提条件在于，这项扶养请求权基本上是存在的。因为只有当一项扶养请求权存在时，才能够证成对方告知有关收入和财产实情的义务。其结果就是，应当在要求告知实情的框架内**附带地（inzident）**对**扶养请求权（Unterhaltsanspruch）**大致地**进行审查（zu prüfen）**。就此而言，除了那些首先与支付能力或义务人的经济关系有关的前提条件外，所有的前提条件都应当进行审查。只有在确定所要求告知的实情从任何方面来看都无法影响扶养请求权时，才不存在一项告知义务。[4]

扶养债务人不能通过提出自己存在"无限给付能力"来逃避告知义务。收入的具体数额最终完全有可能对需要确定并且是从父母生活地位所得出的抚养需求产生影响。[5]

考试提示： 对扶养请求权的审查最好穿插在告知实情的申请中。这在第二次国家考试中尤其重要。

C. 告知义务的范围

42 在个案中申请相对人可能负有义务提供必要实情的**系统性清单（systematische Aufstellung）**，

---

[1] 例如 OLG Rostock FamRZ 2015，422。

[2] 参看《家事与非诉事务程序法》第 236 条。

[3] 《民法典》第 242 条。

[4] BGH NJW 2020，3721.

[5] BGH NJW 2020，3721.

使扶养权利人不需过多工作量就可以计算扶养请求权。① 如果计算涉及的是一段较长的时期，在可能的情况下需出示一整年或者一段更长时期的凭证。独立经营者可以被请求提交**个人所得税缴税单（Einkommensteuerbescheid）**。在收入不稳定的情况下可以被请求有关三年时期的收入证明。

2. 向法院主张扶养请求权

A. 总论

扶养事务（Unterhaltssachen）② 被规定在《家事与非诉事务程序法》第 231 条及以下各条中。《家事与非诉事务程序法》第 247 条规定，具有重要意义的是在子女出生前就已经能够作出的**临时指令（einstweilige Anordnung）**可能性。③ 通过这一方式能够迅速获得一项（暂时的）抚养给付。《家事与非诉事务程序法》第 249 条及以下各条规定，未成年人的（最低）抚养也能够以简易程序的方式被主张。④ 裁判结果根据一般规范是可以被执行的。《家事与非诉事务程序法》第 238 条、第 239 条规定，与扶养相关的法院裁判或者调解，在事后出现根本性变化的情况下能够以面向未来的效力被**变更（abgeändert）**。⑤

43

B. 子女抚养请求权的主张

未成年子女的抚养请求权由**法定代理人（gesetzlicher Vertreter）以子女的名义（im Namen des Kindes）**主张。进行法定代理的可以是子女与其共同生活的有单独照顾权的父母一方。对于共同照顾权的情况，《民法典》第 1629 条第 2 款第 2 句所作的明确规定是，子女主要受其**照料（Obhut）**的父母一方能够向父母另一方主张抚养请求权。这样规定的目的在于方便请求权的执行。《民法典》第 1629 条第 3 款第 1 句⑥规定，在父母已经结婚的情况下，只有父母分居或者他们之间的婚姻事务已经产生法律系属时，父母一方才能够**以自己的名义（im eigenen Namen）**向父母另一方提起子女的抚养请求权。通过这样的方式是为了防止子女作为当事人被卷入到父母的法院纠纷中。

44

然而只要作为照料父母一方的地位结束（endet），这或者是因为确立了分担的照管或者是因为子女目前住在父母另一方那里，那么根据《民法典》第 1629 条第 2 款第 2 句的规定，单独代理权就消失了，而且在主张拖欠的抚养方面也是如此。一项已经提起的抚养申请可以在事后不予以受理。⑦

有关《社会法典》第二编第 33 条第 4 款第 1 句⑧意义上的抚养请求权返还约定不属于《民法典》第 1629 条第 2 款第 2 句所规定的代理权范围。⑨

另外，**青少年管理局作为司法援助人（Jugendamt als Beistand）**⑩也能够主张子女的

45

---

① 参看《民法典》第 259 条。
② 依据《家事与非诉事务程序法》第 111 条第 8 项的家庭事务。
③ 《家事与非诉事务程序法》第 246 条及以下各条。
④ 参看上文本节边码 26。
⑤ 也可参看上文第二十三节边码 46。
⑥ 程序担当（Verfahrensstandschaft）。
⑦ OLG Koblenz FamRZ 2020，1266；OLG Brandenburg NJW-RR 2019，1473。
⑧ 求职者的基本保障。
⑨ BGH NJW 2020，1881.
⑩ 《民法典》第 1712 条第 1 款第 2 项。

抚养请求权。这一点对于单独抚养子女的母亲具有特别重要的意义，她们可以向青少年管理局申请有关这方面的司法援助。然而，即使是在父母分居、已婚以及拥有共同照顾权的情况下，也允许由青少年管理局作为司法援助人而代理子女向法院主张子女抚养。①《民法典》第 1716 条第 1 句规定，父母照顾并不因为司法援助而受到限制。如果青少年管理局违反了忠实和负责地进行公务行为的要求，例如因为疏忽而没有及时地向债务人要求更高的抚养，那么则考虑从《民法典》第 839 条第 1 款第 1 句连同适用《基本法》第 34 条第 1 句以及《民法典》第 1716 条第 2 句、第 1833 条第 1 款第 1 句、第 1915 条第 1 款第 1 句所得出的损害赔偿请求权。②

3. 扶养追偿

46　　尽管另一人单独或者以优先顺位负有扶养义务，但是如果**第三人**（**Dritter**）给付了扶养，那么从第三人的角度来看将会有兴趣获得之前所给付之金额的补偿。因为不当得利法或者无因管理上的请求权大多数情况下都无法解决问题③，所以《民法典》第 1607 条第 2款、第 3 款就规定了一个**法定债权让与**（**gesetzlicher Forderungsübergang**）（cessio legis）。要与此严格区分开来的是下列这种情况，即优先顺位的扶养义务人没有足够的给付能力；在这种情况下，按照《民法典》第 1607 条第 1 款的规定，在该义务人顺位之后负责的血亲就必须依法提供扶养，更确切地说此时不存在追偿可能性。

扶养追偿涉及以下这些**情形**（**Konstellationen**）：

● （**有给付能力的**）（**leistungsfähige**）第一顺位扶养义务人逃避扶养义务（例如负有抚养义务的父亲逃到了国外），按照《民法典》第 1607 条第 2 款的规定其结果就是，另一位（仅仅是第二顺位的）扶养义务人（例如祖父）给付扶养。

● 另外，按照《民法典》第 1607 条第 3 款第 1 句的规定，一个自己完全不负有扶养义务的第三人有可能代替扶养义务人进行给付，例如姑妈或者父母另一方的配偶（继父或者继母）。

● 子女的 (**虚假**) **父亲** ((**Schein-**) **Vater**) 首先基于他的法定扶养义务给付了扶养，但是之后（具有溯及力地）撤销了父亲身份，所以他的扶养义务也溯及既往地被取消了。按照《民法典》第 1607 条第 3 款第 2 句的规定，一旦生父被确定为《民法典》第 1592 条意义上的父亲，他就能够向这位生父进行追偿。④

● 此外，当一位**公共承担者**（**öffentlicher Träger**）提供了相对于法定扶养义务而言只具有辅助性的给付时，社会法条文规范也规定了一个债权让与。⑤ 这尤其涉及根据《扶养预付法（Unterhaltsvorschussgesetz）》对没有与其父母共同生活的子女进行的公共给付。⑥

---

① BGH FamRZ 2015，130
② 对此参看 BGH FamRZ 2014，290。
③ 参看上文第三十一节边码 53。
④ 参看上文第三十一节边码 53。
⑤ 参看上文本节边码 1、35。
⑥ 参看《扶养预付法》第 7 条。

深入阅读材料推荐

深入学习：*Bömelburg*，Die Reform des vereinfachten Verfahrens über den Unterhalt Minderjähriger，FamRB 2016，27；*Dethloff/Kaesling*，Kindesunterhalt und Wechsel-modell-Eine vergleichende Perspektive，FamRZ 2018，73；*Dose*，Elternunterhalt in der Rechtsprechung des Bundesgerichtshof，NZFam 2018，429；*Ebert*，Mehrbedarf und Son-derbedarf in derUnterhaltsberechnung，NZFam 2016，438；*Jesgarzewski/Hermann*，Elternunterhalt-Unbilligkeit und Verwirkung，NZFam 2018，1012；*Maaß*，Plädoyer für ein verändertes Verständnis des § 1606 Abs.3 S.2 BGB，FamRZ 2019，857；*Reinken*，Die Rechtsprechung zum Unterhaltsrecht im Jahr 2020，NZFam 2021，154；*Schramm*，Erwerbsobliegenheit und Volljährigenunterhalt，NJW-Spezial 2019，260；*Schürmann*，Kindesunterhalt im Laufe der Zeit，FamRZ 2019，493；*Seiler*，Wechselmodell-unter-haltsrechtliche Fragen，FamRZ 2015，1845；*Viefhus*，Unterhaltsberechnung beim Wechselmodell mit neuen Werten 2019，FuR 2019，62。

案例与考试：*Fabian*，Der Anspruch des volljährigen Kindes auf Ausbildungsunter-halt，JA 2018，52；*Löhnig/Leiß* Fälle FamR Fälle 2，4，12；*Roth* Fall 6；*Schwab* FamR PdW Fälle 235-261，264。

第三十六节　收　养

一、概况

收养为子女[①]在收养人与被收养人之间建立了一种不依赖于遗传上之出身的父母子女 *1* 关系。《民法典》在第 1741 条至第 1772 条中规定了收养。收养最初的主要目的在于，为收养人缺失自己的后代提供一种替代，而如今为被收养子女提供**照料的思想**（**Gedanke der Fürsorge**）才是重点。

法律在《民法典》第 1741 条至第 1766 条规定的**收养未成年人**（**Adoption von Minder-jährigen**）和《民法典》第 1767 条至第 1772 条规定的**收养成年人**（**Adoption von Volljährigen**）之间作了区分。在这方面，收养成年人通常并非完全收养并且与收养未成年人相比适用不同的前提条件。收养始终需要一项法院裁判。[②] 家事法庭对此有管辖权。

《民法典》中的收养规定由**《收养介绍法》**（**Adoptionsvermittlungsgesetz**）的条文规范予以补充。《收养介绍法》第 1 条第 1 句规定，收养介绍指的是将未成年人介绍给那些想要收养一名子女的人。按照《收养介绍法》第 2 条第 1 款、第 3 款的规定，这主要是青少年管理局以及州青少年管理局的任务，但是也可以由特定公益组织来完成。其他情况下除

---

① 收养（Adoption）。
② 依据《家事与非诉事务程序法》第 111 条第 4 项、第 186 条所规定的收养事务。

了极个别的例外规定，禁止收养介绍。在德国法中禁止儿童买卖以及介绍代孕母亲。[①]

二、收养未成年人的前提条件

2   由于会出现子女脱离先前家庭法上关系以及所有当事人都进入一个新家庭这些相关的重大后果，所以子女收养会与大量事实上以及程序法上的前提条件有关。

《民法典》第 1741 条及以下各条所规定的收养未成年人的前提条件

1. 《民法典》第 1752 条所规定的收养人向法院提出申请
2. 《民法典》第 1741 条第 1 款第 1 句所规定的符合子女最佳利益
3. 《民法典》第 1741 条第 1 款第 1 句所规定的可期待的父母子女关系
4. 根据收养人家庭状况所规定的要求
    a）配偶双方：《民法典》第 1741 条第 2 款第 2 至 4 句，第 1754 条第 1 款规定通常只能进行共同收养或者继子女收养
    b）登记的生活伴侣：单独收养或者继子女收养[②]
    c）未婚的个人：按照《民法典》第 1741 条第 2 款第 1 句、第 1754 条第 2 款的规定进行收养
    d）在固定生活共同体中的未婚者：依据《民法典》第 1776a 条所规定的继子女收养
5. 《民法典》第 1743 条所规定的收养人（及其配偶）的最低年龄
6. 不存在依据《民法典》第 1745 所规定的收养禁止
7. 同意
    a）《民法典》第 1746 条所规定的子女的同意
    b）《民法典》第 1747 条、第 1748 条所规定的子女父母的同意
    c）《民法典》第 1749 条所规定的收养人配偶的同意
    d）《民法典》第 1766a 条第 1 款、第 1749 条所规定的固定伴侣的同意
    e）《民法典》第 1766a 条第 3 款第 1、2 句意义上的第三人的同意

---

1. 收养人向法院提出申请

3   收养程序是由向法院**亲自**（persönlich）提出并**已由公证人作成证书**要求将某人收养**为子女的申请**（notariell beurkundeten Antrag）启动的。《民法典》第 1752 条第 2 款第 1 句规定，申请既不允许附条件也不允许附期限。

2. 子女最佳利益与促进原则

4   按照《民法典》第 1741 条第 1 款第 1 句的规定，只有当收养有利于**子女最佳利益**（Wohl des Kindes）时才会被允许。就此而言需要由法院全面查明所有的利益并且对其进

---

    ①   参看上文第三十一节边码 6。
    ②   参看《生活伴侣关系法》第 9 条第 6 款、第 7 款。

行谨慎的权衡。原则上只有当子女的整体生活条件因为收养而与其目前状况相比发生了变化，以至于可以期待**子女明显更好的人格发展（merklich bessere Persönlichkeitsentwicklung des Kindes）**时，收养才有利于子女最佳利益。① 当一个法律上或者事实上不再存在的父母子女关系由一个积极的照管关系所替代并且收养人合适并且愿意进行人身照管时，这一点通常应当予以肯定。② 合适性在此则取决于收养人的年龄、其身体上的给付能力、个性、职业和社会地位，既取决于教育能力和意愿，也取决于居住条件和财产条件。③

例子④：外祖母 G 申请收养她的外孙子女 E。已经为子女的母亲 M 设立了照管。M 不再有能力适当地照料子女了。而外祖母则拒绝同 M 接触。如果在此需要担心，G 和子女（E）父母之间的冲突由于收养还会有所加剧，那么收养就将无法改善 E 的生活状况。因此就应当驳回收养申请。另外，在血亲收养的情况下还要考虑，除了亲生血亲关系之外会因此出现额外的拟制血亲，而这同样隐藏着潜在的冲突。

3. 父母子女关系的形成

此外，《民法典》第 1741 条第 1 款第 1 句所规定的前提条件还包括可期待在收养人和被收养之间形成一个父母子女关系。为了能够在此作出一个有根据的预测，《民法典》第 1744 条规定，在收养人已经对子女进行了一段适当时间的照料之后，法院才应该宣布收养成立。　5

4. 根据收养人家庭状况所规定的要求

A. 案件情形

按照《民法典》第 1741 条第 2 款第 2 句、第 1754 条第 1 款的规定，**婚姻配偶双方（Ehepaar）**原则上只能共同收养一名子女。《民法典》第 1741 条第 2 款第 3 句、第 4 句规定，只有在配偶一方想要收养其配偶的子女（收养继子女）⑤ 以及配偶一方或者因为没有行为能力或者因为没有达到收养的最低年龄而无法进行收养的情况，才适用例外。《民法典》第 1741 条第 2 款第 1 句规定，**未婚之人（Nicht verheiratete）**只能单独收养一名子女。　6

只要存在收养关系，已被收养的子女在收养人生前就不能同时再被另一个人收养。⑥ 但是立法机构为收养人之后结婚了这一情况规定了一个例外。在这种情况下，按照《民法典》第 1742 条的规定，新婚的配偶可以加入这一收养。

B. 特别情形：继子女收养

法院宣布成立的大部分收养是所谓的继子女收养。按照《民法典》第 1741 条第 2 款第 3 句的规定，在这种情况下例如丈夫或者妻子收养其配偶的子女，以便通过这种方式成为子女的父母另一方。不过由于这种继子女收养并不总是会产生成功和持久的父母子女关系，所以立法机构正在考虑为继子女收养引入一项事先的咨询义务。⑦　7

---

① 所谓的**促进原则（Förderungsprinzip）**；BeckOK BGB/*Pöcker* BGB § 1741 Rn. 13。
② *Dethloff* FamR § 15 Rn. 9.
③ OLG Nürnberg NZFam 2019，48.
④ 根据 OLG Koblenz FamRZ 2016，1690。
⑤ 参看下文本节边码 7。
⑥ **禁止链条式收养（Verbot der Kettenadoption）**。
⑦ 对此参看 *Keuter* NZFam 2021，49。

先前仅限于**婚姻配偶（Ehegatten）**的《民法典》第 1741 条第 2 款第 3 句中的规范，按照《民法典》第 1766a 条的规定，从 2020 年起也扩张适用于以稳固生活共同体方式共同生活在一个家庭中的两个人。也就是说，现在也可以**收养自己未婚伴侣的子女（Kind seines nichtehelichen Partners adoptieren）**。[1] 先前将未婚伴侣排除出继子女收养的范围之外由于违反了《基本法》第 3 条第 1 款所规定的一般平等要求而被联邦宪法法院宣布为违反宪法。[2]

依据《民法典》第 1766a 条第 2 款的规定，如果两个人以类似婚姻的方式与子女共同生活了至少 4 年或者作为共同子女的父母与子女以类似婚姻的方式共同生活，那么就存在**《民法典》第 1766a 条第 1 款（§ 1766a Abs. 1 BGB）**意义上的**稳固生活共同体（verfestigte Lebensgemeinschaft）**。如果伴侣一方已经与第三人结婚了，那通常就不存在稳固生活共同体。这些规定是为了确保，未婚生活共同体可以提供给子女和父母的婚姻相当的稳定生活条件。

8　　继子女收养（**Stiefkindadoption**）在**人工授精（künstliche Befruchtung）**的情况下也具有特别的**意义（Bedeutung）**。在女同性婚姻中如果配偶一方以捐助的精子进行人工授精之后生下一名子女，那么配偶另一方根据到目前为止的法律状况只能够依据继子女收养来取得第二位母亲的地位。[3] 不过立法机构计划为合作母亲制定一条与《民法典》第 1592 条相对应的规范。此外，**在代孕的情况（Leihmutterschaftsfällen）**下如果配偶另一方的父母身份还没有根据在国内可以被承认的外国法院裁判所确定，那么继子女收养也是必不可少的。[4]

5. 收养人的最低年龄以及行为能力

9　　收养人除了有完全的行为能力还必须达到一个最低年龄。这一最低年龄原则上是 **25 岁（25 Jahren）**。立法机构为继子女收养规定一个例外。按照《民法典》第 1743 条第 1 句的规定，在继子女收养的情况下，进行收养的配偶年满 21 岁就足够了。在配偶双方进行共同收养的情况下，按照《民法典》第 1743 条第 2 句的规定，当配偶一方至少是 25 岁时，只要配偶另一方年满 21 岁就足够了。

（法律）对收养人和子女之间的最大年龄差或者一定的年龄差并没有作出明确的规定，但是这可以从子女最佳利益方面或者从形成父母子女关系的要求中得出。[5]

6. 必要的同意

10　　收养构成了一种对子女过去以及未来家庭的深刻干涉。所以所有直接当事人，亦即子女、子女父母和配偶双方的同意都是必要的。《民法典》第 1750 条第 1 款第 2 句、第 2 款规定，这一系列同意需要由公证人作成证书并且不能附条件和期限，并且无法撤回。

---

[1] 详情参看 *Eckebrecht* NJW 2020，1403；*Steinbach/Helms* FamRZ 2020，476。
[2] BVerfG NZFam 2019，473.
[3] 参看上文第三十一节边码 9。
[4] 参看上文第三十一节边码 7 及下一边码。
[5] *Tschernitschek/Saar*，Rn. 629.

A. 子女的同意

《民法典》第 1746 条第 1 款第 1 句（§ 1746 Abs. 1 S. 1 BGB）规定，子女的同意是必 11
要的。按照《民法典》第 1746 条第 1 款第 1 句的规定，只要子女无行为能力或者尚未年
满 14 岁，那么子女的法定代理人就以子女的名义作出这一同意。《民法典》第 1746 条第 1
款第 3 句规定，在其他情况下子女只能在其法定代理人的同意下自己作出表示。如果子女
由保佐人或者监护人进行代理并且此人在无正当原因的情况下拒绝作出同意，那么按照
《民法典》第 1746 条第 3 款的规定，就可以由法院进行同意的代替。

B. 子女父母的同意

此外，《民法典》第 1747 条第 1 款第 1 句（§ 1747 Abs. 1 S. 1 BGB）规定，还必须要 12
有子女父母的同意，更确切地说，无论父母是否享有照顾权都必须如此。如果子女还没有
《民法典》第 1592 条意义上的父亲，那么按照《民法典》第 1747 条第 1 款第 2 句连同适
用第 1600d 条第 2 款的规定，能够使人相信他与子女母亲在其怀孕期间同房过的人就被视
为父亲。这一规范也相应适用于显名的私下精子捐献者。①

为了防止父母，尤其是未婚母亲作出未经考虑以及仓促的决定，《民法典》第 1747 条
第 2 款第 1 句规定，只有当子女至少 8 周大（Kind mindestens acht Wochen alt）时，才能
够作出同意。不过有一个例外适用于没有与子女母亲结婚并且不拥有照顾权的父亲；按照
《民法典》第 1747 条第 3 款第 1 项的规定，无照顾权的未婚父亲在子女出生前就已经可以
作出收养的同意了。

不允许父母的同意只是简单地表明子女送交收养（不存在收养人空缺的收养）。毋宁
说在作出同意表示时必须已经明确收养人；否则收养表示是无效的。不过《民法典》第
1747 条第 2 款第 2 句规定，父母不一定要认识收养人个人或者其名字。就此而言法律使匿
名收养（Inkognito-Adoption）成为可能。在这种情况下，父母同意由其进行收养的某个
人，可以是在收养介绍机构名单上具有特定号码的一个人。②

《民法典》第 1747 条第 4 款规定，当父母一方长期无法作出表示或者其居留地未知 13
（Aufenthalt unbekannt）时，父母的同意（Einwilligung der Eltern）在例外的情况下并非
必要（entbehrlich）。在精子捐献者为匿名时也会被认为是后一种情况，但在精子捐献者为
显名时则不是。

C. 由法院代替父母一方的同意

另外，如果不进行收养将会对子女的发展产生严重后果，那么在《民法典》第 1748 14
条（§ 1748 BGB）的前提条件下，特定情况中的同意也能够由法院的裁判代替（gericht-
liche Entscheidung ersetzt werden）。在此自然应当对子女以及当事父母一方的权利以及个
案中的全部情形进行一个全面的权衡（Abwägung）。

一方面，这涉及《民法典》第 1748 条第 1 款至第 3 款中的情况（Fälle von § 1748
Abs. 1 - 3 BGB）：

● 《民法典》第 1748 条第 1 款第 1 句选项 1 规定，父母对子女所为持续且重大的违反

① BGH NJW 2015，1820；参看上文第三十一节边码 46。
② *Schwab* FamR GdR Rn. 992.

义务行为①

- 《民法典》第 1748 条第 1 款第 2 句规定，对子女所为特别严重的违反义务行为，以至于可以预计无法再持续地将子女交托给父母照料
- 《民法典》第 1748 条第 1 款第 1 句选项 2 规定，父母对子女的长期忽视
- 《民法典》第 1748 条第 3 款规定，父母因为特别严重的心理疾病或者特别严重的精神或者心理障碍导致没有能力照料和教育子女。

15　　另一方面，**《民法典》第 1748 条第 4 款**（**§ 1748 Abs. 4 BGB**）规定，如果母亲依据《民法典》第 1626a 条第 3 款有单独照顾权并且不进行收养将会导致对子女的严重不利，那么**父亲同意的代替**（**Ersetzung der Einwilligung des Vaters**）也是可能的。就此而言法律在特定条件下使得违背父亲意思的收养成为可能。如果收养将会对子女带来如此重大的益处，以至于理智地照料其子女的父母一方也将不会坚持血亲纽带，那么就应当认定存在上述意义上的**严重不利**（**unverhältnismäßiger Nachteil**）。② 但是也不允许仓促地对此予以确定。③

16　　最重要的是④，只要涉及未婚父亲的同意，**《基本法》第 6 条第 2 款**（**Art. 6 Abs. 2 GG**）所规定**未婚父亲之父母权利**（**Elternrechts des nichtehelichen Vaters**）的突出意义就应当注意。所以必须要考虑例如，父母子女关系是否以及在多大程度上已经存在或者曾经存在过，或者说哪些原因阻碍了父亲建立这样一个关系。因此，通常只有当父亲由于他的行为而必须对父母子女关系的破裂负责任时，才考虑根据《民法典》第 1748 条第 4 款进行同意的代替。另外子女的意思，尤其是年龄较大之子女的意思具有特别重要的意义。⑤

> **案例**：有权单独进行照顾的未婚母亲 M 想要将她只有几周大小的儿子 S 送交收养。所以 S 被交给有收养意愿的配偶双方寄养。一年之后将会对由寄养父母进行的收养作出裁判。在此期间 S 的父亲维克多（Viktor，V）也被找到了，而他直到这时才获悉他的父亲身份。V 20 岁并且没有接受过职业培训。现在 V 为 S 有效承认了父亲身份并且提出申请，要求根据《民法典》第 1671 条第 2 款第 1 句授予他对 S 的单独照顾。
>
> 在这种情况下首先要对**依据《民法典》第 1671 条第 2 款的照顾申请**（**Sorgeantrag gem. § 1671 Abs. 2 BGB**）进行裁判。⑥ 按照《民法典》第 1671 条第 2 款第 2 句第 2 项的规定，如果将照顾授予 V 最符合子女最佳利益，那么申请就会得到批准。这一点必须要依据个案予以查明。如果 S 在寄养父母处已经很好地适应了以及同他们建立了父母子女关系，并因此可以预料到，将子女带离这个家庭会不利于其最佳利益，那么就有可能认为不应将照顾授予 V，而应拒绝其申请并且在下一个步骤中出于相同的考虑而根据《民法典》第 1748 条第 4 款对他的同意进行代替。
>
> 另一方面必须要注意《基本法》第 6 条第 2 款第 1 句所规定的 V 受宪法保护的父母权利，这在父亲子女关系欠缺的情况下也具有很大的意义。本案中需要注意的是，V

---

① 对此参看 OLG Frankfurt a. M. FamRZ 2008，296。
② BGH NJW 2005，1781；OLG Hamm FamRZ 2015，868.
③ 参看 *Heiderhoff* Jura 2019，1017（1022 f.）。
④ 参看 BVerfG NJW 2006，827 und 2470，均是关于继子女收养。
⑤ 参看 KGFamRZ 2016，2019；16 岁的男孩急切地希望被他的寄养父母收养。
⑥ 参看《民法典》第 1747 条第 3 款第 3 项。

之前并未与 S 建立关系这一点不应该由 V 来负责。另外也存在可能让 S 先继续留在寄养家庭中，直到 V 有能力可以自己照顾 S。就此而言此时拒绝收养并不会给 S 带来严重不利。最后 V 的交往可能性也不应当过早地由于收养而被切断。因此在本案的这个时间点上将（仍然）必须排除由法院代替 V 对收养的同意。

D. 配偶和其他人的同意

按照《民法典》第 1749 条第 1 款第 1 句的规定，对于由配偶一方单独收养子女而言，**配偶另一方的同意**（**Einwilligung des anderen Ehegatten**）是必要的。这尤其涉及继子女收养①，在这种情况下"配偶另一方"就是子女法律上的父母一方。否则所涉及的便是配偶另一方自己无法进行收养的情况。② 有关同意的代替或者非必要性可以参看《民法典》第 1749 条第 1 款第 2、3 句，第 2 款的规定。

按照《民法典》第 1766a 条第 1 款连同适用第 1749 条第 1 款第 1 句的规定，在**非婚生活共同体**（**nichteheliche Lebensgemeinschaft**）中进行继子女收养的情况下则相应适用上述规定。继子女收养在此的前提条件在于（作为法律上父母一方的）伴侣另一方同意收养。《民法典》第 1766a 条第 3 款第 2 句规定，如果进行收养的伴侣和第三人结婚了，那么这一第三人的同意也是必要的。

此外，按照《民法典》第 1767 条第 2 款第 2 句的规定，在收养**成年**（**volljährigen**）已婚子女的情况下，子女配偶的同意也是必要的。

三、收养程序

1. 收养的准备和收养保佐

在以收养裁定结束的法院程序之前会进行一个较长时间的子女与收养人之间的接触过程。这一过程大多由青少年管理局或者其中所设立的收养介绍机构举行。在按照《民法典》第 1744 条的规定将子女送交**收养寄养**（**Adoptionspflege**）以使其适应收养申请人之前，尤其要对潜在收养父母的**能力**（**Eignung**）进行**审查**（**geprüft**）。寄养关系则会使当事人之间是否能够形成父母子女关系变得更加容易判断。这事实上涉及一段不事先规定期限的"尝试期"，但是平均为一年左右。③ 如果子女在收养家庭中已经生活了较长时间，例如因为涉及的是继子女收养，那么就能够免除进行收养寄养。法院应根据其适当的自由裁量权对此进行裁判。

通过收养寄养所形成的法律关系具有广泛的**法律效力**（**Rechtswirkungen**）。④ 父母的照顾及交往权因同意收养而停止，青少年管理局通常就成为监护人。收养人取得决定子女日常生活事务以及也包括就此方面为子女代理的权限，同时，依法形成子女对收养人的抚养请求权。

17

18

---

① 《民法典》第 1741 条第 2 款第 3 句。
② 参看上文本节边码 6。
③ *Tschernitschek/Saar*, Rn. 647.
④ 参看**《民法典》第 1751 条**（**§ 1751 BGB**）。

2. 法院的收养程序和收养宣告

19 在通过收养人申请启动程序之后，法院对收养前提条件进行审查。《家事与非诉事务程序法》第 189 条第 1 句、第 2 句规定，在此必须取得收养介绍机构或者青少年管理局的**鉴定（Gutachten）**。此外还有可以进行其他的调查。《家事与非诉事务程序法》第 192 条第 1 款规定，子女应当被听取意见。在收养程序中法院审查收养的法定要求以及事实上的证成。对此《民法典》第 1745 条第 1 句规定，也要考虑收养人或者被收养人子女的冲突利益。按照《民法典》第 1745 条第 2 句的规定，财产法上的利益同样要考虑，但是不应该起决定性作用。

如果收养的前提条件满足了，按照《家事与非诉事务程序法》第 197 条第 1 款第 1 句的规定，法院就通过**裁定（Beschluss）**宣告收养成立。《家事与非诉事务程序法》第 197 条第 3 款规定，这一裁定是**不可撤销（unanfechtbar）**以及不可变更的，并且根据《家事与非诉事务程序法》第 197 条第 2 款的规定，裁定在送达收养人时生效。只有必要时在严格的前提条件下还留有废止收养的可能性。[1]

四、未成年人收养的法律效力

未成年人收养的法律效力
●《民法典》第 1754 条规定，亲生子女的法律地位
●《民法典》第 1755 条规定，之前的血亲关系消灭[2]
●《民法典》第 1757 条规定了姓名法上的影响
● 在收养一名外国子女的情况下，根据《国籍法》第 6 条第 1 句规定取得德国国籍

1. 亲生子女的法律地位

20 作为**完全收养（Volladoption）**的收养形式所产生的结果就是子女在法律上完全融入新的家庭。被收养人因为收养就依据《民法典》第 1754 条第 2 款取得收养人亲生子女的法律地位，具有全部有关的互相权利和义务（扶养权、继承权、照顾权等）。形成了《基本法》第 6 条第 1 款意义上的一个家庭。如果配偶双方共同收养一名子女，那么该子女就依据《民法典》第 1754 条第 1 款取得配偶双方共同子女的法律地位。

2. 对血亲关系所产生的影响

21 在与收养人血亲的关系上由于收养而出现了包括法定继承请求权和抚养请求权在内的**完全血亲关系（vollen verwandtschaftlichen Beziehungen）**。《民法典》第 1755 条第 1 款第 1 句规定，子女及其后代与之前血亲的血亲关系消灭。亲生父母丧失了他们法律上的父母地

---

① 参看下文本节边码 23。
② 《民法典》第 1756 条规定了继子女收养和血亲之内收养时的例外。

位并且也丧失了从中所产生的与子女的交往权。① 当配偶一方收养其配偶的子女时，适用特别规定。在这种情况下，按照《民法典》第 1755 条第 2 款的规定，仅仅在与父母另一方及其血亲的关系上子女的血亲身份消灭。不过，如果父母这一方拥有父母照顾并且已经死亡了，那么按照《民法典》第 1756 条第 2 款的规定，血亲关系仍然存留。

例子： 马克斯（Max，M）收养了其妻子弗罗拉（Flora，F）与她已离婚的前夫杰哈德（Gerhard，G）的儿子保罗（Paul，P）。P 因此就不再与 G 及他的血亲互为血亲关系了，但是毫无疑问仍然与其母亲以及她的血亲互为血亲关系。然而，如果基于与 F 的婚姻而自动拥有照顾权的 G 死亡了，那么与 G 的血亲之间的血亲关系仍然存留。P 因此在父亲这方面就获得了双重的血亲关系，包括例如法定继承权以及特留份权在内的所有权利，但是也连同承担了所有的义务。

3. 收养保密

为了保护亲生父母和收养家庭的信息自主决定权，《民法典》第 1758 条规定，收养受到特别公开禁止及查询禁止的限制。因此只有收养人和被收养人拥有有关收养情形的处置权。② 在出生证明上仅仅出现作为父母的收养人；然而在出身证明上仍然可以看到血缘上的出身。这是必要的，以便例如在结婚时③能够审查，是否存在生物学意义上的血亲关系。根据《民事身份登记法》第 62 条第 1 款第 3 句、第 2 款的规定，子女在年满 16 岁以后拥有查看出生登记的权利，以便于他能够知悉收养的情形。　　22

4. 在收养未成年人的情况下收养关系的废止

收养为子女原则上**不能撤回以及不能撤销**（**unwiderruflich und unanfechtbar**）。因为当初立法机构也想要使亲生未成年子女和被收养未成年子女在这方面的法律地位尽可能地完全平等。④　　23

仅仅存在两个**例外**（**Ausnahmen**）。一个是在子女未成年期间，收养在满足了《民法典》第 1763 条所规定的严格前提条件的情况下能够被废止。另外，按照《民法典》第 1760 条及以下各条的规定，当收养所必要的表示之前没有被作出或者没有有效地被作出时，为了同意权人的利益也可以考虑废止收养。对此适用 3 年的除斥期间⑤，根据联邦最高法院的观点这是符合宪法的。⑥

如果所收养的子女已经成年（**volljährig geworden**），收养关系就不再能够被废止了。适用于成年收养的《民法典》第 1771 条允许出于重要原因而废止收养关系的规定，根据联邦最高法院的观点由于缺乏违反计划的规范漏洞而无法进行类推适用；在此作为法律基础的理念是**未成年收养原则上具有不可解除性**（**grundsätzliche Unauflösbarkeit der Minderjährigenadoption**）。⑦ 因此在极端的情况下，比如在长年性侵犯之后，也排除了收养　　24

---

① 由 EGMR FamRZ 2014, 1351 所确认。
② BayObLG FamRZ 1996, 1436.
③ 参看《民法典》第 1307 条。
④ BGH FamRZ 2014，930.
⑤ 《民法典》第 1762 条第 2 款。
⑥ BGH NJW-RR 2018，321.
⑦ BGH FamRZ 2014，930.

的废止。① 为了减轻与收养不可废止性相联系的负担，子女能够——就如同亲生子女也能进行的那样——进行姓氏变更②以及在可能的情况下能够通过《民法典》第 1611 条拒绝有可能出现的自己的扶养义务。

五、成年人收养的特殊性

1. 收养的前提条件

25　　除了在实务中具有重要意义的未成年人收养之外，法律也允许**成年人收养**（**Annahme Volljähriger**）。在其基本特征上，成年人收养仿照的是未成年人收养的模式；然而也存在着重大差别，尤其是在与收养相关的效力方面。

　　《民法典》第 1768 条第 1 款第 1 句规定，在收养一名成年人的情况下收养**申请**（**Antrag**）应当由收养人和被收养人提出。亲生父母被赋予了法律上的听审权。③

26　　《民法典》第 1767 条第 1 款前半句规定，收养一名成年人时在期待父母子女关系的形成上还要额外考虑收养**在道德上的证成**（**sittliche Rechtfertigung**）这一收养的前提条件。按照《民法典》第 1767 条第 1 款后半句的规定，如果所涉及的是对一个已**存在的父母子女关系**（**bestehenden Eltern-Kind-Verhältnisses**）之合法化时，这一点通常会被肯定。但是在其他情况下就需要进行**全面的审查**（**umfassende Prüfung**）了。在此也应当考虑将要被收养之人亲生父母的经济以及非经济利益。④ 与亲生的父母一方仍然存在良好的联系这一情形原则上不构成障碍。⑤ 具有决定性意义的收养动机必须是**基于家庭的动机**（**familienbezogenes Motiv**）。⑥ 仅仅希望延续一个贵族头衔⑦或者在已计划好的财产转让上获得税收优惠，在道德方面还无法证成一个收养；但是希望延续毕生之事业（例如企业、庄园）并不妨碍道德上的证成。⑧ 如果收养的目的恰恰是逃避对亲生父母的赡养义务，那么就欠缺了道德上的证成。⑨ 在当事人之间先前便存在性关系的情况下，收养也会被拒绝。⑩

　　例子⑪：姑妈 T 想要收养她的侄子 N。N 想通过这一方式获得对 T 的法定继承权并且在继承发生时省下很多的遗产税。T 则希望，通过这一方式将 N 和自己联系在一起，以便在有照料需要的时候有所保障或者能够从 N 处获得照料给付。在这一类情形下州高等法院拒绝了这一成年人收养申请。事实上到目前为止在当事人之间都还不存在**父母子女关系**（**Eltern-Kind-Verhältnis**）；甚至 N 的母亲也还健在。如果长期以来在 N 和 T 之间已经存在一个特别紧密的关系并且 N 已经融入 T 的家庭很久了，那么情况才将会有所不同。⑫

---

① 由 BVerfG FamRZ 2015，1365 所确认。
② 《姓氏变更法（NamÄndG）》第 3 条。
③ BVerfG FamRZ 2008，243.
④ OLG Frankfurt a. M. NJW-RR 2019，1156.
⑤ OLG Stuttgart NJW 2019，1385；不同观点 OLG Bremen NZFam 2020，47。
⑥ OLG Nürnberg FamRZ 2015，517.
⑦ BayObLG NJW-RR 1993，456.
⑧ OLG München NJW-RR 2019，1349.
⑨ OLG Brandenburg NZFam 2019，507.
⑩ OLG Zweibrücken FamRZ 2020，2013.
⑪ 根据 OLG Nürnberg FamRZ 2015，517。
⑫ 参看 OLG Nürnberg FamRZ 2016，315。

2. 法律效力

依据《民法典》第 1770 条，收养一名成年人了仅具有**有限的效力**（eingeschränkte Wirkungen）并且只要法律没有任何相反规定，就不延伸至收养人和被收养的血亲。也就是说成年人收养通常**并非完全收养**（keine Volladoption）。不过在《民法典》第 1772 条的前提条件，也可能依据申请而成立一个具有《民法典》第 1754 条至第 1756 条所规定之效力的收养。按照《民法典》第 1771 条第 1 句的规定，当存在一个**重要原因**（wichtiger Grund）时，基于其较轻的效力就已经可以考虑**成年人收养的废止**（Auf hebung der Volljährigenadoption）了。① 当收养关系的继续对于收养人或者被收养人而言已经不再是可合理期待时，就是前面所述的可废止情况。这点由法院依职权进行审查。仅仅是动机错误还无法证成对收养的废止。②

📖 **深入阅读材料推荐**

深入学习：*Botthoff*，Die Annahme als Kind als Alternative zur Dauerpflege，FamRZ 2016，768；*Eckebrecht*，Rechtsprechungsübersicht zum Adoptionsrecht（2019—2020），NZFam 2020，1053；*Frank*，Die Stiefkindadoption，StAZ 2010，324；*Heiderhoff*，Aktuelle Rechtsfragen der Adoption，Jura 2019，1017；*Keuter*，Zustimmung des leiblichen Vaters zur Adoption，NZFam 2017，873；*Niethammer-Jürgens*，Adoption-Rechtslage aus Sicht der Praxis，AL 2019，8；*Röthel*，Abstammung（Teil 2）：Adoption，Jura 2019，1141；*Schlauß*，Das Adoptionshilfe-Gesetz，FamRZ 2021，249；*Staake*，Unternehmensnachfolge durch Adoption，NJW 2019，631；*Zimmermann*，Das Adoptionsverfahren mit Auslandsberührung，NZFam 2016，150；*ders.*，Die Minderjährigenadoption，NZFam 2015，484；*ders.*，Die Adoption Erwachsener，NZFam 2015，1134。

案例与考试：*Löhnig/Leiß* Fälle FamR Fall 9；*Schwab* FamR PdW Fälle 158 - 164。

第三十七节 复 习

一、自测题

1. 父母子女关系具有哪些基本的法律效力？

2.《民法典》第 1619 条所规定的子女劳务给付义务对于侵权请求权有何意义？

3. 哪些程序法上的家庭事务涉及亲子关系法？

4. 在哪些情况下会出现法律上的母亲身份和基因上的母亲身份互相分离并且在法律上应当如何处理这些情况？

---

① 对此参看 BGHZ 103，12。
② OLG Brandenburg NZFam 2018，1004。

5. 哪三个构成要件会产生法律意义上的父亲身份？

6. 在哪些情况下需要通过法院确定父亲身份？

7. 在法律上是否允许秘密的父亲身份检测？

8. 在哪些前提条件下只是生父之人能够撤销另一名男子的父亲身份？

9. "虚假父亲追偿"指的是什么？

10. 根据《民法典》第 1598a 条所进行的程序对父亲身份撤销有何意义？

11. 父母照顾会被划分为哪两部分领域？存在哪些分配父母照顾的可能性？

12. 一位虽然没有与母亲结婚，但是已经有效承认了父亲身份的父亲对子女是否也有父母照顾（权）？

13. 在哪些情况下父母照顾会停止？

14. 哪一条一般性法律原则塑造了对《民法典》第 1666 条及以下各条的理解？

15. K 的父母离婚了。对 K 的父母照顾继续由父母双方共同享有。K 和他母亲 M 一同生活。现在 M 想要 K 报名参加学校交响乐团。M 是否能够单独作出这一决定或者她必须和 K 的父亲对此取得一致意见？

16. 一名虽然是子女亲生父亲但并非法律上父亲的男子是否有和子女交往的权利？

17. 血亲扶养请求权取决于哪些前提条件？

18. 在兄弟姐妹之间是否存在扶养请求权？

19. 已经为子女的第一次职业培训提供过扶养给付的父母是否也必须资助紧接着的大学学习？

20. 收养一名子女的基本前提条件是什么？

21. 未成年人收养具有哪些法律效力？

自测题的答案在本书书末。

二、考试案例 3（一名子女与许多名父亲）

案件事实

米娅（Mia，M）与埃米尔（Emil，E）结婚了，但婚后并不幸福。她和 E 分居并且结识了维托（Vito，V），之后便和 V 共同生活在一起。M 想要和 V 生一个孩子，但是由于 V 有限的生育能力，所以并没有成功。因此，M 于 2014 年 8 月在一家生育诊所中借助医学辅助手段以捐献的精子进行了人工授精。在 M 以这种方式怀孕的时候，V 于 2015 年 1 月在 M 的同意之下到公证人处承认了父亲身份。另外在 2015 年 3 月 M 和 V 还作出了照顾表示，更确切地说是 V 在公证人处作出表示，而 M 则是在青少年管理局作出的。

2015 年 3 月 2 日 M 提出了离婚。2016 年 5 月孩子基拉（Kira，K）出生了。2015 年 10 月 5 日 M 和 E 离婚。两人都没有对离婚裁定提出上诉。2016 年 5 月 E 以公证的方式表示了对 V 父亲身份的同意。但是，2016 年 6 月 E 又通过写信给 M、V 和公证人的方式撤销了自己的表示，最终他知道了，并不是 V，而是一位匿名捐献者才是"真的"父亲。

M 和 V 之间的关系也没有如所期待的那样继续发展下去。M 于 2017 年和 V 分开并且搬去和她的女同学利维亚（Livia，L）一起生活了，她对 L 始终都有一种"温柔的感觉"。

在 V 的同意下 K 与她们生活在一起。虽然 L 对 M 和 K 的影响引起了 V 的不满，M 和 V 在有关 K 的事务上通常仍然能够很好地达成一致意见。现在，2021 年 5 月的时候，在这一年有进行学校教育之义务的 K 已经在排队等候入学注册了。然而 L 劝说 M 先不要让 K 入学，而是再推迟一年。因为 L 说 K 终究是一个"离异家庭子女并且还没有成熟到可以面对生活的严肃"。V 对此感到很吃惊并且威胁 M 说，他要采取一切手段让他的女儿摆脱这位"女同性恋者利维亚"的影响。无论如何 V 都想要在这个年龄段正常发育的 K，"也像所有其他六岁的孩子一样"入学；毕竟到处都流传着这样的说法，即幼儿时期的发展促进是多么重要。M 则认为，V 在此"没什么可说的"，因为她本来就有单独照顾权或者说至少在上学这个问题上她有单独负责的职权。

因此 V 求助于律师莱克斯·拉迪克斯（Lex Radix），后者应该以鉴定式的方式澄清下列问题：

1. 谁拥有对 K 的照顾权并且这对于 K 入学的决定会产生哪些后果；

2. V 要求授予他单独照顾的申请将是否会有成功的希望（就此而言应当假定 V 有法律上的父亲身份）；

3. 是否存在其他剥夺 M 照顾权——至少在上学这个问题上——的可能性；

4. 此外还能如何解决有关入学的争议；

5. 在过去的时间里，有谁以任何形式负担 K 的子女抚养，并且在这方面还存在哪些——假定还没有履行的——请求权；

6. K 是否可以在某一天撤销 V 的父亲身份，以便将可能被查明的精子捐献者确定为父亲。

答案

问题 1：对 K 的照顾权

一、父母身份的澄清

V 和 M 可能可以依据所作出的照顾表示而共同享有照顾权。但是，照顾权始终只能由《民法典》意义上的父母享有。所以应当事先澄清的是，谁是 K 的父母。按照《民法典》第 1591 条的规定，母亲是 M。而按照《民法典》第 1592 条第 1 项的规定，父亲则是在子女出生的时候作为丈夫的 E。所以 M 和 E 首先享有对 K 的照顾权。[①]

V 对父亲身份的承认并没有引起任何改变，因为只有当不存在其他父亲身份或者 E 的父亲身份由于撤销而被废除时，这一承认才根据《民法典》第 1594 条第 2 款的规定而生效。

二、V 依据《民法典》第 1599 条第 2 款的父亲身份（成立）

不过，本案中还有可能可以存在《民法典》第 1599 条第 2 款的例外情况，据此规定《民法典》第 1592 条第 1 项意义上的父亲身份在不经过撤销程序的情况下也能被废除。

1. 子女 K 是在离婚申请发生诉讼系属之后出生的。一旦申请到达法院，就会发生诉讼系属，也就是说在送达配偶另一方之前诉讼系属就已经发生了。

2. 离婚裁定产生了既判力，因为没有提起上诉。

3. 某一"第三人"必须已经有效进行了承认。按照《民法典》第 1594 条、第 1596

---

① 参看《民法典》第 1626 条。

条、第 1597 条第 1 款的规定，V 在此已经有效并且按规定形式承认了父亲身份。在他表示的有效性方面并未看到的任何阻碍。V 有意识地"错误"承认或者知道他并非生物学意义上的父亲这点，则是无关紧要的。法律并不以此为依据；就此而言不会进行"正确性审查"。

4. 按照《民法典》第 1595 条第 1 款的规定，母亲按规定形式进行了同意。

5.《民法典》第 1594 条第 4 款、第 1595 条第 3 款规定，所有表示都能够在子女出生前作出。

6. 法律上的父亲 E 也同意了。不过根据案件事实他又"撤销了"他的表示。问题在于，这一行为在法律上应该如何归类。

a）将这一表示作为父亲身份撤销来解释被排除了，因为《民法典》第 1599 条及以下各条对此强制性地规定了一个法院程序。

b）也不考虑《民法典》第 1597 条第 3 款意义上的撤回，因为只有进行承认的男子享有撤回权，而并非其他当事人。由于没有规范漏洞而不存在类推适用这一规范条文的理由。

c）因此，E 的意思是将这一表示看作《民法典》第 119 条意义上的撤销（错误撤销）。然而既不存在表示错误也不存在内容错误，而仅仅是一个动机错误。但是即便不考虑是否真的存在一个错误，《民法典》第 1598 条第 1 款本来也规定了，同意的无效只能从不遵守《民法典》第 1594 条及以下各条中得出并且其他的无效原因都被排除了。所以《民法典》第 116 条及以下各条在此无法适用。因此，这一"撤销"是无关紧要的。

7. 在一年之内所有的前提条件都存在了

这样，《民法典》第 1599 条第 2 款所规定的所有前提条件在 2016 年 5 月都满足了。所以，M 和 V 是 K 的父母。

三、对照顾权状况所产生的后果

有疑问的是，依据《民法典》第 1599 条第 2 款所产生的 V 的父亲身份对照顾权会产生哪些后果。依据《民法典》第 1626a 条第 1 款第 1 项的规定，共同照顾权有可能可以基于照顾表示而存在。

1. M 和 V 已经根据《民法典》第 1626b 条及以下各条按规定形式作出了照顾表示。《民法典》第 1626d 条第 1 款的形式得到遵守了；父母也能够寻找不同的作成证书机构（在本案中是：《社会法典》第八编第 59 条第 1 款第 1 句第 8 项所规定的青少年管理局，以及《联邦公证人条例》第 20 条第 1 款第 1 句所规定的公证人）。[①]《民法典》第 1626b 条第 2 款规定，这些表示在子女出生前就已经可以被作出了。

2. 但是问题在于，V 在作出表示的时候还无法被视为父亲。这有可能让表示从一开始就无效并且使现在重新进行照顾表示是必不可少的。如果是这种情况，那么按照《民法典》第 1626 条第 3 款的规定，当前将会只存在 M 的单独照顾了。

然而事实上 M 和 V 的照顾表示是在附有下列期待或者条件的情况下进行的，即《民法典》第 1599 条第 2 款的前提条件已经满足了或者说 V 取得了法律上的父亲身份。虽然这一点可能和照顾表示的不可附条件性[②]不相符。但是需要注意的是，立法机构已经为父

---

① 参看上文第三十二节边码 7。

② 参看《民法典》第 1626 条第 1 款。

亲身份撤销领域内的平行问题在《民法典》第1599条第2款第1句后半句中制定了一条明确的规范。虽然缺少一条有关照顾表示的相应规范；然而很显然，在这方面涉及的是一个有意的规范漏洞。另外还要注意的是，所涉及的本来也不是《民法典》第158条意义上的一个真正条件，涉及的仅仅是一个法律条件。所以根据通说和判决①，照顾表示也能类推适用《民法典》第1599条第2款而临时或者暂时无效地被作出并且之后一旦父母身份被澄清了，就能变为完全有效。这样的好处在于，"新的"父亲在取得父亲身份的同时也能马上拥有照顾权了。

四、结论

存在 M 和 V 的共同照顾。

五、对上学问题所产生的后果

所以 M 和 V 必须共同对入学作出决定。② M 据以单独拥有决定职权的例外规范并不存在。《民法典》第1629条的其他情况则与此无关。毋宁说《民法典》第1687条明确规定了，在父母处于分居状态时进行照顾的父母一方所能够单独决定的仅仅是日常生活事务。然而，按照《民法典》第1687条第1款第1句的规定，入学时间问题是一件具有重大意义的事务。所以父母双方对此仍然有共同决定的职权。

问题2：照顾权申请

一、申请授予单独照顾（不成立）

本案中 V 可能可以根据《民法典》第1671条第1款第1句提出授予自己单独照顾的申请。

1. 必须依据《民法典》第1671条向家事法庭提出申请。

2. 存在父母的共同照顾。③

3. 父母不仅仅只是暂时分居。④

4. M 不同意，所以第1款第2句第1项所规定的变形与此无关。

5. 应当审查《民法典》第1671条第1款第2句第2项的前提条件。

a）根据这一规定，一方面废止共同照顾对子女而言必须是更好的解决方案。

b）另外将照顾授予 V 必须正好更加符合子女最佳利益。

这两点在此看起来都很成问题。具有决定性意义的是，M 和 V 在照顾事务上一直都能够很好地达成一致意见。因此必要的合作能力是存在的。在个别问题上偶尔存在意见分歧的情况是无关紧要的。这在配偶双方共同生活的情况下也同样会出现。虽然从法律中无法得出共同照顾的优先地位；但是只要共同照顾行得通，就没有理由认为父母一方的单独照顾更可取。子女在 M 那里看起来生活得很好。考虑到持续性的原因，照顾权更换到 V 处在有疑义的情况将不会有什么益处。母亲可能是同性恋这一点在此并没有任何意义。L

---

① BGH NJW 2004，1595.
② 参看《民法典》第1629条第1款第1句。
③ 参看上一个问题。
④ 参看《民法典》第1567条。

的影响看起来不具有其他的威胁性。继父母一方有可能同意其他看法并且在亲生父母另一方看来经常值得怀疑，这一点无法始终得以避免。授予部分照顾的理由也不明显。尤其是在此所涉及的确实只是零星的规则，而并非从根本上涉及教育问题。另外，V 并非生物学意义上的父亲这一点也是无关紧要的。

二、结论

申请没有成功的希望。

问题 3：剥夺照顾权

一、根据《民法典》第 1666 条的"申请"（不成立）

可能可以考虑的是，根据《民法典》第 1666 条启动一个程序。

1. 依据《民法典》第 1666 条第 1 款由法院进行裁判的前提条件将是子女身体、智识或者精神上的最佳利益抑或子女财产遭受危害。

2. 此外，父母必须不愿意或者无法自己防止危险。

3. 在采取措施的时候必须要注意比例原则。

在此还看不出子女最佳利益遭受危害。父母可以提出基于特定原因才推迟子女入学的申请。在这方面存在一批 7 岁才入学的孩子。在一定程度上，这甚至是由各联邦州的截止日规范所造成的。原则上这还不涉及子女最佳利益遭受危害。如果 K 达到了义务教育的年龄，那么 M 在任何情况下都必须首先提交延期入学的申请，并接受学校或者教育机关的审查。只要作为共同照顾权人的 V 没有同时支持延期入学的申请，M 就可能根本无法实行延期入学。《民法典》第 1666 条层面的干涉措施在此也没有适用空间。在本案中，L 的影响看起来也无法证明子女最佳利益遭受危害。

二、结论

根据《民法典》第 1666 条的程序将没有成功的希望。

问题 4：解决争议的其他可能性

一、根据《民法典》第 1628 条的申请（成立）

可以考虑根据《民法典》第 1628 条向法院提出申请。

1. V 必须向家事法庭提出一个申请

2. 父母享有共同照顾

3. 所涉及的是父母照顾中父母无法达成一致意见的个别实务，也就是父母对此无法达成一致意见的入学时间点。

4. 这一决定具有重大意义。尤其是目前必须要作出决定了，因为现在已经在等候入学注册的预约时间了。延期入学不在考虑之列。

5. 法院不得不将决定权授予父母一方，而之后该方父母就将自由地作出其决定了。本案中很多因素都支持 V 的观点；因为这一观点是"正常的"；也就是 6 岁孩子法定的义务教育。支持在发育上与年龄相符的 K 推迟上学的重大原因并不明显。

二、结论

因此 V 根据《民法典》第 1628 条的这一申请将有成功的希望。

问题 5：关于子女抚养请求权的扶养法上状况

一、《民法典》第 1601 条规定的抚养请求权（成立）

K 对 E、V 和 M 有可能拥有或者曾经拥有依据《民法典》第 1601 条所得出的子女抚养请求权。

1.《民法典》第 1601 条所规定的请求权的第一个前提条件就是《民法典》第 1589 条第 1 款第 1 句意义上的直系血亲关系。

a) M 作为《民法典》第 1591 条意义上的母亲与 K 互为血亲关系并且因此原则上负有抚养的义务。

b) E 在 K 出生的时候曾经是 K 法律意义上的父亲并且因此在当时首先由他自己负担抚养。但是因为由 V 所进行的有效父亲身份承认，E 的父亲身份之后就已溯及既往地丧失了效力。[1] 因此在法律意义上，E 从来就不是 K 的父亲并且也从未曾负担过抚养。

c) V 以有效的父亲身份承认成为 K 法律上的父亲。这一承认的效力溯及到子女出生之时。因此 V 依据《民法典》第 1601 条对 K 负担从其出生以来的抚养。

2. 按照《民法典》第 1606 条第 3 款第 1 句的规定，父母按比例为子女的抚养负责。仍然需要澄清的是各自的抚养给付类型。

a) M 一直在照管 K，因此按照《民法典》第 1606 条第 3 款第 2 句的规定，她已经履行了自己的抚养义务。

b) 所以 V 作为与子女分开生活的父母另一方负担《民法典》第 1612 条第 1 款第 1 句意义上的现金抚养义务。

3. 根据《民法典》第 1610 条所确定的抚养数额。

K 的生活地位来自现金抚养义务人 V。所以抚养数额要依据相关的抚养表格，依赖于 V 经调整后的净收入来进行确定。案件事实中并没有包含对此的计算基础。

4. 按照《民法典》第 1602 条第 2 款的规定，贫困这一点在一个未成年子女那里是不成问题的。

5. 有关 V 的给付能力并没有看到任何负面情况；在此适用《民法典》第 1603 条第 2 款第 1 句。

6. 不存在抗辩

a) 可能会有疑问的是，V 是否也必须要溯及既往地支付抚养费。[2]

对于 E 首先作为父亲的那段时间，V 有可能可以援引原则上不为过去负担扶养。[3] 然而在此适用的是《民法典》第 1613 条第 2 款第 2a 项的例外规范，因为在提起针对 V 的抚养请求权上存在一个法律上的障碍。当时 V 法律上的父亲身份终究还不存在。就此而言，在法律上的父亲身份被有效地确定下来之前，《民法典》第 1600d 条第 4 款所规定的权利行使之阻却禁止向其提出请求。

---

[1] 参看上文问题 1，第二段。

[2] 参看《民法典》第 1613 条。

[3] 参看《民法典》第 1613 条第 1 款。

b）提示：如果 K 较长时间没有对溯及既往的抚养进行主张，比如超过一年时间没有主张，那么就会出现时间上的权利丧失。尽管抚养权利人对此有能力，但是当他较长时间不谋求其权利（时间要素），而义务人在考虑权利人全部行为的情况下也会按照这一情况做安排并且已经准备好，权利人在将来也不会主张他的权利（情形要素）时，就会考虑权利丧失。[①] 当抚养拖欠所涉及的时间已经超过一年时，时间要素在此就已经满足了。[②] 但是在本案中却没有任何明显的情况能够支持权利的丧失。

c）对于 V 父亲身份确立之后的时间，从《民法典》第 1613 条第 1 款的前提条件已满足的时间点开始，V 才为过去负担抚养。对此则无法获得更多信息了。

d）在消灭时效上则适用根据《民法典》第 197 条第 2 款所规定的普通 3 年时效期间。然而在父母子女关系上要注意《民法典》第 207 条第 1 款第 2 句第 2a 项的消灭时效停止构成要件，根据这一规定，只要子女未满 21 周岁，那么子女与其父母之间请求权的消灭时效就处于停止状态。所以 K 的请求权消灭时效还未届满。

二、结论

因此 M 和 V 从 K 出生起为其负担或者说已经负担了依据《民法典》第 1601 条所产生的抚养。

问题 6：由子女撤销父亲身份

一、K 的父亲身份撤销权（成立）

1. 当 K 成年时，她就拥有自己的父亲身份撤销权了。[③]

2. 在这种情况下，按照《民法典》第 1600d 条第 3 款第 2 句的规定，两年的撤销期限在子女成年之前并且在子女获悉不支持父亲身份之情形的时间点之前都不开始起算。

3. K 是借助精子捐献被怀上并且出生这个情形虽然排除了有生育愿望的父母的撤销权[④]，但是子女的撤销权除外。

所以 K 某一天撤销 V 的父亲身份在法律上将是有可能的。

二、将精子捐献者确定为父亲（成立）

如果 K 能够找到精子捐献者，那么在成功撤销 V 的父亲身份之后，她就有希望根据《民法典》第 1600d 条第 1 款确定精子捐献者的父亲身份了。对此她必须要向家事法庭提出要求确定父亲身份的申请。虽然应当注意的是，从 2018 年 7 月 1 日开始，按照**《民法典》第 1600d 条第 4 款**（§ 1600d Abs. 4 BGB）的规定，只要——就如本案中的情形一样——是在医疗机构使用异体精子进行的医学辅助人工授精，就排除了对精子捐献者进行父亲身份确定。但是根据《民法典施行法》第 229 条第 46 节的规定，如果在该规范生效之前就使用了捐献的精子，那么就不适用这一排除。本案即是这种情况，因为受孕是 2014 年 8 月进行的，因此 K 可以成功地进行精子捐献者的父亲身份确定。[⑤]

[①] 《民法典》第 242 条。
[②] 参看例如 BGH FamRZ 2007，453。
[③] 参看《民法典》第 1600 条第 1 款第 4 项、第 1600b 条第 3 款。
[④] 参看《民法典》第 1600 条第 4 款。
[⑤] 参看上文第三十一节边码 45。

第八章

监护、保佐、照管

第三十八节　监　护

一、概况

　　监护是指在**一名未成年人**父母已经死亡或者因缺少照顾权而无法被考虑作为法定代理　　1
人的情况下，由法律为其进行规定的全面**照顾（Sorge für einen Minderjährigen）**。通过
1992 年 1 月 1 日实施的《照管法》，在成年人方面监护已经被照管制度所代替。[①] 监护法
规范具有特别的意义，因为根据《民法典》第 1908i 条第 1 款、第 2 款有关照管的规定，
以及根据《民法典》第 1915 条，第 1917 条第 1 款、第 2 款有关保佐的规定，都会援引监
护法的规范进行相应适用。

　　监护（Vormundschaft）[②] 应该作为子女家庭保护的代替。相关的子女则在法律上被称
为"被监护人"（Mündel）。按照《民法典》第 1793 条的规定，监护人所拥有的权利和义务
原则上与一般情况下父母基于父母照顾而享有的相同。监护人所负担的职责则是子女的**人身
照顾（Personensorge）**和**财产照顾（Vermögenssorge）**以及子女的法定**代理（Vertretung）**。

　　在难民潮时期还出现的一项任务是，为那些无人陪同进入德国境内的未成年**难民
（Flüchtlinge）**指定监护人。[③]

　　从 2023 年 1 月 1 日起生效的**《有关监护法和照管法改革之法律（Gesetz zur Reform
des Vormundschafts- und Betreuungsrechts）》**[④] 将会从根本上重构监护法。会加强监护人的
人身照顾义务，强调其教育责任。有关财产照顾的规定则会被现代化以及去官僚化。[⑤]

[①] 参看下文参看第四十节。

[②] 源自拉丁语的 munt＝保护权。

[③] 对此参看例如 BGH NJW 2013, 3095；2017, 3520；2018, 613；*Lettl* JA 2016, 481。

[④] BGBl. 2021 I, 882；BT-Drs. 19/24445.

[⑤] 对此参看 *Dürbeck* FamRZ 2020, 1789；*Schwab* FamRZ 2020, 1321；*Wunderlich* ZKJ 2020, 448。

二、监护指令

1. 前提条件

2　　按照《民法典》第 1774 条第 1 句的规定，通常情况下监护由家事法庭**依职权**（**von Amts wegen**）作出的指令而产生。但是除此之外也存在依法产生的监护。此类监护，按照《民法典》第 1791c 条第 1 款的规定随着需要一名监护人的非婚生子女出生，以及按照《民法典》第 1751 条第 1 款的规定随着父母同意对其子女的收养而产生。在这两种情况下都是由青少年管理局作为监护人。

　　根据**《民法典》第 1773 条**（**§ 1773 BGB**）的规定，只有在下列情况下才有必要作出监护指令：

- ●《民法典》第 1773 条第 2 款规定，无法查明未成年人的家庭状况[①]
- ●《民法典》第 1773 条规定第 1 款规定，未成年人未处于父母照顾之下或者
- ● 父母双方均无代理未成年人的权限。

3　　除了孤儿，在实务中监护主要涉及父母双方均**不享有照顾权**（**kein Sorgerecht**）的情况，这或者是因为父母双方**根据《民法典》第 1666 条、第 1666a 条被剥夺了**全部的照顾**权**（**Sorgerecht nach §§ 1666，1666a BGB entzogen**），或者是因为按照《民法典》第 1675 条连同适用第 1673 条及以下各条的规定，父母照顾停止了，抑或因为出于子女最佳利益的原因而从一开始就排除了将父母照顾授予父母另一方。[②] 如果父母仅仅对部分领域不享有照顾，那么就不需要设立监护人。在这种情况下需指定一名（补充）保佐人。[③]

2. 监护人的选择和指定

4　　在**监护人的选择**（**Auswahl des Vormunds**）上，按照《民法典》第 1776 条、第 1777 条的规定，只要父母已经通过终意处分指定过一名监护人并且在死亡时还拥有照顾权，那么法院首先就受到**父母意思**（**Willen der Eltern**）的约束。只有在《民法典》第 1778 条的前提条件下才有可能作出与父母意思不一致的选择。《民法典》第 1782 条规定，在父母的**终意处分**（**letztwillige Verfügung**）中被排除作为监护人的人，不得被指定为监护人。相反，在父母被剥夺照顾权的情况下所表达的愿望则不具有约束力。

　　如果父母没有指定过监护人，那么在遵守《民法典》第 1779 条所规定之标准的前提下由**法院选择**（**wählt das Gericht**）监护人。应该主要在子女的**私人环境**（**privaten Umfeld**）中找到一名合适的监护人。

　　在这方面也考虑由**（外）祖父母**（**Großeltern**）来当监护人。（外）祖父母拥有《基本法》第 6 条第 1 款所规定在选择监护人时被考虑的自己的权利。相对于无血亲关系之人他们原则上享有优先地位。[④] 但是子女明确的意思可以阻碍将（外）祖父母一方指定为

---

① 所谓的弃婴；例如被遗弃在弃婴保护舱中的子女，匿名出生的子女。
② 参看《民法典》第 1678 条第 2 款、第 1680 条第 2 款。
③ 参看下文第三十九节边码 3。
④ BVerfG FamRZ 2014，1841，1843und 1435.

监护人。① 另外在个案中与在教育子女方面不尽如人意的子女父母缺少距离，则可以否定将（外）祖父母指定为监护人。②

如果没有亲近的人可以考虑作为监护人，作为代替就存在将青少年管理局③或者一个具有权利能力的社团④指定为监护人的可能性。在实务中，机关监护以大约80%的比例事实上构成了监护中的常规情况。⑤

按照《民法典》第1791条的规定，监护人会因为**指定（Benennung）**而获得一份证书。《民法典》第1775条第2句规定，通常仅仅指定一名监护人。不过按照《民法典》第1797条的规定，由于特殊原因也能够指定多名监护人（共同监护人）。另外《民法典》第1799条规定，还可以根据《民法典》第1792条指定一名监护监督人（Gegenvormund），其主要任务在于监督和管理监护人。管理的可能性尤其受到《民法典》第1809条、第1810条、第1812条中批准要求的保障。

三、监护的行使

1. 人身和财产照顾

按照《民法典》第1793条第1款第1句的规定，监护代替了对未成年人的父母照顾并因此包括了对子女的人身和财产照顾及其**法定代理（gesetzliche Vertretung）**。在人身照顾方面，《民法典》第1800条援引了《民法典》第1631条至《民法典》第1633条。《民法典》第1793条第1a款规定，监护人必须和被监护人保持个人接触。《民法典》第1837条第2款，《社会法典》第八编第50条、第53条规定，人身照顾的行使在**家事法庭的监督（Aufsicht des Familiengerichts）**下进行，而家事法庭在这方面又受到青少年管理局的支持。

法院能够向监护人提出意见，但是也能够宣布命令和禁令以及施加强制罚款。⑥ 在财产照顾方面，监护人——与父母相比——受到大量明确规定的约束。⑦ 尤其是按照《民法典》第1802条的规定，监护人在接受监护职责时必须编制财产目录并且还必须将这一目录提交法院。在以被监护人金钱进行财产投资方面，《民法典》第1806条及以下各条进行了严格规定。

2. **法定代理**

> **考试提示：** 考试上较为重要的主要是对监护人代理权的法定限制。

---

① BVerfG FamRZ 2014，1843.

② BVerfG FamRZ 2014，1841.

③ 《民法典》第1791b条、第1791c条规定的**机关监护（Amtsvormundschaft）**。

④ 《民法典》第1791a条规定的**社团监护（Vereinsvormundschaft）**。

⑤ BR-Drs.564/20，S.129.

⑥ 参看《民法典》第1837条第1款、第3款。

⑦ 参看《民法典》第1802条及以下各条。

7　　　　在法定代理方面，监护人比有照顾权的父母受到更为严格的限制。需要家事法庭批准的行为数量明显更多。另外，按照《民法典》第1812条、第1813条的规定，可以另外增加由一名监护监督人进行批准的要求。

A. 代理禁止

8　　　　在特定情况下，不允许监护人为子女进行代理。这首先包括《民法典》第1795条、第181条所规定的**利益冲突（Interessenkollision）**的情况。[①] 但是对于那些使子女纯获《民法典》第107条意义上的法律上利益的行为——以目的限缩的方式——则存在例外。[②] 尽管存在代理禁止，如果监护人仍然进行法律行为，则适用《民法典》第177条及以下各条。事后追认可以由补充保佐人或者已经成年的子女进行，但不能由法院进行。

此外，按照**《民法典》第1794条（§ 1794 BGB）**的规定，对于已经指定保佐人的任务领域排除监护人对子女的代理，并且对于那些根据**《民法典》第1796条（§ 1796 BGB）**，监护人已经被法院剥夺代理权的任务范围也排除其对子女的代理。另外依据《民法典》第1804条的规定，原则上不能以子女的名义进行赠与。仍然以此方式所为的赠与则将是无效的。[③]

B. 需批准的行为

9　　　　对于一系列的法律行为[④]，监护人只能在**家事法庭同意（Zustimmung des Familiengerichts）**的情况下才能进行（对此法律不恰当地称之为"批准"）。《民法典》第1829条第1款第1句规定，如果缺少同意，行为为效力待定，而《民法典》第1829条第1款第2句则规定，这一状态要直到行为相对人收到监护人（事后从法院所取得的）批准或者拒绝的通知为止才结束。仅仅是法院的批准还不足以使行为生效。毋宁说监护人还必须决定，他是否要对这一行为使用这一批准，并且将此通知给契约相对人。

3. 监护人和被监护人之间的法律关系

10　　　　在监护人和被监护人之间存在着具有独立类型的法定持续性债之关系，这一债之关系包含着无偿管理事务的基本元素。[⑤]

事务管理的**费用（Kosten）**由被监护人承担；就此而言监护人可以请求被监护人[⑥]或者国库[⑦]预支费用，或者根据《民法典》第1835条第1款主张费用赔偿，只要他是以自己的财产支付了这些费用。**《民法典》第1835条第3款（§ 1835 Abs. 3 BGB）**规定，只有劳务属于监护人的经营或者职业时，劳务给付才需要赔偿，因为按照《民法典》第1836条第1款第1句的规定，进行监护本身**原则上是无偿的（grundsätzlich unentgeltlich）**。然而，因为寻找合适的监护人变得越来越难了，所以当监护人以职业方式进行监护[⑧]或者按照

---

① 也可参看上文第三十三节边码19。
② MüKoBGB/*Spickhoff* BGB § 1795 Rn. 21，33.
③ Palandt/*Götz* BGB § 1804 Rn. 1.
④ 《民法典》第1812条、第1821条、第1822条。
⑤ *Schwab* FamR GdR Rn. 1111.
⑥ 《民法典》第1835条第1款。
⑦ 《民法典》第1835条第4款。
⑧ 《民法典》第1836条第1款第2句规定的职业监护。

《民法典》第 1836 条第 2 款的规定承担职责的范围以及困难性都证成了有偿性时，家事法庭也可以批准监护人的报酬请求权。职业监护人的费用也可以由国库来承担。

监护人和监督监护人对被监护人因他们**违反义务**（**Pflichtverletzungen**）所造成的损害而负有赔偿义务。[①] 与父母不同的是[②]，对他们并不适用自己通常的注意这一**责任标准**（**Haftungsmaßstab**）。[③]《民法典》第 1793 条第 1 款第 3 句规定，只有在子女已经较长时间地被接纳到监护人的家庭中时，才适用例外。违反并不会对已经进行的法律行为效力产生影响的法定应当规定[④]尤其会导致责任的产生。另外监护人也可能在已经获得法院批准的法律行为框架内承担责任。[⑤]《民法典》第 1833 条第 2 款第 1 句规定，多名监护人作为连带债务人承担责任。

四、监护的终止

《民法典》第 1882 条规定，随着监护前提条件的消失，监护依法终止，也就是说随着子女成年、父母照顾的开始或重新开始或者随着父母照顾停止的终止，或者随着被监护人死亡而终止。与此相区分的是监护人职责承担的结束。这是随着监护人死亡或者被家事法庭免职而必然出现的。但是此时如果《民法典》第 1773 条的前提条件在被监护人的身上继续存在，那么就需要指定一名新的监护人了。

深入阅读材料推荐

深入学习：*Helms*，Fortsetzung der Vormundschaft bei Flüchtlingen trotz Vollendung des 18. Lebensjahrs，ZKJ 2018，219；*Lettl*，Die Vertretung unbegleiteter Minderjähriger nach den §§ 1773 ff. BGB，JA 2016，481；*Veit*，Die Reform des Vormundschaftsrechts nach dem zweiten Diskussionsteilentwurf，FamRZ 2019，337；*Wunderlich*，Die lang er-wartete Vormundschaftsrechtsreform，ZKJ 2020，448。

案例与考试：*Schwab* FamR PdW Fälle 158，184，265。

第三十九节 保 佐

一、概况

如同监护一样，保佐的作用通常是照料一个人（**人之保佐 Personenpflegschaft**，特别

---

① *Schwab* FamR GdR Rn. 1113.
② 参看上文第三十三节边码 22。
③ 参看《民法典》第 1833 条（§ 1833 BGB）。
④ 例如《民法典》第 1810 条、第 1811 条、第 1823 条。
⑤ BGH NJW 2004，220.

是为未成年人），不过也存在以下区别，即保佐所针对的仅仅是事务中的某一特定任务或者某一受限制的范围。不过除此之外也存在作为对某一有体财产进行照料的**物之保佐**（**Sachpflegschaft**）。法律规定了下列类型的保佐：

- 《民法典》第 1909 条规定的补充保佐
- 《民法典》第 1911 条规定的缺席保佐
- 《民法典》第 1912 条规定的胎儿的保佐（作用在于维护未出生子女未来的权利）
- 《民法典》第 1913 条规定的不明利害关系人的保佐
- 《民法典》第 1914 条规定的募集财产的保佐
- 《民法典》第 1916 条规定的遗产保佐
- 《民事诉讼法》第 57 条规定的诉讼保佐

2　　鉴于人之保佐与监护的相似之处，在《民法典》第 1915 条第 1 款中，法律规定了监护法的条文规范大部分也适用于保佐。对保佐的指令以及对保佐人的选择和指定由**家事法庭**（**Familiengericht**）管辖。保佐或者依据法律规定①或者通过法院的废止②而**终止**（**endet**）。

二、未成年人的保佐

3　　如果父母双方长期无法行使照顾权——比如因为他们已经死亡——那么就会为子女指定一名监护人。③ 之后监护人就长期取代了父母的位置并且成为子女的法定代理人。然而如果父母（或者监护人）行使照顾权受**阻碍**（**Verhinderung**）按其类型只是**暂时的**（**vorübergehend**）或者只是涉及照顾的一部分领域或个别法律行为，那么按照《民法典》第 1909 条第 1 款第 1 句的规定就会为子女指定一名保佐人。在这方面**补充保佐**（**Ergänzungspflegschaft**）是对父母照顾的补充。

例子：

- 父母的居留地确定权（或者照顾权的其他部分）根据《民法典》第 1666 条被剥夺了。④ 此时应当指定一名保佐人来行使这一权利。
- 在**自己代理行为**（**Insichgeschäften**）的情况下，根据《民法典》第 1629 条第 2 款第 1 句、第 1795 条第 2 款、第 181 条的规定父母被排除了对子女的代理。如果应该进行这一法律行为，那么子女就必须由一名保佐人进行代理。
- 监护人对个别事务的代理被剥夺了。⑤ 这一任务之后就由一名保佐人来履行。
- 按照《民法典》第 1909 条第 1 款第 2 句的规定，子女继承了财产或者获得了赠与，而被继承人或者赠与人不愿意将财产或者赠与的管理委托给父母或者监护人时。⑥
- 只有当剥夺父母代理权的前提条件根据《民法典》第 1796 条已经被确定时，在**拒**

---

① 《民法典》第 1918 条、第 1921 条第 3 款。
② 《民法典》第 1919 条，第 1921 条第 1 款、第 2 款。
③ 参看上文第三十八节边码 2。
④ 参看上文第三十二节边码 31 及下一边码。
⑤ 《民法典》第 1796 条。
⑥ 对此参看 BGH NJW 2016, 3032。

绝继承（**Erbausschlagung**）^① 的情况下为了接受家事法庭的批准裁定才需要一名补充保佐人。^②

● 如果父母死亡并且必须要指定一名监护人，那么按照《民法典》第 1909 条第 3 条的规定，在指定监护人之前的这段时间里需要为子女指定一名保佐人，即所谓的代替保佐。

指定补充保佐人**的前提条件**（**Voraussetzung für die Bestellung**）在于，目前存在指令补充保佐的法律**需要**（**Bedürfnis**）；并非照顾权人的每个阻碍都满足这一需要。^③ 父母或者监护人在某一特定领域缺少经验或者知识也不证成指定一名补充保佐人。毋宁说只有在法律有所规定的情况下才考虑补充保佐。就此而言补充保佐是一项"轮廓清晰的法律制度"^④。

《司法保佐人法》第 3 条第 2a 项规定，**家事法庭**（**Familiengericht**）^⑤ 的司法保佐人决定补充保佐人的指定和监督。必须在裁定中准确说明保佐的范围。为了让法院能够履行其任务并且意识到指定保佐人的必要性，《民法典》第 1909 条第 2 款规定，被保佐人的家属对法院负有说明义务。

《民法典》第 1918 条第 1 款规定，补充保佐随着父母照顾的终止（子女的成年）或者监护的终止而依法**终止**（**endet**）。而且按照《民法典》第 1918 条第 3 款的规定，之前为某一事务而指令的一项保佐随着该事务的**完成**（**Erledigung**）而终止。另外，按照《民法典》第 1919 条的规定，当指令保佐的原因消失时，则应当废止保佐。

同补充保佐相区分开来的是在一个**寄养家庭**（**Pflegefamilie**）中的寄养。^{*⑥}在此涉及的并非父母照顾中某一漏洞的填补，而是涉及使照料任务能够得到履行。就此而言寄养人可以依自己的申请或者父母的申请而被授予父母照顾的事务。《民法典》第 1630 条第 3 款第 2 句规定，在授予的范围内寄养人拥有保佐人的权利和义务。

三、保佐人的法律地位

保佐人的效力范围由具体的照料需要确定。按照《民法典》第 1915 条第 1 款、第 1793 条第 1 款第 1 句的规定，保佐人在这一有限的框架内是未成年被保佐人的**法定代理人**（**gesetzlicher Vertreter**）。在这方面保佐人也优先于监护人或者照管人。^⑦《民法典》第 1630 条第 1 款规定，子女的父母对这一领域不享有父母照顾（权）。不过，根据《民法典》第 1795 条及以下各条、第 1812 条及以下各条、第 1821 条及以下各条的规定，对代理权的法定限制也适用于保佐人。也就是说一名保佐人的行为，尤其是在由保佐人订立契约的情况下，同样可能需要审查这一行为在缺少法院批准的情况是否有效。

右侧页边码：4　5　6

---

* 保佐和寄养为同一个德文词汇 Pflege。——译者注

① 参看《民法典》第 1643 条第 2 款第 1 句。

② BGH FamRZ 2014，640.

③ BGH NJW 2013，3095.

④ BGH 同上。

⑤ 属于依据《家事与非诉事务程序法》第 151 条第 5 项的亲子关系事务。

⑥ 参看上文第三十三节边码 26。

⑦ 参看《民法典》第 1794 条。

第四十节　照　管

一、概况

1　　　可以指定一名照管人来协助不（再）能自己照料自身事务的成年人。[①] 1992 年 1 月 1 日生效的照管法代替了在那之前适用的禁治产制度，**成年人（Volljährige）**监护以及残疾保佐。改革的目标是加强当事人的权利。[②] 应当尽可能地维护他们的自主决定权。

　　　除了《民法典》第 1896 条及以下各条实体法上的规范条文之外，有关照管事务的**程序法上的规定（verfahrensrechtlichen Vorschriften）**则可见于**《家事与非诉事务程序法》第 271 条及以下各条（§§ 271 ff. FamFG）**。《法院组织法》第 23c 条第 1 款规定，照管法庭（基层法院）具有管辖权。按照《家事与非诉事务程序法》第 275 条的规定，无论行为能力如何，当事人在照管事务上都具有**诉讼能力（verfahrensfähig）**。《家事与非诉事务程序法》第 276 条第 1 款规定，如果为了保障被照管人的利益而有必要，那么就应当为其指定一名程序保佐人。

　　　从 2023 年 1 月 1 日起生效的《**有关监护法和照管法改革之法律（Gesetz zur Reform des Vormundschafts- und Betreuungsrechts）**》[③] 的目的在于从根本上改革照管法的规定。当事人的自主决定权及其意愿的优先地位将会更加一致地得到实现。社会法上的救济先于法律上照管的优先地位会得到加强，照管的质量以及照管人的选择和监督也会得到改善。现行监护法上有关财产照顾的规定在经过相应的调整之后将被纳入照管法当中，因为这些规定在照管法中发挥着更大的作用。[④]

二、指定照管人的前提条件

2　　　按照《民法典》第 1896 条第 1 款第 1 句的规定，如果一名成年人由于自己的精神疾病或者身体、智识或精神上的残疾而无法完全或者部分照料自己的事务时，那么**依申请（auf Antrag）**或者依职权而由照管法庭指定一名照管人。在照管指令作出之后，该成年人就被称为"被照管人"。指定一名照管人在实体法上的基本前提条件可以从下列一览表中得出。这些前提条件也相应地适用于决定是否要延续照管。[⑤]

指定照管的前提条件
1.《民法典》第 1896 条第 1 款第 1 句规定的需要协助者已成年

---

① 参看《民法典》第 1896 条第 1 款第 1 句。
② BT-Drs. 11/4528，S. 52.
③ BGBl. 2021 I，882；BT-Drs. 19/24445.
④ 详情参看 *Schneider* FamRZ 2020，1796；*Schwab* FamRZ 2020，1321；*Münch* FamRZ 2020，1513。
⑤ BGH FamRZ 2017，140.

> 2.《民法典》第 1896 条第 1 款第 1 句规定的疾病或者残疾，以至于当事人不再能够照料自己的事务
>
> 3.《民法典》第 1896 条第 1a 款规定，不违背当事人的自由意思
>
> 4.《民法典》第 1896 条第 2 款规定的照管的必要性
>
> 5.《民法典》第 1896 条第 1 款规定的提出指定照管人的申请，作为替代可依职权指定

1. 当事人已成年

《民法典》第 1896 条第 1 款第 1 句规定，当事人必须已经成年。未成年人不需要照管人，他们的法定代理人（父母或者监护人）代理他们行为。不过根据《民法典》第 1908a 条第 1 句的规定，对青少年已经可以采取预防措施了。 **3**

2. 疾病或者残疾

《民法典》第 1896 条第 1 款第 1 句规定的另一个前提条件则是，当事人正在经受精神**疾病（Krankheit）**或者身体、智识或者精神上的**残疾（Behinderung）**。[1] 然而，存在疾病或者残疾本身还不够。当事人必须正是**由于（aufgrund）**疾病或者残疾而不再能完全或者部分照料其事务。按照《家事与非诉事务程序法》第 280 条及以下各条的规定，为了可以在个案中确定照管的必要性，需要一份**专家鉴定（Sachverständigengutachten）**或者一份医生的证明。主治医生也可以成为照管程序中的专家鉴定人，但是必须准备一份这方面的独立鉴定意见。[2] 鉴定意见必须以充分的确定性说明，根据《民法典》第 1896 条指令照管的前提条件是存在的；怀疑性诊断是不够的。[3] 鉴定必须在其被听取意见的日期之前及时提供给当事人。[4] **4**

例子：

● 仅仅由于年龄而引起的衰退，"老年性固执"或者老年性迟缓还不足以满足照管的必要性。[5]

● 为了证成照管，毒瘾或者酒瘾必须要导致智识能力的降低；**酗酒（Alkoholismus）**从本身来看还不构成精神疾病或者智识或精神残疾。[6]

● 与指定照管人相关的身体残疾尤其会考虑失明或者失聪的情形。[7]

3. 照管的必要性

A. 总论

必要性原则贯穿于整个照管法；因为指定照管人意味着对当事人基本权的严重干涉。[8] **5**

---

① 对此参看 BT-Drs. 11/4528, S. 116.

② BGH FamRZ 2020, 2029.

③ BGH FamRZ 2017, 140.

④ BGH FamRZ 2020, 782.

⑤ BayObLG FamRZ 2001, 1244；2002, 494.

⑥ BGH FamRZ 2018, 950 und 1691；对此参看 *Böhm* FamRZ 2017, 15。

⑦ *Dethloff* FamR § 17 Rn. 9.

⑧ BVerfG FamRZ 2010, 1624.

《民法典》第 1896 条第 2 款第 1 句规定，只允许为那些有照管必要的**任务范围**（Aufgaben-kreise）[①] 指定照管人。法律上照管的范围受到（现存或可预见的）**具体**（**konkreten**）**照管需要**（Betreuungsbedarf）的限制。[②] 然而，只要在相关任务范围内随时都可能出现行为需要就足够了。[③] 照管人的任务领域必须在法院的裁定中尽可能具体地得到确定。

　　尽管存在基本的照管需要，但是如果当事人明确拒绝与其照管人的任何接触，也就是存在"无法被照管"（Unbetreubarkeit）的情况，那么照管就并**不具有**《民法典》第 1896 条意义上的**必要性**（**nicht erforderlich**）。[④] 因为在这一类情形之下，指令一名照管人无法对当事人的处境产生任何改变。

　　B. 与预防性代理权的关系

6　　如果当事人还有能力委托他人履行其事务[⑤]或者一名**代理人**（Bevollmächtigter）或一名其他的辅助人同样能够很好地完成需要协助者的事务（辅助性），那么照管就并非是必要的并因此也不允许指令照管。[⑥] 在这方面，**预防性代理权**（Vorsorgevollmacht）原则上和指定照管人存在冲突。不过当代理权的有效性有疑问[⑦]并且预防性代理权的认可度在法律交往中因此而受到限制时，就不存在冲突了，因为第三人在援引代理权的有效性怀疑之时就已经拒绝了代理权。[⑧] 但是除此之外，只要预防性代理权的无效性没有被积极地确定，那么预防性代理权就应当被视为是有效的。[⑨] 预防性代理人的法律地位在很多方面和一名照管人的法律地位相一致。[⑩]

　　另外，尽管存在预防性代理权，但是如果**代理人**（Bevollmächtigte）——即使是无过失的——**不适合**（**ungeeignet**）照料当事人的事务，并且在这方面存在对当事人最佳利益的具体危害，那么照管可能也是必要的。[⑪] 然而并不能仅仅因为不再具有行为能力人的当事人在此期间拒绝预防性代理人本人，就得出指定一名照管人是有必要的。[⑫]

7　　此外，也可以考虑**只是为了监督一般代理人的目的**（**nur zum Zweck der Kontrolle**）而指定一名照管人。但是只有在有具体证据能够表明仅凭代理权还不能满足照管需要时，这样的一类**监督照管**（Kontrollbetreuung）才是有必要的。例如，当代理人的任务负担过重或者他在行使代理权的时候违背了被代理人利益时，就有可能属于上述这种情况。[⑬] 指定管理照管同样也不允许违背当事人的自由意思。[⑭]

　　只有在撤回预防性代理权的权限作为独立的任务范围而被明确分配给照管人的情况

---

① 参看下文本节边码 12。
② BGH FamRZ 2018, 1186.
③ BGH NJW-RR 2017，641；FamRZ 2019，638.
④ BGH FamRZ 2018，54；2019，638.
⑤ BGH NJW-RR 2014，385.
⑥ 参看《民法典》第 1896 条第 2 款第 2 句。
⑦ BGH FamRZ 2018，1770.
⑧ BGH FamRZ 2017，141；2018，1770.
⑨ BGH NJW 2021，63.
⑩ 参看 BGH NJW 2021，1455。
⑪ BGH FamRZ 2018，1110 und 1188.
⑫ BGH FamRZ 2016，704.
⑬ BGH FamRZ 2018，1188.
⑭ BGH FamRZ 2019，1355.

下，他才能够**撤回预防性代理**（**Vorsorgevollmacht nur widerrufen**）。而只有当坚持这项之前授予的预防性代理权在未来对当事人最佳利益很有可能会造成严重损害之虞并且较轻的措施看起来并不适合防止对当事人的损害时，这个任务范围才允许被授予一名照管人。①

4. 不违背当事人的自由意思

《民法典》第 1896 条第 1a 款规定，不允许**违背**当事人的**自由意思**（**gegen** den **freien** 8
Willen）而指令照管。在没有足够事实能够证明自由意思受到妨害的情况下违背当事人意思指定照管人，将会损害由《基本法》第 2 条第 1 款所规定的当事人的基本权。② 所以在缺少同意的情况下必须要审查，当事人是否拥有充分的认知能力。③ 对此通常需要一份最新的**专家鉴定**（**Sachverständigengutachten**）。④ **认知能力**（**Einsichtsfähigkeit**）的前提条件则是，当事人有能力在原则上辨识出赞成及反对照管人指定的观点并且能够根据自身的疾病或者残疾对这些相反的观点进行权衡。⑤

《家事与非诉事务程序法》第 278 条规定，当事人**亲自被听取意见**（**die persönliche** 9
Anhörung）原则上是**不可放弃的**（**unverzichtbar**）。⑥ 这同样适用于对**延长**（**Verlängerung**）照管作出决定的程序⑦以及上诉程序。⑧ 只有通过听取意见的方式，法院才能对照管需要和不违背当事人的自由意思形成个人印象。在作出书面鉴定之后，应当再次听取当事人意见。⑨ 即使在**新冠疫情大流行**（**Corona-Pandemie**）时期，原则上也需要亲自而并非仅仅通过电话被听取意见⑩；应当为听取意见的法官提供相应的健康防护。

只有在当事人正面临严重健康危险这一非常特殊的情况下⑪或者完全无法从当事人的回答和行为中得出其自然意思的时候⑫，才**例外**（**Ausnahmen**）地不适用亲自被听取意见。

5. 提出申请或者依职权的照管

原则上应当依据申请指定一名照管人。大多数情况下由家属启动程序。《民法典》第 10
1896 条第 1 款第 2 句规定，无行为能力人也能提出申请。按照《民法典》第 1896 条第 1 款第 3 句的规定，在因身体残疾而需要照管的情况下，只有当事人自己才能够提出申请，除非当事人无法表达其意思。相比之下，依职权指定照管人则构成了例外。

6. 照管人的选择

《民法典》第 1897 条第 1 款规定（§ 1897 Abs. 1 BGB），原则上选择一名自然人 11

---

① BGH FamRZ 2017，1866；2018，1188.
② BVerfG NJW 2015，1666.
③ BGH FamRZ 2016，1446.
④ BGH FamRZ 2018，205；2020，282.
⑤ BGH FamRZ 2019，239.
⑥ BVerfG FamRZ 2016，1041.
⑦ BGH FamRZ 2019，239.
⑧ BGH FamRZ 2016，2089.
⑨ BGH NJW 2020，2640；2021，77.
⑩ BGH NJW 2021，71；FamRZ 2021，795.
⑪ 《家事与非诉事务程序法》第 278 条第 4 款。
⑫ BGH FamRZ 2016，2093.

（**natürliche Person**）作为照管人。按照《民法典》第1897条第4款的规定，只要并非例外地存在违背当事人最佳利益的具体危险，那么在选择照管人时就要考虑**当事人的**建议和**意愿**（**Wünsche des Betroffenen**）。① 仅仅是推断当事人所希望的人选可能不合适，还无法证成对当事人**照管人建议**（**Betreuervorschlag**）的拒绝。② 提出这样的一个建议通常既不要求行为能力也不要求自然认知能力；简单的声明就足够了。③

《民法典》第1897条第5款规定，在无当事人建议的情况下——还要考虑《基本法》第6条第1款④——也要尽可能地选择亲近之人。⑤ 按照《民法典》第1899条的规定，也可以同时为不同领域指定多名照管人。只有那些预计能够满足从照管以及与此相关的义务中所产生之要求的人，才**适合**（**geeignet**）作为照管人。这一适合性必须在每一个个案中予以积极的确定。⑥

除了亲近之人和私人的职业照管人之外，《民法典》第1897条第2款还规定，**照管团体**（**Betreuungsverein**）或者行政机关的**工作人员**（**Mitarbeiter**）也适合作为照管人。另外作为替代，《民法典》第1900条第1款、第4款规定，照管团体本身或者行政机关也能够被指定为照管人。

三、照管的法律关系

1. 照管人的任务范围

12　　如果没有对需要协助者的所有事务都指令了照管，那么照管就仅仅涉及**已确定的任务范围**（**festgelegte Aufgabenkreise**）。也可以考虑仅仅将个别事务分配给照管人。《民法典》第1901条第1款规定，在任务范围之内，照管原则上包括为了照料被照管人事务而有必要的所有工作；但是也可以在具体的任务范围内确定限制。就此而言，应当基于当事人具体的当前生活状况来判断客观上的照管需要。⑦ 按照《民法典》第1896条第4款的规定，只有当法院对此已经作出明确指令时，照管人才有权查阅当事人的邮件、电话和电子邮件往来。对**所有事务**（**alle Angelegenheiten**）指定照管人的前提条件则在于，已经对所有领域都具体确定了行为需要。⑧

　　照管人典型任务范围的例子：

　　● 财产照顾；分别根据需要而应当将财产照顾仅限于财产中的个别资产或者是行为中的某一特定类型⑨

---

① 对此参看 BGH FamRZ 2018, 1191。
② BGH FamRZ 2018, 947.
③ BGH 同上。
④ 参看 BGH FamRZ 2017, 1422。
⑤ 对此参看 BGH NJW-RR 2021, 650。
⑥ BGH FamRZ 2018, 206.
⑦ BGH FamRZ 2018, 1186.
⑧ BGH FamRZ 2020, 1588.
⑨ BGH NZFam 2017, 1021.

- **租赁关系**（**Mietverhältnis**）① 或者住房事务②
- **健康照顾**（**Gesundheitssorge**）以及治疗③
- **确定居留地**（**Aufenthaltsbestimmung**）④，比如在有必要进行住院治疗的情况下，或者也包括安置的权限⑤；如果确定居留地的目的仅仅是实现健康照顾，那么应当指令一个相应的限制⑥
- 《民法典》第1896条第3款所规定的**对被照管人预防性代理人的监督**（**Überwachung eines Vorsorgebevollmächtigten**），所谓的监督照管，在可能的情况下这也包括撤回预防性代理权这一任务范围⑦
- **机关事务**（**Behördenangelegenheiten**），保险事务、退休金事务、社会给付事务⑧

2. 照管人与被照管人之间的内部关系

《民法典》第1901条第2款第1句规定，在照管人与被照管人之间的**内部关系**（**Innenverhältnis**）中，照管人在履行被照管人的事务时必须注意其**最佳利益**（**Wohl**）。按照《民法典》第1901条第2款第2句、第3款的规定，应当尽可能地符合被照管人的**意愿**（**Wünschen**）。被照管人的自主决定具有优先地位。《民法典》第1901条第3款第1句规定，被照管人的最佳利益才对此构成限制。但是一个意愿并不因为与其客观利益相矛盾就违背了被照管人的最佳利益，而是当被照管人较高位阶的法益受到危害或者其整体的生活以及供养状况将产生重大恶化时，才违背了被照管人的利益。⑨ 按照《民法典》第1903第3款第3句的规定，在履行重要事务前，照管人原则上必须与被照管人**进行商议**（**zu besprechen**）。另外，照管人应该始终利用所有可能性来促进被照管人身体的康复。⑩

但是，由此得出的内部关系中照管人**代理权的限制**（**Beschränkungen der Vertretungsmacht**），并不影响照管人在与第三人的外部关系中所作出的意思表示之有效性。也就是说如同在代理中一样，也要始终注意内部和外部关系的区分。

照管人与被照管人之间的内部关系具有**私法上的性质**（**privatrechtlicher Natur**）。监护法规定中的大部分已经通过《民法典》第1908i条第1款第1句得到援引，比如有关因照管人违反义务所负的责任⑪或者有关费用赔偿的规定。⑫ 此外，委托法的条文规范，比如《民法典》第667条，在被照管人和照管人之间也应当相应适用。⑬

13

---

① 参看《民法典》第1907条第2款第1句。
② BGH FamRZ 2016，291.
③ BGH FamRZ 2018，1186.
④ 也可参看《民法典》第1907条第2款第1句。
⑤ BGH FamRZ 2013，1726.
⑥ BGH FamRZ 2018，1186.
⑦ 参看上文本节边码7。
⑧ BGH NJW 2017，3302.
⑨ BGH NJW 2018，1255.
⑩ 参看《民法典》第1901第4款第1句。
⑪ 《民法典》第1908i条第1款第1句连同适用《民法典》第1833条。
⑫ 《民法典》第1908i条第1款第1句连同适用《民法典》第1835条。
⑬ OLG Naumburg FamRZ 2008，182.

3. 外部关系：照管人作为法定代理人

14   《民法典》第 1902 条规定，对外，照管人**在其任务范围的框架之内**（**im Rahmen seines Aufgabenkreises**）是被照管人的法定代理人。如果照管人超出任务领域而为行为，那么他就是作为无权代理人为行为；此时适用《民法典》第 177 条及以下各条。重要的是，照管人的指定原则上**不影响**（**nicht beeinflusst**）被照管人的**行为能力**（**Geschäftsfähigkeit**）。但是被照管人由于其疾病或者残疾而有可能是《民法典》第 104 条第 2 项意义上的无行为能力人。此外仍需注意**《民事诉讼法》第 53 条**（**§ 53 ZPO**）（连同适用《家事与非诉事务程序法》第 9 条第 5 款），按此规定由照管人进行诉讼导致被照管人在法律争议上会被等同于一名无诉讼能力之人。

因为除了《民法典》第 104 条第 2 项规定的无行为能力情况之外，被照管人虽然处于被照管状态，但仍然是完全行为能力人，所以就可能出现进行代理的照管人和被照管人之间**相矛盾的行为**（**widersprüchliche Handlungen**）。在这种情况下原则上适用时间在先的行为。此外还可以想到的是重复负担义务；不过仅仅是重复订立行为的无意义性本身并不妨碍个别行为的效力。

15   照管人的代理权（**Vertretungsmacht des Betreuers**）就如同监护人的情况一样可以被排除①或者被剥夺。② 除此之外照管人在很多情况下还需要有**照管法庭的批准**（**Genehmigung des Betreuungsgerichts**），尤其是：

- 《民法典》第 1904 条第 1 款规定，在采取特别高风险的医疗措施的情况下
- 《民法典》第 1904 条第 2 款规定，在放弃或者**中断维持生命的医疗措施**（**Abbruch lebenserhaltender ärztlicher Maßnahmen**）的情况下，只要从有效的病人自由处分中无法得出被照管人与此相关的意思
- 《民法典》第 1905 条第 2 款规定的在绝育的情况下
- 《民法典》第 1906 条规定的在剥夺自由之措施的情况下③
- 《民法典》第 1907 条第 1 款规定的在放弃租赁房屋的情况下
- 在那些监护人也需要批准的情况下。④

考试提示：照管法大多数情况下只与代理法的条文规范⑤互相配合这一点在考试中较为重要。

4. 同意保留

16   《民法典》第 1903 条第 1 款第 1 句规定，只要是为了避免对（有行为能力的）被照管

---

① 《民法典》第 1908i 条第 1 款第 1 句连同适用第 1795 条。
② 《民法典》第 1908i 条第 1 款第 1 句连同适用第 1796 条。
③ 参看下文本节边码 19 及下一边码。
④ 参看《民法典》第 1908i 条第 1 款第 1 句连同援引《民法典》第 1803 条、第 1812 条、第 1814 条及以下各条。
⑤ 《民法典》第 164 条及以下各条。

人人身或财产的重大危险而**有必要**（erforderlich），那么照管法庭就依职权指令，被照管人在作出涉及照管人任务范围的意思表示时**需要**照管人的**同意**（Einwilligung bedarf）。①这意味着严重干涉的同意保留事实上是否有必要，则必须由法院在其依职权调查义务的框架内进行确定。② 也不得**违背**当事人的**自由意思**（gegen den freien Willen）而指令同意保留。③ 在此适用和指令照管相同的原则。④

只有在危害是重大且具体的情况下，由当事人自己的积极行为所引起的**财产危害**（Vermögensgefährdungen）才可以证成同意保留。⑤ 此外需注意的是，同意保留有可能只在涉及财产中的个别物品或者某一特定类型的行为时才是有必要的。⑥ 对于诸如结婚或者设立遗嘱这样高度人身性的意思表示则不能指令同意保留。⑦

同意保留的**后果**（Folge）在于，被照管人对于所涉及的事务（并且只限于此！）在法律上**等同于限制行为能力人**（beschränkt Geschäftsfähigen gleichsteht）。《民法典》第 1903 条第 1 款第 2 句在这方面则规定了对《民法典》第 108 条及以下各条的相应适用。虽然被照管人能够作出意思表示，然而为了使其生效还需要**照管人的同意**（Zustimmung des Betreuers）。如果缺少（事先）同意，那么按照《民法典》第 1903 条第 1 款第 1 句连同适用第 108 条第 1 款的规定，表示首先就处于效力待定状态，以至于要取决于照管人的追认。向一个被指定了照管人并且在财产照顾领域被指令了同意保留的人进行支付，并不具有履行效力。⑧

17

不过，按照《民法典》第 1903 条第 3 款第 1 句（参看《民法典》第 107 条）的规定，如果意思表示使被照管人纯获**法律上的利益**（rechtlichen Vorteil），或者按照《民法典》第 1903 条第 3 款第 2 句的规定，如果意思表示涉及的是微小的**日常生活事务**（Angelegenheit des täglichen Lebens），那么被照管人就不需要照管人的同意了。在这方面，《民法典》第 105a 条也规定，无行为能力人以微小金额所进行的日常生活行为原则上有效。然而如果有必要，同意保留也可以延伸适用于这一类行为。⑨

18

当**无行为能力人**（Geschäftsunfähiger）在其照管人的同意下作出一个意思表示时，在法律交往中可能会产生问题。在此已作出之表示的无效性根据《民法典》第 105 条第 1 款的规定并不能通过照管人的事后追认而得以补正；但这对于局外人而言也可能存在有效性的外观。将事后追认**转换**（Umdeutung）⑩成作为被照管人代理人的照管人所为之行为是不成立的，因为同意构成的是实施法律行为的负型（Minus zur Vornahme des Rechtsgeschäfts）。⑪ 因此照管人所能够做的就是以被照管人名义对所涉及的法律行为作出

---

① 同意保留（Einwilligungsvorbehalt）。
② BGH NJW 2018，1255.
③ BGH FamRZ 2021，795.
④ BGH NJW-RR 2018，963.
⑤ BGH NJW-RR 2018，963；FamRZ 2021，795.
⑥ BGH FamRZ 2017，996.
⑦ 参看《民法典》第 1903 条第 2 款。
⑧ BGH NJW 2015，2497.
⑨ 所谓加重的同意保留（qualifizierter Einwilligungsvorbehalt），对此参看 BGH NZFam 2017，164。
⑩ 《民法典》第 140 条。
⑪ Palandt/*Götz* BGB § 1903 Rn. 10.

新的表示。

> **记忆辅助（Merksatz）：**《民法典》第 1902 条规定，照管人在其具体的任务范围内就法院内外事务为被照管人**进行代理（vertritt）**。
>
> 指令照管原则上对被照管人的**行为能力不产生影响（keinen Einfluss auf die Geschäftsfähigkeit）**。这一点要进一步根据《民法典》第 104 条第 2 项进行判断。
>
> 然而如果被指令了**同意保留（Einwilligungsvorbehalt）**，那么被照管人在相应任务领域中的地位就类似于一名限制行为能力人。①

5. 特别是：安置和医疗上的强制措施

A.《民法典》第 1906 条所规定的安置

19　　只有因为由于精神疾病或者智识或精神上的残疾而存在被照管人有**自杀或者严重健康损害（selbst tötet oder erheblichen gesundheitlichen Schaden）**的危险，从而为了被照管人的最佳利益而有**必要（erforderlich）**时②，或者当为了避免对健康的严重危害而有必要对被照管人进行安置，以便能够对其实施医疗以及被照管人由于精神疾病而无法辨识安置的必要性或者无法根据这一认知为行为时③，才允许由照管人将被照管人安置在一个会相应**剥夺自由（Freiheitsentziehung）**的封闭机构。《民法典》第 1906 条第 2 款规定，安置需要照管法庭的**批准（Genehmigung）**，因为根据《基本法》第 104 条第 2 款第 1 句的规定，只有法官才能决定是否允许对自由的剥夺及其持续时间。在实务中在此会出现一个较为困难的任务，即找到当事人自由请求权和对其身体及生命进行保护之间的平衡。按照《家事与非诉事务程序法》第 319 条的规定，在安置程序中当事人事先**亲自被听取意见（persönliche Anhörung）**也构成了依职权调查的核心。④

20　　《民法典》第 1906 条第 1 款第 1 项所要求的并非被照管人身体或者生命即将面临的急迫且直接之危险，而是**对身体或者生命严重以及具体的危险（konkrete Gefahr für Leib oder Leben）**，完全的疏忽就能够满足这一要求，但是露宿街头（Obdachlosigkeit）则无法满足。⑤ 在精神疾病⑥的情况下所要求的前提条件则是，当事人由于这一疾病而无法自由地确定自己的意思。⑦ 只有在酗酒已经导致了相应的智识残疾或者是精神疾病的情况下，酗酒才得以证成安置。⑧

　　例子⑨：当事人由于脑器质性精神综合症（hirnorganisches Psychosyndrom）以及酒精依赖而常年受到照管，并且被剥夺自由地进行安置已经长达 18 年之久。在决定继续安

---

① 参看《民法典》第 1903 条。

② 《民法典》第 1906 条第 1 款第 1 项。

③ 《民法典》第 1906 条第 1 款第 2 项。

④ 对此参看 BGH NJW 2020, 2728。

⑤ BGH FamRZ 2019, 552.

⑥ 《民法典》第 1906 条第 1 款第 1 项。

⑦ BGH NJW-RR 2016, 513.

⑧ BGH NJW 2018, 1548.

⑨ 根据 BGH NJW 2018, 1548。

置的情况下就必须再次谨慎地进行审查，是否还继续存在对当事人身体或者生命**严重以及具体的危险**（ernstliche und konkrete Gefahr）。对于相关的预测必须考虑到之前已经经过的安置时间并且审查，鉴于时间的推移，自我危害性是否仍然以有必要进行安置的强度而继续存在。这是因为当事人在安置过程中的发展，同时也可以成为在安置之外发生重大健康损害可能性较低的证据。在此期间或许不再可能存在足够确定的危害预测并因此而应该终止安置。同时在长期进行安置的情况下审查是否存在较轻的手段时必须在**比例**（Verhältnismäßigkeit）原则的框架内考虑，当事人现在是否能够——比如在一个受到照管但是开放的居住形式中，并带有相应的密切陪伴——在外置之外重新开始生活。[①]

B.《民法典》第1906a条所规定的医疗上的强制措施

如果健康状况检查、治疗或者医疗上的干涉违背了被照管人的**自然意思**（natürlichen Willen）（医疗上的强制措施），那么照管人只有在满足**《民法典》第1906a条第1款**（§ 1906a Abs. 1 BGB）所规定的累积前提条件下才可以对此进行同意。这一条文规范是2017年才被置入法律中的，而此前联邦宪法法院则敦促[②]应再制定一条规范。《民法典》第1906a条的适用并不取决于当事人是否同时也正处于安置当中。[③]《民法典》第1906a条第2款规定，照管人或者预防性代理人的同意则需要**照管法院的批准**（Genehmigung des Betreuungsgerichts）。因为强制治疗意味着对基本权的严重侵犯，所以应当严格遵守**比例原则**（Grundsatz der Verhältnismäßigkeit）。[④] 只要当事人还有同意能力，那么就不允许违背他的意思而对其进行强制治疗。

重要的是，在采取医疗上的强制措施之前，应当花费必要时间并且在不施加不正当压力的情况下认真地尝试使被照管人相信措施的必要性[⑤]，以便通过这种方式取得当事人以信任为基础的同意。法院必须在每一个个案中确定这些前提条件的存在并且在裁判中以可证实的方式对其进行说明。[⑥]

只有医疗上强制措施的实施符合普遍的医疗科学共识，比如制度化的专家组之指导建议，医疗上的强制措施才能被视为是**必要的**（notwendig）。这一点原则上不适用于治疗精神分裂的电休克疗法或者电痉挛疗法。[⑦]

C.《民法典》第1906条第4款所规定的类似安置措施

照管人或者预防性代理人在一个"开放的"护理院或者养老院中"安置"需要被照料者的决定，由于缺乏法定规范既无须得到批准也无法被批准。然而，《民法典》第1906条第4款规定，如果身处某一护理机构或者护理院中的被照管人要通过**机械设备**（mechanische Vorrichtungen）、药物或者以其他方式而**较长时间**（längeren Zeitraum）或者定期地**被剥夺自由**（Freiheit entzogen）并且缺少当事人自己有效的同意时，照管人就需要法院的

21

22

23

---

① BGH 同上。
② BVerfG FamRZ 2016，1738.
③ BGH NJW-RR 2018，1477.
④ BGH NJW 2020，1581.
⑤ **《民法典》第1906a条第1款第4项**（§ 1906a Abs. 1 Nr. 4 BGB）。
⑥ BGH NJW 2017，3714；NJW-RR 2018，1477.
⑦ BGH NJW 2020，1581.

批准。这有可能涉及例如床铺栅栏或固定皮带，有时也包括封闭入口大门。① 这些就被称为**类似安置措施**（unterbringungsähnlichen Maßnahmen）。不过只有当当事人的**行动自由**（Bewegungsfreiheit）实际上受到限制并且尤其是他不能够形成走动意志时，才涉及类似安置措施。

  例子：为了使住在护理院中的年老被照管人贝娅特（Beate，B）不会从床上滚下来，照管人想要长期在夜间为她加装**床铺栅栏**（Bettgitter）。不过照管人（或者预防性代理人②）在没有或者违背 B 意思的情况下不能自己对此作出决定，而是按照《民法典》第 1906 条第 2 款、第 4 款的规定，只要 B 的身体行动自由事实上会因此受到限制，那么照管人就需要照管法院的批准。③ 当事人作为授权人也无法通过免除预防性代理人批准要求的方式，而事先放弃这一保护。④

24   对于（根据各个州的精神疾病救济法）将病人禁锢于**公法上的安置**（öffentlich-rechtlichen Unterbringung）中，联邦宪法法院最近在其宪法的证成上提出了很高的要求。⑤ 在并非只是短时间持续的五点式或者**七点式禁锢**（7-Punkt-Fixierung）的情况下，所涉及的是《基本法》第 104 条第 2 款意义上的剥夺自由，而这尚不包括在法官作出的安置指令范围之内。短时间措施的限度在此被设定为大约**半个小时**（halbe Stunde）。这一标准可能也与《民法典》第 1906 条第 4 款中较长时间的概念有关。⑥

四、照管的终止和变更

1. 废止或者变更

25   根据《民法典》第 1908d 条第 1 款第 1 句的规定，如果照管的**前提条件**（Voraussetzungen）⑦ **丧失**（wegfallen），那么应当由法院废止照管。在协助之需要丧失的情况下尤其如此。但是，当事人目前以自由意思作出反对照管的决定也足够了。⑧ 一份为此而取得的专家鉴定必须符合《家事与非诉事务程序法》第 280 条所规定的形式要求并且还必须是最新的情况。⑨ 当事人为此应当再一次被听取意见。⑩ 《民法典》第 1908d 条第 1 款第 2 句规定，在部分丧失的情况下，要相应地对照管人的任务范围进行限制。法院最迟必须在指定照管人 7 年之后对措施的废止或者延长作出决定⑪；因此不允许长期指定照管人。按照《民法典》第 1908d 条第 3 款的规定，可以通过相应地适用有关照管人指定的规定而指令对照管范围进行任何必要的**扩大**（Erweiterung）。

---

① BGH NJW 2015，865.
② 参看《民法典》第 1906 条第 5 款。
③ 对此参看 BGH FamRZ 2012，1372.
④ 参看 BVerfG NJW-RR 2016，193.
⑤ BVerfG NZFam 2018，724.
⑥ 参看 *Gietl* NZFam 2018，738（739）。
⑦ 《民法典》第 1896 条。
⑧ BGH NJW 2017，3302.
⑨ BGH NJW-RR 2016，1411.
⑩ BGH NJW-RR 2020，321.
⑪ 参看《家事与非诉事务程序法》第 295 条第 2 款。

2. 照管人的免职

如果存在《民法典》第 1908b 条第 1 款第 1 句所规定的一个**重要原因**（**wichtiger Grund**）或者出现《民法典》第 1908b 条中所列举的其他情况之一，那么照管法院就必须将照管人免职。 26

因为照管和照管指定原则上构成一个整体，所以照管人的免职所产生的效力通常与照管终止一样。不过尽管照管人的职权已经终止，但是已指令的同意保留[①]仍然存在。《民法典》第 1908c 条规定，在照管需要继续存在的情况下，应当在照管人被免职之后指定一名**新的照管人**（**neuer Betreuer**）。这在照管人死亡的情况下也同样适用。如果被照管人死亡，则照管本身就结束了。

五、病人自由处分

《民法典》第 1901a 条规定了所谓的病人自由处分。这一规范旨在承认有决定能力的病人，有权利前瞻性和计划性地通过一个在未来才发生效力的有约束力之处分来行使其自主决定权。[②] 只有**成年人**（**Volljähriger**）才能设立病人自由处分，但并非必须是完全行为能力人。只要当事人能够理解医学治疗的类型、意义和风险并且能够据此安排自己的意思，那么自然的认知和控制能力就足够了。在这之前也不必进行医疗咨询。按照《民法典》第 126 条第 1 款的规定，对于满足**书面形式**（**Schriftform**）的要求而言，亲笔签名就足够了。病人自由处分在任何时候都可以无须形式地被撤回。 27

《民法典》第 1901a 条第 1 款第 1 句规定，病人自由处分在内容上涉及的是对某些还并不直接迫切的"特定"医疗措施进行决定。紧急情况下的核心问题则是要判断在处分中所包含的**表示**是否**足够具体**（**Erklärungen hinreichend konkret**），以便能够证成在已经出现的治疗状况下采取特定措施。特别具有重要性的是有关**中断维持生命措施**（**Abbruch einer lebenserhaltenden Maßnahme**）的决定[③]，这一决定若基于有效的病人自由处分就将是合法的，否则的话按照《民法典》第 1901a 条第 1 款第 1 句的规定，照管人在这方面的决定需要法院的批准。 28

联邦最高法院[④]："病人自由处分……只有在可以从中得出当事人关于同意或不同意某些还并不直接迫切的'特定'医疗措施的具体决定时，才具有直接的约束力。不过，除了病人自由处分的设立人对医疗措施同意或禁止的表示之外，**特定性原则**（**Bestimmtheitsgrundsatz**）还要求病人自由处分可以表明其是否会被适用于具体的治疗状况中。只有**当能够确定在哪种治疗状况中执行**或者不执行**哪些医疗措施时**（**wenn sich feststellen lässt, in welcher Behandlungssituation welche ärztlichen Maßnahmen durchgeführt**），病人自由处分才是足够特定的。

---

① 《民法典》第 1903 条。
② BT-Drs. 16/8442, S. 12.
③ 例如 BGH NZFam 2017, 355。
④ BGH NZFam 2019, 73.

根据这一原则，如果一方面具体描述了处分所应适用的具体治疗状况，并且另一方面准确描述了设立人所同意或者禁止的医疗措施，比如具体说明了疼痛以及症状治疗、人工营养和水分补给、复苏抢救、人工呼吸、采用抗生素或者透析，那么一项病人自由处分就足以符合特定性原则了。然而，也**不能过分（nicht überspannt）地要求（Anforderungen）**病人自由处分的特定性。对此的前提条件只能是，当事人清晰地确定，在其某一特定的生命或者治疗状况中哪些是他想要的，哪些则不是。当事人预测自己作为病人在将来的经历以及提前考虑医学在未来的发展，则并不具有决定性意义。尤其是不能要求与有同意能力的病人作出对其采取治疗措施的意思表示那样，达到同样的精确程度。

然而，**一般性的指示（allgemeine Anweisungen）**，例如如果不再有成功治疗的希望就要求能够或允许有尊严地死亡，则**是不够的（Nicht ausreichend）**。……但是在个案中，即使没有特别详细地提及特定的医疗措施，也可以通过援引足够具体的疾病或者治疗状况来实现必要的具体化。在这一类情况下是否存在足够具体的病人自由处分，则要通过对处分中所包含的表示进行**解释（Auslegung）**来确定。"

29　　在个案中，病人的代理人负有职责——根据《民法典》第 1904 条在保留法院审查的前提条件下——对病人自由处分予以实施和解释。这一代理人或者是照管人，或者是事先由病人对此授予了代理权之人。[①] 在**解释（Auslegung）**病人自由处分时，也必须考虑到当事人先前所表达过的一些意见。

📖 深入阅读材料推荐

深入学习：*Boemke*，Die Ermittlung des in der Patientenverfügung niedergelegten Patientenwillens，NJW 2017，1706；*Dodegge*，Die Entwicklung des Betreuungsrechts bis Juli 2020，NJW 2020，2683；*ders.*，Suizid und rechtliche Betreuung，FamRZ 2021，5；*Grziwotz*，Struktureller Wandel des Betreuungsrechts？，ZRP 2020，248；*Horn*，Spezialklauseln für Vorsorgevollmachten，NJW 2018，2611；*Klasen/Klasen*，Update Patientenverfügung-Durchsetzung des autonomen Patientenwillens aus medizinisch-juristischer Sicht，jM 2019，222；*Krämer*，Die Corona-Schutzimpfung von hochbetagten Patienten，NJW 2021，350；*Lipp*，Erwachsenenschutz und Verfassung-Betreuung，Unterbringung und Zwangsbehandlung，FamRZ 2013，913；*ders.*，Assistenzprinzip und Erwachsenenschutz，FamRZ 2017，4；*Rademacher/Leber*，Ärztliche Zwangsmaßnahmen im Betreuungsrecht：Vom Nutzen und Nachteil des §1906a BGB，MedR 2020，830；*Schneider*，Freiheitsentziehende Maßnahmen nach §1906 Abs. 4 BGB，FamRZ 2019，89；*Schwab*，Vorsorgevollmacht und Selbstbestimmung，FamRZ 2014，888；*ders.*，Freiheitsentziehung，Wille des Betroffenen und Vorsorgevollmacht，FamRZ 2015，1357。

案例与考试：*Baldus/Böhr*，Übungsklausur Zivilrecht，Jura 2001，34；*Roth* Fall 15；*Schwab* FamR PdW Fälle 266 – 273。

---

① 《民法典》第 1901a 条第 6 款。

第四十一节　复　习

1. 监护和照管之间的区别是什么？

2. 监护和保佐的区别在哪里？

3. 为了能够指定一名照管人而必须满足哪些前提条件？

4. 一名被指定了照管人的人是否可以有效地实施一项法律行为？

5. 即使在没有法院事先批准的情况下，是否也可以依据《民法典》第 1906 条第 1 款符合法律地在一个封闭机构中进行安置？

6. 妻子 F 在家照料有护理需要的丈夫，她是否可以获得法院的批准，使她可以将丈夫暂时关起来，目的在于阻止他在精神错乱的时候趁人不注意就离开家并且受到伤害。

7. 预防性代理人是否也可以同意对当事人中断维持生命的医疗措施？

自测题的答案在本书书末。

自测题答案 ◄

第一章

问题 1：家庭法区分为三大规范范围：婚姻法、亲子关系法以及有关监护、照管和保佐的章节。[①]

问题 2：《基本法》第 6 条、《民法典》、《供养补偿法》以及程序法上的《家事与非诉事务程序法》构成了家庭法最重要的法源。[②] 此外还可以提及的是《生活伴侣关系法》、《个人身份登记法》和《社会法典》第八编。

问题 3：与家庭法程序相关的主要是《家事与非诉事务程序法》第 111 条及以下各条的规范条文，并由《家事与非诉事务程序法》第 1 条及以下各条的一般性规定予以补充。《家事与非诉事务程序法》第 113 条第 1 款第 2 句以补充或者填补漏洞的方式表明，《民事诉讼法》的一般性规定以及《民事诉讼法》有关州法院之前程序的规定基本上也可相应地适用。[③]

问题 4：《法院组织法》第 23a 条规定的第一审级：基层法院（家事法庭），《法院组织法》第 119 条第 1 款规定的第二审级：州高等法院（家事合议庭）、《法院组织法》第 133 条规定的第三审级：联邦最高法院（第十二合议庭）。[④]

问题 5：《欧洲人权公约》第 8 条也保护——范围比《基本法》第 6 条第 1 款要广——两个并未互相结婚或者成为登记伴侣的同性或者异性伴侣之间的私人关系。[⑤] 另外《欧洲人权公约》第 8 条也包括了子女与非婚继父母一方的紧密个人联系。[⑥]

问题 6：我们甚至可以写一整本书来回答这个问题。简而言之，在与外国有联系的案件中，实体法的确定是一个国际私法或者更确切地说冲突法的问题。相关家庭法上的规范则被规定在《民法典施行法》第 13 条及以下各条当中。但是必须优先考虑到一系列相应的欧盟条例以及其他相关的国际条约。比如《罗马Ⅲ条例》就为参加的成员国规定了离婚

---

① 参看第一节边码 1。
② 参看第一节边码 5。
③ 参看第一节边码 7 及下一边码。
④ 参看第一节边码 6。
⑤ 参看第二节边码 14。
⑥ 参看第二节边码 15。

领域的冲突法。

第二章

问题1：订婚的法律性质在未成年人订婚的情况下起着特殊作用。在这一类考试中必须要探讨相关的理论争议。与此相关的理论为契约理论、修正的契约理论、事实理论以及信赖责任理论。①

问题2：期待婚姻的典型花费包括庆祝订婚的费用、预定婚礼旅行的费用、计划婚礼仪式的费用以及已经取得的婚纱。②

问题3：原则上不能。仅仅是解除婚约还不能被看作是严重不当行为以及《民法典》第530条意义上的重大忘恩。③　不过对于真正的订婚赠礼而言这并不重要，因为这些赠礼依据《民法典》第1301条连同适用第812条第1款第2句选项1、第818条的规定在婚约解除之后是始终能够被要求返还的。④

问题4：一夫一妻制、终身原则、在户籍登记处结婚。⑤　随着2017年引入面向所有人的婚姻，异性恋这一构成要件已经被取消了。

问题5：德国法本身并未规定两名未成年人可以结婚。《民法典》第1303条第1句规定，只有成年人才可以结婚。然而从《民法典》第1303条第2句以及第1314条第1款第1项中所得出的相反结论却是，涉及一名（或者两名）年龄为16岁或者17岁的未成年人的结婚一开始是有效的。不过此时存在一个婚姻废止原因，在这种情况下国家机关甚至必须依据《民法典》第1316条第3款第2句提出废止申请。但是如果配偶一方在结婚时未满16岁，那么无论如何都不存在有效的婚姻。⑥

问题6：按照《民法典》第1304条的规定，无行为能力人不能缔结婚姻。然而《民法典》第1314条第1款中的规范却表明，在这种情况下法律仍然不认为这是无效的结婚，而仅仅规定这是可废止的婚姻。此外所涉及的结婚瑕疵可以依据《民法典》第1315条第1款第2项被补正。⑦

问题7：解除原因有：配偶一方死亡、离婚⑧、废止。⑨　此外还可以援引《民法典》第1319条第2款中的规范。

问题8：国家机关在《民法典》第1316条第1款第1项所列举的情况下可以申请废止婚姻；这尤其涉及未成年人婚姻、重婚、虚假婚姻以及无行为能力人的婚姻。⑩

问题9：当威尔（Wehr）先生的姓氏被确定为婚姻姓氏⑪或者当配偶双方都保持各自

---

① 参看第五节边码4及下一边码。
② 参看第五节边码16。
③ 参看第五节边码20。
④ 参看第五节边码18及下一边码。
⑤ 参看第六节边码1。
⑥ 参看第六节边码9。
⑦ 参看第六节边码8、19。
⑧ 《民法典》第1564条及以下各条。
⑨ 《民法典》第1313条及以下各条。参看第六节边码13。
⑩ 参看第六节边码20。
⑪ 《民法典》第1355条第1款第2句。

姓氏①时，威尔先生就可以继续以威尔为姓氏。但是当威尔先生的妻子这两个姓氏中的一个被确定为婚姻姓氏时，他也可以采用他妻子姓氏中的一个，也就是冯·赛恩（von Sayn）或者沃尔夫（Wolf）。② 最终由姓氏威尔和冯·赛恩或者沃尔夫就能形成一个复姓，也就是威尔-冯·赛恩、威尔-沃尔夫、冯·赛恩-威尔或者沃尔夫-威尔。③

问题 10：《民法典》第 1355 条并没有规定新组成的共同复姓。不过这一目标仍然可以以下列方式达成，即在结婚时配偶一方选择一个复姓（在此也就是选择朗-特林克这个姓氏）并且接着配偶双方为了之后能重新结婚而离婚。现在因为配偶一方在第二次结婚时已经是复姓了，所以这一复姓能够被确定为婚姻姓氏。④

第三章

问题 1：婚姻法可以被划分为婚姻生活共同体法⑤、分居法⑥以及离婚和离婚后果法。⑦

问题 2：根据通说在婚姻生活共同体之下可区分为三个基本义务领域：在同一家庭中共同生活的义务、包括婚姻忠诚在内的性关系共同体义务以及互相注意和帮助的义务。⑧

问题 3：穆勒先生可能可以根据《民法典》第 1353 条第 1 款第 2 句向法院提出建立和实现婚姻生活共同体的申请（所谓的建立申请）。但是，即使在作出了建立婚姻生活共同体裁判的情况下，根据《家事与非诉事务程序法》第 120 条第 2 款的规定也排除了强制执行。也就是说，在实践中穆勒先生不可能以违背穆勒女士的方式取得任何结果。他所能够做的就是和穆勒女士一起双方意见一致地为了达成一个新的解决方案而努力。⑨

问题 4：《民法典》第 1360 条所规定的扶养义务依据《民法典》第 1360a 条第 1 款仅仅包括有扶养权的共同子女的生活需要。继母或者继父对继子女的法定扶养义务则并不存在。

问题 5：《民法典》第 1357 条的规范目的有两个方面。一方面家事代理权使得通常没有或者只有很少收入的从事家务劳动的配偶一方，在无须配偶另一方参与的情况下，有可能能够以对外经济上的行动自由来进行满足家庭生活需要的行为。另一方面《民法典》第 1357 条有利于保护债权人，使其能够向配偶双方提出支付请求。⑩

《民法典》第 1357 条并非请求权基础。债权人的请求权基础则从具体实施的法律行为中产生，例如从《民法典》第 433 条第 2 款中所产生。

问题 6：不是。在代理中只有本人才拥有权利以及负有义务，而在《民法典》第 1357 条的情况下不仅是参与行为的配偶一方，而且未参与行为的配偶一方都拥有权利以及负有义务。此外，这既不取决于契约订立人共同负担义务的意思，也不取决于配偶另一方对负

---

① 《民法典》第 1355 条第 1 款第 3 句。
② 参看《民法典》第 1355 条第 2 款。
③ 参看《民法典》第 1355 条第 4 款第 1 句。参看第七节边码 2。
④ 参看《民法典》第 1355 条第 2 款。
⑤ 《民法典》第 1353 条及以下各条。
⑥ 《民法典》第 1361 条及以下各条。
⑦ 《民法典》第 1564 条及以下各条。参看第九节边码 1。
⑧ 参看第九节边码 2。
⑨ 参看第九节边码 9。
⑩ 参看第十节边码 1 及下一边码。

担义务的表明。契约相对人也不必知道，他正在和婚姻配偶中的一方产生联系。[①]

问题 7：有关婚姻住房的行为本身（购买、租赁）并不属于《民法典》第 1357 条范围之内的基础行为。然而考虑到为了防御针对配偶双方所提起的从住房中搬离之诉而产生的律师代理费用，则被认定为是《民法典》第 1357 条中的一种情况。[②]

问题 8：只要购置本身是用于适当满足家庭需要，例如购置洗衣机，那么对于配偶共同负担义务而言，是立即进行了现金支付或者是约定了分期支付依据《民法典》第 1357 条第 1 款的规定就是无关紧要的了。但是如果事先所订立的是独立的借贷契约，那么情况就有所不同了。因为这一借贷本身还并非用于满足需要，不属于《民法典》第 1357 条第 1 款的适用范围。[③]

问题 9：婚姻的空间——物品领域是由联邦最高法院作为《民法典》第 823 条第 1 款意义上的其他权利或者保护利益而得到承认的。这一概念在《民法典》第 823 条第 1 款所产生的，主要与停止侵害（在婚姻住房中的出轨行为）或者是消除妨碍（让情人离开婚姻住房）相关的侵权法上请求权的情况下起到作用。[④]

问题 10：法院执行人员依据债权人的申请虽然只允许扣押属于债权人所有的物品。但是，即使作出与此相违背的扣押也会导致在所扣押的物品上形成扣押质权。[⑤] 在执行程序中这一扣押质权也提供了占有的权利，所以丈夫将完全无法利用《民法典》第 985 条所产生的请求权。毋宁说丈夫必须依据《民事诉讼法》第 771 条而以第三人异议之诉进行防御，其目的在于表明对这一手表进行强制执行是不被允许的。对此丈夫在程序中必须说明他的所有权，而这一所有权则是他根据《民法典》第 1362 条第 2 款在一块男士手表上所能够取得的，因为在此所涉及的是一件被确定为由丈夫个人所使用之物。[⑥]

问题 11：目前《民法典》规定了四种婚姻财产制：作为法定财产制的财产增益共有制[⑦]以及由婚姻契约所约定的婚姻财产制，即分别财产制[⑧]、财产共有制[⑨]和选择增益共有制。[⑩] 依据法律而实行的只有财产增益共有制。

问题 12：根据《民法典》第 1414 条第 2 句的规则，以婚姻契约的方式排除增益补偿在有疑义时所产生的后果就是实行分别财产制。但是配偶双方也能够作出与此不同的规定，而——不考虑排除增益补偿的情况——仍然处于法定财产制中。在这种情况下仍然继续适用《民法典》第 1365 条、第 1369 条的处分限制以及依据《民法典》第 1371 条第 1 款的配偶继承权的提高。

问题 13：婚姻契约的审查区分为根据《民法典》第 138 条第 1 款进行的效力审查（法律后果有可能是契约无效）以及根据《民法典》第 242 条进行的行使审查（法律后果有可

---

① 参看第十节边码 3。
② OLG Düsseldorf FamRZ 2011，35.
③ 参看第十节边码 15 及下一边码。
④ 参看第十一节边码 13。
⑤ 《民事诉讼法》第 804 条。
⑥ 参看第十二节边码 14。
⑦ 《民法典》第 1363 条及以下各条。
⑧ 《民法典》第 1414 条。
⑨ 《民法典》第 1415 条及以下各条。
⑩ 《民法典》第 1519 条。参看第十三节边码 1。

能是契约调整）。①

问题 14：只有当配偶一方由于契约内容而在客观上遭受单方面的重大不利并且此外在主观上利用了另一方的劣势状况时，婚姻契约中的约定才依据《民法典》第 138 条第 1 款而被认为是违背善良风俗的。所以叠加地放弃增益补偿、供养补偿以及全部的扶养请求权也不会使婚姻契约自动无效。一方面，这样一种一般性的放弃也并不必然意味着遭受不利，也就是说如果所涉及的配偶一方自己有充足的经济保障可供支配，那么就不会遭受不利。另一方面，在任何情况下都必须对主观因素进行详细的审查。②

问题 15：不能。适用财产增益共有制这一法定财产制的配偶双方受到《民法典》第 1365 条和第 1369 条中所规定的处分限制的约束。如果他们想要整体处分他们的财产或者一件共同属于他们的家居物品，那么在此就需要配偶另一方的同意。③

问题 16：绝对出让禁止或者处分禁止应针对每一个人适用，而不取决于此人是否知悉处分禁止的前提条件。因此一名买受人原则上不能援引，他并不知道在其契约相对人那里涉及的是配偶一方或者这一标的是属于配偶双方的家产。善意取得被排除了。

问题 17：按照整个通说"财产整体"也可以是个别标的。此外在中等和较大规模财产的情况下可以认为，当处分人在出让这一标的之后（不考虑可能的对待给付）最多还剩余其之前全部财产的 10％ 时，《民法典》第 1365 条就满足了。对此不取决于可能的对待给付之种类和规模。即使是经济上极其有利的行为也需要同意。但是按照《民法典》第 1365 条第 2 款的规定，无正当理由而被拒绝的同意可以依据申请由法院进行代替。④

问题 18：配偶的撤回权在《民法典》第 1368 条中进行了规定。撤回权表明，配偶一方能够以自己的名义主张从无效处分中所产生的配偶另一方的权利（特别是返还请求权）。也就是说所赋予的并非是自己的请求权，而是主张他人请求权的可能性。⑤

问题 19：在处分配偶另一方家居物品的情况下是否类推适用《民法典》第 1369 条，是有争议的。双方的观点都很值得赞同。赞同类推适用的观点认为，不仅仅是处分行为，而且负担行为也将无效。所以契约相对人无法从契约（大多数情况下为买卖契约）的不履行中获得（要求损害或费用赔偿的）请求权。通过这一方式就能更加有效地贯彻规范的保护目的。⑥

第四章

问题 1：在婚姻财产制法中最大程度地适用契约自由。所以配偶双方也可以有别于对半分原则而确定其他的补偿份额。

问题 2：截止日取决于终止婚姻财产制的方式。在因契约约定而终止的情况下适用的是契约订立的时间点。按照《民法典》第 1384 条的规定，在因离婚而终止的情况下离婚申请发生法律系属的时间点则具有决定性意义。在因死亡而导致婚姻解除的情况下，如果

---

① 参看第十三节边码 16 及下一边码。
② 参看第十三节边码 16 及以下各边码。
③ 参看第十四节边码 1。
④ 参看第十四节边码 12。
⑤ 参看第十四节边码 15。
⑥ 参看第十四节边码 24。

在这一时间点已经申请离婚并且离婚的前提条件也满足，那么就相应适用离婚情况下的截止日规定。① 在其他因死亡而导致婚姻解除的情况下，死亡之日同时就是婚姻财产制终止之日并因此也是具有决定性意义的截止日。

问题3：子女在两种情况下可能会负有支付义务。第一种情况是作为继承人，当法定财产制因死亡而终止并且未亡配偶根据《民法典》第1371条第2款或者第3款的规定提出增益补偿请求的时候。之后，补偿请求权就会落入遗产的范围并且由作为继承人或者也可能是继承人共同体的子女来负担。另一种情况则是子女可能成为《民法典》第1375条第2款第1项意义上的无偿给予接受人并且在可能的情况下根据《民法典》第1390条第1款作为"第三人"被提起请求。

问题4：在这种情况下存在依据《民法典》第1375条第2款第1项而被追加计算入最终财产的无偿给予。就此而言，补偿债权限于现存财产②这一点就不适用了。③ 不过还是有可能出现尝试执行却无结果的情况。在此情况下，按照《民法典》第1390条的规定，配偶另一方也可以针对受赠与的第三人提出其补偿请求权。④

问题5：彩票奖金不被看作是优惠财产并且也不类推适用《民法典》第1374条第2款而被计算入初始财产之中。⑤ 在截止日时仍然存在的奖金则属于最终财产的范围并且负有补偿义务。就此而言这一收入在分居期间才获得这一点也是无关紧要的。在这类情况下也仍然依据《民法典》第1384条规定的截止日。根据《民法典》第1381条的规定而对结果进行修正通常被排除了。⑥

问题6：这一例子非常清楚地表明，严格的增益补偿截止日原则可能会导致意外的结果。在截止日前一日进行的入账款项仍然需要考虑进来，而两天之后的却将会是完全不同的情况。不过这种公式化是体系内固有并且得到容忍的。但是在精神抚慰金的情况下则可以一般性地提出这样的疑虑，即让配偶另一方参与其中是否显得合理。在此就有必要适用《民法典》第1318条了，以至于在对个案中所有情形进行权衡之后可以产生减少增益补偿或者在各自范围内排除增益补偿的结果。

问题7：如果配偶一方被给予了一份继承份额或者遗赠，那么就存在配偶的选择权了。这两种解决方案中的哪一种对于未亡配偶而言更加有利（在接受所给予的情况下再加上补足到大特留份的部分或者是在拒绝的情况下产生能够请求增益补偿以及小特留份的后果），则必须依据个案进行确定。⑦

问题8：内部合伙终止所产生的请求权是一项契约上的请求权，能够不依赖于增益补偿的进行而得到主张。⑧ 然而，各自的债权或者债务在增益补偿的时候必须被计算入最终财产之中。

---

① 参看第十六节边码19。
② 《民法典》第1378条第2款第1句。
③ 参看《民法典》第1378条第2款第2句。
④ 参看第十六节边码31。
⑤ 参看第十六节边码16。
⑥ 参看第十六节边码28。
⑦ 参看第十七节边码6。
⑧ 参看第十八节边码8。

问题9：在这种情况下，岳父母所能提出的请求权基本上根据的是《民法典》第313条第1款、第346条第1款或者《民法典》第812条第1款第2句选项2。① 此时，由于行为基础障碍而产生的请求权的前提条件就在于，坚持财产移转是不可合理期待的。另外也要考虑的是契约上的风险分配。在这一情况下就此而言将需要注意的是，岳父母是有意识地承担了企业投资的风险。这一点就并不支持请求权的成立了。此外依据《民法典》第346条第3款第3项的价值赔偿义务在此可能将不再适用。另一方面，按照《民法典》第818条第3款的规定，只要不当得利已经消失，那么在《民法典》第812条情况下的返还不当得利无论如何就被排除了。

第五章

问题1：不能。破裂原则作为离婚的前提条件是强制性法律，因此既不能通过婚姻契约而被配偶双方所废除，也不能被扩大或者被限缩。②

问题2：婚姻什么时候破裂了是根据《民法典》第1565条第1款第2句进行确定的。根据这一规定，如果配偶双方的生活共同体不再存在并且无法期待配偶双方会再一次建立生活共同体，那么婚姻就破裂了。

问题3：参看第二十节边码13中所举的例子。

问题4：在一种根据《民法典》第1565条第2款所规定之困难的情况下，就无法再合理期待配偶一方能够将婚姻继续下去。《民法典》第1568条则规定了相反的情况。在此，离婚对配偶一方而言是（暂时）不可合理期待的。

问题5：在这种情况下能够借助于《民法典》第1568b条第2款的推定。在为了共同家居而购置的物品上存在着对共同所有权的推定。在这一条文规范的适用领域之外则仍然要借助于依据《民法典》第1006条第1款第1句、第1008条第1款所规定的推定。③

问题6：作为供养补偿基础的思想是，由配偶双方在婚姻关系存续期间所获得的供养权利应当平均地由伴侣双方所共同享有。就此而言也适用由《基本法》第3条第2款、第6条第1款所推导得出的对半分原则。④

问题7：按照《供养补偿法》第3条第1款、第3款的规定，当婚姻仅仅持续了很短的时间时，供养补偿就被排除了，除非配偶双方申请了供养补偿。如果补偿价值很低，那么就应该按照《供养补偿法》第18条第1款的规定不进行供养补偿。另外只要供养补偿将导致重大不公平，那么供养补偿就会被排除。⑤ 除此之外，按照《民法典》第1414条第2句的规定，供养补偿也能够通过婚姻契约而被排除。

问题8：扶养权利人必须阐明离婚后扶养请求权的一般前提条件：离婚，满足《民法典》第1570条及以下各条中一个扶养构成要件，《民法典》第1577条规定的扶养权利人的贫困，以及《民法典》第1581条规定的扶养义务人的给付能力。⑥

---

① 参看第十八节边码20及以下各边码。
② 参看第二十节边码4。
③ 参看第二十一节边码7。
④ 参看第二十四节边码1。
⑤ 参看第二十四节边码8及下一边码。
⑥ 参看第二十三节边码2。

问题 9：离婚后扶养构成要件被规定于《民法典》第 1570 条至第 1576 条中。离婚的配偶尤其可以由于照顾子女、由于年老、由于疾病或者由于自己的失业而应当享有的扶养。

问题 10：根据《民法典》第 1574 条第 1 款的规定，一份职业的适当性是根据《民法典》第 1574 条第 2 款所规定的必要性所确定的。扶养请求人在此可以抗辩，某一特定的工作根据婚姻生活条件将会是不公平的。不过对此应该提出较高的要求。①

问题 11：《民法典》第 1609 条规定了在所谓不足情况下多个扶养权利人之间的顺位关系。如果一名扶养义务人的收入不足以为所有扶养权利人全额提供扶养，那么就存在不足情况。不足情况在以下情形中尤为常见，即离婚后配偶双方生活在新的伴侣关系中并且很可能有来自两边关系的子女。在这种情况下扶养权利人常常将无能力支付所有权利人全额的扶养。②

问题 12：从《民法典》第 1615l 条第 2 款和《民法典》第 1570 条中所得出的扶养请求权在很大程度上是互相一致的，因为联邦宪法法院之前已经认为先前的不同规范与《基本法》第 6 条第 5 款不相符。③

问题 13：《民法典》第 1361a 条涉及的是面临分开或者分居时（单独或者共同所有的）家居物品的分配。《民法典》第 1568b 条涉及的只是对共同所有的家居物品的要求并且在离婚的情况下只适用于离婚之后。

第六章

问题 1：伴侣并非法律上所定义的概念。而《民法典》意义上的生活伴侣始终只是《生活伴侣关系法》意义上的登记生活伴侣。

问题 2：自从有了"面向所有人的婚姻"之后，登记的生活伴侣关系就可以被转变为婚姻。④ 按照《生活伴侣关系法》第 20a 条第 1 款第 2 句的规定，这一在户籍登记处进行的转变则相应适用有关结婚的规定。

问题 3：不存在适用于非婚生活共同体的物权法特别规范。不过，伴侣双方现存的共同占有在有疑义时还是能够依据《民法典》第 1006 条第 1 款连同适用《民法典》第 1008 条的规定而被推定为共同所有。

问题 4：这一问题是有争议的。联邦最高法院拒绝将《民法典》第 1362 条第 1 款类推适用于非婚生活共同体，理由在于在此缺少一个符合计划的规范漏洞。⑤

问题 5：按照《民法典》第 705 条及以下各条的规定，伴侣双方的内部关系在此是根据合伙法来确定的。⑥

问题 6：不是。非婚伴侣并非法定继承人。但是非婚伴侣可以通过遗嘱或者继承契约

---

① 参看第二十三节边码 12。
② 参看第二十三节边码 25 及下一边码。
③ 参看第二十三节边码 49。
④ 参看《生活伴侣关系法》第 20a 条第 1 款。
⑤ 参看第二十七节边码 11。
⑥ 参看第二十七节边码 16。

而被指定为继承人。①

　　问题7：这些最重要的请求权基础有类推适用《民法典》第730条及以下各条②，《民法典》第812条第1款第2句选项2③以及《民法典》第313条第1款连同适用第346条第1款。④

　　问题8：如果生活共同体因死亡而终止，那么就必须要根据是给付人死亡还是给付领受人死亡而予以区分。通常只有在后一种情况下才会对行为基础产生障碍。⑤

　　问题9：是的，与此同时联邦最高法院已经尽可能地让这些判决原则互相协调了。

　　问题10：赠与是从赠与人财产中所产生出来的给予，目的是使领受人客观上得利，并且在这些给予上双方对于其无偿性达成了一致的意思，生日礼物、圣诞礼物以及其他礼物就是如此。而其他用于安排和支持生活共同体或者双方扶养的给予并非都是无偿进行的，而是构成了其他给予的对待给付。为此则发展出了无名给予这一概念。⑥

　　问题11：如果伴侣双方明示或者默示地约定了一个合伙，那么就存在一个内部合伙。只有当伴侣双方追求的目的超出了实现生活共同体时，才属于这种情况。这样一种目的能够在创造高价值资产之中被看到。而这通常所涉及的则是建造一座房屋或者创建一家企业。⑦

第七章

　　问题1：父母子女关系产生如下法律效力：互相的扶养义务⑧，负有互相注意和帮助的义务⑨，子女的劳务给付义务⑩，父母行使父母照顾的权利和义务⑪，交往的权利和义务⑫，在内部关系中有利于父母的责任减轻。⑬

　　问题2：《民法典》第1619条规定了《民法典》第845条意义上子女的法定劳务给付义务。如果一名子女受伤或者死亡，那么其父母就可以因为丧失的劳务而享有针对损害人的损害赔偿请求权。⑭

　　问题3：在家事程序法中，有关亲子关系法的程序被区分为亲子关系事务、出身事务、收养事务以及抚养事务。⑮

　　问题4：如果一名女子怀孕并且分娩了一名在基因上并非从其出身的子女，那么基因

----

① 参看第二十七节边码19。
② 内部合伙终止所产生的请求权。
③ 目的落空的不当得利。
④ 由于行为基础障碍所产生的请求权。
⑤ 参看第二十八节边码24。
⑥ 参看第二十八节边码7。
⑦ 参看第二十八节边码9及以下各边码。
⑧ 《民法典》第1601条及以下各条。
⑨ 《民法典》第1618a条。
⑩ 《民法典》第1619条。
⑪ 《民法典》第1626条及以下各条。
⑫ 《民法典》第1684条。
⑬ 《民法典》第1664条。参看第三十节边码3。
⑭ 参看第三十节边码5。
⑮ 《家事与非诉事务程序法》第111条第2项、第3项、第4项、第8项。参看第三十节边码11。

上和法律上的母亲身份就互相分开了。造成这一情况的原因大多数是卵子捐献或者代孕。德国法律忽略了这些情形。法律意义上的母亲——在不考虑收养的情况下——无一例外地就是那位生育了子女的女子。①

问题5：可以被区分为：依据和母亲的婚姻产生的父亲身份②，依据承认产生的父亲身份③以及依据法院确定产生的父亲身份。④

问题6：在父亲拒绝承认父亲身份或者母亲拒绝父亲身份之同意的情况下，通常需要法院进行父亲身份确定。另外，当子女由谁而生不确定时，也不得不由法院进行父亲身份确定。⑤ 除此之外，在由生父成功撤销父亲身份的情况下，按照《家事与非诉事务程序法》第182条第1款的规定，由法院依职权确定撤销者的父亲身份。

问题7：根据联邦最高法院和联邦宪法法院的判决，秘密的，也就是说背着母亲（或者父亲）和子女所进行的父亲身份检测是违法的，因为这损害了《基本法》第2条第1款连同适用第1条第1款所规定的子女人格权。⑥

问题8：由可能的生父进行父亲身份撤销的前提条件首先在于，撤销者进行代替宣誓保证其与子女母亲在怀孕期间同房过。但是主要还在于子女和法律上的父亲之间不能存在《民法典》第1600条第2款意义上的社会家庭关系。⑦

问题9：如果一名男子的父亲身份由于父亲身份撤销程序而溯及往昔地被取消了，那么也就确定，这位"虚假父亲"在过去不负有对子女进行抚养给付的义务。然而如果虚假父亲在过去还是进行了抚养给付，对此他就可能有兴趣依据《民法典》第1607条第3款第2句的规定从生父那里获得补偿。这就被称为虚假父亲的追偿。⑧

问题10：《民法典》第1598a条赋予了本条中所提及的人一项要求协助进行私下出身检查或者父亲身份检测的请求权。与秘密进行的父亲身份检测相反的是，这样取得的检查结果可以被用于决定性地提出父亲身份撤销的申请。⑨

问题11：父母照顾包括人身照顾和财产照顾这两部分领域。父母照顾可以由父母一方单独享有（单独照顾）或者由父母双方共同享有（共同照顾）。⑩

问题12：没有。虽然父母照顾强制性地以法律上的父母身份为前提条件，但是父母照顾并非父母身份所自动产生的结果。只有当照顾表示被作出或者通过法院裁判而被指令进行共同照顾或者父母结婚时，之前没有与子女母亲结婚的父亲才能够取得共同照顾。⑪

问题13：父母一方的父母照顾，在该方父母为无行为能力⑫，该方父母为限制行为能

---

① 参看第三十一节边码5及下一边码。
② 《民法典》第1592条第1项。
③ 《民法典》第1592条第2项。
④ 《民法典》第1592条第3项。参看第三十一节边码10。
⑤ 参看第三十一节边码24及下一边码。
⑥ 参看第三十一节边码30。
⑦ 参看第三十一节边码32及下一边码。
⑧ 参看第三十一节边码53。
⑨ 参看第三十一节边码64及下一边码。
⑩ 参看第三十二节边码2及下一边码。
⑪ 参看第三十二节边码4。
⑫ 《民法典》第1673条第1款。

力[1]，较长时间不可能行使照顾（权）[2]，秘密出生[3]以及《民法典》第 1751 条第 1 款第 1 句的情况下停止。[4]

问题 14：《民法典》第 1666 条及以下各条是由比例原则所塑造的。根据这一原则，只有当在具体情况下为了保护子女而确实有必要时，才允许对父母照顾进行干涉。[5]

问题 15：答案取决于，K 参加学校交响乐团对于 K 而言是否为《民法典》第 1687 条第 1 款第 1 句意义上具有重大意义的事务。虽然选择一所学校是这样一类事务，但是选修课或者社团的报名决定通常不是。就此而言，按照《民法典》第 1687 条第 1 款第 2 句、第 3 句的规定，在此涉及的是允许母亲单独进行决定的日常生活事务。充其量当 K 将会有负担过重之虞时或者当 K 是一个特别有天赋的音乐家，以至于确实必须考虑他在音乐上的培训时，情况才将会有所不同。[6]

问题 16：只是生父之人作为与子女密切相关之人根据《民法典》第 1685 条第 2 款的规定或者在《民法典》第 1686a 条的前提条件下拥有与子女交往的权利。[7]

问题 17：《民法典》第 1601 条所规定的扶养请求权的前提条件是：直系血亲关系、扶养权利人的需要及贫困[8]、扶养义务人的给付能力[9]以及不存在抗辩或者抗辩权。扶养数额，也就是所谓的扶养需要则根据《民法典》第 1610 条进行计算。[10]

问题 18：《民法典》第 1601 条所规定的扶养请求权是以直系血亲关系[11]为前提条件的。然而兄弟姐妹仅仅互为旁系血亲关系。所以他们不负担扶养的义务。[12]

问题 19：原则上父母只需对子女资助一次适当的职业培训。如果子女在一次职业培训之后又开始大学学习，那么根据判决，当大学学习与培训存在专业与时间上的联系时，在大学学习期间也应当给付抚养。在这种情况下，培训和大学学习被看作是一次统一的职业培训。[13]

问题 20：收养的基本前提条件是有利于子女最佳利益。[14]

问题 21：收养一名未成年人就是一个所谓的"完全收养"。这一收养所产生的结果在于，被收养的子女在法律上被等同于一名亲生子女。具体来说这意味着，之前的血亲关系消灭（收养继子女以及在血亲范围内进行收养则是例外），子女获得收养人的家庭姓氏作为出生姓氏以及在某些情况下还取得了德国国籍。[15]

---

① 《民法典》第 1673 条第 2 款。
② 《民法典》第 1674 条。
③ 《民法典》第 1674a 条。
④ 参看第三十二节边码 30。
⑤ 参看第三十二节边码 34。
⑥ 参看第三十三节边码 8。
⑦ 参看第三十四节边码 16 及以下各边码。
⑧ 《民法典》第 1602 条。
⑨ 《民法典》第 1603 条。
⑩ 参看第三十五节边码 4 及以下各边码。
⑪ 《民法典》第 1589 条第 1 款第 1 句。
⑫ 参看第三十五节边码 1。
⑬ 参看第三十五节边码 31 及下一边码。
⑭ 《民法典》第 1741 条第 1 款第 1 句。参看第三十六节边码 4。
⑮ 参看第三十六节边码 20 及下一边码。

第八章

问题 1：监护和照管的基本区别在于，监护只适用于未成年人，而照管只适用于成年人。①

问题 2：监护完全取代父母照顾。与之相反的是，保佐始终只是代替了父母照顾的部分领域，比如财产照顾或者其中的一部分。此外，也有可能在现存监护的情形下指定补充保佐。②

问题 3：在实体法上指定照管人的前提条件在于：当事人已成年③，当事人有疾病或者残疾，以至于其不再能够完全或者部分地照料自己的事务④，具有照管的必要性⑤，不违背当事人的自由意思⑥以及指定照管人的申请⑦；作为替代可依职权进行照管人的指定。⑧

问题 4：可以。虽然照管人是被照管人的法定代理人；然而指定照管人原则上不影响被照管人的行为能力。⑨

问题 5：可以。如果延期安置会产生危险时，安置也可以在法院批准之前进行。但是《民法典》第 1906 条第 2 款第 2 句规定，法院的批准应当毫不迟延地补上。

问题 6：不可以。按照《民法典》第 1906 条第 4 款的规定，法律仅仅为被照管人处于"某一护理机构、护理院或者其他机构"中这种情况规定了法院的批准。对于家庭护理并没有规定批准保留。但这并不意味着，法律将会允许针对有护理需要之人的剥夺自由之措施。毋宁说这一限制是由刑法来规定的。

问题 7：《民法典》第 1904 条第 2 款规定了由照管人撤回对维持生命措施的同意或者同意对相关人员中断这类措施。依据《民法典》第 1904 条第 5 款，预防性代理人也可以有效地代替进行相应的表示。但是根据该款规定，预防性代理权也必须足够清楚地规定，被授权人的决定权能适用于法律中所规定的医学措施。此外，代理权授权文书必须明确说明，每一个决定都有可能伴随着死亡或者某一严重以及长期损害健康的危险。⑩

---

① 参看第三十八节边码 1。
② 参看第三十九节边码 3。
③ 《民法典》第 1896 条第 1 款第 1 句。
④ 《民法典》第 1896 条第 1 款第 1 句。
⑤ 《民法典》第 1896 条第 2 款。
⑥ 《民法典》第 1896 条第 1a 款。
⑦ 《民法典》第 1896 条第 1 款第 1 句。
⑧ 参看第四十节边码 2。
⑨ 参看第四十节边码 14。
⑩ 对此的解释参看 BGH NJW 2016，3297。

术语索引 ◀

词条后面以**粗体**标出的数字为本书各节序号，以正常字体标出的则是各节中的边码

图书在版编目（CIP）数据

德国家庭法：第 6 版/（德）玛丽娜·韦伦霍菲尔
（Marina Wellenhofer）著；雷巍巍译. -- 北京：中国
人民大学出版社，2023.9
　（外国法学精品译丛）
　书名原文：Familienrecht 6. Auflage
　ISBN 978-7-300-32002-1

　Ⅰ.①德… Ⅱ.①玛… ②雷… Ⅲ.①婚姻法－研究
－德国 Ⅳ.①D951.639

　中国国家版本馆 CIP 数据核字（2023）第 174992 号

Familienrecht
6., überarbeitete Auflage 2021
by Marina Wellenhofer
Copyright © Verlag C. H. Beck oHG, München 2021
Simplified Chinese Version © 2023 by China Renmin University Press.
All Rights Reserved.

外国法学精品译丛
主　编　李　昊
德国家庭法（第 6 版）
［德］玛丽娜·韦伦霍菲尔（Marina Wellenhofer）　著
雷巍巍　译
Deguo Jiatingfa

出版发行	中国人民大学出版社		
社　　址	北京中关村大街 31 号	邮政编码	100080
电　　话	010 - 62511242（总编室）	010 - 62511770（质管部）
	010 - 82501766（邮购部）	010 - 62514148（门市部）
	010 - 62515195（发行公司）	010 - 62515275（盗版举报）
网　　址	http://www.crup.com.cn		
经　　销	新华书店		
印　　刷	涿州市星河印刷有限公司		
开　　本	787 mm×1092 mm　1/16	版　次	2023 年 9 月第 1 版
印　　张	29 插页 1	印　次	2023 年 9 月第 1 次印刷
字　　数	700 000	定　价	138.00 元